Collins *gem*

Diccionario
Alemán

Español-Alemán
Deutsch-Spanisch

HarperCollins Publishers
Westerhill Road
Bishopbriggs
Glasgow
G64 2QT
Great Britain

Tercera edición: abril de 2015

© William Collins Sons & Co.
Ltd 1984
© Harper Collins Publishers
1994,1998,2002,2005,2008,2013

Collins Gem® and Collins Gem®
areregistered trademarks of
HarperCollins Publishers Limited

www.collinslanguage.com

Penguin Random House Grupo
Editorial, S.A.U.
Travessera de Gràcia, 47-49
08021 Barcelona

www.diccionarioscollins.com

ISBN: 978-84-253-5198-3

Impreso en Limpergraf
Barberà del Vallès (Barcelona)

Depósito legal: B.22408-2103

Reservados todos los derechos

GC 51983

Penguin
Random House
Grupo Editorial

Fotocomposición
Davidson Pre-Press,Glasgow

DIRECCIÓN
Gaëlle Amiot-Cadey

REDACCIÓN
Horst Kopleck
Carmen M.ade Miguel
Silke Probst
Veronika Schnorr

COORDINACIÓN
Carol McCann

COLABORADORES
Christine Bahr
Susie Beattie
Joyce Littlejohn

INFORMÁTICA
Andreas Lang,conTEXT AG
für Informatik und
Kommunikation, Zürich

COLECCIÓN DIRIGIDA POR
Catherine Love

Índice

Abreviaturas	iv-vi
Terminaciones regulares de los nombres alemanes	vii
Pronunciación alemana	viii-ix
ESPAÑOL-ALEMÁN	1-278
ALEMÁN-ESPAÑOL	279-570
Verbos españoles	571
Verbos españoles irregulares	576
Verbos alemanes fuertes	593

Marcas Registradas

Las marcas que creemos que constituyen marcas registradas las denominamos como tales. Sin embargo, no debe considerarse que la presencia o la ausencia de esta designación tenga que ver con la situación legal de ninguna marca.

Abreviaturas

auch	***a.***	también
Abkürzung	***abk, abr***	abreviatura
Adjektiv	***adj***	adjetivo
Adverb	***adv***	adverbio
Luftfahrt	***Aer***	aeronáutica
Landwirtschaft	***Agr***	agricultura
Schachspiel	***Ajedrez***	ajedrez
Akkusativ	***akk***	acusativo
Akronym	***akr***	sigla
Lateinamerikanisch	***Am***	América Latina
Anatomie	***Anat***	anatomía
Architektur	***Archit***	arquitectura
Artikel	***art***	artículo
Bildende Künste	***Arte***	artes plásticas
Astronomie, Astrologie	***Astr***	astronomía, astrología
Auto, Verkehr	***Auto***	automóvil, tráfico
Biologie	***Bio***	biología
Botanik	***Bot***	botánica
Chemie	***Chem***	química
Film	***Cine***	cinematografía
Handel	***Com***	comercio
Konjunktion	***conj***	conjunción
Dativ	***dat***	dativo
Sport	***Dep***	deportes
Eisenbahn	***Eisenb***	ferrocarril
Elektrizität	***Elec***	electricidad
Schulwesen	***Escuela***	escuela
und so weiter	***etc***	etcétera
etwas	***etw***	algo, alguna cosa
Femininum	***f***	femenino
umgangssprachlich	***fam***	lengua familiar
Eisenbahn	***Ferro***	ferrocarril
übertragen	***fig***	figurado
Physik	***Fis***	física
Finanzen, Börse	***Fin***	finanzas y bolsa
Fotografie	***Foto***	fotografía
Gastronomie	***Gastr***	gastronomía

Abreviaturas

Alemán	Abrev.	Español
Genitiv	**gen**	genitivo
Geografie, Geologie	**Geo**	geografía, geología
Geschichte	**Hist**	historia
Imperativ	**imper**	imperativo
unpersönlich	**impers**	impersonal
Infinitiv	**inf**	infinitivo
Informatik, Computer	**Inform**	informática, ordenador
Interjektion, Ausruf	**interj**	interjección
unveränderlich	**inv**	invariable
unregelmäßig	**irr**	irregular
jemand, jemandem, jemanden, jemandes	**jd, jdm, jdn, jds**	
Rechtsprechung	**Jur**	jurisdicción
Konjunktion	**konj**	conjunción
Sprachwissenschaft, Grammatik	**Ling**	lingüística, gramática
Maskulinum	**m**	masculino
Mathematik	**Math, Mat**	matemáticas
Medizin	**Med**	medicina
Meteorologie	**Meteo**	meteorología
Maskulinum und Femininum	**mf**	masculino y femenino
Maskulinum oder Femininum	**m/f, m(f)**	masculino o femenino
Militär	**Mil**	militar
Bergbau	**Min**	minería
Musik	**Mus**	música
Kartenspiele	**Naipes**	naipes
Seefahrt	**Naut**	navegación
Neutrum	**nt**	neutro
Zahlwort	**num**	(adjetivo) numeral
oder	**o**	o
pejorativ, abwertend	**pej, pey**	peyorativo
Physik	**Phys**	física
Plural	**pl**	plural
Politik	**Pol**	política
Partizip Perfekt	**pp**	participio pasado

Abreviaturas

Präfix	**pref**	prefijo
Präposition	**prep**	preposición
Pronomen	**pron**	pronombre
Psychologie	**Psych, Psico**	psicología
Chemie	**Quim**	química
Warenzeichen	®	marca registrada
Radio, Rundfunk	**Radio**	radio
Religion	**Rel**	religión
siehe	**s.**	véase
Schulwesen	**Sch**	enseñanza
Schach	**Schach**	ajedrez
Akronym	**sigla**	sigla
Singular	**sing**	singular
Sport	**Sport**	deportes
Konjunktiv	**subj**	subjuntivo
auch	**t.**	también
Stierkampfkunst	**Taur**	tauromaquia
Technik	**Tech, Tecn**	técnica
Nachrichtentechnik	**Tel**	telecomunicación
Theater	**Theat, Teat**	teatro
Typografie und Buchdruck	**Tipo**	tipografía
Fernsehen	**TV**	televisión
Typografie und Buchdruck	**Typo**	tipografía
unpersönlich	**unpers**	impersonal
siehe	**v.**	véase
	Vd., Vds.	usted(es)
intransitives Verb	**vi**	verbo intransitivo
reflexives Verb	**vr**	verbo reflexivo
transitives Verb	**vt**	verbo transitivo
vulgär	**vulg**	vulgar
Zoologie	**Zool**	zoología
zwischen zwei Sprechern	–	cambio de interlocutores
ungefähre Entsprechung	≈	indica un equivalente cultural
abtrennbares Präfix	|	prefijo separable

Terminaciones regulares de los nombres alemanes

nominativo		genitivo	plural	nominativo		genitivo	plural
-ade	f	-ade	-aden	-ist	m	-isten	-isten
-ant	m	-anten	-anten	-ium	nt	-iums	-ien
-anz	f	-anz	-anzen	-ius	m	-ius	-iusse
-ar	m	-ars	-are	-ive	f	-ive	-iven
-är	m	-ärs	-äre	-keit	f	-keit	-keiten
-at	nt	-at[e]s	-ate	-lein	nt	-leins	-lein
-atte	f	-atte	-atten	-ling	m	-lings	-linge
-chen	nt	-chens	-chen	-ment	nt	-ments	-mente
-ei	f	-ei	-eien	-mus	m	-mus	-men
-elle	f	-elle	-ellen	-nis	m	-nis	-nisse
-ent	m	-enten	-enten	-nis	f	-nisses	-nisse
-enz	f	-enz	-enzen	-nom	m	-nomen	-omen
-ette	f	-ette	-etten	-rich	m	-richs	-riche
-eur	m	-eurs	-eure	-schaft	f	-schaft	-haften
-euse	f	-euse	-eusen	-sel	nt	-sels	-sel
-heit	f	-heit	-heiten	-tät	f	-tät	-täten
-ie	f	-ie	-ien	-tiv	nt, m	-tivs	-tive
-ik	f	-ik	-iken	-tor	m	-tors	-toren
-in	f	-in	-innen	-tum	m, nt	-tums	-tümer
-ine	f	-ine	-inen	-ung	f	-ung	-ungen
-ion	f	-ion	-ionen	-ur	f	-ur	-uren

Substantive, die mit einem geklammerten 'r' oder 's' enden (z. B. **Angestellte(r)** *mf*, **Beamte(r)** *m*, **Gute(s)** *nt*) werden wie Adjektive dekliniert:

Los sustantivos seguidos de 'r' o 's' entre paréntesis (ej: **Angestellte(r)** *mf*, **Beamte(r)** *m*, **Gute(s)** *nt*) se declinan como adjetivos:

der Angestellte *m*	die Angestellte *f*	die Angestellten *pl*
ein Angestellter *m*	eine Angestellte *f*	Angestellte *pl*
der Beamte *m*	die Beamten *pl*	
ein Beamter *m*	Beamte *pl*	
das Gute *nt*		
ein Gutes *nt*		

Pronunciación alemana

Consonantes

c	**C**afe **C**elle **C**ello	la **c** sola aparece únicamente en palabras de origen extranjero, y se pronuncia como la **c** en **c**afé, o **ts** o **ch**
ch	i**ch** **Ch**emie **Ch**ef	la **ch** se pronuncia como la **j** en España, excepto en algunas palabras extranjeras en las que se pronuncia como la **c** en **c**opa o como el sonido alemán **sch**
g	**g**rau ewi**g** **G**enie	la **g** se pronuncia como la **g** en **g**afas, incluso delante de **e** o **i**, excepto en la terminación **-ig** cuando se pronuncia como la **j** en España, y en algunas palabras extranjeras en las que se pronuncia aproximadamente como la **ll** hispanoamericana
h	**H**aus	la **h** es aspirada, como en inglés
j	**j**a	la **j** se pronuncia como la **y** inglesa, en '**y**es'
k	**K**ind	la **k** se pronuncia como la **c** en **c**asa
q	**Q**uelle	en alemán la **u** después de **q** sí se pronuncia: **qu** se pronuncia **qv**
r	**r**ot	la **r** se pronuncia como la **r** francesa en '**r**ue'
s	Bu**s** **s**ingen Ro**s**e **S**piel **S**tange	la **s** se pronuncia como la **s** en más, excepto al comienzo de palabra y después de una vocal larga, cuando se pronuncia como la **s** en de**s**de, y antes de **p** y **t** al comienzo de palabra o sílaba, cuando se pronuncia como la **sch** alemana
ß	Stra**ß**e	la **eszet** se pronuncia como una **s**, en algunas palabras como una **s** larga
sch	**Sch**aum	**sch** se pronuncia como la **ch** francesa en '**ch**ambre' o la **x** portuguesa en 'ro**x**o'
v	**v**iel **V**ase	la **v** se pronuncia **f** excepto en palabras de origen extranjero en las que se pronuncia como en inglés (con los dientes superiores sobre el labio inferior)
w	**w**o	la **w** se pronuncia como la **v** inglesa
z	**Z**oo	la **z** se pronuncia **ts**

b, d, f, l, m, n, p, t y **x** se pronuncian como en español

a

Aal m (-(e)s, -e) anguila f
ab präp +dat (örtlich) de, desde; (zeitlich) a partir de; (seit) desde; (nicht unter) a partir de; **ab und zu** [o **an**] de vez en cuando
Abbau m (Abbruch) demolición f, derribo m; (Verminderung) reducción f; (Verfall) pérdida f; (Min) explotación f
ab|bauen vt (zerlegen) desmontar, desarmar; (verringern) reducir; (Min) explotar
ab|bestellen vt cancelar
ab|bezahlen vt pagar; (in Raten) pagar a plazos
ab|biegen irr vi (Auto) torcer, girar; (Fahrer) desviarse
ab|blenden vi (Auto) dar las cortas
Abblendlicht nt luz f de cruce
ab|brechen irr vt (Ast, Henkel) romper; (Pol: Beziehungen) suspender; (Spiel) interrumpir; (Gebäude, Brücke) derribar ▷ vi romperse; (aufhören) quedar interrumpido(-a)
ab|bringen irr vt: **jdn von etw abbringen** disuadir a alguien de algo
Abbruch m (Beziehungen) ruptura f; (von Gebäude) derribo m
ab|buchen vt dar de baja; **einen Betrag vom Konto abbuchen** adeudar [o cargar] una cantidad en cuenta
ab|drehen vt (Wasser, Gas) cortar; (Radio, Licht) apagar ▷ vi (Schiff, Flugzeug) cambiar el rumbo
Abdruck m (Drucken) reproducción f; (Gedrucktes) publicación f
Abend m (-s, -e) noche f; **zu Abend essen** cenar; **heute/gestern/morgen Abend** esta noche/anoche/mañana por la noche
Abendessen nt cena f fría
Abendkleid nt traje m de noche
Abendkurs m clases fpl nocturnas
abendlich adj vespertino(-a), nocturno(-a)
abends adv por la noche
Abenteuer nt (-s, -) aventura f
aber konj pero; (jedoch) sin embargo
abergläubisch adj supersticioso(-a)
ab|fahren irr vi partir, salir; (Schiff) zarpar ▷ vt (Strecke) recorrer
Abfahrt f partida f, salida f; (Hinunterfahren) bajada f; (Piste) pista f de descenso; (von Autobahn) salida f
Abfahrtslauf m descenso m
Abfahrtszeit f hora f de salida
Abfall m (Rest) restos mpl,

deshechos mpl; (Müll) desperdicios mpl; (Rückgang: von Leistung) disminución f

Abfallbeseitigung f eliminación f de residuos

Abfalleimer m cubo m de la basura

ab|fallen irr vi (Blätter) caer; (zurückgehen) disminuir; (übrig bleiben) sobrar; **gegen jdn/etw abfallen** perder valor frente a alguien/algo

abfällig adj desfavorable

Abfallprodukt nt subproducto m

Abfallsortierung f selección f de basura

Abfallvermeidung f reducción f de la generación de basura

ab|fertigen vt (Flugzeug, Schiff) preparar para la salida; (Gepäck) facturar; (an der Grenze) inspeccionar

Abfertigungsschalter m (Aer) mostrador m de facturación

Abfindung f indemnización f

ab|fliegen irr vi (Flugzeug) despegar; (Passagier) partir

Abflug m (das Abfliegen) despegue m; **Abflug 17 Uhr** salida f a las 17 horas

Abflughalle f terminal f de salidas

Abflugzeit f horario m de salida

Abfluss m (Öffnung) salida f

ab|fragen vt preguntar; (Inform) consultar, solicitar

ab|führen vi (Weg) desviar; (Med) purgar

Abführmittel nt laxante m

Abgas nt gas m quemado, (Auto) gas m del tubo de escape

abgasarm adj pobre en gases de escape mpl

Abgas(sonder)untersuchung f control m de los gases de escape

ab|geben irr vt (Gegenstand) entregar; (an der Garderobe) dejar; (Wärme) desprender; (Waren) suministrar; (Erklärung) dar; (Urteil) emitir ▷ vr: **sich abgeben**: **sich mit jdm/etw abgeben** ocuparse con alguien/algo

ab|gehen irr vi (sich entfernen) marcharse, irse; (von der Schule) dejar [o abandonar] los estudios; (Post) salir; (Med) ser expulsado(-a); (sich lösen: Knopf etc) desprenderse, caerse; (abgezogen werden) deducirse; (Straße) desviarse

abgelegen adj distante, alejado(-a)

abgeneigt adj: **jdm/einer Sache nicht abgeneigt sein** no oponerse a alguien/algo

Abgeordnete, r mf delegado(-a) m/f; (Pol) diputado(-a) m/f

abgesehen adj: **es auf jdn/etw abgesehen haben** haber puesto las miras en alguien/algo; **abgesehen von ...** prescindiendo de ...; **davon abgesehen** aparte de eso

abgespannt adj fatigado(-a)

abgestanden adj (Flüssigkeit) reposado(-a); (Wein) añejo(-a); (Bier) sin fuerza

ab|gewöhnen vt: **jdm etw abgewöhnen** deshabituar a alguien de algo; **sich** dat **etw abgewöhnen** quitarse la costumbre de algo

ab|halten irr vt (Versammlung) celebrar; **jdn von etw abhalten** (hindern) hacer a alguien desistir de algo

ab|handeln vt (*Thema*) tratar; **jdm die Waren abhandeln** comprar la mercancía a alguien; **jdm 5 Euro abhandeln** conseguir una rebaja de 5 euros de alguien

abhanden|kommen irr vi extraviarse

ab|hängen vt (*Bild*) descolgar; (*Anhänger*) desacoplar, desenganchar; (*Verfolger*) dejar atrás ▷ vi: **abhängen von** (*angewiesen sein auf*) depender de; (*bedingt sein durch*) estar en función de

abhängig adj dependiente; **etw von einer Sache abhängig machen** condicionar algo a una cosa

ab|heben irr vt (*Schicht*) levantar; (*Hörer*) descolgar; (*Geld*) retirar ▷ vi (*Flugzeug*) despegar; (*beim Kartenspiel*) alzar

Abhilfe f remedio m

ab|holen vt (*Gegenstand*) retirar; (*jdn*) recoger

Abholmarkt m mercado m de recogida

Abitur nt (-s, -e) bachillerato m

Abiturient, in m(f) bachiller mf

ab|kaufen vt: **jdm etw abkaufen** comprar algo a alguien; (*fam: glauben*) creerse algo de alguien

ab|kommen irr vi (*Sport*) salir; (*Flugzeug*) despegar; **vom Weg abkommen** desviarse del camino; **vom Thema/vom Kurs abkommen** apartarse del tema/del rumbo

ab|kürzen vt (*Wort, Namen*) abreviar; (*Weg, Strecke*) acortar

Abkürzung f (*Wort*) abreviatura f; (*Weg*) atajo m

ab|laden irr vt descargar

Ablage f (*für Akten*) archivador m; (*für Kleider*) guardarropa m

ab|lassen irr vt (*Wasser*) dejar salir, evacuar; (*Dampf, Luft*) dejar escapar; (*vom Preis*) rebajar

Ablauf m (*Abfluss*) desagüe m, salida f; (*von Ereignissen*) transcurso m; (*einer Frist, Zeit*) expiración f

ab|laufen irr vi (*abfließen*) escurrirse; (*Ereignisse*) transcurrir; (*Frist, Zeit*) expirar; (*Pass*) caducar

ab|legen vt (*Gegenstand*) depositar; (*Kleider*) quitarse; (*Gewohnheit*) abandonar; (*Prüfung*) hacer

ab|lehnen vt (*Angebot, Vorschlag*) rechazar; (*Antrag*) rehusar; (*Einladung*) declinar ▷ vi negarse

ab|lenken vt (*von Arbeit, Ziel*) apartar (*von de*); (*Konzentration, Interesse*) distraer; (*zerstreuen*) divertir

Ablenkung f (*störend*) distracción f; (*Zerstreuung*) diversión f

ab|liefern vt entregar; (*Schlüssel*) dar; (*Geld*) devolver

ab|lösen vt (*Briefmarke*) despegar; (*Pflaster*) desprender; (*jdn*) relevar ▷ vr: **sich ablösen** (*sich folgen*) sucederse; (*sich abwechseln*) alternarse

ab|machen vt quitar; (*lösen*) despegar; (*vereinbaren*) acordar, convenir

Abmachung f (*Vereinbarung*) acuerdo m

ab|melden vt (*Zeitung*) cancelar la suscripción de; (*Auto, Telefon*) dar de baja ▷ vr: **sich abmelden** (*bei Amt*) comunicar la partida; (*im Hotel*) anunciar la partida; (*am Arbeitsplatz, bei Verein*) darse de baja

ab|messen irr vt medir
Abnahme f (-, -n) disminución f; (Com) compra f
ab|nehmen irr vt tomar; (wegnehmen) quitar; (Hut) quitar(se), (Bild, Hörer) descolgar; (Deckel) levantar; (Führerschein) retirar (jdm a alguien); (übernehmen) encargarse de; (kaufen) comprar; (fam: glauben) creer ▷ vi (sich verringern) disminuir; (schlanker werden) adelgazar; (beim Stricken) menguar
Abneigung f aversión f (gegen a)
ab|nutzen vt desgastar
abonnieren vt (Theat) abonarse a; (Zeitung) suscribirse a
ab|raten irr vi desaconsejar; **jdm von etw abraten** disuadir a alguien de algo
ab|reagieren vr: **sich abreagieren** desfogarse
ab|rechnen vt (abziehen) descontar, deducir ▷ vi (Rechnung begleichen) arreglar la cuenta; (Rechnung aufstellen) hacer la cuenta
Abrechnung f (Abzug) descuento m; (Verrechnung) liquidación f
Abreise f partida f, salida f
ab|reisen vi partir, salir
ab|reißen irr vt (Haus, Brücke) derribar; (Blumen) arrancar ▷ vi romperse
ab|rufen irr vt (jdn) llamar; (Com: Ware) pedir, reclamar; (Inform) demandar, llamar
ab|rüsten vi (Mil) desarmar
Abrüstung f (Mil) desarme m
ABS nt (-) abk (= Antiblockiersystem: Auto) ABS m
Absage f (Ablehnung) negativa f

ab|sagen vt (Treffen) desconvocar; (Besuch) rehusar ▷ vi rehusar
Absatz m (Com) venta f; (neuer Abschnitt) párrafo m; (im Diktat) punto m y aparte m; (Schuhabsatz) tacón m
ab|schaffen vt (Gesetz) abolir; (Steuern) suprimir; (Angestellte) despedir; (Auto, Haustier) deshacerse de
ab|schalten vt desconectar; (Licht) apagar ▷ vi (fig: fam) desconectar
ab|schätzen vt estimar; (Lage) valorar
abschätzig adj (Blick) desdeñoso(-a); (Bemerkung) despreciativo(-a)
Abscheu m repugnancia f, aversión f (vor +dat a)
abscheulich adj horrible, atroz ▷ adv horriblemente
ab|schicken vt enviar
Abschied m (-(e)s, -e) despedida f; **Abschied nehmen** despedirse
ab|schlagen irr vt (wegschlagen) derribar; (ablehnen) rehusar
Abschlagszahlung f pago m a cuenta
Abschleppdienst m (Auto) servicio m de grúa
ab|schleppen vt remolcar
Abschleppseil nt cuerda f para remolcar
ab|schließen irr vt (Tür, Koffer) cerrar; (beenden) concluir, acabar; (Vertrag, Handel) concertar
Abschluss m (Beendigung) fin m, término m; (Geschäftsabschluss) transacción f, operación f; (von Vertrag) conclusión f
ab|schmieren vt (Auto) engrasar,

Pronunciación alemana

Vocales

Las vocales alemanas breves y largas se pronuncian aproximadamente como sus equivalentes en español:

a	matt, Fahne
e	Etage, Seele
i	direkt, Apfelsine
	Kiste
o	Oase, oben
u	zuletzt, Mut, Mutter

pero la *y* y el sonido *ie* (breves y largos) se pronuncian de forma distinta:

y	Typ	la *y* se pronuncia como la *u* francesa en 'rue'
ie	Lethargie	*ie* se pronuncia como la *i* española
	Biene	

Diptongos

ä	Wäsche	*ä* se pronuncia como la primera *e* en a*é*reo
ö	Götter	para pronunciar la *ö*, se pone la boca para decir *o*
	blöd	pero se dice *e*
ü	Sünde	*ü* se pronuncia como la *u* francesa en 'rue'
ai	Hain	*ai* se pronuncia como *ai* en b*ai*le
äu	Häuser	*äu* se pronuncia como *oy* en h*oy*
ei	weit	*ei* se pronuncia como *ai* en b*ai*le
eu	Heute	*eu* se pronuncia como *oy* en h*oy*

Acentuación

Las palabras alemanas se acentúan normalmente en la primera sílaba. En sílabas no acentuadas, las vocales son generalmente cortas.

abadía f Abtei f
abajo [-xo] adv (situación) unten; (dirección) herunter; **el piso de abajo** das untere Stockwerk; **de arriba abajo** von oben bis unten; **cuesta/río abajo** bergab/flussabwärts
abalorio m Modeschmuck m
abandonado, a adj verlassen; **abandonado a su suerte** seinem Schicksal überlassen
abandonar [1] vt (dejar) verlassen; (descuidar) vernachlässigen; (ceder, dejar de) aufgeben
abandono m Verzicht m (de auf +akk), Aufgabe f (de gen); (del lugar) Verlassen nt
abanico m Fächer m
abaratar [1] vt verbilligen ▷ vi, vr: **abaratarse** billiger werden
abarcar [6] vt enthalten; (con los brazos: fig) umfassen
abarrotar [1] vt vollstopfen
abastecer [-'θer] irr como crecer vt beliefern; (de víveres) versorgen (de mit)
abastecimiento [-θi-] m Versorgung f
abatir [3] vt (muro) niederreißen; (pájaro) abschießen; (fig: a alguien) entmutigen; (el rumbo) abtreiben ▷ vr: **abatirse** (persona) mutlos werden; **abatirse sobre** sich stürzen auf +akk
abdicar [6] vt aufgeben ▷ vi abdanken
abdomen m Unterleib m
abecé [-'θe] m, **abecedario** [-θe-] m ABC nt
abedul m Birke f
abeja [-xa] f Biene f
abertura f Öffnung f; (en una falda) Schlitz m

PALABRA CLAVE

a prep (lugar) an +dat, bei; (dirección) nach, zu; (tiempo) um; **a la derecha/izquierda** rechts/links; (dirección) nach rechts/links; **al lado de** neben +dat; **subir a un avión/tren** in ein Flugzeug/in einen Zug einsteigen; **a los treinta años** mit dreißig Jahren; **al día siguiente** am nächsten Tag; **a eso de las cuatro** so gegen vier Uhr; **al poco tiempo** kurz darauf; **de dos a tres** von zwei bis drei; **ocho horas al día** acht Stunden am Tag; **empezó a llover** es fing an zu regnen; **quiero a mis padres** ich liebe meine Eltern; **¿a qué hora?** um wie viel Uhr?; **¡a ver!** lass mal sehen!

abeto m Tanne f
abierto, a [-'βjer-] adj offen
abismo m Abgrund m
ablandar [1] vt aufweichen; (carne) weich machen; (lentejas) einweichen
abnegarse [1] vr sich aufopfern
abofetear [1] vt ohrfeigen
abogado, a m/f Rechtsanwalt(-anwältin) m/f
abolir [3] vt abschaffen
abollar [-'ʎar] [1] vt verbeulen
abonar [1] vt (deuda) bezahlen; (terreno) düngen ▷ vr: **abonarse a algo** etw abonnieren
abono m (suscripción) Abonnement nt; (a medios de transporte) Netzkarte f; (fertilizante) Dünger m
abordar [1] vt ansprechen
aborigen [-xen] mf Ureinwohner(in) m(f)
aborrecer [-'θer] irr como crecer vt verabscheuen
abortista mf Abtreibungsbefürworter(in) m(f)
aborto m (espontáneo) Fehlgeburt f; (provocado) Abtreibung f; (fig) Scheitern nt
abotonar [1] vt zuknöpfen ▷ vi (plantas) Knospen treiben
abovedado, a [-βe-] adj gewölbt
abrasar [1] vt verbrennen
abrazar [-'θar] [8] vt umarmen
abrazo m Umarmung f
abrebotellas [-ʎas] m inv Flaschenöffner m
abrelatas m inv Dosenöffner m
abreviatura [-βa-] f Abkürzung f
abrigo m Schutz m; (prenda) Mantel m
abril m April m
abrir irr vt öffnen, aufmachen; (inaugurar) eröffnen; **abrir el apetito** den Appetit anregen ▷ vi öffnen ▷ vr: **abrirse** sich öffnen
abrochar [-'tʃar] [1] vt (un vestido) zuknöpfen; (Am: papeles) heften
abrojo [-xo] m (Bot) Distel f; **abrojos** pl (zarzas) Dornbusch m
abrumar [1] vt bedrücken ▷ vr: **abrumarse** neblig werden
abrupto, a adj steil
ABS m (Auto) ABS nt
absceso [-'θe-] m Abszess m
ábside m Apsis f
absoluto, a adj absolut, völlig; **en absoluto** durchaus nicht
absolver [-'βer] irr como volver vt (a un pecador) lossprechen; (a un acusado) freisprechen
absorber [2] vt aufsaugen; (fig) absorbieren; (por una obligación) völlig in Anspruch nehmen
abstemio, a adj abstinent
abstención [-'θjon] f Enthaltung f
abstenerse irr como tener vr sich enthalten (de gen)
abstracción [-'θjon] f Abstraktion f
abstruso, a adj verworren
absurdo, a adj absurd
abubilla [-ʎa] f Wiedehopf m
abuelo, a [-'βwe-] m/f Großvater(-mutter) m/f
abulense adj aus Ávila
abultado, a adj massig, dick
abundante adj reichlich
aburrir [3] vt langweilen ▷ vr: **aburrirse** sich langweilen
abusar [1] vi: **abusar de** missbrauchen
abuso m Missbrauch m; **abuso de medicamentos** Arzneimittelmissbrauch

abyecto, a *adj* verkommen
a.C. *abr* (= *Año de Cristo*) A. D.
a/c *abr* (= *al cuidado de*) bei
acá *adv* (*lugar*) hier; (*dirección*) hierher; **de ayer acá** von gestern auf heute; **desde entonces acá** seit damals; **de acá para allá** hin und her
acabar [1] *vt* (*terminar*) beenden; (*perfeccionar*) vervollständigen; (*consumir*) aufbrauchen; (*rematar*) abschließen ▷ *vr*: **acabarse** zu Ende gehen; **¡se acabó!** jetzt ist aber Schluss! ▷ *vi* enden; **acabar en punta** spitz zulaufen; **acabar en una hora** in einer Stunde fertig sein; **acabar de llegar** gerade angekommen sein; **acabar de una vez** endlich aufhören; **voy a acabar loco** ich werde noch verrückt
academia *f* (*de arte*) Akademie *f*; (*privada*) Privatschule *f*
académico, a *adj* akademisch
acaecer [akae'θer] *irr como crecer vi* sich ereignen, geschehen
acallar [-'ʎar] [1] *vt* (*hacer el silencio*) zum Schweigen bringen; (*aplacar*) besänftigen; **acallar el hambre** den Hunger stillen
acalorar [1] *vt* erhitzen; (*fig*) aufbringen ▷ *vr*: **acalorarse** sich erhitzen
acampar [1] *vi* zelten, campen
acanalar [1] *vt* rillen; (*ondular*) wellen
acantilado, a *adj* steil, abschüssig ▷ *m*: **costa** *f* **de acantilado** steile Felsküste
acaparar [1] *vt* horten, hamstern
acariciar [-'θjar] [1] *vt* streicheln
acarrear [1] *vt* (*llevar*) transportieren, befördern; (*arrastrar*) schleppen; (*fig*) verursachen
acaso *adv* vielleicht ▷ *m* Zufall *m* ▷ *conj*: **por si acaso** falls etwa; **si acaso** falls
acatar [1] *vt* ehren; (*obedecer*) befolgen
acatarrarse [1] *vr* sich erkälten
acaudalado, a *adj* wohlhabend
acceder [-θe-] [2] *vi*: **acceder a** (*consentir*) zulassen, erlauben; (*asentir*) zustimmen +*dat*
acceso [-'θe-] *m* Zugang *m*, Zutritt *m*; (*Med*) Anfall *m*; (*camino*) Zufahrt *f*; (*Inform*) Zugriff *m*; **tiempo** *m* **de acceso** Zugriffszeit *f*; **acceso restringido** (*Escuela*) Numerus *m* clausus
accesorio, a [-θe-] *adj* zugehörig; (*secundario*) nebensächlich; **gastos accesorios** Sonderausgaben *pl* ▷ *m* Zubehör *nt*
accidente [-θi-] *m* Unfall *m*; (*casualidad*) Zufall *m*; (*Med*: *síncope*) Ohnmacht *f*; **accidente de carretera** Verkehrsunfall
acción [-'θjon] *f* Handlung *f*, Tat *f*; (*Fin*) Aktie *f*; (*Jur*) Klage *f*
accionar [-θjo-] [1] *vt* betätigen
accionista [-θjo-] *mf* Aktionär(in) *m(f)*
acebo [-'θe-] *m* (*Bot*) Stechpalme *f*
acebuche [-θe-tʃe] *m* (*Bot*) wilder Ölbaum
acecho [a'θetʃo] *m* Auflauern *nt*
acedía [-θe-] *f* (*pez*) Scholle *f*
aceite [-'θei-] *m* Öl *nt*; **aceite multigrado** (*Auto*) Mehrbereichsöl; **aceite de oliva** Olivenöl
aceitera *f* Ölkännchen *nt*

aceituna [-θei-] f Olive f
acelerar [-θe-] [1] vt beschleunigen
acelga [-'θel-] f Mangold m
acémila [-'θe-] f Lasttier nt
acento [-'θen-] m Betonung f, Akzent m
acepción [-θep'θjon] f Bedeutung f; (preferencia) Vorzug m
aceptar [-θep-] [1] vt annehmen
acequia [-'θekja] f Bewässerungskanal m; (Am: arroyo) Bach m
acera [-'θe-] f (en la calle) Gehsteig m
acerca [-'θe-] prep: **acerca de** hinsichtlich +gen, bezüglich +gen
acercar [-θer-] [6] vt näher bringen; (persona) heranbringen ▷ vr: **acercarse** sich nähern
acero [-'θe-] m Stahl m; **acero bruto** Rohstahl; **acero fundido** Gussstahl
acertado, a [-θer-] adj (correcto) richtig; (oportuno) treffend; (hábil) geschickt
acertar [-θer-] irr como pensar vt treffen; (encontrar) finden; (adivinar) erraten ▷ vi das Richtige treffen
acertijo [-θer-xo] m Rätsel nt
acervo [-'θerβo] m Haufen m; **acervo común** Gemeingut nt; **acervo cultural** Kulturgut nt
achacar [-tʃa-] [6] vt zuschieben; **achacar la culpa a alguien** die Schuld auf jdn schieben
achaque [-'tʃake] m Gebrechen nt; **achaques de la edad** Altersbeschwerden pl
achicar [-tʃi-] [6] vt verringern, verkleinern; (humillar) demütigen; (Naut) auspumpen ▷ vr: **achicarse** sich einschüchtern lassen
achicoria [-tʃi-] f (Bot) Zichorie f; **achicoria variedad italiana** Radicchio m
acholar [-tʃo-] [1] vt (Am) beschämen
achucutarse [-tʃu-] [1] vr (Am) sich demütigen
achuras [-tʃu-] fpl (Am: menudillos) Innereien pl
acíbar [-'θi-] m (Bot) Aloe f; (fig) Bitternis f
acidez (pl **acideces**) [-θi'ðeθ] f Säure f; (del estómago) Sodbrennen nt
ácido, a [-θi-] adj sauer; **lluvia** [o **precipitación**] **ácida** saurer Regen ▷ m Säure f; **ácido carbónico** Kohlensäure; **ácido clorhídrico** Salzsäure
aclamar [1] vt applaudieren +dat
aclaración [-'θjon] f Aufklärung f; (explicación) Erläuterung f
aclarar [1] vt aufklären; (explicar) erläutern; (color) aufhellen; (líquido) verdünnen; (bosque) lichten; (ropa) spülen
aclimatación [-'θjon] f Akklimatisierung f
acné m: **acné (juvenil)** (Med) Akne f
acobardar [1] vt einschüchtern ▷ vr: **acobardarse** verzagen
acodarse [1] vr sich aufstützen (en auf +akk)
acodo (Agr) Ableger m
acogedor, a [-xe-] adj gemütlich; (hospitalario) gastfreundlich
acoger [-'xer] [12] vt aufnehmen; (fig) begrüßen

acolchar [-'tʃar] [1] vt polstern; (fig) dämpfen
acomedido, a adj (Am) dienstbeflissen
acometer [2] vt angreifen; (emprender) in Angriff nehmen
acomodado, a adj geeignet; (precio) angemessen; (familia) wohlhabend; (cómodo) bequem
acomodo m Ausstellung f; (puesto) Stellung f
acompañar [1] vt begleiten; (documentos) beilegen
acondicionar [-θjo-] [1] vt (la casa) einrichten
aconsejar [-'xar] [1] vt (a alguien) beraten; (algo) empfehlen
acontecer [-'θer] irr como crecer vi sich ereignen, vorkommen
acopio m Vorrat m
acoplar [1] vt anpassen; (Tecn) (zusammen)kuppeln
acorazado, a [-'θa-] adj gepanzert ▷ m (buque) Panzerkreuzer m
acordar irr como contar vt vereinbaren ▷ vr: **acordarse** sich erinnern (de an +akk)
acordeón m Akkordeon nt
acorralar [1] vt (ganado) einpferchen; (malhechor) in die Enge treiben
acortar [1] vt verkürzen; (camino) abkürzen
acosar [1] vt verfolgen; (fig) belästigen; bedrängen
acoso m: **acoso sexual** sexuelle Belästigung f
acostar [1] vt ins Bett bringen; (en el suelo) hinlegen ▷ vr: **acostarse** sich schlafen legen, ins Bett gehen

acostumbrar [1] vt: **acostumbrar a** gewöhnen an +akk ▷ vr: **acostumbrarse a** sich gewöhnen an +akk
acotar [1] vt abgrenzen; (Agr) kappen; **acotar un manuscrito** ein Manuskript mit Randbemerkungen versehen
acre adj (gusto) herb; (fig) beißend ▷ m (medida) Acker m
acrecentar [-θen-] irr como pensar vt vergrößern, steigern
acreditar [1] vt (garantizar) sich verbürgen für; (autorizar) autorisieren; (un cheque) gutschreiben
acreedor, a m(f) Gläubiger(in) m(f)
acribar [1] vt sieben
acritud f Schärfe f
acta f Akte f; (documento) Urkunde f; (de comisión) Protokoll nt; **levantar acta** das Protokoll aufnehmen
actitud f Haltung f; (de ánimo) Einstellung f
activar [-'βar] [1] vt fördern; (acelerar) beschleunigen; (Quím) aktivieren
actividad [-βi-] f Tätigkeit f; **campo** m **de actividad** Betätigungsfeld nt
activo, a [-βo] adj aktiv; (vivo) lebhaft ▷ m (Com) Aktiva pl; **activo circulante** Umlaufvermögen nt; **activo fijo** Anlagevermögen nt
acto m Handlung f, Tat f; (Teat) Akt m; **en el acto** auf frischer Tat; (inmediatamente) unverzüglich
actor, a m(f) (Jur) Kläger(in) m(f) ▷ m (Cine, Teat) Schauspieler m; **primer actor** Hauptdarsteller m
actriz (pl actrices) [-'triθ] f

Schauspielerin f; **primera actriz** Hauptdarstellerin f

actuación [-'θjon] f Handlungsweise f; (comportamiento) Verhalten nt

actual adj gegenwärtig, aktuell

actualidad f (presente) Gegenwart f; (lo actual) Aktualität f; **de gran actualidad** sehr aktuell; **en la actualidad** heutzutage

actualizar [-'θar] [8] vt (t. Inform) aktualisieren

actuar [5] vi (obrar) wirken; (actor) auftreten; (cumplir una función) tätig sein; **actuar bien/mal** gut/ schlecht handeln

acuarela f Aquarell nt

acuario m Aquarium nt; **Acuario** (Astr) Wassermann m

acuático, a adj im Wasser lebend; **esquí** m **acuático** Wasserski m

aciuciante [-'θjan-] adj dringend

acudir [3] vi herbeieilen; (presentarse) sich einfinden

acueducto [-kwe-] m Aquädukt m

acuerdo [-'kwer-] m Übereinkunft f; (decisión) Beschluss m; **¡de acuerdo!** einverstanden!; **estar de acuerdo con** einverstanden sein mit

acumulación [-'θjon] f Anhäufung f

acumulador m Akkumulator m

acunar [1] vt (a un niño) wiegen

acupresión f Akupressur f

acupuntura f Akupunktur f

acurrucarse [6] vr sich zusammenkauern

acusar [1] vt beschuldigen; (Jur) anklagen; **acusar recibo** den Empfang bestätigen

acústico, a adj akustisch

adaptador m Adapter m

adaptar [1] vt anpassen ▷ vr: **adaptarse a** sich anpassen an +akk

adecuado, a adj angemessen; (justo) angebracht; (apto) geeignet

adelantado, a adj (alumno) frühreif; **ir adelantado** (reloj) vorgehen; **pagar por adelantado** vorausbezahlen

adelantar [1] vt vorrücken; (Auto) überholen; (reloj) vorstellen; (pago) vorauszahlen ▷ vr: **adelantarse** vorrücken

adelante adv (movimiento) vorwärts; (situación) vorn; **de ahora en adelante** von jetzt an; **más adelante** später; (más allá) weiter vorn ▷ interj herein!

adelfa f (Bot) Oleander m

adelgazante m Schlankheitsmittel nt

adelgazar [-'θar] [8] vi abnehmen

ademán m Geste f

además adv außerdem; **además de** außer

adentro adv hinein, nach innen; **mar adentro** seewärts; **tierra adentro** landeinwärts

aderezar [-'θar] [8] vt (mesa) decken; (comida) zubereiten; (tela) appretieren

adeudar [-ðeu-] [1] vt schulden

adicción [-'θjon] f (Drogen)abhängigkeit f

adición [-'θjon] f Zusatz m; (Mat) Addition f; (Jur) Nachtrag m; (en restaurante) Rechnung f

adicto, a adj ergeben; (fiel) treu; **adicto a** zugetan +dat ▷ m/f Anhänger(in) m(f); (a droga) Drogensüchtige(r) mf

adiestrar [-ðjes-] [1] vt (animal)

dressieren; (niño) lehren ▷ vr:
adiestrarse sich üben (en in +dat)
adinerado, a adj vermögend
adiós interj (para despedirse) auf Wiedersehen!; (para saludar) hallo!
aditivo [-βo] m Zusatz m
adivinanza [-βi-θa] f Rätsel nt
adivinar [-βi-] [1] vt (acertar) erraten; (predecir) wahrsagen
adjetivo [-xe-βo] m Adjektiv nt
adjudicación [-xu-'θjon] f Zuerkennung f
adjuntar [-xun-] [1] vt beilegen
administración [-'θjon] f Verwaltung f
administrador, a m(f) Verwalter(in) m(f)
administrar [1] vt (finca) verwalten; (medicamentos) verabreichen
administrativo, a [-βo] adj Verwaltungs- ▷ m/f Verwaltungsangestellte(r) mf
admirar [1] vt bewundern; (extrañar) verwundern ▷ vr:
admirarse sich wundern
admitir [3] vt zulassen; (aceptar) aufnehmen (a alguien jdn); (permitir) gestatten
adobe m Lehmziegel m
adolescente [-'θen-] mf Jugendliche(r) mf
adonde adv wohin
adónde adv (interrogativo) wohin?
adoptar [1] vt adoptieren
adoquín [-'kin] m Pflasterstein m
adorar [1] vt anbeten
adormecer [-'θer] irr como crecer vt zum Schlafen bringen ▷ vr:
adormecerse einschlafen
adorno m Schmuck m
adquirir [-ki-] irr vt erwerben;

(conseguir) erlangen
adquisición [-ki-'θjon] f Erwerb m; **adquisición (de datos)** (Daten)erfassung f
adrede adv absichtlich
aduana [-θ-] f Zoll m
aduanero, a adj Zoll- ▷ m/f Zollbeamte(r)(-beamtin) m/f
aducir ['θir] irr como conducir vt beibringen; (pruebas) vorlegen
adueñarse [-ðwe-] [1] vr Besitz ergreifen (de von)
adulterar [1] vt verfälschen ▷ vi Ehebruch begehen
adulto, a adj erwachsen ▷ m/f Erwachsene(r) mf
advenedizo, a [-βe-θo] adj zugereist ▷ m/f Emporkömmling m
adversario, a [-βer-] f Gegner(in) m(f)
adversidad [-βer-] f Unglück nt
advertencia [-βer-θja] f Warnung f; (nota) Hinweis m
advertir [-βer-] irr como sentir vt bemerken; (avisar) warnen; (indicar) aufmerksam machen auf +akk
Adviento [-βjen-] m Advent m
adyacente [-θen-] adj angrenzend
aéreo, a adj Luft-
aerobic m (Sport) Aerobic nt
aerobús (pl -buses) m Airbus m
aerodeslizador [-θa-] m Luftkissenfahrzeug nt
aeromodelismo m Modellflugzeugbau m; (Sport) Modellfliegen nt
aeronavegación [-βe-'θjon] f Luftfahrt f
aeropuerto [-'pwer-] m Flughafen m

aerosol m Spray m o nt
aeroespacial [-'θjal] adj Raumfahrt-
aerotaxi m Lufttaxi nt
afable adj freundlich
afán m Streben nt; (deseo) Gier f
afear [1] vt entstellen; (reprender) tadeln
afección [-'θjon] f Zuneigung f; (Med) Leiden nt
afectado, a adj (impresionado) betroffen; (amanerado) affektiert
afectísimo, a adj: suyo **afectísimo** hochachtungsvoll
afecto, a adj zugeneigt ▷ m Zuneigung f
afectuoso, a adj zärtlich
afeitar [-fei-] [1] vt rasieren ▷ vr: **afeitarse** sich rasieren
afeminado, a adj verweiblicht
Afganistán m Afghanistan nt
afianzar [-'θar] [8] vt (reforzar) verstärken; (asegurar) garantieren ▷ vr: **afianzarse** sich festigen
afición [-'θjon] f (por persona) Zuneigung f (a für); (por cosa) Begeisterung f (a für); (pasatiempo) Hobby nt; **la afición** (personas) die Anhängerschaft, die Fans, pl; **pinto por afición** Malen ist mein Hobby; **por afición** als Hobby
aficionado, a m/f Fan m; (a la música) Liebhaber(in) m(f); **es aficionado a tocar el piano** er spielt zu seinem Vergnügen Klavier; **es aficionado a leer** er liest leidenschaftlich gern; **es una aficionada a la natación** sie ist eine begeisterte Schwimmerin; **jugador aficionado** Amateurspieler m
afilar [1] vt (punta) spitzen; (cuchillo) schleifen

afirmación [-'θjon] f Bestätigung f
afirmar [1] vt bestätigen; (sostener) behaupten
afligir [-'xir] [13] vt betrüben ▷ vr: **afligirse** sich grämen
aflojar [-'xar] [1] vt lockern ▷ vi abflauen; (ceder) nachlassen ▷ vr: **aflojarse** locker werden
afluente adj einmündend ▷ m Nebenfluss m
afmo, a abr = **afectísimo, a suyo, a**
afónico, a adj (ronco) heiser; (sin voz) ohne Stimme
afortunadamente adv glücklicherweise
África f Afrika nt; **África del Sur** Südafrika
africano, a adj afrikanisch ▷ m/f Afrikaner(in) m(f)
afrodisíaco, a adj aphrodisisch ▷ m Aphrodisiakum nt
afrontar [1] vt trotzen +dat
afuera [-'fwe-] adv draußen; (exclamación) raus! ▷ fpl: **afueras** Umgebung f, Stadtrand m
agachar [-'tʃar] [1] vt beugen ▷ vr: **agacharse** sich bücken
agalla [-ʎa] f (Zool) Kieme f; **agallas** pl (Anat) Mandeln pl
agarradera f (Am) Henkel m; **agarraderas** fpl Beziehungen pl
agarrado, a adj (fig) geizig
agarrar [1] vt greifen, ergreifen; (Am) nehmen ▷ vi (planta) Wurzeln schlagen
agarrotar [1] vt fest zusammenbinden ▷ vr: **agarrotarse** (Tecn) sich festfressen; (Med) steif werden
agencia [a'xenθja] f Agentur f; **agencia de viajes/inmobiliaria** Reise-/Maklerbüro nt

agenda [-'xen-] f Terminkalender m; (para apuntes) Notizbuch nt
agente [-'xen-] mf Agent(in) m(f), Vertreter(in) m(f); (de policía) Polizist(in) m(f); **agentes económicos** Tarifpartner pl; **agente nocivo** Schadstoff m; **agente patógeno** (Med) Krankheitserreger m; **agente propulsor** Treibgas nt; **agentes sociales** Sozialpartner pl
ágil [-xil] adj behänd(e), flink
agitación [-xi-'θjon] f heftige Bewegung, f; (fig) Aufregung f; (del mar) Sturm m; (Pol) Unruhe f
aglomeración [-'θjon] f: **aglomeración urbana** Ballungsraum m; **centro m de aglomeración** Ballungszentrum nt
aglomerar [1] vt anhäufen ▷ vr: **aglomerarse** sich zusammenballen
agnóstico, a [-'γno-] adj agnostisch ▷ m/f Agnostiker(in) m(f)
agobiante adj nervig
agolparse [1] vr sich zusammendrängen
agonía f Todeskampf m; (fig) (Todes)angst f
agosto m August m
agotado, a adj erschöpft; (libros) vergriffen; (mercancía) ausverkauft
agradable adj angenehm, nett
agradar [1] vi gefallen
agradecer [-'θer] irr como crecer vt danken +dat; (favor etc) dankbar sein für
agrandar [1] vt vergrößern, erweitern ▷ vr: **agrandarse** größer werden
agrario, a adj landwirtschaftlich

agravar [-'βar] [1] vt schwerer machen; (impuestos, pena) erhöhen; (dolencia) verschlimmern ▷ vr: **agravarse** sich verschlimmern
agraviar [-'βjar] [1] vt beleidigen
agregar [7] vt (añadir) hinzufügen
agresión f Angriff m
agresivo, a [-βo] adj aggressiv
agriar [1] vt sauer machen ▷ vr: **agriarse** sauer werden
agrícola adj landwirtschaftlich
agricultor, a m(f) Landwirt(in) m(f), Bauer (Bäuerin) m/f
agricultura f Landwirtschaft f
agridulce [-θe] adj süßsauer
agrietarse [1] vr aufspringen; (piel) rissig werden
agrio, a adj sauer
agrobiología [-'xia] f biologischer Landbau
agrupar [1] vt gruppieren, zusammenstellen
agua f Wasser nt; (lluvia) Regen m; **aguas** pl Gewässer nt; (Naut) Kielwasser nt; **agua abajo/arriba** stromab-/stromaufwärts; **agua bendita/potable** Weih-/Trinkwasser; **agua corriente** fließendes Wasser; **agua de Colonia** Kölnischwasser; **agua destilada** destilliertes Wasser
aguacate m (fruto) Avocado f
aguacero [-'θe-] m Regenguss m
aguafuerte [-'fwer-] m (Arte) Radierung f
aguamala f Seeanemone f
aguantar [1] vt stützen; (contener) ertragen; (sostener) halten ▷ vi es ertragen ▷ vr: **aguantarse** sich zufriedengeben; (controlarse) sich beherrschen

aguar [9] *vt* verwässern; **aguar la fiesta** ein Spielverderber sein
aguardar [1] *vt* erwarten; **aguardar a alguien** auf jdn warten
aguardiente [-'ðjen-] *m* Branntwein *m*, Schnaps *m*
aguarrás *m* Terpentin *nt*
agudo, a *adj* scharf; (*voz*) schrill, hoch; (*ingenioso*) schlagfertig; (*dolor, enfermedad*) akut
aguijón [-ɣi'xon] *m* Sporn *m*; (*Bio*) Stachel *m*; (*estímulo*) Ansporn *m*
águila [-ɣi-] *f* Adler *m*
aguinaldo [-ɣi-] *m* Trinkgeld zu Weihnachten
aguja [-xa] *f* Nadel *f*; (*de reloj*) Zeiger *m*; (*Archit*) Turmspitze *f*; (*Tecn*) Nadel *f*; (*Zool*) Rippe *f*; (*Ferro*) Weiche *f*
agujero [-'xe-] *m* Loch *nt*
agujetas [-'xe-] *fpl* Muskelkater *m*
ahí *adv* dort, da; **de ahí que** +*subj* sodass; **por ahí** dort drüben, (*allá*) dort drüben; **ahí llega** da kommt er
ahijado, a [-'xa-] *m/f* Patenkind *nt*
ahínco *m* Eifer *m*
ahogar [7] *vt* ertränken; (*asfixiar*) erdrosseln; (*fuego*) ersticken ▷ *vr*: **ahogarse** ertrinken; (*suicidio*) sich ertränken; (*por asfixia*) ersticken
ahora *adv* jetzt; (*poco tiempo ha*) eben; (*dentro de poco*) gleich; **ahora voy** ich komme jetzt; **ahora mismo** gerade jetzt; (*inmediatamente*) sofort; **por ahora** vorläufig; **ahora bien** nun gut
ahorcar [6] *vt* hängen ▷ *vr*: **ahorcarse** sich erhängen
ahorita *adv* (*Am: fam*) jetzt sofort
ahorrar [1] *vt* (*dinero*) sparen; (*esfuerzos*) ersparen
ahorro *m* Sparen *nt*; **ahorros** *pl* Ersparnisse *pl*
ahumar [1] *vt* räuchern ▷ *vr*: **ahumarse** sich mit Rauch füllen
ahuyentar [1] *vt* verjagen, (*fig*) vertreiben ▷ *vr*: **ahuyentarse** weglaufen
airado, a [ai-] *adj* ärgerlich
airbag (*pl* **s**) [er'bag] *m* (*Auto*) Airbag *m*; **airbag del conductor/ del acompañante** Fahrer-/Beifahrerairbag
airbús (*pl* **-buses**) [er'bus] *m* Airbus *m*
aire ['ai-] *m* Luft *f*; (*viento*) Wind *m*; (*aspecto*) Aussehen *nt*; **al aire libre** im Freien; **aire acondicionado** Klimaanlage *f*; **corriente** *f* **de aire** Luftzug *m*
aislar [ais-] [1] *vt* isolieren
ajedrez (*pl* **ajedreces**) [axe'ðreθ] *m* Schach *nt*
ajeno, a [-'xe-] *adj* fremd; (*improprio*) unpassend
ajetreo [-xe-] *m* reges Treiben
ají [a'xi] *m* roter Pfeffer
ajo [-xo] *m* Knoblauch *m*
ajuar [-'xwar] *m* Haushaltsgegenstände *pl*; (*de novia*) Aussteuer *f*
ajustar [-xus-] [1] *vt* (*adaptar*) einpassen; (*funda*) anpassen (*a dat*); (*relojes*) gleich stellen; (*máquina*) einstellen, regulieren; (*tornillos*) justieren; (*contratar*) anstellen; (*imprenta*) angleichen; (*precio*) festlegen; (*apretar*) anziehen; (*concertar*) vereinbaren; (*cuenta*) abrechnen ▷ *vi* genau passen
al *prep* = **a + el**; *ver* **a**
ala *f* Flügel *m*; (*de sombrero*) Hutkrempe *f*; (*futbolista*)

Flügelstürmer m; **ala delta** Drachenfliegen nt; **alas delta** (Flug)drachen m
alabar [1] vt loben
alacena [-'θe-] f Küchenschrank m
alacrán m Skorpion m
aladeltismo m Drachenfliegen nt
alambrada f Schutzgitter nt
alambre m Draht m; **alambre de púas** Stacheldraht
alameda f (lugar de paseo) Allee f
álamo m Pappel f; **álamo temblón** Espe f
alar m Dachvorsprung m
alargar [7] vt verlängern; (paso) beschleunigen; (brazo) ausstrecken; (cuerda) dehnen ▷ vr: **alargarse** länger werden, sich dehnen
alarma f Alarm m; **dispositivo m de alarma** Alarmanlage f
alazán [-'θan] m (caballo) Fuchs m
alba f Morgendämmerung f
albahaca f Basilikum nt
Albania f Albanien nt
albañil m Maurer(in) m(f)
albaricoque [-ke] m Aprikose f
alberca f Wasserbehälter m
albergue [-ye] m Unterkunft f; **albergue juvenil** Jugendherberge f
albóndiga f Fleischkloß m
albornoz (pl **albornoces**) [-'noθ] m (para el baño) Bademantel m
alborotador m Rowdy m
alborotar [1] vt beunruhigen ▷ vi randalieren ▷ vr: **alborotarse** sich erregen; (mar) stürmisch werden
alborozo [-θo] m Freude f
álbum m Album nt
alcachofa [-'tʃo-] f Artischocke f
alcalde, sa m(f) Bürgermeister(in) m(f)

alcance [-θe] m Reichweite f
alcancía [-'θia] f Sparbüchse f
alcantarilla [-Λa] f Abwasserkanal m; (en la calle) Rinnstein m
alcanzar [-'θar] [8] vt erreichen; (a alguien en el camino) einholen
alcaparra f Kaper f
alcázar [-'θar] m Festung f; (palacio) Burg f
alcoba f Schlafzimmer nt
alcohol m Alkohol m
alcohólico, a adj alkoholisch ▷ m/f Alkoholiker(in) m(f); **grado m de alcohólico** Promille pl
alcoholímetro m Promillemesser m, Prüfröhrchen nt
alcornoque [-ke] m Korkeiche f
aldaba f Türklopfer m
aldea f Dorf nt
aleación [-'θjon] f Legierung f
aleccionar [-θjo-] [1] vt lehren; (adiestrar) trainieren
alegrar [1] vt (causar alegría) erfreuen; (fiesta) beleben ▷ vr: **alegrarse** sich freuen (de über +akk)
alegre adj fröhlich, lustig; (fam) beschwipst; (licencioso) frei, locker
alegría f Freude f, Fröhlichkeit f
alejarse [-'xar-] [1] vr sich entfernen
alemán, ana adj deutsch ▷ m/f Deutsche(r) mf ▷ m (lengua) Deutsch nt
Alemania f Deutschland nt; **Alemania Democrática** (Hist) Deutsche Demokratische Republik; **Alemania Federal** Bundesrepublik f
alentador, a adj ermutigend
alerce [-θe] m (Bot) Lärche f
alergia [-xja] f Allergie f

alero *m* (*de tejado*) Vordach *nt*; (*carruaje*) Schutzblech *nt*
alerta *f* Alarm *m*
aleta *f* (*de pez*) Flosse *f*; (*de un buzo*) Schwimmflosse *f*; (*de nariz*) Nasenflügel *m*; (*de coche*) Kotflügel *m*
alevosía [-ðo-] *f* Hinterlist *f*
alfabeto *m* Alphabet *nt*
alfarero, a *m/f* Töpfer(in) *m(f)*
alfiler *m* Stecknadel *f*; (*broche*) Brosche *f*
alfombra *f* Teppich *m*; **alfombrilla de baño** Badematte *f*; **alfombrilla para el ratón** Mausmatte *f*
alforja [-xa-] *f* Satteltasche *f*
alga *f* Alge *f*
algarrobo *m* Johannisbrotbaum *m*
álgebra [-xe-] *f* Algebra *f*
algo *pron* etwas; **por algo será** es wird einen Grund dafür geben ▷ *adv* ein bisschen
algodón *m* Baumwolle *f*; **algodón de azúcar** Zuckerwatte *f*
algoritmo *m* Algorithmus *m*
alguien [-γjen] *pron* jemand
algún, alguno, a *adj* irgendein(e); **algún que otro libro** das eine oder andere Buch; **algún día iré** eines Tages gehe ich; **sin interés algún** ohne das geringste Interesse ▷ *pron* jemand; **algún que otro** der eine oder andere; **algúns piensan** einige (Leute) denken
alhaja [-xa-] *f* Juwel *nt*; (*tesoro*) Schmuckstück *nt*; (*fig*) Schatz *m*
alheña *f* Henna *nt*
alianza [-θa-] *f* Bündnis *nt*; (*anillo*) Ehering *m*

alicantino, a *adj* aus Alicante
alicates *mpl* Flachzange *f*; **alicates de uñas** Nagelschere *f*
aliento [-'ljen-] *m* Atem *m*; (*respiración*) Atmung *f*; **sin aliento** atemlos
aligerar [-xe-] [1] *vt* erleichtern; (*reducir*) verkürzen; (*aliviar*) lindern
alimaña *f* Raubtier *nt*
alimentación [-'θjon] *f* (*comida*) Ernährung *f*; (*acción*) Versorgung *f*
alimentarse [1] *vr* sich ernähren
alimento *m* Nahrungsmittel *nt*; **alimentos** *pl* (Jur) Alimente *pl*
alinear [1] *vt* aufreihen ▷ *vr*: **alinearse** sich in einer Reihe aufstellen
aliñar [1] *vt* schmücken; (*preparar*) anrichten; (*Gastr*) würzen
alisar [1] *vt* glätten; (*pulir*) polieren
aliso *m* Erle *f*
alivio [-βjo] *m* Erleichterung *f*
aljibe [-'xi-] *m* Wassertank *m*
allá [-'ʎa] *adv* (*lugar*) da, dort; (*por ahí*) dorthin; (*tiempo*) damals; **allá abajo** dort unten; **más allá** weiter; **más allá del río** auf der anderen Seite des Flusses; **¡allá tú!** das ist deine Sache!
allanar [-ʎa-] [1] *vt* ebnen, planieren; **allanar una morada** (Jur) Hausfriedensbruch begehen
allegado, a [-ʎe-] *adj* nahe, nahestehend ▷ *m/f* Angehörige(r) *mf*
allí [-'ʎi] *adv* dort; **allí mismo** genau dort; **por allí** dort lang
alma *f* Seele *f*; (*que anima*) Geist *m*; (*Tecn*) Kernstück *nt*
almacén [-'θen] *m* (*depósito*) Lager *nt*; (*Mil*) Magazin *nt*; (*tienda*) Laden *m*; **almacenes** *pl* Kaufhaus *nt*

almanaque [-ke-] *m* Almanach *m*
almeja [-xa] *f* Muschel *f*
almendra *f* Mandel *f*
almíbar *m* Sirup *m*
almidón *m* Stärke *f*
almirante, a *m/f* Admiral(in) *m(f)*
almohada *f* Kopfkissen *nt*
almohadilla [-ʎa] *f* kleines Kissen; (*en silla de montar*) Sitzkissen *nt*; (*Am*) Nadelkissen *nt*; **almohadilla de freno** (*Tecn*) Bremsklotz *m*
almorranas *fpl* Hämorr(ho)iden *pl*
almorzar [-'θar] *irr como* **forzar** *vt*: **almorzar una tortilla** eine Tortilla zu Mittag essen ▷ *vi* zu Mittag essen
almuerzo [-'mwerθo] *m* Mittagessen *nt*
alojamiento [-xa-] *m* Unterkunft *f*

- **ALOJAMIENTO**
-
- In Spanien kann man unter den
- folgenden fünf Kategorien (in
- absteigender Reihenfolge in
- Bezug auf Qualität und Preis) für
- eine Übernachtung wählen:
- **hotel** (mit einem bis fünf
- Sternen), **hostal**, **pensión**, **casa**
- **de huéspedes**, **fonda**. Die
- Qualität kann auch innerhalb
- dieser Kategorien stark
- variieren. Es gibt dann noch
- staatlich geführte Luxushotels,
- die **paradores**, die meistens an
- historisch besonders
- interessanten Orten gelegen
- sind und oft sogar selbst
- historische Gebäude sind.

alojar [-'xar] [1] *vt* unterbringen ▷ *vr*: **alojarse** absteigen (*en* in +*dat*)

alondra *f* (*Zool*) Lerche *f*
alpargata *f* Leinenschuh *m*
Alpes *mpl*: **los Alpes** die Alpen *pl*
alpinismo *m* Bergsteigen *nt*
alpinista *mf* Bergsteiger(in) *m(f)*
alquilar [-ki-] [1] *vt* verleihen; (*piso*) mieten; (*a inquilino*) vermieten; **se alquilan casas** Häuser zu vermieten
alquiler *m* Miete *f*; (*arriendo*) Pacht *f*; **de alquiler** Miet(s)-
alquitrán [-ki-] *m* Teer *m*
alrededor *adv* ringsherum; **alrededor de** etwa, ungefähr ▷ *mpl*: **alrededores** Umgebung *f* ▷ *m*: **mirar a su alrededor** sich umsehen
altar *m* Altar *m*
altavoz (*pl* **altavoces**) [-'βoθ] *m* Lautsprecher *m*
alterar [1] *vt* verändern ▷ *vr*: **alterarse** schlecht werden; (*voz*) versagen; (*persona*) sich aufregen
alternativo, a [-βo] *adj* (*t. Pol*) alternativ; (*alterno*) abwechselnd ▷ *f* Alternative *f*; (*elección*) Auswahl *f*, Wahl *f*; **alternativas** *pl* Wetterumschlag *m*
altiplanicie [-θje] *f*, **altiplano** *m* Hochebene *f*
altisonante *adj* (*fig*) hochtrabend
altitud *f* Höhe *f*
alto, a *adj* hoch; (*de tamaño*) groß; (*noble*) vornehm; **tiene dos metros de alto** er ist zwei Meter groß; **en alta mar** auf hoher See; **en voz alta** laut; **a altas horas de la noche** spät nachts; **pasar por alto** übersehen; **dar de alta** entlassen ▷ *m* Halt *m*; (*Mus*) Alt *m*; (*Geo*) Hügel *m*; (*Am*) Haufen *m*; **en lo alto de** auf der Spitze von; **alto**

el fuego (Mil) Feuerpause f, Waffenruhe f ▷ adv (de sitio) hoch; (de sonido) laut ▷ interj halt!
altoparlante m (Am) Lautsprecher m
altura f Höhe f; (Geo) Breite f; **tiene 1,80 de altura** er ist 1,80 groß; **a estas alturas del año** zu dieser Jahreszeit; **pesca f de altura** Hochseefischerei f
alubia f Bohne f
alucinación [-θi-'θjon] f Halluzination f
alucinante [-θi-] adj (fam) toll, super
alucinógeno, a [-θi-xe-] adj (Med) halluzinogen; (droga) bewusstseinsverändernd
alud m Lawine f
aludir [3] vi: **aludir a** anspielen auf +akk
alumbramiento m (luz) Beleuchtung f; (Med) Entbindung f
aluminio m Aluminium nt
alumno, a m/f Schüler(in) m(f)
alunizaje [-'θaxe] m Mondlandung f
alunizar [8] vi auf dem Mond landen
alusión f Anspielung f, Andeutung f
aluvión [-'βjon] m Überschwemmung f; (fig) Schwall m
alza [-θa] f Steigerung f; **en alza** steigend
alzar [-'θar] [8] vt erheben; (precio, muro) erhöhen ▷ vr: **alzarse** aufstehen
ama f: **ama de casa** Hausfrau f; (dueña) Besitzerin f; (criada) Wirtschafterin f
amabilidad f Liebenswürdigkeit f; (simpatía) Entgegenkommen nt

amable adj liebenswürdig, nett
amaestrar [-maes-] [1] vt dressieren
amalgama f Amalgam nt
amamantar [1] vt (animal) säugen; (bebé) stillen
amanecer [-'θer] irr como crecer vi Tag werden ▷ m Tagesanbruch m
amanerado, a adj affektiert
amansar [1] vt zähmen; (sosegar) besänftigen
amante adj liebevoll ▷ mf Geliebte(r) mf, Liebhaber(in) m(f); **amante del arte** Kunstliebhaber(in)
amapola f Mohn m
amar [1] vt lieben
amargado, a adj verbittert
amargo, a adj bitter
amarillo, a [-ʎo] adj gelb
amarrar [1] vt fesseln; (sujetar) festbinden
amasar [1] vt kneten; (mezclar) einrühren
amateur [-teur] mf inv Amateur(in) m(f)
amatista f Amethyst m
amazona [-'θo-] f Amazone f
Amazonas [-'θo-] m Amazonas m
ámbar m Bernstein m
ambición [-'θjon] f Ehrgeiz m
ambicioso, a adj ehrgeizig
ambiente [-'bjen-] m Umgebung f, Milieu nt; (fig) Stimmung f, Atmosphäre f; **medio ambiente** Umwelt f; **destrucción f del medio ambiente** Umweltzerstörung f; **protección f del medio ambiente** Umweltschutz m
ambiguo, a adj zweideutig
ámbito m Umkreis m; (campo)

Bereich *m*; (*fig*) Rahmen *m*
ambos, as *adj, pron pl* beide
ambulancia [-θja] *f* Krankenwagen *m*
ambulante *adj* umherziehend
ambulatorio *m* Ambulanz *f*
amedrentar [1] *vt* einschüchtern
amén *interj* amen!; **amén de** außer +*dat*
amenaza [-θa] *f* Drohung *f*
amenazar [8] *vt, vi* drohen
ameno, a *adj* unterhaltsam
América *f* Amerika *nt*; **América del Norte/del Sur** Nord-/Südamerika; **América Central/Latina** Mittel-/Lateinamerika
americano, a *adj* amerikanisch ▷ *m/f* Amerikaner(in) *m(f)* ▷ *f* Jackett *nt*
ametralladora [-ʎa-] *f* Maschinengewehr *nt*
amígdala *f* Mandel *f*
amigdalitis *f inv* Mandelentzündung *f*
amigo, a *adj* freundschaftlich ▷ *m/f* Freund(in) *m(f)*
amiguismo [-ɣi-] *m* Vetternwirtschaft *f*
aminorar [1] *vt* verringern
amistad *f* Freundschaft *f*; **amistades** *pl* Bekanntenkreis *m*
amnesia *f* Amnesie *f*
amo *m* Eigentümer *m*
amoldar [1] *vt* formen; (*adaptar*) anpassen (*a dat*)
amonestar [1] *vt* verwarnen ▷ *vr*: **amonestarse** das Aufgebot bestellen
amontonar [1] *vt* anhäufen ▷ *vr*: **amontonarse** (*personas*) zusammenlaufen
amor *m* Liebe *f*; (*amado*) Liebling *m*

15 | anarquismo

amoratado, a *adj* dunkelviolett
amorío *m* (*fam*) Techtelmechtel *nt*
amortiguador *m* Stoßdämpfer *m*
amortización [-θa'θjon] *f* Tilgung *f*
amparo *m* Schutz *m*
ampliar [4] *vt* (*Foto*) vergrößern; (*extender*) ausdehnen; (*Inform: memoria*) erweitern
amplificación [-'θjon] *f* Erweiterung *f*; (*de sonido*) Verstärkung *f*
amplificador *m* Verstärker *m*
amplio, a *adj* weit, ausgedehnt; (*extenso*) ausführlich
ampolla [-ʎa] *f* (*Med*) Blase *f*; (*recipiente*) Ampulle *f*
amputar [1] *vt* amputieren
amueblar [-mwe-] [1] *vt* möblieren
analfabetismo *m* Analphabetismus *m*
analfabeto, a *m/f* Analphabet(in) *m(f)*
analgésico, a [-'xe-] *adj* schmerzstillend ▷ *m* schmerzstillendes Mittel
análisis *m inv* Analyse *f*; **análisis sintáctico** (*Inform*) Parsing *nt*; **análisis de sistema** (*Inform*) Systemanalyse
analista *mf*: **analista de sistemas** (*Inform*) Systemanalytiker(in) *m(f)*
analizar [-'θar] [8] *vt* analysieren
analógico, a *adj* (*Inform*) analog; **ordenador analógico** Analogrechner *m*
ananá(s) *m* (*Am*) Ananas *f*
anarquía [-'kia] *f* Anarchie *f*
anarquismo [-'kis-] *m* Anarchismus *m*

anarquista [-'kis-] mf Anarchist(in) m(f)
anatomía f Anatomie f
ancho, a [-tʃo] adj breit; (falda) weit ▷ m Breite f
anchoa [-'tʃoa] f Sardelle f
anciano, a [-'θja-] adj alt ▷ m/f Greis(in) m(f)
ancla f Anker m
Andalucía [-'θia] f Andalusien nt
andaluz, a [-'luθ] m(f) Andalusier(in) m(f)
andar irr vt entlanggehen ▷ vi gehen; (motorizado) fahren; (funcionar) laufen; (estar) sich befinden; **andar a pie** zu Fuß gehen; **¡andando!** na, los jetzt! ▷ m Gang m
andén m Gehweg m; (Ferro) Bahnsteig m; (Naut) Strandpromenade f
Andes mpl: **los Andes** die Anden pl
Andorra f Andorra nt
andrajo [-xo] m Lumpen m
anécdota f Anekdote f
anegar [7] vt überschwemmen
anemia f Blutarmut f
anestésico m Betäubungsmittel nt
anexar [1] vt, **anexionar** [1] vt (país) annektieren
anexo, a adj beiliegend ▷ m Beilage f; (en carta) Anlage f
anfetamina f (Med) Amphetamin nt
anfibio, a adj amphibisch ▷ m Amphibie f
anfiteatro m Amphitheater nt
anfitrión, ona m/f Gastgeber(in) m(f)
ángel [-xel] m Engel m
angina [-'xi-] f (Med) Halsentzündung f; **angina de pecho** Angina f pectoris
angosto, a adj eng
anguila [-'gi-] f Aal m
ángulo m Winkel m; (esquina) Ecke f
angustia f Angst f, Beklemmung f
anidar [1] vi nisten
anillo [-ʎo] m Ring m
ánima f Seele f
animado, a adj munter; (vivaz) lebhaft
animador, a m(f) Alleinunterhalter(in) m(f); (en vacaciones) Animateur(in) m(f)
animal adj tierisch; (fig) lebhaft ▷ m Tier nt; (fig) Dummkopf m; (bestia) brutaler Kerl
animar [1] vt beleben; (fig) aufmuntern; (estimular) anregen ▷ vr: **animarse** sich aufraffen; (decidirse) sich entschließen
animosidad f Abneigung f
aniquilar [-ki-] [1] vt vernichten
anís (pl **anises**) m Anis m
aniversario m Jahrestag m
anoche [-tʃe] adv gestern Abend [o Nacht]; **antes de anoche** vorgestern Abend
anochecer [-tʃe'θer] irr como crecer vi Nacht werden
anomalía f Anomalie f
anónimo, a adj anonym; **sociedad** f **anónima** Aktiengesellschaft f ▷ m anonymer Brief
anorak (pl **s**) m Anorak m
anorexia f Magersucht f
anoréxico, a adj magersüchtig
anormal adj abnormal, regelwidrig
anotar [1] vt notieren; (comentar) kommentieren
anovulatorio [-βu-] m (Med) Ovulationshemmer m

anquilosarse [-ki-] [1] vr (Med) steif werden

ansiedad f (inquietud) Beklemmung f; (avidez) Begierde f

Antártida f: **la Antártida** die Antarktis

ante prep (situación) vor +dat; (movimiento) vor +akk; (encarado con) angesichts +gen; **ante todo** vor allem ▷ m Büffel m; (piel) Velousleder nt

anteanoche [-tʃe] adv vorgestern Abend

anteayer adv vorgestern

antebrazo [-θo] m Unterarm m

antedicho, a [-tʃo] adj oben genannt

antelación [-'θjon] f: **con antelación** im Voraus

antemano m: **de antemano** im Voraus

antena f Antenne f; (Zool) Fühler m; **antena parabólica** Satellitenantenne f, Satellitenschüssel f

antepasados mpl Vorfahren pl

antepecho [-tʃo] m Brüstung f; (repisa) Fensterbrett nt

anteponer irr como poner vt voranstellen; (fig) vorziehen

anterior adj vorhergehend, früher

antes adv vorhin, vorher; (primero) eher; (con prioridad) zuerst; (hace tiempo) vormals; (mejor) lieber; **dos días antes** zwei Tage zuvor; **cuanto antes, lo antes posible** so bald wie möglich ▷ prep: **antes de** bevor ▷ conj: **antes de que** +subj ehe, bevor

antesala f Vorzimmer nt

antiabortista mf Abtreibungsgegner(in) m(f)

antibiótico m Antibiotikum nt

anticipación [-θi-'θjon] f Vorwegnahme f; (Com) Vorauszahlung f

anticipado, a [-θi-] adj voreilig ▷ adv: **por anticipado** im Voraus

anticipo [-'θi-] m Vorschuss m

anticonceptivo [-θep-βo] m Verhütungsmittel nt

anticongelante [-xe-] m Frostschutzmittel nt

anticuado, a adj veraltet

anticuario, a m/f Antiquitätenhändler(in) m(f)

antidepresivo [-βo] m Antidepressivum nt

antidoping [-'θi-] adj inv (Sport) Doping-; (test antidoping) Dopingkontroll-

antídoto m Gegengift nt

antidroga adj inv Drogenbekämpfungs-; **brigada** f **antidroga** Rauschgiftdezernat nt, Drogenfahndung f

antigüedad [-ɣwe-] f Altertum nt; **antigüedades** pl Antiquitäten pl

antiguo, a adj alt, langjährig; (lo que fue) ehemalig

antihéroe m Antiheld nt

antihistamina f Antihistamin nt

antillano, a [-'ʎa-] m/f Antillenbewohner(in) m(f)

Antillas [-'ʎas] fpl: **las Antillas** die Antillen pl

antílope m Antilope f

antiinflamatorio m (Med) entzündungshemmendes Mittel nt

antinuclear adj von Kernkraftgegnern; **activista** mf **antinuclear** Kernkraftgegner(in) m(f)

antipatía f Antipathie f, Abneigung f

antipático, a adj unsympathisch

antirrobo, a *adj*: **dispositivo** m **antirrobo** Diebstahlsicherung f
antiterrorismo m Terrorismusbekämpfung f
antiterrorista *adj* Antiterror-
antojo [-xo-] m Laune f
antorcha [-tʃa-] f Fackel f
antro m (*caverna*) Grotte f; (*fam: lugar*) Spelunke f
anual *adj* jährlich
anudar [1] *vt* verknoten; (*unir*) verbinden
anular [1] *vt* aufheben; (*crédito*) streichen; (*pedido, viaje*) stornieren; (*Inform*) löschen; (*revocar*) rückgängig machen ▷ m Ringfinger m
anunciar [-'θjar-] [1] *vt* ankündigen; (*proclamar*) bekannt machen; (*Com*) annoncieren
anuncio [-θjo] m Bekanntmachung f; (*señal*) Vorzeichen nt; (*Com*) Anzeige f; (*cartel*) Werbeplakat nt
anzuelo [-'θwe-] m Angelhaken m; (*fig*) Köder m
añadir [3] *vt* hinzufügen
añejo, a [-xo] *adj* veraltet
año m Jahr nt; **tener 15 años** 15 Jahre alt sein; **los años 60** die Sechzigerjahre; **¡Feliz Año Nuevo!** ein gutes neues Jahr!; **año bisiesto/escolar** Schalt-/Schuljahr nt
añoranza [-θa-] f Heimweh nt; (*anhelo*) Sehnsucht f
apacible [-'θi-] *adj* mild, sanft
apagar [7] *vt* (aus)löschen; (*luz*) ausmachen; (*sed*) stillen; (*ruidos*) dämpfen ▷ *vr*: **apagarse** ausgehen
apagón m Stromausfall m
apalabrar [1] *vt* (mündlich) vereinbaren
apalear [1] *vt* schlagen; (*alfombra*) klopfen
apañarse *vr* zurechtkommen
aparador m Sideboard nt, Anrichte f
aparato m Apparat m; (*doméstico*) Haushaltsgerät nt
aparcamiento m Parkplatz m
aparcar [6] *vt* parken
aparecer [-'θer] *irr como* **crecer** *vi* erscheinen
aparejo [-xo] m Vorbereitung f; (*de poleas*) Flaschenzug m; (*Naut*) Takelage f; (*de caballo*) Sattelzeug nt; **aparejos** pl Werkzeug nt
aparente *adj* scheinbar; (*adecuado*) passend
apariencia [-'jenθja] f Aussehen nt; **en apariencia** dem Anschein nach
apartado, a *adj* abgelegen; (*lejano*) entfernt ▷ m: **apartado (de correos)** Postfach nt
apartamento m Apartment nt
apartamiento m Trennung f; (*aislamiento*) Absonderung f; (*Am*) Wohnung f, Appartement nt, Apartment nt
apartarse [1] *vr* sich trennen; (*irse*) sich entfernen
aparte *adv* einzeln; (*además*) außerdem ▷ m Absatz m
apasionado, a *adj* leidenschaftlich
apasionarse [1] *vr* sich begeistern
apático, a *adj* teilnahmslos, apathisch
apdo m *abr* (= *apartado (de correos)*) Postfach nt
apeadero m Haltestelle f
apearse [1] *vr* absteigen; (*bajarse*) aussteigen

apego m Zuneigung f
apelar [1] vi Berufung einlegen (*ante* bei); **apelar a** Hilfe suchen bei
apellido [-ʎi-] m Familienname m

- **APELLIDO**
-
- In der Spanisch sprechenden
- Welt haben die meisten Leute
- zwei **apellidos**, der erste ist der
- erste Nachname ihres Vaters
- und der zweite der erste
- Nachname ihrer Mutter; z. B. die
- Kinder von Juan García López
- und Carmen Pérez Rodríguez
- würden mit Nachnamen García
- Pérez heißen. Verheiratete
- Frauen behalten ihren eigenen
- Nachnamen und fügen
- manchmal den ersten
- Nachnamen ihres Mannes an
- ihren an: so z. B. Carmen Pérez
- de García. Sie könnte auch
- Señora de García genannt
- werden. In Lateinamerika ist es
- im Schriftverkehr üblich den
- zweiten Nachnamen mit dem
- Anfangsbuchstaben
- abzukürzen, z. B. Juan García L.

apenas adv kaum ▷ conj sobald
apéndice [-θe-] m Anhang m; (*Med*) Blinddarm m
apendicitis [-θi-] f inv Blinddarmentzündung f
apercibir [-θi-] [3] vt vorbereiten; (*avisar*) warnen; (*Jur*) verwarnen; (*Am*) bemerken ▷ vr: **apercibirse de algo** etw bemerken
aperitivo [-βo-] m Aperitif m
apertura f Öffnung f; (*fig*) Eröffnung f
apestar [1] vt verpesten ▷ vi stinken
apetito m Appetit m; (*fig*) Verlangen nt
apiadarse [1] vr: **apiadarse de** Mitleid haben mit
apilar [1] vt anhäufen
apio m Sellerie f
aplacar [6] vt besänftigen ▷ vr: **aplacarse** sich beruhigen; (*tormenta*) nachlassen
aplanar [1] vt ebnen, einebnen; (*fig*) entmutigen
aplastar [1] vt platt drücken; (*fig*) fertigmachen
aplaudir [3] vi applaudieren
aplauso m Beifall m, Applaus m
aplazar [-'θar] [8] vt verschieben
aplicado, a adj fleißig
aplicar [6] vt (*emplear*) anwenden ▷ vr: **aplicarse** sich einsetzen
aplomo m Selbstsicherheit f
apocado, a adj schüchtern; (*indeciso*) kleinmütig, verzagt
apoderar [1] vt bevollmächtigen ▷ vr: **apoderarse de** sich bemächtigen +gen
apodo m Spitzname m
apogeo [-'xeo] m (*fig*) Höhepunkt m
apoplejía [-'xia] f Schlaganfall m
aporrear [1] vt hämmern gegen
aportar [1] vt beitragen
aposentar [1] vt beherbergen
apostar irr como contar vt wetten ▷ vi wetten
apóstol m Apostel m
apoyar [1] vt stützen, aufstützen; (*fig*) unterstützen ▷ vr: **apoyarse en** sich stützen auf +akk
apreciable [-'θja-] adj wahrnehmbar; (*fig*) beträchtlich
apreciar [-'θjar] [1] vt (*fig: estimar*)

aprecio | 20

zu schätzen wissen; (*Com: valuar*) schätzen

aprecio [-θjo] *m* (*fig: estimación*) Wertschätzung *f*

apremiante *adj* eilig, dringend

aprender [2] *vt* lernen

aprendiz, a (*pl* **-ices**) [-'diθ] *m(f)* Auszubildende(r) *mf*, Lehrling *m*

aprendizaje [-'θaxe] *m* Lehre *f*

aprensivo, a [-βo] *adj* ängstlich

apresar [1] *vt* gefangen nehmen; (*coger*) ergreifen

aprestar [1] *vt* bereit machen, vorbereiten; (*Tecn*) appretieren ▷ *vr*: **aprestarse** sich bereit erklären

apresurar [1] *vt* antreiben ▷ *vr*: **apresurarse** sich beeilen

apretado, a *adj* knapp, eng; (*difícil*) schwierig; (*fam*) geizig

apretar *irr como pensar vt* drücken; (*Tecn*) anziehen; (*presionar*) zusammenpressen

aprieto [-'prje-] *m* Notlage *f*, Bedrängnis *f*, Klemme *f*

aprobación [-'θjon] *f* Billigung *f*, Genehmigung *f*

aprobado *m* (*Escuela*) Befriedigend *nt*, Drei *f*

aprobar *irr como contar vt* (*asentir*) billigen; (*examen*) bestehen

apropiación [-'θjon] *f* Aneignung *f*

apropiado, a *adj* geeignet

aprovechar [-βe'tʃar] [1] *vt* nutzen, ausnutzen ▷ *vi* (*adelantar*) fortschreiten; (*servir*) nützen; **¡que aproveche!** guten Appetit! ▷ *vr*: **aprovecharse de algo** etw ausnutzen

aproximado, a *adj* ungefähr

aproximar [1] *vt* näher bringen ▷ *vr*: **aproximarse** sich nähern

apto, a *adj* fähig

apuesto, a [-'pwes-] *adj* stattlich, elegant ▷ *f* Wette *f*, Einsatz *m*

apuntalar [1] *vt* abstützen, stützen

apuntar [1] *vt* (*el arma*) richten (*hacia* auf +*akk*); (*anotar*) notieren

apunte *m* Notiz *f*

apuñalar [1] *vt* erstechen

apurar [1] *vt* (*agotar*) leeren, aufbrauchen; (*molestar*) belästigen ▷ *vi* drängen ▷ *vr*: **apurarse** (*preocuparse*) sich *dat* Sorgen machen

apuro *m* (*aprieto*) Notlage *f*; (*escasez*) Geldschwierigkeiten *pl*; (*aflicción*) Kummer *m*; (*prisa*) Eile *f*

aquejar [-ke'xar] [1] *vt* bedrängen; (*Med*) plagen

aquel, aquella (*pl* **aquellos, -as**) [-'kel, -'keʎa, -'keʎos] *art* jener, jene, jenes; (*pl*) jene

aquél, aquélla (*pl* **aquéllos, -as**) [-'kel, -'keʎa, -'keʎos] *pron* jener, jene, jenes; der dort, die dort, das dort; (*pl*) jene; die dort

aquello [-'keʎo] *pron* jenes; das dort

aquí [-'ki] *adv* (*lugar*) hier; (*tiempo*) jetzt; **aquí arriba** hier oben; **aquí mismo** gerade hier; **aquí yace** hier ruht; **de aquí a siete días** heute in einer Woche

Aquisgrán [-kis-] *m* Aachen *nt*

árabe *adj* arabisch ▷ *mf* Araber(in) *m(f)* ▷ *m* (*lengua*) Arabisch *nt*

Arabia *f*: **Arabia Saudita** Saudi-Arabien *nt*

arado *m* Pflug *m*

Aragón *m* Aragonien *nt*

aragonés, esa *adj* aragonisch ▷ *m/f* Aragonier(in) *m(f)*

arancel [-'θel] *m* Tarif *m*; **arancel de aduanas** Zoll(tarif) *m*
araña *f* (*Zool*) Spinne *f*; (*de luces*) Kronleuchter *m*
arañar [1] *vt*, *vi* kratzen
arar [1] *vt* pflügen
arbitrario, a *adj* willkürlich
árbitro, a *m/f* Schiedsrichter(in) *m(f)*
árbol *m* (*Bot*) Baum *m*; (*Naut*) Mast *m*; (*Tecn*) Achse *f*, Welle *f*
arboleda *f* Wäldchen *nt*, Baumallee *f*, Baumpflanzung *f*
arbusto *m* Busch *m*, Strauch *m*
arca *f* Truhe *f*; (*caja*) Kiste *f*
arcada *f* Arkade *f*; (*de puente*) Brückenbogen *m*; (*náusea*) Würgen *nt*
arce [-θe] *m* Ahorn *m*
archivador [-tʃiβa-] *m* (*de documentos*) Aktenschrank *m*; (*de cartas*) Briefordner *m*
archivo [-'tʃiβo] *m* Archiv *nt*; (*Inform*) Datei *f*
arcilla [-'θiʎa] *f* Ton *m*
arco *m* Bogen *m*; **arco iris** Regenbogen
arder [2] *vt* verbrennen ▷ *vi* brennen
ardilla [-'ʎa] *f* Eichhörnchen *nt*
ardor *m* (*calor*) Hitze *f*, Glut *f*; (*fig*) Eifer *m*; **ardor de estómago** Sodbrennen *nt*
área *f* Fläche *f*; **área de descanso** Rastplatz *m*; **área de ocio** Freizeitanlage *f*; **área de servicio** (*Auto*) Raststätte *f*
arena *f* Sand *m*; (*de una lucha*) Arena *f*
arenisca *f* Buntsandstein *m*
arenque [-ke] *m* Hering *m*
arete *m* Ohrring *m*

argamasa *f* Mörtel *m*
Argel [-'xel] *m* Algier *nt*
Argelia [-'xe-] *f* Algerien *nt*
argelino, a *adj* algerisch ▷ *m/f* Algerier(in) *m(f)*
Argentina [-xen-] *f* Argentinien *nt*
argentino, a *adj* argentinisch; (*de plata*) silbern ▷ *m/f* Argentinier(in) *m(f)*
argolla [-'ʎa] *f* Metallring *m*
argot (*pl* s) *m* Slang *m*
argumento *m* Argument *nt*
aria *f* Arie *f*; (*canción*) Lied *nt*
árido, a *adj* trocken; (*estéril*) unfruchtbar
áridos *mpl* Dörrobst *nt*
Aries [-jes] *pl m inv* (*Astr*) Widder *m*
arisco, a *adj* unbändig; (*insociable*) ungesellig
aristocracia [-'θja] *f* Aristokratie *f*
aritmética *f* Arithmetik *f*
arma *f* Waffe *f*; **arma espacial** Weltraumwaffe; **arma de fuego** Feuerwaffe; **armas nucleares** Atomwaffen *pl*
armadillo [-'ʎo] *m* Gürteltier *nt*
armado, a *adj* bewaffnet; (*Tecn*) armiert
armamento *m* Bewaffnung *f*; (*Naut*) Schiffsgerät *nt*; **armamento espacial** Weltraumrüstung *f*
armar [1] *vt* bewaffnen; (*Naut*) bestücken; (*Tecn*) zusammenbauen
armario *m* Schrank *m*; **salir del armario** sich outen
armazón [-'θon] *f o m* Gerüst *nt*, Rahmen *m*; (*de mueble etc*) Gestell *nt*; (*Archit*) Rohbau *m*
armería *f* (*museo*) Waffenmuseum *nt*; (*tienda*) Waffenhandlung *f*

armiño m Hermelin nt
armonía f Harmonie f
armónico, a adj harmonisch ▷ f Mundharmonika f
aro m Ring m, Reif m; (Bot) Aronstab m; (pendiente) Ohrring m
aroma m Aroma nt
arpa f Harfe f
arpón m Harpune f
arquear [-ke-] [1] vt biegen ▷ vr: **arquearse** sich krümmen
arqueología [-ke-'xia] f Archeologie f
arqueólogo, a m/f Archeologe(-login) m/f
arquitecto, a [-ki-] m/f Architekt(in) m(f)
arquitectura f Architektur f
arrabal m Vorort m; (Am) Elendsviertel nt
arraigar [-rrai-] [7] vt etablieren ▷ vi, vr: **arraigarse** Wurzeln schlagen
arrancar [6] vt (sacar) ausreißen; (separar) entreißen; (fig) herausholen; (Inform) starten, booten ▷ vi anlaufen, starten; (fig) anfangen
arranque [-ke-] m Ausreißen nt, Entwurzeln nt; (Auto) Start m; (fig) Anfall m; **arranque en caliente/en frío** (Inform) Warm-/Kaltstart
arrasar [1] vt (aplanar) einebnen; (destruir) dem Erdboden gleichmachen
arrastrar [1] vt schleppen, schleifen; (agua, viento) fortreißen ▷ vr: **arrastrarse** kriechen; (fig) sich erniedrigen
arrayán m Myrte f
arrear [1] vt antreiben ▷ vi schnell laufen; **¡arrea!** los!, schnell!

arrebatar [1] vt entreißen; (fig) entzücken ▷ vr: **arrebatarse** außer sich geraten
arreglar [1] vt (poner orden) aufräumen, in Ordnung bringen; (algo roto) reparieren; (problema) regeln ▷ vr: **arreglarse** (vestirse) sich herrichten
arremangar [7] vt hochkrempeln, hochrollen ▷ vr: **arremangarse** die Ärmel hochkrempeln
arrendador, a m(f) Vermieter(in) m(f)
arrendar irr como pensar vt (arrendador) vermieten; (arrendatario) mieten
arrendatario, a m/f Mieter(in) m(f)
arrepentirse irr como sentir vr: **arrepentirse de algo** etw bereuen
arrestar [1] vt verhaften
arriar [4] vt (velas, bandera) einholen; (un cable) ablaufen lassen

 PALABRA CLAVE

arriba adv (posición) oben, darauf; (en casa) oben; (dirección) nach oben; **arriba de** mehr als, über; **arriba del todo** ganz oben; **de arriba abajo** von oben bis unten; **el piso de arriba** das Obergeschoss; **calle arriba** die Straße hinauf; **¡manos arriba!** Hände hoch!

arribar [1] vi (Naut) einlaufen
arribista mf Karrieremacher(-frau) m/f
arriero, a [-'rrje-] m/f Maultiertreiber(in) m(f)
arriesgado, a [-rrjes-] adj

(*peligroso*) riskant, gefährlich; (*audaz*) tollkühn

arrimar [1] *vt* (*acercar*) heranbringen; (*poner de lado*) beiseitelegen ▷ *vr*: **arrimarse** sich nähern; **arrimarse a alguien** sich jdm anschließen

arrinconar [1] *vt* in eine Ecke legen; (*fig*) nicht beachten, übersehen; (*acosar*) in die Enge treiben

arroba *f* (*Inform*) Klammeraffe *m*, At-Zeichen *nt*

arrodillarse [-'ʎar-] [1] *vr* (sich) niederknien

arrogante *adj* arrogant, überheblich

arrojar [-'xar] [1] *vt* werfen, fortschleudern; (*humo*) verbreiten; (*Com*) bringen ▷ *vr*: **arrojarse** sich stürzen

arrollador, a [-ʎa-] *adj* überwältigend

arropar [1] *vt* bedecken ▷ *vr*: **arroparse** sich zudecken

arrope *m* Sirup *m*

arroyo *m* Bach *m*; (*de la calle*) Rinnstein *m*

arroz [-'rroθ] *m* Reis *m*; **arroz con leche** Milchreis

arruga *f* Falte *f*

arruinar [1] *vt* ruinieren; (*destruir*) zerstören

arrullar [-'ʎar] [1] *vt* (*niño*) in den Schlaf wiegen

arrumaco *m*: **hacer arrumacos** schmusen

arsénico *m* Arsen *nt*

arte *m* Kunst *f*; (*maña*) Geschick *nt*

artefacto *m* Apparat *m*

arteria *f* Arterie *f*

artesanía *f* Handwerk *nt*

artesano, a *m/f* Kunsthandwerker(in) *m(f)*

ártico, a *adj* arktisch

Ártico *m*: **el Ártico** die Arktis

articulación [-'θjon] *f* Artikulation *f*; (*Tecn, Anat*) Gelenk *nt*

artículo *m* Artikel *m*; (*mercancía*) Ware *f*

artificial [-'θjal] *adj* künstlich

artista *mf* (*pintor*) Künstler(in) *m(f)*; (*Teat*) Schauspieler(in) *m(f)*

artritis *f inv* Arthritis *f*

arzobispo [-θo-] *m* Erzbischof *m*

asa *f* Griff *m*, Henkel *m*

asado *m* Braten *m*

asalariado, a *m/f* Lohn-/Gehaltsempfänger(in) *m(f)*

asaltar [1] *vt* überfallen; (*fig*) befallen

asalto *m* Überfall *m*; (*Sport*) Runde *f*

asamblea *f* Versammlung *f*

asar [1] *vt* braten

asbesto *m* Asbest *m*

ascender [-θen-] *irr como tender vt* besteigen; (*fig*) befördern ▷ *vi* (*subir*) hinaufsteigen; (*ser promovido*) befördert werden

ascensión [-θen-] *f* Aufstieg *m*; **la Ascensión** Himmelfahrt *f*

ascensor [-'θen-] *m* Fahrstuhl *m*

asco *m* Ekel *m*; (*cosa*) ekelerregender Gegenstand; **el café instantáneo me da asco** ich finde Pulverkaffee ekelhaft

ascua *f* Glut *f*

asegurar [1] *vt* (*consolidar*) befestigen, sichern; (*garantizar*) zusichern; (*preservar*) schützen; (*tranquilizar*) beruhigen; (*tomar un seguro*) versichern ▷ *vr*:

asentar | 24

asegurarse (*seguro*) sich versichern; **asegurarse de** (*adquirir la certeza*) sich versichern +*gen*

asentar *irr como* pensar *vt* (*colocar*) aufstellen; (*golpe*) versetzen; (*fundar*) ansiedeln, gründen ▷ *vr*: **asentarse** sich niederlassen; (*estar situado*) sich befinden

asentir *irr como* sentir *vi* zustimmen

aseo *m* Sauberkeit *f*; (*personal*) Körperpflege *f*; (*baño*) Badezimmer *nt*; (*lavabo*) Toilette *f*

asequible [-'ki-] *adj* erreichbar

aserrar *irr como* pensar *vt* sägen

asesinar [1] *vt* ermorden; (*fig*) zerstören

asesinato *m* Mord *m*

asesino, a *m/f* Mörder(in) *m(f)*, Attentäter(in) *m(f)*

asesor, a *m/f* Berater(in) *m(f)*

asfalto *m* Asphalt *m*

asfixiar [1] *vt*, *vr*: **asfixiarse** ersticken

así *adv* (*de esta manera*) so, auf diese Art; **así que** also; **así y todo** immerhin; **¿no es así?** nicht wahr? ▷ *conj* (*aunque*) auch wenn; (*no obstante*) trotzdem; **así como** sowie, sobald

Asia *f* Asien *nt*

asiático, a *adj* asiatisch ▷ *m/f* Asiat(in) *m(f)*

asidero *m* Griff *m*

asiduo, a *adj* eifrig, fleißig; (*frecuente*) häufig ▷ *m* Stammgast *m*

asiento [-'sjen-] *m* Sitzgelegenheit *f*; (*de coche, localidad*) Sitz *m*; **asiento delantero/trasero** Vorder-/Rücksitz

asignatura *f* Fach *nt*

asilo *m* Asyl *nt*; (*establecimiento*) Heim *nt*

asimismo *adv* (*también*) auch; (*del mismo modo*) ebenfalls

asir *irr vt* fassen, (er)greifen

asistencia [-θja] *f* Anwesenheit *f*; (*Med*) Hilfe *f*; (*ayuda*) Unterstützung *f*

asistir [3] *vt* unterstützen, helfen +*dat* ▷ *vi* anwesend sein; (*tomar parte*) teilnehmen (*a* an +*dat*)

asma *f* Asthma *nt*

asno *m* (*t. fig*) Esel *m*

asociación [-θja'θjon] *f* Vereinigung *f*

asomar [1] *vt* zeigen, hinausstrecken ▷ *vi* zum Vorschein kommen ▷ *vr*: **asomarse** sich hinauslehnen

asombrar [1] *vt* (*causar sorpresa*) erstaunen ▷ *vr*: **asombrarse** sich wundern; (*asustarse*) erschrecken

aspa *f* (*cruz*) Kreuz *nt*; (*de molino*) Flügel *m*

aspecto *m* (*apariencia*) Aussehen *nt*; (*fig*) Aspekt *m*

áspero, a *adj* rau, uneben; (*fig*) schroff

aspirador *m* Staubsauger *m*

aspirar [1] *vt* einatmen ▷ *vi*: **aspirar a** streben nach

aspirina *f* Kopfschmerztablette *f*, Aspirin *nt*

asquear [-ke-] [1] *vt* anekeln ▷ *vi* angewidert sein ▷ *vr*: **asquearse** sich angewidert fühlen

asta *f* Fahnenmast *m*; (*mango*) Schaft *m*; (*Zool*) Horn *nt*

astilla [-ʎa] *f* Splitter *m*

astillero [-ʎe-] *m* Werft *f*

astringente [-'xen-] *m* zusammenziehendes Mittel, Adstringens *nt*

astrología [-'xia] f Astrologie f
astronauta mf Astronaut(in) m(f)
astronomía f Astronomie f
asturiano, a adj asturisch
Asturias f Asturien nt
astuto, a adj schlau, listig; (plan) ausgeklügelt
asumir [3] vt übernehmen
asunto m Angelegenheit f; (tema) Thema nt; (negocio) Geschäft nt
asustar [1] vt erschrecken ▷ vr: **asustarse** sich fürchten (de vor +dat)
atacar [6] vt angreifen
atajo [-xo] m Abkürzung f
ataque [-ke] m Angriff m; **ataque de corazón** Herzanfall m
atar [1] vt binden ▷ vr: **atarse** (Aer) sich anschnallen
atareado, a adj viel beschäftigt
atascar [6] vt zustopfen; (tubería) verstopfen; (mecanismo) hemmen ▷ vr: **atascarse** sich verstopfen
atasco m Verstopfung f; (Auto) Stau m
ataúd m Sarg m
atemorizar [-'θar] [8] vt erschrecken ▷ vr: **atemorizarse** erschrecken
Atenas f Athen nt
atención [-'θjon] f Aufmerksamkeit f ▷ interj Vorsicht!
atender irr como tender vt warten, pflegen; (cliente) bedienen ▷ vi: **atender a** achtgeben auf +akk
atenerse irr como tener vr: **atenerse a** sich halten an +akk
atentado m Anschlag m, Attentat nt; **atentado con bomba** Bombenanschlag; **atentado terrorista** Terroranschlag
atento, a adj aufmerksam
atenuar [5] vt mildern; (disminuir) verringern
ateo, a adj atheistisch ▷ m/f Atheist(in) m(f)
aterrador, a adj erschreckend, bestürzend
aterrizar [-'θar] [8] vi landen
aterrorizar [-'θar] [8] vt terrorisieren
atestiguar [9] vt bezeugen
ático m Dachgeschoss nt
atizar [-'θar] [8] vt schüren; (fig) aufhetzen
atlántico, a adj atlantisch ▷ m: **el (Océano) Atlántico** der Atlantik
atlantista adj (Pol) NATO-
atlas m inv Atlas m
atletismo m Athletik f
atmósfera f Atmosphäre f
atómico, a adj atomar, Atom-
atomizador [-θa-] m Zerstäuber m
atónito, a adj höchst erstaunt
atontado, a adj verdutzt; (bobo) dumm
atormentar [1] vt (molestar) plagen, quälen
atornillar [-'Aar] [1] vt festschrauben
atracar [6] vt (Naut) festmachen; (robar) überfallen; (fam) mästen ▷ vi anlegen
atracción [-'θjon] f Anziehungskraft f; (de personas) Anziehung f; (fig) Sehenswürdigkeit f; **parque** m **de atracciones** Vergnügungspark m
atractivo, a [-βo] adj anziehend, attraktiv ▷ m Charme m, Reiz m
atraer [atra'er] irr como traer vt anziehen
atrancar [6] vt (con tranca, barra) verriegeln; (atascar) verstopfen

atrás adv (movimiento) rückwärts; (lugar) hinten; (tiempo) vorher, früher; **ir hacia atrás** zurückgehen; **estar atrás** weiter hinten sein
atrasado, a adj (pago) überfällig; (país) rückständig; **ir atrasado** (reloj) nachgehen
atraso m Rückstand m; (de país) Rückständigkeit f; (de tiempo) Verspätung f; **atrasos** pl Rückstände pl
atravesar [-βe-] irr como pensar vt (cruzar) überqueren; (traspasar) durchbohren; (crisis) durchmachen; (poner al través) querlegen
atreverse [-'βe-] [**2**] vr sich wagen; (insolentarse) sich erdreisten
atrevido, a [-'βi-] adj verwegen; (insolente) unverschämt
atribuir irr como huir vt zuschreiben (a dat); (funciones) übertragen (a dat)
atrocidad [-θi-] f Scheußlichkeit f, Gräueltat f
atropellar [-'ʎar] [**1**] vt (empujar) umrennen; (pasar por encima de) überfahren; (agravar) grob behandeln ▷ vr: **atropellarse** sich überstürzen
atuendo [-'twen-] m Kleidung f
atún m Thunfisch m
aturdir [**3**] vt betäuben; (fig) verblüffen
audaz [-'ðaθ] adj verwegen, kühn
audiencia [-'ðjenθja] f (recepción) Audienz f; (público) Zuhörerschaft f; (Jur: tribunal) Gerichtshof m
audífono m (Med) Hörgerät nt
audio ['auðjo] adj: **cinta f audio** Tonband m

aula f Klassenzimmer nt
aullar [**1**, **aúllo**] [-'ʎar] vi heulen
aumentar [**1**] vt vermehren; (precios, sueldo) erhöhen; (producción) steigern; (con microscopio, anteojos) vergrößern
aumento m Vermehrung f, Erhöhung f, Vergrößerung f
aun adv sogar
aún adv noch, immer noch; **aún no** noch nicht
aunque [-ke] conj obwohl
auricular m (de teléfono) Hörer m; **auriculares** pl Kopfhörer m
ausencia [-θja] f Abwesenheit f
ausentarse [**1**] vr sich entfernen; (irse) weggehen
austero, a adj streng
austral adj südlich
Australia f Australien nt
australiano, a adj australisch ▷ m/f Australier(in) m(f)
Austria f Österreich nt
austríaco, a adj österreichisch ▷ m/f Österreicher(in) m(f)
auténtico, a adj authentisch, echt
autismo m (Med) Autismus m
auto m (coche) Auto nt; (Jur) Verfügung f
autobús (pl -**buses**) m Bus m
autocar (pl **es**) m Reisebus m
autocaravana [-'βa-] f Wohnmobil nt, Campingbus m
autocine [-θi-] m Autokino nt
autóctono, a adj eingeboren
autodecomprimido, a adj (Inform) selbstentpackend
autodefensa f Selbstverteidigung f
autoescuela [-'kwe-] f Fahrschule f
autogestión [-xes-] f Selbstverwaltung f

autógrafo m Autogramm nt
autómata m Automat m; (fig) willenloses Werkzeug
automático, a adj automatisch
automóvil [-βil] m Wagen m, Auto nt
autonomía f Unabhängigkeit f; (autogobierno) Selbstverwaltung f
autónomo, a adj unabhängig, selbstständig; (Inform) offline
autopista f Autobahn f; **autopista informática** Datenautobahn
autopsia f Autopsie f
autor, a m(f) Autor(in) m(f)
autoridad f Autorität f; (poder) Machtbefugnis f
autorizar [-'θar] [8] vt genehmigen, erlauben; (acreditar) bevollmächtigen
autorradio m Autoradio nt
autorretrato m Selbstbildnis nt
autoservicio [-'βiθjo] m Selbstbedienung f
autostop m Trampen nt; **hacer autostop** trampen, per Anhalter fahren
autotren m Autoreisezug m
auxiliar [1] vt helfen +dat ▷ adj Assistent(in) m(f); **auxiliar de vuelo** Flugbegleiter(in) m(f)
auxilio m Hilfe f; **primeros auxilios** Erste Hilfe
Av. abr (= avenida) Str.
aval [-'βal] m Bürgschaft f; (documento) Garantieschein m
avalancha [-βa-tʃa] f Lawine f
avance [-'βanθe] m (progreso) Fortschritt m; (hacia delante) Vorrücken nt; (anticipo) Vorschuss m; **avance del papel** (Inform) Papiervorschub m; **avance rápido** (del casete) Schnellvorlauf m

avanzar [-βan'θar] [8] vt vorwärtsbringen, fördern ▷ vi, vr: **avanzarse** vorankommen; (progresar) fortschreiten
avaricia [-βa-θja] f Geiz m
avaro, a [-'βa-] adj geizig ▷ m/f Geizhals m
Avda. f abr (= Avenida) Str.
ave [-βe] f Vogel m; **ave de rapiña** Raubvogel
AVE [-βe] m sigla (= Alta Velocidad Española) ≈ ICE m
avellana [-βe'ʎa-] f Haselnuss f
avena [-'βe-] f Hafer m
avenida [-βe-] f (calle) breite Straße, Allee f; (de río) Hochwasser nt
avenir [-βe-] irr como venir vt einigen; (reconciliar) versöhnen ▷ vr: **avenirse** sich gut vertragen; (reconciliarse) sich versöhnen
aventajar [-βen-'xar] [1] vt (sobrepasar) übertreffen; (preferir) bevorzugen ▷ vr: **aventajarse** sich hervortun
aventura [-βen-] f Abenteuer nt; (riesgo) Wagnis nt
avergonzar [8, 9] [-βer-'θar] vt beschämen ▷ vr: **avergonzarse** sich schämen
avería [-βe-] f (Naut) Havarie f; (Tecn) Panne f; (fam) Schaden m, Beschädigung f
averiguar [-βe-] [9] vt untersuchen, Ermittlungen anstellen über +akk
aversión [-βer-] f Abneigung f, Aversion f
avestruz (pl **avestruces**) [-βes'truθ] m (ave) Strauß m
aviación [-βja'θjon] f Luftfahrt f; (Mil) Luftwaffe f

avicultura [-βi-] f Geflügelzucht f
ávido, a [-βi-] adj gierig
avío [-'βio] m Ausrüstung f; **avíos** pl Werkzeug nt
aviofobia [-βjo-] f Flugangst f
avión [-'βjon] m Flugzeug nt; **avión de reacción** Düsenflugzeug
avionofobia f Flugangst f
avisador [-βi-] m (Tel) Pieper m
avisar [-βi-] [1] vt (informar) benachrichtigen, Bescheid sagen +dat; (señalar) aufmerksam machen (sobre auf +akk); (advertir) warnen (de vor +dat)
aviso m Warnung f; (noticia) Nachricht f, Benachrichtigung f
avispa [-βis-] f Wespe f
avispero [-βis-] m Wespennest nt
avispón [-βis-] m Hornisse f
avivar [-βi'βar] [1] vt beleben; (luz) verstärken ▷ vr: **avivarse** aufleben
axila f Achselhöhle f
ay interj (dolor) au!, autsch!; (sobresalto) ah!, oh!; **¡ay de mí!** ach, ich Arme(r)!
ayer adv gestern; **antes de ayer** vorgestern
ayuda f Hilfe f, Unterstützung f, Beistand m; (Med) Einlauf m; (Am) Abführmittel nt; **ayuda al desarrollo** Entwicklungshilfe
ayudar [1] vt helfen +dat
ayunar [1] vi fasten
ayuntamiento m (consejo) Stadtrat m; (edificio) Rathaus nt
azabache [-θa-tʃe] m Gagat m
azada [-'θa-] f Hacke f
azafata [-θa-] f Stewardess f
azafrán [-θa-] m Safran m
azahar [-θa-] m Orangenblüte f
azar [-'θar] m (casualidad) Zufall m; (desgracia) Unglücksfall m; **al azar** aufs Geratewohl; **por azar** durch Zufall, zufällig
azoramiento [-θo-] m Schrecken m; (confusión) Verwirrung f
Azores [-'θo-] fpl: **las (Islas) Azores** die Azoren pl
azotar [-θo-] [1] vt peitschen; (pegar) verprügeln
azotea [-θo-] f Terrassendach nt
azteca [aθ-] mf Azteke (Aztekin) m/f
azúcar [-'θu-] m Zucker m
azucena [-θu'θe-] f Lilie f
azufre [-'θu-] m Schwefel m
azul [-'θul] adj blau
azulejo [-θu-xo] m Kachel f

B

B, b [be] f B, b nt
baba f (saliva) Spucke f, Speichel m
babero m Lätzchen nt
babor m Backbord nt
babucha [-tʃa] f (zapato) Pantoffel m
bacalao m (pez) Kabeljau m
bache [-tʃe] m Schlagloch nt; (fig) Schwierigkeit f
bachillerato [-tʃiʎe-] m Abitur nt; **Bachillerato Unificado Polivalente** gymnasiale Oberstufe
bacín [-'θin] m Nachttopf m
backup (pl s) ['bekap] m (Inform) Back-up nt; **sistema de backup** Streamer m
bacteria f Bakterie f
bafle m Lautsprecherbox f
bagatela f Kleinigkeit f
Bahamas fpl: **las (Islas) Bahamas** die Bahamas pl, die Bahamainseln pl
bahía f Bucht f

bailar [bai-] [1] vt, vi tanzen
bailarín, ina [bai-] m/f (Ballett)tänzer(in) m(f)
baile ['bai-] m Tanz m
bajamar [-xa'mar] f Ebbe f
bajar [-'xar] [1] vt (objeto) herunterholen; (escalera) hinuntergehen; (Inform) herunterladen ▷ vi (del autobús) aussteigen ▷ vr: **bajarse** (del tren) aussteigen
bajo, a [-xo] adj (terreno) niedrig (gelegen), tief (liegend); (mueble, número, precio) niedrig; (de estatura) klein; (color) blass; (sonido) leise; (tono) tief; (metal) unedel; (fig: vil, vulgar) gemein; (humilde) niedrig; **en temporada baja** außerhalb der Saison ▷ adv (hablar) leise; (volar) tief ▷ prep unter ▷ m (piso) Erdgeschoss nt
bajorrelieve [-xo-'ljeβe] m Basrelief nt
bakalao m (Mus) Techno m
bala f (Mil) Kugel f, Geschoss nt
baladí (pl -íes) adj inv trivial
bálago m Dachstroh nt
balance [-θe] m (Com) Bilanz f; **hacer el balance** (Com) die Bilanz aufstellen; (fig) Bilanz ziehen; **balance de la situación** Bilanz
balanceo m Pendeln nt
balanza [-θa] f Waage f; **Balanza** (Astr) Waage f; **balanza comercial** (Com) Handelsbilanz f
balcón m Balkon m
balde m Eimer m ▷ adv: **de balde** umsonst, unentgeltlich; **en balde** umsonst
baldío, a adj (terreno) unbebaut, brach; (esfuerzo) vergeblich ▷ m Brachland nt

baldosa f (de pavimento) Pflasterstein m; (de solar) Fliese f
Baleares fpl: **las (Islas) Baleares** die Balearen pl
baliza [-θa] f (Naut, Aer) Boje f, Bake f
ballena [-ʎe-] f Wal(fisch) m
ballesta [-ʎes-] f (arma) Armbrust f; (Auto) Feder f
ballet (pl **s**) [-'le] m Ballett nt
balneario, a adj Bade- ▷ m (estación balnearia) Bad nt, Kurort m
balón m Ball m
baloncesto [-'θes-] m Basketball(spiel nt) m
balonmano m Handball(spiel nt) m
balonvolea [-βo-] m Volleyball m
balsa f Floß nt; (Bot: árbol) Balsabaum m; (madera) Balsaholz nt
bálsamo m Balsam m
Báltico m Baltikum nt
bambú m Bambus m
banca f (asiento) Bank f; (Fin) Bankwesen nt, Bankwelt f; **banca electrónica** Homebanking nt, Telebanking nt
bancarrota f Bankrott m
banco m (asiento) Bank f; (Tecn) Arbeitstisch m; **banco de arena** Sandbank; **banco de carpintero** Hobelbank; **banco de datos** Datenbank; **banco de prueba** Prüfstand m
banda f Band nt; (Mus) Musikkapelle f; (pandilla) Bande f; (de animales) Schar f, Herde f; **banda lateral para casos de urgencia** Standspur f; **banda magnética** Magnetband; **la Banda Oriental** Uruguay nt
bandeja [-xa] f Tablett nt

bandera f Flagge f, Fahne f; **bajada f de bandera** (de taxi) Grundpreis m
banderilla [-ʎa] f (Taur) Banderilla f
bandido, a m/f Bandit(in) m(f)
banqueta [-ke-] f (asiento) Bank f; (escabel) Hocker m
banquillo [-'kiʎo] m Anklagebank f; (banco pequeño) Bänkchen nt
bañador m Badeanzug m; (de hombre) Badehose f
bañarse [1] vr baden
bañera f Badewanne f
bañista mf Badende(r) mf
baño m Bad nt; (WC) Toilette f; (cuarto) Badezimmer nt; (bañera) Badewanne f; **el anillo tiene un baño de plata** der Ring ist versilbert; **tomar un baño** baden
bar m (café) Bar f, Café nt; (presión atmosférica) Bar nt

◆ **BARES**

Die **bares** oder die **tascas** sind sehr beliebte Lokale, wo man die **tapas** (kleine Häppchen aus verschiedenen Zutaten) genießen kann. Meist werden sie mit einer **caña** (einem Glas Bier vom Fass) oder einem **chato** (einem kleinen Glas Wein) verzehrt. Weitere spanische Getränke wie **sidra** (ein Schaumwein aus Äpfeln, der besonders in Asturien typisch ist), **cava** (Sekt) oder ein **fino** (ein trockener Sherry aus Andalusien) können dort auch bestellt werden.

barahúnda f Radau m, Tumult m
baranda f Geländer nt; (de billar) Bande f
barandilla [-ʎa] f Geländer nt
baratillo [-ʎo] m (tienda) Trödelladen m; (subasta) Trödelmarkt m
barato, a adj billig ⊳ m Ausverkauf m
baraúnda f Radau m, Tumult m
barba f (pelo) Bart m
barbacoa f (parrilla) Barbecue nt; (carne) Grillfleisch nt
bárbaro, a adj (Hist) barbarisch, Barbaren-; (cruel) grausam; (inculto) wild, roh; **¡qué bárbaro!** (fam) unglaublich!, enorm!
barbecho [-tʃo] m Brachland nt
barbería f Herrenfriseur m
barbero m Barbier m; (peluquero) Herrenfriseur m
barbilla [-ʎa] f Kinn nt
barca f (kleines) Boot; **barca de pasaje** Fähre f; **barca de pesca** Fischerboot
barcelonés, esa [-θe-] adj aus Barcelona
barco m Schiff nt; **barco de carga** Frachter m, Frachtschiff; **barco de pasajeros** Passagierschiff; **barco de vela** Segelschiff
barman (pl **es**) m Barkeeper m
Barna. abr = **Barcelona**
barniz (pl **barnices**) [-'niθ] m Lack m; **barniz para las uñas** Nagellack
barómetro m Barometer nt
barquero, a [-'ke-] m/f Bootsführer(in) m(f)
barquillo [-'kiʎo] m Waffel f
barra f Stange f, Stab m; (palanca) Hebel m; **barra de carmín** Lippenstift m; **barra combustible** Brennstab; **barra de herramientas** (Inform) Symbolleiste f; **barra de menú** (Inform) Menüleiste f
barraca f Baracke f
barranca f Schlucht f
barranco m (precipicio) Steilhang m
barranquismo m Canyoning m
barrenar [1] vt (durch)bohren
barrer [2] vt kehren, fegen; (fig) säubern
barrera f Schranke f; (fig) Hindernis nt; **barreras** pl (Ferro) Schranken pl
barriada f Stadtviertel nt
barricada f Barrikade f
barriga f Bauch m; (de una vasija) Wölbung f
barril m Fass nt
barrio m Stadtviertel nt; (fuera) Vorort m; **barrio chino** Amüsierviertel nt
barrita f Lippenstift m; **barrita de chocolate** Schokoriegel m
barro m (lodo) Schlamm m; **barro de alfarero** Ton m
barroco, a adj (arte) barock ⊳ m Barock(stil) m
barruntar [1] vt ahnen; (suponer) vermuten
bártulos mpl Kram m; **liar los bártulos** (fam) seine Siebensachen packen
barullo [-ʎo] m Lärm m, Krach m
basar [1] vt (apoyar) stützen (sobre auf +akk); (fig: fundar) gründen ⊳ vr: **basarse en** (fig) bauen auf +akk
báscula f (große) Waage
base f Basis f; **a base de** aufgrund von, aufgrund +gen
basílica f Basilika f

○ **PALABRA CLAVE**

bastante adj (suficiente) genügend; (no poco) ausreichend; **lo bastante para ...** genug, um ... ▷ adv (suficientemente) genug

bastar [1] vi genügen, ausreichen; **¡basta!** genug!, Schluss!
bastidor m (de pintura, de vidriera) Rahmen m; (de vagón, de coche) Gestell m
basto, a adj grob, roh
bastón m Stock m, Stecken m
basura f Abfall m, Müll m
bata f Morgenrock m
batalla [-ʎa] f Schlacht f; **de batalla** für den alltäglichen Gebrauch
bate m (Sport) Schlagholz nt
batería f (Mil) Batterie f; (Mus) Schlagzeug nt; **batería de cocina** Küchengeschirr nt
batido, a [-'βa-] adj (camino) gebahnt, ausgetreten ▷ m Mischung f; (huevos) geschlagene Eier pl; **batido de leche** Milchmixgetränk nt
batidora f Mixer m, Rührgerät nt
batir [3] vt schlagen; (vencer) schlagen, besiegen; (acuñar) prägen
batuta f Taktstock m
baúl m (maleta grande) Schrankkoffer m; (Am: Auto) Kofferraum m
bautismo m, **bautizo** [-θo] m Taufe f
bávaro, a [-'βa-] adj bayrisch
Baviera [-'βje-] f Bayern nt
baya f Beere f
bayo, a adj (kastanien)braun

bazar [-'θar] m Basar m
bebé m Baby nt
beber [2] vt, vi trinken
bebida f Getränk nt
beca f (de estudios) Stipendium nt
béisbol m Baseball(spiel nt) m
beldad f Schönheit f, schöne Frau
belga adj inv belgisch ▷ mf Belgier(in) m(f)
Bélgica [-xi-] f Belgien nt
belicoso, a adj kriegerisch; (agresivo) streitbar, aggressiv
belleza [-'ʎeθa] f Schönheit f
bello, a [-ʎo-] adj schön; **las Bellas Artes** die schönen Künste
bellota [-'ʎo-] f (Bot) Eichel f
bendecir [-'θir] irr como predecir vt segnen
benedictino, a adj Benediktiner- ▷ m Benediktiner m
beneficencia [-'θenθja] f Wohltätigkeit f
beneficiar [-'θjar] [1] vt (hacer bien a) zustattenkommen +dat ▷ vr: **beneficiarse** Nutzen ziehen (de aus)
beneficio [-θjo] m (bien) Nutzen m, Vorteil m; (ganancia) Gewinn m, Verdienst m; (Agr: cultivo) Anbau m
Benelux m Beneluxländer pl
benigno, a adj gütig; (Med) gutartig; (clima) mild
berenjena [-'xe-] f (Bot) Aubergine f
Berlín m Berlin nt
berlinés, esa adj aus Berlin ▷ m/f Berliner(in) m(f)
bermudas mpl Bermudashorts pl
Bermudas fpl: **las (Islas) Bermudas** die Bermudas pl, die Bermudainseln pl
Berna m Bern nt

berrear [1] vi blöken; (fig) plärren
berrinche [-tʃe] m (fam: enojo) Wutanfall m; (rabieta) Jähzorn m
berro m (Bot) Kresse f
berza [-θa] f Kohl m
besar [1] vt küssen; (objetos) berühren ▷ vr: **besarse** sich küssen
beso m Kuss m
bestia f (animal) Vieh nt, Tier nt; (fig) Flegel m; **bestia de carga** Lasttier
bestial adj bestialisch; (brutal) brutal; (fam: magnífico) wahnsinnig; (enorme) riesengroß
betabloqueador [-ke-] m (Med) Betablocker m
betún m Bitumen nt; (para calzado) Schuhcreme f; **betún de Judea** Asphalt m
biberón m Flasche f (für Säuglinge)
Biblia f Bibel f
biblioteca f (local) Bibliothek f, Bücherei f; (mueble) Bücherschrank m
bibliotecario, a m/f Bibliothekar(in) m(f)
BIC f sigla (= Brigada de Investigación Criminal) Kripo f
bicarbonato m Bikarbonat nt
bicho [-tʃo] m kleines Tier; (fam) Ungeziefer nt; (Taur) Stier m
bicicleta [-θi-] f Fahrrad nt
bidé m Bidet nt
Bielorrusia f Weißrussland nt

○ **PALABRA CLAVE**

bien [bjen] m (interés) Wohl nt, Nutzen m; **el bien** (moral) das Gute; **bienes** pl Besitz nt ▷ adv gut, schön; (correctamente) richtig; (muy) sehr; **¡(muy) bien!** sehr gut!

bienestar [bjen-] m Wohlbefinden nt; (social) Wohlstand m
bienvenido, a [bjenβe-] adj willkommen; **¡bienvenido!** willkommen! ▷ f Willkommen nt
biftec (pl s) m (Am) Beefsteak nt
bifurcación [-'θjon] f Gabelung f; (lugar) Abzweigung f
bigamia f Bigamie f
bigote m Schnurrbart m
bigudí (pl **-íes**) m Lockenwickler m
bikini (pl **-s**) m Bikini m
bilbaíno, a [-βa'i-] adj aus Bilbao
bilingüe [-gwe] adj zweisprachig
billar [-'ʎar] m Billard(spiel) nt
billete [-'ʎe-] m Fahrkarte f, Fahrschein m; (Aer) Ticket nt, Flugschein m; (de banco) Banknote f, Geldschein m; **billete kilométrico** Netzkarte f; **billete simple/de ida y vuelta** einfache Fahrkarte/Rückfahrkarte; **billete Standby** Stand-by-Ticket nt; **billete last-minute** [o **para vuelo de última hora**] Last-Minute-Ticket nt
bimensual [-swal] adj vierzehntägig
bimotor adj zweimotorig ▷ m zweimotoriges Flugzeug
biodegradable adj biologisch abbaubar
biodinámico, a adj biodynamisch
biodiversidad f Artenvielfalt f
biografía f Biografie f
biología [-'xia] f Biologie f
biológico, a [-xi-] adj biologisch
biombo m Wandschirm m
biorritmo m Biorhythmus m
biosfera f Biosphäre f
biotecnología [-'xia] f Biotechnik f

bisabuelo, a [-'βwe-] *m/f* Urgroßvater(-mutter) *m/f*
bisagra *f* (*de puerta*) Scharnier *nt*
bisexual *adj* bisexuell
bisiesto [-'sjes-] *adj*: **año** *m* **bisiesto** Schaltjahr *nt*
bisnieto, a [-'nje-] *m/f* Urenkel(in) *m(f)*
bisonte *m* Bison *m*
bisté, bistec (*pl* **s**) *m* Beefsteak *nt*
bisturí (*pl* **-íes**) *m* (*Med*) Skalpell *nt*
bisutería *f* Modeschmuck *m*
bit (*pl* **s**) *m* (*Inform*) Bit *nt*
bizco, a [-θ-] *adj* schielend
bizcocho [biθ'kotʃo] *m* (*Gastr*) Biskuit *m*; (*galleta*) Zwieback *m*
blanco, a *adj* weiß ▷ *m* (*color*) Weiß *nt*; (*Mil, Sport; fig*) Ziel *nt*; **pasar una noche en blanco** eine schlaflose Nacht verbringen ▷ *m/f* Weiße(r) *mf*; **estar sin blanca** (*fam*) pleite sein
blando, a *adj* weich, sanft; (*tierno*) zart; (*carácter*) mild; (*fam*) feige
blanquear [-ke-] [**1**] *vt* weißen; (*fachada*) tünchen; (*paño*) bleichen
blasfemar [**1**] *vi* lästern; (*fig*) fluchen
blazer (*pl* **es**) ['bleiser] *m* Blazer *m*
bledo *m*: **(no) me importa (ni) un bledo** (*fam*) das ist mir schnuppe
blindar [**1**] *vt* panzern
bloc (*pl* **s**) *m* (Schreib)block *m*
bloque [-ke-] *m* (*t. Inform*) Block *m*; **bloque de teclas numéricas** Nummernblock
bloqueador [-ke-] *m*: **bloqueador beta** (*Med*) Betablocker *m*
bloquear [-ke-] [**1**] *vt* blockieren
blusa *f* (*de alumno*) Kittel *m*; (*de mujer*) Bluse *f*; **blusa camisera** Hemdbluse

bob (*pl* **s**) *m* (*Sport*) Bob *m*; **bob acuático** Wasserbob
bobina *f* Spule *f*; (*de papel*) Rolle *f*
bobo, a *adj* (*tonto*) dumm, albern; (*cándido*) naiv ▷ *m/f* Hanswurst *m*
bobsleigh (*pl* **s**) [bobslei] *m* (*Sport*) Bob *m*
boca *f* (*Anat*) Mund *m*; (*de animales*) Maul *nt*, Schnauze *f*; (*de un cañón*) Öffnung *f*, Mündung *f*; **bocas** *pl* (*fig: embocaduras*) Mündung *f*; **boca abajo** bäuchlings, auf dem Bauch; **boca arriba** rücklings, auf dem Rücken
bocacalle [-ʎe] *f* Straßeneinmündung *f*
bocadillo [-ʎo] *m* belegtes Brötchen; (*comida ligera*) Imbiss *m*
bocado *m* Bissen *m*, Happen *m*; (*freno del caballo*) Zaum *m*
bochorno [-'tʃor-] *m* Schwüle *f*; (*vergüenza*) Scham *f*
bocina [-'θi-] *f* (*Auto*) Hupe *f*; (*Am: para sordos*) Hörrohr *nt*
boda *f* Hochzeit *f*; **bodas de plata/de oro** silberne/goldene Hochzeit
bodega *f* (*de vino*) Weinkeller *m*; (*depósito*) Vorratskeller *m*; (*de barco*) Schuppen *m*
bodegón *m* billiges Gasthaus, Kneipe *f*; (*estilo pictórico*) Stillleben *nt*
body (*pl* **bodies**) [bodi] *m* Body *m*
bofetada *f* Ohrfeige *f*
boga *f* (*Naut*) Rudern *nt*; (*fig*) Mode *f*; **estar en boga** in Mode sein
bogotano, a *adj* aus Bogota
Bohemia *f* (*Geo*) Böhmen *nt*
bohemio, a *m/f* Bohemien *m*
boicot (*pl* **s**) *m* Boykott *m*
boina *f* Baskenmütze *f*
bola *f* Kugel *f*, Ball *m*; (*fig*) Lüge *f*;

bola portatipos Kugelkopf *m*
bolera *f* Kegelbahn *f*
boleta *f* Eintrittskarte *f*; (*Am: permiso*) Passierschein *m*, Ausweis *m*
boletín *m* (*periódico*) Bulletin *nt*; (*billete*) Eintrittskarte *f*; **boletín de noticias** Nachrichten(sendung *f*) *pl*; **boletín de pedido** Bestellschein *m*
boleto *m* Fahrkarte *f*; (*de entrada*) Eintrittskarte *f*; (*de rifa*) Los *nt*
bolígrafo *m* Kugelschreiber *m*
bolívar [-βar] *m* Münzeinheit aus Venezuela
Bolivia [-βja] *f* Bolivien *nt*
boliviano, a *adj* bolivianisch ▷ *m/f* Bolivianer(in) *m(f)*
bollo [-ʎo] *m* (*pan*) Brötchen *nt*; (*abolladura*) Beule *f*
bolo *m* Kegel *m*; (*píldora*) große Pille; **bolos** *pl* (*juego*) Kegeln *nt*
bolsa *f* Geldbeutel *m*; (*saco*) Beutel *m*, Sack *m*; (*Anat*) Höhle *f*; (*Fin*) Börse *f*; **bolsa de aire** (*Aer*) Luftloch *nt*; **bolsa de aseo** Kulturbeutel; **bolsa de papel** Papiertüte *f*
bolsillo [-ʎo] *m* Tasche *f*; **de bolsillo** Taschen-
bolso *m* (*de mujer*) Handtasche *f*
bomba *f* Bombe *f*; (*Tecn*) Pumpe *f*; **bomba atómica** Atombombe ▷ *adv*: **pasarlo bomba** (*fam: muy bien*) sich großartig amüsieren
bombardear [1] *vt* bombardieren
bombear [1] *vt* (*agua*) pumpen
bombero *m* Feuerwehrmann *m*
bombilla [-ʎa] *f* (*Elec*) Glühbirne *f*
bombón *m* (*Schokolade*)bonbon *nt*, Praline *f*
bonaerense [-nae-] *adj* aus Buenos Aires

bonanza [-θa] *f* (*Naut*) günstige Witterung, (*calma*) Meeresstille *f*; (*Min*) reiche Erzader
bondad *f* Güte *f*; **tenga la bondad de ...** seien Sie bitte so freundlich und ...
bonito, a *adj* hübsch, schön; (*fig*) nett
bono *m* Gutschein *m*; (*Com*) Bon *m*
boom [bum] *m* (*Com*) Boom *m*; (*fig*) Renner *m*, Schlager *m*
boquerón [-ke-] *m* (*anchoa*) Anchovis *f*
boquete [-'ke-] *m* enge Öffnung; (*agujero*) Loch *nt*
boquiabierto, a [-kia'βjer-] *adj* mit offenem Mund; (*fig*) sprachlos
boquilla [-'kiʎa] *f* (*para cigarrillos*) Zigarettenspitze *f*; (*para riego*) Düse *f*; **boquilla de filtro** Filter *m*
bordado *m* Stickerei *f*
borde *m* Rand *m*; (*orilla*) Ufer *nt*; **al borde de** (*fig*) am Rand +*gen*
bordo *m*: **a bordo** (*Naut*) an Bord
Borinquén [-'ken] *m* Puerto Rico *nt*
borinqueño, a *adj* puertoricanisch, aus Puerto Rico
borracho, a [-'tʃo] *adj* (*ebrio*) betrunken ▷ *m/f* Betrunkene(r) *mf*
borrador *m* Entwurf *m*, Konzept *nt*
borrar [1] *vt* (*hacer desaparecer*) (aus)löschen; (*Inform*) löschen
borrascoso, a *adj* stürmisch
borrico *m* Esel *m*
borrón *m* Fleck *m*, Klecks *m*
borroso, a *adj* trübe; (*vago, confuso*) verschwommen, unklar
Bosnia *f* Bosnien *nt*
Bosnia-Herzegovina [-θe-'βi-] *f* Bosnien-Herzegowina *nt*
bosnio, a *adj* bosnisch ▷ *m/f*

Bosnier(in) m(f)
bosque [-ke] m Wald m
bosquejo [-'kexo] m Skizze f, Entwurf m; (fig) Plan m
bostezar [-'θar] [8] vi gähnen
bota f (saco para vino) Lederflasche f; (calzado) Stiefel m
botadura f (Naut) Stapellauf m
botánica f Botanik f
botar [1] vt schleudern, werfen; (Am: fam) wegwerfen; (Am: gente) hinauswerfen ▷ vi springen; (balón) zurückprallen
bote m (salto) Sprung m; (vasija) Dose f; (embarcación) Boot nt; (en la lotería) Jackpot m; **bote salvavidas** Rettungsboot
botella [-ʎa] f Flasche f; **botella retornable** Pfandflasche, Mehrwegflasche
botica f Apotheke f
botijo [-xo] m Krug m (aus Steingut); (tren) Bummelzug m
botón m Knospe f; (de vestido) Knopf m; **botón de oro** Butterblume f
botones m inv Laufbursche m
boutique [-ke, -'tik] f Boutique f
bóveda [-βe-] f (Archit) Gewölbe nt
boxeador, a m(f) Boxer(in) m(f)
boxeo m Boxkampf m
boya f Boje f; (flotador) Schwimmer m
bozal [-'θal] m (de caballo) Halfter nt; (de perro) Maulkorb m
bracero, a [-'θe-] m/f Tagelöhner(in) m(f); (en el campo) Landarbeiter(in) m(f)
braga f (cuerda) Hebeseil nt; **bragas** pl Unterhose f; (de bebé) Windel f
bragueta [-'ɣe-] f Hosenschlitz m

braille [breil] m Blindenschrift f
bramar [1] vi (animales) brüllen; (el viento) heulen
brasa f Kohlenglut f
brasero m Kohlenbecken nt
Brasil m Brasilien nt
brasileño, a adj brasilianisch ▷ m/f Brasilianer(in) m(f)
bravata [-'βa-] f Prahlerei f
bravo, a [-βo] adj (valiente) tapfer, mutig; (bueno) gut, großartig; (salvaje) wild, ungezähmt; **toro bravo** Kampfstier m; **¡bravo!** bravo!
braza [-θa] f (Naut) Faden m; **nadar a braza** brustschwimmen
brazalete [-θa-] f (pulsera) Armband m; (banda) Armbinde f
brazo [-θo] m (Anat) Arm m; (Zool) Vorderbein nt; **ir del brazo** Arm in Arm [o untergehakt] gehen
brea f Teer m, Pech nt
brebaje [-xe] m (pey) Brühe f
brecha [-tʃa] f Mauerdurchbruch m; (abertura) Lücke f, Öffnung f
breve [-βe] adj kurz
brezo [-θo] m (Bot) Heidekraut nt
bricolaje [-xe] m Heimwerken nt, Basteln nt
brida f (rienda) Zaum m, Zügel m; (Tecn) Klammer f, Zwinge f
bridge [britʃ] m Bridge nt
brigada f (Mil) Brigade f; (trabajadores) Arbeitertrupp m; **Brigada de Investigación Criminal** Kriminalpolizei f
brillante [-'ʎan-] adj leuchtend, glänzend ▷ m Brillant m
brillar [-'ʎar] [1] vi strahlen, glänzen
brillo m Glanz m, Schimmer m; (fig) Ruhm m

brinco m Sprung m, Satz m
brindis m inv Trinkspruch m; (Taur) (Zeremonie der) Widmung des Stiers
brío m Schwung m; (fig) Feuer nt
brisa f Brise f
británico, a adj britisch ▷ m/f Brite (Britin) m/f
brocha [-tʃa] f Malerpinsel m
broche [-tʃe] m Brosche f
brocheta [-'tʃe-] f Bratspieß m, Döner Kebab m, Gyros m
bróculi m Brokkoli m
broma f Unfug m; (chanza) Witz m, Scherz m; **en broma** zum Spaß
bronca f Streit m, Zänkerei f
bronce [-θe] m Bronze f
bronceado, a [-θe-] adj bronzefarben; (por el sol) braun gebrannt, sonnengebräunt ▷ m (Sonnen)bräune f
bronceador m Bräunungsmittel nt
bronco, a adj rau; **de carácter bronco** schroff
bronquitis [-'ki-] f inv Bronchitis f
brote m (Bot) Knospe f; (Med: fig) Ausbruch m
browser (pl **s**) ['brouser] m (Inform) Browser m
bruces [-θes] adv: **caer de bruces** auf die Nase fallen
bruja [-xa] f Hexe f; (lechuza) Eule f
brújula [-xu-] f Kompass m
bruma f Dunst m
brusco, a adj plötzlich, jäh
brutal adj brutal, roh
bruto, a adj (idiota) dumm; (bestial) tierisch; (peso) brutto; (diamante etc) Roh-; **en bruto** Roh-
Bs.As. abr = **Buenos Aires**
buba f Pustel f

bucal adj: **por vía bucal** oral
bucear [-θe-] [1] vi tauchen; (con esnórquel) schnorcheln
buceo [-'θe-] m Sporttauchen nt, Schnorcheln nt
bucle m Locke f; (Inform) Schleife f
budismo m Buddhismus m

○ **PALABRA CLAVE**

bueno, a, buen ['bwe-] adj gut; (bondadoso) gütig, gutherzig; **¡buenos días!** guten Morgen!, guten Tag!; **¡buenas tardes!** guten Tag!; **¡buenas noches!** gute Nacht!

● **BUENOS DÍAS**
●
● **Buenos días** (guten Morgen,
● guten Tag) sagt man bis zum
● Mittagessen; **buenas tardes**
● (guten Abend) nachmittags,
● solange es noch nicht dunkel ist,
● abends heißt es dann **buenas**
● **noches** (gute Nacht). Zur
● Begrüßung küsst man sich unter
● Bekannten und Freunden auf die
● Wangen.

buey [bwei] m Ochse m
búfalo m Büffel m
bufanda f Schal m, Halstuch nt
bufete (mesa) m Schreibtisch m; (de abogado) Anwaltskanzlei f
buffer (pl **s**) m (Inform) Puffer m
bufo, a adj komisch
buhardilla [-ʎa] f Dachluke f; (desván) Dachboden m; (vivienda) Dachwohnung f
búho m Uhu m

buitre ['bwi-] *m* Geier *m*
bujía [-'xia] *f* (*Auto*) Zündkerze *f*
Bulgaria *f* Bulgarien *nt*
búlgaro, a *adj* bulgarisch
bulimia *f* Bulimie *f*
bulla [-ʎa] *f* (*ruido*) Lärm *m*, Krach *m*; (*de gente*) Gedränge *nt*
bullir [-'ʎir] [**16**] *vi* sieden, kochen
bulto *m* Gepäckstück *nt*; (*fardo*) Bündel *nt*; (*Med*) Schwellung *f*
buñuelo [-'ɲwe-] *m* Fettgebackene(s) *nt*
BUP *m abr* (= *Bachillerato Unificado Polivalente*) gymnasiale Oberstufe
buque [-ke] *m* Schiff *nt*
burbuja [-xa] *f* Blase *f*
burdel *m* Bordell *nt*
burdo, a *adj* grob
burgués, esa [-'ɣes] *adj* bürgerlich
burla *f* (*mofa*) Spott *m*; (*broma*) Scherz *m*; (*engaño*) Streich *m*
burladero *m* Schutzwand für die Stierkämpfer
burlar [**1**] *vt* verspotten; (*engañar*) täuschen; (*seducir*) verführen ▷ *vr*: **burlarse** Witze machen; **burlarse de** sich lustig machen über +*akk*
burocracia [-θja] *f* Bürokratie *f*
burra *f* Eselin *f*; (*fam*) dumme Pute
burro *m* (*t. fam*) Esel *m*
bursátil *adj* Börsen-
buscapersonas *m inv* Personenrufgerät *nt*
buscar [**6**] *vt*, *vi* suchen; **se busca vendedor** Verkäufer gesucht
búsqueda [-ke-] *f* (*t. Inform*) Suche *f*
busto *m* Büste *f*
butaca *f* Lehnsessel *m*; (*de cine, de teatro*) Parkettplatz *m*
butano *m* Butan *nt*
buzo [-θo] *m* Taucher(in) *m(f)*; (*mono*) Overall *m*

buzón [-'θon] *m* Briefkasten *m*; (*Inform*) elektronischer Briefkasten, Mailbox *f*
byte (*pl* **s**) [bait] *m* (*Inform*) Byte *nt*

C

C, c [θe] f C, c nt

C. abr (= centígrado) °C; (= compañía) Ges.

C/ abr (= calle) Str.

c.a. abr (= corriente alterna) Wechselstrom m

cabal adj (exacto) richtig, genau; (sensato) vernünftig

cabalgar [7] vt, vi reiten

caballa [-ʎa-] f Makrele f

caballero [-ʎe-] m Reiter m; (hombre galante) Herr m, Kavalier m; (hidalgo) Adlige(r) m; (señor, término de cortesía) Herr m

caballo [-ʎo] m Pferd nt; (Ajedrez) Springer m; (Naipes) Dame f; (droga) Heroin nt; **caballo de vapor** [o **de fuerza**] Pferdestärke f

cabaña f (casita) Hütte f; (rebaño) Herde f

cabaré m, **cabaret** (pl s) [-'re] m Nachtclub m

cabello [-ʎo] m, **cabellos** mpl Haar nt

caber irr vi (entrar) hineinpassen, passen; (ser posible) möglich sein

cabestrillo [-ʎo] m Armbinde f

cabeza [-θa] f Kopf m; (Pol) Spitze f; **cabeza de lectura** Lesekopf

cabida f Fassungsvermögen nt

cabina f Kabine f; (de camión) Führerhaus nt; (Naut) Leine f, Telefonzelle f

cable m Kabel nt; **cable de fibra óptica** Glasfaserkabel; **juego de cables de emergencia** Starthilfekabel

cabo m (de objeto) Ende nt, Rand m; (Mil) Gefreite(r) m; (Naut) Leine f, Tau nt; (Geo) Kap nt; **al cabo de tres días** nach drei Tagen; **al fin y al cabo** schließlich

cabra f Ziege f

cabritilla [-ʎa] f Ziegenleder nt, Schafsleder nt

cabrón m Ziegenbock m; (fig: vulg) Scheißkerl m

cacahuete [-'we-] m Erdnuss f

cacao m Kakaobohne f; (árbol) Kakaobaum m; (bebida) Kakao m

cacarear [1] vi (gallo) gackern

cacería [-θe-] f Jagd f

cacharro [-'tʃa-] m Topf m; **cacharros** pl Küchengeschirr nt

cachemira [-tʃe-] f Kaschmir m

cachimba [-'tʃim-] f, **cachimbo** m Pfeife f

cacho, a [-tʃo] adj geduckt ▷ m Scherbe f; (trozo) kleines Stück

cachondeo [-tʃon-] m (fam) Spaß m

cachondo, a [-'tʃon-] adj (Zool) läufig; (vulg) scharf; (gracioso) witzig

cachorro, a [-'tʃo-] m/f (perro) Welpe m; (león) Junge(s) nt
cacique [-'θike] m Häuptling m, Kazike m; (fam) hohes Tier
caciquismo m Cliquenwirtschaft f, Klüngel m
cacto m Kaktus m
cada adj inv jeder, jede, jedes; (antes de números) alle; **cada día** jeden Tag, täglich; **cada uno/una** jeder/jede; **cada vez más** immer mehr; **uno de cada diez** jeder Zehnte
cadáver [-βer] m Leiche f
cadena f Kette f; (TV) Kanal m, Programm nt; **trabajo m en cadena** Fließbandarbeit f; **cadena estéreo** [o **hi-fi**] Stereoanlage f, Hi-Fi-Anlage f
cadera f Hüfte f
caducar [6] vi verfallen
caer [ka'er] irr vi, vr: **caerse** fallen, herunterfallen; (Inform) abstürzen; **caer bien/mal a alguien** jdm sympathisch/unsympathisch sein; **el 25 cae en sábado** der 25. fällt auf einen Sonnabend
café m (bebida) Kaffee m; (establecimiento) Café nt, Lokal nt
cafetera f Kaffeekanne f, Kaffeemaschine f; **cafetera automática** Kaffeemaschine
cafetería f Cafeteria f
caída f Fallen nt; (de habitación) Schräge f; (de edificio) Neigung f; (de calle) Gefälle nt; (de gobierno) Sturz m
caimán [kai-] m Kaiman m
caja [-xa] f Kiste f; (de cartón) Schachtel f; (Com) Kasse f; (de pagos) Zahlstelle f, Kasse f; **caja acústica** Lautsprecherbox f; **caja de ahorros** Sparkasse f; **caja de cambios** Getriebe nt; **caja fuerte, caja de caudales** Panzerschrank m, Safe m; **caja negra** Flug(daten)schreiber m; **caja refrigeradora** Kühlbox f; **caja de seguridad** Tresor m
cajero, a [-'xe-] m/f Kassierer(in) m(f); **cajero automático** Geldautomat m
cajetilla [-xe-ʎa] f Päckchen nt; (de cigarrillos) Schachtel f
cajón [-xon] m (de mueble) Schublade f; (gran caja) Kiste f
cal f Kalk m
cala f (Geo) kleine Felsbucht
calabacín [-'θin] m Zucchini f
calabaza [-θa] f (Bot) Kürbis m
calamar m Tintenfisch m
calambre m (Med) Muskelkrampf m; (eléctrico) Schlag m
calamina f Zinkspat m
calar [1] vt durchnässen; (penetrar) eindringen in +akk
calcar [6] vt abpausen
calceta [-'θe-] f Kniestrumpf m; **hacer calceta** stricken
calcetín [-θe-] m Strumpf m, Socke f
calcio [-θjo] m Kalzium nt
calculador, a m Rechner m; **calculador analógico** Analogrechner; **calculador digital** Digitalrechner
calculadora f Rechenmaschine f; **calculadora de bolsillo** Taschenrechner m
calcular [1] vt (Mat) rechnen; (suponer, creer) annehmen
cálculo m Rechnung f, Berechnung f
caldear [1] vt erhitzen, erwärmen
caldera f Kessel m; (de calefacción) Heizkessel m

calderilla [-ʎa] f Kleingeld nt
caldo m Brühe f; (consomé) Bouillon f
calefacción [-'θjon] f Heizung f
calendario m Kalender m
calentador m Heizgerät nt; (de agua) Boiler m
calentar irr como pensar vt erwärmen, erhitzen ▷ vr: **calentarse** sich erwärmen
calentura f (Med) Fieber nt
calibrar [1] vt eichen
calibre m (de cañón) Kaliber nt; (diámetro) Durchmesser m
calidad f Qualität f; **en calidad de** als
caliente [-'ljen-] adj heiß; (sin exceso) warm; (fig) hitzig
calificación [-'θjon] f Qualifikation f; (dar nombre) Benennung f; (de alumno) Note f
callado, a [-'ʎa-] adj schweigsam
callar [-'ʎar] [1] vt verschweigen ▷ vi, vr: **callarse** schweigen, still sein
calle [-ʎe] f Straße f; (Sport) Bahn f; **calle arriba/abajo** die Straße hinauf/hinunter; **calle de un solo sentido** Einbahnstraße
callejero, a [-ʎe'xe-] adj Straßen- ▷ m Straßenverzeichnis nt
callejón [-ʎe'xon] m Gasse f; **callejón sin salida** (t. fig) Sackgasse
callo [-ʎo] m Schwiele f; (de pie) Hühnerauge nt; **callos** pl Kutteln pl
calma f Ruhe f; (pachorra) Trägheit f; (serenidad) Gelassenheit f
calmante m Beruhigungsmittel nt
calmar [1] vt beruhigen ▷ vi (tempestad) abflauen; (ánimos) ruhig werden

calor m Hitze f; (agradable) Wärme f
calumnia f Verleumdung f
caluroso, a adj heiß; (sin exceso) warm; (fig) herzlich
calva [-βa] f Glatze f
calvario [-'βa-] m Kreuzweg m; (fig) Leidensweg m
calza [-θa] f Keil m
calzado, a [-'θa-] adj beschuht ▷ m Schuhwerk nt ▷ f Fahrbahn f
calzar [-'θar] [8] vt (ponerse) anziehen; (tener puesto) anhaben; (un mueble) verkeilen, sichern; **¿qué (número) calzas?** welche Schuhgröße hast du? ▷ vr: **calzarse los zapatos** sich dat die Schuhe anziehen
calzoncillos [-θon'θiʎos] mpl Unterhose f
cama f Bett nt; **cama de litera** Etagenbett; **cama de matrimonio** Doppelbett
cámara f Kammer f; (habitación) Zimmer nt; (de cine) Filmkamera f; (fotográfica) Fotoapparat m; **cámara réflex (de espejos)** Spiegelreflexkamera f; **cámara de vídeo** Videokamera f
camarada mf Kamerad(in) m(f); (Pol) Genosse (Genossin) m/f
camarera f (en restaurante) Kellnerin f; (en hotel) Zimmermädchen nt
camarero m Kellner m
camarón m Garnele f
camarote m Kajüte f
cambiar [1] vt (aus)tauschen; (comportamiento) ändern; (moneda) wechseln ▷ vi wechseln ▷ vr: **cambiarse** sich ändern; (lugar) umziehen; (ropa) sich umziehen
cambio m Wechsel m, Änderung f;

cambista | 42

(*vuelta*) Wechselgeld *nt*; (*dinero menudo*) Kleingeld *nt*; (*valor de divisas*) Wechselkurs *m*; **cambio automático** Automatikschaltung *f*; **cambio de velocidades** (*Gang*)schaltung *f*
cambista *m* Geldwechsler(in) *m(f)*
camello [-ʎo] *m* Kamel *nt*; (*fam*) Drogenhändler(in) *m(f)*
camilla [-ʎa] *f* (*Med*) Bahre *f*; (*mesa*) runder Tisch
caminar [1] *vt* (*recorrer*) zurücklegen ▷ *vi* gehen, wandern
camino *m* Weg *m*; (*senda*: *Inform*) Pfad *m*; **a medio camino** auf halbem Weg; **ponerse en camino** sich auf den Weg machen
camión *m* Last(kraft)wagen *m*
camisa *f* Hemd *nt*; **camisa de dormir** Nachthemd
camiseta *f* T-Shirt *nt*; (*Sport*) Trikot *nt*; (*camiseta interior*) Unterhemd *nt*
camisón *m* Nachthemd *nt*
camomila *f* Kamille *f*
campamento *m* Ferienlager *nt*
campana *f* Glocke *f*
campanario *m* Glockenturm *m*
campaña *f* (*Pol*) Kampagne *f*; (*Mil*) Feldzug *m*; (*Inform*) Feld *nt*
campeón, ona *m/f* Meister(in) *m(f)*
campeonato *m* Meisterschaft *f*
campesino, a *adj* Land- ▷ *m/f* Landbewohner(in) *m(f)*; (*agricultor*) Bauer (Bäuerin) *m f*
camping (*pl* **s**) [-pin] *m* Camping *nt*; (*lugar*) Campingplatz *m*
campo *m* (*fuera de la ciudad*) Land *nt*; (*Agr, Elec, Inform*) Feld *nt*; **campo de fútbol/golf/tenis** Fußball-/Golf-/Tennisplatz *m*
Canadá *m* Kanada *nt*

canadiense [-'djen-] *adj* kanadisch ▷ *mf* Kanadier(in) *m(f)* ▷ *f* mit Fell gefütterte Jacke
canal *m* Kanal *m*; (*de tejado*) Dachrinne *f*; **el Canal de Panamá** der Panamakanal
canalla [-ʎa] *f* Gesindel *nt*, Mob *m* ▷ *m* Schurke *m*
canapé *m* Sofa *nt*; (*Gastr*) Appetithappen *m*
canario, a *adj* kanarisch ▷ *m/f* Einwohner(in) *m(f)* der Kanarischen Inseln ▷ *m* Kanarienvogel *m*
canasta *f* Korb *m*
cancelador [-θe-] *m*: **cancelador de billetes** (Fahrschein)entwerter *m*
cancelar [-θe-] [1] *vt* (aus)streichen; (*una deuda*) tilgen; (*Inform*) löschen
cáncer [-θer] *m* (*Med*) Krebs *m*; **Cáncer** (*Astr*) Krebs *m*
cancha [-tʃa] *f* Sportplatz *m*; **estar en su cancha** in seinem Element sein
canciller [-θi'ʎer] *m* Kanzler(in) *m(f)*
canción [-'θjon] *f* Lied *nt*
candado *m* Vorhängeschloss *nt*
candela *f* Kerze *f*
candelero *m* (*de vela*) Kerzenhalter *m*; (*de aceite*) Öllampe *f*
candidato, a *m/f* Kandidat(in) *m(f)*
canela *f* Zimt *m*
cangrejo [-xo] *m* Flusskrebs *m*
canguro [-tʃa] *m* Känguru *nt* ▷ *mf* (*fam*) Babysitter(in) *f*
caníbal *mf* Menschenfresser(in) *m(f)*
canica *f* Murmel *f*
canijo, a [-xo] *adj* schwächlich

cano, a *adj* grauhaarig
canoa *f* Kanu *nt*
canon *m* Regel *f*, Vorschrift *f*; *(impuestos)* Steuer *f*; *(lista)* Verzeichnis *nt*
canónigo *m (fam)* Feldsalat *m*
cansado, a *adj* müde; *(aburrido)* langweilig
cansancio [-θjo] *m* Müdigkeit *f*; *(falta de fuerzas)* Erschöpfung *f*
cansar [1] *vt* ermüden; *(aburrir)* langweilen; *(fastidiar)* ärgern ▷ *vr*: **cansarse** müde werden; *(aburrirse)* sich langweilen
cantante *mf* Sänger(in) *m(f)*
cantar [1] *vt* singen ▷ *vi* singen; *(insectos)* zirpen
cántaro *m* Henkelkrug *m*
cantautor, a *m(f)* Liedermacher(in) *m(f)*
cante *m* Gesang *m*; **cante jondo** eine Art des Flamencosingens
cantera *f* Steinbruch *m*
cantidad *f* Menge *f*, Anzahl *f*
cantimplora *f (frasco)* Feldflasche *f*; *(sifón)* Siphon *m*
cantina *f* Kantine *f*; *(sótano)* Weinkeller *m*
canto *m* Gesang *m*; *(canción)* Lied *nt*; *(borde)* Kante *f*; *(esquina)* Ecke *f*
canuto *m* Joint *m*; **fumarse un canuto** kiffen
caña *f (Bot: tallo)* Stängel *m*, Halm *m*; *(carrizo)* Schilf *nt*, Rohr *nt*; *(de cerveza)* kleines Bier; *(cerveza de barril)* Fassbier *nt*; *(Anat: del brazo)* Elle *f*; *(de pierna)* Schienbein *nt*; *(Min)* Stollen *m*; **caña de azúcar** Zuckerrohr; **caña de pescar** Angel *f*
cañada *f* Schlucht *f*, Engpass *m*; *(camino)* Viehtrift *f*

caño *m (tubo)* Rohr *nt*; *(de aguas servidas)* Abflussrohr *nt*; *(de fuente)* Wasserstrahl *m*
cañón *m* Rohr *nt*; *(Mil)* Kanone *f*; *(de fusil)* Lauf *m*; *(Geo)* Schlucht *f*; **cañón de nieve** Schneekanone
caoba *f* Mahagoni *nt*
caos *m inv* Chaos *nt*
capa *f* Umhang *m*; *(de nieve)* Decke *f*; *(Geo)* Schicht *f*; *(de pintura)* Anstrich *m*; **capa de ozono** Ozonschicht
capacidad [-θi-] *f* Umfang *m*; *(medida)* Fassungsvermögen *nt*; *(aptitud)* Fähigkeit *f*, Talent *nt*; **capacidad de almacenamiento** [o **de memoria**] *(Inform)* Speicherkapazität *f*
capar [1] *vt* kastrieren
capataz, a [-'taθ] *m(f)* Werkmeister(in) *m(f)*
capaz [-'paθ] *adj* fähig; *(amplio)* geräumig
caperuza [-θa] *f* Kapuze *f*
capilla [-ʎa] *f* Kapelle *f*
capital *adj* hauptsächlich, wesentlich ▷ *m (Com)* Kapital *nt* ▷ *f* Hauptstadt *f*
capitalismo *m* Kapitalismus *m*
capitalista *adj* kapitalistisch ▷ *mf* Kapitalist(in) *m(f)*
capitán *m* Kapitän *m*
capitular [1] *vi (rendirse)* kapitulieren ▷ *adj* Kapitel-
capítulo *m* Kapitel *nt*
capó *m* Motorhaube *f*
capota *f (de coche)* Verdeck *nt*
capote *m (abrigo)* Regenmantel *m*; *(de torero)* Stierkämpfermantel *m*
capricho [-tʃo] *m* Laune *f*
Capricornio *m (Astr)* Steinbock *m*
cápsula *f* Kapsel *f*, Hülse *f*; *(de*

botella) (Flaschen)verschluss m; **cápsula de tinta** (Inform) Tintenpatrone f

captación [-'θjon] f (de datos) (Daten)erfassung f

captar [1] vt erstreben; (datos) erfassen; (entender) begreifen; (la confianza) gewinnen

captura f Fang m; (Jur) Festnahme f

capucha [-tʃa] f Kapuze f

caqui [-ki] adj inv kaki(farben)

cara f (Anat) Gesicht nt; (aspecto) Aussehen nt; (de moneda, de disco) Seite f; (fig) Dreistigkeit f

carabina f Karabiner m

caracol m (animal) Schnecke f

carácter (pl **caracteres**) m Charakter m; **carácter de control** [o **de mando**] Steuerzeichen nt

característico, a adj charakteristisch ▷ f Eigenschaft f

carajillo [-'xiʎo] m Kaffee m mit Weinbrand [o Anis]

carajo [-xo] m (vulg) Schwanz m; **me importa un carajo** das ist mir scheißegal; **¡carajo!** Scheiße!

caramba interj (enfado) verdammt noch mal!; (sorpresa) na so was!

carámbano m Eiszapfen m

carambola f Sternfrucht f

caramelo m (dulce) Bonbon m o nt; (dulce de caramelo) Karamellbonbon m o nt; (azúcar fundido) Karamell m

carapacho [-tʃo] m Schildpatt nt

caraqueño, a [-'ke-] adj aus Caracas ▷ mf Einwohner(in) m(f) von Caracas

caravana f (sucesión de autos) Autoschlange f; (remolque) Wohnwagen m

caravaning [-'βanin] m Reisen nt mit dem Wohnwagen

carbón m Kohle f; **papel** m **carbón** Kohlepapier nt

carbono m Kohlenstoff m

carburador m Vergaser m

carburante m Treibstoff m

carcajada [-'xa-] f Auflachen nt

cárcel [-θel] f Gefängnis nt; (Tecn) Schraubzwinge f

carcomido, a adj wurmstichig; (fig) morsch

cardenal m (Rel) Kardinal m; (equimosis) blauer Fleck

cárdeno, a adj dunkelviolett; (agua) opaleszierend

cardíaco, a adj Herz-

cardinal adj hauptsächlich; **los puntos cardinales** die Himmelsrichtungen

cardo m Distel f

carear [1] vt gegenüberstellen; (comparar) vergleichen

carecer [-'θer] irr como crecer vi: **carecer de** Mangel haben an +dat

carestía f (escasez) Mangel m, Knappheit f; (Com) Verteuerung f

careta f Maske f

carga f Last f; (Elec) Ladung f; (de barco) Fracht f, Ladung f; (obligación, responsabilidad) Aufgabe f

cargamento m (acción) Beladen nt; (mercancías) Ladung f

cargar [7] vt (barco) beladen; (arma: Inform) laden; (en internet) hochladen, uploaden; (Elec) auflagen; **cargar algo en cuenta** (Com) ein Konto mit etw belasten

cargo m (puesto) Posten m, Amt nt; (obligación) Aufgabe f, Pflicht f

cariado, a adj kariös

caribe adj karibisch ▷ mf Einwohner(in) m(f) der Karibik

Caribe m: **el Caribe** die Karibik
caricia [-θja] f Streicheln nt
caridad f Wohltätigkeit f
cariño m Liebe f, Zuneigung f; (caricia) Liebkosung f; (apelativo) Liebling m
cariñoso, a adj zärtlich, liebevoll
carmesí (pl **-íes**) adj karminrot ▷ m Karmin nt
carmín m Lippenstift m
carnaval [-'βal] m Karneval m

- **CARNAVAL**
-
- **Carnaval** wird in den drei Tagen
- vor **Miércoles de Ceniza**
- (Aschermittwoch) ausgelassen
- gefeiert. In den letzten Jahren
- wurde der Karneval in Spanien
- immer beliebter, wobei Cádiz
- und Teneriffa besonders für ihre
- Karnevalsfeiern bekannt sind.
- **El martes de carnaval**
- (Faschingsdienstag) ist mit
- seinen farbenprächtigen
- Kostümen, Umzügen und
- Feuerwerken der wichtigste Tag.

carne f Fleisch nt
carné m: **carné de alberguista** Jugendherbergsausweis m; **carné de conducir** Führerschein m; **carné de identidad** Personalausweis m; **carné de vacunación** Impfpass m
carnero m Hammel m
carnet (pl **s**) [-'ne] m ver **carné**
carnicería [-θe-] f Metzgerei f; (fig) Blutbad nt, Gemetzel nt
carnicero, a adj fleischfressend ▷ m/f Metzger(in) m(f)
caro, a adj lieb, teuer; (Com) teuer,

kostspielig ▷ adv teuer
carpeta f Aktenmappe f
carpintería f Tischlerei f
carpintero m Tischler(in) m(f); **carpintero de obra** Zimmermann m
carrera f (de automóviles, caballos) Rennen nt; (trayecto) zurückgelegte Wegstrecke; (profesión) Karriere f; (Escuela) Studium nt; **carrera armamentista** Rüstungswettlauf m
carrete m Rolle f; (Elec) Spule f
carretera f Landstraße f
carril m Radspur f; (de autopista) Fahrbahn f; (Ferro) Schiene f
carrillo [-ʎo] m (Anat) Backe f, Wange f; (Tecn) Rolle f
carrito m: **carrito para equipaje** Kofferkuli m
carro m Karren m, Wagen m; (Mil) Panzer m; (Am: coche) Auto nt; **carro para la compra** Einkaufswagen
carrocería [-θe-] f Karosserie f
carta f Brief m; (Gastr) Speisekarte f; (naipe) (Spiel)karte f; (mapa) (Land)karte f; (Jur) Urkunde f; **carta bomba** Briefbombe f; **carta certificada** Einschreiben nt; **carta comercial** Serienbrief m; **carta de crédito** Kreditkarte
cartel m Poster nt, Plakat nt
cártel m (Com) Kartell nt
cartera f (de bolsillo) Brieftasche f; (de colegio) (Schul)mappe f; (para documentos) Aktentasche f
cartero, a m Briefträger(in) m(f)
cartón m Karton m, Pappe f; (de cigarrillos) Stange f; (debujo) Comic m
cartucho [-tʃo] m Patrone f;

cartucho de tóner Tonerkassette f
casa f Haus nt; (hogar) Heim nt; (Com) Firma f; **casa de huéspedes** Pension f; **casa de socorro** Unfallstation f
casar [1] vt verheiraten, trauen ▷ vi heiraten ▷ vr: **casarse** heiraten
cascada f Wasserfall m
cascanueces [-θes] m inv Nussknacker m
cascar [6] vt zerbrechen; (pegar) schlagen, verprügeln
cáscara f (de huevo, fruta seca) Schale f; (de fruta) Haut f
casco m Helm m; (tonel) Fass nt; (de barco) Rumpf m; (Zool) Huf m; (botella) Flaschenpfand nt; **cascos** pl (fam) Kopfhörer m
caserío m Gehöft nt
caseta f Hütte f, Bude f; (para bañista) Umkleidekabine f
casete f o m (cinta magnetofónica) Kassette f; (aparato) Kassettenrekorder m; **casete de bolsillo** Walkman m
casi adv fast, beinahe; **casi te caes** beinahe wärst du hingefallen
casino m Kasino nt
caso m Fall m; **en caso de** für den Fall +gen; **hacer caso** beachten
caspa f (en cabello) Schuppen pl
casta f Kaste f; (raza) Rasse f
castaña f Kastanie f
castaño, a adj kastanienbraun ▷ m Kastanienbaum m
castañuela [-'nwe-] f Kastagnette f
castellano, a [-'ʎa-] adj kastilisch ▷ m/f Kastilier(in) m(f) ▷ m (lengua) Spanisch nt
castigar [7] vt bestrafen; (afligir) kränken

castigo m Strafe f
Castilla [-'ʎa] f Kastilien nt
castillo [-'ʎo] m Schloss nt; (fortaleza) Burg f
casto, a adj keusch; (fig) rein
castor m Biber m
casual adj zufällig
casualidad f Zufälligkeit f
catalán, ana adj katalanisch ▷ m/f Katalane (Katalanin) m/f ▷ m (lengua) Katalanisch nt
catalizador [-θa-] m (Fís, Auto) Katalysator m
catálogo m Katalog m
Cataluña f Katalonien nt
catar [1] vt probieren
catarata f (Geo) Wasserfall m; (Med) grauer Star
catarro m Katarrh m; (constipado) Erkältung f
catástrofe f Katastrophe f
catedral f Kathedrale f
catedrático, a m/f Professor(in) m(f)
categoría f Kategorie f; (rango) Klasse f, Sorte f; (calidad) Güte f
católico, a adj katholisch ▷ m/f Katholik(in) m(f)
catorce [-θe] num vierzehn
caucho [-tʃo] m Kautschuk m
caución [-'θjon] f Kaution f
caudal m (de río) Wassermenge f; (fortuna) Vermögen nt; (abundancia) Fülle f
caudillo [-'ʎo] m Führer(in) m(f)
causa f Grund m, Ursache f; (Jur) Prozess m
causar [1] vt verursachen
cáustico, a adj ätzend; (fig) beißend
cautivar [-'βar] [1] vt gefangen nehmen; (fig) fesseln

cauto, a adj vorsichtig, behutsam
cavar [-'βar] [1] vt graben
cavidad [-βi-] f Hohlraum m
cayado m (de pastor) Hirtenstab m; (de obispo) Bischofsstab m
caza [-θa] f Jagd f; (animales libres) Wild nt ▷ m (Aer) Jagdflugzeug nt
cazacerebros m inv Headhunter m
cazador, a m(f) Jäger(in) m(f); **cazadora corta** Bomberjacke f
cazar [8] vt jagen; (perseguir) jagen, verfolgen; (fam: coger) erwischen
cazo [-θo] m Kochtopf m; (de servir) Schöpflöffel m
cazuela [-'θwe-] f Tiegel m; (guisado) (Schmor)braten m
CD-ROM [seðe'rom] f inv CD-ROM f
CE f abr (= Comunidad Europea: Hist) EG f
cebada [θe-] f Gerste f
cebar [θe-] [1] vt (animal) mästen
cebo [θe-] m (para animales) Futter nt; (para peces: fig) Köder m
cebolla [θe-ʎa] f Zwiebel f
cebra [θe-] f Zebra nt
ceder [θe-] [2] vt abgeben ▷ vi (renunciar) nachgeben; (disminuir) nachlassen; (romperse) zusammenbrechen
cedro [θe-] m Zeder f
cédula [θe-] f Schein m; (documento) Urkunde f; **cédula de identidad** (Am) Personalausweis m
CEE f abr (= Comunidad Económica Europea: Hist) EWG f
cegar [θe-] irr como fregar vt blenden, blind machen; (fig: pozo) zuschütten ▷ vi erblinden, blind werden ▷ vr: **cegarse** blind sein (por/für)
ceguedad f, **ceguera** f Blindheit f

CEI f abr (= Comunidad de Estados Independientes) GUS f
ceja ['θexa] f Augenbraue f
celador, a [θe-] m(f) (de edificio) Aufseher(in) m(f); (de museo etc) Wächter(in) m(f)
celda ['θel-] f Zelle f
celebrar [θe-] [1] vt feiern; (alabar) loben; (un acto) veranstalten ▷ vi sich freuen ▷ vr: **celebrarse** stattfinden
célebre ['θe-] adj berühmt
celeste [θe-] adj himmlisch; (color) himmelblau
celo ['θe-] m Eifer m; (de animales) Brunst f; **celos** pl Eifersucht f
celofán [θe-] m Cellophan nt
celta ['θel-] mf Kelte (Keltin) m/f
célula [θe-] f Zelle f; **célula solar** Solarzelle
celulitis [θe-] f inv Cellulitis f
cementerio [θe-] m Friedhof m
cemento [θe-] m Zement m; (hormigón) Beton m
cena ['θe-] f Abendessen nt
cenar [θe-] [1] vt, vi zu Abend essen
cenicero [θe-'θe-] m Aschenbecher m
cenit [θe-] m Zenit m
ceniza [θe-θa] f Asche f
censo [θe-] m (empadronamiento) Volkszählung f; (Jur: tributo) Abgabe f, Zins m; **censo electoral** Wählerliste f
censurar [θen-] [1] vt (película) zensieren; (reprobar) kritisieren
centavo [θen-βo] m (de dólar) Cent m
centella [θen-ʎa] f Blitz m
centenar [θen-] m Hundert nt
centenario, a adj hundertjährig
centésimo, a adj hundertste(r, s)

centígrado, a [θen-] *adj* Celsius
centímetro [θen-] *m* Zentimeter *m*
céntimo [ˈθen-] *m* (*de euro*) Cent *m*; **céntimo de euro** Eurocent
centinela [θen-] *f* Wach(t)posten *m*
central [θen-] *adj* zentral ▷ *f* Hauptgeschäftsstelle *f*; (*Tecn*) Kraftwerk *nt*; (*Tel*) Zentrale *f*; **central atómica, central nuclear** Atomkraftwerk, Kernkraftwerk; **central eólica** Windkraftanlage *f*
céntrico, a [ˈθen-] *adj* Zentral-
centro [ˈθen-] *m* Zentrum *nt*, Mittelpunkt *m*; **centro comercial** Einkaufszentrum; **centro geriátrico** Altersheim *nt*; **centro de informatización, centro de procesamiento de datos** EDV-Anlage *f*; (*departamento*) Rechenzentrum; **centro de párvulos** Kindertagheim *nt*; **centro de recogida de datos** Datenzentrum
centroamericano, a [θen-] *adj* mittelamerikanisch ▷ *m/f* Mittelamerikaner(in) *m(f)*
ceñir [θe-] *irr vt* (*rodear*) einfassen; (*apretar*) enger schnallen
cepillar [θe-ʎar] [1] *vt* (*abrigo*) ausbürsten; (*madera*) hobeln; (*pelo*) bürsten
cepillo *m* Bürste *f*; (*Tecn*) Hobel *m*
cepo [ˈθe-] *m* (*Auto*) (Park)kralle *f*
cera [ˈθe-] *f* Wachs *nt*
cerámico, a [θe-] *adj* keramisch, Keramik- ▷ *f* Keramik *f*
cerca [ˈθer-] *f* Umzäunung *f*; (*valla*) Zaun *m* ▷ *adv* nahe, in der Nähe; (*aproximadamente*) ungefähr; **cerca de** in der Nähe von
cercanías [θer-] *fpl* Umgebung *f*
cercano, a [θer-] *adj* nahe, in der Nähe (gelegen)
cerdo [ˈθer-] *m* Schwein *nt*
cereal [θe-] *m* Getreide *nt*
cerebro [θe-] *m* Gehirn *nt*; (*fig*) Verstand *m*
ceremonia [θe-] *f* Zeremonie *f*
cereza [θe-θa] *f* Kirsche *f*
cerilla [θe-ʎa] *f* Streichholz *nt*
cero [ˈθe-] *m* (*t. fig*) Null *f*
cerrado, a [θe-] *adj* geschlossen, zu; (*con llave*) abgeschlossen; (*tiempo*) bewölkt; (*curva*) scharf
cerradura *f* (*mecanismo*) Schloss *nt*; **cerradura de tarjeta** Kartenschloss
cerraja [θe-xa] *f* (*Bot*) Gänsedistel *f*
cerrar [θe-] *irr como pensar vt* schließen; (*con cerrojo*) verschließen; (*trato, negocio*) abschließen
cerro [ˈθe-] *m* Hügel *m*
cerrojo [θe-xo] *m* Riegel *m*
certamen [θer-] *m* Wettbewerb *m*
certeza [θer-θa] *f*, **certidumbre** [θer-] *f* Gewissheit *f*
certificado [θer-] *m* Bescheinigung *f*; (*correos*) Einschreiben *nt*
cerveza [θerˈβeθa] *f* Bier *nt*; **cerveza en lata** Dosenbier
cesar [θe-] [1] *vi* aufhören, enden
cesio [ˈθe-] *m* Cäsium *nt*
césped [ˈθes-] *m* Rasen *m*
cesta [ˈθes-] *f* Korb *m*
cesto [ˈθes-] *m* (großer) Korb
CFC *m abr* (= *cloro-fluoro-carbono*) FCKW *m*
chabola [tʃa-] *f* (*t. pey*) Hütte *f*
chacal [tʃaˈkal] *m* Schakal *m*
chal [tʃal] *m* Schal *m*
chalé [tʃaˈle] *m* Einfamilienhaus *nt*
chaleco [tʃa-] *m* Weste *f*; **chaleco**

salvavidas Schwimmweste
champán [tʃam-] m, **champaña** m Champagner m, Sekt m
champiñón [tʃam-] m Champignon m
champú [tʃam-] m Shampoo nt
chándal ['tʃan-] m Jogginganzug m
chantaje [tʃan-xe] m Erpressung f
chapa [tʃa-] f (de metal) Platte f; (de madera) Furnier nt
chaparrón [tʃa-] m Regenguss m
chapurrar [tʃa-] [1] vt, **chapurrear** [1] vt (idioma) radebrechen; (fam: mezclar) mischen
chaqueta [tʃa'ke-] f Jacke f
charco ['tʃar-] m Pfütze f
charla ['tʃar-] f Unterhaltung f, Plauderei f; (conferencia) Vortrag m; (Inform) Chat m
charlar [1] vi schwatzen, plaudern
charol [tʃa-] m Lack m; (cuero) Lackleder nt
chárter ['tʃar-] m inv Charterflugzeug nt
chat (pl s) [tʃat] m (Inform) Chat m
chatear [tʃa-] [1] vi chatten
chato, a [tʃa-] adj (nariz) platt ▷ interj Schätzchen!
chaval [tʃa'βal] m Junge m
chavala f Mädchen nt
Chechenia [tʃe'tʃe-] f Tschetschenien nt
checo, a ['tʃe-] adj tschechisch; **República f Checa** Tschechische Republik, Tschechien nt ▷ m/f Tscheche (Tschechin) m/f
Checoslovaquia [tʃeko-'βakja] f (Hist) Tschechoslowakei f
chelín [tʃe-] m (moneda) Schilling m
cheque ['tʃeke] m Scheck m; **cheque de viaje** Reisescheck

chequeo [tʃe'keo] m (Med) Untersuchung f; (Auto) Inspektion f
Chequia ['tʃekja] f Tschechien nt
chichón [tʃi'tʃon] m Beule f
chico, a ['tʃi-] m/f (niño) Kind nt; (muchacho) Junge m, Mädchen nt
chiflado, a [tʃi-] adj verrückt; (fam) verdreht ▷ m/f Freak m
chile ['tʃi-] m Chili m
Chile ['tʃi-] m Chile nt
chileno, a [tʃi-] adj chilenisch ▷ m/f Chilene (Chilenin) m/f
chillar [tʃi'ʎar] [1] vi (persona) kreischen, schreien; (animales salvajes) heulen; (cerdo) quieken; (puerta, frenos) quietschen
chimenea [tʃi-] f Schornstein m; (hogar) Kamin m
China ['tʃi-] f China nt
chinche ['tʃintʃe] f (Tecn) Reißzwecke f; (Zool) Wanze f
chino, a ['tʃi-] adj chinesisch ▷ m/f Chinese (Chinesin) m/f ▷ m (lengua) Chinesisch nt
chip (pl s) [tʃip] m (Inform) Chip m
Chipre ['tʃi-] f Zypern nt
chisme ['tʃis-] m Gerede nt; (fam: objeto) Kram m
chispa ['tʃis-] f Funke(n) m; (fig) Geistesblitz m; (ingenio) Geist m, Witz m; (gota) Schwips m
chiste ['tʃis-] m Witz m
chivo, a ['tʃiβo] m/f Kitz nt
chocar [tʃo-] [6] vi (coches, trenes) zusammenstoßen; **chocar con** zusammenstoßen mit; (fig) Anstoß erregen bei ▷ vt (brindar) anstoßen
chochear [tʃotʃe-] [1] vi senil werden; (fam) spinnen
chocolate [tʃo-] m Schokolade f; (fam) Haschisch nt, Shit m

chófer ['tʃo-] m Chauffeur m
chollo ['tʃoλo] m Glücksfall m; (ganga) vorteilhaftes Geschäft
chorizo [tʃo-θo] m rote Paprikawurst; (fam) Dieb m
chorro ['tʃo-] m Strahl m; (fig) Schwall m, Strom m
choucroute [tʃu'krut] m Sauerkraut m
choza ['tʃoθa] f Hütte f
chubasco [tʃu'βas-] m Regenschauer m
chubasquero [tʃuβas'ke-] m Regenmantel m
chucrut [tʃu'krut] m Sauerkraut m
chuleta [tʃu-] f Kotelett nt
chulo, a ['tʃu-] adj (fam) spitze ▷ m Aufschneider(in) m(f); (de prostituta) Zuhälter m; (pícaro) Flegel m; (fam: joven lindo) Dandy m
chupar [tʃu-] [1] vt saugen; (caramelo) lutschen; (absorber) aufsaugen ▷ vr: **chuparse** abmagern
churro ['tʃu-] m frittiertes Spritzgebäck

- **CHURRO**
-
- **Churros** sind ein längliches,
- frittiertes Spritzgebäck; sie sind
- fast überall in Spanien sehr
- beliebt und werden oft mit einer
- heißen Schokoladensoße
- entweder zum Frühstück oder
- zwischendurch gegessen. In
- Madrid isst man eine dickere
- Variante des **churro**, die man
- **porra** nennt.

Cía. abr (= compañía) Ges.
cianuro [θja-] m Zyanid nt

cibercafé [θiβer-] m Internetcafé nt
ciberespacio m (Inform) Cyberspace m
cibernauta mf (Inform) Netzsurfer(in) m(f)
cibernética [θi-] f Kybernetik f
cicatriz (pl **cicatrices**) [θi-'triθ] f Narbe f
ciclismo [θi-] m Radrennsport m
ciclo [θi-] m Kreislauf m, Zyklus m
ciclomotor [θi-] m Mofa nt
ciclón [θi-] m Wirbelsturm m
cicloturismo [θi-] m Radsport m
ciego, a ['θje-] adj blind ▷ m/f Blinde(r) mf
cielo ['θje-] m Himmel m; **¡cielos!** ach du lieber Himmel!
ciempiés [θjem-] m inv Tausendfüß(l)er m
cien [θjen] num ver **ciento**
ciénaga ['θje-] f Sumpf m, Morast m
ciencia ['θjenθja] f Wissenschaft f; **ciencia ficción** Science-Fiction f
Cienciología [θjenθjo-'xia] f Scientology f
cieno ['θje-] m Schlamm m
científico, a [θjen-] adj wissenschaftlich ▷ m/f Wissenschaftler(in) m(f)
ciento [θjen-] num, **cien** [θjen] num hundert; **el 10 por ciento** 10 Prozent
cierre ['θje-] m Schließung f; (acción: con llave) Abschließen nt; **cierre centralizado** (Auto) Zentralverriegelung f; **cierre a cremallera** (Am) Reißverschluss m; **cierre roscado** Schraubverschluss m
cierto, a ['θjer-] adj sicher, gewiss; (correcto) genau, richtig

ciervo [ˈθjerβo] m Hirsch m
cierzo [ˈθjerθo] m Nordwind m
cifra [ˈθi-] f Ziffer f, Zahl f
cigarra [θi-] f Zikade f
cigarrillo [θi-ˈʎo] m Zigarette f
cigarro [θi-] m (puro) Zigarre f; (cigarrillo) Zigarette f
cigüeña [θiˈɣwe-] f Storch m
cilindro [θi-] m Zylinder m; (rodillo) Walze f
cima [ˈθi-] f Bergspitze f, Gipfel m; (de árbol) Spitze f, Wipfel m
cimiento [θi-] f Fundament nt
cinc [θink] m Zink nt
cincel [θinˈθel] m Meißel m
cinco [ˈθin-] num fünf
cincuenta [θinˈkwen-] num fünfzig
cine [ˈθi-] m Kino nt
cine-club (pl s) m Filmklub m
cínico, a [ˈθi-] adj zynisch ▷ m/f Zyniker(in) m(f)
cinismo m Zynismus m
cinta [ˈθin-] f Band nt; (tira) Streifen m; (película) Film m; (de máquina de escribir) Farbband m; **cinta adhesiva** Klebeband; **cinta magnética** Magnetband; **cinta magnetofónica** Tonband; **cinta métrica** Bandmaß m; **cinta de vídeo** Videokassette f
cintura [θin-] f Taille f
cinturón [θin-] m Gurt m, Gürtel m; **cinturón automático** Automatikgurt; **cinturón de seguridad** Sicherheitsgurt
ciprés [θi-] m Zypresse f
circo [ˈθi-] m Zirkus m
circuito [θirˈkwi-] m (Elec) Stromkreis m; (Sport) Rennstrecke f; **circuito integrado** integrierter Schaltkreis

circulación [θir-ˈθjon] f Kreislauf m; (Auto) Verkehr m
circular [θir-] adj kreisförmig ▷ f Rundschreiben nt
circular [θir-] [1] vt (un escrito) in Umlauf setzen ▷ vi zirkulieren
círculo [ˈθir-] m Kreis m
circundar [θir-] [1] vt umgeben
circunferencia [θir-θja] f Umfang m
circunscripción [θir-ˈθjon] f Eingrenzung f; (Pol) Bezirk m
circunstancia [θir-θja] f Umstand m
cirio [ˈθi-] m (Wachs)kerze f
ciruela [θiˈrwe-] f Pflaume f
cirugía [θi-ˈxia] f Chirurgie f; **cirugía estética** Schönheitschirurgie; **cirugía plástica** plastische Chirurgie
cirujano, a m/f Chirurg(in) m(f)
cisne [ˈθis-] m Schwan m
cita [ˈθi-] f Verabredung f; (formal) Termin m; (referencia) Zitat nt
citar [θi-] [1] vt bestellen ▷ vr: **citarse** sich verabreden
cítrico, a [ˈθi-] adj Zitronen-, cítricos mpl Zitrusfrüchte pl
ciudad [θju-] f Stadt f; **ciudad satélite** Trabantenstadt, Satellitenstadt
ciudadano, a m/f Bürger(in) m(f)
ciudadela [θju-] f Zitadelle f
civil [θiˈβil] adj zivil ▷ m (guardia) Polizist(in) m(f)
civilización [θiβi-θaˈθjon] f Zivilisation f
clamar [1] vt schreien nach ▷ vi flehen
clandestino, a adj heimlich; (Pol) im Untergrund arbeitend
claqué m Stepp(tanz) m

clara f (de huevo) Eiweiß nt
claraboya f Oberlicht nt
clarear [1] vi (el día) Tag werden; (el cielo) aufklaren
clarinete m Klarinette f
claro, a adj klar, hell; (luminoso) leuchtend; (evidente) klar; (ralo) spärlich; (poco espeso) dünn ▷ adv deutlich, klar ▷ interj klar! ▷ m Licht nt; (en bosque) Lichtung f
clase f Klasse f, (tipo) Art f, Sorte f; **clase alta/media/obrera** Ober-/Mittel-/Arbeiterschicht f; **clase preferente/turista** (Aer) Businessclass f/Economyclass f
clásico, a adj klassizistisch; (fig) klassisch
clasificar [6] vt einteilen, klassifizieren; (Inform) sortieren
claustro m (Archit) Kreuzgang m
cláusula f Klausel f
clavar [-βar] [1] vt (an)nageln; (clavo) einschlagen
clave [-βe] f Schlüssel m; (Inform) Passwort nt; **clave personal** persönliche Geheimzahl, PIN f
clavel [-βel] m Nelke f
clavícula [-βi-] f Schlüsselbein nt
clavija [-βixa] f Bolzen m, Stift m, Zapfen m; (Elec) Stecker m
clavo [-βo] m Nagel m; (callo) Hühnerauge nt; (Bot) Gewürznelke f
claxon (pl s o cláxones) m Hupe f
clementina f Klementine f
clero m Klerus m
clic (pl s) m Klicken nt; **hacer clic sobre [o en]** anklicken; **doble clic** Doppelklick m
cliente ['kljen-] mf Kunde (Kundin) m/f
clima m Klima nt

clínica f Klinik f
clip (pl s) m Büroklammer f; (TV) Videoclip m
clon m Klon m
clonación [-'θjon] f, **clonaje** [-'naxe] m Klonen nt
clonar [1] vt klonen
clorhídrico, a adj: **ácido clorhídrico** Salzsäure f
cloro m Chlor nt
cloro-fluoro-carbonos mpl Fluorchlorkohlenwasserstoffe pl
cloroformo m Chloroform nt
club (pl s o es) m Klub m
cobarde adj feige ▷ mf Feigling m
cobertizo [-θo] m Vordach nt
cobertor m Bettdecke f
cobijar [-'xar] [1] vt (cubrir) bedecken; (albergar) beherbergen
cobrador, a m(f) (de autobús) Schaffner(in) m(f)
cobrar [1] vt (cheque) einlösen; (dinero) beziehen; (sueldo) verdienen; (precio) verlangen; (deuda) eintreiben
cobre m Kupfer nt
coca-cola f Cola f
cocaína f Kokain nt
cocear [-θe-] [1] vi (caballo) ausschlagen
cocer [-'θer] irr vt, vi kochen; (en horno) backen
coche [-tʃe] m Auto nt, Wagen m; (de tren) Waggon m, Wagen m; (de caballo) Kutsche f; (para niños) Kinderwagen m; **coche de sustitución** Ersatzwagen
coche-bomba (pl coches-bomba) m Autobombe f
coche-cama (pl coches-cama) m Schlafwagen m
coche-restaurante (pl coches-

restaurante) *m* Speisewagen *m*
cochino, a [-'tʃi-] *adj* dreckig, schmutzig ▷ *m* Schwein *nt*
cocido [-'θi-] *m* spanischer Eintopf
cocina [-'θi-] *f* Küche *f*; *(aparato)* Herd *m*; *(acto)* Kochkunst *f*; **cocina de microondas** Mikrowellenherd
cocinar [-θi-] [**1**] *vt* zubereiten ▷ *vi* kochen
cocinero, a [-θi-] *m/f* Koch (Köchin) *m/f*
coco *m* *(árbol)* Kokospalme *f*; *(fruto)* Kokosnuss *f*; *(fam)* Kopf *m*, Birne *f*
cocodrilo *m* Krokodil *nt*
cóctel *(pl* **s** *o* **cócteles)** *m* *(bebida)* Cocktail *m*; *(fiesta)* Empfang *m*; *(party)* Cocktailparty *f*
codiciar [-'θjar] [**1**] *vt* begehren
codificación [-'θjon] *f* Verschlüsselung *f*
código *m* Code *m*, Regeln *pl*; **código de barras** Strichcode; **código civil** Bürgerliches Gesetzbuch; **código de parada** *(Inform)* Stopcode
codillo [-λo] *m* *(Tecn, Zool)* Knie *nt*
codo *m* *(Anat)* Ellbogen *m*; *(Zool)* Knie *m*
codorniz *(pl* **codornices)** [-'niθ] *f* Wachtel *f*
cofradía *f* Bruderschaft *f*
cofre *m* Truhe *f*
coger [-'xer] [**12**] *vt* ergreifen, nehmen; *(objeto caído)* aufheben; *(frutas)* pflücken; *(resfriado)* bekommen; *(ladrón, pelota)* fangen; *(Am: vulg)* ficken ▷ *vi* Platz haben ▷ *vr*: **cogerse algo** sich *dat* etw einklemmen
cogida [-'xi-] *f* *(fam)* Ernte *f*; *(Taur)* Verwundung *f* *(des Stierkämpfers)*
cohete *m* Rakete *f*; **cohete de alcance corto/medio/largo** Kurzstrecken-/Mittelstrecken-/Langstreckenrakete
coincidir [-θi-] [**3**] *vi* *(en idea)* übereinstimmen; *(en lugar)* zusammentreffen
coito *m* Koitus *m*, Beischlaf *m*
cojín [-'xin] *m* Kissen *nt*
cojinete [-xi-] *m* Nadelkissen *nt*; *(Tecn)* Lager *nt*
cojo, a [-xo] *adj* lahm; *(mueble)* wackelig ▷ *m/f* Lahme(r) *mf*
col *f* Kohl *m*; **col de Bruselas** Rosenkohl
cola *f* Schwanz *m*; *(de gente)* Schlange *f*; *(lugar)* Ende *nt*; *(para pegar)* Leim *m*; **hacer cola** Schlange stehen
colaborar [**1**] *vi* zusammenarbeiten
colador *f* Sieb *nt*
colapso *m* Kollaps *m*; **colapso nervioso** Nervenzusammenbruch *m*
colar *irr como* **contar** *vt* *(líquido)* sieben; *(ropa)* bleichen; *(metal)* gießen ▷ *vr*: **colarse** *(fam: en la cola)* sich vordrängeln; *(fam: enamorarse)* sich verknallen
colcha [-tʃa] *f* Bettdecke *f*
colchón [-'tʃon] *m* Matratze *f*
colección [-'θjon] *f* Sammlung *f*
coleccionar [-θjo-] [**1**] *vt* sammeln
coleccionista *mf* Sammler(in) *m(f)*
colecta *f* Kollekte *f*, Geldsammlung *f*
colectivo, a [-βo] *adj* gemeinsam
colector *m* *(Tecn)* Sammler *m*; *(sumidero)* Abwasserkanal *m*; **colector de energía solar** Sonnenkollektor *m*

colega *mf* (Arbeits)kollege(-kollegin) *m/f*; *(fam)* Kumpel *m*, Freund(in) *m(f)*
colegio [-xjo] *m* (Privat)schule *f*; *(asociación)* Berufsverband *m*
cólera *f (ira)* Zorn *m* ▷ *m (Med)* Cholera *f*
colesterol *m* Cholesterin *nt*
colgar *irr vt* aufhängen ▷ *vi* hängen
coliflor *f* Blumenkohl *m*
colilla [-ʎa] *f* (Zigaretten)kippe *f*
colina *f* Hügel *m*
colinabo *m* Kohlrabi *m*
colindar [1] *vi* nebeneinanderliegen
colmar [1] *vt* (an)füllen *(de* mit); *(fig)* überhäufen *(de* mit)
colmena *f* Bienenkorb *m*
colmillo [-ʎo] *m (diente)* Eckzahn *m*; *(de elefante)* Stoßzahn *m*; *(de perro)* Reißzahn *m*
colmo *m* Übermaß *nt*; *(fig)* Gipfel *m*; **¡es el colmo!** *(fam)* das ist die Höhe!
colocado, a *adj (fam: drogado)* high; *(borracho)* besoffen
colocar [6] *vt* setzen; stellen; legen; *(poner en empleo)* anstellen
Colombia *f* Kolumbien *nt*
colombiano, a *adj* kolumbianisch ▷ *m/f* Kolumbianer(in) *m(f)*
colon *m* Dickdarm *m*
colonia *f* Kolonie *f*; *(de casas)* Siedlung *f*; *(agua de Colonia)* Kölnischwasser *nt*; **Colonia** Köln *nt*
colonización [-θa'θjon] *f* Kolonisation *f*
colonizar [-'θar] [8] *vt* kolonisieren
color *m* Farbe *f*
colorado, a *adj (rojo)* rot

colorear [1] *vt* färben
colosal *adj* kolossal, riesig
columna *f* Säule *f*; *(apoyo)* Stütze *f*; *(en diario)* Kolumne *f*
columpio *m* Schaukel *f*
coma *f* Komma *nt* ▷ *m (Med)* Koma *nt*
comadre *f (madrina)* (Tauf)patin *f*; *(vecina)* befreundete Nachbarin
comadrona *f* Hebamme *f*
comandante, a *m/f* Kommandant(in) *m(f)*
comarca *f* Landstrich *m*
combar [1] *vt* krümmen, biegen
combate *m* Kampf *m*
combatir [3] *vt* bekämpfen
combinación [-'θjon] *f* Zusammenstellung *f*; *(Quím)* Verbindung *f*; *(plan)* Plan *m*; *(ropa interior)* Unterrock *m*
combinado *m* Cocktail *m*
combustible *m* Brennstoff *m*; *(Auto)* Kraftstoff *m*; **combustible nuclear** Kernbrennstoff
comedia *f* Komödie *f*; *(obra dramática)* Schauspiel *nt*
comedor, a *m(f) (fam: persona)* Vielfraß *m* ▷ *m (en habitación)* Esszimmer *nt*; *(en restaurante)* Speisesaal *m*; **comedor universitario** Mensa *f*
comentar [1] *vt* kommentieren; *(fam)* besprechen
comentario *m* Kommentar *m*; *(literario)* Rezension *f*; **comentarios** *pl* Bemerkungen *pl*
comenzar [-'θar] *irr como* empezar *vt*, *vi* anfangen, beginnen
comer [2] *vt* essen; *(Ajedrez)* schlagen ▷ *vi* essen; *(almorzar)* zu Mittag essen ▷ *vr*: **comerse** aufessen; *(palabra)* verschlucken

comercial [-'θjal] *adj* geschäftlich, Geschäfts-; *(relativo al negocio)* kommerziell

comercialización *f* Vermarktung *f*

comerciante [-'θjan-] *mf* Händler(in) *m(f)*, Geschäftsmann(-frau) *m/f*

comercio [-'θjo] *m* Handel *m*; *(tienda)* Laden *m*; *(fig)* Umgang *m*

comestible *adj* essbar ▷ *mpl* Lebensmittel *pl*

cometa *m* Komet *m* ▷ *f (juguete)* Drachen *m*

cometer [2] *vt* begehen

comezón [-'θon] *f* Jucken *nt*

cómic *(pl* **s)** *m* Cartoon *m* o *nt*

cómico, a *adj* komisch ▷ *m/f (de teatro)* Schauspieler(in) *m(f)*; *(payaso)* Komiker(in) *m(f)*

comida *f (alimento)* Nahrung *f*; *(almuerzo, cena)* Essen *nt*; *(de mediodía)* Mittagessen *nt*; **comida basura** Junkfood *m*

comisaría *f* Polizeirevier *nt*

comisario, a *m/f* Beauftragte(r) *mf*; *(de policía)* Kommissar(in) *m(f)*; **Comisario de Protección de Datos** Datenschutzbeauftragte(r)

comisión *f* Auftrag *m*; *(delegación)* Kommission *f*

comité *m* Ausschuss *m*, Komitee *nt*

como *adv* als; *(aproximadamente)* ungefähr; **tal como** (so) wie ▷ *conj* da, weil; *(comparación)* wie; **como si** als ob; **tan(to) ... como ...** sowohl ... als auch ...; **como lo no haga hoy** wenn er es heute nicht macht

cómo *adv* wie?, warum?; **¡cómo no!** natürlich! ▷ *interj* wie?, wie bitte?

cómodo, a *adj* bequem; *(práctico, de fácil uso)* praktisch

compadre *m (padrino)* (Tauf)pate *m*; *(amigo)* Freund *m*

compañero, a *m/f* Kollege (Kollegin) *m/f*; *(amigo)* Freund(in) *m(f)*; **compañero de clase** Klassenkamerad *m*

compañía *f* Begleitung *f*; *(Com)* Gesellschaft *f*

comparación [-'θjon] *f* Vergleich *m*; **en comparación con** im Vergleich zu

comparar [1] *vt* vergleichen

compartim(i)ento [-'m(j)en-] *m* Teilung *f*, Aufteilung *f*; *(distribución)* Verteilung *f*; *(Ferro)* Abteil *nt*

compás *m (Mus)* Takt *m*; *(Mat)* Zirkel *m*; *(Naut)* Kompass *m*

compasión *f* Mitleid *nt*

compatibilidad *f* Vereinbarkeit *f*; *(Inform)* Kompatibilität *f*; *(Med)* Verträglichkeit *f*

compatible *adj* vereinbar; *(Inform)* kompatibel; *(Med)* verträglich

compatriota *mf* Landsmann(-männin) *m/f*

compendio *m* Zusammenfassung *f*

compensar [1] *vt* ausgleichen; *(resarcir)* entschädigen *(de* für*)*

competencia [-θja] *f (incumbencia)* Zuständigkeit *f*; *(aptitud)* Kompetenz *f*; *(rivalidad)* Konkurrenz *f*

competente *adj (responsable)* zuständig; *(capaz)* fähig, kompetent

competición [-'θjon] *f* Wettbewerb *m*

competir *irr como* pedir *vi (Sport)* gegeneinander antreten; *(Com)* konkurrieren

competitivo, a *adj* wettbewerbsfähig

compilador *m* (*Inform*) Compiler *m*

complacer [-'θer] *irr como crecer vt* gefällig sein +*dat* ▷ *vr*: **complacerse en** seine Freude haben an +*dat*

complejo, a [-xo] *adj* kompliziert ▷ *m* Komplex *m*

completar [1] *vt* ergänzen

completo, a *adj* vollständig; (*perfecto*) vollkommen; (*lleno*) voll

complicar [6] *vt* komplizieren

cómplice [-θe] *mf* Komplize (Komplizin) *m/f*

componente *m* Bestandteil *m*; (*de bebida*) Zutat *f*; (*Inform*) Bauelement *m*, Baustein *m*

componer *irr como poner vt* zusammenstellen; (*literatura*) verfassen, schreiben; (*Mus*) komponieren; (*Typo*) setzen; (*algo roto*) reparieren; (*adornar*) schmücken ▷ *vr*: **componerse de** bestehen aus

comportamiento *m* Verhalten *nt*

comportarse [1] *vr* sich verhalten

composición [-'θjon] *f* Zusammensetzung *f*; (*Mus*) Komposition *f*

compositor, a *m(f)* Komponist(in) *m(f)*

compostura *f* (*reparación*) Ausbesserung *f*; (*arreglo*) Zusammensetzung *f*; (*actitud*) Zurückhaltung *f*

compra *f* Kauf *m*; **compras** *pl* Einkäufe *pl*

comprar [1] *vt* kaufen, einkaufen

comprender [2] *vt* verstehen, begreifen; (*incluir*) umfassen

comprensivo, a *adj* verständnisvoll

compresa *f* (*Monats*)binde *f*

compresor *m* (*Inform*) Kompressionsprogramm *nt*

comprimir *irr como imprimir vt* zusammenpressen

comprobante *m* Beleg *m*

comprobar *irr como contar vt* feststellen; (*probar*) beweisen; (*Tecn*) überprüfen, kontrollieren

comprometer [2] *vt* kompromittieren; (*exponer*) gefährden ▷ *vr*: **comprometerse** sich verpflichten (*a* zu); (*involucrarse*) sich beteiligen (*en* an +*dat*)

computador *m*, **computadora** *f* Computer *m*; **computador personal** Personal Computer

comulgar [7] *vi* die heilige Kommunion empfangen

común *adj* gemeinsam; (*ordinario*) gewöhnlich

comunicación [-'θjon] *f* Kommunikation *f*; (*ponencia*) Mitteilung *f*

comunicar [6] *vt, vi* mitteilen ▷ *vr*: **comunicarse** in Verbindung stehen

comunidad *f* Gemeinschaft *f*; **Comunidad de Estados Independientes** Gemeinschaft Unabhängiger Staaten

comunión *f* (*católico*) Kommunion *f*; (*protestante*) Abendmahl *nt*; (*fig*) Übereinstimmung *f*

comunismo *m* Kommunismus *m*

comunista *mf* Kommunist(in) *m(f)*

con *prep* mit

concebir [-θe-] *irr como pedir vt* (*fig*) begreifen; (*Tecn*) auslegen ▷ *vi* schwanger werden

conceder [-θe-] [2] vt zugestehen
concejal, a [-θe'xal] m(f) Stadtrat(-rätin) m/f
concejo [-'θexo] m Stadtrat m
concentrar [-θen-] [1] vt konzentrieren ▷ vr: **concentrarse** sich konzentrieren
concepto [-'θep-] m Begriff m; (idea) Vorstellung f
concertar [-θer-] irr como pensar vt (acordar: precio) vereinbaren; (tratado) schließen; (reconciliar: personas) versöhnen; (Mus) stimmen ▷ vi übereinstimmen
concesión [-θe-] f Bewilligung f; (licencia) Konzession f
concha f Muschel f
conciencia [-'θjen θja] f Gewissen nt; **conciencia de clase** Klassenbewusstsein nt
concierto [-'θjer-] m (Mus) Konzert nt
conciliar [-θi-] [1] vt versöhnen
concluir irr como huir vt beenden, (ab)schließen; (deducir) folgern ▷ vi enden
conclusión f Abschluss m; (de ideas) Schlussfolgerung f
concordar irr como cortar vt in Einklang bringen ▷ vi übereinstimmen
concreto, a adj konkret; **en concreto** kurz gesagt; **no hay nada en concreto** es gibt nichts Bestimmtes
concurrir [3] vi zusammenkommen; (competir) sich mitbewerben
concurso m (Sport) Wettbewerb m
conde m Graf m
condena f Verurteilung f; (pena) Strafe f

condenar [1] vt verurteilen ▷ vr: **condenarse** verdammt werden
condensar [1] vt kondensieren
condesa f Gräfin f
condición [-'θjon] f Bedingung f
condimento m Würze f, Gewürz nt
condón m Kondom nt
conducir [-'θir] irr vt führen, leiten; (Auto) fahren ▷ vi fahren ▷ vr: **conducirse** sich benehmen
conducta f Verhalten nt; (comportamiento) Benehmen nt
conductor, a adj leitend ▷ m (Elec) Leiter m ▷ m(f) (de vehículo) Fahrer(in) m(f)
conectar [1] vt verbinden; (Elec) einschalten ▷ vr: **conectarse a una red** (Inform) sich einloggen
conejo [-xo] m Kaninchen nt
confeccionar [-θjo-] [1] vt anfertigen
confederación [-'θjon] f Bündnis nt, Bund m
conferencia [-θja] f Konferenz f; (lección) Vortrag m; (Tel) Telefongespräch nt
confesar irr como pensar vt gestehen; (Rel) beichten
confesión f Geständnis nt; (Rel) Beichte f
confiado, a adj (crédulo) vertrauensselig; (presumido) selbstbewusst; (pey) eingebildet
confianza [-θa] f Vertrauen nt; (aliento, confidencia) Zutrauen nt; (familiaridad) Vertraulichkeit f; (pey) Eitelkeit f
confiar [4] vt anvertrauen ▷ vi trauen (en dat), vertrauen (en dat)
confidencial [-'θjal] adj vertraulich, geheim

confidente *mf* Vertrauensperson *f*; *(policial)* Spitzel *m*
configuración [-'θjon] *f* (Inform) Konfiguration *f*
configurar [1] *vt* (Inform) konfigurieren
confín *m* Grenze *f*
confirmación [-'θjon] *f* Bestätigung *f*; **confirmación de alta en el padrón** Anmeldebestätigung
confirmar [1] *vt* bestätigen
confiscar [6] *vt* konfiszieren
confitería *f* Süßwaren *pl*; *(tienda)* Süßwarengeschäft *nt*
conflicto *m* Konflikt *m*; *(fig)* Schwierigkeit *f*
conforme *adj* übereinstimmend; *(de acuerdo)* einverstanden; *(resignado)* resigniert ▷ *interj* einverstanden! ▷ *m* Bestätigung *f* ▷ *prep*: **conforme a** gemäß, entsprechend; **conforme a lo convenido** vertragsmäßig
confortable *adj* bequem, gemütlich
confrontar [1] *vt* vergleichen; *(dos personas)* gegenüberstellen
confundir [3] *vt* *(mezclar)* vermischen; *(equivocar)* verwechseln; *(turbar)* durcheinanderbringen ▷ *vr*: **confundirse** *(turbarse)* verwirrt werden; *(equivocarse)* sich täuschen
confuso, a *adj* konfus, wirr; *(persona)* verwirrt
congelador [-xe-] *m* Gefrierschrank *m*
congelar [1] *vt* einfrieren
congratular [1] *vt* gratulieren +*dat*
congreso *m* Kongress *m*

conjunto, a [-'xun-] *adj* verbunden, vereinigt ▷ *m* Gesamtheit *f*; (Mus) Gruppe *f*, Band *f*; **en conjunto** im Ganzen
conmemorar [1] *vt* gedenken +*gen*
conmigo *pron* mit mir, bei mir
conmoción [-'θjon] *f* Erdstoß *m*; *(Med)* Gehirnerschütterung *f*; *(fig)* Aufruhr *m*
conmutador *m* Schalter *m*
conocer [-'θer] *irr como crecer vt* kennen; *(por primera vez)* kennenlernen; *(entender)* wissen, kennen; *(reconocer)* erkennen ▷ *vr*: **conocerse** *(una persona)* sich kennen; *(dos personas)* sich kennenlernen
conocido, a [-'θi-] *adj* bekannt ▷ *m/f* Bekannte(r) *mf*
conocimiento [-θi-] *m* Kenntnis *f*; *(Med)* Bewusstsein *nt*
conque [-ke] *conj* nun, also
conquista [-'kis-] *f* Eroberung *f*
conquistador, a *adj* Eroberungs- ▷ *m(f)* Eroberer (Eroberin) *m/f*
conquistar [1] *vt* erobern
consagrar [1] *vt* (Rel) weihen; *(fig)* widmen
consciente [-'θjen-] *adj* bewusst
consecuencia [-'kwenθja] *f* Konsequenz *f*
consecutivo, a [-βo] *adj* aufeinanderfolgend
conseguir [-'yir] *irr como seguir vt* bekommen; *(sus fines)* erreichen
consejo [-xo] *m* Rat *m*
consentimiento *m* Einwilligung *f*
conserje [-xe] *m* Hausmeister(in) *m(f)*; *(portero)* Pförtner(in) *m(f)*
conserva [-βa] *f* *(acción)* Konservierung *f*; *(alimento)* Konserve *f*

conservacionista [-βaθjo-] *mf* Naturschützer(in) *m(f)*

conservador, a [-βa-] *adj* erhaltend; *(Pol)* konservativ ▷ *m(f)* Aufseher(in) *m(f)*; *(Pol)* Konservative(r) *mf*

conservante [-'βa-] *adj* konservierend, Konservierungs- ▷ *m (Gastr)* Konservierungsmittel *nt*

conservar [-'βar] [1] *vt* erhalten; *(alimentos)* konservieren; *(Inform)* (ab)speichern; *(datos)* pflegen ▷ *vr*: **conservarse** sich (jung) halten

considerable *adj* beträchtlich

considerado, a *adj (prudente, reflexivo)* überlegt; *(respetado)* angesehen; *(atento)* rücksichtsvoll

considerar [1] *vt* berücksichtigen; *(reflexionar)* sich *dat* überlegen; *(respetar)* schätzen

consigna *f (orden)* Anweisung *f*; *(para equipaje)* Gepäckaufbewahrung *f*

consigo *pron* mit sich, bei sich

consiguiente [-'ɣjen-] *adj* entsprechend +*dat*; **por consiguiente** folglich

consistente *adj* fest; *(espeso)* dickflüssig; *(sólido)* dauerhaft, fest

consistir [3] *vi*: **consistir en** *(componerse de)* bestehen aus; *(ser resultado de)* beruhen auf +*dat*

consolar *irr como contar vt* trösten

consomé *m* Bouillon *f*

consorcio [-θjo] *m (Com)* Konzern *m*

conspirar [1] *vi* sich verschwören

constante *adj* konstant, andauernd

constar [1] *vi (evidenciarse)* feststehen

constipado, a *adj* erkältet; **estar constipado** erkältet sein ▷ *m* Erkältung *f*

constitución [-'θjon] *f* Zusammensetzung *f*; *(del estado)* Verfassung *f*

constitucional *adj* verfassungsmäßig

constituir *irr como huir vt (formar, componer a)* bilden; *(formar, erigir, ordenar)* gründen, errichten; *(fijar)* festsetzen, bestimmen

construcción [-'θjon] *f (acción)* Bau *m*; *(edificio)* Gebäude *nt*

construir *irr como huir vt* bauen

consuelo [-'swe-] *m* Trost *m*

cónsul *m* Konsul(in) *m(f)*

consulado *m* Konsulat *nt*

consulta *f (deliberación)* Beratung *f*; *(Inform)* Abfrage *f*; *(Med)* Sprechstunde *f*

consultar [1] *vt* um Rat fragen

consultorio *m* Beratungsstelle *f*; *(Med)* Arztpraxis *f*; **consultorio dental** Zahnarztpraxis *f*

consumición [-'θjon] *f* Verbrauch *m*; *(en restaurante: bebida)* Getränk *nt*; *(comida)* Speise *f*

consumidor, a *m(f)* Verbraucher(in) *m(f)*

consumir [3] *vt* verbrauchen; *(comer)* verzehren

consumo *m* Konsum *m*

contabilidad *f* Rechnungswesen *nt*; *(profesión)* Buchhaltung *f*

contable *mf* Buchhalter(in) *m(f)*

contacto *m* Kontakt *m*

contado, a *adj* gezählt; **contadas veces** selten ▷ *m*: **al contado** bar

contador *m (aparato)* Zähler *m*

contagiarse [-'xjar-] [1] *vr* sich anstecken

contagio *m* Ansteckung *f*
container (*pl* **s**) [kon'teiner] *m* Container *m*
contaminación [-'θjon] *f* Verseuchung *f*; (*del aire*) Verschmutzung *f*; **contaminación atmosférica** Luftverschmutzung
contaminar [1] *vt* verschmutzen
contar *irr vt* (*dinero, páginas*) zählen; (*anécdota*) erzählen ▷ *vi* zählen, gelten; **contar con** rechnen mit
contemplar [1] *vt* betrachten
contemporáneo, a *adj* gegenwärtig
contenedor *m* Container *m*; **contenedor de basura** Müllcontainer; **contenedor de recogida de vidrios, contenedor de vidrios usados** (Alt)glascontainer
contener *irr como tener vt* enthalten; (*retener*) zurückhalten ▷ *vr*: **contenerse** sich zurückhalten
contenido, a *adj* enthaltsam; (*moderado*) gemäßigt; (*reprimido*) unterdrückt ▷ *m* Inhalt *m*
contento, a *adj* zufrieden ▷ *m* Zufriedenheit *f*
contestador *m*: **contestador automático** Anrufbeantworter *m*
contestar [1] *vt* erwidern; (*una pregunta, carta*) beantworten; (*Inform*) abfragen
contigo *pron* mit dir, bei dir
contiguo, a *adj* (*al lado*) neben; (*vecino*) angrenzend
continental *adj* kontinental
continente *adj* enthaltsam ▷ *m* (*envase*) Behälter *m*; (*Geo*) Kontinent *m*

continuación [-'θjon] *f* Fortsetzung *f*; **a continuación** dann, darauf
continuar [5] *vt* fortsetzen, weiterführen ▷ *vi* weitermachen; **continuará** Fortsetzung folgt
continuo, a *adj* dauernd
contorno *m* Umriss *m*, Kontur *f*; (*las afueras*) Umgebung *f*
contorsión *f* Verrenkung *f*
contra *prep* gegen ▷ *m*: **los pros y los contras** das Für und Wider
contrabando *m* (*acción*) Schmuggel *m*; (*mercancías*) Schmuggelware *f*
contracción [-'θjon] *f* Zusammenziehen *nt*; (*Anat*) Kontraktion *f*; (*encogimiento*) Schrumpfung *f*
contraconceptivo [-θep-βo] *m* Verhütungsmittel *nt*
contradecir [-'θir] *irr como predecir vt* widersprechen +*dat*
contraer [-tra'er] *irr como traer vt* zusammenziehen; (*encoger*) verkürzen; (*limitar*) beschränken ▷ *vr*: **contraerse** sich zusammenziehen; (*encogerse*) (zusammen)schrumpfen
contraindicación [-'θjon] *f* (*Med*) Gegenanzeige *f*, Kontraindikation *f*
contrapelo *adv*: **a contrapelo** gegen den Strich
contrapesar [1] *vt* aufwiegen; (*fig*) ausgleichen
contrariar [4] *vt* (*oponerse*) sich entgegenstellen +*dat*; (*poner obstáculos*) behindern; (*disgustar*) verärgern
contrariedad [-rje-] *f* (*oposición*) Widerstand *m*; (*obstáculo*) Hindernis *nt*; (*disgusto*) Ärger *m*

contrario, a *adj* entgegengesetzt; (*adverso*) feindlich ▷ *m/f* Feind(in) *m(f)*; (*Sport*) Gegner(in) *m(f)*; **de lo contrario** andernfalls
contraste *m* Kontrast *m*
contratar [1] *vt* (*firmar un acuerdo para*) vertraglich abmachen; (*empleados, obreros*) einstellen
contratiempo [-'tjem-] *m* Zwischenfall *m*; **a contratiempo** zur falschen Zeit
contrato *m* Vertrag *m*; **contrato de compraventa** Kaufvertrag
contravenir [-βe-] *irr como venir vi*: **contravenir a** verstoßen gegen
contribución [-'θjon] *f* (*municipal*) Abgabe *f*; (*ayuda*) Beitrag *m*
control *m* Kontrolle *f*; (*inspección*) Überprüfung *f*; (*Inform*) Steuerung *f*; **control de luminosidad** Helligkeitsregelung *f*; **control (de) radar** Radarfalle *f*
controlador *m* Controller *m*; **controlador para impresora** Druckertreiber *m*
controlador, a *m(f)*: **controlador de vuelo** (*Aer*) Fluglotse(-lotsin) *m/f*
controlar [1] *vt* kontrollieren, überprüfen; (*Inform*) steuern
convalecer [-βa-'θer] *irr como crecer vi* genesen
convencer [-βen'θer] [10] *vt* überzeugen; (*persuadir*) überreden
conveniente [-βe'njen-] *adj* erforderlich, ratsam; (*útil*) nützlich
convenio [-'βe-] *m* Abkommen *nt*; (*de tarifa*) (Tarif)vertrag *m*
convenir [-βe-] *irr como venir vi* (*estar de acuerdo*) übereinstimmen; (*ser conveniente*) angebracht sein ▷ *vr*: **convenirse** sich einigen
convento [-'βen-] *m* Kloster *nt*
conversación [-βer-'θjon] *f* Unterhaltung *f*, Gespräch *nt*
conversar [-βer-] [1] *vi* sich unterhalten
convertir [-βer-] *irr como sentir vt* umwandeln (*en* in *+akk*); (*Rel*) bekehren ▷ *vr*: **convertirse** sich verwandeln
convicción [-βik'θjon] *f* Überzeugung *f*
convidar [-βi-] [1] *vt* einladen
convite [-'βi-] *m* Einladung *f*; (*banquete*) Bankett *nt*
convivencia [-βi'βenθja] *f* Zusammenleben *nt*
convocar [-βo-] [6] *vt* einberufen, aufrufen zu *+dat*
convulsión [-βul-] *f* Krampf *m*
conyugal *adj* ehelich, Ehe-
coñac (*pl* **s**) *m* Kognak *m*
cookie (*pl* **s**) ['kuki] *f* Cookie *nt*
cooperación [-'θjon] *f* Zusammenarbeit *f*; **cooperación al desarrollo** Entwicklungshilfe *f*
cooperante *mf* Entwicklungshelfer(in) *m(f)*
cooperar [1] *vi* zusammenarbeiten
cooperativa [-βa] *f* Genossenschaft *f*
coordinar [1] *vt* koordinieren
copa *f* Stielglas *nt*; (*de árbol*) (Baum)krone *f*
copia *f* Kopie *f*; **copia pirata** Raubkopie; **copia de seguridad** (*Inform*) Sicherheitskopie
copiar [1] *vt* (*t. Inform*) kopieren
copioso, a *adj* reichlich
copla *f* Strophe *f*; (*canción*) (Volks)lied *nt*
coqueto, a [-'ke-] *adj* kokett
coraje [-xe] *m* Mut *m*; (*ira*) Zorn *m*
coral *adj* Chor- ▷ *m* Koralle *f* ▷ *f*

(coro) Chor m; *(Zool)* Korallenschlange f
Corán m Koran m
corazón [-'θon] m Herz nt
corbata f Krawatte f
corchete [-'tʃe-] m Häkchen nt
corcho [-tʃo] m Kork m; *(en pesca)* Schwimmer m
cordel m Schnur f
cordero m Lamm nt
cordial adj herzlich
cordillera [-'ʎe-] f Gebirgskette f
cordobés, esa adj aus Cordoba
cordón m *(cuerda)* Schnur f; *(de zapatos)* Schnürsenkel m
Corea f Korea nt
coro m Chor m
corona f Krone f; *(de flores)* Blumenkranz m
coronilla [-ʎa] f Haarwirbel m; **estar hasta la coronilla de** die Nase vollhaben von
corporal adj körperlich
corpulento, a adj dick
corral m Hof m
correa f Riemen m; *(cinturón)* Gürtel m
correcto, a adj tadellos, korrekt; *(sin error)* fehlerlos
corregir [-'xir] *irr como* elegir vt *(error)* berichtigen, verbessern; *(amonestar, reprender)* zurechtweisen ▷ vr: **corregirse** sich bessern
correo m Post f; *(persona)* Kurier m; **correos** pl Postamt nt; **correo aéreo** Luftpost; **correo electrónico** E-Mail f; **enviar por correo electrónico** per E-Mail schicken
correr [2] vt *(cortina)* zuziehen; *(cerrojo)* vorschieben; *(riesgo)* laufen; *(recorrer)* bereisen ▷ vi laufen, rennen; *(líquido)* fließen; *(moneda)* im Umlauf sein
correspondencia [-'θja] f Korrespondenz f; *(Ferro, Aer)* Anschluss m
corresponder [2] vi entsprechen *(a, con dat)*; *(por escrito)* korrespondieren *(con mit)*; *(amor, favor)* erwidern *(a algo etw)*; *(pertenecer)* gehören; *(ser un deber o derecho)* zukommen *(a alguien jdm)*; *(Ferro, Aer)* Anschluss haben *(con an +akk)* ▷ vr: **corresponderse** *(amarse)* sich gut verstehen; *(dos habitaciones)* miteinander verbunden sein; **me corresponde jugar a mí** ich bin dran
correspondiente [-'djen-] adj entsprechend ▷ mf Korrespondent(in) m(f)
corresponsabilidad f Mitverantwortung f
corresponsal mf *(en periodismo)* Korrespondent(in) m(f)
corrida f Lauf m; *(de toros)* Stierkampf m
corriente [-'rrjen-] adj *(agua)* fließend; *(año etc)* laufend; *(normal)* gewöhnlich, normal ▷ f *(Elec)* Strom m; **corriente alterna** Wechselstrom m ▷ m laufender Monat; **estar al corriente** auf dem Laufenden sein
corrillo [-ʎo] m Gruppe f, Clique f
corro m Kreis m, Gruppe f
corromper [2] vt verderben; *(alimento)* verderben lassen; *(Jur)* verführen ▷ vr: **corromperse** schlecht werden
corrosivo, a [-βo] adj ätzend
corrupción [-'θjon] f Zersetzung f;

(fig) Verfall m, Korruption f

cortacésped [-'θe-] m Rasenmäher m

cortado m Kaffee m mit wenig Milch

cortafuegos [-'fwe-] m inv (Inform) Firewall f

cortar [1] vt schneiden, abschneiden; (el agua) abdrehen; (paso) sperren; (árbol) absägen; (césped) mähen ▷ vi schneiden ▷ vr: **cortarse** (turbarse) verlegen werden; (al hablar) stocken; (leche) gerinnen

corte m Schnitt m, Einschnitt m; (filo) Schneide f; (de vestido, pelo) Schnitt m; **dar cortes** (fam) auflaufen lassen, abblitzen lassen; **corte de corriente** Stromausfall m ▷ f Hof m; **las Cortes** das spanische Parlament

cortés adj höflich

corteza [-θa] f (de árbol) Rinde f; (de pan) Kruste f

cortina f Vorhang m

corto, a adj (breve) kurz, knapp; (tímido) schüchtern; (poco inteligente) beschränkt; **corto de vista** kurzsichtig

cortocircuito [-θir-] m Kurzschluss m

cosa f Ding nt, Sache f; (asunto) Angelegenheit f

cosecha [-tʃa] f Ernte f

cosechar [1] vt ernten

coser [2] vt nähen

cosmético, a adj kosmetisch ▷ f Kosmetik f

costa f (Geo) Küste f; **costas** pl (Gerichts)kosten pl

costado m Seite f

costar irr como contar vi kosten;

me cuesta mucho trabajo es fällt mir schwer

Costa Rica f Costa Rica nt

costarricense [-'θen-], **costarriqueño, a** [-'ke-] adj aus Costa Rica ▷ m/f Einwohner(in) m(f) Costa Ricas

coste m Kosten pl

costilla [-ʎa] f Rippe f; (Gastr) Rippchen nt

costo m Kosten pl; (fam) Haschisch nt, Shit m; **costo de la vida** Lebenshaltungskosten pl

costra f Kruste f; (Med) Schorf m

costumbre f Brauch m, Sitte f

cotidiano, a adj täglich

cotización [-θa'θjon] f (Com) Kurs m, Notierung f; (cuota) Beitrag m

COU m abr (= Curso de Orientación Universitaria) ≈ 13. Schuljahr (einjährige Vorbereitung auf das Studium)

coyuntura f (Anat) Gelenk nt; (oportunidad) Gelegenheit f; (Com) Konjunktur f

crack (pl s) [krak] m (Com) Crash m, Börsenkrach m; (droga) Crack m

cráneo m Schädel m

cráter m Krater m

creación [-'θjon] f Erschaffung f, Schöpfung f

creador, a adj kreativ, schöpferisch ▷ m(f) Schöpfer(in) m(f); (Com) Hersteller(in) m(f)

crear [1] vt (er)schaffen; (establecer) gründen

creativo, a [-βo] adj kreativ

crecer [-'θer] irr vi (niño, planta, pelo) wachsen; (río) anschwellen; (rumor, luna) zunehmen; (precio) steigen

crédito m Kredit m

creer [kre'er] *irr como leer vt, vi* glauben; (*pensar*) denken; **¡ya lo creo!** das will ich meinen! ▷ *vr*: **creerse** sich *dat* einbilden
crema *f* Creme *f*; (*de huevo*) Vanillesoße *f*; (*nata*) Sahne *f*
cremallera [-'ʎe-] *f* Reißverschluss *m*
crepúsculo *m* (Abend)dämmerung *f*
crespón *m* Krepp *m*; (*de luto*) Trauerflor *m*
creyente *mf* Gläubige(r) *mf* ▷ *adj* gläubig
cría *f* Zucht *f*; (*animal*) Jungtier *nt*
criado, a *adj* erzogen; **mal/bien criado** schlecht/gut erzogen ▷ *m* Diener *m* ▷ *f* Dienstmädchen *nt*
criar [**4**] *vt* säugen; (*educar*) aufziehen; (*producir*) erzeugen; (*animales*) züchten
criatura *f* Kreatur *f*; (*niño*) Baby *nt*
criba *f* Sieb *nt*
crimen *m* Verbrechen *nt*
crío, a *m/f* Säugling *m*; (*fig*) Grünschnabel *m*
crisis *f inv* Krise *f*
cristal *m* Glas *nt*; (*Geo*) Kristall *m*; **cristal líquido** Flüssigkristall
cristianismo *m* Christentum *nt*
cristiano, a *adj* christlich ▷ *m/f* Christ(in) *m(f)*
Cristo *m* (*dios*) Christus *m*
criterio *m* Kriterium *nt*; (*fam: juicio*) Meinung *f*
criticar [**6**] *vt* kritisieren
crítico, a *adj* kritisch ▷ *m* Kritiker(in) *m(f)* ▷ *f* Kritik *f*
Croacia [-'θja] *f* Kroatien *nt*
cromo *m* Chrom *nt*
crónico, a *adj* chronisch ▷ *f* Chronik *f*

cross *m inv* Geländerennen *nt*
cruce [-θe] *m* Übergang *m*; (*de carreteras*) (Straßen)kreuzung *f*
crucifijo [-'θi-xo] *m* Kruzifix *nt*
crucigrama [-θi-] *m* Kreuzworträtsel *nt*
crudo, a *adj* roh, unreif; (*petróleo*) Roh-; (*cruel*) grausam, roh
cruel [krwel] *adj* grausam
crujido [-'xi-] *m* (*de madera*) Knarren *nt*; (*de dientes*) Knirschen *nt*
cruz (*pl* **cruces**) [kruθ] *f* Kreuz *nt*; **cara o cruz** Kopf oder Zahl
cruzar [-'θar] [**8**] *vt* kreuzen ▷ *vr*: **cruzarse** sich begegnen; (*cartas*) sich kreuzen
cuaderno *m* Heft *nt*
cuadra *f* (*caballeriza*) Pferdestall *m*
cuadrado, a *adj* quadratisch ▷ *m* (*Mat*) Quadrat *nt*
cuadrilla [-'ʎa] *f* Gruppe *f*
cuadro *m* Viereck *nt*; (*pintura*) Bild *nt*; (*Teat*) Szene *f*; (*gráfico*) Schaubild *nt*; (*de vidrio*) Rahmen *m*
cuádruple *adj*, **cuádruplo, a** *adj* vierfach
cuajar [-'xar] [**1**] *vt* eindicken, verdicken; (*cubrir*) bedecken (*con* mit) ▷ *vi* (*nieve*) liegen bleiben; (*fig*) gelingen ▷ *vr*: **cuajarse** (*leche*) gerinnen
cual *pron* (*relativo*) der, die, das; welche(r, s); **cada cual** jede(r, s)
cuál *pron* (*interrogativo*) welcher?, welche?, welches?
cualidad *f* Eigenschaft *f*, Qualität *f*
cualquier, a [-'kjer] *adj* irgendein(e, er) ▷ *pron* irgendjemand, irgendeine(r); (*quienquiera*) wer auch immer
cuando *adv* wann; **de cuando en cuando** von Zeit zu Zeit ▷ *conj*

(*temporal*) wenn, als; (*condicional*) wenn, falls; **(aún) cuando** (*adversativa*) selbst wenn; **yo, cuando niño** (ich) als Kind
cuándo *adv* (*interrogativo*) wann?; **¿desde cuándo?, ¿de cuándo acá?** seit wann?

○ **PALABRA CLAVE**

cuanto, a *pron*: **llévate todo cuanto quieras** nimm alles mit, was du willst ▷ *adv*: **en cuanto** sowie, sobald; **en cuanto a** bezüglich +*gen*; **cuanto más difícil sea** je schwieriger es ist; **cuanto antes** möglichst bald [*o* schnell] ▷ *adj*: **unos cuantos libros** einige Bücher

cuánto, a *adj* (*exclamación*) so viel(e); (*interrogativo: sing*) wie viel?; (*pl*) wie viele? ▷ *pron, adv* (*interrogativo: sing*) wie viel?; (*pl*) wie viele?; **¿cuánto cuesta?** wie viel kostet es?; **¿a cuántos estamos?** den Wievielten haben wir heute?
cuarenta *num* vierzig
cuarentena *m* Quarantäne *f*
cuarto, a *adj* vierte(r, s) ▷ *m* (*Mat*) Viertel *nt*; (*habitación*) Zimmer *nt*; **cuarto de baño** Badezimmer; **cuarto de hora** Viertelstunde *f*
cuatro *num* vier
Cuba *f* Kuba *nt*
cubano, a *adj* kubanisch ▷ *m/f* Kubaner(in) *m(f)*
cubierto, a [-'βjer-] *adj* bedeckt ▷ *m* (*menú*) Gedeck *nt*; (*tenedor etc*) Besteck *nt* ▷ *f* Abdeckung *f*; (*neumático*) Mantel *m*; (*Naut*) Deck *nt*

cubo *m* Würfel *m*; (*de madera*) Kübel *m*; (*Tecn*) Nabe *f*; **cubo de basura** Mülleimer *m*
cubrir *irr vt* bedecken, zudecken ▷ *vr*: **cubrirse** (*cielo*) sich bedecken
cucaracha [-'tʃa] *f* Küchenschabe *f*
cuchara [-'tʃa-] *f* (*Ess*)löffel *m*; (*de excavadora*) Greifer *m*, Löffel *m*
cucharilla [-tʃa-ʎa] *f* Kaffeelöffel *m*
cuchilla [-'tʃiʎa] *f* (großes) Messer *nt*; (*de arma blanca*) Klinge *f*
cuchillo [-'tʃiʎo] *m* Messer *nt*
cuello ['kweʎo] *m* (*Anat*) Hals *m*; (*de vestido, camisa*) Kragen *m*
cuenca ['kwen-] *f* (*Anat*) Augenhöhle *f*; (*Geo*) Tal *nt*, Becken *nt*
cuenta ['kwen-] *f* (*cálculo*) Rechnung *f*; (*en café, restaurante*) Rechnung *f*; (*Com*) Konto *nt*; (*de collar*) Perle *f*; **darse cuenta de** bemerken, merken; **tener en cuenta** berücksichtigen; **cuenta corriente/de ahorros** Giro-/Sparkonto; **cuenta innominada** Nummernkonto
cuento ['kwen-] *m* Geschichte *f*
cuerdo, a ['kwer-] *adj* normal, geistig gesund; (*prudente*) klug, vernünftig ▷ *f* Seil *nt*; (*hilo*) Saite *f*; (*de reloj*) Feder *f*; **cuerda de remolque** Abschleppseil
cuerno ['kwer-] *m* Horn *nt*; **poner los cuernos a alguien** (*fam*) jdm Hörner aufsetzen
cuero ['kwe-] *m* Leder *nt*; **en cueros** nackt
cuerpo ['kwer-] *m* Körper *m*
cuesta ['kwes-] *f* Abhang *m*; (*en camino*) Steigung *f*; **cuesta arriba/abajo** bergauf/bergab; **a cuestas** auf dem Rücken

cuestión [kwes-] *f* Frage *f*; (*problema*) Problem *nt*

cueva [ˈkweβa] *f* Höhle *f*; (*sótano*) Keller *m*

cuidado [kwi-] *m* Sorgfalt *f*; (*cautela*) Vorsicht *f*; **al cuidado de** bei ▷ *interj* Vorsicht!

cuidadoso, a *adj* sorgfältig; (*cauto*) vorsichtig

cuidar [kwi-] [**1**] *vt* (*Med*) behandeln; (*ocuparse de*) pflegen, versorgen ▷ *vi*: **cuidar de** sich kümmern um

culebra *f* Schlange *f*

culebrón *m* Seifenoper *f*

culo *m* (*fam*) Hintern *m*, Arsch *m*

culpa *f* Schuld *f*; (*Jur*) Verschulden *nt*

culpable *adj* schuldig ▷ *mf* Schuldige(r) *mf*

cultivar [-ˈβar] [**1**] *vt* bebauen; (*fig: amistad*) pflegen

cultivo [-βo] *m* Anbau *m*; (*Bio*) Züchtung *f*

culto, a *adj* (*cultivado*) bebaut; (*instruido*) gebildet

cultura *f* Kultur *f*

culturismo *m* Bodybuilding *nt*; **centro de culturismo** Fitnessstudio *nt*

cumbre *f* (*t. fig*) Gipfel *m*

cumpleaños *m inv* Geburtstag *m*

cumplido *m* Kompliment *nt*

cumplir [**3**] *vt* (*orden*) ausführen; (*promesa*) erfüllen; (*condena*) verbüßen; (*período*) ableisten ▷ *vi*: **cumplir con** (*deberes*) erfüllen ▷ *vr*: **cumplirse** (*plazo*) ablaufen

cuna *f* Wiege *f*

cuñado, a *m/f* Schwager (Schwägerin) *m/f*

cuota *f* (*parte proporcional*) Quote *f*; (*cotización*) Anteil *m*

cupón *m* Abschnitt *m*, Coupon *m*

cura *f* (*curación*) Heilung *f*; (*método curativo*) Kur *f* ▷ *m* Pfarrer(in) *m(f)*

curar [**1**] *vt* (*herida, enfermo*) behandeln ▷ *vi, vr*: **curarse** (*enfermo*) gesund werden; (*herida*) heilen

curiosidad *f* Neugier *f*; (*cosa rara*) Kuriosität *f*

curioso, a *adj* neugierig; (*raro*) seltsam ▷ *m/f* Neugierige(r) *mf*

cursi *adj* (*persona*) affektiert; (*objeto*) kitschig

cursivo, a *adj* kursiv

curso *m* Kurs *m*, Verlauf *m*; **en curso** (*año*) laufend; (*proceso*) in Bearbeitung; **curso intensivo** Intensivkurs; **Curso de Orientación Universitaria** ≈ 13. Schuljahr (*einjährige Vorbereitung auf das Studium*)

cursor (*pl* **es**) [kurˈsor] *m* Cursor *m*

curvo, a [-βo] *adj* kurvenreich, kurvig; (*torcido*) krumm ▷ *f* Kurve *f*

cutis *m inv* (Gesichts)haut *f*

cuyo, a *pron* dessen, deren

d

D, d [de] f D, d nt
D. abr = **Don**
D.ª abr = **Doña**
dado, a pp de **dar**; **dado que** da ▷ m Würfel m
dalia f Dahlie f
dama f Dame f; **damas** pl Damespiel nt
damasco m (tela) Damast m
danés, esa adj dänisch ▷ m/f Däne (Dänin) m/f
Danubio m Donau f
danzar [-'θar] [8] vt, vi tanzen
dañar [1] vt (objeto) beschädigen; (persona) verletzen ▷ vr: **dañarse** beschädigt werden
daño m (a un objeto) Schaden m; (a una persona) Verletzung f; **daños y perjuicios** (Jur) Schadensersatz m; **hacer daño a alguien** jdn verletzen

○ **PALABRA CLAVE**

dar irr vt geben; (película) zeigen; **dar las tres** drei Uhr schlagen; **dar a luz** gebären; **dar un paseo** spazieren gehen; **(me) da lo mismo** das ist (mir) egal; **me da pena** es tut mir leid ▷ vi: **dar a** (ventana) gehen auf +akk; **dar contra** stoßen gegen; **dar de cabeza** auf den Kopf fallen; **dar en** (objeto) treffen; **dar de sí** nachgeben; **dar en el blanco** ins Schwarze treffen ▷ vr: **darse** (ocurrir) vorkommen; **darse prisa** sich beeilen

dardo m Speer m
dársena f Dock nt
dátil m Dattel f
dato m Angabe f
datos mpl (Inform) Daten pl
d. de J.C. abr (= después de Jesucristo) n. Chr.

○ **PALABRA CLAVE**

de prep von; **guantes de cuero** Lederhandschuhe pl; **una de dos** eins von beiden; **de mañana** morgens, früh; **vestido de negro** schwarz gekleidet; **más/menos de** mehr/weniger als; **libro de cocina** Kochbuch nt

debajo [-xo] adv unter; **debajo de** unterhalb +gen; **por debajo de** unter +dat
debate m Debatte f
deber [2] vt schulden, schuldig sein ▷ vi sollen, müssen; **debo hacerlo** ich muss es tun; **debo ir** ich sollte

gehen ▷ *vr*: **deberse a** zurückzuführen sein auf +*akk* ▷ *m* Pflicht *f*; **deberes** *pl* (Schul)aufgaben *pl*

debido, a *adj* gebührend, angemessen; **debido a** wegen

débil *adj* schwach; (*escaso*) wenig

decadencia [-θja] *f* Dekadenz *f*

decena [-'θe-] *f*: **una decena** (etwa) zehn

decencia [-'θenθja] *f* Anstand *m*

decepción [-θep'θjon] *f* Enttäuschung *f*

decepcionar [1] *vt* enttäuschen

decidir [-θi-] [3] *vt* (*resolver*) entscheiden, beschließen ▷ *vr*: **decidirse a** sich entschließen zu

décimo, a [-θi-] *adj* zehnte(r, s) ▷ *m* Zehntel *nt*

decir [-'θir] *irr vt* (*expresar*) sagen; (*contar*) erzählen; **se dice que** man sagt, dass ▷ *vi* sprechen; **decir para sí** sich *dat* sagen; **querer decir** bedeuten ▷ *m* Redensart *f*

decisión [-θi-] *f* (*resolución*) Entscheidung *f*; (*Pol*) Beschluss *m*

declaración [-'θjon] *f* Äußerung *f*; (*explicación*) Erklärung *f*

declarar [1] *vt* erklären; (*en aduana*) angeben, verzollen ▷ *vi* (*Jur*) aussagen

declive [-βe] *m* (*cuesta*) Abhang *m*; (*inclinación*) Neigung *f*

decoración [-'θjon] *f* Dekoration *f*

decoro *m* (*respeto*) Respekt *m*; (*dignidad*) Anständigkeit *f*; (*recato*) Anstand *m*

decrecer [-'θer] *irr como crecer vi* abnehmen

decreto *m* Verfügung *f*, Erlass *m*

dedal *m* Fingerhut *m*

dedicar [6] *vt* (*libro*) widmen

dedo *m* Finger *m*; (*de pie*) Zeh *m*; **dedo anular** Ringfinger; **dedo índice** Zeigefinger; **dedo mayor, dedo cordial** Mittelfinger; **dedo meñique** kleiner Finger; **dedo pulgar** Daumen *m*

deducir [-'θir] *irr como conducir vt* folgern, ableiten; (*Com*) abziehen

defecto *m* Fehler *m*; (*carencia*) Mangel *m*

defender *irr como tender vt* verteidigen

defensa *f* Verteidigung *f*

defensor, a *m(f)* (*abogado*) Verteidiger(in) *m(f)*; (*protector*) Verfechter(in) *m(f)*; **Defensor del Pueblo** Bürgerbeauftragte(r) *m*

deficiencia [-'θjenθja] *f* Fehlerhaftigkeit *f*; (*carencia*) Mangel *m*

déficit (*pl* **s**) [-θit] *m* Defizit *nt*

definición [-'θjon] *f* Definition *f*; **de alta definición** hochauflösend

definitivo, a [-βo] *adj* endgültig, definitiv; **en definitiva** schließlich

defoliar [1] *vt* entlauben

deforestar [1] *vt* abholzen

deformar [1] *vt* verformen, verzerren ▷ *vr*: **deformarse** sich verformen

defragmentar [1] *vt* (*Inform*) defragmentieren

defraudar [1] *vt* (*decepcionar*) enttäuschen; (*estafar*) hinterziehen; (*engañar*) betrügen

defunción [-'θjon] *f* Ableben *nt*

degenerar [-xe-] [1] *vi* degenerieren; entarten

degradable *adj* abbaubar

degradar [1] *vt* (*Mil*) degradieren; (*humillar*) demütigen ▷ *vr*: **degradarse** sich erniedrigen; (*situación*) sich verschlechtern

degustación [-'θjon] f Probieren nt

dejado, a [-'xa-] adj nachlässig

dejar [-'xar] [1] vt lassen; (permitir) zulassen; (abandonar) verlassen; (beneficios) abwerfen, einbringen; **dejar a un lado** beiseitelassen ▷ vi: **dejar de** aufhören zu

del prep = **de + el**; ver **de**

delantal m Schürze f

delante adv vorne; (enfrente) gegenüber; (adelante) voraus; **delante de** vor +dat

delegación [-'θjon] f Delegation f, Abordnung f; **delegación municipal** Nebenstelle f der Stadtverwaltung

delegado, a m/f Abgeordnete(r) mf; (Com) Beauftragte(r) mf

delegar [7] vt übertragen (en dat)

deleite [-'lei-] m Vergnügen nt

deletrear [1] vt buchstabieren; (fig) entziffern

delfín m Delfin m

delgado, a adj dünn; (persona) schlank; (tierra) mager

deliberar [1] vt erörtern

delicado, a adj zart, fein; (sensible) empfindlich; (enfermizo) kränklich

delicioso, a [-'θjo-] adj (encantador) reizend; (placentero) angenehm; (exquisito) köstlich

delincuente [-'kwen-] mf Straftäter(in) m(f); (criminal) Kriminelle(r) mf

delirio m (Med) Delirium nt; (fam: disparate) Spinnerei f

delito m Vergehen nt, Straftat f; **delito político** politisches Verbrechen

demagogo, a m/f Demagoge(-gogin) m/f

demanda f Nachfrage f; (petición) Forderung f, Bitte f; (Jur) Klage f

demandar [1] vt erbitten, fordern; (Jur) verklagen; (Inform) abrufen

demarcación [-'θjon] f (de terreno) Abgrenzung f

demás adj inv: **los demás niños** die anderen Kinder ▷ pron: **los/las demás** die anderen, die Übrigen; **lo demás** das Übrige

demasiado, a adj zu viel; **demasiados** zu viele; **¡es demasiado!** das ist die Höhe! ▷ adv zu sehr; **demasiado caliente** zu heiß

demente adj wahnsinnig ▷ mf Wahnsinnige(r) mf

democracia [-'θja] f Demokratie f

demócrata mf Demokrat(in) m(f)

democrático, a adj demokratisch

demoler irr como mover vt abreißen

demonio m Teufel m

demora f Verzögerung f; (Ferro, Aer) Verspätung f

demorar [1] vt aufhalten; (dilatar) verschieben ▷ vr: **demorarse** sich aufhalten lassen

demostrar irr como contar vt (probar) beweisen; (mostrar) zeigen, vorführen; (manifestar) bekunden

denegar irr como fregar vt (rechazar) ablehnen; (Jur) abweisen

denominación [-'θjon] f Benennung f, Bezeichnung f

densidad f Dichte f

denso, a adj (apretado) dicht; (espeso, pastoso) dick; (fig) unklar

dentadura f Gebiss nt; **dentadura postiza** künstliche Zähne pl, Gebiss nt

dentífrico m Zahnpasta f

dentista mf Zahnarzt(-ärztin) m/f

dentro *adv* darin; **mirar por dentro** (von) innen ansehen ▷ *prep*: **dentro de** in +*dat*, innerhalb +*gen*; **dentro de tres minutos** in drei Minuten

denuncia [-θja] *f* Anzeige *f*

denunciar [1] *vt* anzeigen, melden; (*acusar*) verklagen; (*descubrir*) verraten

departamento *m* Abteilung *f*; (*de caja, de trenes*) Abteil *nt*; (*Am: piso*) Wohnung *f*

dependencia [-θja] *f* Abhängigkeit *f*; (*Com: sección*) Zweigstelle *f*; (*personal*) Belegschaft *f*

depender [2] *vi*: **depender de** abhängen von

dependienta [-'djen-] *f* Verkäuferin *f*

dependiente *adj* abhängig ▷ *m* Verkäufer *m*

deplorar [1] *vt* bedauern

deponer *irr como* poner *vt* hinlegen, absetzen ▷ *vi* (*Jur*) aussagen

deporte *m* Sport *m*

deportista *adj* Sport- ▷ *mf* Sportler(in) *m(f)*

deportivo, a *adj* sportlich

depositar [1] *vt* (*dinero*) einzahlen; (*mercancías*) lagern

depósito *m* Hinterlegung *f*; (*de mercancías*) Lager *nt*; (*de agua, gasolina etc*) Tank *m*; (*sedimento*) Ablagerung *f*; **depósito final** Endlager; **depósito provisional** Zwischenlager

depreciar [-'θjar] [1] *vt* abwerten ▷ *vr*: **depreciarse** an Wert verlieren

depresión *f* (*Med, Com*) Depression *f*; (*concavidad*) Senkung *f*

deprisa *adv* schnell

depurar [1] *vt* läutern, reinigen; (*Pol*) säubern

derecha [-tʃa] *f* rechte Seite; (*mano*) rechte Hand; (*Pol*) Rechte *f*; **a la derecha** rechts

derecho, a *adj* rechte(r, s); (*vertical*) gerade ▷ *adv* gerade, geradeaus ▷ *m* (*privilegio*) (Vor)recht *nt*; (*lado*) rechte Seite; (*leyes*) Recht *nt*; **derechos** *mpl* (*de aduana*) Zoll *m*; (*de autor*) Autorenrechte *pl*; **tener derecho a** ein Recht haben auf +*akk*; **derecho de asilo** Asylrecht

dermatología [-'xia] *f* Dermatologie *f*

derramar [1] *vt* verschütten; (*dispersar*) zerstreuen; **derramar lágrimas** Tränen vergießen ▷ *vr*: **derramarse** sich ergießen

derrame *m* (*de sangre*) (innere) Blutung; (*de líquido*) Auslaufen *nt*

derredor *adv*: **en [o al] derredor de algo** um etw herum

derretir *irr como* pedir *vt* schmelzen; (*fig*) vergeuden ▷ *vr*: **derretirse** schmelzen; (*fig*) vergehen (*de vor* +*dat*); (*fam*) verschossen sein (*por in* +*akk*)

derribar [1] *vt* umwerfen; (*construcción*) einreißen; (*persona*) zu Boden werfen; (*gobierno, político*) stürzen

derrochar [-'tʃar] [1] *vt* verschwenden

derroche *m* Verschwendung *f*

derrota *f* (*Naut*) Kurs *m*; (*Mil: fig*) Niederlage *f*

derrumbar [1] *vt* herabstürzen ▷ *vr*: **derrumbarse** zusammenbrechen; (*Inform*) abstürzen

desabotonar [1] vt aufknöpfen
desabrochar [-'tʃar] [1] vt (botones) aufknöpfen; (corchetes) aufmachen
desacertado, a [-θer-] adj falsch; (inoportuno) unangebracht
desaconsejar [-'xar] [1] vt: **desaconsejar algo a alguien** jdm von etw abraten
desacreditar [1] vt (desprestigiar) in Misskredit bringen; (denigrar) schlechtmachen
desactivar [-'βar] [1] vt entschärfen
desacuerdo [-'kwer-] m (conflicto) Meinungsverschiedenheit f, Unstimmigkeit f; (error) Irrtum m
desafinado, a adj: **estar desafinado** verstimmt sein
desafío m (reto) Herausforderung f; (combate) Duell nt
desafortunado, a adj unglücklich
desagradable adj (fastidioso, enojoso) unangenehm; (incómodo) ungemütlich; (irritante) irritierend
desagradar [1] vt (disgustar) missfallen +dat; (molestar) stören
desagradecido, a [-θi-] adj undankbar
desagravio [-βjo] m Wiedergutmachung f; (recompensa) Entschädigung f
desagüe [-ɣwe] m (de un líquido) Abfluss m; (cañería) Abwasserrohr nt
desahogado, a adj (holgado) behaglich, bequem; (espacioso) geräumig
desahogo m (alivio) Erleichterung f; (comodidad) Bequemlichkeit f
desairar [-ai-] [1] vt (menospreciar) herabsetzen; (ultrajar) beleidigen
desajuste [-'xus-] m Falscheinstellung f; (situación) Unordnung f
desalentar irr como pensar vt entmutigen ▷ vr: **desalentarse** mutlos werden
desaliento m Mutlosigkeit f
desaliño m Nachlässigkeit f
desalojar [-'xar] [1] vt (expulsar, echar) hinauswerfen; (abandonar) verlassen ▷ vi ausziehen
desamarrar [1] vt losbinden; (Naut) losmachen
desamor m Lieblosigkeit f
desamparado, a adj (persona) hilflos; (lugar: expuesto) ungeschützt; (desierto) verlassen
desanimar [1] vt (desalentar) entmutigen; (deprimir) deprimieren
desapacible [-θi-] adj unfreundlich; (carácter) mürrisch; (voz) barsch
desaparecer [-'θer] irr como crecer vi verschwinden; (la luz) schwinden
desapego m Abneigung f (hacia gegen)
desapercibido, a [-θi-] adj unvorbereitet; **coger desapercibido** überraschen
desaprensivo, a [-βo] adj rücksichtslos
desaprobar irr como contar vt missbilligen; (condenar) verurteilen; (no consentir) ablehnen
desaprovechado, a [-βe'tʃa-] adj (improductivo) ungenutzt; (persona) unausgelastet; (vago) faul
desarmar [1] vt entwaffnen; (Tecn) abbauen, abmontieren ▷ vr:

desarmarse (Mil) abrüsten
desarme m Abrüstung f
desarraigo [-'rrai-] m Entwurzelung f
desarreglado, a adj (Tecn) gestört, außer Betrieb; (desordenado) liederlich
desarrollar [-'ʎar] [1] vt entwickeln; (extender) entfalten ▷ vr: **desarrollarse** sich entwickeln; (extenderse) stattfinden; (film) sich abspielen
desarrollo m Entwicklung f
desarticular [1] vt (hueso) ausrenken; (objeto) auseinandernehmen
desaseo m (suciedad) Schmutz m; (desarreglo) Unordnung f
desasir irr como asir vt loslassen ▷ vr: **desasirse** sich befreien, sich losmachen; **desasirse de** loskommen von
desasosiego m (intranquilidad) Unruhe f; (preocupación) Sorge f
desastre m Unglück nt, Katastrophe f; **desastre ecológico** Umweltkatastrophe
desatar [1] vt (nudo) aufknoten; (paquete) aufmachen; (desencadenar) losbinden ▷ vr: **desatarse** (zapatos) aufgehen; (tormenta) losbrechen
desatento, a adj (distraído) unaufmerksam; (descortés) unhöflich
desatino m (idiotez) Unsinn m; (error) Fehlgriff m
desautorizar [-'θar] [8] vt (oficial) die Zuständigkeit absprechen +dat; (informe) nicht bewilligen
desayunar [1] vi frühstücken ▷ vt zum Frühstück haben

desayuno m Frühstück nt
desazón [-'θon] f (insipidez) Fadheit f; (picor) Juckreiz m; (angustia) Kummer m; (fig) Unbehagen nt
desbarajuste [-'xus-] m Durcheinander nt, Wirrwarr m
desbaratar [1] vt (deshacer, destruir) zerstören; (malgastar) verschwenden; (planes) vereiteln
desbloquear [1] vt: **desbloquear el proceso de paz** die Friedensgespräche wiederaufnehmen
desbordar [1] vt übertreffen ▷ vi, vr: **desbordarse** (río) über die Ufer treten; (líquido) überlaufen; (entusiasmo) überschäumen; (persona) außer sich sein
descabellado, a [-'ʎa-] adj unsinnig
descabellar [-'ʎar] [1] vt zerzausen; (Taur: toro) den Gnadenstoß versetzen +dat
descafeinado, a [-fei-] adj koffeinfrei ▷ m koffeinfreier Kaffee
descalabro m (desgracia) Unglück nt, Missgeschick nt
descalzo, a [-θo] adj barfuß
descaminado, a adj (equivocado) verirrt; (fig) auf dem Holzweg
descansar [1] vt (poner) stützen (en, sobre auf +akk); (apoyar) unterstützen ▷ vi ausruhen; (echarse) sich hinlegen
descanso m (reposo) Ausruhen nt, Erholung f; (alivio) Erleichterung f; (pausa) Pause f; (Sport) Halbzeit f
descarado, a adj schamlos; (insolente) frech, unverschämt
descarga f (Elec) Entladung f; (de arma) Abfeuern nt; (Archit) Entlastung f; (Naut) Löschen nt

descargar [7] *vt* entladen; *(golpe)* versetzen; *(Inform)* herunterladen ▷ *vr:* **descargarse** sein Herz ausschütten

descaro *m* *(atrevimiento)* Schamlosigkeit *f;* *(insolencia)* Frechheit *f*

descarriar [1] *vt* *(descaminar)* vom Weg abbringen; *(fig)* auf die schiefe Bahn bringen ▷ *vr:* **descarriarse** sich verirren, sich verlaufen

descarrilamiento *m* *(de tren)* Entgleisung *f*

descartado, a *adj* beiseite- gelassen; *(eliminado)* beseitigt

descender [-θen-] *irr como tender vt* *(bajar: escalera)* heruntergehen; *(equipajes)* heruntertragen ▷ *vi* aussteigen; *(temperatura, nivel)* absinken; **descender de** abstammen von

descifrar [-θi-] [1] *vt* *(escrito)* entziffern; *(código)* entschlüsseln

descodificar [6] *vt* decodieren

descolgar *irr como colgar vt* *(bajar)* herabnehmen; *(teléfono)* abnehmen

descomponer *irr como poner vt* *(desordenar)* in Unordnung bringen; *(Tecn)* stören; *(dividir)* zerlegen; *(fig)* entzweien ▷ *vr:* **descomponerse** *(corromperse)* verfaulen, sich zersetzen; *(enfermarse)* krank werden; *(irritarse)* aus der Fassung geraten

descomprimir *irr como imprimir vt* *(Inform)* dekomprimieren, entpacken

desconcertado, a [-θer-] *adj* verwirrt, verwundert

desconcierto [-'θjer-] *m* Unordnung *f;* *(daño)* Schaden *m;* *(desorientación)* Verwirrung *f;* *(inquietud)* Bestürzung *f*

desconectar [1] *vt* ausschalten; **desconectado** *(Inform)* offline

desconfiar [4] *vi* misstrauen *(de dat);* **desconfiar de** kein Vertrauen haben in *+akk*

desconocimiento [-θi-] *m* *(falta de conocimientos)* Unkenntnis *f;* *(ingratitud)* Undankbarkeit *f*

desconsiderado, a *adj* rücksichtslos; *(insensible)* unüberlegt

descontar *irr como contar vt* *(deducir)* abziehen; *(rebajar)* herabsetzen; *(dar por cierto)* als selbstverständlich betrachten

descontento, a *adj* unzufrieden ▷ *m* Unzufriedenheit *f*

descorchar [-'tʃar] [1] *vt* entkorken

descortés *adj* *(mal educado)* unhöflich; *(grosero)* grob

descoser [2] *vt* auftrennen ▷ *vr:* **descoserse** aufgehen

descoyuntar [1] *vt* *(Med)* ausrenken, verrenken

descrédito *m* Misskredit *m*

descremar [1] *vt* entrahmen

describir *irr como escribir vt* beschreiben

descubierto, a [-'bjer-] *adj* unbedeckt; *(persona)* ohne Kopfbedeckung; **al descubierto** im Freien

descubrimiento *m* *(hallazgo)* Entdeckung *f;* *(revelación)* Aufdeckung *f*

descubrir *irr como cubrir vt* aufdecken; *(mostrar)* zu erkennen geben; *(revelar)* enthüllen; *(hallazgo)* entdecken ▷ *vr:*

descubrirse sich zeigen; *(quitarse el sombrero)* den Hut abnehmen; *(confesar)* sein Herz ausschütten

descuento [-'kwen-] *m* Rabatt *m*, Abzug *m*

descuidar [1] *vt (dejar)* vernachlässigen; *(olvidar)* versäumen ▷ *vi*, *vr*: **descuidarse** *(distraerse)* unvorsichtig sein; *(estar desaliñado)* sein Äußeres vernachlässigen; **¡descuida!** machen Sie sich keine Sorgen!

○ **PALABRA CLAVE**

desde *prep* von, von … an; **desde lejos** von Weitem; **desde ahora en adelante** von jetzt an; **desde hace tres días** seit drei Tagen; **desde luego** selbstverständlich ▷ *conj*: **desde que** seit, seitdem

desdicha [-tʃa] *f* Unglück *nt*

desear [1] *vt* wünschen, begehren

desecar [6] *vt*, *vr*: **desecarse** austrocknen

desechos [-'tʃos] *mpl* Abfall *m*

desembalar [1] *vt* auspacken

desembarcar [6] *vt (personas)* ausschiffen; *(cosas)* ausladen ▷ *vi*, *vr*: **desembarcarse** an Land gehen

desembocadura *f (de río)* Mündung *f*; *(de calle)* Straßenmündung *f*

desembocar [6] *vi* einmünden *(en* in *+akk)*; *(fig)* hinauslaufen *(en* auf *+akk)*

desembolso *m* Zahlung *f*

desempeñar [1] *vt (trabajo)* ausführen; *(cargo)* ausüben; *(lo empeñado)* auslösen; **desempeñar un papel** *(t. fig)* eine Rolle spielen

desempleo *m* Arbeitslosigkeit *f*; **desempleo masivo** Massenarbeitslosigkeit

desencadenar [1] *vt* losketten; *(ira)* entfesseln ▷ *vr*: **desencadenarse** losbrechen

desencajar [-'xar] [1] *vt (hueso)* verrenken; *(mecanismo, pieza)* auseinandernehmen

desencanto *m* Ernüchterung *f*

desenfado *m* Ungezwungenheit *f*; *(descaro)* Frechheit *f*

desenfreno *m (vicio)* Zügellosigkeit *f*; *(de las pasiones)* Ungestüm *nt*

desengaño *m* Ernüchterung *f*; *(decepción)* Enttäuschung *f*

desenredar [1] *vt* entwirren; *(intriga)* lösen ▷ *vr*: **desenredarse** sich befreien

desentenderse *irr como* tender *vr*: **desentenderse de** so tun, als ob man nichts wüsste von; *(apartarse)* sich fernhalten von

desenterrar *irr como* pensar *vt* ausgraben; *(tesoro)* heben; *(fig)* aufstöbern

desentumecer [-'θer] *irr como* crecer *vt (pierna)* vertreten; *(Sport)* (auf)lockern

desenvoltura [-βol-] *f* Unbefangenheit *f*; *(descaro)* Ungezwungenheit *f*; *(desvergüenza)* Frechheit *f*

desenvolver [-βol'βer] *irr como* volver *vt* auspacken; *(madeja)* aufwickeln; *(fig)* entwickeln ▷ *vr*: **desenvolverse** sich entwickeln; *(arreglárselas)* gut zurechtkommen

deseo *m* Wunsch *m*

desequilibrado, a [-ki-] *adj* unausgeglichen

desertización [-θa'θjon] f Desertifikation f, Versteppung f

desesperar [1] vt (exasperar) zur Verzweiflung bringen; (fig) ärgern ▷ vi: **desesperar de** verzweifeln an +dat ▷ vr: **desesperarse** verzweifeln

desfallecer [-ʎe'θer] irr como crecer vi schwach werden; (desvanecerse) ohnmächtig werden

desfavorable [-βo-] adj ungünstig

desfigurar [1] vt (cara) entstellen; (cuerpo) verunstalten

desfile m Parade f

desgajar [-'xar] [1] vt (arrancar) ausreißen; (romper) zerbrechen ▷ vr: **desgajarse** auseinanderfallen

desganarse [1] vr den Appetit verlieren; (cansarse) lustlos werden

desgarrar [1] vt zerreißen

desgastar [1] vt (deteriorar) abnutzen, verschleißen ▷ vr: **desgastarse** sich abnutzen; (Tecn) verschleißen

desgracia [-θja] f Unglück nt; (accidente) Unfall m; (contratiempo) Missgeschick nt; **por desgracia** leider

desgraciadamente adv leider

desgraciado, a adj unglücklich; (miserable) armselig

deshacer [-'θer] irr como hacer vt (casa) abreißen; (dañar) beschädigen; (Tecn) auseinandernehmen; (diluir) auflösen; (contrato) rückgängig machen ▷ vr: **deshacerse** (disolverse) sich auflösen; (despedazarse) in Stücke zerbrechen

desheredar [1] vt enterben

deshielo [-'je-] m (Auf)tauen nt
deshonesto, a adj (indecente) unanständig; (no honrado) unehrlich
deshonra f Schande f
deshora f: **a deshora** ungelegen
desierto, a [-'sjer-] adj (casa) unbewohnt, leer; (calle) leer gefegt; (premio) unvergeben ▷ m Wüste f
designar [1] vt (nombrar) ernennen; (indicar) bezeichnen
desigual adj (terreno) uneben; (lucha etc) ungleich
desilusión f Enttäuschung f; (desengaño) Ernüchterung f
desilusionar [1] vt enttäuschen ▷ vr: **desilusionarse** enttäuscht werden
desinfectar [1] vt desinfizieren
desinflar f: vt die Luft herauslassen aus
desinstalar [1] vt (Inform) deinstallieren
desinterés m Interesselosigkeit f; (altruismo) Selbstlosigkeit f
desistir [3] vi (renunciar) verzichten (de auf +akk)
desleal adj (infiel) untreu
deslenguado, a adj unverschämt
desligar [7] vt (desatar) losbinden; (separar) trennen ▷ vr: **desligarse** (dos personas) sich trennen; (de un compromiso) sich befreien
deslizar [-θar] [8] vt (decir) einflechten ▷ vr: **deslizarse** (escurrirse: persona) ausrutschen; (coche) schleudern; (aguas mansas) langsam fließen; (error) unterlaufen
deslocalización [-θa'θjon] f Standortverlegung f

deslumbrar [1] vt blenden
desmayar [1] vi den Mut verlieren
  ▷ vr: **desmayarse** (Med)
  ohnmächtig werden
desmedido, a adj übermäßig
desmentir irr como sentir vt
  (contradecir) widersprechen +dat;
  (refutar) abstreiten ▷ vr:
  desmentirse sich dat
  widersprechen
desmenuzar [-'θar] [8] vt
  (deshacer) zerlegen; (examinar) ganz
  genau untersuchen
desmesurado, a adj übermäßig,
  maßlos
desmontar [1] vt zerlegen; (tierra)
  ebnen ▷ vi (del caballo) absitzen;
  (de un coche) aussteigen
desmoralizar [-'θar] [8] vt
  demoralisieren
desmoronar [1] vt einstürzen
  lassen, zerstören ▷ vr:
  desmoronarse (edificio, dique)
  einstürzen
desnivel [-'βel] m (de terreno)
  Gefälle nt, Höhenunterschied m
desnuclearizado, a [-'θa-] adj
  atomwaffenfrei
desnudar [1] vt (desvestir)
  ausziehen; (despojar) entblößen
  ▷ vr: **desnudarse** (desvestirse) sich
  ausziehen
desnudo, a adj nackt; **desnudo
  de** ohne ▷ m/f Nackte(r) mf
desobediente adj ungehorsam
desocupado, a adj unbeschäftigt;
  (sin trabajo) arbeitslos;
  (deshabitado) unbewohnt, leer
desodorante m Deo(dorant) nt;
  desodorante de bola Deoroller m;
  spray m **desodorante** Deospray m
  o nt

desorden m Unordnung f; (público)
  Unruhen pl, Ausschreitungen pl
desorientar [-rjen-] [1] vt
  (extraviar) irreführen; (confundir,
  desconcertar) verwirren ▷ vr:
  desorientarse (perderse) sich
  verirren
despabilado, a adj (despierto)
  hellwach; (fig) aufgeweckt
despachar [-'tʃar] [1] vt erledigen;
  (clientes) bedienen; (enviar) senden;
  (vender) verkaufen
despacho [-tʃo] m Büro nt; (de
  paquetes) Abfertigung f; (de negocios)
  Erledigung f; (venta) Verkauf m;
  (comunicación) Mitteilung f
despacio [-θjo] adv langsam
desparramar [1] vt (esparcir)
  zerstreuen; (noticia) verbreiten;
  (dinero, fortuna) durchbringen,
  verschwenden; (líquido)
  verschütten
despectivo, a [-βo] adj
  (despreciativo) verächtlich; (Ling)
  pejorativ, abwertend
despedazar [-'θar] [8] vt
  zerfetzen, zerstückeln, kaputt
  machen
despedida f (adiós) Abschied m
despedir irr como pedir vt
  verabschieden; (empleado)
  entlassen; (inquilino) kündigen
  +dat ▷ vr: **despedirse de** sich
  verabschieden von
despegar [7] vt ablösen, loslösen
  ▷ vi abheben ▷ vr: **despegarse**
  sich ablösen
despegue [-ɣe] m Start m,
  Abheben nt
despejado, a [-'xa-] adj (lugar)
  frei; (cielo) wolkenlos; (persona)
  aufgeweckt

despejarse [-'xar-] [1] vr (tiempo, cielo) sich aufheitern; (misterio) sich aufklären; (persona) munter werden

despensa f Speisekammer f

despeñadero m (Geo) Abgrund m

desperdicio [-θjo] m Verschwendung f; (residuo) Abfall m

desperfecto m (deterioro) Beschädigung f; (defecto) Fehler m

despertador m Wecker m

despertar irr como pensar vt (persona, vocación) wecken; (apetito) anregen; (interés, atención) erregen

despesque [-ke] m Überfischung f

despido m Entlassung f; (de uno mismo) Kündigung f; (despedida) Abschied m

despierto, a [-'pjer-] adj wach; (fig) aufgeweckt

despilfarro m (derroche) Verschwendung f, Vergeudung f; (lujo desmedido) Extravaganz f

despistar [1] vt von der Spur abbringen; (atención) ablenken; (fig) verwirren ▷ vr: **despistarse** vom Weg abkommen; (fig) sich ablenken lassen

desplazar [-'θar-] [8] vr: **desplazarse** sich bewegen; (persona, coche) fahren; (avión) fliegen ▷ vt verschieben; **desplazar la pantalla** (Inform) blättern

despojar [-'xar] [1] vt (alguien) berauben; (casa) ausplündern

déspota mf Despot(in) m(f)

despreciar [-'θjar] [1] vt (desdeñar) verachten; (afrentar) beschimpfen

desprecio m Verachtung f

desprender [2] vt (separar) trennen; (desatar) losbinden ▷ vr: **desprenderse** (botón: caerse) abfallen

desprendimiento m (de tierra, rocas) Erdrutsch m

despreocupado, a adj (sin preocupación) unbekümmert; (desprejuiciado) unvoreingenommen; (negligente) nachlässig

desprevenido, a [-βe-] adj (no preparado) unvorbereitet

desproporción [-'θjon] f Missverhältnis nt

después [-'pwes] adv nachher, später; (próximo paso) danach; **después de comer** nach dem Essen; **un año después** ein Jahr später; **después se debatió el tema** danach diskutierte man das Thema; **después de corregido el texto** nachdem der Text korrigiert worden war; **después de todo** letzten Endes, schließlich

destacar [6] vt hervorheben, unterstreichen; (Mil) abkommandieren ▷ vi, vr: **destacarse** sich abheben (contra gegen, en von); (persona) sich auszeichnen (por durch)

destajo [-xo] m: **trabajar a destajo** (im) Akkord arbeiten

destapar [1] vt den Deckel abnehmen von; (botella) öffnen

destartalado, a adj (desordenado) unordentlich; (ruinoso) baufällig

destemplado, a adj (voz) rau; (Med) unpässlich; (con frío) frösteInd

desteñir irr como ceñir vt entfärben ▷ vi, vr: **desteñirse** (color) verblassen; **esta tela no destiñe** dieser Stoff ist farbecht

destierro [-'tje-] *m* Verbannung *f*
destilar [1] *vt* destillieren
destinatario, a *m/f* Empfänger(in) *m(f)*
destino *m* (suerte) Schicksal *nt*, Los *nt*; (de viajero) Reiseziel *nt*; (función) Bestimmung *f*, Zweck *m*; (fig) Ziel *nt*
destornillador [-ʎa-] *m* Schraubenzieher *m*; **destornillador de estrella** Kreuzschlitzschraubenzieher
destreza [-θa] *f* Geschicklichkeit *f*
destrozar [-'θar] [8] *vt* (romper) zerbrechen; (estropear) zerstören; (fig: el corazón) brechen
destrucción [-kθjon] *f* Zerstörung *f*
destruir *irr como* huir *vt* zerstören
desunir [3] *vt* trennen; (Tecn) abtrennen; (fig) entzweien
desvalido, a [-βa-] *adj* (desprotegido) schutzlos; (Pol) unterprivilegiert; (sin fuerzas) hilflos
desván [-'βan] *m* (Dach)boden *m*
desvanecer [-βa-'θer] *irr como* crecer *vt* (disipar) auflösen; (borrar) verwischen ▷ *vr*: **desvanecerse** (humo) sich auflösen; (color, recuerdo) verblassen; (Med) ohnmächtig werden
desvanecimiento [-βa-θi-] *m* Verschwinden *nt*; (de colores) Verblassen *nt*; (evaporación) Verflüchtigung *f*; (Med) Ohnmacht *f*
desvarío [-βa-] *m* Fieberfantasien *pl*
desventaja [-βen-xa] *f* Nachteil *m*
desvergonzado, a [-βer-'θa-] *adj* schamlos; (insolente) frech
desviación [-βja'θjon] *f* Abweichung *f*; (Auto) Umleitung *f*
detalle [-ʎe] *m* Detail *nt*; (fig) Aufmerksamkeit *f*; **al detalle** im Detail
detener *irr como* tener *vt* (tren) anhalten; (Jur) festnehmen, verhaften; (objeto) (ein)behalten ▷ *vr*: **detenerse** stehen bleiben; **detenerse en** (demorarse) sich aufhalten mit
detergente [-'xen-] *m* Waschmittel *nt*, Putzmittel *nt*
deterioro *m* Beschädigung *f*
determinar [1] *vt* (plazo) festlegen; (precio) festsetzen ▷ *vr*: **determinarse** sich entschließen
detrás *adv* hinten; (atrás) zurück ▷ *prep*: **detrás de** (situación) hinter +*dat*; (movimiento) hinter +*akk*
deuce [djus] *m* Einstand *m*
deuda ['deu-] *f* (condición) Schuld *f*; (cantidad) Schulden *pl*
deudor, a *adj*: **saldo** *m* **deudor** Sollsaldo *m* ▷ *m(f)* Schuldner(in) *m(f)*
devaluación [-βa-'θjon] *f* Abwertung *f*
devolver [-βol'βer] *irr como* volver *vt* zurückgeben; (carta al correo) zurückschicken; (Fin) zurückzahlen; (visita, palabra) erwidern
devorar [-βo-] [1] *vt* verschlingen
día *m* Tag *m*; **día entre semana** Wochentag *m*; **¿qué día es?** der Wievielte ist heute?; **estar/poner al día** auf dem Laufenden sein/auf den neuesten Stand bringen; **al día siguiente** am nächsten Tag; **de día** am Tag; **en pleno día** am helllichten Tag
diablo *m* Teufel *m*
diafragma *m* (Fís) Membran *f*; (Anat) Zwerchfell *nt*; (preservativo) Pessar *nt*, Diaphragma *nt*

diagnosis f inv, **diagnóstico** m Diagnose f

diagrama m Diagramm nt; **diagrama de barras** Balkendiagramm; **diagrama circular** Tortendiagramm; **diagrama de flujo** Ablaufdiagramm

dialecto m Dialekt m

diálisis f inv (Med) Dialyse f

diálogo m (t. Inform) Dialog m

diamante m Diamant m

diámetro m Durchmesser m

diapositiva [-βa] f (Foto) Dia nt

diario, a adj täglich ▷ m Zeitung f

diarrea f Durchfall m

dibujar [-'xar] [1] vt zeichnen; (pintar) malen

dibujo m Zeichnung f; **dibujos animados** Zeichentrickfilm m

diccionario [-θjo-] m Wörterbuch nt

dicho, a [-tʃo] m Ausdruck m; **es un dicho** das sagt man so ▷ f Glück nt

diciembre [-'θjem-] m Dezember m

dictado m Diktat nt

dictador m Diktator m

dictadura f Diktatur f; **dictadura militar** Militärdiktatur

dictar [1] vt (una carta) diktieren; (una ley) erlassen

diecinueve [-θi-βe] num neunzehn

dieciocho [-θi-tʃo] num achtzehn

dieciséis [-θi-] num sechzehn

diecisiete num siebzehn

diente ['djen-] m (Anat, Tecn) Zahn m; (de elefante) Stoßzahn m; **diente de ajo** Knoblauchzehe f

diesel ['djesel] m (gasoil) Diesel(öl) nt; **motor m diesel** Dieselmotor m

dieta ['dje-] f Diät f

dietista mf Ernährungsberater(in) m(f)

diez [djeθ] num zehn

diferencia [-θja] f Unterschied m; **diferencia horaria** Zeitunterschied

diferente adj unterschiedlich

difícil [-θil] adj schwierig, schwer

dificultad f Schwierigkeit f; (problema) Problem nt

difundir [3] vt verbreiten ▷ vr: **difundirse** sich ausbreiten

difunto, a adj verstorben, tot ▷ m/f Verstorbene(r) mf

digerir [-xe-] irr como sentir vt verdauen; (fig) (innerlich) verarbeiten

digestión [-xe-] f Verdauung f

digital [-xi-] adj Digital-, digital

digitalizar [8] vt digitalisieren

dignidad f Würde f; (honor) Ehre f

dilatación [-'θjon] f Erweiterung f; (Tecn) Dehnung f

dilema m Dilemma nt

diluir irr como huir vt verdünnen; (disolver) auflösen

diluvio [-βjo] m Wolkenbruch m; (inundación) Überschwemmung f

dimensión f Dimension f; (extensión) Ausdehnung f

dimitir [3] vi zurücktreten

Dinamarca f Dänemark nt

dinamarqués, esa adj dänisch ▷ m/f Däne (Dänin) m/f

dinámico, a adj dynamisch

dínamo m Dynamo m

dineral m Heidengeld nt

dinero m Geld nt; **dinero efectivo** Bargeld

diodo m Diode f; **diodo luminoso** Leuchtdiode

dios m Gott m

diosa f Göttin f

dioxina [-'si-] f Dioxin nt
diploma m Diplom nt, Studienabschluss m; **diploma de asistencia** Teilnahmebescheinigung f
diplomacia [-θja] f Diplomatie f; (fig) Takt m
diplomático, a adj diplomatisch; (fig) taktvoll ▷ m/f Diplomat(in) m(f)
diputado, a m/f (Pol) Abgeordnete(r) mf
dirección [-'θjon] f Richtung f; (señas: Inform) Adresse f; (Auto) Lenkung f; (gerencia) (Geschäfts)leitung f; (Pol) Führung f; **calle de dirección única** [o **obligatoria**] Einbahnstraße f
directo, a adj direkt, unmittelbar; (derecho) gerade; (retransmitir) **en directo** direkt [o live] übertragen
director, a adj leitend ▷ m(f) Direktor(in) m(f); **director de cine/de escena** Regisseur m/ Theaterregisseur m
directorio m (Inform) Dateienverzeichnis nt; **directorio de raíz** Wurzelverzeichnis
dirigir [-'xir] [**13**] vt leiten; (guiar) lenken; (carta) adressieren; (obra de teatro, film) Regie führen bei; (coche, barco, avión) steuern; (Mus) dirigieren; (comercio) leiten ▷ vr: **dirigirse a** zugehen [o zufahren] auf +akk; (hablar) sich wenden an +akk
discapacitado, a [-θi-] m/f Behinderte(r) mf
disciplina [-θi-] f Disziplin f, Zucht f
discípulo, a [-θi-] m/f Schüler(in) m(f)
discman (pl **s**) ['diskman] m Discman m

disco m Scheibe f; (para tocadiscos) Schallplatte f; (Inform) Platte f; (Sport) Diskus m; (Tel) Wählscheibe f; (Auto) (Verkehrs)schild nt; **disco compacto** CD f, Compact Disc f; **disco duro** (Inform) Festplatte; **disco de freno** Scheibenbremse f
discoteca f Diskothek f
discreción [-'θjon] f Diskretion f; (reserva) Zurückhaltung f; (capacidad de juzgar) Urteilsvermögen nt; **a discreción** nach Belieben
discrepancia [-θja] f (diferencia) Unterschied m, Diskrepanz f
discriminación [-'θjon] f Diskriminierung f
disculpa f Ausrede f; (pedir perdón) Entschuldigung f
disculpar [**1**] vt entschuldigen; (perdonar) verzeihen +dat ▷ vr: **disculparse** sich entschuldigen
discurso m Rede f; (raciocinio) Urteilskraft f; (escrito) Abhandlung f
discusión [-'sjon] f Diskussion f
discutir [**3**] vt (debatir) diskutieren; (pelear) streiten über +akk; (contradecir) widersprechen +dat
diseminar [**1**] vt ausstreuen; (fig) verbreiten
diseñador, a m(f) Designer(in) m(f)
diseñar [**1**] vt entwerfen
diseño m Entwurf m; (dibujo) Zeichnung f; (delineación) Umriss m; **ropa f de diseño** Designerkleidung f
disfrazar [-'θar] [**8**] vt verkleiden ▷ vr: **disfrazarse de** sich verkleiden als
disfrutar [**1**] vt genießen ▷ vi sich vergnügen; **disfrutar de algo** etw genießen

disgustar [1] *vt* (*no gustar*) nicht gefallen +*dat*, missfallen +*dat*; (*contrariar*) verärgern; (*enojar*) erzürnen ▷ *vr*: **disgustarse** sich ärgern (*con, de* über +*akk*); (*dos personas*) sich zerstreiten

disgusto *m* (*repugnancia*) Ekel *m*; (*contrariedad*) Ärger *m*, Verdruss *m*; (*tristeza*) Kummer *m*; (*riña*) Streit *m*; (*preocupación*) Sorge *f*; (*avería*) Missgeschick *nt*

disimular [1] *vt* verbergen; (*perdonar*) verzeihen ▷ *vi* sich *dat* nichts anmerken lassen

diskette *m ver* **disquete**

dislexia *f* Legasthenie *f*

disminución [-'θjon] *f* Verringerung *f*; (*de precio*) Herabsetzung *f*

disminuido, a *m/f* Behinderte(r) *mf*; **disminuido físico** Körperbehinderte(r)

disminuir *irr como* **huir** *vt* verringern; (*achicar*) verkleinern; (*precio*) herabsetzen; (*estrechar*) enger machen ▷ *vi* abnehmen

disolver [-'βer] *irr como* **volver** *vt* auflösen ▷ *vr*: **disolverse** sich auflösen

disparar [1] *vt* abfeuern; (*tiro*) abgeben ▷ *vi* schießen

disparate *m* Blödsinn *m*; (*tontería*) Dummheit *f*

dispensar [1] *vt* austeilen, spenden; **dispensar de** entbinden +*gen*, befreien von; (*disculpar*) entschuldigen

disponer *irr como* **poner** *vt* (*arreglar*) (an)ordnen; (*preparar*) vorbereiten ▷ *vi*: **disponer de** verfügen über +*akk* ▷ *vr*: **disponerse a hacer algo** sich anschicken, etw zu tun

dispositivo [-βo] *m* Gerät *nt*; **dispositivo de arranque** Starter *m*; **dispositivo de entrada** Eingabegerät; **dispositivo de lectura** Lesegerät; **dispositivo de salida** Ausgabegerät; **dispositivo de seguridad** Sicherheitsvorrichtung *f*

dispuesto, a [-'pwes-] *adj* (*arreglado*) fertig; (*preparado*) bereit

disputar [1] *vt* (*discutir*) bestreiten; (*contender*) kämpfen um ▷ *vi* streiten, zanken

disquete [-'ke-] *m* (*Inform*) Diskette *f*; **almacenar en disquete** auf Diskette abspeichern; **disquete didáctico** Lerndiskette; **disquete de formación** Schulungsdiskette

distancia [-θja] *f* Entfernung *f*; (*fig: desafecto*) Distanz *f*

distante *adj* entfernt

distinguir [-'gir] [17] *vt* unterscheiden; (*señalar*) kennzeichnen ▷ *vr*: **distinguirse** sich unterscheiden, sich auszeichnen (*por* durch)

distinto, a *adj* unterschiedlich; (*claro*) deutlich; **ser distinto de** anders sein als

distracción [-'θjon] *f* Ablenkung *f*; (*pasatiempo*) Zeitvertreib *m*; (*olvido*) Geistesabwesenheit *f*

distraer [-tra'er] *irr como* **traer** *vt* ablenken, zerstreuen; (*entretener*) unterhalten; (*divertir*) amüsieren; (*fondos*) unterschlagen ▷ *vr*: **distraerse** (*entretenerse*) sich unterhalten; (*perder la concentración*) sich ablenken lassen

distraído, a *adj* zerstreut, abwesend; (*entretenido*) amüsant

distribuir *irr como* huir *vt* verteilen
distrito *m* (*sector, territorio*) Bezirk *m*; (*barrio*) (Stadt)viertel *nt*
disuadir [3] *vt*: **disuadir de** abbringen von
disuasión *f* (*Mil*) Abschreckung *f*
diván [-'βan] *m* Diwan *m*
diversión [-βer-] *f* Ablenkung *f*; (*actividad*) Zeitvertreib *m*
diverso, a [-βer-] *adj* verschieden; **diversos** Verschiedenes
divertido, a [-βer-] *adj* amüsant, unterhaltsam
divertir [-βer-] *irr como* sentir *vt* amüsieren, unterhalten; (*apartar, distraer*) ablenken, zerstreuen
dividir [-βi-] [3] *vt* teilen; (*separar*) trennen; (*distribuir*) verteilen
divino, a [-'βi-] *adj* göttlich; (*fam*) himmlisch
divisas [-'βi-] *fpl* Devisen *pl*
divorciar [-βor'θjar] [1] *vt* scheiden ▷ *vr*: **divorciarse** sich scheiden lassen
divorcio *m* Scheidung *f*
DNI *m abr* (= *documento nacional de identidad*) Personalausweis *m*
doblar [1] *vt* verdoppeln; (*papel*) falten; (*caño*) biegen; (*film*) synchronisieren ▷ *vi* abbiegen; (*campana*) läuten; **doblar por la esquina** um die Ecke biegen ▷ *vr*: **doblarse** (*plegarse*) sich beugen; (*encorvarse*) krumm werden; **doblarse de dolor** sich vor Schmerzen krümmen
doble *adj* doppelt, Doppel- ▷ Doppelte(s) *nt*
doce [-θe] *num* zwölf
docena *f* Dutzend *nt*
docente [-'θen-] *mf* Dozent(in) *m(f)*
dócil [-θil] *adj* (*pasivo*) gefügig; (*obediente*) gehorsam
doctor, a *m(f)* Arzt (Ärztin) *m/f*
documentación [-'θjon] *f* Dokumentation *f*; (*del coche etc*) Papiere *pl*
documentar [1] *vt* (*t. Inform*) dokumentieren
documento *m* (*certificado*) Dokument *nt*

- **DOCUMENTO NACIONAL DE**
- **IDENTIDAD**
-
- Der **Documento Nacional de**
- **Identidad** ist ein mit Kunststoff
- beschichteter Personalausweis
- mit den persönlichen Angaben
- und einem Passbild des
- Ausweisinhabers. Dieser
- Ausweis wird alle zehn Jahre
- erneuert. In Spanien wird er
- meist als **DNI** oder **carnet de**
- **identidad** bezeichnet. In
- Lateinamerika gibt es eine
- ähnliche Ausweiskarte, die man
- **cédula (de identidad)** nennt.

dólar *m* Dollar *m*
doler *irr como* mover *vi* wehtun, schmerzen; (*fig*) leidtun; **me duele el brazo** mir tut der Arm weh ▷ *vr*: **dolerse de algo** über etw *akk* klagen
dolor *m* Schmerz *m*; (*fig*) Leid *nt*
domar [1] *vt*, **domesticar** [6] *vt* zähmen
domicilio [-'θi-] *m* Wohnsitz *m*; **domicilio particular** Privatwohnung *f*
dominar [1] *vt* beherrschen ▷ *vi* (vor)herrschen ▷ *vr*: **dominarse** sich beherrschen

domingo m Sonntag m; **los domingos** sonntags
dominio m Beherrschung f; (poder) Herrschaft f; (campo) Bereich m; **dominio público** öffentliches Eigentum; (Inform) Public Domain nt
don m (talento) Gabe f; **don Juan Gómez** Herr Juan Gómez
doncella [-'θeʎa] f (criada) Hausmädchen nt; (muchacha) Mädchen nt
donde adv wo; **por donde** wodurch; **en donde** wo ▷ prep: **el coche está donde el farol** das Auto steht bei der Laterne
dónde adv (interrogativo) wo?; **¿a dónde vas?** wohin gehst du?; **¿de dónde vienes?** woher kommst du?; **¿por dónde?** durch welchen Ort?
dondequiera [-'kje-] adv überall ▷ conj: **dondequiera que** wo auch immer
doña f unübersetzbarer weiblicher Namensvorsatz
dopar [1] vt (Sport) dopen
doping [-piŋ] m (Sport) Doping nt
dorado, a adj golden, Gold-; (Tecn) vergoldet
dormir irr vi (permanecer) schlafen ▷ vr: **dormirse** einschlafen
dormitorio m Schlafzimmer nt
dos num zwei
dosis f inv Dosis f
dotar [1] vt versehen (con, de mit)
drive (pl s) ['draiv] m (Inform) Laufwerk nt; **drive de disco CD-ROM** CD-ROM-Laufwerk
droga f Droge f; (estupefaciente) Rauschgift nt; **droga de diseño** Designerdroge

drogadicto, a m/f Drogenabhängige(r) mf, Rauschgiftsüchtige(r) mf
ducha [-tʃa] f Dusche f
ducharse [1] vr (sich) duschen
duda f Zweifel m
dudar [1] vt bezweifeln ▷ vi zweifeln (de an +akk)
duelo ['dwe-] m (combate) Duell nt; (luto) Trauer f
dueño, a ['dwe-] m/f (propietario) Eigentümer(in) m(f), Besitzer(in) m(f); (empresario) Arbeitgeber(in) m(f)
dulce [-'θe] adj süß ▷ adv sanft ▷ m Süßigkeit f
dúplex m Maisonettewohnung f
duplicar [6] vt verdoppeln ▷ vr: **duplicarse** sich verdoppeln
duración [-'θjon] f Dauer f
duradero, a adj dauerhaft
durante prep während +gen
durar [1] vi (permanecer) dauern; (recuerdo) bleiben
duro, a adj hart; (carácter) rau ▷ adv kräftig
DVD m abr (= Digital Versatile Disk) DVD f

e

E, e [e] f E, e nt
e conj und
ebanista mf Möbeltischler(in) m(f)
ébano m (árbol) Ebenholzbaum m; (madera) Ebenholz nt
EBB fabr (= encefalopatía espongiforme bovina) BSE f
ebrio, a adj betrunken
echar [-'tʃar] [1] vt werfen, schleudern; (agua, vino) (ein)gießen; (despedir) entlassen; (fam: feuern) feuern; (hojas) treiben; (cartas) auslegen; (humo) abgeben; **echar abajo** (gobierno) stürzen; (edificio) abreißen; **echar la llave a algo** etw abschließen; **echar mano a** greifen zu; **echar de menos** vermissen ▷ vi: **echar a correr/llorar** anfangen zu rennen/in Tränen ausbrechen ▷ vr: **echarse** sich hinlegen

eclipse m Finsternis f; (de luna) Mondfinsternis f
eco m Echo nt; **tener eco** Echo finden
ecografía f Ultraschallaufnahme f
ecología [-'xia] f Ökologie f
ecologista adj ökologisch; **partido** m **ecologista** Ökopartei f ▷ mf Ökologe(-login) m(f); (que defiende la conservación del medio ambiente) Umweltschützer(in) m(f)
E-commerce ['ikomers] m E-Commerce m
economía f (sistema) Wirtschaft f; (cualidad) Sparsamkeit f; **economía sumergida** Schattenwirtschaft
económico, a adj preiswert; (persona) sparsam; (Com: plan) Wirtschafts-; (situación) wirtschaftlich
economista mf Volkswirtschaftler(in) m(f)
ecopacifista [-θi-] mf Ökopax m
ecosistema m Ökosystem nt
ecuador [-kwa-] m Äquator m
Ecuador [-kwa-] m Ecuador nt
ecuatoriano, a adj ecuadorianisch ▷ m/f Ecuadorianer(in) m(f)
edad f Alter nt; **¿qué edad tienes?** wie alt bist du?; **tiene ocho años de edad** er ist acht (Jahre alt); **de mediana/avanzada edad** mittleren/fortgeschrittenen Alters; **la Edad Media** das Mittelalter
edición [-'θjon] f Ausgabe f
edicto m Verordnung f; (Hist) Edikt nt
edificio [-'θjo] m Gebäude nt
editar [1] vt (publicar)

herausgeben; (*Inform*) editieren
editor, a *m(f)* Herausgeber(in) *m(f)*, Verleger(in) *m(f)*; **casa editora** Verlag *m* ▷ *m* (*Inform*) Editor *m*
editorial *adj* Verlags-; **casa editorial** Verlagshaus *nt* ▷ *f* Verlag *m* ▷ *m* Leitartikel *m*
educación [-'θjon] *f* Bildung *f*; (*crianza*) Erziehung *f*; (*modales*) (gutes) Benehmen
edulcorante *m* Süßstoff *m*
EEE *m abr* (= *Espacio Económico Europeo*) EWR *m*
EE.UU. *mpl abr* (= *Estados Unidos*) USA *pl*
efectivo, a [-βo] *adj* effektiv; (*real*) wirklich, tatsächlich; **pagar en efectivo** bar zahlen; **hacer efectivo un cheque** einen Scheck einlösen
efecto *m* Wirkung *f*, Effekt *m*; **efecto invernadero** Treibhauseffekt; **en efecto** tatsächlich
efectuar [5] *vt* ausführen; (*viaje*) machen, unternehmen
eficaz [-'kaθ] *adj* (*persona*) leistungsfähig; (*acción*) wirksam
egipcio, a [e-'xipθjo] *adj* ägyptisch ▷ *m* Ägypter(in) *m(f)*
Egipto [e-'xip-] *m* Ägypten *nt*
egoísmo *m* Egoismus *m*
Eire ['eire] *m* Irland *nt*
ej. *abr* (= *ejemplo*) Beispiel *nt*
eje [-xe] *m* (*de rueda*: Mat, Geo) Achse *f*; (*de máquina*) Welle *f*
ejecución [-xe-'θjon] *f* Ausführung *f*, Erledigung *f*; (*actuación*) Aufführung *f*; (*Inform*) Lauf *m*; (*Jur*: *embargo de deudor*) Pfändung *f*; (*ajusticiamiento*) Hinrichtung *f*
ejecutar [-xe-] [1] *vt* ausführen, erledigen; (*Jur*: *embargar*) pfänden
ejemplo [-'xem-] *m* Beispiel *nt*; **por ejemplo** zum Beispiel
ejercer [-xer'θer] [10] *vt* ausüben ▷ *vi* (*practicar*) praktizieren (*de als*); (*tener oficio*) tätig sein (*de als*)
ejercicio [-xer'θiθjo] *m* Übung *f*
ejército [e'xerθi-] *m* Armee *f*, Heer *nt*
el *art* der, die, das
él *pron* er; **de él** von ihm; **a él** ihn; ihm
elaborar [1] *vt* ausarbeiten; (*hacer*) machen; (*preparar*) vorbereiten; (*trabajar*) anfertigen; (*Inform*) bearbeiten
elástico, a *adj* elastisch; (*flexible*) flexibel ▷ *m* Gummiband *nt*
elección [-'θjon] *f* Wahl *f*; (*selección*) Auswahl *f*
electricidad [-θi-] *f* Elektrizität *f*
electricista [-'θis-] *mf* Elektriker(in) *m(f)*
eléctrico, a *adj* elektrisch, Elektro-
electro- *pref* Elektro-
electrocardiograma *m* Elektrokardiogramm *nt*
electrodo *m* Elektrode *f*
electrodomésticos *mpl* elektrische Haushaltsgeräte *pl*
electroimán *m* Elektromagnet *m*
electromotor *m* Elektromotor *m*
electrónico, a *adj* elektronisch ▷ *f* Elektronik *f*
elefante *m* Elefant *m*; **elefante marino** Walross *nt*
elegante *adj* elegant, anmutig; (*con buen gusto*) geschmackvoll
elegir [-'xir] *irr vt* auswählen, aussuchen; (*presidente*) wählen

elemental *adj* selbstverständlich; *(fundamental)* elementar

elemento *m* Element *nt*; *(fig)* Bestandteil *m*; **elementos** *pl* Elemente *pl*, Naturgewalten *pl*; **elemento combustible** Brennelement

elepé *m (fam)* LP *f*, Langspielplatte *f*

elevar [-'βar] [**1**] *vt* (empor)heben; *(precio)* anheben; *(monumento)* errichten ▷ *vr:* **elevarse** *(edificio)* sich erheben; *(precios)* steigen

eliminar [**1**] *vt* beseitigen, beheben; *(Inform)* löschen

élite *f* Elite *f*

ella ['eʎa] *pron* sie; **ellas** *pl* sie *pl*; **de ella** von ihr; **a ella** sie; ihr

ello ['eʎo] *pron* es

ellos ['eʎos] *pron pl* sie *pl*; **de ellos** von ihnen

e-mail *(pl* **s)** ['imeil, i'meil] *m* E-Mail *f*

emancipar [-θi-] [**1**] *vt* befreien ▷ *vr:* **emanciparse** sich unabhängig machen, sich emanzipieren *(de von)*

embajada [-'xa-] *f* Botschaft *f*

embajador, a *m(f)* Botschafter(in) *m(f)*

embalar [**1**] *vt* einpacken

embarazada [-'ða-] *adj* schwanger ▷ *f* Schwangere *f*

embarazo [-'θo] *m* Schwangerschaft *f*; *(impedimento)* Hindernis *nt*; *(timidez)* Verlegenheit *f*

embarcación [-'θjon] *f (barco)* Schiff *nt*, Boot *nt*; *(acto)* Einschiffung *f*

embarcar [**6**] *vt (cargamento)* verladen ▷ *vr:* **embarcarse** sich einschiffen, an Bord gehen

embargo *m* Pfändung *f*; **sin embargo** trotzdem; jedoch

embeber [**2**] *vt* aufsaugen; *(empapar)* tränken ▷ *vi* einlaufen

embellecer [-ʎe'θer] *irr como crecer vt* verschönern

embestir *irr como pedir vt* angreifen, überfallen ▷ *vi* angreifen

emblema *m* Emblem *nt*

embobado, a *adj* verblüfft

émbolo *m (Auto)* Kolben *m*

embolsar [**1**] *vt* einstecken

emborrachar [-'tʃar] [**1**] *vt* betrunken machen ▷ *vr:* **emborracharse** sich betrinken

embotar [**1**] *vt* abstumpfen ▷ *vr:* **embotarse** stumpfsinnig werden

embotellamiento [-ʎa-] *m (Auto)* (Verkehrs)stau *m*

embotellar [-'ʎar] [**1**] *vt* (in Flaschen) abfüllen

embragar [**7**] *vi* kuppeln

embrague [-ɣe] *m:* **(pedal de) embrague** Kupplung *f*

embriagar [**7**] *vt* betrunken machen; *(embelesar)* begeistern ▷ *vr:* **embriagarse** sich betrinken

embrollo [-'ʎo] *m (enredo)* Wirrwarr *m*, Durcheinander *nt*; *(aprieto)* Klemme *f*, Patsche *f*; *(engaño)* Betrug *m*, Schwindel *m*

embrutecer [-'θer] *irr como crecer vt (brutalizar)* verrohen lassen; *(atontar)* abstumpfen ▷ *vr:* **embrutecerse** verrohen; *(atontarse)* abstumpfen

embudo *m* Trichter *m*; *(fig: engaño)* Schwindel *m*, Betrug *m*

embuste *m* Betrug *m*; *(impostura)* Schwindel *m*; *(mentira)* Lüge *f*

embutido *m (Gastr)* Wurst *f*; *(Tecn)* Einlegearbeit *f*, Intarsie *f*

emergencia [-'xenθja] *f* Erscheinen *nt*; **caso** *m* **de emergencia** Notfall *m*

emigración [-'θjon] *f* (*Zool*) Wanderung *f*, Zug *m*; (*destierro*) Emigration *f*; (*éxodo*) Auswanderung *f*

emigrante *mf* Auswanderer (-wanderin) *m/f*

emigrar [1] *vi* (*pájaros*) ziehen; (*persona*) auswandern

eminencia [-'θja] *f* (*persona*) führende Persönlichkeit; (*colina*) Anhöhe *f*; (*obispo*) Eminenz *f*

emisión *f* Absonderung *f*, Ausströmen *nt*; (*Com*, *Fin*) Emission *f*, Ausgabe *f*; (*Radio*, *TV*: *acto*) Sendung *f*; (*programa*) Programm *nt*

emisora *f* Sender *m*; (*instalación*) Sendestation *f*

emitir [3] *vt* (*olor etc*) abgeben; (*moneda etc*) ausgeben; (*opinión*) äußern; (*Radio*) senden

emoción [-'θjon] *f* Gefühl *nt*; (*compasión*) Rührung *f*, Ergriffenheit *f*; (*excitación*) Aufregung *f*, Erregung *f*; (*de película*) Spannung *f*; **¡qué emoción!** wie aufregend!

emocionante *adj* (*excitante*) aufregend; (*conmovedor*) bewegend, ergreifend; (*impresionante*) beeindruckend

emocionar [1] *vt* (*excitar*) erregen, aufregen; (*conmover*) bewegen, rühren; (*impresionar*) beeindrucken

emoticón *m* Smiley *m*, Emoticon *nt*

empacho [-'tʃo] *m* (*Med*) Magenverstimmung *f*; (*fig*) Verlegenheit *f*

empalagoso, a *adj* widerlich süß; (*fig*) lästig

empalmar [1] *vt* verbinden, zusammenfügen ▷ *vi* (*tren etc*) Anschluss haben (*con an +akk*)

empanada *f* Pastete *f*

empañar [1] *vt* (*niño*) wickeln ▷ *vr*: **empañarse** (*cristales*) sich beschlagen

empapar [1] *vt* (*mojar*) tränken; (*absorber*) aufsaugen; (*vestido etc*) durchnässen ▷ *vr*: **empaparse de** sich vollsaugen mit

empapelar [1] *vt* tapezieren; (*envolver*) in Papier (ein)wickeln

empaquetar [-ke-] [1] *vt* einpacken, verpacken

empastar [1] *vt* (*embadurnar*) einschmieren; (*diente*) plombieren

empaste *m* Plombe *f*

empatar [1] *vi* unentschieden enden

empedrado, a *adj* gepflastert ▷ *m* Straßenpflaster *nt*

empeñar [1] *vt* (*objeto*) versetzen, verpfänden; (*persona*) verpflichten ▷ *vr*: **empeñarse** (*endeudarse*) sich verschulden; **empeñarse en algo** auf etw *dat* bestehen; **empeñarse en venir** darauf bestehen zu kommen

empeño *m* (*cosa empeñada*) Pfand *nt*; (*determinación*, *insistencia*) Entschlossenheit *f*, Beharrlichkeit *f*; **casa** *f* **de empeños** Pfandleihe *f*, Pfandhaus *nt*

empeorar [1] *vt* verschlechtern ▷ *vi* sich verschlechtern

emperador *m* Kaiser *m*

emperatriz (*pl* **emperatrices**) [-'triθ] *f* Kaiserin *f*

empezar [-'θar] *irr vt*, *vi* anfangen, beginnen

empinar [1] vt aufrichten, emporheben; **empinar el codo** (vulg) saufen ▷ vi (animal) sich aufbäumen; (camino) steil ansteigen

empírico, a adj empirisch

emplaste m, **emplasto** m (Med) Pflaster nt; (cataplasma) Umschlag m; (componenda) Flickwerk nt

emplazamiento [-θa-] m Standort m, Lage f; (Jur) Vorladung f; **emplazamiento industrial** Standort

empleado, a m/f Angestellte(r) mf

emplear [1] vt (usar) anwenden, verwenden; (dar trabajo) anstellen ▷ vr: **emplearse** (conseguir trabajo) Arbeit finden; (ocuparse) sich beschäftigen

empleo m (puesto) Stelle f; (puestos: colectivamente) Beschäftigung f; (uso) Anwendung f, Gebrauch m

empobrecer [-'θer] irr como crecer vt verarmen lassen ▷ vr: **empobrecerse** verarmen

emprender [2] vt anfangen, (acometer) unternehmen, angehen

empresa f Unternehmen nt

empresario, a m/f Unternehmer(in) m(f)

empujar [-'xar] [1] vt schieben, stoßen

empuñar [1] vt ergreifen; (asir) fassen

○ **PALABRA CLAVE**

en prep (dirección) in +akk; (posición) in +dat; (sobre: dirección) auf +akk; (posición) auf +dat; **meter en el bolsillo** in die Tasche stecken; **vivir en Toledo** in Toledo wohnen; **en casa** zu Hause; **lo terminó en 6 días** er beendete es in 6 Tagen; **en (el mes de) febrero** im Februar; **en aquel momento** in diesem Augenblick; **en aquella época** zu jener Zeit, damals; **en aquel día/ aquella ocasión** an jenem Tag/bei jener Gelegenheit; **en serio** im Ernst; **en fin** nun, nun denn; **en tren** mit dem Zug

enamorado, a adj verliebt

enamorar [1] vt Liebe erwecken in +dat ▷ vr: **enamorarse (de)** sich verlieben (in +akk)

enano, a adj winzig ▷ m/f Zwerg(in) m(f)

encabezamiento [-θa-] m Briefkopf m; (de periódico) Schlagzeile f; (preámbulo) Vorwort nt

encadenar [1] vt anketten; (trabar) fesseln

encaje [-'xe] m (labor) Spitze f; (inserción) Einfügung f; (ajuste) Anpassung f, Einpassung f

encajonar [-xo-] [1] vt in Kisten verpacken; (fig) einengen

encaminar [1] vt: **encaminar a alguien** jdm den Weg zeigen ▷ vr: **encaminarse a** sich auf den Weg machen nach

encantador, a adj (fig) reizend, liebenswürdig, charmant ▷ m(f) Zauberer (Zauberin) m/f

encantar [1] vt bezaubern, begeistern; (hechizar) verzaubern

encarcelar [-θe-] [1] vt ins Gefängnis sperren

encarecer [-'θer] irr como crecer vt verteuern; (alabar) sehr loben, preisen; (recomendar) anpreisen

encargar [7] vt (pedir una cosa) bestellen; **encargar algo a alguien** jdn mit etw beauftragen ▷ vr: **encargarse de algo** etw übernehmen

encargo m (pedido) Bestellung f, Auftrag m; (Com) Sendung f; **hecho como de encargo** (fig) wie gerufen

encarnación [-'θjon] f (fig) Verkörperung f; (Rel) Fleischwerdung f

encefalopatía [-θe-] f: **encefalopatía espongiforme bovina** BSE f, Rinderwahnsinn m

enceguecer [-θeɣe'θer] [10] vt blenden, blind machen ▷ vi, vr: **enceguecerse** blind werden

encendedor [-θen-] m Feuerzeug nt

encender [-θen-] irr como tender vt (con fuego) anzünden, anstecken; (incendiar) in Brand stecken; (luz, radio) einschalten, anmachen; (fig) entfachen ▷ vr: **encenderse** in Brand geraten

encendido m Zündung f

encerrar [-θe-] irr como pensar vt (confinar) einsperren, einschließen; (incluir) enthalten, einschließen

encharcado, a [-tʃar-] adj sumpfig

enchufar [-tʃu-] [1] vt anschließen; (Elec) einschalten; (Tecn) verbinden

enchufe m (Elec: clavija) Stecker m; (toma) Steckdose f; (de dos tubos) Verbindungsstelle f; (fam: influencia) Beziehungen pl

encía [-'θja] f Zahnfleisch nt

encima [-'θi-] adv (sobre) oben, obenauf; (además) darüber hinaus, obendrein; **encima de** (en: posición) auf +dat; (dirección) auf +akk; (sobre: posición) über +dat; (dirección) über +akk; (además de) außer; **por encima de** über; **¿llevas dinero encima?** hast du Geld dabei?

encinta [-'θin-] adj schwanger

encoger [-'xer] [12] vt zusammenziehen, einziehen; (fig: asustar) erschrecken, einschüchtern ▷ vr: **encogerse** sich zusammenziehen; (fig) kleinlaut werden; **encogerse de hombros** mit den Schultern zucken

encolar [1] vt (engomar) einkleistern; (pegar) ankleben

encolerizar [-'θar] [8] vt ärgern ▷ vr: **encolerizarse** aufbrausen

encomendar irr como pensar vt: **encomendar algo a alguien** jdn mit etw beauftragen ▷ vr: **encomendarse a alguien** sich jdm anvertrauen

encomio m Lob nt

enconar [1] vt (Med) entzünden; (fig) verärgern ▷ vr: **enconarse** (Med) sich entzünden; (fig) wütend werden

encontrar irr como contar vt (hallar) finden; (inesperadamente) treffen ▷ vr: **encontrarse** sich treffen; (situarse) sich befinden; (entrar en conflicto) aufeinanderstoßen; **encontrarse con alguien** sich mit jdm treffen; **encontrarse bien de salud** sich gesundheitlich wohlfühlen

encorvar [-'βar] [1] vt krümmen, biegen; (inclinar) beugen ▷ vr: **encorvarse** sich krümmen, sich biegen

encuadrar [-kwa-] [1] vt (*retrato*) einrahmen; (*ajustar*) einpassen (*en in* +*akk*); (*encerrar*) einschließen

encubrir *irr como cubrir* vt verbergen; (*criminal*) decken

encuentro [-'kwen-] *m* Treffen *nt*, Begegnung *f*; (*accidente*) Zusammenstoß *m*; (*Mil*) Gefecht *nt*

encuesta [-'kwes-] *f* Umfrage *f*; (*Jur*) Untersuchung *f*, Ermittlungen *pl*

enderezar [-'θar] [8] vt (*poner derecho*) gerade richten; (*verticalmente*) aufrichten; (*poner orden*) in Ordung bringen; (*dirigir*) (aus)richten ▷ vr: **enderezarse** aufstehen; (*dirigirse*) aufbrechen

endeudarse [-deu-] [1] vr sich verschulden

endiablado, a *adj* teuflisch; (*fig*) wütend

endoscopio *m* (*Med*) Endoskop *nt*

endulzar [-'θar] [8] vt (*fig*) süßen; (*fig*) versüßen

endurecer [-'θer] *irr como crecer* vt härten; (*robustecer*) abhärten ▷ vr: **endurecerse** sich abhärten

enemigo, a *adj* feindlich ▷ *m*/*f* Feind(in) *m(f)* ▷ *f* Feindschaft *f*

energía [-'xia] *f* (*vigor*) Kraft *f*; (*Tecn, Elec*) Energie *f*; **energía nuclear, energía atómica** Kernkraft

enérgico, a *adj* energisch

enero *m* Januar *m*

enfadar [1] vt ärgern ▷ vr: **enfadarse** sich ärgern

enfado *m* (*enojo*) Ärger *m*; (*disgusto*) Verdruss *m*

enfadoso, a *adj* ärgerlich; (*aburrido*) lästig

énfasis *m inv* Nachdruck *m*

enfermar [1] vt krank machen ▷ vi krank werden, erkranken

enfermedad *f* Krankheit *f*; **enfermedad de Alzheimer** Alzheimerkrankheit; **enfermedad de Creutzfeldt-Jakob** Creutzfeldt-Jakob-Krankheit; **enfermedad de Parkinson** parkinsonsche Krankheit; **enfermedad de las vacas locas** Rinderwahn(sinn) *m*; **enfermedad venérea** Geschlechtskrankheit

enfermero, a *m*/*f* Krankenpfleger(-schwester) *m*/*f*

enfermo, a *adj* krank ▷ *m*/*f* Kranke(r) *mf*; (*en hospital*) Patient(in) *m(f)*

enfocar [6] vt (*foto etc*) (scharf) einstellen; (*problema etc*) untersuchen

enfrentar [1] vt (*peligro*) gegenübertreten +*dat*; (*oponer, carear*) gegenüberstellen ▷ vr: **enfrentarse** (*dos personas*) einander gegenübertreten; (*dos equipos*) sich begegnen

enfrente *adv* gegenüber; **enfrente de** gegenüber; **la casa de enfrente** das Haus gegenüber

enfriamiento *m* Abkühlung *f*; (*Med*) Erkältung *f*

enfriar [4] vt (*alimentos*) kühlen; (*algo caliente*) abkühlen; (*habitación*) lüften ▷ vr: **enfriarse** sich abkühlen; (*Med*) sich erkälten

enfurecer [-'θer] *irr como crecer* vt wütend machen ▷ vr: **enfurecerse** wütend werden; (*mar*) toben

engalanar [1] vt schmücken, verzieren; (*ciudad*) herausputzen ▷ vr: **engalanarse** sich herausputzen

enganche [-tʃe] m Haken m; (Tecn) Kupplung f; (acto) Festhaken m; (de ropa) Aufhängen nt

engañar [1] vt täuschen; (trampear) betrügen, anschwindeln; (al cónyuge) betrügen ▷ vr: **engañarse** sich dat etwas vormachen; (equivocarse) sich irren

engarzar [-θar] [8] vt (joya) fassen; (en un alambre) einfädeln

engatusar [1] vt (fam) beschwatzen, einwickeln

engendrar [-xen-] [1] vt erzeugen; (procrear) zeugen; (fig) verursachen

engomar [1] vt gummieren

engordar [1] vt dick machen ▷ vi dick werden, zunehmen

engranaje [-xe] m Getriebe nt

engrandecer [-θer] irr como crecer vt vergrößern

engrasar [1] vt (Tecn: poner grasa) einfetten; (lubricar) schmieren; (manchar) beschmieren

engreído, a adj eingebildet

enhebrar [1] vt einfädeln

enhorabuena [-'βwe-] f Glückwunsch m; **dar la enhorabuena a alguien** jdn beglückwünschen

enigma m Rätsel nt

enjabonar [-xa-] [1] vt einseifen; (fam: adular) schmeicheln +dat

enjambre [-'xam-] m Schwarm m

enjuagar [-xwa-] [7] vt (aus)spülen

enjugar [-xu-] [7] vt abwischen; (lágrimas) trocknen; (deuda) streichen, löschen

enjuto, a [-'xu-] adj trocken, ausgetrocknet; (fig) mager, dürr

enlace [-θe] m Verbindung f, Verknüpfung f; (relación) Beziehung f; (Inform) Link m; (casamiento) Heirat f; (de carreteras, trenes) Anschluss m

enloquecer [-ke'θer] irr como crecer vt verrückt machen ▷ vi, vr: **enloquecerse** verrückt werden

enmarañar [1] vt (enredar) verwickeln; (complicar) verwirren ▷ vr: **enmarañarse** sich verheddern

enmienda f Verbesserung f, Änderung f; (compensación) Wiedergutmachung f

enmohecerse [-θer-] irr como crecer vr (metal) rosten; (plantas etc) verschimmeln

enmoquetar [-ke-] [1] vt mit (einem) Teppichboden auslegen

enmudecer [-θer] irr como crecer vt zum Schweigen bringen ▷ vi, vr: **enmudecerse** die Stimme verlieren; (guardar silencio) schweigen

ennegrecer [-'θer] irr como crecer vt schwärzen; (oscurecer) verdunkeln ▷ vr: **ennegrecerse** schwarz werden; (oscurecerse) sich verfinstern

enojar [-'jar] [1] vt verärgern; (disgustar) verstimmen ▷ vr: **enojarse** ärgerlich werden, sich ärgern

enología [-'xia] f Weinkunde f

enorgullecerse [-ʎeˈθer-] irr como crecer vr stolz werden; **enorgullecerse de** stolz sein auf +akk

enorme adj riesig, gewaltig; (fig) ungeheuerlich

enraizar [-'θar] [8] vi Wurzeln schlagen

enredadera f Schlingpflanze f,

Kletterpflanze f
enredo m Verwirrung f; (confusión) Durcheinander nt; (intriga) Intrige f; (fam: amoroso) Techtelmechtel nt; (nudo) Knoten m
enrevesado, a [-βe-] adj ausgelassen; (enredado) verworren, kompliziert
enriquecer [-ke'θer] irr como crecer vt reich machen ▷ vr: **enriquecerse** sich bereichern
enrojecer [-xe'θer] irr como crecer vt rot färben ▷ vi, vr: **enrojecerse** erröten, rot werden
enrollar [-'ʎar] [1] vt aufwickeln, aufrollen
enroscar [6] vt aufrollen; (tornillo, rosca) (fest)schrauben
ensalada f Salat m
ensaladilla [-ʎa] f: **ensaladilla rusa** russischer Salat
ensamblador m Assembler m
ensambladura f, **ensamblaje** [-xe] m Verbindung f; (Tecn) Verzapfung f
ensanchar [-'tʃar] [1] vt erweitern; (hacer más ancho) ausweiten, weiter machen; (agrandar) vergrößern ▷ vr: **ensancharse** sich ausdehnen
ensañar [1] vt wütend machen ▷ vr: **ensañarse en** seine Wut auslassen an +dat
ensartar [1] vt aufreihen, aufziehen; (puñal) stoßen
ensayar [1] vt versuchen, ausprobieren; (Tecn) testen; (Teat) proben
ensayo m Versuch m; (Quím) Versuch m, Experiment nt; (Teat) Probe f; (obra literaria) Essay m o nt
enseguida adv sofort, gleich

ensenada f (kleine) Bucht
enseñanza [-θa] f (educación) Unterrichtswesen nt; (acto) Unterricht m; (doctrina) Lehre f
enseñar [1] vt erziehen, schulen; (instruir) unterrichten, lehren; (mostrar) zeigen, vorführen
enseres mpl Sachen pl, Gerätschaften pl
ensordecer [-'θer] irr como crecer vt taub machen ▷ vi taub werden
ensuciar [-'θjar] [1] vt beschmutzen ▷ vr: **ensuciarse** sich schmutzig machen; (fig) (sich dat) in die Hose machen
entallar [-'ʎar] [1] vt (piedra) meißeln; (madera) schnitzen; (grabar) gravieren, einprägen
entender irr como tender vt (comprender) verstehen; (creer, pensar) glauben, meinen ▷ vr: **entender de** etwas verstehen von ▷ vr: **entenderse** (comprenderse) sich verstehen; (ponerse de acuerdo) sich verständigen; (fam) ein Verhältnis haben
entendido, a adj erfahren, klug; (comprendido) sachverständig; **entendido en** (con muchos conocimientos) beschlagen [o bewandert] in +dat
entendimiento m (comprensión) Verständnis nt; (facultad intelectual) Auffassungsgabe f; (juicio) Verstand m, Vernunft f
enterar [1] vt (informar) unterrichten (de über +akk), informieren (de über +akk) ▷ vr: **enterarse de algo** etw erfahren
entereza [-θa] f (totalidad) Vollständigkeit f; (fig: energía) (Charakter)festigkeit f; (honradez)

Rechtschaffenheit f; (severidad) Strenge f

enternecer [-'θer] irr como crecer vt (ablandar) weich machen; (apiadar) rühren ▷ vr: **enternecerse** weich werden; (fig) gerührt werden

entero, a adj (total) ganz, völlig; (fig: justo) aufrichtig; (firme) standhaft

enterrar irr como pensar vt begraben

entidad f Firma f, Unternehmen nt; (sociedad) Gesellschaft f

entierro [-'tje-] m (acción) Begraben nt; (funeral) Beerdigung f

entonar [1] vt anstimmen; (colores) abtönen; (vitalizar) in Stimmung bringen ▷ vi harmonieren

entonces [-θes] adv dann, damals; (en tal caso) dann; **desde entonces** seitdem, seit damals; **en aquel entonces** damals, zu jener Zeit; **(pues) entonces ...** ja dann ...

entornar [1] vt anlehnen; (los ojos) halb öffnen, blinzeln mit

entorpecer [-'θer] irr como crecer vt (impedir) behindern

entrado, a adj: **entrado en años** bejahrt; **una vez entrado el verano** im Sommer ▷ f (acción) Eintreten nt; (sitio) Eingang m; (Com) Anzahlung f; (Gastr) Vorspeise f; (billete) Eintrittskarte f; (Inform) Eingabe f

entrante m (Gastr) Vorspeise f

entraña f (fig: centro) Zentrum nt, Mittelpunkt m; **entrañas** pl Eingeweide pl

entrañable adj innig, herzlich

entrar [1] vt (introducir) hineinbringen; (Inform) eingeben ▷ vi (meterse) eintreten, hineingehen

entre prep (posición) zwischen +dat; (dirección) zwischen +akk; **entre semana** die Woche über; **entre nosotros** unter uns (gesagt)

entrega f (de mercancías) Lieferung f

entregar [7] vt (dar) übergeben, geben; (ceder) abtreten

entremés m (Gastr) Vorspeise f

entremeter [2] vt einschieben, dazwischenschieben ▷ vr: **entremeterse** sich einmischen (en in +akk)

entremezclar [-meθ-] [1] vt vermischen

entrenador, a m(f) Trainer(in) m(f)

entrenarse [1] vr trainieren, sich üben (en in +dat)

entresuelo [-'swe-] m Zwischenstock m

entretanto adv unterdessen, inzwischen ▷ m: **en el entretanto** in der Zwischenzeit

entretener irr como tener vt (divertir) unterhalten; (detener) aufhalten; (cuidar) warten ▷ vr: **entretenerse** (divertirse) sich vergnügen; (retrasarse) sich aufhalten lassen

entrever [-'βer] irr como ver vt undeutlich sehen; (intenciones) durchschauen

entrevista [-'βis-] f Interview nt

entrevistar [1] vt interviewen ▷ vr: **entrevistarse con alguien** jdn treffen

entristecer [-'θer] irr como crecer vt traurig machen ▷ vr: **entristecerse** traurig werden

entumecido, a [-'θi-] *adj* erstarrt, taub
enturbiar [1] *vt* (*el agua*) aufwühlen; (*fig*) trüben ▷ *vr:* **enturbiarse** sich trüben
entusiasmar [1] *vt* begeistern; (*gustar mucho*) entzücken ▷ *vr:* **entusiasmarse con** [*o* **por**] sich begeistern für
enumerar [1] *vt* aufzählen
envalentonar [-βa-] [1] *vt* ermutigen ▷ *vr:* **envalentonarse** mutig werden; (*jactarse*) großtun
envasar [-βa-] [1] *vt* (*empaquetar*) in Behälter verpacken; (*enfrascar*) (in Flaschen) abfüllen; (*enlatar*) eindosen; (*embolsar: con máquina*) eintüten
envase *m* Verpackung *f*; **envase retornable** Mehrwegverpackung; **envase no retornable** [*o* **no recuperable**] Einwegverpackung
envejecer [-βexe'θer] *irr como crecer vt* alt machen ▷ *vi, vr:* **envejecerse** altern, alt werden
envenenar [-βe-] [1] *vt* vergiften
envergadura [-βer-] *f* (*de aves*) Spannweite *f*; (*fig*) Tragweite *f*
envés [-'βes] *m* (*de tela*) Rückseite *f*
enviar [-'βjar] [1] *vt* senden, schicken
envidia [-'βi-] *f* Neid *m*
envidiar [1] *vt* beneiden
envío [-'βio] *m* (*acción*) Versendung *f*; (*de mercancías*) Versand *m*; (*Com*) Sendung *f*
envoltura [-βol-] *f* (*cobertura*) Bedeckung *f*; (*embalaje*) Verpackung *f*; (*funda*) Hülle *f*, Umschlag *m*
envolver [-βol'βer] *irr como volver vt* einwickeln, verpacken; (*cubrir*) bedecken; (*enemigo*) umzingeln; (*implicar*) verwickeln (*en* in +*akk*) ▷ *vr:* **envolverse** sich einwickeln; (*fig*) sich einlassen (*en* auf +*akk*)
épico, a *adj* episch ▷ *f* Epik *f*
epidemia *f* Epidemie *f*, Seuche *f*
epidemiología [-'xia] *f* Epidemiologie *f*
epidemiológico, a *adj* epidemiologisch
epidemiólogo, a *m/f* Epidemiologe(-login) *m/f*
epifanía *f* Dreikönigsfest *nt*
epilepsia *f* Epilepsie *f*
epílogo *m* Epilog *m*
episodio *m* Episode *f*
época *f* Periode *f*, Zeit *f*; (*Hist*) Epoche *f*, Zeitalter *nt*
equilibrio [-ki-] *m* Gleichgewicht *nt*
equipaje [-ki-xe] *m* Gepäck *nt*; **equipaje de mano** Handgepäck
equipararse [-ki-] [1] *vr:* **equipararse con** gleichstehen mit
equipo [-'ki-] *m* (*materiales*) Ausrüstung *f*, Ausstattung *f*; (*grupo*) Team *nt*, Mannschaft *f*; **equipo estéreo** Stereoanlage *f*; **equipo físico** Hardware *f*; **equipo lógico** Software *f*; **equipo periférico** Peripheriegerät *nt*
equis [-kis] *f inv* X *nt*; **una cantidad equis** eine (x-)beliebige Summe
equitación [-ki-'θjon] *f* (*acto*) Reiten *nt*; (*Sport*) Reitsport *m*
equitativo, a [-ki-βo] *adj* gerecht
equivaler [-kiβa-] *irr como valer vi* gleichwertig sein (*a dat*); (*Quím*) äquivalent sein
equivocación [-kiβo-'θjon] *f* Irrtum *m*, Missverständnis *nt*

equivocarse [-kiβo-] [6] vr sich irren; **equivocarse de camino** sich verlaufen; sich verfahren
erario m Staatsschatz m
ergonomía f Ergonomie f
ergonómico, a adj ergonomisch
ergoterapia f Ergotherapie f
erguir [-'ɣir] irr vt aufrichten; (poner derecho) gerade richten ▷ vr: **erguirse** sich aufrichten, sich erheben; (fig) sich aufblähen
erizo [-θo] m (Zool) Igel m; **erizo de mar, erizo marino** Seeigel
erótico, a adj erotisch
erradicar [6] vt entwurzeln
errar irr vi (vagar) umherschweifen, umherirren; (equivocarse) sich irren, sich täuschen ▷ vt: **errar el camino** den falschen Weg einschlagen
erróneo, a adj (equivocado) irrig; (falso) falsch, unwahr
error m Fehler m; (Inform) Fehlermeldung f; **error de imprenta** Druckfehler; **error de transmisión** Übertragungsfehler
eructar [1] vi aufstoßen, rülpsen
erupción [-'θjon] f Ausbruch m; (Med) Ausschlag m
esa (pl s) art ver **ese**
ésa (pl s) pron ver **ése**
esbelto, a adj dünn, schlank
escabeche [-tʃe] m (Gastr) Marinade f; **pescado m en escabeche** marinierter Fisch
escabel m Schemel m
escabroso, a adj (accidentado) rau, uneben; (fig) schwierig, heikel
escabullirse [-'ʎir-] [16] vr entgleiten, entschlüpfen; (escaparse) sich heimlich davonmachen

escala f (proporción) Maßstab m; (escalera de mano) Strickleiter f; (Aer, Naut) Zwischenlandung f; **hacer escala en** zwischenlanden in +dat
escalada f Klettern nt; (robo) Einbruch m; (a una posición) Aufstieg m; **escalada libre** (Sport) Freeclimbing nt, Freiklettern; **escalada de precios** Preisanstieg m
escalar [1] vt besteigen
escalera f Treppe f; (escala) Leiter f; **escalera de caracol** Wendeltreppe; **escalera mecánica** Rolltreppe
escalinata f Freitreppe f
escalofrío m Schüttelfrost m; (fig) Schauder m
escalón m Stufe f; (de escalera plegable) Sprosse f; (fig) Dienstgrad m
escalope m Schnitzel nt
escama f Schuppe f
escampar [1] vi impers zu regnen aufhören
escándalo m Skandal m; (alboroto, tumulto) Aufruhr m, Tumult m
Escandinavia [-βja] f Skandinavien nt
escandinavo, a adj skandinavisch ▷ m/f Skandinavier(in) m(f)
escanear [1] vt (ein)scannen
escáner (pl s) m (Med, Inform) Scanner m
escapar [1] vi entkommen; (presos) fliehen; (ocasión) entgehen ▷ vr: **escaparse** auslaufen; (gas) entweichen; (palabras) herausrutschen
escaparate m Schaufenster nt; (Am) Kleiderschrank m
escape m (de gas) Entweichen nt; (Auto) Auspuff m; (de persona) Flucht f
escarabajo [-xo] m Käfer m

escarbar [1] *vt* (*tierra*) scharren; (*hurgar*) stochern in +*dat*; (*fig*) herumschnüffeln in +*dat*

escarcha [-tʃa] *f* Raureif *m*

escarlata *adj* scharlachrot

escarlatina *f* Scharlach *m*

escarmentar *irr como pensar vt* (*castigar*) schwer bestrafen ▷ *vi* aus Erfahrung lernen

escarola *f* Endiviensalat *m*

escarpado, a *adj* (*roca*) steil, schroff; (*terreno*) hügelig; (*inclinado*) abschüssig

escaso, a *adj* (*poco*) gering, wenig; (*raro*) selten; (*ralo*) spärlich

escena [-θe-] *f* (*de teatro*) Bühne *f*; (*de obra: fig*) Szene *f*

escenario [-θe-] *m* (*Teat*) Bühne *f*; (*fig*) Ort *m* (*des Geschehens*)

escéptico, a [-θep-] *adj* skeptisch ▷ *m/f* Skeptiker(in) *m(f)*

esclarecer [-θer] *irr como crecer vt* (*iluminar*) erleuchten, erhellen; (*misterio*) lüften; (*problema*) lösen

esclavo, a [-βo] *m/f* Sklave (Sklavin) *m/f*

esclerosis múltiple *f inv* multiple Sklerose *f*, MS *f*

escoba *f* Besen *m*

escobilla *f* Wischerblatt *nt*

escocer [-θer] *irr como cocer vt* (*fig*) ärgern ▷ *vi* brennen, jucken ▷ *vr*: **escocerse** sich wund reiben, wund werden

escocés, esa [-θes] *adj* schottisch ▷ *m/f* Schotte (Schottin) *m/f*

Escocia [-θja] *f* Schottland *nt*

escoger [-'xer] [12] *vt* auswählen

escolar *adj* Schul- ▷ *m/f* Schüler(in) *m(f)*

escombro *m* (*Zool*) Makrele *f*; (*basura: de edificio*) Schutt *m*

esconder [2] *vt* verstecken, verbergen ▷ *vr*: **esconderse** sich verstecken

escopeta *f* Flinte *f*

escoplo *m* Meißel *m*

Escorpio *m* (*Astr*) Skorpion *m*

escorpión *m* (*Zool*) Skorpion *m*

escote *m* (*de vestido*) Ausschnitt *m*; (*parte*) Anteil *m*; **pagar a escote** (*fam*) sich anteilmäßig beteiligen

escribir *irr vt, vi* schreiben; **escribir a máquina** Maschine schreiben, tippen; **¿cómo se escribe?** wie schreibt man das?

escrito *m* Dokument *nt*; (*manuscrito*) Manuskript *nt*; (*carta*) Schreiben *nt*; **por escrito** schriftlich

escritor, a *m(f)* Schriftsteller(in) *m(f)*

escritorio *m* Schreibtisch *m*

escritura *f* (*acción*) Schreiben *nt*; (*caligrafía*) (Hand)schrift *f*; (*Jur*) Urkunde *f*, Schriftstück *nt*

escrúpulo *m* Bedenken *pl*, Skrupel *m*; (*minuciosidad*) Gewissenhaftigkeit *f*

escuálido, a *adj* (*flaco, macilento*) abgemagert; (*sucio*) schmutzig

escuchar [-'tʃar] [1] *vt* (an)hören ▷ *vi* (zu)hören

escudilla [-ʎa] *f* (Suppen)napf *m*

escudo *m* Schild *m*

escuela [-'kwe-] *f* Schule *f*

escueto, a [-'kwe-] *adj* einfach, schlicht

esculpir [3] *vt* meißeln, hauen; (*grabar*) (ein)gravieren; (*tallar*) schnitzen

escultor, a *m(f)* Bildhauer(in) *m(f)*

escultura *f* Plastik *f*, Skulptur *f*; (*arte*) Bildhauerkunst *f*

escupir [3] vt, vi (aus)spucken
escurridero m Geschirrständer m
escurridizo, a [-θo] adj glatt
escurrir [3] vt (ropa) auswringen; (verduras) abtropfen lassen ▷ vi (los líquidos) ablaufen ▷ vr: **escurrirse** (resbalarse) ausrutschen; (de las manos) entgleiten; (gotear) abtropfen; (irse) sich davonmachen
ese, esa (pl **esos, esas**) art (sing) dieser, diese, dieses; (pl) diese
ése, ésa (pl **ésos, ésas**) pron (sing) der da, die da, das da; (pl) diese
esencia [-θja] f Essenz f; (el ser) Wesen nt, Sein nt
esencial adj wesentlich, Haupt-
esfera f Kugel f; (de reloj) Zifferblatt nt; (ámbito) Sphäre f
esférico, a adj kugelförmig, Kugel-, rund
esforzar [-θar] irr como forzar vt (ver)stärken; (alentar) ermutigen ▷ vr: **esforzarse** sich anstrengen
esfuerzo [-'fwerθo] m Anstrengung f, Mühe f; (valor) Mut m
esfumarse [1] vr verschwinden; (fig) sich auflösen
esgrima f Fechten nt
esguince [-'γinθe] m (Med) Verstauchung f
eslabón m Kettenglied nt; (fig) Verbindung f
eslovaco, a [-'βa-] adj slowakisch ▷ m/f Slowake (Slowakin) m/f
Eslovaquia [-'βakja] f Slowakei f
Eslovenia [-'βe-] f Slowenien f
esloveno, a adj slowenisch ▷ m/f Slowene (Slowenin) m/f
esmalte m Emaille f; **esmalte de uñas** Nagellack m
esmerado, a adj sorgfältig, gewissenhaft

esmeralda f Smaragd m
esnifar [1] vt (fam) schnüffeln
esnob adj snobistisch ▷ mf Snob m
esnórquel [-kel] m (Sport) Schnorchel m
eso pron das, dies; **eso de su coche** das mit seinem Wagen; **a eso de las cinco** so gegen fünf; **¡eso sí que es vida!** das ist ein Leben!; **por eso te lo dije** deswegen habe ich es dir gesagt
esos art ver **ese**
ésos pron ver **ése**
esotérico, a adj esoterisch ▷ f Esoterik f
espabilar [1] vt (vela) auslöschen ▷ vr: **espabilarse** wach werden, munter werden; (fam: avivarse) dazulernen
espaciador [-θja-] m Leerschlag m, Leerzeichen nt
espacial [-'θjal] adj (del espacio) räumlich, Raum-
espacio [-θjo] m Raum m; (entre dos cosas) Zwischenraum m; **el espacio** der Weltraum; **espacio de memoria** (Inform) Speicherplatz m; **Espacio Económico Europeo** Europäischer Wirtschaftsraum
espacioso, a [-'θjo-] adj weit, geräumig
espada f Schwert nt
espaguetis [-'γe-] mpl Spaghetti pl
espalda(s) f(pl) Rücken m
espantajo [-xo] m, **espantapájaros** [-xa-] m inv Vogelscheuche f
espantar [1] vt (asustar) erschrecken; (ahuyentar) vertreiben, verscheuchen ▷ vr: **espantarse** erschrecken

espantoso, a adj entsetzlich, schrecklich; (fig) ungeheuer
España f Spanien nt
español, a adj spanisch ▷ m(f) Spanier(in) m(f) ▷ m (lengua) Spanisch nt
esparadrapo m (Heft)pflaster nt
esparcir [-'θir] [11] vt ausstreuen; ausbreiten; (noticia) verbreiten ▷ vr: **esparcirse** sich zerstreuen; (divertirse) sich vergnügen
espárrago m Spargel m
espasmo m Krampf m
especia [-θja] f Gewürz nt
especial [-'θjal] adj besondere(r, s)
especialidad [-θja-] f (particularidad) Besonderheit f; (en la ciencia) Fachgebiet nt; (comida) Spezialität f
especialista [-θja-] mf Fachmann(-frau) m/f; (Med) Facharzt(-ärztin) m/f
especie [-θje] f (Bio) Art f; (clase) Sorte f, Art f; **en especie(s)** in Naturalien; **una especie de puerta** eine Art Tür
espectáculo m Darbietung f; (Teat) Vorstellung f; (acción escandalosa) Spektakel nt
espectador, a m(f) Zuschauer(in) m(f)
especular [1] vt nachdenken über +akk ▷ vi spekulieren
espejo [-xo] m Spiegel m; (fig) Abbild nt; **espejo retrovisor** Rückspiegel
esperanza [-θa] f (confianza) Hoffnung f; (expectativa) Erwartung f
esperar [1] vt (aguardar) warten auf +akk; (tener expectativa de) erwarten; (desear) hoffen auf +akk ▷ vi warten; (desear) hoffen
espermicida [-'θi-] m (Med) Spermizid nt
espesar [1] vt eindicken ▷ vr: **espesarse** dick werden, fest werden
espesor m Dicke f
espetón m (asador) (Brat)spieß m; (alfiler) große Anstecknadel; (para el horno) Schürhaken m
espía mf Spion(in) m(f)
espina f Dorn m, Stachel m; (de madera, metal) Splitter m; (de pez) Gräte f; **espina dorsal** Rückgrat nt
espinaca f Spinat m
espino m Weißdorn m
espiral adj spiralförmig, Spiral- ▷ f Spirale f
espirar [1] vt ausatmen
espíritu m Geist m; (fig) Säufer(in)
espita f Zapfen m; (de pez) m(f)
espléndido, a adj wundervoll; (generoso) großzügig
espóiler (pl s) m (Auto) (Front)spoiler m; **espóiler trasero** Heckspoiler
espolear [1] vt (al caballo) die Sporen geben +dat
espolvorear [-βo-] [1] vt bestäuben; (con azúcar) bestreuen
esponja [-xa] f Schwamm m
espontaneidad f Spontaneität f
espontáneo, a adj spontan
esposa f Gattin f; **esposas** pl Handschellen pl
esposo m Gatte m
espray (pl s) m [(e)s'prai] m Spray m o nt
espresso m Espresso m
esprínter (pl s) mf Sprinter(in) m(f)
espuela [-'pwe-] f Sporn m

espuma f Schaum m; **espuma de afeitar** Rasierschaum; **espuma moldeante** Schaumfestiger m

espumoso, a adj schaumig; **vino espumoso** Schaumwein m

esqueleto [-ke-] m Skelett nt

esquema [-'ke-] m (diagrama) Diagramm nt, Schaubild nt; (dibujo) Bild nt; (plan) Plan m, Entwurf m; (filosófico) Schema nt

esquí (pl **-í(e)s**) [-'ki] m (objeto) Ski m; (deporte) Skifahren nt; **esquí de fondo** Langlauf m; (objeto) Langlaufski; **esquí en glaciares** Gletscherskifahren

esquiar [-ki-] [1] vi Ski laufen [o fahren]

esquimal [-ki-] adj Eskimo- ▷ mf Eskimo m

esquina [-'ki-] f Ecke f

esquivar [-ki'βar] [1] vt ausweichen +dat; (evitar) vermeiden

esta art ver **este**

ésta pron ver **éste**

estable adj stabil, fest

establecer [-'θer] irr como crecer vt errichten, gründen; (norma etc) festsetzen ▷ vr: **establecerse** sich etablieren; (echar raíces) sich niederlassen

establecimiento m Einrichtung f; (tienda) Geschäft nt; **establecimiento de comida rápida** Schnellimbiss m, Schnellgaststätte f

estaca f Pflock m, Pfahl m; (palo grueso) Knüppel m

estación [-'θjon] f Bahnhof m; (del año) Jahreszeit f; **estación de autobuses** Busbahnhof m; **estación orbital** Raumstation f; **estación de servicio** Tankstelle f

estacionamiento [-θjo-] m (Auto: acción) Parken nt; (lugar) Parkplatz m

estadio m (fase) Stadium nt; (Sport) Stadion nt

estadístico, a adj statistisch ▷ f Statistik f ▷ m/f Statistiker(in) m(f)

estado m Lage f, Zustand m; (social) Status m; (país) Staat m; (Inform) Zustand m; **estado civil** Familienstand m; **estado mayor** (Mil) Stab m; **Estados Unidos** Vereinigte Staaten pl

estafa f Betrug m

estafar [1] vt betrügen

estafeta f Postamt nt

estallar [-'ʎar] [1] vi bersten, zerplatzen; (explotar) explodieren

estampado, a adj (texto) gedruckt; (tela) bedruckt

estampida f panikartige Flucht; (estampido) Knall m

estampido m Knall m

estampilla [-ʎa] f Stempel m; (Am) Briefmarke f

estancar [6] vt (aguas) stauen ▷ vr: **estancarse** sich stauen; (fig) stocken

estancia [-θja] f Aufenthalt m; (sala) Zimmer nt; (Am) Farm f

estanco, a adj wasserdicht ▷ m (monopolio) Monopol nt; (tienda) Tabakladen m

● **ESTANCO**

- Zigaretten, Tabak, Briefmarken
- und offizielle Formulare werden
- unter Staatsmonopol verkauft
- und meistens in einem
- Tabakladen, einem **estanco**.
- Tabakerzeugnisse werden auch

in Bars verkauft, sind dort aber meist teurer. Die Anzahl der Lizenzen für einen **estanco** ist staatlich festgelegt.

estandarizar [-'θar] [8] vt standardisieren, vereinheitlichen
estanque [-ke] m Wasserbecken nt; (con peces) Teich m
estante m Regal(brett) nt, Bord nt
estantería f Regal nt, Bücherbord nt
estaño m Zinn nt

PALABRA CLAVE

estar irr vi sein; (encontrarse) sich befinden, sein; (presente) anwesend sein; **estar enfermo** krank sein; **estar de fiesta** [o **de vacaciones**] im Urlaub sein; **estar viejo/joven** (parecer) alt/jung aussehen; **estar por** (a favor) dafür sein; (persona) unterstützen; **estamos a 2 de mayo** wir haben heute den 2. Mai; **¿cómo está Vd.?** wie geht es Ihnen?; **¿a cuánto estamos de Madrid?** wie weit sind wir von Madrid entfernt?; **las uvas están a 2 euros** die Weintrauben kosten 2 Euro; **María no está** María ist nicht da; **está por hacer** das muss noch gemacht werden; **¿estamos?** einverstanden?

estas art ver **este**
éstas pron ver **éste**
estatal adj staatlich, Staats-
estatua f Statue f
estatura f Wuchs m, Statur f
estatuto m Status m; (Jur) Rechtsstellung f; **estatutos** pl Satzung f
este m Osten m
este, esta (pl **estos, estas**) art (sing) dieser, diese, dieses; (pl) diese
éste, ésta (pl **éstos, éstas**) pron (sing) dieser, diese, dieses; (pl) diese
estela f (Naut) Kielwasser nt
estenografía f Stenografie f
estepa f (Geo) Steppe f
estera f Matte f
estéreo- pref Stereo-
estéril adj unfruchtbar; (fig) unergiebig; (Med) steril
esterlina adj: **libra esterlina** Pfund nt Sterling
esteticienne [-'tjen] f Kosmetikerin f
esteticista [-'θis-] mf Kosmetiker(in) m(f)
estético, a adj ästhetisch ▷ f Ästhetik f
estiércol [-'tjer-] m Mist m, Dung m
estilarse [1] vr Mode sein, üblich sein
estilo m Stil m; **algo por el estilo** so etwas Ähnliches
estimar [1] vt (valorar) einschätzen; (apreciar) schätzen, achten ▷ vi (creer, pensar) meinen, glauben
estimulante adj anregend ▷ m Anregungsmittel nt
estímulo m Reiz m; (fig) Anreiz m
estipular [1] vt festsetzen; (contrato) vereinbaren
estirado, a adj straff gezogen; (tumbado) ausgestreckt; (fig) hochnäsig
estirar [1] vt dehnen, strecken; (conversación, presupuesto) ausdehnen ▷ vr: **estirarse** sich strecken

estival [-'βal] *adj* sommerlich, Sommer-

esto *pron* dies, das; **esto de la boda** die Geschichte mit der Hochzeit

estofar [1] *vt* (*tela*) steppen; (*Gastr*) schmoren, dünsten

estoico, a *adj* stoisch; (*fig*) gelassen

estómago *m* Magen *m*

estorbar [1] *vt* behindern; (*fig*) stören ▷ *vi* stören, hinderlich sein

estornudar [1] *vi* niesen

estos *art ver* **este**

éstos *pron ver* **éste**

estrafalario, a *adj* ausgefallen, extravagant; (*desarreglado*) nachlässig

estragón *m* Estragon *m*

estrangulador *m* (*Tecn*) Drossel *f*

estrangular [1] *vt* (*persona*) erwürgen, erdrosseln; (*Med*) abschnüren; (*vena*) abklemmen

estrategia [-xja] *f* Strategie *f*

estrechar [-'tʃar] [1] *vt* (*reducir*) verengen; (*vestido*) enger machen; (*abrazar*) umarmen; **estrechar la mano** die Hände schütteln; **estrechar la amistad con alguien** mit jdm Freundschaft schließen ▷ *vr*: **estrecharse** (*reducirse*) enger werden, sich verengen; (*apretarse*) näher zusammenrücken; (*reducir los gastos*) sich einschränken

estrecho, a [-tʃo-] *adj* eng ▷ *m* Meerenge *f*

estrella [-ʎa] *f* Stern *m*; (*de película*) Star *m*; **estrella de mar** Seestern

estrellar [-ʎar] [1] *vt* (*hacer añicos*) zerschlagen; (*huevos*) in die Pfanne schlagen ▷ *vr*: **estrellarse** (*chocar*) aufschlagen, zerschellen

estremecer [-'θer] *irr como* **crecer** *vt* erschüttern ▷ *vr*: **estremecerse** schaudern (*de vor* +*dat*); (*de frío*) zittern

estrenar [1] *vt* (*vestido*) zum ersten Mal anziehen; (*casa*) einweihen; (*película, obra de teatro*) uraufführen

estreno *m* (*primer uso*) Einweihung *f*; (*actor*) Debüt *nt*; (*Teat*) Erstaufführung *f*, Premiere *f*

estreñir *irr como* **ceñir** *vt* verstopfen ▷ *vr*: **estreñirse** Verstopfung bekommen

estrépito *m* Lärm *m*; (*fig*) Aufsehen *nt*

estrés *m* Stress *m*

estresante *adj* stressig

estresar [1] *vt* stressen

estría *f* Streifen *m*, Strieme *f*

estribo *m* Steigbügel *m*; (*de coche, tren*) Trittbrett *nt*; (*de puente*) Pfeiler *m*; (*fig*) Fundament *nt*

estribor *m* Steuerbord *nt*

estricto, a *adj* streng, genau

estropajo [-xo] *m* Wischlappen *m*, Scheuerlappen *m*

estropear [1] *vt* (*arruinar*) zerstören; (*dañar*) beschädigen; (*echar a perder*) verderben ▷ *vr*: **estropearse** verderben

estructura *f* Bau *m*; (*fig*) Struktur *f*

estrujar [-'xar] [1] *vt* (*frutas etc*) auspressen; (*papel*) zerknittern

estuario *m* Flussmündung *f*

estuche [-tʃe] *m* Futteral *nt*, Etui *nt*

estudiante *mf* Student(in) *m(f)*

estudiar [1] *vt* lernen; (*en universidad*) studieren

estudio *m* Studium *nt*; (*de cine, de radio etc*) Studio *nt*; (*investigación*) Forschungsarbeit *f*; **estudios** *pl*

estudio nt; (erudición) Gelehrsamkeit f
estufa f Ofen m
estupendo, a adj großartig, fabelhaft; (fam) toll, stark
estúpido, a adj dumm ▷ m/f Dummkopf m
estupro m Vergewaltigung f (Minderjähriger)
et f Et-Zeichen nt
etapa f Abschnitt m, Etappe f; (época) Zeitraum m, Epoche f
etc. abr (= et cetera) usw.
eternidad f Ewigkeit f
eterno, a adj ewig
etíope adj äthiopisch ▷ mf Äthiopier(in) m(f)
Etiopía f Äthiopien nt
etiqueta [-'ke-] f (modales) Etikette f; (rótulo) Etikett nt
eucalipto [eu-] m Eukalyptus m
euforia [eu-] f Euphorie f
euro ['eu-] m Euro m
eurocámara f Europaparlament nt
eurocheque [euro'tʃeke] m Eurocheque m
eurodiputado, a m/f Europaabgeordnete(r) mf
euroescéptico, a m/f Euroskeptiker(in) m/f
euromercado m europäischer Markt
Europa [eu-] f Europa nt
europeísmo m Europagedanke m
europeo, a adj europäisch, Europa- ▷ m/f Europäer(in) m(f)
éuscaro, a ['eus-] adj baskisch ▷ m (lengua) Baskisch nt
Euskadi f Baskenland nt
euskaldún, una m(f) Baske (Baskin) m/f
eutanasia [eu-] f Sterbehilfe f

evacuar [-βa-] [1] vt evakuieren
evaluar [-βa-] [5] vt bewerten
evangelio [-βan'xe-] m Evangelium nt
evaporar [-βa-] [1] vt verdunsten lassen ▷ vr: **evaporarse** verdunsten, verdampfen; (fam) verschwinden
eventual [-βen-] adj möglich, eventuell; (ocasional) gelegentlich, Gelegenheits-
evidente [-βi-] adj offenbar
evitar [-βi-] [1] vt (evadir) vermeiden, umgehen; (impedir) verhindern; (a un amigo) aus dem Wege gehen +dat
evolución [-βo-'θjon] f (desarrollo) Entwicklung f, Fortschritt m; (cambio) Veränderung f; (Bio) Evolution f
ex adj Ex-; **el ex ministro** der ehemalige Minister
exacto, a adj genau, exakt; (puntual) pünktlich; **¡exacto!** richtig!
exagerar [-xe-] [1] vt, vi übertreiben
exaltado, a adj (excitado) überspannt; (radical) radikal
examen m Examen nt, Prüfung f; (Med) Untersuchung f; (investigación) Erforschung f; **examen tipo test** Multiple-Choice-Verfahren nt
examinar [1] vt untersuchen; (alumnos) prüfen ▷ vr: **examinarse** eine Prüfung ablegen
exangüe [-gwe] adj (desangrado) blutleer; (sin fuerzas) kraftlos
exasperar [1] vt zur Verzweiflung bringen ▷ vr: **exasperarse** außer sich geraten

excedente [-θe-] adj überzählig ▷ m Überschuss m
exceder [-θe-] [2] vt übersteigen, überschreiten ▷ vr: **excederse** zu weit gehen
excelente [-θe-] adj ausgezeichnet
excéntrico, a [-'θen-] adj exzentrisch, überspannt ▷ m/f Exzentriker(in) m(f)
excepción [-θep'θjon-] f Ausnahme f
excepcional adj außerordentlich
excepcionalmente adv ausnahmsweise
excepto adv außer
excesivo, a [-θe-βo] adj übermäßig; (precios) überhöht
exceso [-'θe-] m Übermaß nt; (Com) Überschuss m
excitar [-θi-] [1] vt (activar) anregen, reizen; (incitar) antreiben, anstiften; (emociones) erregen ▷ vr: **excitarse** sich aufregen
exclamar [1] vi ausrufen
excluir irr como huir vt ausschließen
exclusivo, a [-βo] adj ausschließlich, Exklusiv-; (único) einzige(r, s)
excoriar [1] vt wund scheuern
excursión f Ausflug m
excursionismo m Wandern nt
excusa f Entschuldigung f; (pretexto) Ausrede f, Vorwand m; (Jur) Rechtfertigung f
excusar [1] vt entschuldigen; (evitar) vermeiden ▷ vr: **excusarse** (disculparse) sich entschuldigen
exención [-'θjon-] f Befreiung f; (del servicio militar) Freistellung f
exento, a adj frei, freigestellt; **exento de servicio militar** vom Wehrdienst befreit
exfoliación [-'θjon-] f Peeling nt
exhalar [1] vt ausatmen; (olor) ausströmen; (quejas) ausstoßen
exhausto, a adj erschöpft
exhibición [-'θjon-] f Ausstellung f; (presentación) Vorstellung f
exhibir [3] vt ausstellen
exhortar [1] vt: **exhortar a** ermahnen zu
exigente [-'xen-] adj anspruchsvoll
exigir [-'xir] [13] vt fordern, verlangen
exilio m Exil nt
eximir [3] vt befreien (de von)
existencia [-θja] f Dasein nt, Existenz f; **existencias** pl Bestände pl
existir [3] vi da sein, existieren; (vivir) leben
éxito m (resultado) Resultat nt, Ergebnis nt; (triunfo) Erfolg m; **tener éxito** Erfolg haben
expansión f Verbreitung f, Ausdehnung f
expatriarse [4] vr auswandern
expectativa [-βa] f (espera) Erwartung f; (perspectiva) Aussicht f
expedición [-'θjon-] f Expedition f, Forschungsreise f; (envío) Versand m; (documentos) Ausfertigung f
expedidor m: **expedidor de billetes** Fahrscheinautomat m
expediente [-'θjen-] m (Jur) Verfahren nt; (papeles) Akten pl
expedir irr como pedir vt (enviar) versenden, verschicken; (documentos) ausstellen; (despachar) erledigen, ausführen
expendedor m: **expendedor automático** Automat m; **expendedor automático de**

cambio Geldwechsler m; **expendedor de bebidas** Getränkeautomat; **expendedor de jabón** Seifenspender m

expensas fpl (Un)kosten pl; **a expensas de** auf Kosten +gen

experiencia [-'rjenθja] f Erfahrung f; (experimento) Versuch m; (prueba) Probe f

experimentar [1] vt (en laboratorio) experimentieren mit; (probar) ausprobieren; (notar, observar) erleben; (sufrir) erleiden

experto, a adj erfahren, sachkundig ▷ m/f Experte (Expertin) m/f

explicación [-'θjon] f Erklärung f

explicar [6] vt erklären ▷ vr: **explicarse** etwas erklären können

explícito, a [-θi-] adj ausdrücklich

exploración [-'θjon] f Erforschung f; (Med) Untersuchung f

explosión f Explosion f

explotación [-'θjon] f Ausbeutung f; (agrícola etc) Nutzung f

explotar [1] vt ausbeuten, ausnützen; (usar) nutzen ▷ vi explodieren

exponer irr como poner vt (cosas) ausstellen; (ideas) darlegen, darstellen; (arriesgar) riskieren, aufs Spiel setzen ▷ vr: **exponerse a un peligro** sich einer Gefahr aussetzen

exportación [-'θjon] f Export m; (mercancías) Exportwaren pl

exportar [1] vt exportieren

exposición [-'θjon] f (de arte etc) Ausstellung f; (de ideas) Darlegung f; (Foto) Belichtung f

expreicono m Emoticon nt

exprés m (Am) Schnellzug m

expresar [1] vt ausdrücken

expresión f Ausdruck m; **expresiones** pl Grüße pl

expreso, a adj ausdrücklich, deutlich ▷ m (tren) Schnellzug m

exprimir [3] vt ausspressen; (ropa) auswringen; (fig) ausdrücken

expulsar [1] vt (desalojar) vertreiben; (humo etc) ausstoßen; (fam: echar) hinauswerfen

exquisito, a [-ki-] adj ausgezeichnet

éxtasis m inv Verzückung f, Ekstase f; (droga) Ecstasy f

extender irr como tender vt ausdehnen; (brazos) ausstrecken; (mapa) ausbreiten; (certificado) ausstellen ▷ vr: **extenderse** sich ausdehnen; (en el suelo) sich ausstrecken; (epidemia) sich ausbreiten

extensión f (de país) Ausdehnung f; (de libro) Umfang m; (de tiempo) Dauer f; **en toda la extensión de la palabra** im wahrsten Sinne des Wortes

extenuar [5] vt (agotar) erschöpfen; (debilitar) entkräften

exterior adj (de fuera) Außen-; (afuera) außen; (apariencia) äußerlich; (comercio) Außen- ▷ m Äußere(s) nt; (aspecto) Aussehen nt; **al exterior** nach außen; **el exterior** das Ausland

exterminar [1] vt vernichten

extinguir [-'gir] [17] vt (fuego) (aus)löschen; (fig: raza) ausrotten ▷ vr: **extinguirse** (fuego) ausgehen; (Bio) aussterben

extintor m Feuerlöscher m

extra adj inv Sonder-, Extra- ▷ m (paga) Sonderzahlung f; **extras** pl

Sonderkosten *pl*; **los extras** *(Auto)* Extras *pl*, Sonderausstattung *f* ▷ *mf (Teat, Cine)* Statist(in) *m(f)*
extracto *m* Auszug *m*, Extrakt *m*
extraditar [1] *vt (Pol)* ausliefern
extraer [-tra'er] *irr como* traer *vt* herausnehmen, herausziehen
extranjero, a [-'xe-] *adj* ausländisch ▷ *m/f* Ausländer(in) *m(f)* ▷ *m* Ausland *nt*; **en el extranjero** im Ausland
extrañar [1] *vt (desterrar)* verbannen; *(sorprender)* erstaunen; *(Am)* vermissen ▷ *vr*: **extrañarse** *(sorprenderse)* sich wundern, erstaunt sein
extraño, a *adj (desconocido)* fremd; *(raro)* seltsam, merkwürdig
extraordinario, a *adj* außergewöhnlich; *(edición, número)* Sonder-; **horas extraordinarias** Überstunden *pl* ▷ *m* Extrablatt *nt*
extraterrestre *adj* außerirdisch ▷ *mf* Außerirdische(r) *mf*
extravagante [-βa-] *adj* extravagant; *(extraño)* sonderbar
extraviar [-'βjar] [4] *vt (desviar)* vom Weg abbringen; *(perder)* verlegen ▷ *vr*: **extraviarse** sich verlaufen, sich verirren
extremaunción [-'θjon] *f* Letzte Ölung
extremeño, a *adj* aus Estremadura [o Extremadura] ▷ *m/f* Einwohner(in) *m(f)* Estremaduras [o Extremaduras]
extremidad *f (punta)* äußerstes Ende; **extremidades** *pl (Anat)* Gliedmaßen *pl*
extremo, a *adj* äußerste(r, s), extrem; *(último)* letzte(r, s); **la extrema derecha/izquierda** Rechts-/Linksextremisten *pl* ▷ *m* Ende *nt*; *(límite, grado sumo)* Extrem *nt*
exuberante *adj* üppig, wuchernd
exultar [1] *vi* jubeln
eyacular [1] *vt, vi* ejakulieren

f

F, f ['efe] f F, f nt
fábrica f Fabrik f; **marca f de fábrica** Warenzeichen nt; **precio m fábrica** Preis m ab Fabrik
fabricación [-'θjon] f Herstellung f; **de fabricación casera** selbst gemacht
fabricar [6] vt (hacer) erzeugen, herstellen; (construir) errichten, bauen; (originar) erfinden
fábula f Fabel f; (cuento) Erzählung f, Märchen nt; (rumor) Gerücht nt
facha [-tʃa] f (fam) Aussehen nt; (fam: fascista) Faschist(in) m(f); **estar hecho una facha** unmöglich aussehen
fachada [-'tʃa-] f (Archit) Fassade f
fácil [-θil] adj (simple) einfach, leicht; (probable) möglich
facilitar [1] vt (hacer fácil) erleichtern; (proporcionar) beschaffen, besorgen; (hacer posible) ermöglichen
facsímil m (Tele)fax nt; (aparato) Telefaxgerät nt, Telekopierer m
factible adj möglich, durchführbar
factor m Faktor m; **factor de protección** Lichtschutzfaktor
factura f (cuenta) Rechnung f
facturación [-'θjon] f Berechnung f; **facturación de equipaje** (Aer) Check-in m, Gepäckabfertigung f
facturar [1] vt (Com) in Rechnung stellen; (equipaje) aufgeben
facultad f (aptitud) Fähigkeit f; (de universidad) Fakultät f; (poder) Befugnis f, Macht f
faena [fa'ena] f (trabajo) Arbeit f; **hacer una faena a alguien** jdm einen üblen Streich spielen
faisán [fai-] m Fasan m
faja [-xa] f Schärpe f; (elástica) Stützkorsett nt
falange [-xe] f Fingerglied nt
falda f Rock m
fallar [-'ʎar] [1] vt (Jur) fällen ▷ vi misslingen; (Tecn) versagen

- **FALLAS**
-
- In der Woche vom 19. März,
- dem Namenstag des Hl. Josef,
- **San José**, ehrt Valencia ihren
- Schutzpatron mit einem
- großartigen Fest, genannt **las**
- **Fallas**. Die **Fallas** sind riesige
- Figuren aus Holz, Pappmaschee
- und Stoff, die berühmte Politiker
- und andere Zielscheiben des
- Spotts darstellen, und die von
- den **falleros**, Mitgliedern der
- Gruppen, die Monate mit deren
- Vorbereitung verbracht haben,

- angezündet und verbrannt werden.

fallecer [-ʎe'θer] *irr como crecer vi* sterben
falso, a *adj* falsch; *(moneda)* gefälscht, Falsch-
falta *f* Fehler *m*; *(defecto)* Defekt *m*; *(carencia)* Mangel *m* (de an +*dat*), Fehlen *nt* (de von); *(ausencia)* Abwesenheit *f*; *(equivocación)* Irrtum *m*; *(Sport)* Foul *nt*; **hacer falta** fehlen; *(ser necesario)* nötig sein
faltar [1] *vi (escasear)* fehlen; *(ausentarse)* abwesend sein, nicht da sein; **faltan dos horas para llegar** noch zwei Stunden bis zur Ankunft; **faltar al respeto a alguien** es jdm gegenüber an Achtung fehlen lassen; **¡no faltaba más!** *(cortesía)* aber selbstverständlich!; *(en ira)* das fehlte gerade noch!
fama *f (renombre)* Ruhm *m*; *(reputación)* Ruf *m*
familia *f* Familie *f*
familiar *adj (relativo a la familia)* Familien-; *(conocido)* vertraut, bekannt ▷ *mf* Familienangehörige(r) *mf*, Verwandte(r) *mf*
famoso, a *adj* berühmt
fanático, a *adj* fanatisch ▷ *m/f* Fanatiker(in) *m(f)*
fanfarrón, ona *adj* angeberisch ▷ *m/f (fam)* Angeber(in) *m(f)*
fango *m* Schlamm *m*
fangoterapia *f* Fangotherapie *f*
fantasía *f* Fantasie *f*, Einbildungskraft *f*; *(ficción)* Einbildung *f*; **joyas fpl de fantasía** Modeschmuck *m*

fantasma *m* Gespenst *nt*; *(fam)* Angeber(in) *m(f)*
fantasmada *f* Lügenmärchen *nt*
fantástico, a *adj* fantastisch
farlopa *f (fam: droga)* Schnee *m*
farlopero, a *m/f* Kokainhändler(in) *m(f)*
farmacéutico, a [-'θeu-] *adj* pharmazeutisch ▷ *m/f (químico)* Pharmazeut(in) *m(f)*; *(de farmacia)* Apotheker(in) *m(f)*
farmacia [-'θja] *f* Apotheke *f*; *(carrera)* Pharmazie *f*
faro *m (Naut: torre)* Leuchtturm *m*; *(Auto)* Scheinwerfer *m*
farol *m* Laterne *f*
fascinar [-θi-] [1] *vt* faszinieren
fascismo [-'θis-] *m* Faschismus *m*
fascista *adj* faschistisch ▷ *mf* Faschist(in) *m(f)*
fase *f* Phase *f*
fastidiar [1] *vt* belästigen; *(estropear)* kaputtmachen; *(aburrir)* anöden, langweilen ▷ *vr*: **fastidiarse** sich ärgern; *(aburrirse)* sich langweilen
fatal *adj* verhängnisvoll; *(inevitable)* unabwendbar; *(fam: malo)* schrecklich, furchtbar
fatiga *f* Mühe *f*; *(cansancio)* Müdigkeit *f*
fauna *f* Fauna *f*, Tierwelt *f*
favor [-'βor] *m* Gefallen *m*; **por favor** bitte
favorecer [-βo-'θer] *irr como crecer vt* begünstigen, fördern; *(vestido)* gut stehen +*dat*
favorito, a [-βo-] *adj* bevorzugt, Lieblings- ▷ *m/f* Favorit(in) *m(f)*, Publikumsliebling *m*
fax [faks] *m inv* Fax *nt*; **mandarle un fax a alguien** jdm ein Fax schicken

fe f (Rel) Glaube m; (confianza) Vertrauen nt; **con buena fe** gut gemeint; **con mala fe** böswillig
febrero m Februar m
fecha [-tʃa] f Datum nt; **hasta la fecha** bis heute; **fecha de caducidad** Haltbarkeitsdatum
fecundación [-'θjon] f Befruchtung f; **fecundación in vitro** In-vitro-Fertilisation f
fecundo, a adj fruchtbar; (productivo) produktiv; (abundante) reich
federación [-'θjon] f Verband m; (Pol) Föderation f
federal adj Bundes-
felicidad [-ði-] f Glück nt; **¡felicidades!** herzlichen Glückwunsch!
felicitación [-ði-'θjon] f Glückwunsch m; (enhorabuena) Gratulation f
felicitar [-ði-] [1] vt beglückwünschen, gratulieren +dat
feliz [-'liθ] adj glücklich
felpudo m Fußmatte f
femenino, a adj weiblich ▷ m Femininum nt
feminismo m Feminismus m
feminista adj feministisch ▷ mf Feminist(in) m(f)
fénix m (ave) Phönix m
fenómeno, a adj (estupendo) toll ▷ m Phänomen nt; (fig) Genie nt ▷ interj großartig!
feo, a adj hässlich; (desagradable) unangenehm
feria f (fiesta popular) Jahrmarkt m; (exposición) Messe f
fermentar [1] vi gären
feroz [-'roθ] adj (salvaje) wild; (cruel) grausam

ferretería f Eisenwarenhandlung f
ferrocarril m Eisenbahn f; **ferrocarril de cremallera** Zahnradbahn f
ferry (pl **s** o **-ies**) ['feri] m Autofähre f
fértil adj (productivo) fruchtbar
fervoroso, a [-βo-] adj leidenschaftlich
festejar [-'xar] [1] vt feiern
festividad [-βi-] f Festlichkeit f
fétido, a (hediondo) stinkend; (podrido) verrottet
fiado m: **comprar al fiado** auf Pump kaufen
fiambre m Aufschnitt m
fianza [-θa] f Kaution f; (Jur) Bürgschaft f
fiar [4] vt bürgen für; (vender a crédito) auf Kredit verkaufen ▷ vr: **fiarse** vertrauen (de dat); **fiarse de alguien** sich auf jdn verlassen
fiasco m Fiasko nt
fibra f Faser f, Ballaststoff m
ficción [-'θjon] f Dichtung f, Fiktion f
ficha [-tʃa] f (en juegos) Spielmarke f; (tarjeta) Karteikarte f
fichero [-'tʃe-] m Karteikasten m; (Inform) Datei f
fidelidad f Treue f; **alta fidelidad** Hi-Fi f
fideos mpl Fadennudeln pl
fiebre ['fje-] f Fieber nt; **tener fiebre** Fieber haben; **fiebre amarilla/del heno** Gelbfieber/Heuschnupfen m; **fiebre palúdica** Malaria f
fiel [fjel] adj (leal) treu; (fiable) zuverlässig; (exacto) genau, getreu
fieltro ['fje-] m Filz m
fiero, a ['fje-adj] grausam;

(*salvaje*) wild; (*fig: enorme*) schrecklich ▷ f Raubtier nt; (*fig*) Bestie f

fiesta ['fjes-] f Fest nt, Feier f; **fiestas** pl Feiertage pl

• FIESTAS

- **Fiestas** können gesetzliche
- Feiertage sein, wie der **Día de la**
- **Constitución**, oder besondere
- Feiertage für jede **comunidad**
- **autónoma**, von denen viele
- religiöse Festtage sind. In ganz
- Spanien gibt es auch spezielle
- **fiestas** für einen Schutzpatron
- oder die Hl. Maria. Diese Feste
- dauern oft mehrere Tage und es
- können religiöse Prozessionen,
- Karnevalsumzüge, Stierkämpfe,
- Tanzveranstaltungen und
- Festessen mit den typischen
- Spezialitäten stattfinden.

figura f Figur f; (*forma*) Form f; (*imagen*) Abbildung f; (*cara*) Gesicht nt; (*persona*) Gestalt f

figurarse vr (*imaginarse*) sich dat vorstellen; (*suponer*) annehmen

fijar [-'xar] [1] vt befestigen, festmachen; (*clavo*) einschlagen; (*una fecha*) festlegen; (*atención*) richten (*en, sobre* auf +akk) ▷ vr: **fijarse en** achtgeben auf +akk

fila f (*cola, columna*) Reihe f; **ponerse en fila** sich in einer Reihe aufstellen

filete m Filet nt

Filipinas fpl: **las Filipinas** die Philippinen pl

filipino, a adj philippinisch ▷ m/f Filipino (Filipina) m/f

film (pl **s**) m Kinofilm m

filmar [1] vt filmen

filo m Schneide f

filosofía f Philosophie f

filósofo, a m/f Philosoph(in) m(f)

filtrar [1] vt filtern ▷ vi durchsickern, durchdringen ▷ vr: **filtrarse** durchdringen (*por* durch)

filtro m Filter m

fin m Ende nt, Schluss m; (*objeto*) Absicht f, (*objetivo*) Zweck m; **al fin y al cabo** letzten Endes; **a fin de** um zu; **por fin** schließlich; **en fin** endlich; **fin de semana** Wochenende

final adj Schluss- ▷ m Schluss m, Ende nt ▷ f Finale nt, Endrunde f

financiar [-'θjar] [1] vt finanzieren

finca f Grundstück nt; (*en el campo*) Landgut nt

fingir [-'xir] [13] vt vortäuschen; (*pretextar*) erdichten

finlandés, esa adj finnisch ▷ m/f Finne (Finnin) m/f

Finlandia f Finnland nt

fino, a adj fein, zart; (*delgado*) dünn, zierlich; (*selecto*) fein, auserlesen; (*atento*) aufmerksam; (*astuto*) schlau, klug

firma f Unterschrift f; (*Com*) Firma f

firmar [1] vt unterschreiben

firme adj fest, standhaft; (*estable*) stabil; (*sólido*) stark ▷ m Straßenbelag m

fiscal adj Steuer- ▷ m Staatsanwalt(-anwältin) m/f

físico, a adj physisch ▷ m/f Physiker(in) m(f) ▷ f Physik f

fisioterapia f Physiotherapie f

flaco, a adj (*muy delgado*) dürr, mager; (*débil*) schwach

flamante adj glänzend; (*nuevo*) (funkel)nagelneu

flamenco, a adj flämisch ▷ m (*cante y baile*) Flamenco m

flan m Karamellpudding m

flash (pl **s** o **es**) [flas] m (*Foto*) Blitz m

flauta f Flöte f

fleco m Franse f

flequillo [-'ʎiʎo] m (*pelo*) Pony m

flexible adj biegsam, flexibel

flipado, a adj (*fam*) high

flipante adj (*fam*) flippig

flíper, flipper m Flipper m; **jugar al flíper** flippern

flirtear [1] vi flirten

flojo, a [-xo] adj los, locker; (*sin fuerzas*) kraftlos; (*débil*) schwach

flor f Blume f

flora f Flora f, Pflanzenwelt f

flotador m (*en barcos*) Rettungsring m; (*para niños*) Schwimmflügel m; (*de pesca*) Schwimmer m

flotar [1] vi (*en el agua*) schwimmen; (*en el aire*) schweben; (*banderas*) wehen

flote m: **a flote** flott; **sacar a flote** (*Naut*) wieder flottmachen; (*fig*) wieder auf die Beine stellen

fluctuar [5] vi (*oscilar*) fluktuieren; (*vacilar*) schwanken

fluido, a adj flüssig ▷ m Flüssigkeit f

flujo [-xo] m Fließen nt; (*Med*) Ausfluss m; **flujo y reflujo** Ebbe f und Flut f; **flujo de sangre** Blutverlust m

foca f Seehund m, Robbe f

foco m Brennpunkt m; (*Elec*) Scheinwerfer m

fogón m (*de cocina*) Herd m

fogoso, a adj feurig

follaje [-'ʎaxe] m Laubwerk nt

folletín m Seifenoper f

folleto [-'ʎe-] m Broschüre f

fomentar [1] vt (*promover*) fördern

fonda f Gasthaus nt; (*pensión*) Pension f

fondo m (*del mar*) Grund m; (*del cuarto etc*) hinterer Teil; (*Arte*) Hintergrund m; (*dinero*) Fonds m; **fondos** pl Geldmittel pl; **fondos reptiles** Reptilienfonds m; **en el fondo** im Grunde genommen, eigentlich

fondue (pl **s**) [fon'dy] f Fondue nt

fontanero, a m Installateur(in) m(f), Klempner(in) m(f)

footing ['futin] m (*Sport*) Jogging nt

forastero, a adj fremd, auswärtig ▷ m/f Fremde(r) mf

forjar [-'xar] [1] vt schmieden

forma f (*figura*) Form f, Gestalt f; (*molde: Sport*) Form f; (*modo*) Art f, Weise f; **buena forma física** Fitness f; **las formas** (*modales*) Umgangsformen pl

formación [-'θjon] f Bildung f, Gestaltung f; (*educación*) Ausbildung f

formal adj formal; (*persona*) förmlich, formell

formalidad f Formalität f; (*de persona*) Förmlichkeit f

formar [1] vt (*componer*) formen, gestalten; (*constituir*) bilden; (*educar*) ausbilden ▷ vr: **formarse** (*cobrar forma*) sich bilden, sich formen; (*hacer línea*) antreten; (*desarrollarse*) sich bilden, entstehen

formatear [1] vt formatieren

formato [-'ma-] m Format nt

formica f Resopal nt
formidable adj (temible) schrecklich; (fam: estupendo) toll, klasse
fórmula f Formel f; **por fórmula** der Form halber
formulario m Formular nt; **formulario continuo** Endlospapier nt
foro m Forum nt; **foro de debate** (Inform) Diskussionsforum; **foro de información** (Inform) Informationsforum
forrar [1] vt (abrigo) füttern
fortaleza [-θa] f Kraft f, Stärke f; (recinto) Festung f
fortuna f Schicksal nt; (buena suerte) Glück nt; (dinero) Vermögen nt
forzar [-'θar] irr vt (puerta) aufbrechen; (violar) vergewaltigen; (compeler) zwingen
fosfato m Phosphat nt
fósforo m (metaloide) Phosphor m; (Am: cerilla) Streichholz nt
foso m Graben m
foto f Foto nt
fotocomposición [-'θjon] f Filmsatz m, Fotosatz m
fotocopia f Fotokopie f
fotocopiadora f (Foto)kopierer m
fotografía f Fotografie f
fotógrafo, a m/f Fotograf(in) m(f)
fracasar [1] vi scheitern; (fig) misslingen
fracaso m Fehlschlag m, Misserfolg m, Flop m
fractura f Bruch m
fragancia [-θja] f Duft m
frágil [-xil] adj (débil) schwach; (quebradizo) zerbrechlich
fragua f Schmiede f
fraile ['frai-] m Mönch m

frambuesa [-'bwe-] f Himbeere f
francés, esa [-'θes] adj französisch ▷ m/f Franzose (Französin) m/f ▷ m (lengua) Französisch nt
Francia [-θja] f Frankreich nt
franco m (moneda) Franken m; **franco suizo** Schweizer Franken
franco, a adj (leal) ehrlich, offen; (generoso) großzügig
franela f Flanell m
franqueo [-'ke-] m (de carta) Frankieren nt; (importe) Porto nt
frasco m Flasche f
frase f Satz m; **frase hecha** Redewendung f
fraude m (cualidad) Täuschung f; (acto) Betrug m
frecuencia [-'kwenθja] f Häufigkeit f; (Fís) Frequenz f; **con frecuencia** häufig, oft
frecuente adj häufig
freeware (pl s) ['friwer] m Freeware f
fregadero m Spülbecken nt
fregar [1] vt (frotar) scheuern; (platos) abwaschen; (Am) belästigen
freír [frɛ'ir] irr vt braten
frenar [1] vt bremsen
freno m Bremse f; (de caballo) Zaum m
frente m Front f; (de objeto) Vorderseite f; **en frente de** gegenüber ▷ f Stirn f
fresa f Erdbeere f
fresco, a adj frisch ▷ m (aire) Frische f; (Arte) Fresko nt; (fam: persona) Frechdachs m; **tomar el fresco** frische Luft schnappen; (pasear) spazieren gehen ▷ f Frische f

fricción [-'θjon] f Reibung f; (acto) Reiben nt; (Med) Abreibung f; (fig: problemas) Reibereien pl

frigidez [-xi'ðeθ] f Frigidität f

frigorífico m Kühlschrank m

frijol [-'xol] m Stangenbohne f

frío, a adj kalt ▷ m Kälte f

frito, a adj gebraten; **me trae frito ese hombre** (fam) dieser Mann geht mir auf die Nerven

frívolo, a [-βo-] adj frivol, leichtsinnig

frontera f Grenze f

frontón m (Archit) Giebel m; (Sport) Pelotaspielplatz m

frotar [1] vt reiben ▷ vr: **frotarse las manos** sich dat die Hände reiben

frugal adj (persona) genügsam, (comida) bescheiden, einfach

frustración [-'θjon] f Frustration f

frustrar [1] vt (malograr) zum Scheitern bringen; (a alguien) frustrieren

frustre m (fam) Frust m

fruta f Frucht f, Obst nt

fruto m (Bot) Frucht f, (Com) Ertrag m; (fig: resultado de un trabajo) Früchte pl

FTP m abr (= file transfer protocol) FTP nt

fuego ['fwe-] m Feuer nt; **a fuego lento** auf kleiner Flamme; **¿tienes fuego?** hast du Feuer?

fuente ['fwen-] f Quelle f; (de una plaza) Springbrunnen m; (origen) Ursprung m; (plato) Platte f; (Typo) Schriftart f, Font m

fuera ['fwe-] adv außerhalb; (en otra parte) anderswo; (de viaje) unterwegs ▷ prep: **fuera de** außerhalb, außer; (fig) ausgenommen; **fuera de sí** außer sich

fuerte ['fwer-] adj stark, kräftig; (comida) scharf; (golpe) hart; (lluvia) stark ▷ adv ausgiebig

fuerza ['fwerθa] f (fortaleza) Kraft f, Stärke f; (Tecn) Kraft f; (coacción) Zwang m; **fuerzas armadas** Streitkräfte pl; **fuerza de reacción** [o **de intervención**] **rápida** schnelle Eingreiftruppe; **a fuerza de** durch (viel); **cobrar fuerzas** zu Kräften kommen; **a la fuerza, por fuerza** gewaltsam, mit Gewalt

fuga f (huida) Flucht f; (en tubería de gas) undichte Stelle

fulano m: **señor fulano** Herr Soundso m

fumador, a m(f) Raucher(in) m(f); **fumador pasivo** Passivraucher

fumar [1] vt, vi rauchen; **fumar en pipa** Pfeife rauchen ▷ vr: **fumarse** (disipar) verjubeln

función [-'θjon] f Funktion f; (misión) Aufgabe f; (de cine etc) Vorstellung f; **entrar en funciones** ein Amt antreten; **función de memoria** Speicherfunktion

funcionar [-'θjo-] [1] vi (persona) fungieren (como als); (máquina) funktionieren

funcionario, a [-'θjo-] m/f Beamte(r) (Beamtin) m/f

funda f Hülle f; (de almohada) Bezug m

fundamental adj wesentlich, fundamental

fundamentalismo m Fundamentalismus m

fundamento m Grundlage f, Fundament nt

fundar [1] *vt* gründen; *(pilar)* stützen ▷ *vr*: **fundarse en** ruhen auf +*dat*
fundición [-'θjon] *f* Schmelzung *f*; *(fábrica)* Stahlgießerei *f*
fundir [3] *vt* schmelzen; *(estatua)* gießen ▷ *vr*: **fundirse** *(sólido)* schmelzen; *(fusibles)* durchbrennen; *(unirse)* sich zusammenschließen
funeral *m* Trauergottesdienst *m*
furgón *m* Transporter *m*; *(Ferro)* (Güter)wagen *m*
furgoneta *f* Lieferwagen *m*
furia *f* *(ira)* Wut *f*; *(violencia)* Raserei *f*
furioso, a *adj* *(iracundo)* wütend; *(violento)* rasend; *(fig)* gewaltig
furúnculo *m* *(Med)* Furunkel *m*
fusible *m* Sicherung *f*
fusil *m* Gewehr *nt*
fútbol *m* Fußball *m*
futbolín *m* Tischfußball *m*
futbolista *mf* Fußballspieler(in) *m(f)*
futón *m* Futon *m*
futuro, a *adj* zukünftig ▷ *m* Zukunft *f*; *(Ling)* Futur *nt*

g

G, g [xe] *f* G, g *nt*
gabacho, a [-'tʃo] *adj* aus den Pyrenäen; *(fam: pey)* französisch ▷ *m/f* (Pyrenäen)dorfbewohner(in) *m(f)*
gabardina *f* Trenchcoat *m*
gabinete *m* *(Pol)* Kabinett *nt*; *(estudio)* Arbeitszimmer *nt*; *(de abogados)* Büro *nt*
gaceta [-'θe-] *f* Zeitung *f*; *(oficial)* Amtsblatt *nt*
gacha [-'tʃa] *f* Brei *m*; **gachas** *pl* Milchbrei
gafas *fpl* Brille *f*; **gafas de sol** Sonnenbrille
gaita ['gai-] *f* Schalmei *f*; **gaita gallega** Dudelsack *m*
gajo [-xo] *m* *(de árbol)* (abgebrochener) Ast; *(de naranja etc)* Schnitz *m*; *(racimo)* Büschel *nt*
gala *f* *(ropa)* Abendkleidung *f*; *(fig: lo*

galante | 114

mejor) Beste(s) nt; **de gala** in Gala; **galas** pl Festschmuck m
galante adj galant
galaxia f Galaxis f
galería f Galerie f; (corredor) Korridor m, Gang m; (en mina) Stollen m
Galicia [-θja] f Galicien nt
gallego, a [-'ʎe-] adj galicisch ▷ m/f Galicier(in) m(f) ▷ m (lengua) Galicisch nt
galleta [-'ʎe-] f Keks m
gallina [-'ʎi-] f Henne f; **gallina ciega** (juego) Blindekuh f ▷ m (fam) Feigling m
gallo [-ʎo] m Hahn m
galope m Galopp m
galvanizar [-βa-'θar] [**8**] vt galvanisieren
gama f (Mus) Tonleiter f; (fig) Skala f; **gama baja** Billigware f
gamba f Garnele f
gamberro, a m/f Halbstarke(r) mf
gameboy (pl **s**) [geimˈboi] m Gameboy m
gameshow (pl **s**) [geimˈʃou] m Gameshow f
gamuza [-θa] f Gämse f; (para limpieza) Fensterleder nt
gana f Verlangen nt; (deseo) Lust f; (apetito) Appetit m; (voluntad) Wille m; (añoranza) Begehren m; **de buena gana** gerne; **de mala gana** ungern; **no me da la gana** ich will nicht; **tener ganas de** Lust haben zu
ganado m Vieh nt
ganar [**1**] vt (obtener) bekommen, erhalten; (sacar ventaja) gewinnen; (sueldo) verdienen; (Sport: premio) gewinnen; (conquistar) einnehmen, besetzen; (alcanzar) erreichen ▷ vi (Sport) gewinnen ▷ vr: **ganarse la vida** seinen Lebensunterhalt verdienen
gancho [-tʃo] m Haken m
gandul, a adj faul ▷ m(f) Faulenzer(in) m(f)
ganga f Glückstreffer m; (cosa buena y barata) Schnäppchen nt
ganso, a m/f Gänserich m, Gans f; (fam) Spaßvogel m
ganzúa [-'θua] f Dietrich m ▷ m Einbrecher(in) m(f)
garaje [-xe] m Garage f
garantía f Garantie f
garantizar [-'θar] [**8**] vt gewährleisten; (asegurar) garantieren
garbanzo [-θo] m Kichererbse f
garbo m Anmut f, Eleganz f
garfio m Haken m
garganta f Hals m; (interna) Kehle f; (Geo) Schlucht f
gargantilla [-ʎa] f Halskette f
gárgara f Gurgeln nt
garra f (de gato, ave) Kralle f; (Tecn) Klaue f; (fam) Pfote f
garrafa f Karaffe f
garrote m (palo) Knüppel m, Stock m; (Med) Abbindung f
garzo, a [-θo] adj bläulich ▷ f Reiher m
gas m Gas nt; **gas irritante** Reizgas; **gas licuado de petróleo** Autogas; **gas propulsor** Treibgas; **gas responsable del efecto invernadero** Treibhausgas
gasa f Gaze f
gaseoso, a adj gashaltig ▷ f Limo f
gasóleo m Diesel(öl) nt
gasolina f Benzin nt
gasolinera f Tankstelle f
gastar [**1**] vt (dinero) ausgeben;

(*tiempo*) verschwenden; (*fuerzas*) aufwenden; (*desperdiciar*) vergeuden; **gastar bromas** Scherze machen ▷ *vr:* **gastarse** sich abnutzen

gasto *m* (*desembolso*) Ausgabe *f*; (*consumo, uso*) Verbrauch *m*; **gastos públicos** öffentliche Ausgaben

gatear [1] *vi* (*andar a gatas*) krabbeln; (*trepar*) klettern, hochklettern

gato, a *m/f* Katze *f*; (*macho*) Kater *m*; **andar a gatas** auf allen vieren gehen ▷ *m* (*Auto*) Wagenheber *m*; (*de carpintería*) Schraubzwinge *f*

gaviota [-βjo-] *f* Möwe *f*

gay [ge] *adj inv* homosexuell, schwul

gazpacho [gaθ-tʃo] *m* kalte spanische Tomatensuppe

gel [xel] *m* Gel *nt*

gelatina [xe-] *f* Gelatine *f*

gema ['xe-] *f* Edelstein *m*

gemelo, a [xe-] *adj* Zwillings- ▷ *m/f* Zwillingsbruder(-schwester) *m/f*; **gemelos** *pl* Zwillinge *pl*; (*de camisa*) Manschettenknöpfe *pl*; (*anteojos*) Feldstecher *pl*

Géminis ['xe-] *m inv* (*Astr*) Zwillinge *pl*; **Felix es Géminis** Felix ist Zwilling

gemir [xe-] *irr como pedir vi* klagen, stöhnen; (*aullar*) heulen

gen(e) [xen(e)] *m* Gen *nt*

generación [xe-'θjon] *f* Generation *f*

generador [xe-] *m* Generator *m*; **generador de impulsos casuales** (*Inform*) Zufallsgenerator

general [xe-] *adj* allgemein, generell; **por lo general, en general** im Allgemeinen ▷ *m* General(in) *m(f)*

Generalitat [xe-] *f* katalanische Landesregierung

generalmente [xe-] *adv* im Allgemeinen

generar [xe-] [1] *vt* erzeugen

género ['xe-] *m* Geschlecht *nt*; (*clase*) Gattung *f*; (*typo*) Art *f*; (*Bio*) Gattung *f*; (*Ling*) Genus *nt*; (*manera*) Weise *f*, Art *f*; **género humano** Menschengeschlecht; **género masculino/femenino/neutro** Maskulinum *nt*/Femininum *nt*/Neutrum *nt*

generoso, a [xe-] *adj* großzügig

genéticamente modificado, a [xe-] *adj* gentechnisch verändert

genio ['xe-] *m* Geist *m*; (*carácter*) Charakter *m*; (*mal carácter*) Jähzorn *m*; (*facultad creadora, persona*) Genie *nt*; **de mal genio** jähzornig

genitales [xe-] *mpl* Geschlechtsorgane *pl*

gente ['xen-] *f* (*personas*) Leute *pl*, Menschen, *pl*; (*pueblo*) Volk *nt*

genuino, a [xe-] *adj* echt

geografía [xe-] *f* Geografie *f*

geología [xe-'xia] *f* Geologie *f*

geranio [xe-] *m* Geranie *f*

gerente [xe-] *mf* Geschäftsführer(in) *m(f)*; (*jefe*) Direktor(in) *m(f)*

germánico, a [xer-] *adj* germanisch; (*alemán*) deutsch

germen ['xer-] *m* (*Med: fig*) Keim *m*

gestión [xes-] *f* (*Com*) Geschäftsführung *f*; (*esfuerzo*) Anstrengung *f*

gestionar [1] *vt* (*intentar lograr*) betreiben; (*administrar*) führen; (*hacer gestiones*) besorgen

gesto ['xes-] *m* Miene *f*; *(ademán)* Geste *f*, Gebärde *f*; *(mueca)* Fratze *f*
gestor [xes-] *m*: **gestor de ficheros** Dateimanager *m*, Dateienverwaltungsprogramm *nt*
gestoría [xi-] *f* Agentur *f* (zur Erledigung von Behördengängen)
Gibraltar [xi-] *m* Gibraltar *nt*
giga(byte) (*pl* **s**) ['ɣiɣaβait] *m* Gigabyte *nt*
gigante [xi-] *mf* Riese (Riesin) *m/f*
gilipollas [xi-ʎas] *mf inv (vulg)* Vollidiot *m*
gimnasia [xim-] *f* Gymnastik *f*; **gimnasia terapéutica** Krankengymnastik
gimnasio [xim-] *m* Turnhalle *f*
ginebra [xi-] *f* Gin *m*
ginecólogo, a [xi-] *m/f* Frauenarzt(-ärztin) *m/f*
girar [xi-] [**1**] *vt (dar la vuelta)* umdrehen; *(un cheque)* ausstellen; *(mandar dinero)* überweisen ▷ *vi* sich drehen; *(torcer)* (ab)biegen
girasol [xi-] *m* Sonnenblume *f*
giro ['xi-] *m* Drehung *f*; *(Com)* Wechsel *m*; **giro bancario/postal** Banküberweisung *f*/Postanweisung *f*
girofaro [xi-] *m* Blaulicht *nt*
gitano, a [xi-] *adj* zigeunerhaft, Zigeuner- ▷ *m/f* Zigeuner(in) *m(f)*
glacial [-'θjal] *adj (frío)* eisig; *(de glaciar)* Gletscher-; **período glacial** Eiszeit *f*
glándula *f* Drüse *f*
globalización [-'θjon] *f* Globalisierung *f*
globo *(esfera)* Globus *m*; *(juguete)* Luftballon *m*; *(aerostático)* (Fessel)ballon *m*
gloria *f* Ruhm *m*, Ehre *f*; **en la gloria** *(fam)* im Himmel
glorieta [-'rje-] *f (de jardín)* Gartenlaube *f*; *(plaza)* Platz *m*
glotón, ona *adj* gefräßig
gobernador, a *adj* regierend ▷ *m(f)* Gouverneur(in) *m(f)*
gobernar *irr como pensar vt* leiten; *(Inform)* steuern; *(Pol)* regieren ▷ *vi* regieren; *(Naut)* steuern
gobierno *m (Pol)* Regierung *f*; *(dirección)* Leitung *f*, *(Inform, Naut)* Steuerung *f*
gol *m* Tor *nt*
golf *m (Sport)* Golf *nt*
golfa *f (fam)* Nutte *f*, Hure *f*
golfo *m (Geo)* Golf *m*; *(gamberro)* Strolch *m*
golondrina *f* Schwalbe *f*
goloso, a *adj* naschhaft
golpe *m* Schlag *m*; *(de puño)* Hieb *m*; *(fig: choque)* (Schicksals)schlag *m*; **de golpe** plötzlich; **de un golpe** auf einen Schlag; **no dar (ni) golpe** *(fam)* keinen Finger rühren; **golpe de estado** Staatsstreich *m*
goma *f* Gummi *m o nt*; *(elástico)* Gummiband *nt*; **goma de borrar** Radiergummi *m*; **goma espuma** Schaumgummi *m*; **goma de pegar** Klebstoff *m*
gomeo *m* Bungeejumping *nt*
gordo, a *adj* dick; *(tela)* grob; *(grave)* schwer ▷ *m* Hauptgewinn *m*
gorila *m* Gorilla *m*
gorra *f* Mütze *f*; **vivir de gorra** *(fam)* schmarotzen
gorrión *m* Sperling *m*, Spatz *m*
gorro *m* Mütze *f*; *(de mujer)* Hut *m*
gota *f* Tropfen *m*; *(Med)* Gicht *f*
gótico, a *adj* gotisch
gozar [-'θar] [**8**] *vi*: **gozar de algo** etw genießen

gozne ['goθ-] *m* Scharnier *nt*
GPS *m abr* (= *Global Positioning System*) GPS *nt*
grabación [-'θjon] *f* Aufnahme *f*
grabado *m* (Kupfer)stich *m*
grabadora *f* Tonbandgerät *nt*; **grabadora de CD/DVD** CD-/DVD-Brenner *m*
grabar [1] *vt* (ein)gravieren; (*cintas, discos*) aufnehmen
gracia [-θja] *f* Anmut *f*; (*chiste*) Witz *m*; (*indulto*) Gnade *f*; **¡gracias!** danke!; **¡muchas gracias!** vielen Dank!; **gracias a** dank +*dat o gen*; **tener gracia** witzig sein; **¡tiene gracia!** (*irónicamente*) das ist ja reizend!; **no me hace gracia** (*fam*) das finde ich gar nicht witzig
gracioso, a [-'θjo-] *adj* komisch
graderío *m* (*gradas*) Freitreppe *f*; (*de anfiteatro*) Ränge *pl*
grado *m* Grad *m*; (*de aceite, vino*) Gehalt *m*; **de buen grado** gern
graduar [5] *vt* einstellen; (*clasificar*) abstufen ▷ *vr*: **graduarse** seinen Abschluss machen
gráfico, a *adj* grafisch ▷ *m of* Diagramm *nt*
grafista *mf* Grafiker(in) *m(f)*
grajo [-xo] *m* Saatkrähe *f*
gramática *f* Grammatik *f*
gramo *m* Gramm *nt*
gran *adj ver* **grande**
granada *f* Granatapfel *m*
granadino, a *adj aus* Granada ▷ *m/f* Einwohner(in) *m(f)* Granadas ▷ *f* (*bebida*) Grenadine *f*
granate *m* Granat *m*
Gran Bretaña *f* Großbritannien *nt*
grande, gran *adj* groß; (*famoso*) bedeutend ▷ *mf* Grande *mf*

granel *adv*: **a granel** haufenweise; (*Com*) lose, unverpackt
granizado [-'θa-] *m*: **granizado de limón/de café** Eisgetränk *nt* aus Zitronen/Kaffee
granizo [-θo] *m* Hagel *m*
granja [-xa] *f* Bauernhof *m*; (*tienda*) Milchladen *m*; (*bar*) Milchbar *f*
grano *m* Korn *nt*; (*semilla*) Samenkorn *nt*; (*baya*) Traube *f*; (*Med*) Pickel *m*; **granos** *pl* Getreide *nt*; **al grano** zur Sache
granuja [-xa] *m* (*golfo*) Strolch *m*; (*engañoso*) Gauner *m*
grapa *f* Heftklammer *f*
grasa *f* Fett *nt*; (*mugre*) Schmutz *m*; (*Auto*) Schmiere *f*; (*escoria*) Schlacke *f*
gratificar [6] *vt* belohnen
gratinar [1] *vt* (*Gastr*) überbacken, gratinieren
gratis *adv* gratis, umsonst
gratitud *f* Dankbarkeit *f*
gratuito, a *adj* (*gratis*) kostenlos, gratis; (*sin razón*) grundlos
gravamen [-βa-] *m* (*carga*) Auflage *f*; (*impuesto*) Steuer *f*
grave [-βe] *adj* schwer; (*serio*) ernst
graznar [graθ-] [1] *vi* krächzen
Grecia [-θja] *f* Griechenland *nt*
gremio *m* (*asociación*) Innung *f*
greña (*mechón*) Strähne *f*; **andar a la greña** (*fam*) sich ständig in den Haaren liegen
gresca *f* Lärm *m*, Radau *m*
griego, a ['grje-] *adj* griechisch ▷ *m/f* Grieche (Griechin) *m/f*
grieta ['grje-] *f* Riss *m*
grifa *f* Haschisch *nt*, Marihuana *nt*
grifo *m* Wasserhahn *m*
grillo [-ʎo] *m* (*Zool*) Grille *f*

gripe f Grippe f
gris adj (color) grau
gritar [1] vt, vi schreien, rufen
grito m Schrei m; **a grito pelado** [o **limpio**] (fam) aus vollem Hals(e)
grosella [-ʎa] f Johannisbeere f; **grosella negra** Schwarze Johannisbeere
grosero, a adj (poco cortés) unverschämt; (tosco) grob
grosor m Dicke f
grúa f Kran m; (Auto) Abschleppwagen m
grueso, a ['grwe-] adj dick; (voluminoso) korpulent ▷ m Dicke f, Stärke f
grulla [-ʎa] f Kranich m
gruñido [-ɲi-] m Grunzen nt; (fig) Murren nt
grupo m Gruppe f; **grupo de autoayuda** Selbsthilfegruppe; **Grupo de noticias** (Inform) Newsgroup f; **grupo sanguíneo** Blutgruppe
gruta f Grotte f
guadamecí (pl **-íes**) [-'θi] m, **guadamecil** [-'θil] m geprägtes Leder
guadaña f Sense f
guai adj (fam) toll, prima
guante m Handschuh m
guapo, a adj schön, hübsch; (valiente) mutig ▷ m/f (fam) schöner Junge, schönes Mädchen
guardabarros mpl Kotflügel m; (de bicicleta) Schutzblech m
guardameta mf Torwart(in) m(f)
guardar [1] vt aufbewahren; (vigilar) bewachen; (dinero: ahorrar) sparen ▷ vr: **guardarse** (preservarse) sich hüten (de vor +dat); **guardarse de ir** es vermeiden zu gehen
guardarropa m Garderobe f
guardería f Kindergarten m
guardia mf Polizist(in) m(f); **estar de guardia** Bereitschaftsdienst haben; **Guardia Civil** ≈ Landpolizei f; **guardia Municipal** Schutzmann m
guarnición [-'θjon] f (de ropa etc) Verzierung f; (de piedra) Fassung f; (Gastr) Garnierung f; (arneses) Geschirr nt; (Mil) Besatzung f
guarro, a adj dreckig, schmutzig ▷ m/f Schwein nt
guasa f Scherz m
Guatemala f Guatemala nt
guatemalteco, a adj guatemaltekisch ▷ m/f Guatemalteke(-tekin) m/f
Guayana f Gu(a)yana nt
guerra ['ge-] f Krieg m; (pelea) Streit m; **dar guerra** Ärger machen
guerrilla [ge-ʎa] f Guerillakrieg m; (tropas) Guerilla f, Partisanen pl
guía ['gia] mf (Fremden)führer(in) m(f) ▷ f (libro) Reiseführer m; **guía de ferrocarriles** Kursbuch nt; **guía telefónica** Telefonbuch nt
guiar [4] vt führen; (Auto) lenken ▷ vr: **guiarse por** sich leiten lassen von
guinda ['gin-] f Sauerkirsche f
guindilla [gin-ʎa] f Cayennepfeffer m
guiñar [gi-] [1] vi blinzeln
guión [gi-] m Gedankenstrich m
guiri ['gi-] mf (fam: extranjero) Ausländer(in) m(f)
guisado [gi-] m Schmorbraten m
guisante [gi-] m Erbse f
guisar [gi-] [1] vt, vi kochen
güisqui ['gwiski] m Whisky m

guita ['gi-] f (fam) Moneten pl
guitarra [gi-] f Gitarre f
gula f Völlerei f
gusano m Wurm m; **gusano de luz** Glühwürmchen nt; **gusano de seda** Seidenraupe f
gustar [1] vt probieren, kosten ▷ vi gefallen; **gustar de hacer algo** etw gerne tun; **me gusta nadar** ich schwimme gern; **me gusta la comida** das Essen schmeckt mir
gusto m (sentido, sabor) Geschmack m; (placer) Vergnügen nt; **con gusto** sehr gern; **tiene gusto a menta** es schmeckt nach Minze; **sentirse a gusto** sich wohlfühlen; **mucho gusto en conocerle** es freut mich, Sie kennenzulernen; **el gusto es mío** es war mir ein Vergnügen

H, h ['atʃe] f H, h nt
haba f Bohne f
Habana f Havanna nt
habano, a adj aus Havanna ▷ m Havannazigarre f

 PALABRA CLAVE

haber irr vb auxiliar haben, sein; **haber de** müssen; **de haberlo sabido** wenn ich es gewusst hätte ▷ vb impers: **hay** es gibt, es sind, es ist; **hay que** man muss, man soll; **¿qué hay?** wie geht's?; **no hay de qué** nichts zu danken ▷ m (ingreso) Einkommen nt; (Com) Guthaben nt

habichuela [-'tʃwe-] f Bohne f
hábil adj (listo) geschickt; (capaz) fähig; (adecuado) geeignet; **día m hábil** Werktag m

habilidad | 120

habilidad f Geschicklichkeit f, Fähigkeit f; (*inteligencia*) Geschick nt

habitación [-'θjon] f Wohnung f; (*cuarto*) Zimmer nt, Raum m; (*dormitorio*) Schlafzimmer nt; (*Bio: hábitat*) Lebensraum m; **habitación sencilla, habitación particular** Einzelzimmer; **habitación doble, habitación matrimonial** Doppelzimmer; **habitación con dos camas** Zweibettzimmer

habitante mf Einwohner(in) m(f)

habitual adj gewöhnlich

habituarse [5] vr: **habituarse a** sich gewöhnen an +akk

hablar [1] vt reden; (*lengua*) sprechen ▷ vi sprechen; **hablar de** sprechen über +akk, sprechen von ▷ vr: **hablarse** miteinander sprechen; **se habla alemán** hier wird Deutsch gesprochen

hacedor, a [-θe-] m(f) Täter(in) m(f); **el Supremo Hacedor** der Schöpfer

hacendoso, a [-θen-] adj tüchtig

 PALABRA CLAVE

hacer [-'θer] irr vt machen; (*crear*) schaffen; (*fabricar*) herstellen; (*preparar*) zubereiten; (*ejecutar*) ausführen; (*obligar*) zwingen; **hacer una pregunta** eine Frage stellen; **hacer una visita** einen Besuch machen; **hacer las maletas** die Koffer packen ▷ vi (*parecer*) aussehen, scheinen; **hacer de** fungieren als; **hacer como que, hacer como si** so tun, als ob; **hacer bien/mal** richtig/

falsch handeln; **hace frío/calor** es ist kalt/heiß; **hace dos años** vor zwei Jahren; **hace poco** vor Kurzem ▷ vr: **hacerse** (*transformarse*) werden; (*fabricarse*) gemacht werden; **hacerse con algo** sich dat etw aneignen; **hacerse a un lado** zur Seite treten; **hacerse a la mar** in See stechen; **hacerse viejo** alt werden

hacha [-tʃa] f Axt f; (*antorcha*) Fackel f

hache ['atʃe] f H, h nt

hacia [-θja] prep (*en dirección de*) nach, zu; (*cerca de*) in der Nähe +gen; **hacia arriba/abajo** nach oben/unten; **hacia mediodía** gegen Mittag

hacienda [-'θjen-] f Besitz m; (*finca*) Landgut nt; **hacienda pública** Finanzwesen nt; **(Ministerio de) Hacienda** Finanzministerium nt

hada f Fee f

Haití [ai-] m Haiti nt

halagar [7] vt (*lisonjear*) schmeicheln +dat

halcón m Falke m

hallar [-'ʎar] [1] vt finden; (*averiguar*) herausfinden; (*descubrir*) entdecken; (*entender*) begreifen ▷ vr: **hallarse** sich befinden

hallazgo [-'ʎaθ-] m Entdeckung f; (*cosa*) Fund m

halógeno [-xe-] m Halogen nt

hamaca f Hängematte f; (*asiento plegable*) Liegestuhl m

hambre f Hunger m; **tener hambre** Hunger haben

hambriento, a adj hungrig

hamburgués, esa [-'ɣes] m/f

Hamburger(in) m(f) ▷ f (Gastr) Hamburger m
hampa f Unterwelt f
harapo m Fetzen m, Lumpen m
hardware (pl **s**) ['xardwer] m Hardware f
harina f Mehl nt
hartar [1] vt (über)sättigen; (fig) überhäufen ▷ vr: **hartarse** (de comida) sich satt essen; **hartarse de algo** (fig) etw satthaben
harto, a adj (lleno) (über)satt; (cansado) überdrüssig; **estar harto de algo** etw satthaben
hasta adv sogar, selbst ▷ prep (de lugar) bis, bis zu; (de tiempo) bis; **hasta que** bis (dass); **¡hasta luego!** bis später!; **¡hasta la vista!** auf Wiedersehen!
hastío m (disgusto) Widerwille m; (aburrimiento) Langeweile f
haya f Buche f
hebilla [-Áa] f Schnalle f
hebra f Faden m; (Bot: fibra) Faser f; **perder la hebra** den Faden verlieren; **tabaco** m **de hebra** Feinschnitt m
hebreo, a adj hebräisch ▷ m/f Hebräer(in) m(f) ▷ m (lengua) Hebräisch nt
hechizar [-tʃi'θar] [8] vt verzaubern
hecho, a adj fertig; (maduro) reif ▷ m Tat f, Handlung f; (dato) Tatsache f; (suceso) Ereignis nt; **de hecho** tatsächlich, in der Tat ▷ interj: **¡hecho!** abgemacht!; **¡bien hecho!** gut gemacht!
hectárea f Hektar m
hedor m Gestank m
heladería f Eisdiele f
helado, a adj gefroren; (glacial)

121 | **hermético**

eisig; (fig) eiskalt ▷ m (Speise) eis nt ▷ f Frost m
heladora f Eisbereiter m
helar irr como pensar vt gefrieren lassen, einfrieren; (dejar atónito) verblüffen ▷ vi, vr: **helarse** gefrieren
hélice [-θe] f Spirale f; (de avión) Propeller m
helicóptero m Hubschrauber m
heliesquí m Heliskiing nt
helipuerto [-'pwer-] m Hubschrauberlandeplatz m
hembra f (Zool) Weibchen nt; (Tecn) Nute f, Fuge f
hemorragia [-xja] f Blutung f
hemorroides fpl Hämorr(ho)iden pl
hendidura f Spalt m, Ritze f; (abertura) Schlitz m
heno m Heu nt
hepatitis f inv Hepatitis f
heptágono m Siebeneck nt
herbicida [-θi-] m Unkrautvernichtungsmittel nt
herboristería f Kräuterladen m
heredar [1] vt erben
heredero, a m/f Erbe (Erbin) m/f
hereje [-xe] mf Ketzer(in) m(f)
herido, a adj verletzt, verwundet ▷ m/f Verletzte(r) mf, Verwundete(r) mf ▷ f Verletzung f, Wunde f; (insulto) Beleidigung f
hermandad f: **hermandad de ciudades** Städtepartnerschaft f
hermano, a m/f Bruder (Schwester) m/f; **hermanos** pl Geschwister pl; **hermano gemelo** Zwillingsbruder m; **hermano político** Schwager m; **hermana política** Schwägerin f
hermético, a adj hermetisch;

(*persona cerrada*) verschlossen
hermoso, a *adj* schön, hübsch; (*estupendo*) großartig
héroe [-roe] *m* Held *m*
heroína *f* Heldin *f*; (*droga*) Heroin *nt*
heroinómano, a *m/f* Fixer(in) *m(f)*, Heroinsüchtig(r) *mf*
herramienta *f* Werkzeug *nt*; (*Inform*) Symbol *nt*
hervir [-'βir] *irr como sentir vi* kochen, sieden; (*burbujear*) brodeln; **hervir de** (*fig*) wimmeln von
heterosexual *adj* heterosexuell
hidratante *adj*: **crema f hidratante** Feuchtigkeitscreme *f*
hidráulico, a *adj* hydraulisch ▷ *f* Hydraulik *f*
hidro- *pref* Hydro-, Wasser-
hidroala *f* Tragflügelboot *nt*
hidrógeno [-xe-] *m* Wasserstoff *m*
hiedra ['je-] *f* Efeu *m*
hiel [jel] *f* Galle *f*
hielo ['je-] *m* Eis *nt*; (*frialdad*) Kälte *f*
hiena ['je-] *f* Hyäne *f*
hierba ['jer-] *f* (*Bot*) Gras *nt*; (*Med*) Kraut *nt*; **hierba de canónigos** Feldsalat *m*; **mala hierba** Unkraut *nt*
hierbabuena *f* Minze *f*
hierro ['je-] *m* (*metal*) Eisen *nt*; (*de puñal*) Schneide *f*; **hierro colado, hierro fundido** Gusseisen
hígado *m* Leber *f*
higiénico, a [-'xje-] *adj* hygienisch; **papel higiénico** Toilettenpapier *nt*
higo *m* Feige *f*
hijo, a [-xo] *m/f* Sohn (Tochter) *m/f*; **hijos** *pl* Kinder *pl*; **hijo de puta** (*vulg*) Arschloch *nt*

hilera *f* Reihe *f*
hilo *m* Faden *m*; (*de metal*) Draht *m*; (*de agua, luz*) Strahl *m*
Himalaja, Himalaya *m* Himalaja *m*
hincapié [-'pje] *m*: **hacer hincapié en** Nachdruck legen auf +*akk*
hincar [6] *vt* einschlagen, stoßen ▷ *vr*: **hincarse de rodillas** niederknien
hinchado, a [-'tʃa-] *adj* geschwollen; (*fig*) aufgeblasen
hinchar [-'tʃar] [1] *vt* aufblasen, aufpumpen; (*un río*) anschwellen lassen; (*exagerar*) aufbauschen ▷ *vr*: **hincharse** anschwellen; (*fam: llenarse*) sich vollstopfen
hinduismo *m* Hinduismus *m*
hinojo [-xo] *m* Fenchel *m*
hiperenlace [-θe-] *m* (*Inform*) Hyperlink *m*
hipermedia *f* Hypermedia *pl*
hipermercado *m* Großmarkt *m*, Supermarkt *m*
hipertexto *m* (*Inform*) Hypertext *m*
hipo *m* Schluckauf *m*
hipócrita *adj* heuchlerisch, scheinheilig ▷ *mf* Heuchler(in) *m(f)*
hipódromo *m* (*Pferde*)rennbahn *f*
hipopótamo *m* Nilpferd *nt*
hipoteca *f* Hypothek *f*
hispánico, a *adj* spanisch
hispano, a *adj* spanisch
Hispanoamérica *f* Lateinamerika *nt*
hispanoamericano, a *adj* lateinamerikanisch ▷ *m/f* Lateinamerikaner(in) *m(f)*
histeria *f* Hysterie *f*
historia *f* Geschichte *f*; **historias** *pl* Vorwände *pl*; **¡déjate de**

historias! lass die dummen Ausreden!
histórico, a *adj* geschichtlich
historieta [-'rje-] *f* Geschichte *f*, Erzählung *f*; (*cómic*) Bildergeschichte *f*, Comic *m*
hit (*pl* **s**) [xit] *m* (*Inform*) Hit *m*
hocico [-'θi-] *m* Schnauze *f*; (*fig*) schlechte Laune
hockey ['xoki] *m* Hockey *nt*; **hockey sobre hielo** Eishockey
hogar *m* Feuerstelle *f*; (*domicilio*) Heim *nt*; (*vida familiar*) Familienleben *nt*; (*trabajo de casa*) Haushalt *m*; **persona sin hogar** Obdachlose(r) *mf*
hoguera [-'ɣe-] *f* Freudenfeuer *nt*; (*castigo*) Scheiterhaufen *m*
hoja [-xa] *f* Blatt *nt*; (*pétalo*) Blütenblatt *nt*; (*página*) Seite *f*; (*de papel*) Blatt *nt*, Bogen *m*; **hoja de afeitar** Rasierklinge *f*
hojalata [-xa-] *f* (Weiß)blech *nt*
hola *interj* hallo
Holanda *f* Holland *nt*
holandés, esa *adj* holländisch ▷ *m/f* Holländer(in) *m(f)*
holgado, a *adj* frei; (*ancho*) weit, geräumig; (*vestido*) bequem; (*económicamente*) sorgenfrei
hollín [-'ʎin] *m* Ruß *m*
holografía *f* Holografie *f*
hombre *m* (*especie*) Mensch *m*; (*varón*) Mann *m*; **¡hombre!** (*de sorpresa*) na so was!, Mensch!; (*de énfasis*) mein lieber Mann!; **hombre de negocios** Geschäftsmann
hombro *m* Schulter *f*
homenaje [-'xe-] *m* Ehrung *f*
homeopático, a *adj* homöopathisch

123 | horario

homepage (*pl* **s**) ['xompeidʒ] *f* (*Inform*) Homepage *f*
homicidio [-'θi-] *m* Totschlag *m*, Mord *m*
homogeneizar [-xe-'θar] [**8**] *vt* homogenisieren
homosexual *adj* homosexuell
hondo, a *adj* tief ▷ *m* Tiefe *f*; (*fondo*) Grund *m*, Boden *m*
Honduras *f* Honduras *nt*
hondureño, a *adj* honduranisch ▷ *m/f* Honduraner(in) *m(f)*
honesto, a *adj* ehrlich; (*decente*) anständig
hongo *m* Pilz *m*
honor *m* Ehre *f*; **en honor de** zu Ehren +*gen*; **en honor a la verdad** um ehrlich zu sein
honrado, a *adj* geehrt; (*sincero*) ehrlich; (*decente*) anständig
hooligan (*pl* **s**) [xuli'gan] *m* Hooligan *m*, Fußballrowdy *m*
hora *f* Zeit *f*; (*60 minutos*) Stunde *f*; **¿qué hora es?** wie spät ist es?, wie viel Uhr ist es?; **¿a qué hora?** um wie viel Uhr?; **media hora** eine halbe Stunde; **a la hora del recreo** in der Pause; **a primera hora** früh morgens; **a última hora** im letzten Augenblick; **a altas horas de la noche** spät nachts; **¡a buenas horas!** zu spät!; **dar la hora** (*de la hora*) schlagen; **horas de oficina/de trabajo** Geschäfts-/Arbeitszeiten; **horas de visita** Besuchszeit; **horas extras** [*o* **extraordinarias**] Überstunden *pl*; **hora punta** Hauptverkehrszeit, Stoßzeit
horadar [**1**] *vt* durchbohren; (*agujerear*) lochen
horario, a *adj* stündlich, Stunden-

▷ m Stundenplan m; (Ferro) Fahrplan m; **horario flexible** gleitende Arbeitszeit

horchata [-'tʃa-] f Erfrischungsgetränk aus Erdmandeln

horizontal [-θon-] adj horizontal, waagerecht

horizonte [-'θon-] m Horizont m

hormiga f Ameise f

hormigón m Beton m; **hormigón armado** Stahlbeton

hormigueo [-'ɣe-] m Jucken nt; (desazón) Unbehagen nt

hormona f Hormon nt

horno m Herd m; **alto horno** Hochofen m

horóscopo m Horoskop nt

horquilla [-'kiʎa] f Gabel f; (para pelo) Haarnadel f

horrible adj schrecklich, fürchterlich

horror m Grauen nt, Entsetzen nt; (atrocidad) Gräueltat f; **¡qué horror!** (fam) wie schrecklich!

hortaliza [-θa] f Gemüse nt

hospedar [1] vt beherbergen, unterbringen ▷ vr: **hospedarse** sich einquartieren; (en hotel) absteigen

hospital m Krankenhaus nt

hospitalario, a adj gastfreundlich

hostal m (kleines) Hotel

hostería f Gasthaus nt

hostia f (Rel) Hostie f

hostil adj feindselig

hotel m Hotel m

hotelero, a adj Hotel- ▷ m/f Hotelbesitzer(in) m(f)

hotkey (pl s) ['xotki] m Hotkey m

hoy [oi] adv (actualmente) heute; (actualmente) heutzutage; **hoy (en) día** heutzutage; **por hoy** für heute; **hoy por hoy** vorläufig

hoyo, a m/f Grube f; (sepultura) Grab nt

hoz (pl **hoces**) [oθ] f Sichel f; (paso) Engpass m

hucha [-tʃa] f Spardose f; (fig) Ersparnisse pl

hueco, a ['we-] adj (vacío) leer, hohl; (presumido) eingebildet; (resonante) hohl ▷ m Lücke f; (agujero) Loch nt

huelga ['wel-] f Streik m; **huelga de brazos caídos** Sitzstreik; **huelga de celo** Bummelstreik

huella ['weʎa] f (de pie etc) Abdruck m; (de un animal) Spur f; (señales) Spuren pl; **huella genética** genetischer Fingerabdruck

huérfano, a ['wer'-] adj verwaist ▷ m/f Waise f

huerta ['wer-] f Gemüseland nt; (área de regadío) bewässertes Gemüseland

hueso ['we-] m (Anat) Knochen m; (de fruta) Stein m

huésped, a ['wes-] m/f Gast m; (anfitrión) Gastgeber(in) m(f)

huevo ['weβo] m Ei nt; **huevo en cáscara, huevo pasado por agua** weiches Ei; **huevo duro** hart gekochtes Ei; **huevo estrellado, huevo frito** Spiegelei; **huevos revueltos** Rührei

huir irr vt (eludir) umgehen; (evitar) vermeiden ▷ vi (escapar) (ent)fliehen, flüchten; (eludir) entwischen; (tiempo) verfliegen

hule m (goma) Kautschuk m; (mantel) Wachstuch nt

humanidad f (los hombres) Menschheit f; (cualidad) Menschlichkeit f

humano, a *adj* menschlich; (*humanitario*) menschenfreundlich, human; **el ser humano** der Mensch
humedad *f* Feuchtigkeit *f*; **humedad de aire** Luftfeuchtigkeit
húmedo, a *adj* feucht
humilde *adj* demütig; (*clase social*) niedrig; (*insignificante*) gering, unbedeutend
humillante [-'ʎan-] *adj* demütigend
humo *m* (*de fuego*) Rauch *m*, Qualm *m*; (*gas nocivo*) Dunst *m*
humor *m* (*disposición*) Stimmung *f*, Laune *f*; (*lo que divierte*) Humor *m*; **estar de buen/mal humor** gute/schlechte Laune haben
hundir [3] *vt* versenken; (*edificio*) zerstören; (*plan*) zunichtemachen; (*persona*) erledigen ▷ *vr*: **hundirse** versinken
húngaro, a *adj* ungarisch ▷ *m/f* Ungar(in) *m(f)*
Hungría *f* Ungarn *nt*
huracán *m* Wirbelsturm *m*
hurgar [7] *vt* stochern in +*dat*; (*remover*) umrühren; (*azuzar*) aufstacheln
hurón, ona *adj* (*fig*) ungesellig ▷ *m* (*Zool*) Frettchen *nt*
hurto *m* Diebstahl *m*

I, i [i] *f* I, i *nt*
ibérico, a *adj* iberisch
iberoamericano, a *adj* lateinamerikanisch
íbice [-θe] *m* (*Zool*) Steinbock *m*
ibicenco, a [-'θen-] *adj* aus Ibiza
Ibiza [-θa] *f* Ibiza *nt*
ibón *m* Gebirgssee *m*
iceberg (*pl* **s**) [iθ'βer(x)] *m* Eisberg *m*
icono *m* Ikone *f*
ictericia [-θja] *f* Gelbsucht *f*
ida *f* Hinfahrt *f*; **ida y vuelta** Hin- und Rückfahrt *f*
idea *f* Idee *f*; **hacerse una idea de algo** sich *dat* etw vorstellen können; **dar una idea de algo** etw veranschaulichen; **no tener ni idea** keine Ahnung haben
ideal *adj* ideal ▷ *m* Ideal *nt*
ídem *pron* ebenso, dito

identidad f Identität f; **carné m de identidad** Personalausweis m
identificar [6] vt identifizieren ▷ vr: **identificarse con** sich identifizieren mit
ideología [-'xia] f Ideologie f
idioma m Sprache f
idiota adj idiotisch, blödsinnig ▷ mf Idiot(in) m(f)
ídolo m Idol nt
idóneo, a adj (apto) fähig; (conveniente) geeignet
iglesia f Kirche f
ignición [-'θjon] f Verbrennung f; (Auto) Zündung f
ignorancia [-'θja] f Unwissenheit f
ignorante adj unwissend ▷ mf Ignorant(in) m(f)
ignorar [1] vt nicht wissen; (persona) ignorieren
igual adj gleich; (similar) ähnlich; (mismo) gleichgültig; (constante) gleichbleibend; (no variable) gleichmäßig; **al igual que** genauso wie; **me da igual** mir ist es egal ▷ mf Gleichgestellte(r) mf ▷ m Gleichheitszeichen nt
igualdad f Gleichheit f; (semejanza) Ähnlichkeit f; (de terreno) Ebenheit f
igualmente adv gleichermaßen; (también) auch, ebenfalls ▷ interj danke, gleichfalls!
ikurriña f baskische Flagge
ilegal adj illegal, ungesetzlich
ileso, a adj unverletzt
ilícito, a [-θi-] adj unerlaubt
ilimitado, a adj unbegrenzt
ilógico, a [-xi-] adj unlogisch
iluminación [-'θjon] f Beleuchtung f
ilusión f Illusion f; (alegría) Freude f; (esperanza) Hoffnung f

ilusionista mf Zauberkünstler(in) m(f)
ilustración [-'θjon] f Illustration f, Abbildung f; (saber) Bildung f; **la Ilustración** die Aufklärung
ilustrar [1] vt (educar) belehren; (aclarar) erklären; (con fotos etc) illustrieren ▷ vr: **ilustrarse** sich bilden
imagen [-xen] f Bild nt; (Rel) Heiligenbild nt; (fama) Image m
imaginación [-xi-'θjon] f Fantasie f
imaginar [-xi-] [1] vt sich dat vorstellen; (idear) sich dat ausdenken; (suponer) annehmen ▷ vr: **imaginarse** sich dat vorstellen
imán m Magnet m
imbécil [-θil] adj schwachsinnig ▷ mf Schwachkopf m, Idiot(in) m(f)
imbecilidad f Schwachsinn m
imitación [-'θjon] f Imitation f
imitar [1] vt imitieren; (parodiar) nachahmen
impaciencia [-'θjenθja] f Ungeduld f
impar adj ungerade; (sin igual) ohnegleichen
imparcial [-'θjal] adj unparteiisch
impartir [3] vt mitteilen; (instrucciones) geben
impasible adj gefühllos; (fig) gleichmütig
impecable adj tadellos, fehlerfrei
impedir irr como pedir vt verhindern
impenetrable adj undurchdringlich; (fig) unergründlich
impensado, a adj unerwartet
imperar [1] vi (reinar) herrschen; (fig) vorherrschen

imperceptible [-θep-] *adj* nicht wahrnehmbar, unmerklich
imperdible *m* Sicherheitsnadel *f*
imperdonable *adj* unverzeihlich
imperfecto, a *adj* unvollkommen ▷ *m* (*Ling*) Imperfekt *nt*
imperial *adj* kaiserlich, Kaiser-
imperio *m* Imperium *nt*; (*dominación*) Herrschaft *f*; (*fig*) Stolz *m*
impermeable *adj* wasserdicht ▷ *m* Regenmantel *m*
impertinente *adj* unangebracht, unpassend; (*insolente*) unverschämt
imperturbable *adj* unerschütterlich
impetuoso, a *adj* heftig; (*apasionado*) leidenschaftlich
implacable *adj* unerbittlich
implicar [6] *vt* hineinziehen, verwickeln; (*incluir*) mit sich bringen
implícito, a [-θi-] *adj* mit einbegriffen; (*tácito*) stillschweigend
imponente *adj* eindrucksvoll
imponer *irr como poner vt* auferlegen; (*nombre*) geben; (*Fin*) investieren ▷ *vi* Eindruck machen ▷ *vr*: **imponerse** sich behaupten; (*prevalecer*) sich durchsetzen
impopular *adj* unbeliebt
importación [-'θjon] *f* (*acto*) Import *m*; (*objetos*) Importwaren *fpl*
importancia [-θja] *f* Wichtigkeit *f*, Bedeutung *f*; (*extensión*) Umfang *m*; (*influencia*) Einfluss *m*
importante *adj* wichtig, bedeutend
importar [1] *vt* einführen, importieren; (*valer, costar*) kosten ▷ *vi* wichtig sein; (*interesar*) interessieren; **me importa un rábano** (*fam*) das kratzt mich überhaupt nicht; **no importa** das macht nichts
importe *m* (*total*) Betrag *m*, Summe *f*; (*valor*) Wert *m*
importunar [1] *vt* belästigen
imposible *adj* unmöglich; (*inaguantable*) unerträglich
impotencia [-θja] *f* Machtlosigkeit *f*, Ohnmacht *f*; (*Med*) Impotenz *f*
impracticable *adj* undurchführbar; (*intransitable*) unbefahrbar
impregnar [1] *vt* durchtränken ▷ *vr*: **impregnarse** sich vollsaugen (*de* mit)
imprenta *f* (*Buch*)druck *m*; (*casa*) Druckerei *f*; **imprenta genética** genetischer Fingerabdruck
imprescindible [-θin-] *adj* unentbehrlich
impresión *f* Abdruck *m*; (*fig*) Eindruck *m*; (*Inform*) Ausdruck *m*
impresionante *adj* beeindruckend; (*maravilloso*) herrlich, großartig
impresionar [1] *vt* einwirken auf +*akk*; (*conmover*) beeindrucken; (*Foto*) belichten; (*disco etc*) aufnehmen ▷ *vr*: **impresionarse** sich beeindrucken lassen
impreso *m* (*formulario*) Formular *nt*
impresora *f* (*Inform*) Drucker *m*; **impresora de agujas** Nadeldrucker; **impresora de color** Farbdrucker; **impresora de láser** Laserdrucker; **impresora térmica** Thermodrucker; **impresora de (chorro de) tinta** Tintenstrahldrucker

imprevisto, a [-'βis-] *adj* unvorhergesehen; *(inesperado)* unerwartet

imprimir *irr vt* abdrucken; *(libro)* drucken; *(Inform)* ausdrucken; *(fig)* herausbringen

improbable *adj* unwahrscheinlich

improcedente [-θe-] *adj* *(inadecuado)* unangebracht; *(no conforme)* unzulässig

improperio *m* Beschimpfung *f*

impropio, a *adj* unangebracht

improvisar [-βi-] [1] *vt* improvisieren

imprudente *adj* unvorsichtig; unbesonnen

impúdico, a *adj* unzüchtig; *(sin vergüenza)* schamlos

impudor *m* Schamlosigkeit *f*; *(lujuria)* Lüsternheit *f*

impuesto, a [-'pwes-] *adj* auferlegt ▷ *m* Steuer *f*; **impuesto sobre el valor añadido** Mehrwertsteuer

impulso *m* Impuls *m*; *(empuje)* Schwung *m*; *(motivo)* Anreiz *m*

impune *adj* straflos

impureza [-θa] *f* Unreinheit *f*; *(de líquido etc)* Verunreinigung *f*

imputar [1] *vt* *(atribuir)* zuschreiben; *(cargar)* aufbürden

inacabable *adj* endlos, unendlich

inaccesible [-θe-] *adj* unerreichbar; *(fig)* unzugänglich

inaceptable [-θep-] *adj* unannehmbar

inactivo, a [-βo] *adj* untätig

inadecuado, a *adj* unangemessen; *(inapto)* ungeeignet

inadmisible *adj* unzulässig

inadvertencia [-βer-θja] *f* Unachtsamkeit *f*

inaguantable *adj* unerträglich

inalámbrico, a *adj* *(teléfono)* schnurlos

inalterable *adj* unveränderlich

inaudito, a *adj* *(nunca oído)* gänzlich unbekannt; *(fig)* unerhört

inauguración [-'θjon] *f* Einweihung *f*; *(de exposición etc)* Eröffnung *f*

inaugurar [1] *vt* einweihen; *(abrir al público)* eröffnen

inca *mf* Inka *mf*

incalculable *adj* unberechenbar

incandescente [-θen-] *adj* glühend

incansable *adj* unermüdlich

incapacidad [-θi-] *f* Unfähigkeit *f*; **incapacidad mental/física** geistige/körperliche Behinderung

incauto, a *adj* leichtgläubig, naiv

incendiar [-θen-] [1] *vt* anzünden, in Brand stecken ▷ *vr*: **incendiarse** in Brand geraten

incendio *m* Brand *m*; *(fig)* Feuer *nt*; **incendio forestal** Waldbrand

incesable *adj*, **incesante** [-θe-] *adj* unaufhörlich

incesto [-'θes-] *m* Inzest *m*

incidente [-θi-] *adj* Neben- ▷ *m* Vorfall *m*

incienso [-'θjen-] *m* Weihrauch *m*

incineración [-θi-'θjon] *f* Verbrennung *f*; *(de cadáveres)* Einäscherung *f*

incisivo, a [-θi-βo] *adj* scharf; *(fig)* bissig ▷ *m* Schneidezahn *m*

incitar [-θi-] [1] *vt* anregen; *(provocar)* aufhetzen, aufwiegeln

incivil [-θi'βil] *adj* unhöflich

inclemente *adj* unbarmherzig; *(tiempo)* rau, unfreundlich

inclinación [-'θjon] f (t. fig) Neigung f; (reverencia) Verbeugung f
incluir irr como huir vt einschließen; (incorporar) aufnehmen, einfügen; (meter) beifügen
incluso adv selbst, sogar
incógnito, a adj unbekannt; **de incógnito** inkognito ▷ f unbekannte Größe
incoherente adj zusammenhanglos
incoloro, a adj farblos
incómodo, a adj unbequem; (molesto) lästig; (inconveniente) ungelegen
incomparable adj unvergleichlich
incompatible adj unvereinbar; (Inform) inkompatibel
incompetente adj unfähig
incompleto, a adj unvollständig
incomprensible adj unverständlich
incomunicado, a adj (un pueblo) von der Außenwelt abgeschnitten
inconcebible [-θe-] adj unfassbar
incondicional [-θjo-] adj (apoyo) bedingungslos, uneingeschränkt ▷ mf (partidario) bedingungsloser Anhänger, bedingungslose Anhängerin
inconfundible adj unverwechselbar
inconsciente [-'θjen-] adj (Med) bewusstlos; (Psico) unbewusst; (fig) leichtfertig ▷ m (Psico) Unbewusste(s) nt; (fig) leichtfertiger Mensch
inconsecuencia [-'kwenθja] f Inkonsequenz f
inconsecuente adj inkonsequent; (inconsiguiente) widersprüchlich
inconsistente adj unbeständig

inconstante adj unbeständig; (fig) wankelmütig
incontestable adj unanfechtbar; (innegable) unbestreitbar
inconveniente [-βe'njen-] adj unangebracht, unpassend ▷ m Hindernis nt; (desventaja) Nachteil m
incorporar [1] vt eingliedern, integrieren; (el cuerpo) aufrichten ▷ vr: **incorporarse** sich anschließen (a an +akk); (a un cargo) antreten (a akk); (levantarse) sich aufrichten
incorrecto, a adj falsch, unrichtig; (descortés) unhöflich
incorregible [-xi-] adj unverbesserlich
increíble adj unglaublich
incremento m Zunahme f, Anwachsen nt; (aumento) Erhöhung f
incrustar [1] vt einlegen; (fig) einprägen
incubar [1] vt ausbrüten
inculto, a adj (persona) ungebildet; (terreno) unbebaut ▷ m/f Ignorant(in) m(f)
incumplimiento m Nichterfüllung f; **incumplimiento de contrato** Vertragsbruch m
indecente [-'θen-] adj unanständig; (indecoroso) schamlos
indeciso, a [-'θi-] adj unentschieden, (vacilante) unschlüssig
indefenso, a adj wehrlos
indefinido, a adj unbestimmt; (tiempo) unbegrenzt
indemnizar [-'θar] [8] vt entschädigen, abfinden

independencia [-θja] f Unabhängigkeit f
independiente adj unabhängig; (autónomo) selbstständig
India f Indien nt
indicación [-'θjon] f Hinweis m; (Inform) Anzeige f; (señal) Hinweisschild nt; (observación) Vermerk m, Anmerkung f; **indicación de averías** [o **de anomalías**] (Inform) Fehlermeldung f; **indicación de cristal líquido, indicación LCD** LCD-Anzeige; **indicación de desbordamiento** Überlaufanzeige; **indicación de menús** (Inform) Menüanzeige; **indicación visual luminosa** Leuchtanzeige
indicador m Anzeiger m; (Inform) Anzeige f; (Tecn) Anzeigeinstrument nt
indicar [6] vt (mostrar) anzeigen, andeuten; (catálogo) Katalog m; (de un libro) Inhaltsverzeichnis nt; (Fin) Index m; (de reloj) Zeiger m; (dedo) Zeigefinger m
indiferente adj gleichgültig
indígena [-xe-] adj einheimisch; (aborigen) eingeboren ▷ mf Einheimische(r) mf, Eingeborene(r) mf
indignado, a adj entrüstet, empört
indigno, a adj (inmerecido) unwürdig; (despreciable) niederträchtig
indio, a adj (de América) indianisch; (de India) indisch ▷ m/f (de América) Indianer(in) m(f); (de India) Inder(in) m(f)
indirecto, a adj indirekt
indiscreto, a adj indiskret; (sin tacto) taktlos
indiscutible adj unbestreitbar
indispensable adj unentbehrlich, unbedingt erforderlich
indisponer irr como poner vt verstimmen; (Med) krank machen ▷ vr: **indisponerse** krank werden; **indisponerse con alguien** sich mit jdm entzweien
individual [-βi-] adj individuell; **habitación f individual** Einzelzimmer nt ▷ m (Sport) Einzel nt
individuo, a [-'βi-] adj individuell ▷ m Individuum nt
indolencia [-θja] f Trägheit f
indomable adj unbezwingbar; (animal) unzähmbar
Indonesia f Indonesien nt
inducir [-'θir] irr como conducir vt verleiten (a, en zu); (persuadir) überreden; (deducir) folgern
indudable adj unzweifelhaft, (incuestionable) unfraglich
industria f Industrie f
industrioso, a adj fleißig, emsig
ineficaz [-'kaθ] adj unwirksam
inepto, a adj unfähig
inercia [-θja] f Untätigkeit f; (Fís) Trägheit f; (fig) Stumpfheit f
inerte adj unbeweglich; (Fís) träge
inesperado, a adj unerwartet
inestable adj unbeständig; (Fís) instabil
inevitable [-βi-] adj unvermeidlich
inexacto, a adj ungenau; (falso) falsch
infame adj niederträchtig, gemein
infancia [-θja] f Kindheit f

infantil *adj* kindlich, Kinder-; *(pueril)* kindisch
infarto *m* (Herz)infarkt *m*
infatigable *adj* unermüdlich
infección [-'θjon] *f* Infektion *f*; *(inflamación)* Entzündung *f*; *(contagio)* Ansteckung *f*
infectar [1] *vt* anstecken, infizieren ▷ *vr*: **infectarse** sich anstecken; *(una herida)* sich entzünden
infeliz [-'liθ] *adj* unglücklich ▷ *mf* armer Teufel
inferior *adj* minderwertig; *(persona)* unterlegen; *(lugar)* untere(r, s) ▷ *mf* Untergebene(r) *mf*
infestar [1] *vt (infectar)* anstecken; *(invadir)* herfallen über +*akk*; *(fig)* überschwemmen
infiel [-'fjel] *adj* untreu; *(Rel)* ungläubig ▷ *mf* Ungläubige(r) *mf*
infiernillo [-fjer'niʎo] *m (de alcohol)* Rechaud *m*; *(de velas)* Stövchen *nt*
infierno *m* Hölle *f*
ínfimo, a *adj* unterste(r, s), niedrigste(r, s)
infinidad *f* Unendlichkeit *f*; *(gran cantidad)* Unmenge *f*
inflación [-'θjon] *f* (Com) Inflation *f*; (Med) Aufblähung *f*
inflamable *adj* leicht endzündbar
inflamar [1] *vt* entzünden ▷ *vr*: **inflamarse** (*t. Med*) sich entzünden
inflar [1] *vt* aufblasen, aufpumpen
inflexible *adj* unbiegsam; *(fig)* unbeugsam, unnachgiebig
influencia [-flu'enθja] *f* Einfluss *m*
influir *irr como fluir vt* beeinflussen
información [-'θjon] *f* Information *f*; *(noticias)* Nachrichten *pl*; *(en lugares públicos)* Auskunft *f*

informal *adj* nicht förmlich, ungezwungen; *(persona)* unzuverlässig
informar [1] *vt* benachrichtigen, informieren ▷ *vi* Bericht erstatten; *(Jur)* plädieren ▷ *vr*: **informarse** sich informieren; **informarse de** sich erkundigen nach
informática *f* Informatik *f*
informatizar [-'θar] [8] *vt* computerisieren; *(textos, datos)* (datentechnisch) erfassen
informe *adj* formlos ▷ *m* Bericht *m*; *(información)* Auskunft *f*; *(noticia)* Nachricht *f*
infortunio *m* Unglück *nt*
infracción [-'θjon] *f* Verstoß *m*; *(transgresión)* Übertretung *f*
infraestructura *f* Infrastruktur *f*
infringir [-'xir] [13] *vt (ley)* verstoßen gegen
infundado, a *adj* unbegründet
infundir [3] *vt* einflößen
infusión *f* Kräutertee *m*
ingeniarse [-xe-] [1] *vt* ersinnen ▷ *vr*: **ingeniarse hacer algo** bemüht sein, etw zu tun
ingeniería [-xenje-] *f* Ingenieurwissenschaft *f*; **ingeniería genética** Gentechnik *f*; **ingeniería mecánica** Maschinenbau *m*
ingeniero, a [-xe'nje-] *m/f* Ingenieur(in) *m(f)*; **ingeniero de sonido/agrónomo** Toningenieur/Diplom-Landwirt *m*
ingenioso, a [-xe'njo-] *adj* erfinderisch; *(gracioso)* witzig
ingenuo, a [-'xe-] *adj* naiv
ingerir [-xe-] *irr como sentir vt* zu sich nehmen; *(tragar)* schlucken; *(medicamento)* einnehmen

Inglaterra f England nt
inglés, esa adj englisch ▷ m/f Engländer(in) m(f) ▷ m (lengua) Englisch nt
ingrato, a adj undankbar; (desagradable) unangenehm
ingrediente [-'ðjen-] m Bestandteil m; (Gastr) Zutat f
ingresar [1] vt (dinero) einzahlen ▷ vi eintreten; **ingresar en el hospital** ins Krankenhaus eingeliefert werden; **ingresar en un club** einem Klub beitreten
ingreso m (entrada) Eintritt m; (en hospital) Einlieferung f; (de dinero) Eingang m; (en colegio etc) Aufnahme f
inhabitable adj unbewohnbar
inhumano, a adj unmenschlich
iniciar [-'θjar] [1] vt (empezar) beginnen, anfangen; (enseñar) einführen
iniciativa [-θja-βa-] f Initiative f; **iniciativa privada** privater Unternehmergeist
ininterrumpido, a adj ununterbrochen
injerencia [-xe-θja] f Einmischung f
injertar [-xer-] [1] vt (planta) (auf)pfropfen, (Med) einpflanzen; (Tecn) einsetzen
injuria [-'xu-] f (ofensa) Beleidigung f, Beschimpfung f; (fig) Schaden m
injusto, a [-'xus-] adj ungerecht
inline skates ['inlain'(e)skeits] mpl Inlineskates pl
inmadurez [-'reθ] f Unreife f
inmediaciones [-'θjo-] fpl Umgebung f
inmediato, a adj unmittelbar; (en seguida) sofortig; (cercano) nächstgelegen; **de inmediato** sofort
inmejorable [-xo-] adj unübertrefflich; (precio) unschlagbar
inmenso, a adj unermesslich, riesig
inmerecido, a [-'θi-] adj unverdient
inmigración [-'θjon] f Einwanderung f
inmigrante mf Einwanderer (-wanderin) m/f
inmobiliario, a adj Immobilien- ▷ f Wohnungsbaugesellschaft f
inmoral adj unmoralisch
inmortal adj unsterblich
inmóvil [-βil] adj unbeweglich
inmovilizador [-βi-ða-] m: **inmovilizador antirrobo** (Auto) Wegfahrsperre f
inmueble [-'mwe-] m Immobilie f, Gebäude nt
inmundo, a adj schmutzig, dreckig; (fig) unrein
inmunidad f Immunität f
inmunodeficiencia [-'θjenθja] f Immunschwäche f
inmutar [1] vt (alterar) verändern; (conmover) erschüttern ▷ vr: **sin inmutarse** ohne sich aus der Fassung bringen zu lassen
innato, a adj angeboren
innecesario, a [-θe-] adj unnötig
inocencia [-'θenθja] f Unschuld f; (candor) Arglosigkeit f
inocente adj (sin culpa) unschuldig; (ingenuo) naiv ▷ mf Unschuldige(r) mf; (cándido) Einfaltspinsel m
inofensivo, a [-βo] adj harmlos
inolvidable [-βi-] adj unvergesslich

inoportuno, a *adj (de tiempo)* ungelegen; *(propósito)* unangebracht

inoxidable *adj* nicht rostend, rostfrei

inquietar [-kje-] [1] *vt* beunruhigen ▷ *vr:* **inquietarse** sich *dat* Sorgen machen *(por wegen)*

inquilino, a [-ki-] *m/f* Mieter(in) *m(f)*

inquisición [-'θjon] *f* Untersuchung *f*; **la Inquisición** die Inquisition

insaciable [-'θja-] *adj* unersättlich

inscribir *irr como* **escribir** *vt* einschreiben; *(en una lista)* eintragen; *(grabar)* eingravieren ▷ *vr:* **inscribirse** sich einschreiben; *(Escuela)* sich anmelden

insecticida [-'θi-] *m* Insektenbekämpfungsmittel *nt*

insecto *m* Insekt *nt*

inseguro, a *adj* unsicher; *(inconstante)* unbeständig

insensato, a *adj (persona)* unvernünftig; *(cosa)* unsinnig

insensible *adj* unempfindlich; *(duro)* gefühllos; *(imperceptible)* unmerklich; *(sin sensibilidad)* gefühllos

insertar [1] *vt* einsetzen, einfügen, eingliedern; *(anuncio)* aufgeben; *(Inform)* einfügen

inservible [-'βi-] *adj* unbrauchbar

insignificante *adj* unbedeutend

insinuar [5] *vt* andeuten ▷ *vr:* **insinuarse con alguien** sich bei jdm einschmeicheln

insípido, a *adj* fad(e), geschmacklos

insistir [3] *vi* darauf bestehen; **insistir en algo** auf etw *dat* bestehen

insolación [-'θjon] *f (Med)* Sonnenstich *m*

insolente *adj* unverschämt, frech

insólito, a *adj* ungewöhnlich

insoluble *adj* unlöslich

insomnio *m* Schlaflosigkeit *f*

insonorizar [-'θar] [8] *vt* schalldämmen

insoportable *adj* unerträglich

inspección [-'θjon] *f* Untersuchung *f*, Kontrolle *f*; **Inspección Técnica de Vehículos** TÜV *m*

inspector, a *m(f)* Inspektor(in) *m(f)*

inspiración [-'θjon] *f* Eingebung *f*, Inspiration *f*; *(Anat)* Atemzug *m*

instalación [-'θjon] *f (Inform)* Installation *f*

instalador *m* Setup-Datei *f*

instalar [1] *vt* einrichten; *(poner)* setzen; stellen; legen; *(Tecn, Inform)* einbauen, installieren ▷ *vr:* **instalarse** sich niederlassen

instantáneo, a *adj* unmittelbar, sofortig ▷ *f (Foto)* Schnappschuss *m*

instante *m* Augenblick *m*

instinto *m* Instinkt *m*; **por instinto** instinktiv

institución [-'θjon] *f* Einrichtung *f*; *(fundación)* Stiftung *f*

instituto *m* Institut *nt*; *(de enseñanza)* ≈ Gymnasium *nt*

instrucción [-'θjon] *f* Unterricht *m*; *(cultura)* Bildung *f*; *(Inform)* Befehl *m*; **instrucciones** *pl* Anweisungen *pl*

instrumento *m* Instrument *nt*; *(herramienta)* Werkzeug *nt*

insuficiente [-'θjen-] *adj*

ungenügend, unzureichend; (*con faltas*) mangelhaft
insufrible [-'tʃa-] *adj* unerträglich
insular *adj* Insel-
insultar [1] *vt* beleidigen
insuperable *adj* (*excelente*) unübertrefflich; (*arduo*) unüberwindlich
intachable [-'tʃa-] *adj* tadellos
intacto, a *adj* unberührt; (*no deteriorado*) unversehrt, intakt
integral *adj* umfassend; (*Tecn*) eingebaut; **pan** *m* **integral** Vollkornbrot *nt*
integrar [1] *vt* bilden; (*persona: Pol, Mat*) integrieren; **integrar en una red** (*Inform*) vernetzen
íntegro, a *adj* ganz, vollständig; (*honrado*) redlich, rechtschaffen
intelectual *adj* intellektuell ⊳ *mf* Intellektuelle(r) *mf*
inteligencia [-'xenθja] *f* Intelligenz *f*; **inteligencia artificial** künstliche Intelligenz
inteligente [-'xen-] *adj* intelligent
intemperie [-rje] *f* Unwetter *nt*; **a la intemperie** unter freiem Himmel
intempestivo, a [-βo] *adj* ungelegen
intención [-'θjon] *f* Absicht *f*; (*propósito*) Zweck *m*; **con intención** absichtlich; **de primera intención** im ersten Augenblick; **de doble** [*o* **segunda**] **intención** mit Hintergedanken
intenso, a *adj* intensiv; (*impresión*) stark; (*sentimiento*) tief, stark
intentar [1] *vt* (*tratar*) versuchen
interactivo, a [-βo] *adj* interaktiv
intercambiador *m*: **intercambiador de calor** Wärmetauscher *m*
intercambio *m* Austausch *m*; **intercambio de datos** Datenaustausch *m*
interconexión *f* (*Inform*) Vernetzung *f*
interés *m* Interesse *nt*; (*provecho*) Vorteil *m*; (*Com*) Zinsen *pl*
interesado, a *adj* interessiert; (*pey*) eigennützig
interesar [1] *vt* interessieren; (*afectar*) betreffen; (*invertir*) investieren; (*hacer participar*) beteiligen ⊳ *vr*: **interesarse por** sich interessieren für
interface *f*, **interfaz** (*pl* **interfaces**) [-'faθ] *f* (*Inform*) Schnittstelle *f*, Interface *nt*
interferir *irr como* sentir *vt* überlagern ⊳ *vi* (*fig*) sich einmischen
interfono *m* (Gegen)sprechanlage *f*; (*de portería*) Türsprechanlage *f*
interior *adj* innere(r, s), Innen- ⊳ *m* (*de una casa etc*) Innere(s) *nt*; (*de un país*) Inland *nt*; **pensaba en su interior** er dachte bei sich; **Ministerio** *m* **del Interior** Innenministerium *nt*
interlocutor, a *m(f)* Gesprächspartner(in) *m(f)*
intermediario, a *m/f* (*Com*) Zwischenhändler(in) *m(f)*; (*mediador*) Vermittler(in) *m(f)*
intermitente *adj* periodisch auftretend ⊳ *m* Blinklicht *nt*; (*Auto*) Blinker *m*
internacional [-θjo-] *adj* international
internauta *mf* (*Inform*) Netzsurfer(in) *m(f)*
internet *m* Internet *nt*

interno, a *adj* innere(r, s), Innen- ▷ *m/f* Internatsschüler(in) *m(f)*
interpretación [-'θjon] *f* Deutung *f*; (*Mus*) Interpretation *f*
interpretar [1] *vt* deuten; (*traducir*) dolmetschen; (*Mus*) interpretieren
intérprete *mf* (*traductor*) Dolmetscher(in) *m(f)*; (*músico*) Interpret(in) *m(f)*; (*Teat*) Darsteller(in) *m(f)*; (*Inform*) Interpreter *m*
interrogar [7] *vt* befragen; (*policía*) verhören
interrogatorio *m* Verhör *nt*
interrumpir [3] *vt* unterbrechen
interruptor *m* (Licht)schalter *m*; **interruptor basculante** Kippschalter
interurbano, a *adj*: **llamada interurbana** Ferngespräch *nt*
intervalo [-'βa-] *m* (*de espacio*) Zwischenraum *m*, Abstand *m*; (*de tiempo*) Zwischenzeit *f*; **a intervalos de** in Abständen von
intervenir [-βe-] *irr como venir vt* (*Med*) operieren; (*controlar*) kontrollieren ▷ *vi* (*mediar*) vermitteln; (*Pol*) intervenieren; (*tomar parte*) teilnehmen
interviú [-'βju] *f* Interview *nt*
intestino, a *adj* innere(r, s), Innen- ▷ *m* Darm *m*
intimidad *f* Intimität *f*; (*confianza*) Vertrauen *nt*; (*familiaridad*) Vertrautheit *f*; (*vida privada*) Privatleben *nt*
íntimo, a *adj* (*personas*) vertraut; (*agradable*) gemütlich; **son íntimos amigos** sie sind die besten Freunde
intolerable *adj* unerträglich

intranet *m* Intranet *nt*
intransitable *adj* unpassierbar
intriga *f* Intrige *f*
intrincado, a *adj* verwickelt, verworren; (*camino*) unwegsam
intrínseco, a *adj* innerlich
introducción [-'θjon] *f* Einführung *f*; (*Inform*) Eingabe *f*
introducir [-'θir] *irr como conducir vt* einführen; (*hacer penetrar*) stecken (*en in +akk*); (*Inform*) eingeben
inundar [1] *vt* überschwemmen
inusitado, a *adj* ungewöhnlich
inútil *adj* unnütz; (*esfuerzo*) zwecklos
invadir [-βa-] [3] *vt* einfallen in +*akk*
inválido, a [-'βa-] *adj* invalide; (*sin fuerza*) schwächlich ▷ *m/f* Invalide (Invalidin) *m/f*
invariable [-βa-] *adj* unveränderlich
invasión [-βa-] *f* Invasion *f*
inventar [-βen-] [1] *vt* erfinden
inventario [-βen-] *m* Inventar *nt*, Bestandsverzeichnis *nt*; **inventario de datos** Datenbestand *m*
invento [-'βen-] *m* Erfindung *f*
inventor, a [-βen-] *m(f)* Erfinder(in) *m(f)*
invernadero [-βer-] *m* Gewächshaus *nt*
inverosímil [-βe-] *adj* unwahrscheinlich
inverso, a [-'βer-] *adj* umgekehrt; **en el orden inverso** in umgekehrter Reihenfolge; **a la inversa** umgekehrt
invertir [-βer-] *irr como sentir vt* (*Fin*) investieren; (*volcar*)

umdrehen; (*tiempo*) brauchen (*en zu*)

investigación [-βes-'θjon] *f* Untersuchung *f*; (*policial etc*) Ermittlungen *pl*; (*estudio*) Forschung *f*

investigar [-βes-] [**7**] *vt* untersuchen; (*estudiar*) erforschen

invidente [-βi-] *mf* Blinde(r) *mf*

invierno [-'βjer-] *m* Winter *m*

invitar [-βi-] [**1**] *vt* einladen; (*incitar*) auffordern

inyección [-'θjon] *f* (*Med*) Injektion *f*, Spritze *f*; (*acto*) Einspritzung *f*

inyectar [**1**] *vt* (ein)spritzen

○ PALABRA CLAVE

ir *irr vi* gehen; (*viajar*) reisen; **ir caminando** (zu Fuß) gehen; **ir en coche/bicicleta/a caballo/a pie** fahren/Rad fahren/reiten/zu Fuß gehen; **ir de viaje** verreisen; **voy para viejo** ich werde langsam alt; **¡qué va!** ach wo!, ach was!; **¡vete!** hau ab!; **¡vamos!** gehen wir!; **¡ya voy!** ich komme schon!; **el verde te va bien** grün steht dir gut *vr*: **irse** weggehen, wegfahren

Irak *m*: **el Irak** (der) Irak
Irán *m*: **el Irán** (der) Iran
iraní (*pl -íes*) *mf* Iraner(in) *m(f)*
iraquí (*pl -íes*) [-'ki] *mf* Iraker(in) *m(f)*
iris *m inv* (*Anat*) Iris *f*; **arco** ⊳ **iris** Regenbogen *m*
Irlanda *f* Irland *nt*; **Irlanda del Norte** Nordirland
irlandés, esa *adj* irisch ⊳ *m/f* Ire (Irin) *m/f*
ironía *f* Ironie *f*
irreal *adj* unwirklich, irreal
irremediable *adj* unheilbar
irresponsable *adj* verantwortungslos
irrigar [**7**] *vt* bewässern; (*Med*) spülen
irritar [**1**] *vt* (auf)reizen, erregen; (*Med*) reizen
isla *f* Insel *f*; **Isla de Pascua** Osterinsel
Islam *m* Islam *m*
islamización [-θa'θjon] *f* Islamisierung *f*
islandés, esa *adj* isländisch ⊳ *m/f* Isländer(in) *m(f)*
Islandia *f* Island *nt*
isleño, a *adj* Insel- ⊳ *m/f* Insulaner(in) *m(f)*, Inselbewohner(in) *m(f)*
Israel [-ra'el] *m* Israel *nt*
israelí (*pl -íes*) *adj* israelisch ⊳ *mf* Israeli *mf*
istmo *m* Landenge *f*
Italia *f* Italien *nt*
italiano, a *adj* italienisch ⊳ *m/f* Italiener(in) *m(f)* ⊳ *m* (*lengua*) Italienisch *nt*
itinerario *m* Reiseroute *f*; (*libro*) Reiseführer *m*
ITV *f abr* (= *Inspección Técnica de Vehículos*) TÜV *m*
IVA *m sigla* (= *impuesto sobre el valor añadido*) MwSt. *f*
izquierda *f* linke Seite; (*mano*) linke Hand; (*Pol*) Linke *f*; **a la izquierda** links
izquierdista [iθkjer-] *mf* Linke(r) *mf*
izquierdo, a [iθ'kjer-] *adj* linke (r, s) ⊳ *f* linke Hand

J, j ['xota] f J, j nt
jabalí (pl **-íes**) [xa-] m Wildschwein nt
jabón [xa-] m Seife f
jacinto [xa'θin-] m (Bot) Hyazinthe f
jactarse [xak-] [1] vr prahlen
jacuzzi [xa'kuθi] m Whirlpool m
jadear [xa-] [1] vi keuchen, schnaufen
jaguar [xa-] m Jaguar m
jalar [xa-] [1] vt (fam: comer) essen, verschlingen
jalea [xa-] f Gelee nt
jaleo [xa-] m Aufruhr m, Tumult m, Radau m; (fig) Durcheinander nt; (baile) andalusischer Volkstanz; **armar jaleo** Krach machen; **estar de jaleo** sich gut amüsieren
Jamaica [xa'mai-] f Jamaika nt
jamás [xa-] adv nie, niemals; (sin negación) je, jemals
jamón [xa-] m Schinken m
Japón [xa-] m Japan nt
japonés, esa adj japanisch ▷ m/f Japaner(in) m(f) ▷ m (lengua) Japanisch nt
jaque [ˈxake] m Schach nt; (fam) Rüpel m; **jaque mate** Schachmatt nt
jaqueca [xaˈke-] f Migräne f
jarabe [xa-] m Sirup m
jardín [xar-] m Garten m; **jardín de infancia** Kindergarten
jardinero, a m/f Gärtner(in) m(f)
jarra [ˈxa-] f Krug m
jarrón [xa-] m Vase f
jaula [ˈxa-] f Käfig m
jefe, a [ˈxe-] m/f Chef(in) m(f), Leiter(in) m(f); (de un partido) Vorsitzende(r) mf
jengibre [xenˈxi-] m Ingwer m
jeque [ˈxeke] m Scheich m
jerez [xeˈreθ] m Sherry m
jerigonza [xe-θa] f (jerga) Jargon m; (galimatías) Kauderwelsch nt
jeringa [xe-] f Spritze f; (Am) Ärger m, Verdruss m; **jeringa de engrase** Fettpresse f
jersey (pl **s**) [xer-] m Pullover m
Jesucristo [xe-] m Jesus Christus m; **después de Jesucristo** nach Chrisus
jesuita [xe-] adj Jesuiten- ▷ m Jesuit m
Jesús [xe-] m Jesus m; **¡jesús!** mein Gott!; (al estornudar) Gesundheit!
jetlag [ˈxetleg] m Jetlag m
jinete [xi-] m Reiter m
jipijapa [xi-ˈxa-] m (Am) Strohhut m
jirafa [xi-] f Giraffe f
jogging [ˈxogin] m Jogging nt; **hacer jogging** joggen
jolgorio [xol-] m (fam) Rummel m

Jordania [xor-] *f* Jordanien *nt*
jornada [xor-] *f* Tagesverlauf *m*; (*camino*) Tagesreise *f*; (*día de trabajo*) Arbeitstag *m*
jornal [xor-] *m* Tageslohn *m*
jornalero, a [xor-] *m/f* Tagelöhner(in) *m(f)*
joroba [xo-] *f* Buckel *m*; (*fam*) Belästigung *f*
jota ['xo-] *f* (*letra*) J *nt*; (*fam*) Geringfügigkeit *f*; (*danza*) aragonesischer Volkstanz
joule [xul] *m* Joule *nt*
joven ['xoβen] *adj* jung ▷ *mf* junger Mann, junge Frau
jovial [xo'βjal] *adj* froh, fröhlich
joya ['xo-] *f* Juwel *nt*
joyería [xo-] *f* (*tienda*) Juwelierladen *m*; (*arte*) Goldschmiedekunst *f*
joyero, a *m/f* Juwelier(in) *m(f)* ▷ *m* (*estuche*) Schmuckkasten *m*
juanete [xwa-] *m* Ballen *m*
jubilación [xu-'θjon] *f* (*retiro*) Pensionierung *f*; (*dinero*) Rente *f*, Pension *f*; **jubilación anticipada** Vorruhestand *m*
jubilado, a [xu-] *adj* pensioniert, im Ruhestand ▷ *m/f* Rentner(in) *m(f)*
júbilo ['xu-] *m* Jubel *m*, Freude *f*
judaísmo [xu-] *m* Judentum *nt*
judía [xu-] *f* (*Gastr*) Bohne *f*
judío, a [xu-] *adj* jüdisch ▷ *m/f* Jude (Jüdin) *m/f*
juego ['xwe-] *m* Spiel *nt*; (*conjunto*) Satz *m*; **juego de ordenador** Computerspiel; **juego de rol** Rollenspiel
juerga ['xwer-] *f* Kneipenbummel *m*, Sauferei *f*; **estar de juerga** feiern
jueves ['xweβes] *m inv* Donnerstag *m*; **los jueves** donnerstags; **no ser nada del otro jueves** nichts Besonderes sein
juez (*pl* **jueces**) [xweθ] *mf* Richter(in) *m(f)*
jugador, a [xu-] *m(f)* Spieler(in) *m(f)*
jugar [xu-] *irr vt, vi* spielen; **jugar al fútbol** Fußball spielen ▷ *vr*: **jugarse algo** etw einsetzen; (*fig*) etw verspielen; **jugarse la vida** sein Leben aufs Spiel setzen
jugo ['xu-] *m* (*Bot*) Saft *m*; (*fig*) Kern *m*; **jugo de tomate** Tomatensaft *m*
jugoso, a *adj* saftig
juguete [xu'ɣe-] *m* Spielzeug *nt*; (*Teat*) Schmuckstück *nt*
juicio ['xwiθjo] *m* Prozess *m*; (*sana razón*) Vernunft *f*, Urteilsvermögen *nt*; (*opinión*) Meinung *f*; **estar en su juicio** bei Verstand sein; **perder el juicio** den Verstand verlieren
julio ['xu-] *m* Juli *m*; (*joule*) Joule *nt*
junco [xun-] *m* (*Schilf*)rohr *nt*, Schilf *nt*
jungla ['xun-] *f* Dschungel *m*
junio ['xu-] *m* Juni *m*
juntar [xun-] [1] *vt* zusammenfügen, zusammensetzen; (*mesas, sillas*) zusammenstellen; (*dinero*) aufbringen ▷ *vr*: **juntarse** (*reunir*) sich versammeln; (*acercarse*) sich nahekommen; (*unirse*) sich zusammentun
junto, a *adj* (*unido*) vereint; (*en compañía*) zusammen; **junto a** bei; **juntos** zusammen ▷ *adv*: **todo junto** alles auf einmal ▷ *f* (*asamblea*) Versammlung *f*; (*comité, consejo*) Kommission *f*, Ausschuss *m*; (*Tecn*) Verbindungsstelle *f*, Naht

f; **Junta Militar** (Militär)junta *f*, Militärregierung *f*
juramento [xu-] *m* Eid *m*; *(maldición)* Fluch *m*; **prestar juramento** einen Eid leisten; **tomar juramento a alguien** jdn vereidigen
jurar [xu-] [1] *vt, vi* schwören; **jurar en falso** einen Meineid leisten ▷ *vr*: **jurárselas a alguien** jdm Rache schwören
jurídico, a [xu-] *adj* juristisch, Rechts-
jurista [xu-] *mf* Jurist(in) *m(f)*
justicia [xus-θja] *f* Recht *nt*; *(equidad)* Gerechtigkeit *f*
justificar [xus-] [6] *vt* rechtfertigen
justo, a ['xus-] *adj (equitativo)* gerecht, fair; *(preciso)* genau, richtig; *(ajustado)* eng, knapp ▷ *adv (precisamente)* genau
juvenil [xuβe-] *adj* jugendlich
juventud [xuβen-] *f* Jugend *f*
juzgado [xuθ-] *m (tribunal)* Gericht *nt*; *(territorio)* Gerichtsbezirk *m*
juzgar [xuθ-] [7] *vt* richten; *(opinar)* beurteilen; **a juzgar por su expresión** seiner Miene nach zu urteilen

k

K, k [ka] *f* K, k *nt*
karaoke (*pl* **s**) *m* Karaoke *nt*
kart (*pl* **s**) *m* Gokart *m*
karting [-'tin] *m* Gokartfahren *nt*
Kazajstán [-θax-] *m* Kasachstan *nt*
kebab (*pl* **s**) [ke'βab] *m* Döner (Kebab) *m*
kéfir *m* Kefir *m*
Kenia *f* Kenia *nt*
kg *abr* (= *kilogramo*) kg
kilo *m* Kilo *nt*
kilo- *pref* Kilo-
kilobyte (*pl* **s**) [-'βait] *m* Kilobyte *nt*, Kbyte *nt*
kilogramo *m* Kilogramm *nt*
kilómetro *m* Kilometer *m*
kilovatio [-'βa-] *m* Kilowatt *nt*
Kirguistán [-gi-] *m* Kirgistan *nt*, Kirgisien *nt*, Kirgisistan *nt*
kiwi *m* Kiwi *f*

Kleenex ['klines] *m inv* Kosmetiktuch *nt*
km *m abr* (= *kilómetro*) km
Kósovo [-βo] *m* Kosovo *m*

L, l ['ele] *f* L, l *nt*
l *m abr* (= *litro*) l
la *art* der, die, das ▷ *pron* (*persona*) sie; (*cosa*) es, ihn; (*usted*) Sie
laberinto *m* Labyrinth *nt*
labio *m* Lippe *f*
laborable *adj* (*Agr*) nutzbar; **día *m* laborable** Werktag *m*
laboral *adj* Arbeits-
laboratorio *m* Labor *nt*; **laboratorio espacial** Raumlabor
labrador, a *m*(*f*) Bauer (Bäuerin) *m/f*
labrar [1] *vt* bearbeiten; (*campo*) bestellen; (*piedra*) behauen; (*madera*) schnitzen; (*fig*) verursachen
laca *f* Lack *m*
lacio, a [-θjo] *adj* (*pelo*) glatt; (*sin vigor*) schlaff; (*Bot*) verwelkt
lacre *m* Siegellack *m*

lactar [1] *vt* stillen ▷ *vi* gestillt werden
ladera *f* Abhang *m*
ladino, a *adj* schlau, gerissen
lado *m* Seite *f*; (*Mil*) Flanke *f*; (*medio, modo*) Weg *m*; **al lado de** neben +*dat*; **poner de lado** beiseitestellen; **hacerse / echarse) a un lado** zur Seite treten; **dejar a un lado** beiseitelassen; **por todos lados** von allen Seiten; **por un lado ..., por otro lado ...** einerseits ..., andererseits ...
ladrar [1] *vi* bellen
ladrillo [-ʎo] *m* Ziegelstein *m*; (*azulejo*) Kachel *f*
ladrón, ona *m/f* Dieb(in) *m(f)*
lagar *m* (*para vino*) Weinpresse *f*; (*para aceitunas*) Olivenpresse *f*
lagarto *m* (*Zool*) Echse *f*, Eidechse *f*; **lagarto de Indias** Kaiman *m*
lago *m* See *m*
lágrima *f* Träne *f*
laguna *f* Lagune *f*; (*fig*) Lücke *f*
lamentar [1] *vt* (*sentir*) bedauern; (*deplorar*) beklagen ▷ *vr*: **lamentarse** sich beklagen (*de, por* über +*akk*)
lamer [2] *vt* lecken
lámina *f* (*plancha delgada*) Folie *f*; (*estampa*) (Farb)tafel *f*
lámpara *f* Lampe *f*; (*bombilla*) (Glüh)birne *f*; (*electrónica*) Röhre *f*
lana *f* Wolle *f*
lancha [-tʃa] *f* (*embarcación*) Barkasse *f*; (*piedra*) flacher Stein; **lancha de pesca** Fischerboot *nt*; **lancha salvavidas/torpedera** Rettungs-/Torpedoboot *nt*
langosta *f* (*insecto*) Grashüpfer *m*; (*crustáceo*) Languste *f*
langostín *m*, **langostino** *m* Garnele *f*
lanilla [-ʎa] *f* dünner Wollstoff
lanzadera *f* (*autobús*) Shuttlebus *m*
lanzamiento *m* (*de bombas*) Abwurf *m*; **lanzamiento de disco** Diskuswerfen *nt*; **lanzamiento en caliente/en frío** (*Inform*) Warm-/Kaltstart *m*; **lanzamiento espacial** Raketenstart *m*; **lanzamiento de peso** Kugelstoßen *nt*
lanzar [1f] *vt* werfen; (*peso*) stoßen; (*bombas*) abwerfen; (*Inform*) starten, booten; (*Com*) auf den Markt bringen; (*Jur*) zur Räumung zwingen; (*Med*) erbrechen
lapa *f* Napfschnecke *f*; (*fig*) aufdringliche Person, Klette *f*
lápida *f* Gedenkstein *m*
lápiz (*pl* **lápices**) [-pjθ] *m* Bleistift *m*; **lápiz de color** Buntstift *m*; **lápiz fluorescente** Leuchtstift *m*; **lápiz de labios** Lippenstift *m*; **lápiz luminoso, lápiz óptico** Lichtgriffel *m*; **lápiz de ojos** Eyeliner *m*; **lápiz protector de labios** Lippenpflegestift *m*
lapón, ona *m/f* Lappe (Lappin) *m/f*
lapso *m* (*de tiempo*) Zeitraum *m*; (*error*) Lapsus *m*, Fehler *m*
largarse [7] *vr* (*fam*) abhauen, verschwinden; **¡lárgate!** verschwinde!
largo, a *adj* lang; (*persona: alta*) groß; (*fig: generoso*) großzügig; (*Mus*) largo; **dos años largos** über zwei Jahre ▷ *adv* ausführlich ▷ *m* Länge *f*; **tiene 9 metros de largo** es ist 9 Meter lang; **a lo largo de** längs +*gen*

lárice [-θe] m (árbol) Lärche f
laringitis [-'xi-] f inv Kehlkopfentzündung f
las art die ▷ pron sie; (ustedes) Sie; **las que cantan** die (Frauen), die singen
lascivo, a [-'θiβo] adj lüstern
láser m Laser m; **impresora f de láser** Laserdrucker m
laserterapia f (Med) Lasertherapie f
lástima f (pena) Bedauern nt; (queja) Jammern nt; **dar lástima** Mitleid erregen; **¡qué lástima!** wie schade!; **es lástima que** es ist bedauerlich, dass
lastimar [1] vt (herir) verletzen; (ofender) beleidigen ▷ vr: **lastimarse** sich verletzen; **lastimarse de** sich beklagen über +akk
lata f (hojalata) Blech nt; (caja) Dose f, Büchse f; (fam) Ärgernis nt, Last f; **dar la lata a** belästigen
lateral adj seitlich, Seiten- ▷ m Seite f
latifundio m Großgrundbesitz m
látigo m Peitsche f
latín m Latein nt
latino, a adj lateinisch
latinoamericano, a adj lateinamerikanisch ▷ m/f Lateinamerikaner(in) m(f)
latir [3] vi (corazón, pulso) schlagen
latón m Messing nt
laúd m Laute f
laurel m Lorbeerbaum m; (Gastr) Lorbeer m
lava [-βa] f Lava f
lavable [-'βa-] adj waschbar
lavabo [-'βa-] m Waschbecken nt; (cuarto) Badezimmer nt; (retrete) Toilette f

lavadora [-'βa-] f Waschmaschine f
lavanda [-'βan-] f Lavendel m
lavandería [-βan-] f Wäscherei f, Waschsalon m
lavar [-'βar] [1] vt waschen; (borrar) wegwischen; **lavar en seco** chemisch reinigen ▷ vr: **lavarse** sich waschen; **lavarse las manos** (fig) seine Hände in Unschuld waschen
lavavajillas [-βaβa'xiʎas] m inv Geschirrspülmaschine f; (líquido) Spülmittel m
laxante m Abführmittel nt
lazo [-θo] m (t. Inform) Schleife f; (nudo) Knoten m; (para animales) Lasso nt; (trampa) Schlinge f; (vínculo) Verbindung f
le pron (directo) ihn; (usted) Sie; (indirecto) ihm, ihr; (ustedes) Ihnen
leal adj treu, loyal
leasing ['lisin] m Leasing nt; **tomar en leasing** leasen
lebrel m Windhund m
lección [-'θjon] f Unterricht m; (una unidad) (Unterrichts)stunde f; (de un libro etc) Lektion f
leche [-tʃe] f Milch f; **estar de mala leche** schlechte Laune haben; **tener mala leche** hundsgemein sein; **leche de cabra** Ziegenmilch; **leche condensada/en polvo** Kondensmilch/Milchpulver nt; **leche desnatada** fettarme Milch; **leche uperizada** H-Milch
lechón [-'tʃon] m Ferkel nt
lechuga [-tʃu-] f Kopfsalat m
lechuza [-'tʃuθa] f Eule f
lector, a m(f) Leser(in) m(f); (Inform) Lesegerät nt; **lector de disco duro** Festplattenlaufwerk

lector de discos compactos CD-Spieler m

leer irr vt (t. Inform) lesen

legal adj legal; (de justicia) Gerichts-

legalizar [-'θar] [8] vt legalisieren; (documento) beglaubigen

légamo m (cieno) Schlamm m, Schlick m

legítimo, a [-'xi-] adj (legal) legitim, rechtmäßig; (auténtico) echt

LEGS m sigla (= lenguaje estándar generalizado de señalamiento) SGML nt

legumbre f Hülsenfrucht f; (por extensión) Gemüse nt

lejano, a [-'xa-] adj entfernt

lejía [-'xia] f Lauge f

lejos [-xos] adv weit entfernt, weit weg; **a lo lejos** in der Ferne; **de lejos, desde lejos** von Weitem; **lejos de** weit entfernt von

lema m Motto nt

lencería [-θe-] f Weißwäsche f, Unterwäsche f; (negocio) Wäschegeschäft nt

lengua f Zunge f; (idioma) Sprache f; **lengua materna** Muttersprache

lenguado m Seezunge f

lenguaje [-xe] m Sprache f; **lenguaje de programación** Programmiersprache

lengüeta [-'gwe-] f (Anat) Kehlkopfdeckel m; (Tecn) Zunge f

lente m o f Linse f; (lupa) Lupe f; **lentes** pl (Am) Brille f; **lentes de contacto** Kontaktlinsen pl

lenteja [-xa] f (Bot) Linse f

lento, a adj langsam

leña f Feuerholz nt

Leo m inv (Astr) Löwe m

león, ona m Löwe (Löwin) m/f; (Am) Puma m; **león marino** Seelöwe

leonés, esa adj aus León

leontina f (Uhr)kette f

leopardo m Leopard m

lepra f Lepra f

lerdo, a adj (lento) langsam; (patoso) plump

les pron (directo) sie; (ustedes) Sie; (indirecto) ihnen; (ustedes) Ihnen

lesbiano, a adj lesbisch ▷ f Lesbierin f

lesión f (daño) Verletzung f; (fig) Beschädigung f; **lesión de corazón** Herzfehler m

letra f Buchstabe m; (escritura) (Hand)schrift f

letrero m (cartel) Schild nt; (etiqueta) Etikett nt

levadizo, a [-βa-θo] adj: **puente levadizo** Zugbrücke f

levadura [-βa-] f Hefe f

levantar [-βan-] [1] vt heben; (del suelo) aufheben; (hacia arriba) hochheben; (plan) machen, ausarbeiten; (mesa) abdecken; (desmontar) abbauen, abbrechen; **levantar el ánimo** Mut machen ▷ vr: **levantarse** (de un sillón) aufstehen; (fig: viento) aufkommen

levante [-βan-] m Osten m; (viento) Ostwind m; (de España) Levante f

levar [-'βar] [1] vt (anclas) lichten ▷ vr: **levarse** auslaufen

leve [-βe] adj leicht

ley f Gesetz nt; (de juego etc) Regel f; (de metal) Feingehalt m; **oro** m **de ley** reines Gold

leyenda f Legende f

liar [4] vt binden; (envolver) einpacken, einbinden; (enredar) verwickeln; (cigarrillo) drehen ▷ vr: **liarse** aus der Fassung geraten; (relación) sich einlassen (con mit)

libanés, esa adj libanesisch ▷ m/f Libanese (Libanesin) m/f

Líbano m: **el Líbano** der Libanon

libélula f Libelle f

liberación [-'θenθja] f Befreiung f

liberal adj liberal ▷ m/f Liberale(r) mf

liberar [1] vt befreien

libertad f Freiheit f; (naturalidad) Ungezwungenheit f

libra f Pfund nt; **Libra** (Astr) Waage f; **libra esterlina** Pfund nt Sterling

libre adj frei; (de obligaciones) befreit (de von); (licencioso) zügellos; **al aire libre** unter freiem Himmel

librería f (tienda) Buchhandlung f; (mueble) Bücherschrank m; (comercio) Buchhandel m

libreta f Notizbuch nt; **libreta de ahorros** Sparbuch nt

libro m Buch nt; **libro de bolsillo** Taschenbuch nt; **libro de texto** Schulbuch

licencia [-'θenθja] f Lizenz f, Genehmigung f; (permiso) Erlaubnis f, Bewilligung f; (Mil) Urlaubsschein m; (descaro) Frechheit f; **licencia de caza** Jagdschein m; **licencia monopuesto/multipuesto** Einzelplatz-/Mehrplatzlizenz

licenciado, a [-θen'θja-] adj entlassen ▷ m/f Akademiker(in) m(f), Licenciat(in) m(f)

liceo [-'θeo] m ≈ Gymnasium nt

lichi ['litʃi] m Litschi f

lícito, a [-θi-] adj (legal) rechtmäßig; (permitido) statthaft, zulässig

licor m Likör m

licuadora [-kwa-] f Entsafter m

líder mf Anführer(in) m(f); (Pol) Vorsitzende(r) mf

lidia f Stierkampf m; **toros** pl **de lidia** Kampfstiere pl

liebre ['lje-] f Hase m

Liechtenstein ['liʃtenʃtain] m Liechtenstein nt

lienzo ['ljenθo] m Leinen nt; (para pintar) Leinwand f; (cuadro) Gemälde nt; (Archit) Fassadenfront f

lifting ['liftin] m Lifting nt

liga f (alianza) Bund m, Bündnis nt; (agrupación) Verein m; (de medias) Strumpfband nt; (de fútbol etc) Liga f; (aleación) Legierung f; (cola) Vogelleim m; (Bot) Mistel f

ligamento m (Anat) Band nt; (atadura) Bindung f

ligar [7] vt (atar) binden; (unir) verbinden; (Med) abbinden; (Mus) binden; (metales) legieren ▷ vi anbändeln (con mit); (corresponderse) in Einklang stehen (con mit) ▷ vr: **ligarse** sich binden

ligero, a [-'xe-] adj leicht; (rápido) schnell, flink; (ágil) gewandt; (de carácter) leichtfertig, leichtsinnig; **a la ligera** leichthin

lija [-xa] f (Zool) Katzenhai m; **papel m de lija** Schmirgelpapier nt, Sandpapier nt

lila f Flieder m ▷ m Trottel m, Dummkopf m

lima f Feile f; (Bot) Limone f; **lima de uñas** Nagelfeile

limitación [-θjon] f Begrenzung f; (reducción) Einschränkung f

limitar [1] vt begrenzen; (reducir) einschränken ▷ vi: **limitar con** grenzen an +akk ▷ vr: **limitarse** sich beschränken auf +akk

límite m Grenze f; (Fin) Limit nt; **límite de velocidad** Geschwindigkeitsbegrenzung f

limón m Zitrone f; **amarillo limón** zitronengelb

limonada f Limonade f

limonero m Zitronenbaum m

limosna f Almosen nt

limpiabotas m inv Schuhputzer(in) m(f)

limpiacristales m inv (profesión) Fensterputzer m; (líquido) Fensterputzmittel nt

limpiaparabrisas m inv Scheibenwischer m

limpiar [1] vt reinigen; (con trapo) abwischen; (quitar) säubern; (zapatos) putzen; (fig: robar) klauen

limpieza [-'pjeθa] f (estado) Sauberkeit f; (acción) Saubermachen nt; (de las calles) Fegen nt; (de la ropa) Reinigung f; (de los zapatos) Putzen nt; (aseo) Reinlichkeit f; **con limpieza** (perfección) einwandfrei; **limpieza en seco** chemische Reinigung

limpio, a adj sauber; (moralmente) rein; (Com) netto; (pulcro) reinlich; (fam) ehrlich, sauber ▷ adv: **jugar limpio** fair spielen ▷ m: **pasar en limpio** ins Reine schreiben

linaza [-θa] f Leinsamen m; **aceite de linaza** Leinöl nt

lince [-θe] m Luchs m

linchar [-'tʃar] [1] vt lynchen

linde m o f Grenze f

lindo, a adj hübsch, nett ▷ adv: **de lo lindo** (fam) großartig, wahnsinnig

línea f Linie f; en línea (Inform) online; **en línea recta** geradeaus; **fuera de línea** (Inform) offline; **línea aérea** Luftfahrtgesellschaft f; **línea de atención al cliente** Hotline f; **línea de estados de funcionamiento** (Inform) Statuszeile f; **línea de fax** Faxanschluss m

linimento m Einreibemittel nt

lino m Leinen nt; (Bot) Flachs m

linóleo m Linoleum nt

linterna f Laterne f; **linterna eléctrica, linterna de pilas** Taschenlampe f

lío m Bündel nt; (fam) Ärger m; (desorden) Durcheinander nt; (amoroso) Verhältnis nt; **armar un lío** (fam) einen Aufstand machen

liposucción [-'θjon] f Fettabsaugung f

líquido, a [-ki-] adj flüssig; (ganancia) netto, Rein- ▷ m Flüssigkeit f

lirio m Lilie f

Lisboa f Lissabon nt

lisiado, a adj verkrüppelt ▷ m/f Krüppel m

liso, a adj (terreno) eben; (cabello, superficie) glatt; (vestido) schlicht

lista f Liste f; (de tela) Streifen m; (de personas) Verzeichnis nt; **lista de boda** Hochzeitsliste f; **lista de correos** postlagernd; **lista de espera** Warteliste f; **lista de platos** Speisekarte f; **lista de precios** Preisliste f; **tela f a listas** gestreifter Stoff

listado m (Inform) Ausdruck m, Auflistung f

listo, a adj (inteligente) schlau, klug; (preparado) fertig

listón m Latte f, Leiste f

litera f (en barco etc) Koje f;

(vehículo) Sänfte f; (camas superpuestas) Etagenbett nt

literario, a adj literarisch, Literatur-

literatura f Literatur f

litoral adj Küsten- ▷ m Küstenstreifen m

litro m Liter m

litrona f Literflasche Bier

liviano, a [-'βja-] adj (ligero, leve) leicht; (voluble) unbeständig

lívido, a [-βi-] adj dunkelviolett; (pálido) leichenblass

llaga ['ʎa-] f offene Wunde; (pena) Schmerz m

llama ['ʎa-] f Flamme f; (Zool) Lama nt

llamada [ʎa-] f Ruf m; (telefónica) Anruf m; (Aer, Inform) Aufruf m; **llamada de aviso** Weckruf m; **llamada a pie de página** Fußnote f

llamar [ʎa-] **[1]** vt rufen; (por teléfono) anrufen; (Inform) abrufen; (Aer, Inform) aufrufen; **llamar la atención** die Aufmerksamkeit auf sich akk lenken ▷ vi (a la puerta) klopfen; klingeln ▷ vr: **llamarse** heißen; **¿cómo se llama usted?** wie heißen Sie?

llamativo, a [ʎa-βo] adj auffällig; (color) grell

llano, a [´ʎa-] adj (superficie) glatt; (terreno) eben; (afable) einfach, schlicht; (estilo) deutlich, klar ▷ m Ebene f, Flachland nt

llanta ['ʎan-] f Felge f; **llanta de goma** (Am) Reifen m

llanto ['ʎan-] m Weinen nt

llanura [ʎa-] f Ebene f

llave ['ʎaβe] f Schlüssel m; (del agua) Hahn m; (herramienta) Schraubenschlüssel m; **bajo llave** unter Verschluss; **llave en mano** schlüsselfertig; **echar la llave** zuschließen; **llave de contacto** (Auto) Zündschlüssel m; **llave inglesa** Engländer m

llegada [ʎe-] f Ankunft f

llegar [ʎe-] **[7]** vi ankommen, eintreffen; **llegar a algo** zu etw kommen; **llegar a ser** werden; **llegar a entender** schließlich verstehen; **llegar a la cumbre** den Gipfel erreichen ▷ vr: **llegarse a** sich nähern +dat

llenar [ʎe-] **[1]** vt füllen; (espacio, formulario) ausfüllen; (satisfacer) befriedigen ▷ vr: **llenarse** sich füllen

lleno, a ['ʎe-] adj voll; (repleto) gefüllt; (gordito) füllig ▷ m (abundancia) Fülle f

llevar [ʎe'βar] **[1]** vt bringen; (ropa) tragen, anhaben; (dirigir) leiten; (camino) führen (a nach); (soportar) ertragen; (transportar a alguien) mitbringen; **llevar consigo** dabeihaben, mit sich führen; **llevar los libros** (Com) die Bücher führen; **llevar razón** recht haben; **llevamos dos días aquí** wir sind (jetzt schon) zwei Tage hier; **él me lleva 2 años** er ist 2 Jahre älter als ich ▷ vr: **llevarse** (ganar) gewinnen; (robar) mitnehmen; (disgusto) davontragen; **llevarse bien con alguien** sich mit jdm verstehen

llorar [ʎo-] **[1]** vt (fig) trauern um ▷ vi weinen; **llorar de risa** Tränen lachen

lloriquear [ʎo-ke-] **[1]** vi wimmern, winseln

lloro ['ʎo-] m Weinen nt
llover [ʎo'βer] irr como mover vi impers regnen
llovizna [ʎo'βiθa] f Nieselregen m
lluvia ['ʎuβja] f Regen m; **lluvia ácida** saurer Regen; **lluvia radi(o)activa** radioaktiver Niederschlag

lo art der, die, das; **lo bueno** das Gute ▷ pron (persona: dat) ihm; (akk) ihn; (cosa) ihn, sie, es
loable adj lobenswert
lobo m Wolf m; **lobo de mar** Seebär m; **lobo marino** Seehund m
lóbulo m (de la oreja) Ohrläppchen nt; (pulmonar) (Lungen)flügel m
local adj örtlich, Orts- ▷ m Raum m
localidad f (ciudad) Ort m; (Teat) Platz m; (billete) Eintrittskarte f
localizar [-'θar] [8] vt lokalisieren, finden; (restringir) einschränken
loción f Lotion f; **loción facial** Gesichtsmilch f
loco, a adj verrückt ▷ m/f Verrückte(r) mf
locomotora f Lokomotive f
locura f Wahnsinn m, Irrsinn m; (acto) Verrücktheit f
locutor, a m(f) (Radio, TV) Sprecher(in) m(f)
lógico, a [-xi-] adj logisch ▷ f Logik f
logotipo m Logo nt
lograr [1] vt erreichen; (obtener) erhalten, bekommen; **lograr hacer algo** es schaffen, etw zu tun
lombriz (pl lombrices) [-'briθ] f Wurm m; **lombriz de tierra** Regenwurm
lomo m (de animales) Rücken m; (carne) Lende f; (de libro, cuchillo) Rücken m

lona f Segeltuch nt
Londres London nt
longaniza [-θa] f Schweinswurst f
longitud [-xi-] f Länge f; **tener 5 metros de longitud** 5 Meter lang sein; **longitud de onda** Wellenlänge
lonja [-xa] f (loncha) Scheibe f; **lonja de pescado** Fischmarkt m
loro m (t. fig) Papagei m; (fam) Radio nt
los art die ▷ pron sie; (ustedes) Sie; **mis libros y los de usted** meine Bücher und Ihre
losa f Steinplatte f
lotería f Lotterie f

- **LOTERÍAS**
-
- Jedes Jahr werden landesweit
- sehr große Summen für die
- **loterías** ausgegeben. Die
- wöchentliche **Lotería Nacional**
- ist, besonders an Weihnachten,
- sehr beliebt. Die **Bono Loto** und
- die **(Lotería) Primitiva** sind
- auch wöchentliche Lotterien.
- Eine der bekanntesten Lotterien
- wird betrieben von der
- wohlhabenden und
- einflussreichen Gesellschaft für
- die Blinden, **la ONCE**, und der
- Lottoschein heißt **el cupón de la**
- **ONCE** oder **el cupón de los**
- **ciegos**.

loza [-θa] f Steingut nt
lozano, a [-'θa-] adj (planta) üppig; (persona) frisch, jung
lubricante m Schmiermittel nt
Lucayas fpl: **las (Islas) Lucayas** die Bahamas pl, die Bahamainseln pl

lucha [-tʃa] f Kampf m; **lucha de clases** Klassenkampf; **lucha libre** Freistilringen nt

luchador, a [-tʃa-] m(f) (t. fig) Kämpfer(in) m(f); (Sport) Ringer(in) m(f)

luchar [-'tʃar] [1] vi (t. fig) kämpfen; (Sport) ringen

lúcido, a [-θi-] adj (fig) deutlich, klar

luciente [-'θjen-] adj leuchtend

luciérnaga [-'θjer-] f Glühwürmchen nt

lucir [-'θir] irr vt beleuchten; (fig) zur Schau stellen ▷ vi scheinen, glänzen ▷ vr: **lucirse** sich zur Schau stellen

luego ['lwe-] adv (después) danach; (más tarde) nachher; (pronto) sogleich; **desde luego** selbstverständlich; **¡hasta luego!** bis später!; **luego que** sowie, sobald

lugar m Ort m; (sitio) Stelle f; **en lugar de** anstatt, anstelle von; **fuera de lugar** unangebracht, fehl am Platz; **tener lugar** stattfinden; **en primer lugar** an erster Stelle, erstens

lujo [-xo] m Luxus m

lumbre f Feuer nt; (luz) Licht nt

luminoso, a adj leuchtend, scheinend

luna f Mond m; (de espejo) Spiegelglas nt; (de escaparates) Glasscheibe f; **luna llena/nueva** Voll-/Neumond; **luna de miel** Flitterwochen pl

lunar adj Mond- ▷ m (Anat) Muttermal nt

lunes m inv Montag m; **los lunes** montags

lupa f Lupe f

luto m Trauer f; (ropa) Trauerkleidung f

Luxemburgo m Luxemburg nt

luz (pl **luces**) [luθ] f Licht nt; **dar luz** erhellen; **dar a luz un niño** ein Kind zur Welt bringen; **encender/ apagar la luz** das Licht an-/ausmachen; **salir a la luz** herauskommen; **luz estroboscópica** Stroboskoplicht nt; **luz de freno** (Auto) Bremslicht; **luz roja/verde** rotes/grünes Licht; **luces intermitentes de señalización** Warnlichtanlage f; **luces de tráfico** (Verkehrs)ampel f; **traje** m **de luces** Stierkampfanzug m

M, m ['eme] f M, n nt
macarrones mpl Makkaroni pl
macedonia [-θe-] f Obstsalat m
maceta [-'θe-] f Blumentopf m; (Am: mazo) Holzhammer m
machacar [-tʃa-] [6] vt zerquetschen, zermalmen ▷ vi lästig sein
machete [-'tʃe-] m Buschmesser nt
machismo [-'tʃis-] m (männlicher) Chauvinismus
machista adj chauvinistisch, machohaft ▷ m Chauvi m, Macho m
macho [-tʃo] adj (t. fig) männlich ▷ m Männchen nt; (machote) ganzer Mann
macis [-θis] f inv Muskatblüte f
macizo, a [-'θiθo-] adj massiv ▷ m (montaña) Massiv nt; (de plantas) Blumenbeet nt
macro m (Inform) Makro nt

madeja [-xa] f (de lana) Knäuel m o nt; (de pelo) Haarbüschel nt
madera f Holz nt; (fam) Talent nt, Zeug nt; (fam: policía) Bulle m
madero m Balken m
madrastra f Stiefmutter f
madre f Mutter f; (Anat) Gebärmutter f; (origen) Ursprung m; **madre alquilada** Leihmutter; **madre política/soltera** Schwiegermutter/alleinerziehende Mutter
madreperla f Perlmutter nt
madreselva [-βa] f Geißblatt nt
madrileño, a adj aus Madrid, Madrider ▷ m/f Madrider(in) m(f)
madrina f (Tauf)patin f, Patentante f; **madrina de boda** Trauzeugin f
madrugada f früher Morgen; (alba) Tagesanbruch m
madrugar [7] vi früh aufstehen; (fig) den anderen zuvorkommen
madurar [1] vt (t. fig) reifen
maduro, a adj (t. fig) reif
maestra [ma'es-] f ver **maestro**
maestría [maes-] f Meisterschaft f; (fig) Können nt
maestro, a [ma'es-] adj meisterhaft, Meister-; (principal) Haupt-; **obra maestra** Meisterwerk nt ▷ m/f Lehrer(in) m(f)
mafia f Mafia f
mafioso m Mafioso m
magia [-xja] f Magie f, Zauber m
magisterio [-xis-] m Lehramt nt
magistrado, a [-xis-] m/f (juez) Richter(in) m(f)
magistral [-xis-] adj Meister-, meisterhaft
magnate m Magnat m

magnético, a adj magnetisch
magnetofón m, **magnetófono** m Tonbandgerät nt
magnetoscopio m Videogerät nt, Videorekorder m
magnífico, a adj herrlich, großartig
magnitud f Größe f; (Mat) Größeneinheit f
mago, a m/f Zauberer (Zauberin) m/f; **los Reyes Magos** die Heiligen Drei Könige
magro, a adj mager
magullar [-'ʎar] [1] vt (zer)quetschen
Maguncia [-θja] f Mainz nt
mahometano, a adj mohammedanisch ▷ m/f Moslem (Muslime) m/f
mahonesa f Mayonnaise f
mailing (pl **s**) ['meiliŋ] m Mailing nt, Briefaktion f
maíz [ma'iθ] m Mais m
majar [-'xar] [1] vt zerdrücken
majestad [-xes-] f Majestät f
majo, a [-xo] adj schön, gut aussehend; (simpático) sympathisch
mal adv schlecht; (equivocadamente) falsch ▷ adj ver **malo** ▷ m (Med) Krankheit f; **¡menos mal!** zum Glück!
malagueño, a [-'ɣe-] adj aus Malaga
malaria f Malaria f
malcriado, a adj ungezogen
maldad f Schlechtigkeit f, Bosheit f
maldecir [-'θir] irr como **predecir** vt verfluchen ▷ vi: **maldecir de** lästern über +akk
maldito, a adj verflucht, verdammt; **¡maldita sea!** verdammt noch mal!
malecón m Damm m, Deich m
maleficio [-θjo] m Verhexung f
malestar m Unwohlsein nt; (fig) Unbehagen nt
maleta f Koffer m; (fig: persona torpe) Tölpel m, Tollpatsch m
maletero m (Auto) Kofferraum m
maleza [-θa] f (hierbas malas) Unkraut nt; (arbustos) Gestrüpp nt
malgastar [1] vt (tiempo, dinero) verschwenden; (salud) ruinieren
malicia [-θja] f Boshaftigkeit f
malicioso, a adj böse, boshaft
maligno, a adj böse; (pernicioso) hinterlistig; (Med) bösartig
malla [-ʎa] f Masche f; **mallas** pl Trikot nt; **malla de alambre** Drahtnetz nt
mallas fpl Leggings pl
Mallorca [-'ʎor-] f Mallorca f
mallorquín, ina [-'kin] adj aus Mallorca
mallot (pl **s**) [ma'ʎo] m Gymnastikanzug m
malo, a adj schlecht; (falso) falsch; **estar malo** krank sein; **estar de malas** einen schlechten Tag haben ▷ m/f Bösewicht m
malograr [1] vt zunichtemachen; (tiempo) verschwenden ▷ vr: **malograrse** misslingen; (plan etc) scheitern; (cosecha etc) verderben
malparado, a adj: **salir malparado** schlecht davonkommen
Malta f Malta nt
maltratar [1] vt misshandeln
Malvinas [-'βi-] fpl: **las (Islas) Malvinas** die Falklandinseln
mama f (de animal) Euter nt; (de mujer) (weibliche) Brust

mamá f (fam) Mama f, Mutti f

mamar [1] vt trinken; (pecho) saugen an +dat; (fam) saufen ▷ vr: **mamarse** sich betrinken

mamarracho [-tʃo] m (persona) Vogelscheuche f; (cosa) Schmarren m

mamífero m Säugetier nt

mampara f Wandschirm m

mampostería f Mauerwerk nt

mamut (pl **s**) m Mammut nt

manada f Herde f; (de lobos) Rudel nt; (puñado) Handvoll f

manager (pl **s**) ['manaxer] mf (Sport, Mus) Manager(in) m(f)

manantial m (t. fig) Quelle f

mancha f (-tʃa] f (Schmutz)fleck m; (boceto) Farbskizze f; (fig) Makel m

manchar [1] vt beflecken; (ensuciar) beschmutzen

manchego, a [-tʃe-] adj aus der Mancha

mancuerna [-'kwer-] f (Sport) Hantel f

mandamiento m (orden) Befehl m; (Rel) Gebot nt; **mandamiento de pago** Zahlungsbefehl

mandar [1] vt anordnen, befehlen; (enviar) schicken; (dirigir) führen

mandarina f Mandarine f

mandato m (orden) Befehl m; (encargo) Auftrag m; (Pol) Mandat nt; (Jur) Beschluss m; **mandato judicial** Haftbefehl

mandíbula f Kiefer m

mandil m Schürze f

mando m (Tecn) Steuerung f; **mando a distancia** Fernbedienung f

mandolina f Mandoline f

mandón, ona adj herrschsüchtig

manecilla [-'θiʎa] f Uhrzeiger m

manejable [-'xa-] adj handlich

manejar [-'xar] [1] vt handhaben; (idioma) beherrschen

manejo [-xo] m Handhabung f

manera f Art f, Weise f; **maneras** pl Manieren pl; **de ninguna manera** auf keinen Fall; **de todas maneras** jedenfalls

manga f (de camisa) Ärmel m; (de riego) Schlauch m; (embudo de tela) Spritzbeutel m; (Geo) kleine Bucht; (de viento) Windsack m

mango m Griff m, Stiel m; (Bot) Mango f

manguera [-'ɣe-] f Schlauch m

manguito m (mitón) Muff m; (de protección) Ärmelschoner m; **manguito de natación** Schwimmflügel m

maní f (fam) Demo f

maní (pl **-íes**) m (Am) Erdnuss f

manía f (Med) Wahn m; (caprichos) Manie f; **le tengo manía** ich kann ihn nicht leiden

maníaco, a adj manisch ▷ m/f Wahnsinnige(r) mf

maniatar [1] vt die Hände binden (a alguien jdm)

maniático, a adj manisch ▷ m/f Wahnsinnige(r) mf

manicomio m Irrenanstalt f

manicura f Maniküre f

manifestación [-'θjon] f Erklärung f; (Pol) Demonstration f

manifestar irr como pensar vt zeigen; (declarar) äußern ▷ vr: **manifestarse** (Pol) demonstrieren

manifiesto, a adj ersichtlich, klar; **poner de manifiesto** kundgeben ▷ m Manifest nt

manija [-xa] f Griff m

manilla [-ʎa] f (de reloj) Zeiger m

maniobra f Manöver nt; (manejo) Handhabung f
maniobrar [1] vt manövrieren; (manejar) steuern; (Tecn) bedienen
manipulación [-'θjon] f Handhabung f; (fig) Manipulation f
manipulado, a adj manipuliert; **manipulado genéticamente** genmanipuliert
maniquí (pl **-íes**) [-'ki] m Schaufensterpuppe f ▷ mf Model nt
manivela [-'βe-] f Kurbel f
manjar [-'xar] m Gericht nt, Speise f; (exquisito) Delikatesse f
mano f Hand f; (Zool) Vorderfuß m; (de pintura) Anstrich m; (habilidad) Geschicklichkeit f; **a mano** handgemacht; **la mano** zur Hand; **a mano derecha/izquierda** zur Rechten/Linken; **de segunda mano** gebraucht; **mano de obra** Arbeitskraft f
manojo [-xo] m Handvoll f
manosear [1] vt (tocar) betasten; (fam: meter mano) befummeln
mansión f Villa f
manso, a adj mild; (animal) zahm
manta f Decke f; **manta eléctrica** Heizdecke
manteca f Fett nt; (de cerdo) Schmalz nt; **manteca de cacahuete/cacao** Erdnuss-/Kakaobutter f
mantecado m (Speise)eis nt
mantel m Tischdecke f
mantener irr como tener vt aufrechterhalten; (alimentar) ernähren; (conservar) erhalten; (Inform) pflegen; (Tecn) warten ▷ vr: **mantenerse** (seguir firme) sich behaupten; (de pie) sich aufrecht halten; (subsistir) sich am Leben erhalten

mantequilla [-'kiʎa] f Butter f
mantilla [-ʎa] f Schleier m
manto m (capa) Umhang m
mantón m Umschlagtuch nt
manual adj manuell ▷ m Handbuch nt
manzana [-'θa-] f Apfel m; (Archit) (Häuser)block m
manzanilla [-θa-ʎa] f (planta) Kamille f; (infusión) Kamillentee m; (vino) Manzanillawein m
manzano [-'θa-] m Apfelbaum m
mañana adv morgen; **¡hasta mañana!** bis morgen! ▷ f Morgen m; **de mañana, por la mañana** morgens; **mañana por la mañana** morgen früh
mañanero, a adj morgendlich ▷ m/f Frühaufsteher(in) m(f)
mañoso, a adj geschickt
mapa m Landkarte f
maquetación [-ke-'θjon] f Layout m
maquillaje [-ki'ʎaxe] m Make-up nt
maquillarse [1] vr sich schminken
máquina [-ki-] f Maschine f; (tren) Lokomotive f; (de fotos) Kamera f; **máquina de afeitar** Rasierapparat m; **máquina de coser** Nähmaschine; **máquina de escribir** Schreibmaschine; **máquina de escribir de bolas portatipos** Kugelkopfschreibmaschine; **máquina de escribir con memoria/de margaritas** Speicher-/Typenradschreibmaschine
mar m o f Meer nt, See f; **mar adentro** seewärts; **en alta mar** auf hoher See; **el Mar Báltico/del Norte/Negro** die Ostsee/die

Nordsee/das Schwarze Meer; **el Mar Mediterráneo/Cantábrico** das Mittelmeer/der Golf von Biskaya

maravilla [-'βiʎa] f Wunder nt; (Bot) Ringelblume f

maravilloso, a adj wunderbar

marca f Merkmal nt, Zeichen nt; (huellas) Spur f; (Com) Marke f; **marca de fábrica** Markenzeichen

marcador m: **marcador fluorescente** Leuchtstift m

marcapasos m inv Herzschrittmacher m

marcar [6] vt (número de teléfono) wählen; (pelo) einlegen

marcha [-tʃa] f Marsch m; (Tecn) Funktionieren nt; (Auto) Gang m; (velocidad) Geschwindigkeit f; **poner en marcha** in Gang setzen; **dar marcha atrás** den Rückwärtsgang einlegen

marchante, a [-'tʃan-] m/f Händler(in) m(f); (Am) Stammkunde(-kundin) m/f

marchar [-'tʃar] [1] vi gehen; (funcionar) funktionieren ▷ vr: **marcharse** weggehen

marciano, a [-'θja-] adj Mars- ▷ m/f Marsbewohner(in) m(f)

marco m Rahmen m, Einfassung f; (Hist: moneda) Mark f

marea f Gezeiten pl; **marea alta/baja** Flut f/Ebbe f; **marea negra** Ölpest f

marear [1] vt (fastidiar) lästig fallen (a alguien jdm) ▷ vr: **marearse** (en un barco) seekrank werden; (fam: emborracharse) sich dat einen antrinken; **me mareo** mir wird übel

mareo m (náuseas) Übelkeit f; (en un barco) Seekrankheit f; (aturdimiento) Schwindelgefühl nt

marfil m Elfenbein nt

margarina f Margarine f

margarita f (Bot) Gänseblümchen f; (Tecn) Typenrad nt

margen [-xen] m (borde) Rand m; (fig) Abseits nt

marica f, **maricón** m weibischer Kerl; (homosexual) Schwule(r) m

marido m (Ehe)mann m

mariguana f, **marihuana** f Marihuana nt

marina f Marine f; **marina mercante** Handelsmarine

marinero, a adj Marine-; (barco) seetüchtig ▷ m Matrose m

marino, a adj Meeres- ▷ m Seemann m

marioneta f Marionette f

mariposa f Schmetterling m ▷ m (fam) Schwule(r) m

mariscos mpl Meeresfrüchte pl

marítimo, a adj See-, Meer(es)-

marmita f Kochtopf m

mármol m Marmor m

marqués, esa m/f Markgraf(-gräfin) m/f

marrón adj braun

marroquí (pl **-íes**) [-'ki] adj marokkanisch ▷ mf Marokkaner(in) m(f)

Marruecos [-'rrwe-] m Marokko nt

martes m inv Dienstag m; **los martes** dienstags

martillo [-'ʎo] m Hammer m; **martillo neumático** Presslufthammer

marxismo m Marxismus m

marzo [-θo] m März m

mas conj aber

más adj, adv mehr; **más grande/hermoso** größer/schöner; **más de, más de lo que, más que** mehr als; **más bien** eher; **más o menos** mehr oder weniger; **es más de medianoche** es ist schon nach Mitternacht; **el libro más vendido del año** das meistverkaufte Buch des Jahres; **¡qué perro más feo!** was für ein hässlicher Hund!

masa f Masse f; **en masa** massenhaft
masaje [-xe] m Massage f
masajista [-'xis-] mf Masseur(in) m(f)
mascar [6] vt kauen; (fig) murmeln
máscara f (t. Inform) Maske f
masculino, a adj männlich
masificar [6] vt massieren
masilla [-ʎa] f (Fenster)kitt m
masivo, a adj [-βo] adj (fuerte) stark; (en masa) Massen-
masón m Freimaurer m
masoterapia f Massage f
masticar [6] vt kauen
mástil m (de navío) Mast m
mastín m Dogge f
masturbación [-'θjon] f Masturbation f
mata f Busch m, Strauch m; (de hierbas) Staude f; **matas** pl Buschwerk nt
matadero m Schlachthof m
matador, a m(f) Matador(in) m(f)
matanza [-θa] f Schlachtung f
matar [1] vt, vi töten ▷ vr: **matarse** sich umbringen; (morir) ums Leben kommen
mate adj matt ▷ m (Ajedrez) (Schach)matt nt; (planta) Matestrauch m; (infusión) Mate m
matemáticas fpl Mathematik f
matemático, a adj mathematisch ▷ m/f Mathematiker(in) m(f)
materia f Materie f, Stoff m; (tema: Escuela) Fach(gebiet) nt; **materia fisible** Spaltmaterial nt; **materia prima** Rohstoff
material adj materiell ▷ m Material m
materno, a adj mütterlich, Mutter-; **lengua materna** Muttersprache f
matinal adj morgendlich
matorral m Gestrüpp nt
matrícula f (registro) Register nt; (Auto) Kennzeichen nt; (Escuela) Einschreibung f
matricular [1] vt registrieren; (Escuela) einschreiben
matrimonio m (boda) Heirat f; (institución) Ehe f; (pareja) Ehepaar nt; **matrimonio homosexual** [o **entre homosexuales**] Homoehe
matriz (pl -**ices**) [-'triθ] f Gebärmutter f; (Tecn) Matrize f; **casa f matriz** Stammhaus nt
matrona f (persona de edad) Matrone f; (comadrona) Hebamme f
maullar [-ʎar] [1] vi miauen
maxilar m Kiefer(knochen) m
maximizar [-'θar] [8] vt (Inform) maximieren
máximo, a adj größte(r, s); (más alto) höchste(r, s) ▷ m Maximum nt ▷ f Grundsatz m
maxisingle (pl s) [maksi'singl] m Maxisingle f

mayo m Mai m
mayonesa f Mayonnaise f
mayor adj (comparativo de grande) größer; (de alto) höher; (superlativo de grande) größte(r, s); (adulto) erwachsen; **modo mayor** (Mus) Dur nt; **al por mayor** en gros; **mayor de edad** volljährig ▷ mf Erwachsene(r) mf; **mayores** mpl Vorfahren pl ▷ m (Mil) Major(in) m(f)
mayoría f Mehrheit f; **mayoría de edad** Volljährigkeit f
mayorista mf Großhändler(in) m(f)
mayúsculo, a adj riesig ▷ f Großbuchstabe m
maza [-θa] f Keule f; **maza de golf** Golfschläger m
mazapán [-θa-] m Marzipan nt
mazorca [-'θor-] f Maiskolben m
me pron (directo) mich; (indirecto) mir; (reflexivo) mich; **¡démelo!** geben Sie es mir!
mecánico, a adj mechanisch ▷ m/f Mechaniker(in) m(f)
mecedor, a [-θe-] adj Schaukel- ▷ m (columpio) Schaukel f ▷ f Schaukelstuhl m
mecer [-'θer] **[10]** vt (cuna) schaukeln
mechero [-'tʃe-] m Feuerzeug nt
medalla [-ʎa] f Medaille f; **medalla de bronce/de oro/de plata** Bronze-/Gold-/Silbermedaille
media f Strumpf m
mediación [-'θjon] f Vermittlung f
mediado, a adj halb voll; **a mediados de mayo** Mitte Mai
mediano, a adj (regular) durchschnittlich; (de tamaño) mittelgroß; (mediocre) mittelmäßig
medianoche [-tʃe] f Mitternacht f
mediante prep durch
mediar **[1]** vi (llegar a la mitad) in der Mitte ankommen; (estar en medio) sich in der Mitte befinden; (interceder) vermitteln
medicamento m Arznei f, Medikament nt
medicina [-'ði-] f (disciplina) Medizin f; (medicamento) Arznei f; **medicina clásica** Schulmedizin; **medicina natural, medicina alternativa** Naturmedizin
medición [-'ðjon] f (Ver)messung f
médico, a adj medizinisch, ärztlich ▷ m/f Arzt (Ärztin) m/f; **médico de urgencia** Notarzt m
medida f Maß nt; (medición) Messung f; (prudencia) Mäßigung f; **a la medida** nach Maß; **en cierta/gran medida** bis zu einem gewissen Grad/in großem Maße; **medida generadora de empleo** Arbeitsbeschaffungsmaßnahme f
medio, a adj halbe(r, s); (punto, promedio) Mittel-; **medio litro** halber Liter; **las tres y media** halb vier; **el Medio Oriente** der Mittlere Osten ▷ adv halb; **a medio terminar** halb fertig, **a medias** zur Hälfte; **pagar a medias** sich die Kosten teilen ▷ m (centro) Mitte f; (promedio) Durchschnitt m; (método) Mittel nt; (ambiente) Umwelt f, Milieu nt; **medios** pl Mittel pl; **medios de comunicación** Massenmedien pl; **medio ambiente** Umwelt f
mediodía m Mittag m, Mittagszeit f
medir irr como pedir vt messen

mediterráneo, a adj Mittelmeer- ▷ m: **el Mediterráneo** das Mittelmeer
medusa f Qualle f
mega(byte) (pl **s**) [-βait] m Megabyte nt
megáfono m Megafon nt
mejicano, a [-xi-] adj mexikanisch ▷ m/f Mexikaner(in) m(f)
Méjico m Mexiko nt
mejilla [-'xiʎa] f Wange f, Backe f
mejillón [-xi'ʎon] m Miesmuschel f
mejor [-'xor] adj, adv (comparativo) besser; (superlativo) beste(r, s); **a lo mejor** (fam) vielleicht; (quizás) kann sein(, dass); **tanto mejor** umso besser ▷ m: **lo mejor** das Beste
mejorana [-xo-] f Majoran m
mejorar [-xo-] [**1**] vt (ver)bessern ▷ vi, vr: **mejorarse** sich bessern; **¡qué te mejores!** gute Besserung!
melanoma m Melanom nt
melena f Mähne f, lange Haare
mellizo, a [-'ʎiθo] m/f Zwilling m
melocotón m Pfirsich m
melodía f Melodie f; (canción) Lied nt
melón m Honigmelone f
memoria f Gedächtnis nt; (informe) Bericht m; (Inform) Speicher m; **memorias** pl Memoiren pl; **memoria para correcciones** Korrekturspeicher; **memoria intermedia** (Inform) Puffer m; **memoria de trabajo** Arbeitsspeicher m
memorizar ['θar] [**8**] vt (Inform) (ab)speichern
mencionar [-θjo-] [**1**] vt erwähnen
mendigar [**7**] vi betteln
mendigo, a m/f Bettler(in) m(f)
menear [**1**] vt bewegen; (fig) rühren
menester m (ocupación) Beschäftigung f; **es menester** es ist nötig
menestra f Gemüseeintopf m
menguar [**9**] vt vermindern, verringern; (costura) schmälern ▷ vi abnehmen, sich verringern
menopausia f Wechseljahre pl
menor adj (comparativo): **más pequeño** kleiner; (superlativo) kleinste(r, s); (comparativo): **más joven**) jünger; (superlativo) jüngste(r, s); **modo menor** (Mus) Moll nt; **al por menor** im Detail, Einzel-; **menor de edad** minderjährig
menos adv (comparativo) weniger; (superlativo) am wenigsten; **lo menos posible** möglichst wenig; **al menos, por lo menos** wenigstens, mindestens ▷ conj außer ▷ m Minuszeichen nt
menosprecio [-'θjo] m Unterschätzung f; (desprecio) Geringschätzung f
mensáfono m Walkie-Talkie nt
mensaje [-xe] m Botschaft f; (noticia) Nachricht f; (comunicación) Mitteilung f; (Inform) Meldung f; **dejar un mensaje** (Tel) eine Nachricht auf dem Anrufbeantworter hinterlassen
menstruación [-'θjon] f Periode f
mensual adj monatlich, Monats-
menta f Minze f
mental adj geistig
mentalidad f Mentalität f
mentar irr como pensar vt erwähnen

mente f Geist m
mentir irr como sentir vi lügen
mentira f Lüge f
menú m (carta) Speisekarte f; (plato del día: Inform) Menü nt; **menú archivo** Dateimanager m; **menú de persiana** [o **instantáneo**] Pulldown-Menü
menudeo m: **vender al menudeo** (Am) im Einzelhandel verkaufen
menudo, a adj klein; (sin importancia) unwichtig; **a menudo** oft
meñique [-ke] adj (fam) winzig; **dedo meñique** kleiner Finger
meollo [-ʎo] m (de pan) Innere(s) nt vom Brot; (de hueso) Mark nt; (fig) Kern m
mercadería f Ware f
mercado m Markt m; **Mercado Común** Gemeinsamer Markt
mercadotecnia f Marketing nt
mercancía [-'θia] f Ware f
mercurio m Quecksilber nt; **Mercurio** (Astr) Merkur m
merecer [-'θer] irr como crecer vt verdienen; **merece la pena** es lohnt sich ▷ vi sich verdient machen
merengue [-ge] m Meringe f
merienda [-'rjen-] f Vesper nt; (en el campo) Picknick nt
mérito m Verdienst m; (valor) Wert m
merluza [-θa] f Seehecht m
mermelada f Marmelade f
mero m Riesenzackenbarsch m
mes m Monat m
mesa f Tisch m; (Geo) Hochebene f; **quitar/poner la mesa** den Tisch abdecken/decken; **vino** m **de mesa** Tafelwein m

meseta f (Geo) Hochebene f
mesilla [-ʎa] f kleiner Tisch; **mesilla de noche** Nachttisch m
mesón m Gaststätte f
mestizo, a [-θo] m/f Mischling m
meta f Ziel nt; (del fútbol) Tor nt
metadona f Methadon nt
metal m (materia) Metall nt
metálico, a adj metallisch; **pagar en metálico** bar zahlen
meter [2] vt (en bolso etc) (hinein)stecken; (en una cuenta) einzahlen ▷ vr: **meterse en** sich einmischen in +akk; **meterse con** sich anlegen mit
meticuloso, a adj gewissenhaft
método m Methode f
metro m Meter m; (tren) U-Bahn f
México m Mexiko nt
mezcla ['meθ-] f Mischung f
mezclar [1] vt mischen ▷ vr: **mezclarse** sich vermischen; **mezclarse en** sich einmischen in +akk
mezquino, a [meθ'ki-] adj erbärmlich; (poco generoso) kleinlich
mezquita [meθ'ki-] f Moschee f
mi art mein, meine, mein; (pl) meine
mí pron (directo) mich; (indirecto) mir
micro m (fam: micrófono) Mikro nt
microbús (pl -buses) m Kleinbus m
microchip (pl s) [-'tʃip] m Mikrochip m
microcirugía [-θ-'xia] f (Med) Mikrochirurgie f, Schlüssellochchirurgie f
micrófono m Mikrofon nt
microlentilla [-ʎa] f Kontaktlinse f
microonda f Mikrowelle f

microondas *m inv* Mikrowellenherd *m*
microprocesador [-θe-] *m* Mikroprozessor *m*
microscopio *m* Mikroskop *nt*; **microscopio electrónico** Elektronenmikroskop
miedo ['mje-] *m* Angst *f*, Furcht *f*; **tener miedo** Angst haben, sich fürchten
miel [mjel] *f* Honig *m*
miembro ['mjem-] *mf* Glied *nt*; (socio) Mitglied *nt*; **miembro viril** (Anat) Glied
mientras *conj* während; (duración) solange ▷ *adv* unterdessen; **mientras tanto** inzwischen
miércoles ['mjer-] *m inv* Mittwoch *m*; **los miércoles** mittwochs
mierda ['mjer-] *f* (fam) Scheiße *f*
miga *f* Innere(s) *nt* vom Brot
migración [-'ðjon] *f* Wanderung *f*; (de pájaros) (Vogel)zug *m*
mil *num* tausend
milagro *m* Wunder *nt*
milenio *m* Millenium *nt*
mili *f*: **hacer la mili** (fam) zum Militär gehen
milímetro *m* Millimeter *m*
millar [-ˈʎar] *m* Tausend *nt*
militar *adj* (del ejército) militärisch, Militär-; (de guerra) Kriegs- ▷ *m* Soldat(in) *m(f)*
milla [-ʎa] *f* Meile *f*
millar [-ˈʎar] *m* Tausend *nt*
millón [-ˈʎon] *m* Million *f*; **mil millones** (eine) Milliarde
mimar [1] *vt* verwöhnen
mimbre *m* Korbweide *f*
mina *f* Mine *f*
mineral *adj* Mineral- ▷ *m* Mineral *nt*
minero, a *adj* Bergbau- ▷ *m* Bergmann *m*

miniatura *f* Miniatur *f*
minibar *m* Minibar *f*
minifalda *f* Minirock *m*
minimizar [-'θar] [8] *vt* (Inform) minimieren
mínimo, a *adj* kleinste(r, s) ▷ *m* Minimum *nt*
ministerio *m* Ministerium *nt*
ministro, a *m/f* Minister(in) *m(f)*
minoría *f* Minderheit *f*
minusválido, a [-'βa-] *m/f* Behinderte(r) *mf*
minuto *m* Minute *f*
mío, a *pron*: **el mío** mein; **una amiga mía** eine Freundin von mir; **lo mío** das Richtige für mich
miope *adj* kurzsichtig
mirada *f* Blick *m*
mirador *m* Aussichtspunkt *m*
mirar [1] *vt* ansehen; (observar) beobachten ▷ *vi* sehen, schauen; (estar orientado) liegen (a nach)
mirlo *m* Amsel *f*
misa *f* (Rel) Messe *f*
miserable *adj* (avaro) geizig, knauserig; (muy pobre) elend, armselig
miseria *f* Elend *nt*
misericordia *f* Mitleid *nt*
misil *m* Rakete *f*; **misil crucero** Marschflugkörper *m*; **misil de alcance corto/largo/medio** Kurzstrecken-/Langstrecken-/Mittelstreckenrakete
mismo, a *adj* (semejante) gleich; (después de pronombre) selbst; **lo mismo** das Gleiche; **el mismo traje** derselbe Anzug; **da lo mismo** es ist egal ▷ *adv*: **ahora mismo** gleich jetzt ▷ *conj*: **lo mismo que** genau wie
misoginia [-'xi-] *f* Frauenhass *m*

miss f Schönheitskönigin f
misterio m Geheimnis nt
mitad f Hälfte f; **mitad y mitad** halb und halb; **a mitad de precio** zum halben Preis; **en** [o **a**] **mitad del camino** auf halbem Weg
mitin m Versammlung f
mixto, a adj gemischt
MMS m abr (= *multimedia messaging service*) MMS m
mobbing [-'bin] m Mobbing nt
mobiliario m Mobiliar nt
mochila [-'tʃi-] f Rucksack m
moda f Mode f; **de la moda, a la moda** modern, Mode-; **pasado de moda, fuera de moda** altmodisch
modales mpl Manieren pl
modalidad f Art und Weise f; (*Inform*) Modus m; **modalidad deportiva** Sportart f; **modalidad gráfica** (*Inform*) Grafikmodus; **modalidad de inserción** (*Inform*) Einfügemodus; **modalidad de pago** Zahlungsweise f; **modalidad de sobreescritura** (*Inform*) Überschreibmodus
modelo adj Modell-, Muster- ▷ mf Modell nt
módem (pl **s**) m (*Inform*) Modem m
moderado, a adj gemäßigt
moderno, a adj modern
modesto, a adj bescheiden
módico, a adj mäßig, gering
modificadores mpl: **modificadores preestablecidos** (*Inform*) Voreinstellungen pl
modificar [6] vt (ver)ändern
modisto, a m/f Damenschneider(in) m(f); (*famoso*) Modeschöpfer(in) m(f)
modo m Art f, Weise f; (*Inform*, *Ling*) Modus m; **modo mayor/menor**

Dur nt/Moll nt; **de ningún modo** auf keinen Fall; **modo autónomo, modo fuera de línea** Offlinebetrieb m; **modo de empleo** Gebrauchsanweisung f; **modo en línea** Onlinebetrieb m
modorra f Schläfrigkeit f
modular [1] vt modulieren
módulo m Modul nt, Textbaustein m
mofar [1] vi spotten ▷ vr: **mofarse de** sich lustig machen über +akk
mohoso, a adj schimmelig; (*metales*) rostig
mojar [-'xar] [1] vt nass machen; (*humedecer*) befeuchten ▷ vr: **mojarse** nass werden
mojón [-'xon] m (*en un camino*) Grenzstein m; (*montón*) Haufen m
molde m Form f
moler irr como mover vt mahlen
molestar [1] vt belästigen, stören; (*fastidiar*) ärgern ▷ vr: **molestarse** sich bemühen
molestia f Belästigung f, Störung f; (*Med*) Beschwerden pl
molinillo [-ʎo] m: **molinillo de café/de carne** Kaffeemühle f/ Fleischwolf m
molino m Mühle f
momentáneo, a adj momentan
momento m Moment m; (*Tecn*) Moment nt; **de momento** im Augenblick
momia f Mumie f
Mónaco m Monaco nt
monarquía [-'kia] f Monarchie f
monasterio m Kloster nt
mondadientes m inv Zahnstocher m
mondar [1] vt (*pelar*) schälen
moneda f (*tipo de dinero*) Währung

f; *(pieza)* Geldstück nt, Münze f; **una moneda de 2 euros** eine Zweieuromünze

monedero m Geldbeutel m

monitor m *(t. Inform)* Bildschirm(gerät nt) m, Monitor m

monja [-xa] f Nonne f

monje [-xe] m Mönch m

mono, a adj *(bonito)* hübsch, niedlich ▷ m/f Affe (Äffin) m/f ▷ m *(prenda)* Overall m

monopatín m Skateboard nt

monopolio m Monopol nt

monótono, a adj monoton

monstruo m Ungeheuer nt

montaje [-xe] m Montage f

montaña f *(monte)* Berg m; *(sierra)* Gebirge nt; *(Am: bosque)* Wald m; **montaña rusa** Achterbahn f

montañés, esa adj Gebirgs-, Berg- ▷ m/f Bergbewohner(in) m(f); *(de Santander)* Einwohner(in) m(f) Santanders

montar [1] vt *(subir a)* einsteigen in +akk; *(caballo)* reiten; *(bicicleta)* fahren; *(Tecn)* montieren; *(negocio)* aufziehen, aufbauen; *(una casa, piso)* einrichten

monte m Berg m; *(bosque)* Wald m; **monte alto** Hochwald; **monte bajo** Gehölz nt; **monte de piedad** Pfandleihe f

montón m Haufen m; **un montón de ...** eine Menge ...

monumento m Denkmal nt

monzón [-'θon] m Monsun m

moqueta [-'ke-] f Teppichboden m

morado, a adj lila, violett

moral adj moralisch, Moral- ▷ f Moral f

morcilla [-'θiʎa] f Blutwurst f

morder irr como mover vt beißen; *(mordisquear)* anbeißen; *(ácido etc)* ätzen, angreifen

moreno, a adj *(color)* braun; *(tez)* dunkel; *(de pelo moreno)* dunkelhaarig; *(negro)* farbig

moretón m *(fam)* blauer Fleck

morfina f Morphium nt

morir irr vi sterben; **murió en un accidente** er kam bei einem Unfall ums Leben ▷ vr: **morirse** sterben; *(fig)* umkommen; **morirse de risa** sich totlachen

moro, a adj maurisch ▷ m/f Maure (Maurin) m/f

morsa f Walross nt

mortal adj tödlich

mortero m Mörser m

mosca f Fliege f; *(fam)* Knete f

moscatel m Muskateller(wein) m

Moscú M Moskau nt

mosquitera [-ki-] f, **mosquitero** [-ki-] m Moskitonetz nt

mosquito [-'ki-] m Moskito m

mostaza [-θa] f Senf m

mostrador m *(de tienda)* Ladentisch m; *(de bar)* Theke f; **mostrador de facturación** Check-in-Schalter m

mostrar irr como contar vt zeigen; *(exhibir)* ausstellen; *(explicar)* erklären

mota f Fleck m; *(en diseño)* Pünktchen nt; *(fig)* bisschen nt

mote m *(apodo)* Spitzname m

motivo [-βo] m Motiv nt, Grund m

moto f, **motocicleta** [-θi-] f Motorrad nt; **ir en moto** Motorrad fahren

motocross m Motocross nt

motor m Motor m; **motor de búsqueda** *(Inform)* Suchmaschine

f; **motor de inyección** (Auto) Einspritzmotor
motora f Motorboot nt
motosierra f Motorsäge f
mover [-'βer] irr vt bewegen; (cabeza) schütteln ▷ vr: **moverse** sich bewegen; (fig) sich rühren; **¡muévete!** beeil dich!
móvil [-βil] m Handy nt; **móvil con cámara (integrada)** Fotohandy
movimiento [-βi] m Bewegung f; **movimiento pacifista** Friedensbewegung
mozo, a [-θo] adj (joven) jung; (soltero) ledig ▷ m/f (joven) junger Mann, junge Frau ▷ m (sirviente) Träger m; (camarero) Kellner m ▷ f (criada) Dienstmädchen nt
muchacho, a [-'tʃatʃo] m/f Junge m, Mädchen nt ▷ f (criada) Dienstmädchen nt
mucho, a [-tʃo] adj viel; (pl) viele; **mucho tiempo** lange (Zeit) ▷ adv sehr, viel; (tiempo) lange
mudanza [-θa] f Veränderung f; (de casa) Umzug m; **camión m de mudanza** Möbelwagen m
mudar [1] vt verändern; (cambiar) wechseln ▷ vi wechseln ▷ vr: **mudarse** (la ropa) sich umziehen; (de casa) umziehen
mudo, a adj stumm
mueble ['mwe-] m Möbel nt
mueca ['mwe-] f Grimasse f
muela ['mwe-] f Backenzahn m; (de molino) Mühlstein m
muelle ['mweʎe] adj (blando) weich; (confortable) behaglich ▷ m (Sprung)feder f; (de un puerto) Mole f, Kai m; **muelle de embarque** Flugsteig m

muerte ['mwer-] f Tod m; **muerte forestal** Waldsterben nt; **muerte súbita** (Sport) Tiebreak m o nt
muerto, a ['mwer-] adj tot; **estar muerto de cansancio** todmüde sein ▷ m/f Tote(r) mf; (difunto) Verstorbene(r) mf; (cadáver) Leiche f
muesli ['mus-] m Müsli nt
muestra ['mwes-] f (prueba de producto) Probe f; (modelo) Muster nt, Modell nt; (prueba) Beweis m
mugre f Schmutz m
mujer [-'xer] f (t. esposa) Frau f
mula f Mauleselin f
muladar m Misthaufen m; (de basura) Abfallhaufen m
muleta f (para andar) Krücke f; (Taur) Stock mit dem rotem Tuch
multa f Geldstrafe f, Bußgeld m
multifuncional [-θjo-] adj (Inform) multifunktional, Multifunktions-
multimedia f: **espectáculo m multimedia** Multimediashow f
multinacional [-θjo-] f Multi m
multiplicar [6] vt (Mat) multiplizieren; (fig) vermehren ▷ vr: **multiplicarse** (Bio) sich vermehren
multiprogramación [-'θjon] f (Inform) Mehrprogrammbetrieb m
multipuesto [-'pwes-] adj (Inform) mehrplatzfähig
multitarea f Multitasking m
multiuso(s) adj inv Mehrzweck-
mundano, a adj weltlich
mundial adj Welt-; (de extensión) weltweit
mundo m Welt f; **todo el mundo** alle, jedermann
munición [-'θjon] f Munition f

municipio [-'θi-] *m* Gemeinde *f*; *(ayuntamiento)* Stadtverwaltung *f*
muñeca *f* Puppe *f*; *(Anat)* Handgelenk *nt*; *(trapo)* Poliertuch *nt*
muñeco *m* Puppe *f*; *(fam)* Waschlappen *m*
muralla [-ʎa] *f* Mauer *f*; *(de ciudad)* Stadtmauer *f*
murciélago [-'θje-] *m* Fledermaus *f*
murmullo [-ʎo] *m* Murmeln *nt*
murmurar [1] *vi* murmeln; *(cotillear)* klatschen; *(ruidos de cosas)* rauschen
muro *m* Wand *f*
musculación [-'θjon] *f* Bodybuilding *nt*
músculo *m* Muskel *m*
museo *m* Museum *nt*
musgo *m* Moos *nt*
músico, a *adj* Musik-, musikalisch ▷ *m/f* Musiker(in) *m(f)* ▷ *f* Musik *f*;
música pop Popmusik
muslo *m* Oberschenkel *m*
musulmán, ana *adj* moslemisch ▷ *m/f* Moslem (Moslime) *m/f*
mutuo, a *adj* gegenseitig
muy *adv* sehr; *(demasiado)* zu viel;
Muy Señor mío sehr geehrter Herr ...

N, n ['ene] *f* N, n *nt*
n/ *adj abr* = **nuestro**
nabo *m* Steckrübe *f*
nácar *m* Perlmutt *nt*
nacer [-'θer] *irr como creer vi* geboren werden; *(plantas)* sprießen; *(río)* entspringen
nacido, a [-'θi-] *adj* geboren
nacimiento [-θi-] *m* Geburt *f*; *(de Navidad)* Weihnachtskrippe *f*; *(de río)* Quelle *f*
nación [-'θjon] *f* Nation *f*;
Naciones Unidas Vereinte Nationen
nacional *adj* national
nacionalidad [-θjo-] *f* Nationalität *f*, Staatsangehörigkeit *f*
nada *pron* nichts ▷ *adv* überhaupt nicht; **¡de nada!** bitte!, gern geschehen!

nadador, a *m(f)* Schwimmer(in) *m(f)*
nadar [1] *vi* schwimmen
nadie [-ðje] *pron* niemand
naipe ['nai-] *m* Spielkarte *f*
nalgas *fpl* Gesäß *nt*
nana *f* (*fam: canción*) Wiegenlied *nt*; (*abuela*) Oma *f*
nanotecnología [-'xia] *f* Nanotechnologie *f*
naranja [-xa] *adj* orange ▷ *f* Apfelsine *f*, Orange *f*
naranjada [-'ϑi-] *m* Orangensaft *m*
narciso [-'ϑi-] *m* (*planta*) Narzisse *f*
narcotráfico [-ko] *m* Drogenhandel *m*
nardo *m* Lilie *f*
nariz (*pl* **narices**) [-'riθ] *f* Nase *f*; **estar hasta las narices** die Nase vollhaben
narración [-'θjon] *f* Erzählung *f*
nata *f* Rahm *m*, Sahne *f*; **nata montada** Schlagsahne
natación [-'θjon] *f* Schwimmen *nt*
natillas [-ʎas] *fpl* Cremespeise *f*
nativo, a [-βo] *adj* eingeboren; (*innato*) angeboren ▷ *m/f* Eingeborene(r) *mf*
natural *adj* natürlich ▷ *m* (*carácter*) Natur *f*, Naturell *nt*
naturaleza [-θa] *f* Natur *f*; **naturaleza muerta** Stillleben *nt*
naturalización [-θa'θjon] *f* Einbürgerung *f*
naturismo *m* Naturheilkunde *f*
naufragar [7] *vi* (*t. fig*) Schiffbruch erleiden
naufragio [-xjo] *m* Schiffbruch *m*
náufrago, a *adj* schiffbrüchig ▷ *m/f* Schiffbrüchige(r) *mf*
náusea *f* Übelkeit *f*; **tengo náuseas** mir wird übel
náutico, a *adj* nautisch

navaja [-'βaxa] *f* Taschenmesser *nt*; **navaja de afeitar** Rasiermesser *nt*
navarro, a [-'βa-] *adj* aus Navarra
nave [-βe] *f* (*barco*) Schiff *nt*, Boot *nt*; (*Archit: de iglesia*) (Kirchen)schiff *nt*; (*de fábrica*) Halle *f*; **nave espacial** Raumschiff
navegación [-βe-'θjon] *f* Navigation *f*; (*viaje en barco*) Schifffahrt *f*; **navegación aérea** Luftverkehr *m*; **navegación costera** Küstenschifffahrt
navegador [-βe-] *m* (*Inform*) Browser *m*
navegar [-βe-] [7] *vi* (*barco*) fahren; (*avión*) fliegen; **navegar en internet** im Internet surfen
navidad [-βi-] *f* Weihnachten *nt*
nazi [-θi] *adj* Nazi- ▷ *mf* Nazi *m*
neblina *f* Dunst *m*
nebuloso, a *adj* dunstig, diesig; (*por nubes*) wolkig
necesario, a [-θe-] *adj* nötig
neceser [-θe-] *m* Necessaire *nt*
necesidad [-θe-] *f* Notwendigkeit *f*; (*miseria*) Not *f*; **en caso de necesidad** im Notfall
necesitar [-θe-] [1] *vt* benötigen, brauchen ▷ *vi*: **necesitar de** benötigen, brauchen
néctar *m* Nektar *m*
nectarina *f* Nektarine *f*
negar *irr como* fregar *vt* (*renegar, rechazar*) verneinen; (*prohibir*) verweigern; (*desmentir*) bestreiten
negativo, a [-βo] *adj* negativ, verneinend; (*foto*) negativ ▷ *m* Negativ *nt*
negligencia [-'xenθja] *f* Nachlässigkeit *f*
negociar [-'θjar] [1] *vt* verhandeln über +*akk*; (*convenio*) aushandeln

▷ *vi* (*Pol*) verhandeln; **negociar en** Handel treiben mit
negocio [-θjo] *m* Geschäft *nt*
negro, a *adj* schwarz ▷ *m* Schwarz *nt* ▷ *m/f* Farbige(r) *mf*
nene, a *m/f* Baby *nt*, Kleinkind *nt*; (*fam*) Schatz *m*
nenúfar *m* Seerose *f*
nepotismo *m* Vetternwirtschaft *f*
nervio [-βjo] *m* (*Anat: fig*) Nerv *m*; (*tendón*) Sehne *f*
nervioso, a [-'βjo-] *adj* Nerven-; (*intranquilo*) nervös
neto, a *adj* (*t. fig*) rein; (*Com*) netto
neumático, a [neu-] *adj* Luft- ▷ *m* Reifen *m*; **neumático de repuesto** Ersatzreifen
neuralgia [neu-xja] *f* Neuralgie *f*, Nervenschmerzen *pl*
neuritis [neu-] *f inv* Nervenentzündung *f*, Neuritis *f*
neurólogo, a [neu-] *m/f* Nervenarzt(-ärztin) *m/f*, Neurologe(-login) *m/f*
neurosis [neu-] *f inv* Neurose *f*
neutral [neu-] *adj* neutral
neutralidad *f* Neutralität *f*
neutro, a *adj* (*Ling*) sächlich
neutrón [neu-] *m* Neutron *nt*
nevada [-'βa-] *f* Schneefall *m*
nevar [-'βar] *irr como pensar vi impers* schneien
nevera [-'βe-] *f* Kühlschrank *m*; **nevera portátil** Kühlbox *f*
ni *conj* auch nicht; (*ni siquiera*) nicht einmal; **ni que** selbst wenn, wenn auch
Nicaragua *f* Nicaragua *nt*
nicaragüense [-'ɣwen-] *adj* nicaraguanisch ▷ *mf* Nicaraguaner(in) *m/f*
nicotina *f* Nikotin *nt*

nido *m* Nest *nt*
niebla ['nje-] *f* Nebel *m*
nieto, a ['nje-] *m/f* Enkel(in) *m(f)*
nieve ['njeβe] *f* Schnee *m*
Nilo *m* Nil *m*
ninfa *f* Nymphe *f*
ningún, ninguno, a *adj* kein, keine; **de ninguna manera** auf keinen Fall!; **en ninguna parte** nirgends ▷ *pron* (*nadie*) niemand; (*ni uno*) nicht eine(r)
niñera *f* Kindermädchen *nt*
niño, a *adj* (*joven*) jung; (*inmaduro*) kindisch ▷ *m* (*chico*) Junge *m*, Kind *nt*; **de niño** als Kind; **niño probeta** Retortenbaby *nt* ▷ *f* (*chica*) Mädchen *nt*, Kind *nt*; (*Anat*) Pupille *f*
nipón, ona *adj* japanisch ▷ *m/f* Japaner(in) *m(f)*
níquel [-kel] *m* Nickel *nt*
niquelar [1] *vt* (*Tecn*) vernickeln
nítido, a *adj* (*claro, transparente*) klar, rein; (*foto etc*) scharf
nitrato *m* Nitrat *nt*
nitrógeno [-xe-] *m* Stickstoff *m*
nitroglicerina [-θe-] *f* Nitroglyzerin *nt*
nivel [-'βel] *m* (*grado*) Niveau *nt*; (*altura*) Höhe *f*; **nivel de aceite** Ölstand *m*; **nivel de aire** Wasserwaage *f*; **nivel del mar** Meereshöhe; **nivel de vida** Lebensstandard *m*
NNUU *fpl abr* (= *Naciones Unidas*) UNO *f*
no *adv* nein; (*con verbo*) nicht; **no tengo nada** ich habe nichts; **no es el mío** es ist nicht meines; **ahora no** jetzt nicht; **¿no lo sabes?** weißt du das nicht?; **no mucho** nicht viel ▷ *interj* nein!

no., n.º abr (= *número*) Nr.
noble adj adlig; (*magnánimo*) edelmütig ▷ mf Adlige(r) mf
noche [-tʃe] f Nacht f; (*la tarde*) Abend m; **de noche, por la noche** nachts
Nochebuena [-tʃe'βwe-] f Heiligabend m
Nochevieja [-tʃe'βjexa] f Silvester m
nocivo, a [-'θiβo] adj schädlich
noctámbulo, a m/f Schlafwandler(in) m(f)
nocturno, a adj (*de la noche*) nächtlich, Nacht-; (*de la tarde*) abendlich
nogal m Nussbaum m
nombrar [1] vt benennen; (*designar*) ernennen; (*mencionar*) nennen
nombre m Name m; **nombre y apellidos** Vor- und Nachname; **nombre común/propio** Gattungs-/Eigenname; **nombre de pila/de soltera** Tauf-/Mädchenname; **nombre del fichero** Dateiname
nomeolvides [-'βi-] m inv (*Bot*) Vergissmeinnicht nt; (*pulsera*) Namenskettchen nt
noria f Riesenrad nt
normal adj normal; (*usual*) üblich
normalito, a adj durchschnittlich
norte adj nördlich, Nord- ▷ m Norden m; (*viento*) Nordwind m; (*fig: meta*) Ziel nt
Norteamérica f Nordamerika nt
norteamericano, a adj nordamerikanisch ▷ m/f Nordamerikaner(in) m(f)
Noruega [-'rwe-] f Norwegen nt
noruego, a adj norwegisch ▷ m/f Norweger(in) m(f)

nos pron uns; **nos levantamos a las 7** wir stehen um 7 Uhr auf
nosotros, as pron wir; (*después de prep*) uns
nostalgia [-xja] f Nostalgie f
nota f Note f; (*noticia breve*) Notiz f; (*cuenta*) Rechnung f
notable adj bemerkenswert; (*Escuela*) gut; **notables** mpl Prominenz f
notar [1] vt (*percibir*) bemerken; (*anotar*) aufzeichnen, notieren
notario, a m/f Notar(in) m(f)
noticia [-θja] f (*información*) Nachricht f; **las noticias** die Nachrichten; **tener noticias de alguien** etwas von jdm gehört haben
noticiario [-'θja-] m Nachrichten pl; (*Cine*) Wochenschau f
notificar [6] vt bekannt geben; (*comunicar*) mitteilen
novato, a [-'βa-] adj unerfahren ▷ m/f Anfänger(in) m(f)
novedad [-βe-] f (*calidad de nuevo*) Neuheit f; (*noticia*) Nachricht f, Neuigkeit f; (*cambio*) (Er)neuerung f
novela [-'βe-] f Roman m
novelista [-βe-] m/f Romanschriftsteller(in) m(f)
noveno, a [-'βe-] adj neunte(r, s)
noventa [-'βen-] num neunzig
noviazgo [-'βjaθ-] m Verlobungszeit f
noviembre [-'βjem-] m November m
novillero [-βi'ʎe-] m (*lidiador*) Stierkämpfer mit Jungstieren
novillo [-'βiʎo] m Jungstier m; (*fig*) gehörnter Ehemann
novio, a [-'βjo] m/f Freund(in) m(f); (*prometido*) Verlobte(r) mf; (*recién*

casados) Bräutigam (Braut) *m/f*;
los novios das Brautpaar
nube *f* Wolke *f*
nublado, a *adj* bewölkt ▷ *m* Bewölkung *f*
nuca *f* Nacken *m*
nuclear *adj* nuklear, Kern-
núcleo *m* Kern *m*; **núcleo del reactor** Reaktorkern
nudillo [-ʎo] *m* Knöchel *m*
nudismo *m* FKK *nt*, Nudismus *m*
nudo *m* Knoten *m*
nuera ['nwe-] *f* Schwiegertochter *f*
nuestro, a ['nwes-] *pron* unser; **nuestro padre** unser Vater; **una amiga nuestra** eine Freundin von uns; **es el nuestro** es gehört uns
nuevamente [nweβa-] *adv* (*otra vez*) nochmals; (*de nuevo*) von Neuem
nueve ['nweβe] *num* neun
nuevo, a ['nweβo] *adj* neu; **Nueva Guinea** Neuguinea *nt*; **Nueva York** New York; **Nueva Zelanda** Neuseeland *nt* ▷ *f* Neuigkeit *f*
nuez (*pl* **nueces**) [nweθ] *f* (*fruto*) Nuss *f*; (*de nogal*) Walnuss *f*; (*Anat*) Adamsapfel *m*; **nuez moscada** Muskatnuss
nulo, a *adj* nichtig; (*no válido*) ungültig; (*incapaz*) unfähig; (*Sport*) unentschieden
núm. *abr* (= *número*) Nr.
numeración [-'θjon] *f* Nummerierung *f*; (*sistema de cifras*) Zahlensystem *nt*
numerar [1] *vt* (*contar*) zählen; (*marcar con números*) nummerieren
número *m* Nummer *f*; (*cantidad indeterminada*) Anzahl *f*; (*de zapato etc*) Größe *f*; (*cifra*) Zahl *f*; **número de fax** Faxnummer; **número de identificación personal** PIN-Nummer; **número de matrícula/de teléfono** Autokennzeichen *nt*/Telefonnummer
numeroso, a *adj* zahlreich
nunca *adv* (*jamás*) nie; **nunca más** nie wieder, nie mehr
nutria *f* Otter *m*
nutrición [-'θjon] *f* Ernährung *f*
nutritivo, a [-βo] *adj* nahrhaft
nylon [ni'lon] *m* Nylon *nt*

ñame m Jamswurzel f
ñaque [-ke] m Gerümpel nt
ñoño, a adj (Am: tonto) dumm; (soso) fade; (fam: persona) kindisch
ñu m Gnu nt

O, o [o] f O, o nt
o conj oder
oasis m inv Oase f
obedecer [-'θer] irr como crecer vt gehorchen +dat
obesidad f Fettleibigkeit f
obispo m Bischof m
objetivo, a [-xe-βo] adj objektiv ▷ m Objektiv nt; (fin, meta) Ziel nt; (objeto) Zweck m
objeto [-'xe-] m Objekt nt, Gegenstand m; (fin) Zweck m; **objeto sexual** Sexualobjekt; **objeto volante no identificado** unbekanntes Flugobjekt
objetor [-xe-] m: **objetor de conciencia** Wehrdienstverweigerer m
oblicuo, a adj schräg
obligación [-'θjon] f Verpflichtung f; (Com) Obligation f

obligar [7] *vt* zwingen
obligatorio, a *adj* obligatorisch, verbindlich
oboe *m* Oboe *f*
obra *f* Arbeit *f*; (Archit) Bau *m*; (Teat) Stück *nt*; **obra maestra** Meisterwerk *nt*; **(Ministerio de) Obras Públicas** Ministerium *nt* für öffentliche Bauvorhaben
obrar [1] *vt* (hacer) machen, tun; (trabajar en) bearbeiten; (tener efecto) wirken auf +akk ▷ *vi* vorgehen, handeln; (tener efecto) wirken
obrero, a *adj* Arbeiter-; **clase obrera** Arbeiterklasse *f* ▷ *m/f* Arbeiter(in) *m(f)*
obsceno, a [-'θe-] *adj* obszön
obscu- *pref ver* **oscu-**
obsequio [-'kjo] *m* (regalo) Geschenk *nt*; (cortesía) Aufmerksamkeit *f*
observar [-'βar] [1] *vt* beobachten; (señalar) bemerken
obstáculo *m* Hindernis *nt*; (impedimento) Behinderung *f*
obstante *adv*: **no obstante** trotzdem ▷ *prep* trotz
obstetricia [-'θja] *f* Geburtshilfe *f*
obstinado, a *adj* hartnäckig; (terco) dickköpfig
obstrucción [-'θjon] *f* Verstopfung *f*
obtener *irr como* **tener** *vt* erzielen; (recibir) erhalten, bekommen
obtuso, a *adj* stumpf; (fig) begriffsstutzig
obvio, a [-'βjo] *adj* offensichtlich, deutlich
ocasión *f* (oportunidad) Gelegenheit *f*; (causa, motivo) Anlass *m*; **de ocasión** Gelegenheits-
occidente [-θi-] *m* Abendland *nt*; (oeste) Westen *m*
océano [-'θea-] *m* Ozean *m*; **el Océano Índico** der Indische Ozean
ochenta [-'tʃen-] *num* achtzig
ocho [-'tʃo] *num* acht
ocio [-'θjo] *m* (tiempo libre) Freizeit *f*; (pey) Nichtstun *nt*; **ocios** *pl* Freizeitgestaltung *f*
octanaje [-xe] *m* Oktanzahl *f*
octano *m* Oktan *nt*
octavín [-'βin] *m* Piccoloflöte *f*
octavo, a [-βo] *adj* achte(r, s)
octubre *m* Oktober *m*
ocular *adj* Augen-; **testigo** *m* **ocular** Augenzeuge *m* ▷ *m* Okular *nt*
oculista *mf* Augenarzt(-ärztin) *m/f*
ocultar [1] *vt* (esconder) verbergen; (callar) verheimlichen, verschweigen
ocupación [-'θjon] *f* (actividad) Beschäftigung *f*; (empleo) Arbeit *f*
ocupado, a *adj* (persona) beschäftigt; (sitio, teléfono) besetzt
ocupar [1] *vt* (llenar: espacio) einnehmen; (tomar: un sitio) besetzen; (ejercer: un cargo) ausüben; (emplear) beschäftigen ▷ *vr*: **ocuparse en/de/con** sich beschäftigen mit; (cuidar) sich kümmern um
ocurrencia [-'θja] *f* Einfall *m*
ocurrir [3] *vi* vorkommen, geschehen; **se me occurre que** mir fällt ein, dass
odiar [1] *vt* hassen
odio *m* Hass *m*; (repugnancia) Widerwille *m*
odioso, a *adj* hassenswert; (antipático) widerlich
oeste *m* Westen *m*; **película** *f* **del oeste** Western *m*

ofender [2] vt beleidigen, kränken

ofensa f Beleidigung f

oferta f Angebot nt; **la oferta y la demanda** Angebot und Nachfrage; **artículos** mpl **en oferta** Waren im Angebot; **Oferta Pública de Adquisición de Acciones** Übernahmeangebot nt von Aktien

oficial [-'θjal] adj amtlich, dienstlich; (*públicamente reconocido*) offiziell

oficial, a m(f) Geselle (Gesellin) m/f; (*Mil*) Offizier(in) m(f)

oficina [-'θi-] f Büro nt; **Oficina de Turismo** (Fremden)verkehrsamt nt

oficio [-θjo] m (*profesión*) Beruf m; (*Rel*) Gottesdienst m; **de oficio** von Amts wegen; **abogado** m **de oficio** Pflichtverteidiger m; **oficio de difuntos** Totenamt nt

oficiosidad [-θjo-] f Amtlichkeit f; (*pey*) Dienstbeflissenheit f

ofimática [-βa] f Büroautomation f, Bürokommunikation f

ofrecer [-'θer] irr concn crecer vt anbieten ▷ vr: **ofrecerse** sich anbieten; **¿qué se le ofrece?, ¿se le ofrece algo?** womit kann ich dienen?, was darf es sein?

oftálmico, a adj Augen-

oftalmólogo, a m/f Augenarzt(-ärztin) m/f

oído m Ohr nt; (*sentido*) Gehör nt

oír irr vt hören; (*escuchar*) zuhören +dat; **oír misa** zur Messe gehen; **¡oiga!** hören Sie (mal)!

ojal [-'xal] m Knopfloch nt

ojalá [-xa-] interj hoffentlich

ojeada [-xe-] f Blick m

ojear [-xe-] [1] vt (*mirar fijamente*) genau ansehen; (*ahuyentar*) erschrecken, wegscheuchen

ojera [-'xe-] f: **tener ojeras** Ringe unter den Augen haben

ojete [-'xe-] m Öse f; (*ano*) After m

ojo ['oxo] m Auge nt; (*de aguja etc*) Öhr nt; (*en un líquido*) Auge nt; (*vista*) Sehkraft f; **no haber podido pegar ojo** kein Auge zugetan haben; **ojo de buey** Bullauge nt ▷ interj Vorsicht!

okupa mf Hausbesetzer(in) m(f)

ola f Welle f; (*Sport*) La-Ola-Welle f

olé interj bravo!, recht so!

oleaje [-xe] m Wellengang m

óleo m Öl nt; **pintura** f **al óleo** (*cuadro*) Ölgemälde nt

oleoducto m Ölleitung f, Pipeline f

oler irr vt riechen; (*olfatear*) beriechen, beschnuppern; (*sospechar*) wittern; (*curiosear*) herausfinden wollen ▷ vi: **oler a** riechen nach

olfatear [1] vt (*sospechar*) wittern

olfato m Geruchssinn m

olimpíada f Olympiade f

oliva [-λa] f (*aceituna*) Olive f; **aceite** f **de oliva** Olivenöl nt

olivo m Olivenbaum m

olla [-λa] f (*tiefer*) Topf; (*plato*) Schmorbraten m; **olla podrida** Eintopf mit Schinken; **olla a presión** Dampfkochtopf m

olmo m Ulme f

olor m Geruch m

olvidar [-βi-] [1] vt vergessen ▷ vr: **olvidarse** vergessen

ombligo m Bauchnabel m

omiso, a adj: **hacer caso omiso de algo** etw nicht beachten

omnipotente adj allmächtig

omóplato m Schulterblatt nt

once [-'θe] num elf; (*undécimo*) elfte(r, s) ▷ m (*equipo*) Elf f

ONCE f sigla (= Organización Nacional de Ciegos Españoles) Blindenorganisation Spaniens
oncogénico, a [-'xe-] adj (Med) onkologisch, Krebs-
oncología f (Med) Onkologie f, Krebsforschung f
onda f Welle f; **onda corta/larga/media** Kurz-/Lang-/Mittelwelle
ondear [1] vi wogen; (bandera) wehen
ONU f sigla (= Organización de las Naciones Unidas) UNO f
OPA f sigla (= Oferta Pública de Adquisición de Acciones) Übernahmeangebot nt von Aktien; **ondular hostil** feindliches Übernahmeangebot
ondular [1] vt (el pelo) in Wellen legen ▷ vi, vr: **ondularse** sich winden; (pelo) sich wellen
opaco, a adj undurchsichtig; (sin brillo) matt; (fig) grau
ópalo m Opal m
opción [-'θjon] f Wahl f; (Pol) Option f; (derecho) Anrecht nt
ópera f Oper f; **ópera bufa, ópera cómica** komische Oper
operación [-'θjon] f (Med) Operation f; (Com) Geschäft nt, Transaktion f; **operación encubierta** verdeckte Ermittlung
operador, a m(f) Chirurg(in) m(f); (Cine) Kameramann(-frau) m/f; (de proyector) Vorführer(in) m(f); (Inform) Bediener(in) m(f)
operar [1] vt operieren ▷ vi (Com) handeln ▷ vr: **operarse** sich operieren lassen
opereta f Operette f
opinar [1] vi seine Meinung sagen; **opinar que** meinen, dass

opinión f Meinung f
opio m Opium nt
oponer irr como poner vt entgegensetzen ▷ vr: **oponerse** dagegen sein
oportunidad f Gelegenheit f
oportunismo m Opportunismus m
oportuno, a adj (apto) geeignet; (en su tiempo) gelegen; (conveniente) günstig; **en el momento oportuno** im richtigen Augenblick
oposición [-'θjon] f Opposition f; (resistencia) Widerstand m; **oposiciones** pl staatliche Aufnahmeprüfung
opresión f Druck m; (al respirar) Beklemmung f; (fig) Unterdrückung f
oprimir [3] vt drücken auf +akk; (fig) unterdrücken
óptico, a adj optisch ▷ m/f Optiker(in) m(f)
optimismo m Optimismus m
optimista mf Optimist(in) m(f)
óptimo, a adj (muy bueno) sehr gut; (lo mejor) beste(r, s)
opuesto, a [-'pwes-] adj (enemigo) gegnerisch, (enfrente) gegenüberliegend; (antagónico) gegensätzlich
opulento, a adj (rico) reich; (abundante) üppig
oración [-'θjon] f (frase) Satz m; (Rel) Gebet nt
oral adj mündlich
orangután m Orang-Utan m
orar [1] vi (Rel) beten
órbita f Umlaufbahn f
orden m Ordnung f; **de primer orden** ersten Ranges; **llamar al orden** zur Ordnung rufen; **poner en orden** ordnen ▷ f (mandamiento:

Inform) Befehl *m*; **¡a la orden!** zu Befehl!
ordenador *m* Computer *m*; **ordenador central** Zentralrechner *m*; **ordenador personal** Personal Computer, PC *m*; **ordenador portátil** Laptop *m*, Notebook *nt*
ordenanza [-θa] *f* Anordnung *f* ▷ *m* Laufbursche *m*
ordenar [1] *vt* befehlen; (*poner orden*) ordnen; (*Inform*) sortieren
ordeñar [1] *vt* melken
ordinario, a *adj* (*común*) gewöhnlich; (*vulgar*) ordinär
orégano *m* Origano *m*
oreja [-xa] *f* Ohr *nt*; (*asa*) Henkel *m*
orfebrería *f* Goldschmiedearbeit *f*
organigrama *m* Organisationsplan *m*
organillo [-ʎo] *m* Drehorgel *f*
organismo *m* Organismus *m*
organización [-θa'θjon] *f* Organisation *f*
organizador conectado [-θa-] *m* Organizer *m*
organizar [-'θar] [8] *vt* organisieren
órgano *m* Organ *nt*; (*Mus*) Orgel *f*; **órgano sexual** Geschlechtsorgan *nt*
orgasmo *m* Orgasmus *m*
orgía [-'xia] *f* Orgie *f*
orgullo [-ʎo] *m* Stolz *m*
orgulloso, a *adj* stolz
orientar [1] *vt* orientieren; (*señalar*) zeigen; (*dirigir*) ausrichten; (*informar*) weiterhelfen +*dat*, beraten ▷ *vr*: **orientarse** sich orientieren
oriente *m* Orient *m*; **Cercano/Medio/Lejano Oriente** Naher/Mittlerer/Ferner Osten
origen [-xen] *m* (*procedencia*) Ursprung *m*; (*ascendencia*) Herkunft *f*
original [-xi-] *adj* (*de origen*) ursprünglich; (*auténtico*) original ▷ *m* Original *nt*
originar [-xi-] [1] *vt* verursachen ▷ *vr*: **originarse** entstehen
orilla [-ʎa] *f* Ufer *nt*; (*borde*) Rand *m*; (*de calle*) Straßenrand *m*
orín *m* Rost *m*; (*orina*) Urin *m*
orina *f* Urin *m*
orinal *m* Nachttopf *m*
orinar [1] *vi* urinieren
oriundo, a *adj*: **oriundo de** stammend aus
ornamento *m* Verzierung *f*; (*Rel*) Priestergewand *nt*
oro *m* Gold *nt*; **oros** *pl* (*Naipes*) ≈ Herz *nt*
orquesta [-'kes-] *f* Orchester *nt*
orquídea [-'ki-] *f* Orchidee *f*
ortiga *f* Brennnessel *f*
ortopedia *f* Orthopädie *f*
oruga *f* Raupe *f*
orzuelo [-'θwe-] *m* (*Med*) Gerstenkorn *nt*
os *pron* euch
osa *f* Bärin *f*; **Osa Mayor/Menor** (*Astr*) Großer/Kleiner Bär
osar [1] *vi* (es) wagen, sich trauen
oscilación [-θi-'θjon] *f* (*Fís*) Schwingung *f*; (*movimiento etc*) Schwankung *f*
oscuridad *f* Dunkelheit *f*; (*fig*) Unklarheit *f*
oscuro, a *adj* (*t. fig*) dunkel
óseo, a *adj* Knochen-, knöchern
oso *m* Bär *m*; **oso de peluche** Teddybär
ostensible *adj* offenbar, deutlich
ostentación [-'θjon] *f* Zurschaustellung *f*

ostra f Auster f
OTAN f sigla (= Organización del Tratado del Atlántico Norte) NATO f
otitis f inv Ohrenentzündung f
otoño m Herbst m
otorrino m (fam), **otorrinolaringólogo, a** m/f Hals-Nasen-Ohren-Arzt(-Ärztin) m/f
otro, a adj andere(r, s); (pl) andere; **otra cosa** etwas anderes; **de otra manera** sonst; **por otra parte** andererseits; **el otro día** (fam) neulich ▷ pron ein anderer, eine andere, ein anderes; **otros** pl andere; **otro tanto** noch einmal das Gleiche
ovación [-βa'θjon] f Beifall m
ovalado, a [-'βa-] adj oval
oveja [-'βexa] f Schaf nt
overbooking [oβer'βukin] m Überbuchung f
OVNI ['oβ-] m sigla (= objeto volante no identificado) UFO nt
ovulación [-βu-'θjon] f Eisprung m
oxidar [1] vt oxidieren; (poner herrumbre) rosten lassen ▷ vr: **oxidarse** oxidieren; rosten; **oxidado** verrostet
óxido m Oxid nt
oxígeno [-xe-] m Sauerstoff m
oyente m f Hörer(in) m(f)
ozono [-'θo-] m Ozon nt

P

P, p [pe] f P, p nt
pabellón [-'ʎon] m (tienda) Rundzelt nt; (edificio suelto) Pavillon m
pábilo m Docht m
paciencia [-'θjenθja] f Geduld f
paciente [-'θjen-] adj geduldig ▷ m f Patient(in) m(f)
pacífico, a [-'θi-] adj friedliebend; (existencia) friedlich; **el (Océano) Pacífico** der Pazifik
pack (pl **s**) [pak] m Pack m; **pack de 6 latas** Sechserpack m, Sixpack nt
pacto m Vertrag m; (tratado) Pakt m
padecer [-'θer] irr como crecer vt erleiden; (soportar) erdulden ▷ vi leiden; **padecer de** leiden an +dat
padrastro m Stiefvater m
padre m Vater m; (Rel) Pater m; **padres** pl Eltern pl; **padre**

político/soltero Schwiegervater/ alleinerziehender Vater
padrino m (de bautizo) Taufpate m
paella [pa'eʎa] f Paella f (Reisgericht mit Schaltieren, Fisch etc)
paga f (sueldo) Lohn m, Gehalt nt
pagar [7] vt zahlen, bezahlen; (con cárcel etc) büßen; (fig: un favor etc) vergelten ▷ vi zahlen; **pagar al contado/a plazos** bar/in Raten bezahlen
página [-xi-] f Seite f; **página web** (Inform) Webseite; **página de entrada a una web** Homepage f
pago m (acción) Zahlung f; **pago anticipado/a cuenta** Vorauszahlung/Akontozahlung
país [pa'is] m Land nt; **países terceros** Drittländer pl; **país umbral** Schwellenland nt; **el País Vasco** das Baskenland; **los Países Bajos** die Niederlande pl
paisaje [pai-xe] m Landschaft f
paisano, a [pai-] adj aus demselben Land ▷ m/f Landsmann(-männin) m/f
paja [-xa] f Stroh nt; (para beber) Strohhalm m
pájaro [-xa-] m Vogel m
Pakistán m Pakistan m
pala f Schaufel f; (raqueta etc) Schläger m; (de remo) Ruderblatt nt; (de zapato) Oberleder nt
palabra f Wort nt; **coger la palabra a alguien** jdn beim Wort nehmen; **dar la palabra** sein Wort geben; **en una palabra** kurz (gesagt); **palabra clave, palabra de acceso** (Inform) Passwort
palabrota f Schimpfwort nt
palacio [-θjo] m Palast m, Schloss nt; **palacio de justicia** Justizpalast

paladar m Gaumen m; (gusto) Geschmack m
palanca f Hebel m; **palanca de control** (Inform) Joystick m
palangana f Waschbecken nt
palco m (Teat) Loge f
Palestina f Palästina nt
palestino, a adj palästinensisch ▷ m/f Palästinenser(in) m(f)
paliar [1] vt (aliviar) lindern
palidecer [-'θer] irr como crecer vi blass werden
pálido, a adj blass
palillo [-ʎo] m Zahnstocher m; **palillos chinos** Stäbchen pl
palito m: **palito de pescado** Fischstäbchen nt
paliza [-θa] f Tracht f Prügel; (fam: persona) Nervensäge f
palma f (Anat) Handfläche f; **batir palmas, dar palmas** klatschen
palmera f Palme f
palmo m Spanne f, Handbreit f; (fig) Stück nt; **palmo a palmo** Stück für Stück
palo m Stock m; (poste) Pfahl m; (mango) Stiel m; (golpe) (Stock)schlag m; (madera) Holz nt; (mástil) Mast m; **palo de tienda** Zeltstange f
paloma f Taube f
palomilla [-ʎa] f Motte f; (Tecn: tuerca) Flügelmutter f; (pieza triangular) Winkel m
palomitas fpl Popcorn nt
palpar [1] vt befühlen, betasten
palpitar [1] vi (corazón) klopfen, schlagen
palta f (Am) Avocado f
paludismo m Malaria f
pampa f Pampa f, Grasland nt

pan m Brot nt; (una barra) Laib m; (trigo) Getreide nt; **pan integral** Vollkornbrot; **pan rallado** Paniermehl nt

pana f Cord(samt) m

panadería f Bäckerei f

panadero, a m/f Bäcker(in) m(f)

Panamá m Panama nt

panameño, a adj panamaisch ▷ m/f Panamaer(in) m(f)

pancarta f Transparent nt, Spruchband nt

panda f Panda(bär) m; (fam) Clique f

pandereta f Tamburin nt

pandilla [-ʎa] f Clique f; (de ladrones etc) Bande f

panecillo [-'θiʎo] m Brötchen nt

pánico m Panik f

panorama m Panorama nt

pantalla [-ʎa] f (de lámpara) Schirm m; (de cine) Leinwand f; (de televisor: Inform) Bildschirm m; **pantalla dividida** geteilter Bildschirm; **pantalla para gráficos** Grafikbildschirm; **pantalla táctil** Berührungsbildschirm, Touchscreen f; **desplazar la pantalla** (Inform) blättern

pantalón m, **pantalones** mpl Hose f; **pantalón de ciclista** Radlerhose f; **pantalón corto** Shorts pl

pantano m Sumpf m; (embalse) Stausee m

pantera f Panther m

pantorrilla [-ʎa] f Wade f

panty (pl **s**) ['panti] m Strumpfhose f

panza [-θa] f Bauch m

pañal m Windel f; **pañales** pl Wickelzeug nt; (fig: niñez) Kindheit f

paño m (tela) Stoff m; (pedazo de tela) Tuch nt

pañuelo [-'ɲwe-] m Taschentuch nt; (para la cabeza) Kopftuch nt

papa m Papst m

papá m (fam) Papa m

papagayo m Papagei m

papaya f Papaya f

paparrucha [-tʃa] f (tontería) Quatsch m, Blödsinn m

papel m Papier nt; (hoja de papel) Zettel m; **papel de aluminio** Alufolie f; **papel de cartas** Briefpapier; **papel continuo** Endlospapier; **papel de envolver** Packpapier; **papel de estaño/higiénico** Stanniol-/Toilettenpapier; **papel de lija** Schmirgelpapier; **papel reciclado** Recyclingpapier, Umwelt(schutz)papier

papeleo m Papierkrieg m

papelera f (t. Inform) Papierkorb m; (fábrica) Papierfabrik f

papelería f (tienda) Schreibwarengeschäft nt; (papeles desordenados) durcheinanderliegende Blätter pl

papeleta f (de voto) Wahlzettel m

paperas fpl Mumps m

paquete [-'ke-] m Paket nt; (bulto) Bündel nt; (de tabaco) Schachtel f; (viaje) Pauschalreise f; **pequeño paquete** Päckchen nt; **paquete (de programas)** (Programm)paket; **paquete bomba** Paketbombe f; **paquete de medidas de ahorro económico** Sparpaket; **paquete de reposición** Nachfüllpack m

par m Paar nt; **un par de días** zwei Tage; **abrir de par en par** weit aufmachen

para prep für; **decir para sí** zu sich

selbst sagen; **ir para casa** nach Hause gehen; **¿para qué lo quieres?** wozu willst du es haben?; **se casaron para separarse otra vez** sie heirateten nur, um sich wieder zu trennen; **lo tendré para mañana** morgen habe ich es fertig; **para ser profesor es muy estúpido** für einen Lehrer ist er wirklich sehr dumm; **¿quién es usted para gritar así?** wer sind Sie denn, dass Sie so schreien?; **tengo bastante para vivir** ich habe genug zum Leben

parábola f Parabel f; (Rel) Gleichnis nt

parabrisas m inv Windschutzscheibe f

paracaídas m inv Fallschirm m; **paracaídas para vuelo planeado** Gleitschirm m

parachoques [-'tʃokes] m inv Stoßdämpfer m

parada f ver **parado**

paradero m Aufenthaltsort m; (fin) Ende nt

parado, a adj (coche) gestoppt; (sin empleo) arbeitslos ▷ m/f Arbeitslose(r) mf ▷ f Anhalten nt, Stoppen nt; (parado de autobús) Haltestelle f; (Mil) Parade f; **parada (del viaje)** Fahrtunterbrechung f

paradontosis f inv Parodontose f

parador m: **parador nacional** staatliches Hotel

paragliding [-'glaidin] m Gleitschirmfliegen nt

paraguas m inv Regenschirm m

Paraguay m Paraguay nt

paraguayo, a adj paraguayisch ▷ m/f Paraguayer(in) m(f)

paraíso m Paradies nt

paralelo, a adj parallel

parálisis f inv Lähmung f

parámetro m Parameter m

páramo m Ödland nt

paranoico, a adj paranoisch ▷ m/f Paranoiker(in) m(f)

parapléjico, a adj [-xi-] querschnittsgelähmt ▷ m/f Querschnittsgelähmte(r) mf

parar [1] vt anhalten, stoppen; (detener un movimiento) abfangen; (máquina etc) abschalten ▷ vi anhalten, stoppen; **ha parado de llover** es hat aufgehört zu regnen; **sin parar** unaufhörlich; **van a parar en la comisaría** sie werden noch auf der Wache enden ▷ vr: **pararse** stehen bleiben; (Am) aufstehen

pararrayos m inv Blitzableiter m

parásito, a m/f Schmarotzer(in) m(f)

parasol m Sonnenschirm m

parcela [-'θe-] f Parzelle f

parche [-tʃe] m Flicken m; (Med) Pflaster nt

parcial [-'θjal] adj Teil-; (eclipse) partiell; (no objetivo) parteiisch

parear [1] vt (juntar comparando) passend zusammenstellen; (Bio) paaren

parecer [-'θer] irr como **crecer** vi (tener apariencia) scheinen; (tener parecido) aussehen wie; **al parecer, a lo que parece** anscheinend, dem Anschein nach; **me parece que** ich meine, dass; **¿qué te parece?** was meinst du?; **me parece bien** ich finde es in Ordnung ▷ vr: **parecerse** sich ähnlich sein [o sehen]; **parecerse a alguien** jdm

ähneln ▷ *m* (*opinión*) Meinung *f*; (*apariencia*) Aussehen *nt*
parecido, a [-'θi-] *adj* ähnlich
pared *f* Wand *f*
pareja [-xa] *f* Paar *nt*; (*el otro: de un par*) Gegenstück *nt*; (*persona*) Partner(in) *m(f)*; **pareja de hecho** eheähnliche Lebensgemeinschaft *f*
pariente, a [-'rjen-] *m/f* Verwandte(r) *mf*
parir [3] *vt* gebären, zur Welt bringen ▷ *vi* gebären; (*animal*) werfen
parking (*pl* **s**) ['parkin] *m* Parkplatz *m*; (*garaje*) Parkhaus *nt*
parlamentario, a *adj* parlamentarisch ▷ *m/f* Parlamentarier(in) *m(f)*, Abgeordnete(r) *mf*
parlamento *m* Parlament *nt*; (*discurso*) Vortrag *m*
parlanchín, ina [-'tʃin] *adj* schwatzhaft ▷ *m/f* Schwätzer(in) *m(f)*
paro *m* (*huelga*) Streik *m*, Ausstand *m*; (*desempleo*) Arbeitslosigkeit *f*; (*dinero*) Arbeitslosenunterstützung *f*; **paro masivo** Massenarbeitslosigkeit
parodia *f* Parodie *f*
parpadear [1] *vi* (*los párpados*) blinzeln
párpado *m* (Augen)lid *nt*
parque [-ke] *m* Park *m*; **parque acuático** Aquadrom *nt*, Spaßbad *nt*; **parque de atracciones/de estacionamiento** Vergnügungs-/Parkplatz
parquímetro [-'ki-] *m* Parkuhr *f*
párrafo *m* Absatz *m*
parranda *f* (*fam*) Kneipenbummel *m*
parrilla [-ʎa] *f* (*Gastr*) Grill *m*; (*establecimiento*) Grillrestaurant *nt*; **a la parrilla** gegrillt
parrillada [-'ʎa-] *f* gegrilltes Fleisch *nt*; (*pez*) gegrillter Fisch
parroquia [-kja] *f* (*Rel*) Gemeinde *f*, Pfarrei *f*; (*iglesia*) Pfarrkirche *f*
parte *m* Benachrichtigung *f*; (*informe*) Bericht *m*; **dar parte** benachrichtigen ▷ *f* Teil *m*; (*cantidad correspondiente*) Anteil *m*; (*Jur*) Seite *f*, Partei *f*; (*Teat*) Rolle *f*; **en cualquier parte** irgendwo; **en gran parte** größtenteils; **la mayor parte de los españoles** die meisten Spanier; **de parte de alguien** von jdm; **por mi parte** meinerseits; **por otra parte** andererseits
partera *f* Hebamme *f*
participación [-θi-'θjon] *f* (*acto*) Teilnahme *f*; (*parte*: Com) Anteil *m*; (*de lotería*) Beteiligung *f* (an einem Los); (*aviso*) Mitteilung *f*
participar [-θi-] [1] *vt* mitteilen ▷ *vi* teilnehmen; (*compartir*) beteiligt sein
particular *adj* besondere(r, s); (*personal*) Privat-, persönlich ▷ *m* (*asunto*) Angelegenheit *f* ▷ *mf* Privatperson *f*
partida *f* (*salida*) Abfahrt *f*; (*Com*) Posten *m*; (*juego*) Spiel *nt*; **partida de nacimiento/de matrimonio/de defunción** Geburts-/Heiratsurkunde/Totenschein *m*
partido *m* (*Pol*) Partei *f*; (*de fútbol etc*) Spiel *nt*; **partido individual** Einzel *nt*
partir [3] *vt* (*dividir*) trennen; (*compartir*) teilen; (*romper*) aufbrechen, aufschlagen; (*rebanada*) abschneiden ▷ *vi*

(*marcharse*) abreisen; **a partir de** von ... an

parto *m* Geburt *f*; **estar de parto** in den Wehen liegen

parvulario [-βu-] *m* Vorschule *f*, Kindergarten *m*

pasa *f* Rosine *f*; **pasa de Corinto** Korinthe *f*

pasado, a *adj* vergangen; (*malo: comida, fruta*) verdorben; (*muy cocido*) verkocht; (*anticuado*) veraltet; **pasado mañana** übermorgen; **el mes pasado** (im) letzten Monat ▷ *m* Vergangenheit *f* ▷ *f* Vorübergehen *nt*, Vorbeigehen *nt*; (*Inform*) Lauf *m*

pasador *m* Spange *f*, (*colador*) Sieb *nt*

pasaje [-xe] *m* Durchgang *m*, Durchfahrt *f*; (*billete*) Fahrschein *m*; (*fragmento*) Stelle *f*, Passage *f*

pasajero, a [-'xe-] *m/f* Reisende(r) *mf*; (*en un barco, avión*) Passagier(in) *m(f)*

pasamanos *m inv* Geländer *nt*; (*de escalera*) Treppengeländer *nt*

pasaporte *m* Reisepass *m*

pasar [1] *vt* gehen/fahren durch; (*sufrir*) erleiden; (*tiempo*) verbringen; (*río*) überqueren; (*filtrar*) sieben; (*dar*) geben; (*examen*) machen ▷ *vi* vorbeigehen, vorübergehen; (*terminarse*) vorbei sein; (*ocurrir*) vorkommen, passieren; **¿qué pasa?** was ist los? ▷ *vr*: **pasarse** (*comida*) schlecht werden; (*fig*) übertreiben, zu weit gehen

pasarela *f* Steg *m*, Brücke *f*; (*en barco*) Gangway *f*

pasatiempo [-'tjem-] *m* Zeitvertreib *m*

Pascua *f*: **Pascua (de Resurrección)** Ostern *nt*; **Pascuas** *pl* Weihnachtszeit *f*; **¡felices Pascuas!** fröhliche Weihnachten!/frohe Ostern!

pasear [1] *vt* spazieren führen, ausführen ▷ *vi* spazieren gehen; (*en coche*) spazieren fahren

paseo *m* Spaziergang *m*; (*avenida*) Promenade *f*; **dar un paseo** einen Spaziergang machen

pasillo [-ʎo] *m* Flur *m*

pasión *f* Leidenschaft *f*; (*Rel*) Passion *f*

pasionaria *f* Passionsfrucht *f*, Maracuja *f*

pasivo, a [-βo] *adj* passiv; (*inactivo*) untätig ▷ *m* (*Com*) Soll *nt*

pasmo *m* Krampf *m*; (*fig*) Erstaunen *nt*

paso *m* Schritt *m*; (*huella*) Fußabdruck *m*; (*cruce*) Übergang *m*; (*pasaje*) Durchgang *m*; (*estrecho*) Meerenge *f*; **estar de paso** auf der Durchreise sein; **prohibido el paso** Durchgang verboten; **ceda el paso** Vorfahrt beachten; **paso elevado** Überführung *f*

pasota *mf* (*fam*) Null-Bock-Typ *m*

pasta *f* Paste *f*; (*Gastr: masa*) Teig *m*; (*fam: dinero*) Kohle *f*; **pastas** *pl* (*bizcochos etc*) Gebäck *nt*; (*espaguetis etc*) Nudeln *pl*; **pasta de dientes, pasta dentífrica** Zahnpasta *f*

pastar [1], **pastear** [1] *vi* weiden

pastel *m* (*dulce*) Kuchen *m*; (*de carne*) Pastete *f*; **color** *m* **pastel** Pastellfarbe *f*

pastelería *f* Konditorei *f*

pasteurizado, a [-teu-'θa-] *adj* pasteurisiert

pastilla [-ʎa] f (de jabón) Stück nt; (de chocolate) Tafel f; (píldora) Pastille f; **pastilla (de circuito integrado)** Chip m, elektronischer Baustein
pasto m (hierba) Gras nt; (lugar) Weide f
pastor, a m(f) Hirte (Hirtin) m/f; (Rel) Pastor(in) m(f)
pata f Bein nt
patada f Fußtritt m
patata f Kartoffel f; **patatas fritas** Pommes frites pl; (frías) Kartoffelchips pl
patear [1] vt (pegar con el pie) Fußtritte geben +dat ▷ vi (auf)stampfen
patente adj offen; (fig) klar ▷ f Patent nt
paternal adj, **paterno, a** adj väterlich, Vater-
patético, a adj pathetisch
patilla [-ʎa] f (de gafas) Bügel m; **patillas** (barba) Koteletten pl
patín m (de ruedas) Rollschuh m; (para hielo) Schlittschuh m; **patines en línea** Inlineskates pl
patinaje [-xe] m Rollschuhlaufen nt; (sobre hielo) Schlittschuhlaufen nt
patinar [1] vi Rollschuh laufen; (sobre hielo) Schlittschuh laufen; (resbalar) ausrutschen, ausgleiten
patinete m Mikroroller m, Kickboard nt
patio m (de casa) (Innen)hof m
pato m Ente f
patria f Vaterland nt
patrimonio m Erbgut nt; (fig) Vermögen nt
patriota mf Patriot(in) m(f)
patrocinador, a [-θi-] m(f) Sponsor(in) m(f)
patrón, ona m/f (jefe) Chef(in) m(f); (propietario) Wirt(in) m(f); (Rel) Schutzheilige(r) mf ▷ m (costura) Schnittmuster nt; (de un barco) Schiffsführer m; (Tecn) Modell nt, Muster nt
patronal adj: **fiesta** f **patronal** Namensfest nt des Schutzpatrons
patrulla [-ʎa] f Streife f
pausa f Pause f
pauta f (norma) Regel f, Norm f
pavo [-βo] m Truthahn m; **pavo real** Pfau m
pavor [-'βor] m Schrecken m, Entsetzen nt
payaso, a m/f Clown(in) m(f)
paz [paθ] f Friede(n) m; (tranquilidad) Ruhe f; **que en paz descanse** er/sie ruhe in Frieden
peaje [-xe] m (de autopista) Autobahngebühr f, Maut f
peatón mf Fußgänger(in) m(f)
peca f Sommersprosse f
pecado m Sünde f
pecar [6] vi (Rel) sündigen; **peca de generoso** er ist zu großzügig
pecho [-tʃo] m Brust f; **dar el pecho a un bebé** ein Baby stillen
pechuga [-'tʃu-] f Brustfleisch nt vom Geflügel
peculiar adj besondere(r, s), eigentümlich
pedal m Pedal nt
pedante adj pedantisch ▷ mf Pedant(in) m(f)
pedazo [-θo] m Stück nt; **hacerse pedazos** in Stücke zerbrechen
pedernal m Feuerstein m
pediatra mf Kinderarzt(-ärztin) m/f
pedido m (Com) Auftrag m

pedir irr vt bitten um; (comida: Com: mandar) bestellen; (exigir) fordern; **¿cuánto piden por el coche?** wie viel verlangen sie für den Wagen?
peeling (pl **s**) ['piliŋ] m Peeling nt
pegamento m Klebstoff m
pegar [**7**] vt (papel, sellos) kleben (a auf +akk); (Med) anstecken; (dar: golpe) versetzen ▷ vi (ir juntos: colores) zusammenpassen; (golpear) schlagen ▷ vr: **pegarse** (comida) anbrennen; (en lucha) sich schlagen
pegatina f Aufkleber m, Sticker m
peinado [pei-] m Frisur f
peinar [**1**] vt kämmen ▷ vr: **peinarse** sich kämmen
peine m Kamm m
Pekín m Peking nt
pelado, a adj (cabeza) geschoren; (fruta) geschält; (sin dinero) blank
pelar [**1**] vt (cortar el pelo) die Haare schneiden +dat; (quitar la piel) schälen ▷ vr: **pelarse** (la piel) sich schälen
peldaño m Stufe f
pelear [**1**] vi kämpfen ▷ vr: **pelearse** sich streiten
peletería f Pelzgeschäft nt
pelícano m Pelikan m
película f Film m; **película de acción** Actionfilm m
peligro m Gefahr f; (riesgo) Risiko nt
pelirrojo, a [-xo] adj rothaarig
pellejo [-'ʎexo] m (de animal) Fell nt; (de fruta) Haut f
pellizcar [-λiθ-] [**6**] vt kneifen
pelo m (cabellos) Haar nt; (de animal) Fell nt
pelota f Ball m; (fam: cabeza) Birne f, Rübe f; **en pelotas** splitternackt; **pelota vasca** Pelota f

peluca f Perücke f
peluche [-tʃe] m Plüsch m
peluco m Uhr f
peluquería [-ke-] f Frisiersalon m
peluquero, a m/f Friseur(in) m(f)
pena f (castigo) Strafe f; (congoja) Kummer m, Leid nt; **merecer la pena, valer la pena** sich lohnen; **¡qué pena!** wie schade!; **pena de muerte** Todesstrafe f; **pena pecuniaria** Geldstrafe f
pendiente [-'djen-] adj (por resolver) unerledigt ▷ m Ohrring m ▷ f Abhang m, Gefälle nt
pene m Penis m
penetración [-'θjon] f Eindringen nt, Durchdringen nt
penetrante adj durchdringend; (herida) tief; (agudo) scharf; (sonido) schrill
penicilina [-θi-] f Penizillin nt
península f Halbinsel f
peninsular adj Halbinsel-
penitencia [-θja] f (remordimiento) Reue f; (castigo) Buße f
pensador, a m(f) Denker(in) m(f)
pensamiento m (acto) Denken nt; (cosa pensada) Gedanke m; (Bot) Stiefmütterchen nt
pensar irr vt denken; (considerar) überdenken; (hacer proyectos) vorhaben; (imaginar) sich dat vorstellen
pensión f (hotel) Pension f; (dinero) Rente f; (cama y comida) Pension f; **pensión completa** Vollpension
pensionista mf (jubilado) Rentner(in) m(f)
penúltimo, a adj vorletzte(r, s)
penuria f Mangel m, Not f
peña f (roca) Fels m; (grupo) Zirkel m, Clique f

peñón m Felsblock m; **el Peñón** Gibraltar nt
peón m Hilfsarbeiter(in) m(f); (Am) Landarbeiter(in) m(f); (Ajedrez) Bauer m
peor adj (comparativo) schlechter, schlimmer; (superlativo) schlechteste(r, s), schlimmste(r, s) ▷ adv (comparativo) schlechter, schlimmer; (superlativo) am schlechtesten, am schlimmsten
pepinillo m: **pepinillo en vinagre** Gewürzgurke f
pepino m Gurke f; **(no) me importa un pepino** das ist mir Wurscht
pepita f (Bot) Kern m; (Min) Klumpen m
pequeño, a [-'ke-] adj klein
pera f Birne f
percance [-θe] m Zwischenfall m
percatarse [1] vr: **percatarse de** bemerken, wahrnehmen
percha [-tʃa] f (poste) Stange f; (ganchos) Garderobenständer m; (colgador) Kleiderbügel m
percibir [-θi-] [3] vt wahrnehmen; (dinero) beziehen
perder irr como tender vt verlieren; (oportunidad, tren etc) verpassen ▷ vi verlieren ▷ vr: **perderse** (extraviarse) sich verlaufen, sich verirren; (desaparecer) verloren gehen; (arruinarse) zugrunde gehen
perdiz (pl perdices) [-'ðiθ] f Rebhuhn nt
perdón m (clemencia) Gnade f; **¡perdón!** Entschuldigung!; **pedir perdón** um Verzeihung bitten
perdonar [1] vt entschuldigen; (la vida) schenken; (disculpar) verzeihen +dat
perdurar [1] vi (resistir) Bestand haben; (seguir existiendo) andauern, fortbestehen
perecer [-'θer] irr como crecer vi (morir) sterben, umkommen
peregrinación [-'θjon] f Wallfahrt f, Pilgerfahrt f
perejil [-'xil] m Petersilie f
perenne adj ewig; (Bot) immergrün
pereza [-θa] f Faulheit f, Trägheit f
perezoso, a [-'θo-] adj faul, träge; (lento) schwerfällig ▷ m/f Faulenzer(in) m(f)
perfección [-'θjon] f Perfektion f
perfecto, a adj perfekt, vollkommen; (acabado) vollendet
perfidia f Heimtücke f
perfil m (parte lateral) Profil nt; (silueta) Umriss m; (Archit) Seitenabriss m
perfilador m: **perfilador de ojos** Kajalstift m
perforación [-'θjon] f (acto) Bohren nt; (efecto) Bohrung f; (Med) Durchbruch m, Perforation f
perforadora f Bohrmaschine f
perforar [1] vt durchbohren; (papel) lochen; (bala) durchschlagen ▷ vi bohren
perfume m Parfüm nt
periferia f Peripherie f; (de ciudad) Stadtrand m
periférico, a (Inform) Peripheriegerät nt
perímetro m Umfang m
periódico, a adj periodisch ▷ m Zeitung f
periodismo m Journalismus m
periodista mf Journalist(in) m(f)
periodo m, **período** m Periode f;

periodo de semidesintegración Halbwertzeit *f*

perito, a *m/f* Experte (Expertin) *m/f*

perjudicar [-xu-] [6] *vt* schädigen, schaden +*dat*

perla *f* Perle *f*

permanecer [-'θer] *irr como* crecer *vi* bleiben; (*seguir*) fortbestehen

permanente *adj* (*que queda*) bleibend; (*constante*) ständig, dauernd ▷ *f* Dauerwelle *f*

permiso *m* Erlaubnis *f*; (*licencia*) Urlaub *m*; **con permiso** wenn es erlaubt ist; **estar de permiso** auf Urlaub sein; **permiso de acceso** (*Inform*) Zugriffsberechtigung *f*; **permiso de conducir** Führerschein *m*; **permiso de trabajo** Arbeitsgenehmigung *f*

permitir [3] *vt* erlauben, gestatten

pernicioso, a [-'θjo-] *adj* schädlich, ungesund

pernio *m* Scharnier *nt*

perno *m* Bolzen *m*

pero *conj* aber, jedoch ▷ *m* Einwand *m*

perpendicular *adj* senkrecht; **el camino es perpendicular al río** der Weg verläuft rechtwinklig zum Fluss

perpetrar [1] *vt* begehen

perpetuar [5] *vt* verewigen

perplejo, a [-xo] *adj* betreten, bestürzt; (*sin consejo*) ratlos; (*estupefacto*) verblüfft, perplex

perrera *f* (Hunde)zwinger *m*

perro *m* Hund *m*; **perro caliente** Hotdog *m*

persa *adj* persisch ▷ *mf* Perser(in) *m(f)*

persecución [-'θjon] *f* Verfolgung *f*

perseguir [-'ɣir] *irr como* seguir *vt* verfolgen

persiana *f* (*de madera*) Rollladen *m*; (*metálica*) Jalousie *f*

persignarse [1] *vr* sich bekreuzigen

persistir [3] *vi* andauern, fortbestehen

persona *f* Person *f*

personaje [-xe] *m* Persönlichkeit *f*; (*Teat*) Person *f*

personal *adj* persönlich ▷ *m* Personal *nt*

personalidad *f* Persönlichkeit *f*

perspectiva [-βa] *f* Perspektive *f*; (*vista, panorama*) Aussicht *f*, Panorama *nt*; (*posibilidad futura*) Aussicht *f* (*de* auf +*akk*)

persuadir [3] *vt* überreden; (*convencer*) überzeugen ▷ *vr*: **persuadirse** sich überzeugen

pertenecer [-'θer] *irr como* crecer *vi*: **pertenecer a** gehören +*dat*; (*fig*) betreffen

pertinente *adj* (*adecuado*) passend, angebracht; **pertinente a** betreffend +*akk*, relevant für

perturbar [1] *vt* stören; (*mentalmente*) verwirren

Perú *m* Peru *nt*

peruano, a *adj* peruanisch ▷ *m/f* Peruaner(in) *m(f)*

perverso, a [-βer-] *adj* pervers

pesa *f* Gewicht *nt*; (*Sport*) Hantel *f*

pesadilla [-Aa] *f* Albtraum *m*

pesado, a *adj* schwer; (*lento*) schwerfällig; (*aburrido*) langweilig; (*pelmazo*) aufdringlich

pésame *m* Beileid *nt*; (*escrito*) Beileidsschreiben *nt*

pesar [1] *vt* abwiegen ▷ *vi* wiegen; **a pesar de, pese a** trotz +*gen*; **a pesar de que** auch wenn

pesario *m* (Med) Pessar *nt*
pesca *f* (acto) Fischen *nt*; (cantidad de pescado) Fang *m*
pescadería *f* Fischgeschäft *nt*
pescado *m* Fisch *m*
pescador, a *m(f)* Fischer(in) *m(f)*; (de caña) Angler(in) *m(f)*
pescar [6] *vt* (peces) (con caña) angeln; (sorprender) erwischen; (enfermedad) sich *dat* holen; (conseguir) ergattern; **pescar un marido** sich *dat* einen Mann angeln ▷ *vi* fischen; (con caña) angeln
pescuezo [-'kweθo] *m* Nacken *m*, Genick *nt*
pesebre *m* Futterkrippe *f*
peseta *f* (Hist) Peseta *f*
pesimista *adj* pessimistisch ▷ *mf* Pessimist(in) *m(f)*
pésimo, a *adj* sehr schlecht
peso *m* Gewicht *nt*; (balanza) Waage *f*; (moneda) Peso *m*; **vender al peso** nach Gewicht verkaufen; **peso bruto/neto** Brutto-/Nettogewicht
pesquisa [-'ki-] *f* Nachforschung *f*; (policial) Untersuchung *f*
pestaña *f* (Anat) Wimper *f*; (borde sobresaliente) überstehender Rand
peste *f* (enfermedad) Pest *f*; (mal olor) Gestank *m*
pesticida [-θi-] *m* Schädlingsbekämpfungsmittel *nt*
pétalo *m* Blütenblatt *nt*
petición [-'θjon] *f* Bitten *nt*; (Jur) Gesuch *nt*; (Pol) Petition *f*
petróleo *m* (Erd)öl *nt*
petromonarca *m* Ölscheich *m*
pez (*pl* **peces**) [peθ] *m* Fisch *m*
piano *m* Klavier *nt*; **piano de cola** Flügel *m*
piar [4] *vi* piepsen

PIB *m sigla* (= *producto interior bruto*) BIP *m*
picadillo [-ʎo] *m* Hackfleisch *nt*; (comida) Hackbraten *m*
picado, a *adj* gehackt, klein geschnitten
picador *m* (Taur) Pikador *m*
picadura *f* (de insecto) Stich *m*; (de serpiente) Biss *m*; (en el diente) Karies *f*
picante *adj* scharf; (fig) pikant
picar [6] *vt* (insectos) stechen; (serpiente) beißen; (cortar en trozos) klein schneiden, klein hacken; (escocer) jucken ▷ *vi* (quemar) brennen; (pez) anbeißen
pícaro, a *adj* (malicioso) gaunerhaft; (travieso) spitzbübisch, keck
pichón [-'tʃon] *m* junge Taube; (apelativo cariñoso) Täubchen *nt*
pico *m* (de ave: t. fig) Schnabel *m*; (de vasija) Ausguss *m*; (punto agudo) Spitze *f*; (herramienta) Spitzhacke *f*; (Geo) Gipfel *m*; **pico de heroína** Schuss *m*
pictograma *m* Piktogramm *nt*
pie [pje] *m* Fuß *m*; (de una foto etc) Bildunterschrift *f*; **ir a pie** (zu Fuß) gehen; **estar de pie** stehen; **ponerse de pie** aufstehen
piedad [pje-] *f* (compasión) Barmherzigkeit *f*; (devoción) Frömmigkeit *f*
piedra [pje-] *f* Stein *m*; (granizo) Hagel *m*; **poner la primera piedra** den Grundstein legen; **piedra preciosa** Edelstein *m*
piel [pjel] *f* (Anat) Haut *f*; (Zool) Fell *nt*, Haut; (cuero) Leder *m*; (Bot) Schale *f*
piercing (*pl* **s**) ['pirsin] *m* Piercing *nt*

pierna ['pjer-] f Bein nt
pieza ['pjeθa] f Stück nt; (habitación) Zimmer nt; (de juegos) Stein m; **pieza de recambio** [o **de repuesto**] Ersatzteil nt
pijama [-'xa-] m Pyjama m, Schlafanzug m
pila f (Elec) Batterie f; (montón) Haufen m; (de cocina) Spülbecken nt
píldora f Tablette f, Pille f; **la píldora** (anticonceptiva) die Pille
pillar [-'ʎar] [1] vt (alcanzar a alguien) erreichen; (atropellar) anfahren; (sorprender) erwischen; (aprisionar: un dedo etc) einklemmen; (coger) einfangen
pillo, a [-ʎo-] adj spitzbübisch; (astuto) schlau, clever ▷ m/f Spitzbube m, Gauner(in) m(f)
piloto mf Pilot(in) m(f); **piloto automático** Autopilot m ▷ m (lámpara) Warnlampe f; (Auto) Rücklicht nt; **piloto antiniebla** Nebelschlussleuchte f
pimentón m (polvo) Paprika m; (pimiento) Paprikaschote f
pimienta f Pfeffer m
pimiento m Paprika m
pincel [-'θel] m Pinsel m
pinchadiscos [-tʃa-] m inv Discjockey m
pinchar [-'tʃar] [1] vt (ein)stechen ▷ vr: **pincharse** (neumático) platzen; (fam) fixen
pinchitos [-'tʃi-] mpl Appetithappen pl
pingüino [-'gwi-] m Pinguin m
pino m Kiefer f, Pinie f
pinta f Flecken m; (aspecto) Aussehen nt; **tener buena pinta** gut aussehen
pintado, a adj bemalt; (con manchas) fleckig; (de muchos colores) bunt
pintalabios m inv Lippenstift m
pintar [1] vt malen; (maquillaje) schminken ▷ vr: **pintarse** (maquillaje) sich schminken
pintor, a m(f) Maler(in) m(f)
pintoresco, a adj malerisch
pintura f Anstrich m; (arte) Malerei f; (cuadro) Gemälde nt; **pintura rupestre** Höhlenmalerei
pinza [-θa] f (Zool) Schere f; (para ropa) (Wäsche)klammer f; (pliegue) Abnäher m; (herramienta) Zange f; **pinzas** pl (para depilar etc) Pinzette f; **pinzas de conexión** Starthilfekabel nt
piña f (fruto del pino) Kiefernzapfen m; (fruta) Ananas f
pío, a adj (devoto) fromm ▷ m Piepsen nt
piojo [-xo] m Laus f
pipa f Pfeife f; (Bot) Kern m
pipí m: **hacer pipí** (fam) Pipi machen
piquete [-'ke-] m (estaca) Pfahl m; (de tienda de campaña) Hering m
pirado m Freak m
piragua f Kanu nt
piragüismo [-'gwis-] m Kanusport m; **piragüismo en aguas bravas** Wildwasserfahren nt
pirámide f Pyramide f
pirata mf Pirat(in) m(f); **pirata de la informática** Hacker(in) m(f)
piratear [1] vt Raubkopien machen von
piratería f: **piratería de productos** Produktpiraterie f
Pirineo(s) m(pl) Pyrenäen pl
piropo m Kompliment nt
pisar [1] vt (caminar sobre) treten

auf +akk, betreten; (apretar con el pie) zertreten; (fig) schikanieren

piscina [-'θi-] f Schwimmbad nt; (para peces) Fischteich m

Piscis [-θis] m inv (Astr) Fische pl; **Werner es Piscis** Werner ist Fisch

piso m Fußboden m; (para vivir) Wohnung f; **piso en propiedad** Eigentumswohnung f

pisotear [1] vt zertreten

pista f Spur f, Fährte f; (Inform) Spur f; **pista de aterrizaje** Landebahn f; **pista de baile** Tanzfläche f; **pista de circo** Manege f; **pista de tenis** Tennisplatz m

pistola f Pistole f

pistón m (émbolo) Kolben m; (Mus) Ventil nt

pitar [1] vt (rechiflar) auspfeifen; (Am: fumar) rauchen ▷ vi pfeifen

pitillo [-ʎo] m (fam) Zigarette f

pito m Pfeife f; (fam: cigarrillo) Kippe f

pitón m (Zool) Pythonschlange f; (de botijo etc) Ausguss m; (de toro) Horn nt

píxel (pl **s**) m Pixel nt, Bildpunkt m

pizarra [-'θa-] f (piedra) Schiefer m; (Escuela) Schiefertafel f

pizca ['piθ-] f: **una pizca de ...** ein bisschen ...; **ni pizca** kein bisschen

pizza ['pitsa] f (Gastr) Pizza f

pizzería f Pizzeria f

placa f Plakette f; **placa de matrícula** Nummernschild nt

placer [-'θer] irr como crecer vi gefallen ▷ m Vergnügen nt, Freude f

plagio [-xjo] m Plagiat nt

plan m (esquema, proyecto) Plan m; (idea) Idee f; (intención) Absicht f

plancha [-tʃa] f (para planchar) Bügeleisen nt; (tabla de hierro etc) Platte f; (Naut) Gangway f; (fam) Reinfall m; **plancha de vapor** Dampfbügeleisen

planchar [1] vt, vi bügeln

planeador m Segelflugzeug nt

planear [1] vt planen ▷ vi gleiten; **el planear con paracaídas** das Gleitschirmfliegen

planeta m Planet m

planificación [-'θjon] f Planung f

plano, a adj eben, flach ▷ m (Mat) Ebene f; (Tecn) Fläche f; (Geo) Karte f; (de ciudad) Stadtplan m

planta f (Bot) Pflanze f; (en casa) Stock(werk nt) m; (Tecn) Anlage f; (de pie) Fußsohle f; **planta baja** Erdgeschoss m

plantación [-'θjon] f (Agr) Pflanzung f

plantar [1] vt (Bot) pflanzen; (abandonar: novio) sitzen lassen

plantear [1] vt (problema) aufwerfen; (cuestión) stellen

plantilla [-ʎa] f (de zapato) Brandsohle f; (dentro) Einlegesohle f; (de media) Strumpfsohle f; (para dibujar) Schablone f; (personal) Belegschaft f; **plantilla para documentos** (Inform) Dokumentvorlage f

plasmar [1] vt (dar forma) gestalten

plástico, a adj plastisch ▷ m Kunststoff m ▷ f Bildhauerei f

plastilina f Plastilin m, Knetmasse f

plata f Silber nt; (dinero) Geld nt

plataforma f Plattform f

plátano m (fruta) Banane f; (árbol) Bananenstaude f

plateado, a adj silbern; (Tecn) versilbert ▷ m Versilberung f

platicar [6] vi sich unterhalten

platillo [-ʎo] m Waagschale f; (de

percusión) Becken *nt*; **platillo volante, platillo volador** fliegende Untertasse
platina *f*: **platina de casetes** Kassettendeck *nt*
platino *m* Platin *nt*; **platinos** *pl* (*Auto*) Unterbrecherkontakte *pl*
plato *m* Teller *m*; (*parte de comida*) Gang *m*; (*guiso*) Gericht *nt*
playa *f* Strand *m*; (*lugar veraniego*) Seebad *nt*; (*costa*) Küste *f*
playeras *fpl* Tennisschuhe *pl*
playero, a *adj* Strand-
plaza [-θa] *f* Platz *m*; (*mercado*) Markt(platz) *m*; (*lugar*) Stelle *f*; (*en vehículo*) Sitzplatz *m*
plazo [-θo] *m* (*espacio de tiempo*) Frist *f*; (*fecha de vencimiento*) Verfallsdatum *nt*; (*pago parcial*) Rate *f*; **comprar a plazos** auf Raten kaufen
pleamar *f* Hochwasser *nt*
plegable *adj*, **plegadizo, a** [-θo] *adj* biegsam, formbar; (*silla etc*) zusammenklappbar, Klapp-
pleito ['plei-] *m* (*Jur*) Prozess *m*; (*fig*) Auseinandersetzung *f*, Streit *m*
plenilunio *m* Vollmond *m*
pleno, a *adj* voll; (*completo*) ganz ▷ *m* Plenum *nt*
pleuresía [pleu-] *f* Brustfellentzündung *f*
pliego ['pljeɣo] *m* (*hoja*) Bogen *m*; (*documento*) versiegeltes Dokument
pliegue ['pljeɣe] *m* Falte *f*
plomero, a *m* Klempner(in) *m(f)*
plomo *m* Blei *nt*; (*fusible*) Sicherung *f*; **sin/con plomo** bleifrei, unverbleit/verbleit, bleihaltig
plug-in (*pl s*) ['plagin] *m* (*Inform*) Plug-in *nt*
pluma *f* Feder *f*

plural *m* Plural *m*
plus *m* Zuschlag *m*
población [-'θjon] *f* Bevölkerung *f*; (*pueblo*) Ortschaft *f*
poblar *irr como contar vt* bevölkern; (*conquistar*) besiedeln; (*habitar*) bewohnen
pobre *adj* arm ▷ *mf* Arme(r) *mf*
pobreza [-θa] *f* Armut *f*
pocilga [-'θil-] *f* Schweinestall *m*
poco, a *adj* wenig; **pocos** *pl* einige ▷ *adv* (*no mucho*) wenig; **por poco** fast, beinahe; **poco a poco** nach und nach; **¡poco a poco!** sachte!; **dentro de poco** bald, in Kürze; **hace poco** vor Kurzem ▷ *m*: **un poco** ein wenig, ein bisschen
podar [1] *vt* (*árboles*) beschneiden
podenco *m* Jagdhund *m*
poder *irr vi* können; (*permiso*) dürfen; **puede que sea así** kann schon sein; **¿se puede?** darf man eintreten?; **¿puedes con esto?** schaffst du das?; **no poder más** nicht mehr können ▷ *m* Kraft *f*; (*autoridad*) Macht *f*·
podrido, a *adj* verdorben
poema [po'e-] *m* Gedicht *nt*
poesía [poe-] *f* Poesie *f*, Dichtung *f*
poeta [po'e-] *mf* Dichter(in) *m(f)*
poinsetia *f* Weihnachtsstern *m*
polaco, a *adj* polnisch ▷ *m/f* Pole (Polin) *m/f*
polar *adj* Polar-, Pol-
polea *f* Flaschenzug *m*
polémica *f* Polemik *f*; (*controversia*) Auseinandersetzung *f*
policía [-'θia] *mf* Polizist(in) *m(f)* ▷ *f* Polizei *f*
policiaco, a [-'θja-] *adj* polizeilich, Polizei-; **novela policiaca** Kriminalroman *m*

polideportivo [-βo] m Sporthalle f
polilla [-ʎa] f Motte f
polio f Kinderlähmung f
politécnico, a adj polytechnisch
politeno m Polyäthylen nt
político, a adj politisch; **madre política** Schwiegermutter f; **padre político** Schwiegervater m ▷ m/f Politiker(in) m(f) ▷ f Politik f
polivalente [-βa-] adj (Inform) multifunktional, Multifunktions-
póliza [-θa] f Steuermarke f; (de seguro) Police f
pollo [-ʎo] m Huhn nt; (Gastr) Hähnchen nt
polo m (Geo, Elec: fig) Pol m; (helado) Eis nt (am Stiel); (Sport) Polo nt; (jersey) Polohemd nt; **Polo Norte/Sur** Nord-/Südpol
Polonia f Polen nt
polución [-'θjon] f Verschmutzung f, Verunreinigung f; (Med) Samenerguss m; **polución atmosférica** Luftverschmutzung; **polución eléctrica** Elektrosmog m
polvera [-'βe-] f Puderdose f
polvo [-βo] m Staub m; (Gastr, Med, Quím) Pulver nt; **polvos** pl Puder m; **polvos de talco** Talkumpuder m; **estar hecho polvo** fix und fertig sein
pólvora [-βo-] f (Schieß)pulver nt; (fuegos artificiales) Feuerwerk nt
pomada f Salbe f
pomelo m Grapefruit f
pómez [-meθ] f: **piedra** f **pómez** Bimsstein m
pompa f (burbuja) Blase f; (bomba) Pumpe f; (esplendor) Prunk m, Pomp m
pómulo m Backenknochen m

ponche [-tʃe] m Punsch m
poncho [-tʃo] m Poncho m
ponderado, a adj ausgewogen
poner irr vt setzen; stellen; legen; (colocar) abstellen; (ropa) anziehen; (la mesa) decken; (problema) (auf)geben; (Tel) verbinden; (telegrama) aufgeben; (radio etc) einschalten; (nombre) geben; (añadir) hinzufügen; (Cine, Teat) bringen, geben; (suponer) annehmen; **poner bonito** schönmachen; **póngame con el señor X** verbinden Sie mich mit Herrn X ▷ vi (ave) (Eier) legen ▷ vr: **ponerse** sich stellen; (el sol) untergehen; **ponerse triste** traurig werden; **ponerse a llorar** anfangen zu weinen; **ponerse rojo** rot werden; **ponerse de acuerdo** sich einigen; **ponerse al corriente** sich auf dem Laufenden halten
pontífice [-θe] m Papst m
pontón m Ponton m
popa f (Naut) Heck nt
popular adj populär; (del pueblo) volkstümlich, Volks-
por prep (finalidad) um zu; (medio) durch; (a causa de) wegen; (pasivo) von; (a cambio de) für; (en lugar de) anstatt +gen; (durante) für, während; **10 por 10 son 100** 10 mal 10 ist 100; **por poco tiempo** für kurze Zeit; **por correo/avión** mit der Post/mit dem Flugzeug; **(el) 10 por ciento** 10 Prozent; **por orden** der Reihenfolge nach; **ir a Bilbao por Santander** nach Bilbao über Santander fahren; **pasar por Madrid** über Madrid fahren; **caminar por la izquierda** auf der linken Seite gehen; **por todo el**

país im ganzen Land; **entrar por delante/detrás** vorne/hinten einsteigen; **por la calle** auf der Straße; **por la mañana** morgens; **por la noche** nachts; **100 euros por hora** 100 Euro die Stunde; **por allí** dort (drüben); **por (lo) tanto** deshalb, deswegen; **por ejemplo** zum Beispiel; **por favor** bitte; **¿por qué?** warum?

porcelana [-θe-] f Porzellan nt

porcentaje [-θen-xe-] m Prozentsatz m

porción [-'θjon] f (parte) Stück nt; (de comida) Portion f

porfiar [4] vi beharren (en auf +dat); (disputar) streiten

pormenor m Einzelheit f, Detail nt

pornografía f Pornografie f

poro m Pore f

porque [-ke] conj weil, da

porquería [-ke-] f (suciedad) Schmutz m, Dreck m; (acción) Schweinerei f

porro, a f (arma) Gummiknüppel m ▷ m (fam) Joint m; **fumarse un porro** kiffen

portador, a m(f) (Com) Inhaber(in) m(f)

portaequipajes [-taeki-xes-] m inv (maletero) Kofferraum m; (arriba del coche) Dachgepäckträger m

portaesquís m inv (Auto) Skiträger m

portal m (entrada) Vorhalle f; (portada) Portal nt; (puerta de entrada) Haupteingang m

portaligas m inv Strumpfhalter m

portamisiles m inv Raketenträger m

portapapeles m inv (Inform) Zwischenablage f

portar [1] vt tragen ▷ vr: **portarse** sich benehmen

portátil adj tragbar

portaviones [-'βjo-] m inv Flugzeugträger m

porte m (Com) Fracht f; (precio) Frachtgebühren pl

portento m Wunder nt

porteño, a adj aus Buenos Aires

portería f (oficina) Pförtnerloge f; (de fútbol) Tor nt

portero, a m/f Pförtner(in) m(f); (conserje) Hausmeister(in) m(f); (de fútbol) Torwart(in) m(f); **portero electrónico** Türöffner m mit Sprechanlage

pórtico m Säulengang m; (arcada) Arkade f

portilla [-ʎa-] f (Naut) Bullauge nt

portorriqueño, a [-'ke-] adj puerto-ricanisch

Portugal m Portugal nt

portugués, esa [-'yes-] adj portugiesisch ▷ m/f Portugiese (Portugiesin) m/f ▷ m (lengua) Portugiesisch nt

porvenir [-βe-] m Zukunft f

posada f Gasthaus nt; (hospedaje) Unterkunft f

posaderas fpl Gesäß nt

posar [1] vt (en el suelo) ablegen, absetzen

posdata f Postskriptum nt, PS nt

pose f Pose f

poseer [-se'er] irr como leer vt haben, besitzen; (récord) halten

posesión f Besitz m

posibilidad f Möglichkeit f; (oportunidad) Gelegenheit f

posible adj möglich

posición [-'θjon] f Position f, Stellung f

posicionamiento [-θjo-] m (Inform) Positionierung f

posicionar [-θjo-] [1] vt (Inform) positionieren

positivo, a [-βo] adj positiv ▷ f (Foto) Positiv nt

posmoderno, a adj postmodern

poso m Bodensatz m

posponer irr como poner vt hintansetzen; (una reunión etc) verlegen

postal adj Post- ▷ f Postkarte f

poste m Pfosten m, Pfeiler m

póster (pl **s**) m Poster nt, Plakat nt

posterior adj hintere(r, s); (siguiente) darauf folgend; (más tarde) spätere(r, s)

postizo, a [-θo] adj falsch, künstlich ▷ m Haarteil nt, Toupet nt

postre m Nachtisch m

postura f (del cuerpo) (Körper)haltung f; (fig) Einstellung f; (de subasta) Angebot nt

potable adj trinkbar

potaje [-xe] m Gemüseeintopf m

pote m Topf m

potencia [-θja] f Macht f; (Tecn) Stärke f, Leistung f; (sexual) Potenz f

potente adj leistungsstark; (sexualmente) potent

pozo [-θo] m Brunnen m; (de río) tiefe Stelle; (de mina) Schacht m

practicante adj praktizierend ▷ mf Medizinalassistent(in) m(f)

practicar [6] vt praktizieren; (deporte) treiben; (agujero) bohren

práctico, a adj praktisch; (experimentado) erfahren ▷ f Praxis f; (ejercicio) Übung f; **en la práctica** in der Praxis

prado m (campo) Wiese f; (pastizal) Weide f

Praga f Prag nt

pragmático, a adj pragmatisch

precario, a adj unsicher; **situación precaria** kritische Lage

precaución [-θjon] f (medida preventiva) Vorsichtsmaßnahme f; (prudencia) Vorsicht f

precaver [-'βer] [2] vt vorbeugen +dat; (impedir) verhüten

precedente [-θe-] adj vorangegangen; (anterior) vorhergehend ▷ mf Vorgänger(in) m(f)

precio [-θjo] m Preis m; (fig) Wert m; **no tener precio** unbezahlbar sein; **precio al contado/de fábrica/de venta al público** Barpreis/Preis ab Werk/Ladenpreis; **precio de promoción** Aktionspreis; **precio tope** Höchstpreis

precioso, a [-'θjo-] adj wertvoll, kostbar; (hermoso) wunderschön

precipicio [-θi-θjo] m Abgrund m

precipitación [-θi-'θjon] f Übereilung f, Hast f; (lluvia etc) Niederschlag m; **precipitaciones radi(o)activas** radioaktiver Niederschlag, Fallout m

precisar [-θi-] [1] vt (necesitar) benötigen, brauchen; (fijar) festlegen, festsetzen; (especificar) präzisieren, genau bestimmen ▷ vi nötig sein

precisión [-θi-] f (exactitud) Genauigkeit f, Präzision f

preciso, a [-'θi-] adj (exacto) genau, exakt; (necesario) notwendig, nötig

precoz [-'koθ] adj frühreif; (niño) altklug

predecir [-'θir] irr vt voraussagen

predicar [6] *vt* (*un sermón*) halten ▷ *vi* predigen
predicción [-'θjon] *f* Vorhersage *f*
predilecto, a *adj* bevorzugt, Lieblings-
predisposición [-'θjon] *f* (*Med*) Anfälligkeit *f*; (*fig*) Neigung *f*
predominar [1] *vt* beherrschen ▷ *vi* vorherrschen, überwiegen; (*fig*) größer sein
prefabricado, a *adj* vorgefertigt
preferencia [-'θja] *f* Vorliebe *f*; (*privilegio*) Vorzug *m*, Vorrang *m*; (*Auto*) Vorfahrt *f*
preferible *adj* vorzuziehen
preferir *irr como sentir vt* vorziehen
prefijar [-'xar] [1] *vt* vorherbestimmen
prefijo [-xo] *m* (*Tel*) Vorwahl *f*; (*Ling*) Präfix *nt*
pregonar [1] *vt* (*una noticia*) öffentlich ausrufen; (*fig*) ausposaunen
pregunta *f* Frage *f*; **hacer una pregunta** eine Frage stellen
preguntar [1] *vt, vi* fragen; **preguntar por alguien** nach jdm fragen
prehistórico, a *adj* prähistorisch, vorgeschichtlich
prejubilación [-xu-] *f* Vorruhestand *m*; **prejubilación parcial** Altersteilzeit *f*
prejubilado, a *m/f* Frührentner(in) *m(f)*
prejuicio [-'xwiθjo] *m* Vorurteil *nt*
premamá *adj inv* (*ropa*) Umstands-
prematuro, a *adj* vorzeitig, Früh-
premio *m* Belohnung *f*; (*en un concurso*) Preis *m*
premura *f* Dringlichkeit *f*; (*prisa*) Eile *f*, Hast *f*

prenatal *adj* vor der Geburt; (*ropa*) Umstands-
prenda *f* (*ropa*) Kleidungsstück *nt*; (*garantía*) Pfand *nt*
prendedor *m* Brosche *f*
prender [2] *vt* ergreifen, nehmen; (*detener*) festnehmen; (*sujetar*) befestigen
prensa *f* Presse *f*; **la Prensa** die Presse
prensar [1] *vt* pressen; (*aceitunas etc*) auspressen
preñado, a *adj* (*animal*) trächtig; (*mujer*) schwanger
preocupación [-'θjon] *f* Sorge *f*
preocupado, a *adj* besorgt
preocupar [1] *vt* Sorgen machen; **preocuparse** sich sorgen, sich dat Sorgen machen; **preocuparse de algo** sich um etw kümmern
preparador, a *m(f)* Trainer(in) *m(f)*
preparar [1] *vt* vorbereiten; (*comidas*) zubereiten; (*Inform*) aufbereiten ▷ *vr*: **prepararse para** sich vorbereiten auf +*akk*; **prepararse a** sich bereit machen zu
preparativo, a [-βo] *adj* vorbereitend, Vorbereitungs- ▷ *mpl* Vorbereitungen *pl*
presa *f* (*captura*) Fangen *nt*; (*cosa apresada*) Fang *m*; (*víctima*) Opfer *nt*; (*de animal*) Beute *f*; (*de agua*) Staudamm *m*
presagiar [-'xjar] [1] *vt* (*predecir*) vorhersagen; (*prever*) voraussehen
prescindir [-θin-] [3] *vi*: **prescindir de** verzichten auf +*akk*; (*pasar por alto*) hinweggehen über +*akk*
prescripción [-'θjon] *f* Verordnung *f*; (*Med*) Rezept *nt*

presencia [-θja] f Anwesenheit f
presencial [-'θjal] adj: **testigo** m **presencial** Augenzeuge m
presentador, a m(f) Moderator(in) m(f), Talkmaster(in) m(f); (de telediario) Nachrichtensprecher(in) m(f)
presentar [1] vt darstellen; (ofrecer) bieten; (mostrar) zeigen, vorweisen; (a una persona) vorstellen
presente adj (contemporáneo) gegenwärtig; (que está delante) anwesend ▷ m Gegenwart f; (Ling) Präsens nt; (regalo) Geschenk nt
presentir irr como sentir vt (voraus)ahnen
preservativo [-βa-βo] m Präservativ nt
presidente, a m/f Präsident(in) m(f); (de un comité) Vorsitzende(r) mf
presidio m (cárcel) Zuchthaus nt; (Mil) Besatzung f
presidir [3] vt vorstehen +dat; (fig) leiten ▷ vi (dirigir) den Vorsitz führen
presión f Druck m; (fig) Zwang m
presionar [1] vt drücken auf +akk; (fig) Druck ausüben auf +akk
preso, a m/f Gefangene(r) mf; **llevar preso, coger preso** gefangen nehmen
prestación [-'θjon] f Leistung f; **prestaciones** (Auto) Extras pl; **prestación por desempleo** Arbeitslosengeld nt; **prestación de servicio** Dienstleistung; **prestación social** Sozialleistung; **Prestación Social Sustitutoria** Zivildienst m
préstamo m Darlehen nt

prestar [1] vt (aus)leihen; (ayuda, juramento) leisten; (atención) schenken ▷ vr: **prestarse** (ser adecuado) sich eignen, geeignet sein
prestigio [-xjo] m Prestige nt
presto, a adj (rápido) schnell, rasch; (dispuesto) bereit ▷ adv schnell
presumir [3] vt annehmen, vermuten ▷ vi angeben, prahlen
presunto, a adj (supuesto) angeblich, vermeintlich
presuntuoso, a adj eingebildet, überheblich
presuponer irr como poner vt voraussetzen
presupuesto [-'pwes-] m (Fin) Haushalt m, Budget nt; (de costes) Kostenvoranschlag m
presuroso, a adj (rápido) schnell, rasch; (que tiene prisa) eilig
pretencioso, a [-'θjo-] adj anmaßend, angeberisch
pretender [2] vt (intentar) versuchen; (reivindicar) Anspruch erheben auf +akk; (cortejar) umwerben; (un empleo) sich bewerben um; (mintiendo) behaupten; **pretender que** erwarten, dass
pretendiente [-'djen-] mf (Jur) Bewerber(in) m(f); (que corteja) Freier m
pretérito m Präteritum nt; **pretérito imperfecto** Imperfekt nt; **pretérito perfecto** Perfekt nt
pretexto m Vorwand m; (excusa) Ausrede f
prevenir [-βe-] irr como venir vt verhüten, vermeiden; (precaver) vorbeugen +dat; (avisar) warnen

prever [-'βer] *irr como ver* vt voraussehen

previo, a [-βjo] *adj* vorherig, vorhergehend, Vor-

previsión [-βi-] f (*perspicacia*) Voraussicht f; (*predicción*) Vorhersage f, Voraussage f; **previsión social** Fürsorge f

prieto, a ['prje-] *adj* (*apretado*) eng, knapp

primario, a *adj* wesentlich, Haupt-; (*primitivo*) primitiv

primavera [-'βe-] f Frühling m

primero, a, primer *adj* erste(r, s); (*fig*) Haupt-, wesentlich *adv* zuerst; (*más bien*) lieber, eher ▷ f (*Auto*) erster Gang; (*Ferro, Aer*) erste Klasse

primitivo, a [-βo] *adj* primitiv; (*original*) ursprünglich

primo, a m/f Cousin(e) m(f), Vetter (Cousine) m/f; (*fam*) Idiot m, Dummkopf m ▷ f (*Com*) Prämie f; **materias primas** Rohstoffe pl

princesa [-'θe-] f Prinzessin f

principal [-θi-] *adj* hauptsächlich, Haupt-

príncipe [-θi-] m Prinz m

principiante [-θi'pjan-] m/f Anfänger(in) m(f)

principio [-'θi-] m (*comienzo*) Beginn m, Anfang m; (*origen*) Ursprung m; (*moral*) Prinzip nt, Grundsatz m; (*componente*) Bestandteil m; **principios** pl Anfänge pl; (*buena educación*) Erziehung f; **a principio de** (am) Anfang +gen; **al principio** am Anfang, anfänglich; **dar principio** anfangen

pringue [-ge] m (*grasa*) Fett nt

prioridad f Vorrang m, Priorität f; (*Auto*) Vorfahrt f

prisa f (*apresuramiento*) Eile f; (*rapidez*) Schnelligkeit f; (*urgencia*) Dringlichkeit f; **a prisa, de prisa** schnell; **darse prisa** sich beeilen; **tener prisa** es eilig haben

prisión f Gefängnis nt

prisionero, a m/f Gefangene(r) mf

prismáticos mpl Fernglas nt

privado, a [-'βa-] *adj* privat, Privat-

privar [-'βar] [**1**] vt: **privar a alguien de algo** jdm etw entziehen; **privar a alguien de hacer algo** jdn davon abhalten, etw zu tun

privatizar [-βa-'θar] [**8**] vi, vt privatisieren

privilegio [-βi-xjo] m Privileg nt, Vorrecht nt

pro m of Gewinn m, Vorteil m; **el pro y el contra** das Für und Wider

pro- *pref*: **pro-soviético/-americano** prosowjetisch/-amerikanisch

probabilidad f Wahrscheinlichkeit f; (*oportunidad, posibilidad*) Möglichkeit f; (*Inform*) Plausibilität f

probable *adj* wahrscheinlich

probar *irr como contar* vt (*demostrar*) beweisen; (*someter a prueba*) ausprobieren, testen; (*ropa*) anprobieren; (*comida*) probieren ▷ vi versuchen ▷ vr: **probarse un traje** einen Anzug anprobieren

problema m Problem nt

procedente [-θe-] *adj* (*razonable*) angebracht; (*conforme a derecho*) berechtigt; **procedente de** kommend aus, stammend aus

proceder [-θe-] [**2**] vi (*provenir*) herstammen, kommen; (*actuar*) verfahren, vorgehen; (*pasar*) übergehen (a zu); (ser oportuno) angebracht sein ▷ m (acción) Verfahren nt, Vorgehen nt; (comportamiento) Verhalten nt, Benehmen nt

procedimiento [-θe-] m Vorgehen nt; (proceso) Verfahren nt; (método) Vorgehensweise f, Methode f

procesador [-θe-] m (Inform) Prozessor m; **procesador de textos** Textsystem nt

procesamiento [-θe-] m: **procesamiento electrónico de datos** elektronische Datenverarbeitung, EDV f; **centro** m **de procesamiento de datos**; **instalación** f **de procesamiento de datos** EDV-Anlage f

procesión [-θe-] f (Rel) Prozession f

proceso [-θe-] m (desarrollo) Entwicklung f; (Inform) Verarbeitung f; (Jur) Prozess m, Verfahren nt

proclamar [1] vt ausrufen, proklamieren; (manifestar) zeigen, deutlich machen

procreación [-'θjon] f Fortpflanzung f

procurar [1] vt (intentar) versuchen; (proporcionar) beschaffen, verschaffen

prodigio [-xjo] m Wunder nt; **niño** m **prodigio** Wunderkind nt

producción [-'θjon] f Herstellung f, Produktion f

producir [-'θeir] irr como conducir vt herstellen, produzieren; (causar) verursachen, hervorrufen ▷ vr: **producirse** sich ereignen, geschehen; (hacerse) verursacht werden

producto m Produkt nt; (producción) Herstellung f, Produktion f; **producto ecológico** Bioprodukt; **producto interior bruto** Bruttosozialprodukt; **producto en serie** Serienprodukte

productor, a adj erzeugend, produzierend ▷ m(f) Hersteller(in) m(f); (Cine) Produzent(in) m(f)

proeza [pro'eθa] f großartige Leistung

profanar [1] vt entweihen, schänden; (fig) herabwürdigen, entehren

proferir irr como sentir vt (palabras) hervorbringen; (insultos, gritos) ausstoßen

profesión f Beruf m

profesional adj beruflich, Berufs- ▷ mf Fachmann(-frau) m/f; (Sport) Profi m; **profesional de la droga** (professioneller) Drogenhändler

profesor, a m(f) Lehrer(in) m(f)

profeta mf Prophet(in) m(f)

profundidad f Tiefe f

profundo, a adj tief; (libro, película etc) tiefsinnig

programa m (t. Inform) Programm nt; **programa antivirus** Antivirenprogramm; **programa de corrección ortográfica** Rechtschreibhilfe f; **programa de edición** Editor m; **programa de entrevistas y variedades** Talkshow f; **programa de gestión de ficheros** Dateienverwaltungsprogramm; **programa de trabajo, programa del usuario** Anwenderprogramm

programación [-'θjon] f Planung f; (Inform) Programmierung f; (acto) Programmieren nt

programador, a m(f) Programmierer(in) m(f)
programar [1] vt planen; (*Inform*) programmieren
progresista adj fortschrittlich ▷ mf Progressive(r) mf
progresivo, a [-βo] adj progressiv, fortschrittlich; (*gradual*) fortschreitend, zunehmend; (*continuo*) ständig, kontinuierlich
progreso m Fortschritt m
prohibición [-'θjon] f Verbot nt
prohibir [3] vt verbieten; **prohibido fumar** Rauchen verboten
prójimo [-xi-] m Nächste(r) mf
proletariado m Proletariat nt
proliferación [-'θjon] f Vermehrung f; **tratado m de no proliferación de armas nucleares** Atomwaffensperrvertrag m
prólogo m Prolog m, Vorwort nt
prolongación [-'θjon] f Verlängerung f
prolongar [7] vt verlängern
promedio m Durchschnitt m; **en promedio, como promedio** durchschnittlich
promesa f Versprechen nt
prometer [2] vt versprechen ▷ vi vielversprechend sein ▷ vr: **prometerse** (*pareja*) sich verloben
prominente adj (*sobresaliente*) vorspringend, vorstehend; (*ilustre*) prominent, bekannt
promoción [-'θjon] f (*en trabajo*) Beförderung f; (*de un producto*) Einführung f
promover [-'βer] irr como mover vt befördern; (*causar*) verursachen
pronóstico m Voraussage f; (*Med*) Prognose f

prontitud f Schnelligkeit f
pronto, a adj (*rápido*) schnell, rasch; (*preparado*) vorbereitet ▷ adv schnell, rasch; (*en seguida*) sofort; (*dentro de poco*) gleich; (*temprano*) früh; **de pronto** plötzlich; **por lo pronto** zunächst
pronunciar [-'θjar] [1] vt aussprechen; (*discurso*) halten; (*sentencia*) fällen; (*acentuar, resaltar*) unterstreichen
propagación [-'θjon] f Ausbreitung f, Verbreitung f
propaganda f (*Pol*) Propaganda f; (*Com*) Werbung f
propagar [7] vt verbreiten; (*Bio*) fortpflanzen
propensión f Neigung f; (*Med*) Veranlagung f
propicio, a [-θjo] adj geneigt (*a* zu); (*ocasión*) günstig
propiedad f Eigentum nt; (*posesión*) Besitz m; (*cualidad*) Eigenschaft f; **propiedad particular** Privatbesitz
propietario, a m/f Eigentümer(in) m(f), Besitzer(in) m(f)
propina f Trinkgeld nt
propio, a adj eigen; (*característico*) typisch; (*mismo*) selbst; **el propio ministro** der Minister selbst; **¿tienes casa propia?** hast du ein eigenes Haus?
proponer irr como poner vt vorschlagen ▷ vr: **proponerse algo** sich dat etw vornehmen
proporción [-'θjon] f Verhältnis nt; (*Mat*) Proportion f; (*tamaño*) Ausmaß nt
proporcionar [-'θjo-] [1] vt (*facilitar*) verschaffen, besorgen; (*adaptar*) anpassen, angleichen

propósito m Vorsatz m; *(objetivo, fin)* Absicht f, Vorhaben nt
propuesta [-'pwes-] f Vorschlag m
propulsión f Antrieb m; **propulsión a chorro, propulsión por reacción** Düsenantrieb
prorrogar [7] vt verlängern; *(aplazar)* verschieben, vertagen
proseguir [-'ɣir] irr como seguir vt fortsetzen, fortfahren mit ▷ vi weitermachen
prospecto m Prospekt m
prosperar [1] vi gedeihen, blühen; *(negocio)* florieren
prosperidad f Wohlstand m, Reichtum m; *(éxito)* Erfolg m
prostíbulo m Bordell m
prostitución [-'θjon] f Prostitution f
protección [-'θjon] f Schutz m; **protección lateral en puertas** *(Auto)* Seitenaufprallschutz; **protección medioambiental, protección del medio ambiente** Umweltschutz; **protección solar** Sonnenschutz; **protección contra escritura o borrado** *(Inform)* Schreibschutz; **protección de memoria** *(Inform)* Speicherschutz; **protección de la naturaleza** Naturschutz; **protección por clave de acceso** *(Inform)* Passwortschutz
proteger [-'xer] [12] vt (be)schützen; *(Inform)* sichern; **protegido contra escritura o borrado** *(Inform)* schreibgeschützt
protege-slip *(pl* **s)** [protexe'slip] m Slipeinlage f
proteína f Protein nt, Eiweiß nt
protestante adj protestantisch ▷ mf Protestant(in) m(f)

protestar [1] vi protestieren
protocolo m Protokoll nt; **protocolo de transmisión** Übertragungsprotokoll
provecho [-'βetʃo] m Vorteil m, Nutzen m; *(Com)* Profit m; **¡buen provecho!** guten Appetit!
proveedor, a [-βe-] m(f) Lieferant(in) m(f); *(Inform)* Provider(in) m(f)
proveer [-βe'er] irr vt *(preparar)* vorbereiten; *(aprovisionar)* versehen *(de* mit*)*, ausstatten *(de* mit*)*
provenir [-βe-] irr como venir vi: **provenir de** kommen aus, stammen aus
proverbio [-'βer-] m Sprichwort nt
provincia [-'βinθja] f Provinz f
provisión [-βi-] f *(abastecimiento)* Proviant m, Vorrat m
provisional [-βi-] adj provisorisch, vorläufig
provocar [-βo-] [6] vt provozieren; *(causar)* verursachen
próximamente adv demnächst, in Kürze
proximidad f Nähe f
próximo, a adj nahe; *(el que viene)* nächste(r, s)
proyectar [1] vt *(planes etc)* entwerfen; *(Cine)* vorführen
proyecto m Projekt nt; *(intención)* Vorhaben nt, Absicht f; *(de una ley etc)* Entwurf m; **proyecto piloto** Pilotprojekt
prudente adj klug, vernünftig; *(conductor)* vorsichtig
prueba ['prwe-] f Beweis m, Nachweis m; *(ensayo)* Probe f, Test m; *(Foto)* (Probe)abzug m; *(de ropa)* Anprobe f

psicofármacos [si-] mpl Psychopharmaka pl
psicología [si-'xia] f Psychologie f
psicólogo, a m/f Psychologe(-login) m/f
psicópata [si-] m/f Psychopath(in) m(f)
psicosomático, a [si-] adj psychosomatisch, seelisch bedingt
psicoterapeuta [si-] m/f Psychotherapeut(in) m(f)
psicoterapia [si-] f Psychotherapie f
psiquiátrico [si'kja-] m Nervenheilanstalt f
psíquico, a ['siki-] adj psychisch
púa f Stachel m; (de peine) Zacke f
pubertad f Pubertät f
publicación [-'θjon] f Veröffentlichung f, Publizierung f; **publicación desde el escritorio** Desktop-Publishing nt
publicar [6] vt (editar) herausgeben; (hacer público) veröffentlichen, publizieren
publicidad [-θi-] f (Com) Werbung f, Reklame f
público, a adj öffentlich ▷ m (Cine, Teat) Publikum nt
puchero [-'tʃe-] m Kochtopf m
pudor m Scham f, Schamhaftigkeit f
pudrir [3] vt verfaulen lassen ▷ vr: **pudrirse** verfaulen
pueblo ['pwe-] m Volk nt; (lugar) Dorf m
puente ['pwen-] m Brücke f; **hacer puente** zwischen zwei Feiertagen freinehmen
puenteo m, **puenting** ['pwentin] m Brückenspringen nt
puerco, a ['pwer-] m/f (t. fig) Schwein nt, Sau f; **puerco espín** Stachelschwein; **puerco marino** Delfin m ▷ adj (sucio) dreckig, schmutzig; (obsceno) schweinisch
puerro ['pwe-] m Porree m, Lauch m
puerta ['pwer-] f Tür f; (de jardín) Pforte f; (portal) Eingang m; (fig) Zugang m; (Sport) Tor nt
puertaventana [pwer-βen-] f Fensterladen m
puerto ['pwer-] m Hafen m; (paso) Pass m
puertorriqueño, a [pwer-'ke-] adj puerto-ricanisch ▷ m/f Puerto Ricaner(in) m(f)
pues [pwes] adv (entonces) dann; **¡pues bien!** also gut!; (así que) also; **pues sí** doch, natürlich ▷ conj (ya que) denn
puesto, a ['pwes-] adj (mesa) gedeckt; (vestido) angezogen ▷ m (lugar, posición) Stelle f, Platz m; (trabajo) Stelle f, Stellung f; (stand) Stand m ▷ f (apuesta) Einsatz m; **puesta en marcha** Ingangsetzung f; (Auto) Anlassen nt; **puesta del sol** Sonnenuntergang m ▷ conj: **puesto que** +subj da, weil
pulcro, a adj sauber, ordentlich
pulga f Floh m
pulgada f (medida) Zoll m
pulgar m Daumen m
pulimentar [1] vt, **pulir** [3] vt polieren; (el estilo) ausfeilen; (fig) aufpolieren
pulla [-ʎa] f Stichelei f; (broma) Scherz m
pulmón m Lunge f
pulmonía f Lungenentzündung f
pulpa f (de carne) mageres Fleisch; (de fruta) Fruchtfleisch m
pulpo m Tintenfisch m

pulsación [-'θjon] f Pulsschlag m; (Inform) Tastendruck m; (del ratón) Klick m; **doble pulsación** Doppelklick

pulsar [1] vt (tecla, botón) drücken ▷ vi pulsieren; (latir) schlagen; **pulsar dos veces (la tecla del ratón)** (Inform) doppelklicken

pulsera f Armreif m

pulso m (Anat) Puls m; **tomar el pulso** den Puls fühlen

punta f Spitze f; (extremidad) Ende nt; **horas fpl puntas** Hauptverkehrszeit f, Stoßzeit f

puntada f Nadelstich m; (fig) Anspielung f

puntal m Stütze f; (fig) Halt m

puntapié [-'pje] m Fußtritt m

puntero m Spitzenreiter m; **puntero del ratón** (Inform) Mauszeiger m

puntiagudo, a adj scharf, spitz

punto m Punkt m; (momento) Augenblick m, Moment m; (lugar) Punkt m, Stelle f; **a punto** bereit; **estar a punto** fertig sein; **estar a punto de** im Begriff sein zu; **a las 8 en punto** Punkt 8 (Uhr); **hacer punto** stricken; **punto de arranque** Ausgangspunkt; **punto de inflexión** Wendepunkt, Knackpunkt; **punto de inserción** Schreibstelle f; **punto muerto** (Auto) Leerlauf m; **punto y coma** Strichpunkt

puntuación [-'θjon] f Zeichensetzung f; (Sport) Punktestand m; (en exámenes) Bewertung f

puntual adj (a tiempo) pünktlich; (adecuado) richtig, genau

puntualizar [-'θar] [8] vt genau erklären, genau darlegen

puntuar [5] vt benoten

punzante [-'θan-] adj (dolor) stechend; (herramienta) spitz

puñado m Handvoll f

puñal m Dolch m

puño m (Anat) Faust f; (cantidad) Handvoll f; (de camisa) Manschette f; (de herramienta) Griff m

pupila f Pupille f

puré m Püree nt

purgante adj abführend ▷ m Abführmittel nt

puro, a adj rein; (cielo) klar; (casto) keusch ▷ m Zigarre f

púrpura f Purpur m

pus m Eiter m

pústula f Pustel f

puta f Nutte f, Hure f; **puta de madre** (fam) irre, geil

putrefacción [-'θjon] f Fäulnis f, Verwesung f

Q

Q, q [ku] f Q, q nt
q.e.p.d. abr (= *que en paz descanse*) er ruhe in Frieden

PALABRA CLAVE

que [ke] *pron* welche(r, s); der, die, das; **el momento en que llegó** in dem Augenblick, in dem er ankam; **lo que pienso** was ich glaube ▷ *conj* dass; **le ruego que se calle** ich bitte Sie zu schweigen

PALABRA CLAVE

qué [ke] *adj* welche(r, s); **¿qué edad tiene?** wie alt ist er? ▷ *pron (interrogativo)* wer?, was?; **¿de qué me hablas?** wovon redest du?;

¿qué tal? wie geht's?; **¿qué hay (de nuevo)?** was gibt's Neues?; **¡qué divertido!** wie lustig!

quebradura [ke-] f *(fisura)* Riss m, Bruch m; *(Med)* Bruch m; *(Geo)* Schlucht f
quebrar [ke-] *irr como pensar vt* zerbrechen, zerstören; *(interrumpir)* unterbrechen ▷ *vi* Konkurs machen ▷ *vr*: **quebrarse** zerbrechen, zerspringen; **quebrarse una pierna** sich dat ein Bein brechen
quedar [ke-] [1] *vi (permanecer)* bleiben; *(seguir siendo)* fortbestehen, bleiben; *(encontrarse)* sich treffen; *(situarse)* sein, sich befinden; *(restar)* übrig bleiben; **quedar por hacer** noch getan werden müssen; **quedar ciego/mudo** blind/stumm werden; **no te queda bien este vestido** dieses Kleid steht dir nicht; **quedamos a las seis** wir treffen uns also um sechs ▷ *vr*: **quedarse** bleiben; **quedarse con** behalten; **quedarse en** *(acordar)* vereinbaren; *(acabar siendo)* enden als
quedo, a ['ke-] *adj* ruhig, still ▷ *adv* leise ▷ f: **toque** m **de queda** *(Mil)* Zapfenstreich m
quehacer [ke-'θer] m Arbeit f, Aufgabe f; *(doméstico)* Haushalt m
queja ['kexa] f Klage f
quejarse [1] *vi (enfermo)* jammern *(de über +akk)*; *(protestar)* sich beklagen
quemadura [ke-] f Verbrennung f; **quemadura del sol** Sonnenbrand m
quemar [ke-] [1] *vt* verbrennen; *(gas)* abfackeln ▷ *vr*: **quemarse** sich verbrennen; *(de sol)* einen Sonnenbrand bekommen

querer [ke-] *irr vt* (*desear*) wollen, mögen; (*amar*) lieben; **querer hacer algo** etw machen wollen

querido, a [ke-] *adj* geliebt; (*como tratamiento, en carta*) lieb ▷ *m/f* Liebling *m*

queso ['ke-] *m* Käse *m*; **queso de bola** ≈ Edamer Käse

quicio ['kiθjo] *m* Türangel *f*

quiebra [ki-] *f* Riss *m*; (Com) Bankrott *m*, Konkurs *m*

quien [kjen] *pron* wer; **hay quien piensa que** manche denken, dass; **no hay quien lo haga** niemand wird das machen

quién [kjen] *pron* (*interrogativo*) wer?; **¿quién es?** wer ist da?

quienquiera (*pl* **quienesquiera**) [kjen'kje-] *pron* wer auch immer

quieto, a ['kje-] *adj* ruhig

quijada [ki'xa-] *f* Kiefer *m*

quilate [ki-] *m* Karat *nt*

quimera [ki-] *f* Hirngespinst *nt*

químico, a ['ki-] *adj* chemisch ▷ *m/f* Chemiker(in) *m(f)* ▷ *f* Chemie *f*

quimioterapia [ki-] *f* Chemotherapie *f*

quincalla [kin-ʎa] *f* Eisenwaren *pl*

quince ['kinθe] *num* fünfzehn

quincena [kin'θe-] *f* vierzehn Tage *pl*, zwei Wochen *pl*

quiniela [ki'nje-] *f* ≈ Toto *nt*

quinina [ki-] *f* Chinin *nt*

quinqué [kin'ke] *m* Petroleumlampe *f*

quinto, a ['kin-] *adj* fünfte(r, s) ▷ *f* Landhaus *nt* ▷ *m* (*Mil*) Rekrut *m*

quiosco ['kjos-] *m* (*de periódicos*) (Zeitungs)kiosk *m*

quirúrgico, a [ki-xi-] *adj* chirurgisch

quiste ['kis-] *m* Zyste *f*

quitaesmalte [kitaes-] *m* Nagellackentferner *m*

quitahambre [kita-] *m* Appetitzügler *m*

quitamanchas [ki-tʃas] *m inv* Fleckentferner *m*

quitar [ki-] **[1]** *vt* wegnehmen, entfernen; (*ropa*) ausziehen; (*mesa*) abdecken; **¡quítate de ahí!** verschwinde!

quitasol [ki-] *m* Sonnenschirm *m*

quizá(s) [ki'θa(s)] *adv* vielleicht

r

R, r ['erre] f R, r nt
rábano m Rettich m; **me importa un rábano** das ist mir Wurscht
rabia f (Med) Tollwut f; (ira) Zorn m
rabino m Rabbiner m
rabo m Schwanz m
RACE m abr (= Real Automóvil Club de España) ≈ ADAC m
racha [-tʃa] f Windstoß m; (fig) Serie f, Reihe f
racial [-'θjal] adj Rassen-
racimo [-'θi-] m Büschel nt; (de uvas) Traube f
ración [-'θjon] f Portion f; **raciones** pl Rationen pl
racional [-θjo-] adj (razonable) vernünftig; (lógico) rational
racismo [-'θis-] m Rassismus m
racista adj rassistisch ▷ mf Rassist(in) m(f)
radiación [-'θjon] f Strahlung f; **de poca radiación** (Inform: monitor) strahlungsarm
radiactivo, a [-βo] adj radioaktiv
radiador m Heizkörper m; (Auto) Kühler m
radical adj gründlich; (Pol) radikal ▷ mf (Pol) Radikale(r) mf ▷ f (Ling) Stamm m
radio f Rundfunk m; (aparato) Radio(gerät) nt ▷ m (Mat) Radius m; (Quím) Radium nt
radioactivo, a [-βo] adj radioaktiv
radiocasete fo m Radiorekorder m
radiodespertador m Radiowecker m
radiografía f Röntgenaufnahme f
radiotaxi m Funktaxi nt
radiotoxemia f (Med) Strahlenkrankheit f
radioyente mf Radiohörer(in) m(f)
ráfaga f Böe f, Windstoß m; (de luz) Aufblitzen nt; (de tiros) Garbe f
raído, a [ra'iðo] adj (ropa) abgetragen; (fig) dreist
rail, raíl m (Eisenbahn)schiene f
raíz (pl **raíces**) [ra'iθ] f Wurzel f; **a raíz de** aufgrund von
raja [-xa] f Riss m, Spalt m
rajar [ʃ] vt spalten, auseinanderbrechen; (fruta etc) in Scheiben schneiden ▷ vi schwatzen, tratschen ▷ vr: **rajarse** (tela) reißen; (loza) springen; (desdecirse) einen Rückzieher machen
rallador [-Δa-] m Reibeisen nt
rallar [-'Δar] [ʃ] vt reiben
ralo, a adj spärlich, dünn
rama f Ast m, Zweig m
ramal m (de cuerda) Strang m; (Ferro) Nebenstrecke f; (Auto) Seitenstraße f

rambla f (de agua) vom Regen ausgespülte Rinne; (avenida) Allee f
ramera f Nutte f
ramificación [-'θjon] f (t. fig) Verzweigung f
ramificarse [6] vr sich verzweigen
ramo m Ast m, Zweig m; (Com) Branche f; (ramo de flores) (Blumen)strauß m
rampa f Rampe f; (calambre) (Muskel)krampf m
rana f Frosch m
rancho [-tʃo] m (fam) Fressalien pl; (Am) Farm f, Ranch f
rancio, a [-θjo] adj ranzig; (vino) überständig; (fig) alt
ranura f Fuge f; (para introducir monedas) Schlitz m
rap m (Mus) Rap m
rapar [1] vt (el pelo) kurz schneiden; (fam) klauen
rapaz [-'paθ] adj (ladrón) diebisch; (Zool) Raub-
rapaz, a [-'paθ] m(f) Junge m, Mädchen nt
rape m (Zool) Seeteufel m
rapé f Schnupftabak m
rapear [1] vi (Mus) rappen
rápel m Abseilen nt
rapero, a m/f Rapper(in) m(f)
rapidez [-'ðeθ] f Schnelligkeit f
rápido, a adj, adv schnell ▷ m (tren) Schnellzug m; (de un río) Stromschnelle f
rapiña f Raub m; **ave m de rapiña** Raubvogel m
rapista mf (Mus) Rapper(in) m(f)
rappel m Abseilen nt
raptar [1] vt entführen
rapto m Entführung f; (ataque) Anfall m
raqueta [-'ke-] f (Sport) Schläger m

rareza [-θa] f Seltenheit f; (fig) Eigenartigkeit f, Absonderlichkeit f
raro, a adj (poco frecuente) selten, rar; (extraño) seltsam, sonderbar; (excepcional) außergewöhnlich
ras m: **a ras de** dicht an +dat
rascacielos [-'θje-] m inv Wolkenkratzer m
rascar [6] vt (con las uñas) kratzen; (raspar) (ab)schaben ▷ vr: **rascarse** sich kratzen
rasgadura f Riss m
rasgar [7] vt zerreißen, durchreißen
rasgo m Linienführung f; (de cara) Gesichtszug m; (de carácter) Charakterzug m; **a grandes rasgos** in groben Zügen
rasguño m Kratzer m; (herida) Kratzwunde f
raso, a adj (liso) glatt, eben; (a baja altura) niedrig, flach ▷ m Satin m
raspa f (de pescado) Gräte f
raspar [1] vt abschaben; (arañar) abkratzen; (limar) feilen, abhobeln
rastra f (huella) Spur f; (Agr) Egge f
rastrear [1] vt (t. fig) nachspüren +dat; (Naut) mit dem Schleppnetz fischen
rastrillar [-'ʎar] [1] vt harken, rechen
rastrillo m Harke f, Rechen m
rastro m Spur f, Fährte f; (vestigio) Rest m, Spur f; (Agr) Harke f, Rechen m; **sin dejar rastro** spurlos; **ni rastro** keine Spur; **el Rastro** sonntäglicher Madrider Flohmarkt
rasurador, a m(f) elektrischer Rasierapparat, Elektrorasierer m
rasurarse [1] vr sich rasieren
rata f Ratte f

ratear [1] vt mausen, stibitzen; (*distribuir*) aufteilen

ratero, a *adj* niederträchtig ▷ *m/f* Taschendieb(in) *m(f)*

ratificar [6] vt bestätigen; (*Pol*) ratifizieren

rato *m* Weile *f*, Augenblick *m*; **a ratos** manchmal, von Zeit zu Zeit; **pasar el rato** die Zeit vertreiben; **al poco rato** kurz darauf

ratón *m* (*t. Inform*) Maus *f*

ratonera *f* Mausefalle *f*

raudal *m* Sturzbach *m*, reißender Strom; **tener dinero a raudales** Geld wie Heu haben

ravioles [-βi-] *mpl* Ravioli *pl*

raya *f* Strich *m*, Linie *f*; (*en tela*) Streifen *m*; (*del pelo*) Scheitel *m*; (*límite*) Grenze *f*

rayar [1] vt einritzen; (*tachar*) ausstreichen, durchstreichen; (*subrayar*) unterstreichen ▷ vi: **rayar en, rayar con** grenzen an +*akk*

rayo *m* (*del sol, luz*) Strahl *m*; (*de una tormenta*) Blitz *m*; **rayos X** Röntgenstrahlen *pl*

raza [-θa] *f* Rasse *f*

razón [-'θon] *f* Vernunft *f*; (*Jur*) Recht *m*; (*motivo*) Grund *m*; **dar la razón a alguien** jdm recht geben; **perder la razón** den Verstand verlieren; **tener razón** recht haben

razonable [-θo-] *adj* vernünftig; (*precio*) angemessen

razonar [-θo-] [1] vi (nach)denken

R.D.A. *f abr* (= *República Democrática Alemana*: *Hist*) DDR *f*

RDSI *f abr* (= *red digital de servicios integrados*) ISDN *nt*

reabrir *irr como abrir* vt wiedereröffnen

reacción [-'θjon] *f* Reaktion *f*; **avión** *m* **a reacción** Düsenflugzeug *nt*; **reacción en cadena** Kettenreaktion

reaccionar [-θjo-] [1] vi reagieren (*a, ante* auf +*akk*)

reaccionario, a [-θjo-] *adj* reaktionär ▷ *m/f* Reaktionär(in) *m(f)*

reacio, a [-'θjo-] *adj* stur, widerspenstig

reactor *m* Reaktor *m*; **reactor de agua en ebullición** Siedewasserreaktor; **reactor de agua ligera** Leichtwasserreaktor; **reactor de regeneración rápida** Schneller Brüter

readaptación [-'θjon] *f* Resozialisierung *f*; **readaptación laboral** [o *profesional*] Umschulung *f*

reagrupar [1] vt umgruppieren

reajuste [-'xus-] *m* Neuanpassung *f*

real *adj* wirklich; (*del rey*) königlich, Königs-

realce [-θe] *m* (*Tecn*) Relief *nt*; (*fig*) Glanz *m*, Ruhm *m*

realidad *f* Wirklichkeit *f*, Realität *f*; (*verdad*) Wahrheit *f*; **realidad virtual** virtuelle Realität

realismo *m* Realismus *m*

realista *adj* realistisch ▷ *mf* Realist(in) *m(f)*

realización [-θa'θjon] *f* Realisierung *f*, Verwirklichung *f*; (*de un plan*) Durchführung *f*; (*Com*) Verkauf *m*

realizador, a [-θa-] *m(f)* (*TV, Teat*) Regisseur(in) *m(f)*

realizar [-'θar] [8] vt (*objetivo*) verwirklichen, realisieren; (*plan*) durchführen, ausführen; (*viaje*)

machen; (Com) abwickeln; (películas) drehen ▷ vr: **realizarse** wahr werden
realmente adv wirklich; (de hecho) tatsächlich
reanimar [1] vt wiederbeleben; (alentar) Mut einflößen +dat ▷ vr: **reanimarse** wiederaufleben
reanudar [1] vt wiederaufnehmen
reaparición [-'θjon] f Wiedererscheinen nt
rearme m Aufrüstung f
rebaja [-xa] f (Com) Rabatt m; (menoscabo) Ermäßigung f; **rebajas** pl Schlussverkauf m
rebajar [-'xar] [1] vt niedriger machen; (reducir: precios) herabsetzen; (disminuir) schmälern; (humillar) demütigen
rebanada f Scheibe f
rebaño m Herde f
rebasar [1] vt (también: rebasar de) überschreiten; (dejar atrás) hinter sich dat lassen
rebatir [3] vt widerlegen
rebeca f Strickjacke f
rebelarse [1] vr rebellieren
rebelde adj rebellisch; (indócil) ungehorsam ▷ mf Rebell(in) m(f)
rebelión f Rebellion f, Aufstand m
reblandecer [-'θer-] irr como crecer vt weich machen
rebobinado m Rücklauf m; **rebobinado rápido** Schnellrücklauf m
rebosante adj überquellend; (fig) überschäumend
rebosar [1] vi überlaufen; (fig: abundar) übervoll sein, strotzen (de von)
rebotar [1] vt zurückspielen, zurückschlagen; (rechazar) abstoßen ▷ vi (pelota) abprallen

rebozo [-'θar] [8] vt verhüllen; (Gastr) panieren
rebozo [-'θo] m Umschlagtuch nt; (fig) Vorwand m
rebuscado, a adj gekünstelt
rebuscar [6] vt sorgfältig durchsuchen
rebuznar [-βuθ-] [1] vi iahen
recado m Bestellung f, Auftrag m; (mensaje) Nachricht f; **llevar/dejar un recado** eine Nachricht überbringen/hinterlassen
recaer [-ka'er] irr como caer vi (Med) einen Rückfall haben; **recaer en** entfallen auf +akk
recaída f Rückfall m
recalcar [6] vt (fig) betonen
recalcitrar [-θi-] [1] vi (echarse atrás) zurückweichen; (resistir) sich widersetzen
recambio m Umtausch m; (Tecn) Austausch m; (pieza) Ersatzteil nt
recargado, a adj überladen
recargar [7] vt überladen; (batería) wiederaufladen; **recargar los precios** die Preise hinaufsetzen
recargo m Belastung f; (aumento) Zuschlag m, Aufschlag m
recatar [1] vt verstecken, verbergen ▷ vr: **recatarse** vorsichtig sein
recato m Zurückhaltung f; (cautela) Vorsicht f
recaudación [-'θjon] f Erhebung f; (Com) Eingang m; **recaudación de impuestos** (oficina) Finanzamt nt
recelar [-θe-] [1] vt: **recelar que** (sospechar) den Verdacht haben, dass; (temer) fürchten, dass ▷ vi: **recelar de alguien** jdm misstrauen

recelo [-'θe-] *m* Misstrauen *nt*, Argwohn *m*

recepción [-θep'θjon] *f* Empfang *m*, Aufnahme *f*; *(en hotel)* Rezeption *f*

recepcionista [-θepθjo-] *mf* Empfangschef(in) *m(f)*, Empfangsdame *f*

receptivo, a [-θep-βo] *adj* empfänglich

receptor, a [-θep-] *m(f)* Empfänger(in) *m(f)* ▷ *m* Empfangsgerät *nt*

recesión [-θe-] *f* Rezession *f*

receta [-'θe-] *f* (Gastr, Med) Rezept *nt*; **sin receta médica** rezeptfrei

recetar [-θe-] [1] *vt* (Med) verschreiben

rechiflar [-'tʃi-] [1] *vt* auspfeifen ▷ *vr*: **rechiflarse** verspotten *(de alguien* jdn), verhöhnen *(de alguien* jdn)

rechinar [-tʃi-] [1] *vi* quietschen; *(dientes)* knirschen

rechoncho, a [-'tʃontʃo] *adj (fam)* pummelig, rundlich

recibidor [-θi-] *m* Empfangsraum *m*; *(antesala)* Vorzimmer *nt*

recibir [-θi-] [3] *vt* erhalten; *(dar la bienvenida)* empfangen, aufnehmen ▷ *vi (un médico)* Sprechstunde haben

recibo [-'θi-] *m (acción)* Empfang *m*; *(documento)* Quittung *f*

reciclable [-θi-] *adj* recycelbar

reciclaje [-θi-xe] *m* Recycling *nt*; **reciclaje profesional** Umschulung *f*

reciclar [-θi-] [1] *vt (material)* recyceln, wiederverwerten; *(personas)* weiterbilden

recién [-'θjen] *adv* frisch-, Neu-; *(ahora mismo)* soeben; **el recién nacido** das Neugeborene; **el recién llegado** der Neuankömmling; **los recién casados** die Frischvermählten *pl*

reciente [-'θjen-] *adj* jüngste(r, s); neueste(r, s); *(moderno)* neuartig

recinto [-'θin-] *m* Einfriedung *f*; *(área)* Gebiet *nt*, Bereich *m*

recio, a [-θjo] *adj* stark, kräftig; *(voz)* laut; *(tiempo)* hart, schwer ▷ *adv* hart, heftig

recipiente [-θi'pjen-] *m* Behälter *m*

reciprocidad [-θi-θi-] *f* Gegenseitigkeit *f*; (Ling, Mat) Reziprozität *f*

recital [-θi-] *m* (Mus) Konzert *nt*; *(de literatura)* Lesung *f*

recitar [-θi-] [1] *vt* rezitieren; *(Escuela)* aufsagen

reclamación [-'θjon] *f* Beanstandung *f*, Reklamation *f*; *(Jur)* Einspruch *m*

reclamar [1] *vt* (zurück)fordern, (zurück)verlangen; **reclamar en juicio** gerichtlich fordern ▷ *vi*: **reclamar contra** Einspruch erheben gegen

reclamo *m (anuncio)* Werbung *f*, Reklame *f*; *(tentación)* Verlockung *f*

reclinar [1] *vt* anlehnen ▷ *vr*: **reclinarse** sich anlehnen

recluir *irr como* huir *vt* einsperren, einschließen

recluta *m* Rekrut *m* ▷ *f* Aushebung *f*

recobrar [1] *vt (recuperar)* wiedererlangen; *(rescatar)* wiederbekommen ▷ *vr*: **recobrarse** sich erholen

recodo *m (de río, camino)* Krümmung *f*, Biegung *f*

recogepelotas [-xe-] *mf inv* Balljunge *m*, Ballmädchen *nt*
recoger [-'xer] [**12**] *vt* (*Agr*) ernten; (*juntar*) einsammeln, zusammentragen; (*pasar a buscar*) abholen; (*dar asilo*) aufnehmen; (*pelo*) hochstecken ▷ *vr*: **recogerse** sich zurückziehen
recogida [-'xi-] *f* (*de basura*) Müllabfuhr *f*; (*Agr*) Ernte *f*; (*de correo*) Leerung *f*
recolección [-'θjon] *f* (*de las mieses*) Ernte *f*; (*colecta*) Sammlung *f*
recomendación [-'θjon] *f* Empfehlung *f*; (*por escrito*) Empfehlungsschreiben *nt*
recomendar *irr como pensar vt* empfehlen
recompensa *f* Belohnung *f*; (*indemnización*) Entschädigung *f*
recomponer *irr como poner vt* wieder zusammensetzen; (*reparar*) instand setzen, reparieren
reconciliación [-θi-'θjon] *f* Versöhnung *f*
reconciliar [-θi-] [**1**] *vt* versöhnen ▷ *vr*: **reconciliarse** sich versöhnen
reconfortar [**1**] *vt* stärken, ermutigen ▷ *vr*: **reconfortarse con algo** sich mit etw stärken
reconocer [-'θer] *irr como crecer vt* wiedererkennen; (*confesar*) zugeben; (*Med*) untersuchen
reconocimiento [-θi-] *m* (*Med*) Untersuchung *f*; (*Jur, Pol*) Anerkennung *f*; (*confesión*) Eingeständnis *nt*; (*algo ya visto*) Wiedererkennen *nt*; (*agradecimiento*) Dankbarkeit *f*
reconquista [-'kis-] *f* Wiedereroberung *f*
reconstituyente *m* Stärkungsmittel *nt*
reconstruir *irr como huir vt* wiederaufbauen; (*Jur*) rekonstruieren
reconversión [-βer-] *f* wirtschaftliche Umstrukturierung
recopilar [**1**] *vt* zusammenstellen, zusammentragen
récord *adj inv* Rekord- ▷ *m* (*pl* **s**) Rekord *m*
recordar *irr como contar vt* (*acordarse de*) sich erinnern an +*akk*; (*acordar a otro*) erinnern an +*akk*
recorrer [**2**] *vt* (*un país*) durchreisen, durchfahren; (*distancia*) zurücklegen; (*repasar*) durchsehen
recorrido *m* Wegstrecke *f*, Fahrtstrecke *f*; **tren** *m* **de largo recorrido** Fernverkehrszug *m*
recortar [**1**] *vt* ausschneiden
recostado, a *adj* angelehnt; **estar recostado** liegen
recostar *irr como contar vt* anlehnen ▷ *vr*: **recostarse** (*en cama*) sich hinlegen; (*apoyarse*) sich anlehnen
recreación [-'θjon] *f* Entspannung *f*, Erholung *f*
recrear [**1**] *vt* (*entretener*) unterhalten; (*volver a crear*) wiedererschaffen
recreativo, a [-βo] *adj* Freizeit-
recreo *m* Erholung *f*; (*Escuela*) Pause *f*
recriminar [**1**] *vt* beschuldigen ▷ *vr*: **recriminarse** sich gegenseitig Vorwürfe machen
recrudecer [-'θer] *irr como crecer vt* verschlimmern, verschlechtern ▷ *vi, vr*: **recrudecerse** sich verschlimmern

rectángulo, a *adj* rechtwinklig ▷ *m* Rechteck *nt*
rectificar [6] *vt* berichtigen, verbessern; *(poner recto)* begradigen
rectitud *f (exactitud)* Richtigkeit *f*; *(fig)* Rechtschaffenheit *f*
recto, a *adj* gerade; *(persona)* rechtschaffen ▷ *m* Mastdarm *m* ▷ *f* Gerade *f*
rector, a *m(f)* Rektor(in) *m(f)*; *(Rel)* Pfarrer(in) *m(f)*
recua *f (de animales)* Zug *m*; *(fig)* Menge *f*
recuento [-'kwen-] *m* Zählung *f*; *(de votos)* Auszählung *f*
recuerdo [-'kwer-] *m* Erinnerung *f*; *(de viaje etc)* Andenken *nt*; **recuerdos** *pl* Grüße *pl*; **¡recuerdos a tu madre!** grüße deine Mutter von mir!
recular [1] *vi* zurückweichen; *(fig)* nachgeben
recuperación [-'θjon-] *f (Med)* Genesung *f*; *(de un objeto)* Wiederbeschaffung *f*; *(Tecn)* Rückgewinnung *f*
recuperar [1] *vt* zurückgewinnen, wiedererlangen; *(tiempo)* nachholen ▷ *vr*: **recuperarse** sich erholen
recurrir [3] *vi (Jur)* Berufung einlegen; **recurrir a algo** zu etw greifen
recurso *m* Zuflucht *f*; *(medios)* Mittel *pl*, Ressourcen *pl*
recusar [1] *vt* abweisen; *(Jur)* ablehnen
red *f (t. Inform)* Netz *nt*; *(fig: trampa)* Falle *f*; **red de servicios de telefonía móvil** Mobilfunknetz
redacción [-'θjon] *f* Abfassung *f*, Ausarbeitung *f*; *(Escuela)* Aufsatz *m*; *(oficina, personal)* Redaktion *f*
redactar [1] *vt* redigieren; *(artículo)* abfassen
redada *f* Fischfang *m*; *(de policía)* Razzia *f*
redescubrir *irr como* cubrir *vt* wiederentdecken
redicho, a [-tʃo] *adj* affektiert, gekünstelt
redil *m* Pferch *m*, Hürde *f*
rédito *m* Zins(ertrag) *m*
redoblar [1] *vt* verdoppeln
redomado, a *adj* schlau, gerissen
redondear [1] *vt* (ab)runden ▷ *vr*: **redondearse** an das große Geld kommen
redondel *m (círculo)* Kreis *m*; *(Taur)* Arena *f*
redondo, a *adj* kugelförmig, rund; *(fig: completo)* vollkommen; *(suma, cantidad)* rund ▷ *f*: **a la redonda** im Umkreis, rundherum
reducción [-'θjon] *f* Verminderung *f*, Verringerung *f*; *(Mat, Quím)* Reduktion *f*; *(Med)* Einrenkung *f*; **reducción de la jornada de trabajo** Arbeitszeitverkürzung *f*
reducido, a [-'ði-] *adj* verkleinert; *(limitado)* begrenzt; *(pequeño)* klein
reducir [-'θir] *irr como* conducir *vt* verringern; *(limitar)* begrenzen; *(Med)* einrenken ▷ *vr*: **reducirse** sich beschränken *(a* auf *+akk); (en los gastos)* sich einschränken
redundancia [-'θja] *f* Überfluss *m*; *(Ling)* Redundanz *f*
reembolsar [1] *vt* zurückzahlen, zurückerstatten

reembolso *m* Zurückzahlung *f*, Zurückerstattung *f*

reemplazar [-'θar] [8] *vt* ersetzen

reemplazo *m* Ersatz *m*; **de reemplazo** (*Mil*) Reserve-

reengancharse [-'tʃar-] [1] *vr* (*Mil*) sich verpflichten; (*fig*) (an einem Job) hängen bleiben; (*fam: drogadictos*) sich wieder an die Nadel hängen

reescribir *irr como escribir vt* (*Inform*) überschreiben

referencia [-θja] *f* Referenz *f*; (*informe*) Bericht *m*; (*relación*) Bezug *m*; **con referencia a** mit Bezug auf +*akk*

referente *adj*: **referente a** in Bezug auf +*akk*, bezüglich +*gen*

referir *irr como sentir vt* (*contar*) erzählen, berichten; (*relacionar*) in Beziehung bringen (*a mit*) ⊳ *vr*: **referirse** sich beziehen auf +*akk*

refilón *adv*: **de refilón** beiläufig; (*fig*) flüchtig

refinado, a *adj* raffiniert

refinamiento *m* Feinheit *f*; (*fam*) Raffinesse *f*

refinar [1] *vt* raffinieren; (*fig*) verfeinern

refinería *f* Raffinerie *f*

reflejar [-'xar] [1] *vt* zurückwerfen; (*fig*) kundgeben, offenbaren ⊳ *vr*: **reflejarse** sich widerspiegeln

reflejo, a *adj* zurückgestrahlt; (*fig*) bedacht; (*movimiento*) Reflex- ⊳ *m* Abglanz *m*; (*Med*) Reflex *m*

reflejoterapia [-xo-] *f* Reflexzonenmassage *f*

réflex *adj inv*: **cámara /réflex** Spiegelreflexkamera *f*

reflexión *f* Reflexion *f*, Spiegelung *f*; (*pensamiento*) Nachdenken *nt*

reflexionar [1] *vt* nachdenken über +*akk* ⊳ *vi* nachdenken

reflexivo, a [-βo] *adj* nachdenklich; (*Ling*) reflexiv

reflujo [-xo] *m* Ebbe *f*

reforestar [1] *vt* wiederaufforsten

reforma *f* Reform *f*; (*Archit*) Umbau *m*; (*Rel*) Reformation *f*; **reforma agraria** Agrarreform *f*; **reforma ortográfica** Rechtschreibreform *f*

reformar [1] *vt* (*modificar*) umändern, umgestalten; (*formar de nuevo*) wiederherstellen; (*Archit*) umbauen ⊳ *vr*: **reformarse** sich bessern

reforzar [-'θar] *irr como forzar vt* verstärken; (*fig*) bestärken

refractario, a *adj* widerspenstig; (*Med*) unempfindlich; (*Tecn*) feuerfest

refrán *m* Sprichwort *nt*

refregar *irr como fregar vt* reiben, scheuern; **refregar por las narices** unter die Nase reiben

refrescar [6] *vt* erfrischen ⊳ *vi* sich erfrischen; (*el aire*) abkühlen ⊳ *vr*: **refrescarse** sich abkühlen; (*tomar el aire fresco*) frische Luft schöpfen

refresco *m* Erfrischungsgetränk *nt*; **refrescos** *pl* Erfrischungen *pl*

refriega [-'frie-] *f* Auseinandersetzung *f*, Streit *m*

refrigeración [-xe-'θjon] *f* (*Tief*)kühlung *f*; (*de casa*) Klimaanlage *f*

refrigerador [-xe-] *m* Kühlschrank *m*

refrigerar [-xe-] [1] *vt* kühlen

refuerzo [-'fwerθo] *m* Verstärkung *f*; (*fig*) Nachschub *m*

refugiado, a [-'xja-] *m/f* Flüchtling *m*

refugio [-xjo] *m* Zuflucht *f*; (*protección*) Schutz *m*; (*Mil*) Bunker *m*

refulgir [-'xir] [**13**] *vi* glänzen, schimmern

refunfuñar [**1**] *vi* murren, brummen

refutar [**1**] *vt* widerlegen

regadera *f* Gießkanne *f*

regadío *m* bewässertes Gelände

regalado, a *adj* (*t. fig*) geschenkt; (*vida*) bequem, angenehm

regalar [**1**] *vt* (*dar*) schenken; (*deleitar*) verwöhnen; (*con un banquete*) fürstlich bewirten ▷ *vr*: **regalarse** genießen

regalía *f* Privileg *nt*, Vorrecht *nt*; (*Com*) Zulage *f*; (*de autor*) Tantiemen *pl*

regaliz [-'liθ] *m*, **regaliza** *f* Lakritze *f*; (*planta*) Süßholz *nt*

regalo *m* (*obsequio*) Geschenk *nt*; (*gusto*) Vergnügen *nt*; (*comodidad*) Behaglichkeit *f*

regalón, ona *adj* (*fam*) verwöhnt

regañadientes [-'ðjen-] *adv*: **a regañadientes** zähneknirschend

regañar [**1**] *vt* ausschelten, schimpfen ▷ *vi* (*pelear*) streiten; (*refunfuñar*) murren, brummen

regaño *m* Verweis *m*

regañón, ona *adj* mürrisch, brummig

regar *irr como fregar vt* bewässern; (*calle*) besprengen; (*fig*) begießen

regata *f* Regatta *f*

regatear [**1**] *vt* feilschen um; (*esfuerzos*) scheuen ▷ *vi* feilschen, handeln; (*Sport*) dribbeln

regazo [-θo] *m* Schoß *m*

regeneración [-xe-'θjon] *f* Erneuerung *f*; (*Tecn*) Regenerierung *f*; (*Bio*) Regeneration *f*

regenerar [-xe-] [**1**] *vt* erneuern; (*Bio*) regenerieren

regente [-'xen-] *mf* Verwalter(in) *m(f)*; (*Pol*) Regent(in) *m(f)*

régimen (*pl* **regímenes**) [-xi-] *m* Regime *nt*; (*Med*) Diät *f*

regimiento [-xi-] *m* Regiment *nt*

regio, a [-xjo] *adj* königlich; (*fig*: *suntuoso*) prächtig

región [-'xjon] *f* Gegend *f*

regional *adj* regional

regir [-'xir] *irr como elegir vt* regieren; (*dirigir*) führen, leiten ▷ *vi* gültig sein

registrador [-xis-] *m* Registriergerät *nt*

registrar [-xis-] [**1**] *vt* durchsuchen; (*anotar*) aufzeichnen; (*grabar*) aufnehmen; (*Inform*) (ab)speichern; **registrar imágenes o textos** Bilder oder Texte (ein)scannen ▷ *vr*: **registrarse** (*matricularse*) sich einschreiben; (*producirse*) geschehen

registro [-xis-] *m* (*t. Inform*) Register *nt*; (*Inform*) Kurzzeitspeicher *m*; (*inspección*) Inspektion *f*; (*policial*) Durchsuchung *f*; (*en libro*) Verzeichnis *nt*, Index *m*; **registro civil** Standesamt *nt*; (*Inform*) **tampón** (*Inform*) Puffer *m*

regla *f* (*ley*) Regel *f*, Norm *f*; (*de medir*) Lineal *nt*; **la regla** (*Med*) die Regel, die Periode

reglamentación [-'θjon] *f* (*acto*) Regelung *f*; (*reglas*) Ordnung *f*

reglamentar [**1**] *vt* regeln

reglamentario, a *adj* vorgeschrieben

reglamento m Verordnung f, Verfügung f

regleta f Lüsterklemme f

regocijar [-θi'xar] [1] vt erfreuen ▷ vr: **regocijarse** sich ergötzen

regocijo m Freude f, Vergnügen nt

regodearse [1] vr sich ergötzen (con an +dat); (malignamente) schadenfroh sein

regodeo m Vergnügen nt; (con malas intenciones) Schadenfreude f

regrabable adj (CD, DVD) wiederbeschreibbar

regresar [1] vi zurückkommen, zurückkehren

regresivo, a [-βo] adj rückläufig; (fig) regressiv

regreso m Rückkehr f

reguero [-'ɣe-] m Rinnsal nt

regulador m Regler m; **regulador de contraste** Kontrastregler

regular [1] vt (poner en orden) ordnen, regeln; (Tecn) regulieren, einstellen ▷ adj regelmäßig; (normal) normal, üblich; (común) gewöhnlich; (organizado) geordnet; (mediano) mittelmäßig; (fam) so lala, nicht schlecht ▷ adv leidlich, einigermaßen

regularidad f Regelmäßigkeit f

regularizar [-'θar] [8] vt regeln, ordnen

regusto m Nachgeschmack m

rehabilitación [-'θjon] f Rehabilitation f; (Archit) Restaurierung f

rehabilitar [1] vt rehabilitieren; (reintegrar) wiedereinsetzen

rehacer [-'θer] irr como hacer vt (reparar) reparieren; (volver a hacer) noch einmal machen ▷ vr: **rehacerse** (Med: fig) sich erholen

rehén m Geisel f

rehilete m (dardo) Wurfpfeil m; (Sport) Federball m

rehuir irr como huir vt meiden, aus dem Weg gehen +dat

reina ['rei-] f Königin f

reinado m Regierungszeit f

reinar [1] vi regieren

reincidir [reinθi-] [3] vi rückfällig werden; (volver a caer) zurückfallen (en in +akk)

reinicio [-'θjo] m (Inform) Neustart m

reino ['rei-] m Königreich nt; **reino animal** Tierreich nt

reinsertar [rein-] [1] vt resozialisieren

reintegrar [1] vt (reconstituir) wiederherstellen; (al trabajo) wiedereinstellen; (dinero) zurückerstatten ▷ vr: **reintegrarse a** wieder zurückkehren nach

reír [re'ir] irr vi, vr: **reírse** lachen; **reírse de alguien** sich über jdn lustig machen

reiterar [1] vt wiederholen

reivindicación [reiβin-'θjon] f (demanda) Forderung f, Anspruch m

reivindicar [reiβin-] [6] vt fordern, beanspruchen; (rehabilitar) zurückfordern

reja [-xa] f Gitter nt; (del arado) Pflugschar f

rejilla [-'xiʎa] f (de ventana) Fenstergitter nt; (de silla) Korbgeflecht nt; (de ventilación) Öffnung f; (de tren etc) Gepäcknetz nt

rejoneador [-xo-] m Stierkämpfer m zu Pferd

rejuvenecer [-xuβe-'θer] irr como crecer vt verjüngen, jünger machen

▷ vi, vr: **rejuvenecerse** wieder jung werden

relación [-'θjon] f Beziehung f; (Mat) Verhältnis nt; (informe) Bericht m; **con relación a, en relación con** bezüglich +gen; **relaciones públicas** Public Relations pl

relacional [-θjo-] adj (Inform) relational

relacionar [-θjo-] [1] vt in Verbindung [o Zusammenhang] bringen (con mit) ▷ vr: **relacionarse** in Verbindung treten (con mit)

relajación [-xa'θjon] f Entspannung f; (moral) (Sitten)verfall m

relajado, a [-'xa-] adj (cómodo) angenehm, sorgenfrei; (sin tensión) entspannt

relajar [-'xar] [1] vt entspannen; (reglas, normas) lockern ▷ vr: **relajarse** erschlaffen; sich entspannen

relajo [-xo] m Entspannung f

relamer [2] vt ablecken ▷ vr: **relamerse** sich dat die Lippen lecken

relamido, a adj (pulcro) wie geleckt; (afectado) affektiert

relámpago m Blitz m

relampaguear [-ye-] [1] vi (auf)blitzen; (fig) funkeln

relanzar [-'θar] [8] vt (Inform) neu starten

relatar [1] vt erzählen

relativizar [-βi'θar] [8] vt relativieren, einschränken

relativo, a [-βo] adj relativ; **en lo relativo a** hinsichtlich +gen, betreffs +gen

relato m Schilderung f; (narración) Erzählung f; (informe) Bericht m

relax [re'laks] m Entspannung f

relevante [-'βan-] adj hervorragend, ausgezeichnet

relevar [-'βar] [1] vt entlasten; (sustituir) ablösen ▷ vr: **relevarse** sich ablösen

relevo [-βo] m Ablösung f; **carrera f de relevos** Staffellauf m

relieve [-'jeβe] m (Arte, Tecn) Relief nt; **bajo relieve** Flachrelief

religión [-'xjon] f Religion f

religioso, a [-'xjo-] adj fromm ▷ m/f Mönch (Nonne) m/f

relinchar [-'tʃar] [1] vi wiehern

relincho m Wiehern nt

reliquia [-kja] f Reliquie f

rellamada [-ʎa-] f (Tel) Wahlwiederholung f

rellano [-'ʎa-] m (Archit) Treppenabsatz m

rellenar [-ʎe-] [1] vt (volver a llenar) nachfüllen; (Gastr) füllen; (un impreso) ausfüllen; (cojines) polstern

relleno, a adj gefüllt ▷ m (material) Füllung f; (acto) Füllen nt; (de tapicería) Polster nt

reloj [-'lo(x)] m Uhr f; **reloj despertador** Wecker m; **reloj digital** Digitaluhr f; **reloj de pulsera** Armbanduhr; **reloj de sol** Sonnenuhr

relojero, a m/f Uhrmacher(in) m(f)

relucir [-'θir] irr como lucir vi glänzen

relumbrante adj glänzend

relumbrar [1] vi glänzen, leuchten

remachar [-'tʃar] [1] vt (con remaches) nieten; (fig) Nachdruck verleihen +dat

remache [-tʃe] *m* Niete *f*
remanente *m* (Über)rest *m*; (Com) Restbetrag *m*
remanso *m* ruhige Stelle; (*fig*) ruhiger Winkel
remar [1] *vi* rudern
remate *m* Abschluss *m*, Ende *nt*; (Archit) (Zier)giebel *m*; (*de subasta*) Zuschlag *m*
remedar [1] *vt* nachahmen
remediar [1] *vt* abhelfen +*dat*; (*subsanar*) wiedergutmachen; (*evitar*) vermeiden
remedio *m* Abhilfe *f*; (*medicamento*) Heilmittel *nt*; (Jur) Rechtsmittel *nt*; **poner remedio a** abhelfen +*dat*; **no tener más remedio** keine andere Wahl haben; **¡qué remedio!** da bleibt einem keine andere Wahl!; **sin remedio** hoffnungslos
remedo *m* Imitation *f*, Nachahmung *f*
remendar *irr como* **pensar** *vt* reparieren; (*con parches*) flicken
remesa *f* Sendung *f*
remesar [1] *vt* verschicken, versenden
remilgado, a *adj* (*afectado*) geziert; (*fam*) zimperlich
remilgo *m* Geziere *nt*, Getue *nt*
remisión *f* (*de fiebre*) Nachlassen *nt*; (*perdón*) Vergebung *f*; (Com) Sendung *f*
remiso, a *adj* schlaff, schlapp; (*indeciso*) zögernd
remite *m* Absenderangabe *f*
remitente *mf* Absender(in) *m(f)*
remitir [3] *vt* schicken, senden; (*en un escrito*) verweisen (*a* auf +*akk*) ▷ *vi* nachlassen
remo *m* (*de barco*) Ruder *nt*

remodelar [1] *vt* umformen, umgestalten
remojar [-'xar] [1] *vt* anfeuchten; (*poner en remojo*) einweichen; (*galleta etc*) eintunken; (*fig*) feiern
remolacha [-tʃa] *f* Rote Bete *f*
remolcar [6] *vt* (Naut) schleppen; (Auto) abschleppen
remolino *m* Wirbel *m*; (*de gente*) Menschenmenge *f*
remolque [-ke] *m* (*cuerda*) (Ab)schleppseil *nt*; (*vehículo*) Anhänger *m*; **llevar a remolque** abschleppen
remontar [1] *vt* ersteigen; (*dificultad*) überwinden ▷ *vr*: **remontarse** sich emporschwingen; **remontarse a** (Com) sich belaufen auf +*akk*
rémora *f* Hindernis *nt*
remorder *irr como* **mover** *vt* quälen, beunruhigen; **remorder la conciencia** Gewissensbisse haben ▷ *vr*: **remorderse** Reue empfinden
remordimiento *m* Reue *f*
remoto, a *adj* entfernt
remover [-'βer] *irr como* **mover** *vt* umrühren; (*tierra*) umgraben; (*objetos*) wegrücken; (*quitar*) entfernen; (*fig*) aufwühlen
remozar [-'θar] [8] *vt* verjüngen ▷ *vr*: **remozarse** jünger werden
remuneración [-'θjon] *f* Bezahlung *f*, Vergütung *f*
remunerar [1] *vt* bezahlen, vergüten; (*premiar*) belohnen
renacer [-'θer] *irr como* **crecer** *vi* wiedergeboren werden; (*fig*) aufleben
renacimiento [-θi-] *m* Wiedergeburt *f*; **el Renacimiento** die Renaissance

renal *adj* Nieren-
rencilla [-'θiʎa] *f* Auseinandersetzung *f*, Streit *m*
rencor *m* Groll *m*
rencoroso, a *adj* nachtragend
rendición [-'θjon] *f* (*Mil*) Kapitulation *f*; (*de cuentas*) Abrechnung *f*
rendido, a *adj* (*sumiso*) ergeben; (*cansado*) erschöpft
rendimiento *m* (*de persona: Tecn*) Leistung *f*, Leistungsfähigkeit *f*; (*agotamiento*) Erschöpfung *f*; (*Agr*) Ertrag *m*
rendir *irr como pedir vt* (*vencer*) besiegen; (*cansar*) erschöpfen; (*dar beneficio*) abwerfen, einbringen; (*producir*) leisten ▷ *vi* sich rentieren ▷ *vr*: **rendirse** (*someterse*) sich ergeben; (*cansarse*) ermatten
renegado, a *adj* abtrünnig ▷ *m/f* Abtrünnige(r) *mf*
RENFE *f sigla* (= Red Nacional de los Ferrocarriles Españoles) nationales Eisenbahnnetz Spaniens
reniego [-'nje-] *m* Verleugnung *f*; (*fam*) Fluch *m*
reno *m* Ren(tier) *nt*
renombrado, a *adj* berühmt
renombre *m* Ruf *m*, Ruhm *m*
renovable [-'βa-] *adj* (*energía*) erneuerbar
renovación [-βa'θjon] *f* (*de un contrato*) Erneuerung *f*; (*Archit*) Renovierung *f*
renovar [-'βar] *irr como contar vt* erneuern; (*Archit*) renovieren
renta *f* Rente *f*; (*ingresos*) Einkommen *nt*; (*beneficio*) Profit *m*, Gewinn *m*; (*alquiler*) Miete *f*; **renta vitalicia** Leibrente
rentable *adj* rentabel, wirtschaftlich

rentar [1] *vt* einbringen
rentero, a *m/f* Pächter(in) *m(f)*
rentista *mf* Privatier *m*; (*pensionista*) Rentner(in) *m(f)*
renuente [-'nwen-] *adj* widerwillig
renuncia [-θja] *f* Verzicht *m* (*a* auf +*akk*)
renunciar [1] *vt* verzichten auf +*akk*; (*oferta*) ausschlagen
reñir *irr como ceñir vt* (*regañar*) ausschimpfen; (*batalla*) austragen ▷ *vi* (*estar peleado*) streiten; (*combatir*) kämpfen
reojo [-xo] *adv*: **de reojo** verstohlen; (*fig*) verächtlich
reorganizar [-'θar] [8] *vt* umorganisieren
reorientar [-rjen-] [1] *vt* eine neue Orientierung geben +*dat*
reparación [-'θjon] *f* (*acto*) Reparieren *nt*; (*Tecn*) Reparatur *f*; (*fig*) Wiedergutmachung *f*
reparar [1] *vt* reparieren; (*rehabilitar*) wiedergutmachen; (*darse cuenta*) bemerken
reparo *m* (*advertencia*) Bemerkung *f*, Einwand *m*; (*duda*) Zweifel *m*, Bedenken *pl*; (*dificultad*) Schwierigkeit *f*
repartición [-'θjon] *f* Verteilung *f*
repartir [3] *vt* verteilen; (*correo*) austragen
reparto *m* Verteilung *f*; (*del correo*) Zustellung *f*; (*Teat, Cine*) Besetzung *f*
repasar [1] *vt* (*lección*) wiederholen; (*Tecn*) überprüfen
repatriar [4] *vt* repatriieren
repecho [-tʃo] *m* Böschung *f*, Abhang *m*; **a repecho** bergauf
repelente *adj* (*al agua etc*) abweisend; (*fig*) abstoßend

repeler [2] vt zurückstoßen; (fig) abstoßen

repensar irr como pensar vt überdenken

repente m: **de repente** plötzlich

repentino, a adj plötzlich

repercusión f Rückprall m; (fig) Auswirkung f; **tener repercusión** Folgen haben

repercutir [3] vi rückprallen; (sonido) widerhallen; (fig) Folgen haben; **repercutir en** sich auswirken auf +akk ▷ vr: **repercutirse** widerhallen, nachhallen

repertorio m Verzeichnis nt; (Teat) Repertoire nt

repetición [-'θjon] f Wiederholung f

repetir irr como pedir vt wiederholen; (comida) nochmals nehmen ▷ vi aufstoßen ▷ vr: **repetirse** (volver sobre tema) sich wiederholen; (sabor) zurückkommen

repicar [6] vt (desmenuzar) zerstückeln, zerkleinern; (campanas) läuten

repique [-ke] m Glockenläuten nt; (fig) kleiner Streit

repisa f Konsole f; **repisa de chimenea** Kaminsims m o nt

repleto, a adj voll, vollgefüllt; (de comida) satt

réplica f Erwiderung f; (Arte) Reproduktion f

replicar [6] vi (schlagfertig) erwidern; (objetar) entgegnen

repliegue [-'pljeɣe] m Knick m, Falte f

repoblación [-'θjon] f Wiederbevölkerung f; (de bosque) Wiederaufforstung f

repoblar irr como contar vt wiederbevölkern; (bosque) wiederaufforsten

repollo [-ʎo] m Weißkohl m

reponer irr como poner vt ersetzen; (Teat, Cine) wiederaufführen; **reponer que** erwidern, dass ▷ vr: **reponerse** sich erholen

reportaje [-xe] m Reportage f

reportero, a m/f Reporter(in) m(f), Berichterstatter(in) m(f)

reposado, a adj (descansado) erholsam; (tranquilo) ruhig, gelassen

reposar [1] vi sich ausruhen

reposo m Ruhe f

repostar [1] vt ergänzen; **repostar gasolina** tanken

repostería f Konditorei f; (productos) Konditoreiwaren pl; (depósito) Speisekammer f

repostero, a m/f Konditor(in) m(f)

reprender [2] vt tadeln, rügen

reprensión f Tadel m, Rüge f

represa f Staudamm m; (lago) Stausee m

represalia f Repressalie f

representación [-'θjon] f Darstellung f; (imagen, idea) Vorstellung f; (Teat) Aufführung f

representante mf Vertreter(in) m(f); (Teat) Darsteller(in) m(f)

representar [1] vt vertreten; (Teat) aufführen, spielen; (significar) bedeuten ▷ vr: **representarse** sich vorstellen

representativo, a [-βo] adj repräsentativ

represión f Unterdrückung f

reprimir [3] vt unterdrücken

reprobar irr como contar vt missbilligen

reprocesamiento [-θe-] m Wiederaufarbeitung f; **planta f de reprocesamiento** Wiederaufarbeitungsanlage f

reprocesar vt wiederaufarbeiten

reprochar [-'tʃar] [1] vt vorwerfen

reproche m Vorwurf m

reproducción [-'θjon] f Nachbildung f, Reproduktion f; (Bio) Fortpflanzung f

reproducir [-'θir] irr como conducir vt wiedergeben, reproduzieren ▷ vr: **reproducirse** sich fortpflanzen

reproductor m: **reproductor de casetes** Kassettendeck nt; **reproductor de discos compactos** CD-Spieler m; **reproductor portátil de discos compactos** Discman m

reptil m Reptil nt

república f Republik f; **República Democrata Alemana** (Hist) Deutsche Demokratische Republik; **República Federal de Alemania** Bundesrepublik Deutschland

republicano, a adj republikanisch ▷ m/f Republikaner(in) m(f)

repudiar [1] vt (rechazar) ablehnen; (persona) verstoßen; (herencia) ausschlagen

repuesto [-'pwes-] m (pieza de recambio) Ersatzteil nt; (abastecimiento) Vorrat m; **rueda f de repuesto** Ersatzrad m

repugnancia [-θja] f Widerwille m; (asco) Ekel m

repugnante adj ekelhaft, abstoßend

repugnar [1] vt abstoßen, anekeln ▷ vr: **repugnarse** (contreadicirse) im Widerspruch stehen

repujar [-'xar] [1] vt treiben

repulido, a adj poliert; (persona) herausgeputzt, aufgedonnert

repulsa f Abweisung f, Zurückweisung f; (fig) Verweis m

repulsión f Widerwille m, Abneigung f; (Fís) Abstoßung f

repulsivo, a [-βo] adj ekelhaft, abstoßend

reputación [-'θjon] f Ruf m, Name m

reputar [1] vt schätzen, achten

requerimiento [-ke-] m Ersuchen nt, Bitte f; (Jur) Aufforderung f

requerir [-ke-] irr como sentir vt (rogar) bitten, ersuchen; (necesitar) brauchen, verlangen; (llamar) auffordern

requesón [-ke-] m Quark m

requete- [-'ke-] pref (fam) äußerst, extrem

réquiem [-kjem] m Requiem nt

requisa [-'ki-] f (inspección) Inspektion f, Untersuchung f

requisito [-ki-] m Forderung f, Erfordernis nt

res f (Stück nt) Vieh nt

resabio m (vicio) schlechte Angewohnheit f; (regusto) (übler) Nachgeschmack

resaca f (en el mar) Unterströmung f; (fam) Kater m

resalado, a adj (fam) lebhaft

resaltar [1] vi hervorragen, vorstehen; (persona) herausragen

resarcimiento [-θi-] m Entschädigung f

resarcir [-'θir] [11] vt entschädigen ▷ vr: **resarcirse** sich schadlos halten

resbaladero m rutschige Stelle;

resbaladizo | 214

(en un parque infantil) Rutschbahn f
resbaladizo, a [-θo] adj rutschig
resbalar [1] vi, vr: **resbalarse** ausrutschen
resbalón m Ausrutschen nt; (fig) Ausrutscher m
rescatar [1] vt (heridos) retten; (objetos) bergen; (cautivos) befreien
rescate m Rettung f, Bergung f; **pagar un rescate** ein Lösegeld zahlen
rescindir [-θin-] [3] vt rückgängig machen; (contrato) lösen, aufheben
rescisión f Aufhebung f; (Jur) Ungültigkeitserklärung f
rescoldo m glühende Asche; (fig) Skrupel m, Bedenken pl
resecar [6] vt austrocknen; (Med) entfernen ▷ vr: **resecarse** austrocknen
reseco, a adj ausgetrocknet, sehr trocken; (fig) dünn, hager
resentido, a adj nachtragend
resentirse irr como sentir vr: **resentirse con** böse sein auf +akk; (informe) Kurzbericht m; **resentirse de** (dolor) verspüren; (consecuencias) die Nachwirkungen spüren von
reseña f (descripción) Beschreibung f; (informe) Kurzbericht m; (de un libro) Rezension f
reseñar [1] vt beschreiben; (informar brevemente) kurz berichten; (libro) besprechen, rezensieren
reserva [-βa] f Reservierung f; (terreno) Reservat nt; (discreción) Vorbehalt m
reservado, a [-'βa-] adj reserviert; (retraído) zurückhaltend ▷ m Privatzimmer nt

reservar [-'βar] [1] vt (guardar) aufheben, aufbewahren; (habitación etc) reservieren; (callar) verschweigen, für sich behalten ▷ vr: **reservarse alguien para algo** jdn für etw aufsparen; **reservarse su opinión** seine Meinung für sich behalten
resfriado m Erkältung f
resfriar [4] vt abkühlen ▷ vi kühl werden ▷ vr: **resfriarse** (Med) sich erkälten
resguardar [1] vt schützen, bewahren ▷ vr: **resguardarse** sich schützen (de vor +dat)
resguardo m Schutz m; (documento) Beleg m, Quittung f
residencia [-θja] f Wohnsitz m; (casa de gobernador etc) Amtssitz m; (pensión) Gasthaus nt
residente adj wohnhaft ▷ mf Bewohner(in) m(f)
residir [3] vi wohnen, leben; **residir en** (fig) liegen in +dat
residuo m Abfall m; **residuos tóxicos** Giftmüll m
resignación [-'θjon] f Resignation f
resina f Harz m
resistencia [-θja] f Widerstand m
resistente adj widerstandsfähig; (fuerte) stark, kräftig; (duradero) dauerhaft
resistir [3] vt (soportar) standhalten +dat; (oponerse) Widerstand leisten +dat; (fig) aushalten, ertragen ▷ vi Widerstand leisten ▷ vr: **resistirse** sich widersetzen, sich sträuben
resol m blendendes Sonnenlicht
resollar [-'λar] irr como contar vi schnaufen

resolución [-'θjon] f Beschluss m; (decisión) Entscheidung f; **de alta resolución** hochauflösend

resoluto, a adj energisch, entschlossen

resolver [-'βer] irr como volver vt (auf)lösen; (decidir) entscheiden ▷ vr: **resolverse** sich auflösen; (decidirse) sich entscheiden

resonancia [-'θja] f Resonanz f, Echo m

resonante adj nachhallend; (fig) nachhaltig

resoplar [1] vi schnauben

resorte m (pieza) Feder f; (fuerza elástica) Spannkraft f; (fig) Mittel nt

respaldar [1] vt unterstützen ▷ vr: **respaldarse** sich anlehnen

respaldo m (Rücken)lehne f; (de una hoja) Rückseite f; (fig) Unterstützung f, Rückhalt m

respectivo, a [-βo] adj jeweilig; **en lo respectivo a** in Bezug auf +akk

respecto m: **al respecto** in dieser Hinsicht; **con respecto a, respecto de** hinsichtlich +gen, bezüglich +gen

respetable adj angesehen, geachtet

respetar [1] vt respektieren, achten

respeto m Respekt m, Achtung f; **respetos** pl Empfehlungen pl

respetuoso, a adj respektvoll

respingo m Ruck m, Auffahren nt; (fig) Widerspenstigkeit f

respingona f Stupsnase f

respiración [-'θjon] f Atmung f; (ventilación) Lüftung f

respirar [1] vi atmen; (inhalar) einatmen; (sentirse aliviado) aufatmen

respiro m Atmen nt; (fig: descanso) Pause f

resplandecer [-'θer] irr como crecer vi scheinen, glänzen

resplandor m Glanz m; (del fuego) Schein m

responder [2] vt beantworten ▷ vi antworten; (replicar) widersprechen; **responder de, responder por** die Verantwortung übernehmen für

responsabilidad f Verantwortung f; **responsabilidad por un producto** Produkthaftung f

responsable adj verantwortlich

respuesta [-'pwes-] f Antwort f

resquebrajar [-ke-'xar] [1] vi, vr: **resquebrajarse** aufspringen, Risse bekommen

resquemor [-ke-] m Groll m

resquicio [-'kiθjo] m Ritze f, Spalte f; (fig) gute Gelegenheit

restablecer [-'θer] irr como crecer vt wiederherstellen ▷ vr: **restablecerse** sich wieder erholen

restallar [-'ʎar] [1] vi knallen

restante adj übrig, restlich; **lo restante** das Restliche, der Rest

restar [1] vt (Mat) abziehen, subtrahieren; (fig) wegnehmen ▷ vi übrig bleiben

restauración [-'θjon] f Restaurierung f

restaurante m Restaurant nt, Gaststätte f

restaurar [1] vt restaurieren; (Pol) wiederherstellen

restitución [-'θjon] f Rückgabe f; (de dinero) Rückerstattung f

restituir irr como huir vt (devolver) zurückgeben, zurückerstatten;

(rehabilitar) wiederherstellen ▷ vr: **restituirse a** zurückkehren zu

resto m (residuo) Rest m; (apuesta) Einsatz m; **restos mortales** sterbliche Überreste pl

restregar irr como fregar vt reiben, scheuern

restricción [-'θjon] f Einschränkung f

restringir [-'xir] [**13**] vt einschränken, begrenzen

resucitar [-θi-] [**1**] vt wiederbeleben ▷ vi auferstehen

resuello [-'sweʎo] m Schnauben nt, Keuchen nt

resuelto, a [-'swel-] adj entschlossen, resolut

resultado m Ergebnis nt, Resultat nt

resultar [**1**] vi (derivarse) erfolgen; (llegar a ser) sich erweisen; (Com) sich belaufen auf +akk

resumen m Zusammenfassung f

resumir [**3**] vt zusammenfassen ▷ vr: **resumirse en** hinauslaufen auf +akk

retablo m Altargemälde nt

retaguardia f Nachhut f

retahíla f lange Reihe, lange Aufzählung

retal m Stoffrest m

retama f (Bot) Ginster m

retar [**1**] vt herausfordern

retardar [**1**] vt (demorar) aufhalten; (hacer más lento) verlangsamen, verzögern

retardo m Verzögerung f

rete- pref (fam) sehr, extrem

retener irr como tener vt zurückhalten; (guardar) behalten; (respiración) anhalten

retina f Netzhaut f

retirado, a adj (distante) entlegen, abgelegen; (del trabajo) außer Dienst

retirar [**1**] vt zurückziehen; (quitar) wegnehmen; (jubilar) pensionieren, in den Ruhestand versetzen ▷ vr: **retirarse** sich zurückziehen; (jubilarse) sich zur Ruhe setzen

retiro m Pensionierung f; (pago) Rente f, Pension f

reto m Herausforderung f

retocar [**6**] vt (Foto) retuschieren

retoño m Schössling m, Spross m; (fig) Sprössling m

retoque [-ke] m Überarbeitung f; (Foto) Retusche f; (Med) leichter Anfall; (traje etc) Änderung f

retorcer [-'θer] irr como cocer vt verdrehen, verbiegen; (ropa) auswringen ▷ vr: **retorcerse** sich verdrehen; (el cuerpo) sich krümmen

retórica f Rhetorik f; (fig) Affektiertheit f

retornar [**1**] vt zurückgeben; (dinero) zurückerstatten ▷ vi zurückkommen, zurückkehren

retorno m Rückkehr f; (de un objeto) Rückgabe f

retortijón [-'xon] m (con hambre) Magenknurren nt; (Med) Bauchgrimmen nt

retozar [-'θar] [**8**] vi (juguetear) herumtollen, herumtoben; (saltar) hüpfen

retozón, ona adj verspielt

retractarse [**1**] vr das Gesagte zurücknehmen; **me retracto** ich nehme alles zurück

retraer [-tra-] irr como traer vt zurückbringen; (retractar)

zurückziehen ▷ vr: **retraerse** sich zurückziehen
retraído, a adj zurückgezogen; (tímido) schüchtern
retransmisión f Übertragung f
retransmitir [3] vt (mensaje) übermitteln; (TV, Radio) übertragen
retrasado, a adj verspätet; (Med) geistig zurückgeblieben; (país etc) unterentwickelt
retrasar [1] vt (demorar) verschieben, verlegen; (reloj) zurückstellen ▷ vi, vr: **retrasarse** (atrasarse) sich verspäten; (reloj) nachgehen; (producción) sich verzögern; (quedarse atrás) zurückbleiben
retraso m Verzögerung f; (de un tren etc) Verspätung f; (de un país) Rückständigkeit f
retratar [1] vt (Arte) abbilden, porträtieren; (fotografiar) fotografieren; (fig) schildern ▷ vr: **retratarse** sich fotografieren lassen
retrato m Porträt nt; (foto) Foto nt, Bild nt; (fig) Schilderung f; **retrato robot** Phantombild
retrete m Toilette f
retribución [-'θjon] f (recompensa) Belohnung f; (pago) Lohn m
retribuir irr como huir vt belohnen; (pagar) bezahlen
retro- pref rück-, Rück-
retroactivo, a [-βo] adj rückwirkend
retroceso [-'θe-] m Rückschritt m; (retrocesión) Zurückweichen nt; (Mil) Rückzug m; (Med) Rückfall m
retroproyector m Tageslichtprojektor m, Overheadprojektor m

217 | reverberar

retrospectivo, a [-βo] adj rückblickend, rückschauend
retrovirus [-'βi-] m inv Retrovirus nt
retrovisor [-βi-] m Rückspiegel m
retumbar [1] vi dröhnen
reúma m Rheuma nt
reumático, a adj rheumatisch ▷ m/f Rheumakranke(r) mf
reumatismo m Rheuma nt
reunificación [reu-'θjon] f Wiedervereinigung f
reunificar [6] vt wiedervereinigen
reunión f Vereinigung f; (asamblea) Versammlung f; (fiesta) Party f, Fete f; (reencuentro) Treffen nt
reunir [3] vt (juntar) (wieder) vereinigen; (recoger) sammeln; (personas) versammeln, zusammenrufen; (cualidades) vereinigen ▷ vr: **reunirse** sich versammeln; (encontrarse) sich treffen
revalorizar [-βa-'θar] [8] vt aufwerten
revancha [-'βantʃa] f Revanche f
revelación [-βe-'θjon] f Enthüllung f
revelado [-βe-] m Entwicklung f
revelar [-βe-] [1] vt enthüllen; (Foto) entwickeln
reventar [-βen-] irr como pensar vt zum Platzen bringen; (fig) erschöpfen; (fam: plan) platzen lassen ▷ vi, vr: **reventarse** (estallar) platzen, bersten; (fam: morirse) abkratzen
reventón [-βen-] m (Auto) Plattfuß m
reverberar [-βer-] [1] vi zurückstrahlen; (sonar) widerhallen, nachhallen

reverdecer [-βer-'θer] *irr como crecer* vi (fig) wiederaufleben
reverencia [-βe-ðja] f Ehrfurcht f; (inclinación) Verbeugung f
reverendo, a [-βe-] adj ehrwürdig; **reverendo Padre** Hochwürden
reverso [-'βer-] m Rückseite f; **el reverso de la medalla** die Kehrseite der Medaille
revés [-'βes] m Rückseite f; (golpe) Schlag m mit dem Handrücken; (contratiempo) Missgeschick nt; (Sport) Rückhandschlag m; **al revés** umgekehrt; **volver algo del revés** etw umdrehen; (ropa) etw wenden
revestir [-βes-] *irr como pedir* vt aufsetzen, auflegen; (Tecn) verkleiden ▷ vr: **revestirse** sich wappnen (de mit)
revisar [-βi-] [1] vt durchsehen; (examinar) nachprüfen, überprüfen
revisión [-βi-] f Revision f, Durchsicht f; (examinación) Prüfung f; **revisión ortográfica** (Inform) Rechtschreibprüfung f
revisor, a [-βi-] m(f) Kontrolleur(in) m(f); (Ferro) Schaffner(in) m(f)
revista [-'βis-] f Zeitschrift f; (Teat) Revue f
revivir [-βi-'βir] [3] vt wiederbeleben; (fig) wiederaufleben lassen ▷ vi (fig) neu aufleben
revocar [-βo-] [6] vt widerrufen
revolcar [-βol-] *irr como volcar* vt zu Boden werfen ▷ vr: **revolcarse** sich herumwälzen
revolotear [-βo-] [1] vi herumflattern

revoltijo [-βol-xo] m Durcheinander nt, Unordnung f
revoltoso, a [-βol-] adj (travieso) unartig, ungezogen; (rebelde) rebellisch, aufrührerisch
revolución [-βo-'θjon] f Revolution f
revolucionario, a adj revolutionär ▷ m/f Revolutionär(in) m(f)
revolver [-βol'βer] *irr como volver* vt (dar vueltas) umdrehen; (desordenar) in Unordnung bringen; (reflexionar) überlegen; (Pol) aufwiegeln ▷ vi: **revolver en** herumwühlen in +dat ▷ vr: **revolverse** sich hin und her wälzen; (por dolor) sich krümmen
revólver [-'βol βer] m Revolver m
revuelto, a [-'βwel-] adj (mezclado) verrührt; (desordenado) ungeordnet; (cama) zerwühlt; (mar) aufgewühlt, bewegt; **huevos revueltos** pl ▷ f (motín) Revolte f; (pelea) Streit m
rey m König m
reyerta f Streit m, Zank m
rezagado, a [-a-] m/f Nachzügler(in) m(f)
rezagar [-θa-] [7] vt hinter sich *dat* lassen ▷ vr: **rezagarse** zurückbleiben
rezar [-'θar] [8] vi beten
rezongar [-θon-] [7] vi murren
rezumar [-θu-] [1] vt ausschwitzen ▷ vi undicht sein, lecken ▷ vr: **rezumarse** durchsickern
R.F.A. f *abr* (= *República Federal de Alemania*) BRD f
ría f = Fjord m
riada f Flut f
ribera f (de río) Ufer nt

ribete m (de vestido) Saum m; (fig) Verzierung f
rico, a adj reich; (comida) köstlich ▷ m/f Reiche(r) m f
ridiculez [-'leθ] f Lächerlichkeit f
ridiculizar [-'θar] [8] vt lächerlich machen
ridículo, a adj lächerlich; **hacer el ridículo** sich lächerlich machen; **poner a alguien en ridículo** jdn lächerlich machen
riego ['rje-] m Bewässerung f
rienda ['rjen-] f Zügel m
riesgo ['rjes-] m Risiko nt
rifa f Verlosung f; (lotería) Tombola f; (disputa) Streit m
rifar [1] vt verlosen ▷ vi sich streiten
rifle m Gewehr nt
rígido, a [-xi-] adj starr, steif; (fig) streng
rigor m Strenge f, Härte f; (precisión) Genauigkeit f; **de rigor** unerlässlich
riguroso, a adj streng; (duro) hart; (severo) ernst
rimar [1] vi reimen ▷ vi sich reimen
rimbombante adj schallend, widerhallend; (fig) bombastisch
rímel m Wimperntusche f
Rin m Rhein m
rincón m Ecke f
rinoceronte [-θe-] m Nashorn nt
riña f Streit m, Zank m
riñón m Niere f
río m Fluss m; (fig) Menge f; **río abajo/arriba** flussabwärts/flussaufwärts
rioplatense adj vom Río de la Plata
riqueza [-'keθa] f Reichtum m
risa f (una risa) Lachen nt; (risotada) Gelächter nt
risco m Klippe f, Fels m

riscoso, a adj felsig
risible adj (ridículo) lächerlich; (jocoso) lachhaft
risotada f (schallendes) Gelächter
ristra f Zopf m, Bund m (von Knoblauch oder Zwiebeln); (fig) Reihe f
risueño, a [-'sweɲo] adj fröhlich; (sonriente) lächelnd; (favorable) günstig, vielversprechend
ritmo m Rhythmus m; **a ritmo lento** langsam
rito m Ritus m
ritual adj rituell ▷ m Ritual nt
rival [-'βal] mf Rivale (Rivalin) m/f
rivalidad f Rivalität f
rivalizar [-βa-'θar] [8] vi: **rivalizar con** rivalisieren mit
rizado, a [-'θa-] adj kraus, gekräuselt; (pelo) lockig
rizar [-'θar] [8] vt in Locken legen; (mar) kräuseln ▷ vr: **rizarse** (el pelo) sich locken; (mar) sich kräuseln
rizo [-θo] m Locke f
RNE f abr (= Radio Nacional de España) spanischer Rundfunk
robar [1] vt rauben; (un objeto) stehlen; (casa etc) einbrechen in +akk
roble m Eiche f
robo m Raub m; **¡es un robo!** (muy caro) es ist unverschämt teuer!
robot (pl s) m Roboter m
robustecer [-'θer] irr como crecer vt stärken
robusto, a adj robust, kräftig
roca f Fels(en) m
rocalla [-ʎa] f Geröll m
rociar [-'θjar] [4] vt besprengen ▷ vi sprühen
rocín [-'θin] m Gaul m
rocío [-'θio] m Tau m

rocódromo m (Sport) Klettergarten m

rocoso, a adj felsig

rodaja [-xa] f Scheibe f

rodaje [-xe] m (Tecn) Einfahren nt; (Cine) Drehen nt, Filmen nt; (conjunto de ruedas) Reifensatz m

rodar irr como contar vt (vehículo) einfahren; (Cine) drehen; (dar vueltas) drehen ▷ vi rollen; (coche) fahren; (por una escalera etc) herunterfallen

rodear [1] vt umgeben, umringen ▷ vi herumgehen; (en vehículo) herumfahren ▷ vr: **rodearse de amigos** sich mit Freunden umgeben

rodeo m (ruta indirecta: fig) Umweg m; (pretexto) Ausflucht f; (Am) Rodeo nt

rodilla [-ʎa] f Knie nt; **de rodillas** kniend

rodillera [-'ʎe-] f Knieschützer m

rodillo [-ʎo] m Walze f, Rolle f; (Gastr) Nudelholz nt

rododendro m Rhododendron m

roedor m Nagetier nt

roer [ro'er] irr vt nagen an +dat; (corroer) zerfressen; (fig) zerstören

rogar irr como colgar vt (pedir) bitten; (suplicar) anflehen; **se ruega no fumar** bitte nicht rauchen; **se ruega contestación** um Antwort wird gebeten

rojete [-'xe-] m Rouge nt

rojizo, a [-'xiθo] adj rötlich

rojo, a [-xo] adj rot ▷ m Rot nt; **al rojo vivo** rot glühend; **rojo de labios** Lippenstift m

rol m Liste f; (papel) Rolle f

rollito m: **rollito de primavera** Frühlingsrolle f

rollizo, a [-'ʎiθo] adj (objeto) walzenförmig, zylindrisch; (persona) rundlich, mollig

rollo [-ʎo] m Rolle f; (fam) alte Leier

Roma f Rom nt

romance [-θe] m (lengua) Spanisch nt; (fig) Romanze f

romántico, a adj romantisch

romería f (Rel) Wallfahrt f; (fiesta) Volksfest nt

romero m Rosmarin m

romo, a adj stumpf; (fig) plump, tölpelhaft

rompecabezas [-θas] m inv Rätsel nt; (juego) Geduldsspiel nt

rompehuelgas [-'wel-] mf inv Streikbrecher(in) m(f)

rompeolas m inv Wellenbrecher m

romper irr vt zerstören, kaputt machen; (hacer pedazos) zerbrechen; (papel) zerreißen; **romper un contrato** einen Vertrag brechen ▷ vi (olas) sich brechen; **romper con alguien** mit jdm brechen

ron m Rum m

roncar [6] vi schnarchen

roncha [-tʃa] f Schwellung f; (cardenal) blauer Fleck; (rodaja) Scheibe f

ronco, a adj (sin voz) heiser; (voz áspera) rau

ronda f Runde f; (patrulla) Streife f

rondar [1] vt (patrullar) patrouillieren in +dat; (cortejar) umwerben, den Hof machen +dat; (acercarse a alguien) belästigen (para wegen); (dar vueltas alrededor de) umkreisen; **rondar la calle a una joven** die Straße der Angebeteten auf und ab gehen; **le ronda el sueño** ihn überkommt die Müdigkeit; **me está rondando un**

catarro bei mir ist eine Erkältung im Anzug ▷ *vi* patrouillieren; *(fig)* herumstreichen
ronquera [-'ke-] *f* Heiserkeit *f*
ronquido [-'ki-] *m* Schnarchen *nt*
ronronear [1] *vi* schnurren
ronroneo [1] *m* Schnurren *nt*
roña *f* Krätze *f*; *(mugre)* Schmutzkruste *f*; *(roñería)* Geiz *m*
ropa *f* Kleidung *f*; **ropa blanca** Wäsche *f*; **ropa de cama** Bettwäsche *f*; **ropa interior** Unterwäsche *f*
ropavejero, a [-βe'xe-] *m/f* Gebrauchtwarenhändler(in) *m(f)*
ropero *m* Kleiderschrank *m*
roquedal [-ke-] *m* felsiges Gelände
rosa *adj inv* rosa ▷ *f* Rose *f*; **rosa de los vientos** Windrose *f*
rosado, a *m* Rosé(wein) *m*
rosario *m* *(Rel)* Rosenkranz *m*; **rezar el rosario** den Rosenkranz beten
rosca *f* *(de tornillo)* Gewinde *nt*
rosetón *m* Rosette *f*
rostro *m* *(cara)* Gesicht *nt*
rotación [-'θjon] *f* Drehung *f*; *(fig)* Rotation *f*
rotativo, a [-βo] *adj* Dreh-, Rotations- ▷ *f* *(Typo)* Rotationsmaschine *f*
roto, a *adj* zerbrochen; *(pierna)* gebrochen; *(fam)* kaputt
rotonda *f* *(Archit)* Rotunde *f*; *(Am: Auto)* Kreisverkehr *m*
rótula *f* Kniescheibe *f*
rotulador *m* Filzstift *m*, Filzschreiber *m*
rótulo *m* Etikett *nt*; *(título)* Überschrift *f*, Titel *m*
rotundo, a *adj* rund; *(negación)* entschieden; *(lenguaje)* präzise

rotura *f* *(rompimiento)* (Zer)brechen *nt*; *(quiebra)* Riss *m*, Sprung *m*; *(Med)* Bruch *m*
rozar [-'θar] [8] *vt* streifen; *(Agr)* jäten; *(tocar ligeramente)* berühren ▷ *vr*: **rozarse** sich reiben; *(trabarse)* stolpern
roznar [roθ-] [1] *vi* schmatzen
rte *abr* (= *remite, remitente*) Abs.
rubí *(pl -íes)* *m* Rubin *m*
rubio, a *adj* blond; **tabaco rubio** heller Tabak ▷ *m/f* blonder Mann, Blondine *f*
rubor *m* *(sonrojo)* Schamröte *f*
rúbrica *f* Briefkopf *m*; *(de firma)* Schnörkel *m*
rucio, a [-'θjo] *adj* grau
rudeza [-'ðeθa] *f* *(tosquedad)* Grobheit *f*; *(simpleza)* Stumpfsinn *m*
rudo, a *adj* *(tosco)* grob, ungeschliffen; *(violento)* gewalttätig; *(vulgar)* derb; *(estúpido)* dumm, doof
rueda ['rwe-] *f* Rad *nt*; *(círculo)* runde Scheibe; *(rodaja)* Schnitte *f*, Scheibe *f*; **rueda delantera/trasera/de repuesto** Vorder-/Hinter-/Ersatzrad
ruedo ['rwe-] *m* *(círculo)* Kreis *m*, Ring *m*; *(Taur)* Arena *f*
ruego *m* Bitte *f*, Ersuchen *nt*
rugby ['ruɣβi] *m* Rugby *nt*
rugir [-'xir] [13] *vi* brüllen
ruibarbo *m* Rhabarber *m*
ruido *m* Geräusch *nt*; *(ruido alto)* Lärm *m*; *(escándalo)* Aufsehen *nt*
ruidoso, a *adj* laut, lärmend; *(fig)* aufsehenerregend
ruin *adj* niederträchtig
ruina *f* *(bancarrota)* Zusammenbruch *m*; *(de una persona)* Ruin *m*

ruinoso, a *adj (edificio)* baufällig; *(Com)* ruinös
ruiseñor *m* Nachtigall *f*
ruleta *f* Roulette *nt*
rulo *m* Lockenwickler *m*
Rumania *f* Rumänien *nt*
rumano, a *adj* rumänisch ▷ *m/f* Rumäne (Rumänin) *m/f*
rumba *f* Rumba *f*
rumbo *m (ruta)* Fahrtrichtung *f*; *(ángulo de dirección)* Kurs *m*
rumiante *m* Wiederkäuer *m*
rumor *m* Gerücht *nt*
ruptura *f* Bruch *m*
rural *adj* ländlich, Land-
Rusia *f* Russland *nt*
ruso, a *adj* russisch ▷ *m/f* Russe (Russin) *m/f*
rústico, a *adj* ländlich, Land-; *(ordinario)* grob, derb ▷ *m* Bauer (Bäuerin) *m/f*
ruta *f* Weg *m*, Route *f*
rutilante *adj* glänzend
rutina *f (t. Inform)* Routine *f*

S

S, s ['ese] *f* S, s *nt*
S. *adj abr* (= *santo*) hl.
S.A. *f abr* (= *sociedad anónima*) AG
sábado *m* Samstag *m*, Sonnabend *m*; **los sábados** samstags, sonnabends
sábana *f (para la cama)* Betttuch *nt*, Laken *nt*
sabandija [-xa] *f* Ungeziefer *nt*
sabañón *m* Frostbeule *f*
sabelotodo *m* Besserwisser(in) *m(f)*
saber *irr vt* wissen, kennen; *(llegar a conocer)* erfahren; *(tener capacidad de)* können; **¿sabes nadar?** kannst du schwimmen?; **¿sabes ir?** kannst du den Weg? ▷ *vi*: **saber a** *(tener sabor a)* schmecken nach ▷ *m (conocimiento, capacidad)* Wissen *nt*, Können *nt*
sabiendas [-'βjen-] *adv*: **a**

sabiendas (*conscientemente*) absichtlich, bewusst
sabio, a *adj* (*docto*) gelehrt; (*prudente*) vernünftig
sabor *m* (*gusto*) Geschmack *m*
saborear [1] *vt* genießen
sabotaje [-xe] *m* Sabotage *f*
sabroso, a *adj* (*delicioso*) schmackhaft; (*fig: fam*) rasant, gewagt
sacacorchos [-tʃos] *m inv* Korkenzieher *m*
sacapuntas *m inv* Bleistiftspitzer *m*
sacar [6] *vt* herausholen, herausziehen; (*fig*) herausbekommen; (*conclusión*) ziehen; (*novela etc*) herausbringen, veröffentlichen; (*ropa*) ausziehen; (*foto*) machen; (*beneficio*) herausholen, ziehen; (*entradas*) lösen; **sacar a alguien a bailar** jdn zum Tanz auffordern
sacarina *f* Süßstoff *m*
sacerdote, tisa [-θer-] *m/f* Priester(in) *m(f)*
saco *m* (*grande saco*) Sack *m*; (*Am: chaqueta*) Sakko *m*; **saco de aire** (*Auto*) Airbag *m*; **saco de dormir** Schlafsack
sacramento *m* Sakrament *nt*
sacrificar [6] *vt* opfern
sacrificio [-θijo] *m* Opfer *nt*
sacrílego, a *adj* gotteslästerlich; (*fig*) frevelhaft
sacristía *f* Sakristei *f*
sacro, a *adj* heilig
sacudida *f* Erschütterung *f*; (*golpe*) Schlag *m*; (*sacudimiento*) Rütteln *nt*, Schütteln *nt*
sacudir [3] *vt* (*agitar*) rütteln, schütteln; (*golpear*) schlagen
sádico, a *adj* sadistisch

sadismo *m* Sadismus *m*
safari *m* Safari *m*
sagaz [-ɣaθ] *adj* scharfsinnig; (*astuto*) schlau
Sagitario [-xi-] *m inv* (*Astr*) Schütze *m*
sagrado, a *adj* heilig, ehrwürdig ▷ *m* geweihte Stätte; (*fig*) Zufluchtsort *m*
Sáhara *m*: **el Sáhara** die (Wüste) Sahara
sal *f* Salz *nt*; (*fig: gracia*) Witz *m*; **echar sal** salzen; **sal de la Higuera** (Epsomer) Bittersalz
sala *f* Saal *m*; (*sala de estar*) Wohnzimmer *nt*; (*de hospital*) Station *f*; **sala de espera** Wartesaal, Wartezimmer *nt*
salacot *m* Tropenhelm *m*
salado, a *adj* salzig; (*fig: gracioso*) witzig, geistreich
salar [1] *vt* (*echar en sal*) (ein)salzen, (ein)pökeln
salario *m* Lohn *m*, Gehalt *nt*
salchicha [-tʃitʃa] *f* Würstchen *nt*
salchichón [-tʃitʃon] *m* Hartwurst *f*
saldar [1] *vt* (*una deuda*) bezahlen, begleichen; (*fig*) beilegen; (*vender barato*) abstoßen
saldo *m* (*Com*) Saldo *m*; (*lo restante*) Restbestände *pl*
salero *m* Salzstreuer *m*; (*fig*) Grazie *f*
salida *f* Ausgang *m*, Ausfahrt *f*; (*Inform*) Ausgabe *f*; (*de tren*) Abfahrt *f*; (*Aer*) Abflug *m*; (*fig*) Ausrede *f*; (*Com*) Absatz *m*; **calle** *f* **sin salida** Sackgasse *f*; **salida de emergencia** Notausgang
salir *irr vi* herauskommen; (*resultar*) ausgehen; (*partir*) fortgehen,

saliva | 224

abfahren; (*aparecer*) erscheinen, auftreten; (*sobresalir*) hervorstehen; **salir con** (aus)gehen mit; **salir caro/barato** teuer/billig sein ▷ *vr*: **salirse** (*vasija*) lecken, rinnen; (*animal*) entkommen

saliva [-βa-] *f* Speichel *m*

salmantino, a *adj* aus Salamanca

salmón *m* Lachs *m*

salmonela *f* Salmonelle *f*

salmonete *m* Rotbarbe *f*

salmuera [-'mwe-] *f* (*agua con sal*) Sole *f*, Lake *f*

salón *m* (*de casa*) Wohnzimmer *nt*; **salón de baile/belleza/pintura** Tanzsaal *m*/Kosmetiksalon *m*/Kunstgalerie *f*

salpicadero *m* (*Auto*) Armaturenbrett *nt*

salpicar [6] *vt* bespritzen, besprenkeln; (*esparcir*) verstreuen, verbreiten

salsa *f* Soße *f*; (*fig*) Würze *f*

saltamontes *m inv* (*Zool*) Heuschrecke *f*

saltar [1] *vt* springen über +*akk* ▷ *vi* hüpfen, springen; (*rebotar*) (auf)springen; (*quebrarse*) zerspringen; (*fig*) explodieren

saltimbanqui [-ki] *mf* Akrobat(in) *m(f)*; (*volatinero*) Seiltänzer(in) *m(f)*

salto *m* Sprung *m*; **salto de agua** Wasserfall *m*; **salto elástico** Bungeejumping *nt*

saltón, ona *adj* hervorstehend; **ojos saltones** Glotzaugen *pl*

salubre *adj* gesund, heilsam

salud *f* Gesundheit *f*; **¡salud!, ¡a su salud!** (*fam*) prost!

saludable *adj* gesund; (*provechoso*) vorteilhaft, nützlich

saludar [1] *vt* grüßen; (*Mil*) salutieren

saludo *m* (*salutación*) Gruß *m*, Begrüßung *f*; **saludos** *pl* (*en carta*) viele Grüße

salvación [-βa'θjon] *f* Rettung *f*

Salvador [-βa-] *m*: **El Salvador** El Salvador *nt*

salvadoreño, a *adj* salvadorianisch ▷ *m/f* Salvadorianer(in) *m(f)*

salvaje [-'βaxe] *adj* wild; (*persona*) roh, brutal

salvamento [-βa-] *m* Rettung *f*, Bergung *f*; (*refugio*) Zuflucht *f*

salvapantallas [-βa-ʎa-] *m inv* (*Inform*) Bildschirmschoner *m*

salvar [-'βar] [1] *vt* (*rescatar*) retten; (*resolver*) überwinden; (*un barco*) bergen ▷ *vr*: **salvarse** sich retten

salvavidas [-βa'βi-] *m inv* Rettungsring *m*; **bote/chaleco/cinturón salvavidas** Rettungsboot *nt*/Schwimmweste *f*/Rettungsring

salvia [-βja] *f* Salbei *m*

salvo, a [-βo] *adj* unbeschadet, heil ▷ *adv* außer

san *adj* heilig; **San Juan** St. Johann

sanar [1] *vi* (*persona*) gesund werden; (*herida*) verheilen

sanatorio *m* Sanatorium *nt*

sanción [-'θjon] *f* Sanktion *f*; (*multa*) (Geld)strafe *f*

sancionar [1] *vt* bestätigen; (*imponer pena*) bestrafen; (*una ley*) sanktionieren

sandalia *f* Sandale *f*

sandía *f* Wassermelone *f*

sandinista *adj* (*Pol*) sandinistisch ▷ *mf* Sandinist(in) *m(f)*

sandwich (pl **es**) [-witʃ] m Sandwich nt

saneamiento m (t. fig) Sanierung f; (drenaje) Entwässerung f; (indemnización) Entschädigung f

sanear [1] vt (drenar: terreno) entwässern; (fig) sanieren; (compensar) entschädigen; (asegurar) versichern

sangrar [1] vi bluten

sangre f Blut nt

sangría f Sangria f (spanische Rotweinbowle)

sangriento, a [-'grjen-] adj (herida) blutend; (batalla) blutig

sanidad f Gesundheit f; (conjunto de organismos) Gesundheitswesen nt

sanitario, a adj sanitär; (de la salud) gesundheitlich, Gesundheits-

sano, a adj gesund; (sin daños) heil, unbeschädigt

santidad f Heiligkeit f

santificar [6] vt heilig sprechen; (a Dios) weihen

santiguar [9] vt segnen; (fam) ohrfeigen ▷ vr: **santiguarse** sich bekreuzigen

santo, a adj heilig ▷ m/f Heilige(r) mf ▷ m Namenstag m

santuario m Heiligtum nt

saña f (blinde) Wut; (crueldad) Grausamkeit f

sapo m Kröte f

saque [-ke] m (Sport: tenis) Aufschlag m; (fútbol) Anstoß m; **saque de esquina** Eckball m

sarampión m (Med) Masern pl

sarcasmo m Sarkasmus m

sarcástico, a adj sarkastisch

sarcoma m: **sarcoma de Kaposi** (Med) Kaposisarkom nt

sardina f Sardine f

sardónico, a adj (irónico) ironisch, sarkastisch

sargento m [-'xen-] m (Mil) Unteroffizier(in) m(f)

sarna f Jucken nt; (Med) Krätze f

sartén f Stielpfanne f

sastre, a m/f Schneider(in) m(f)

sastrería f (tienda) Schneiderei f

satélite m Satellit m; **satélite para investigaciones científicas** Forschungssatellit; **satélite de telecomunicaciones** Fernsehsatellit

sátira f Satire f

satisfacción [-'θjon] f Genugtuung f; (contento) Zufriedenheit f; (de un deseo) Befriedigung f

satisfacer [-'θer] irr como hacer vt Genüge tun +dat; (contentar) zufriedenstellen; (pagar) bezahlen; (pérdida) ersetzen; (deseo) befriedigen ▷ vr: **satisfacerse** zufrieden sein (con mit); (vengarse) sich rächen

satisfecho, a [-tʃo] adj befriedigt; (contento) zufrieden

sauce [-θe] m (Bot) Weide f; **sauce llorón** Trauerweide

sauna f Sauna f; **ir a la sauna** saunieren

savia [-βja] f (Bot) Pflanzensaft m

saxofón m, **saxófono** m (Mus) Saxofon nt

sayo m Kittel m

sazonado, a [-θo-] adj (fruta) reif; (Gastr) schmackhaft; (fig) witzig

sazonar [-θo-] [1] vt reifen lassen; (la comida) würzen

○ **PALABRA CLAVE**

se pron (reflexivo) sich; (recíproco) einander; (uso impersonal) man; **se mira en el espejo** er/sie betrachtet sich im Spiegel; **se ayudan** sie helfen einander; **se miraron (el uno al otro)** sie sahen sich an; **allí se habla francés** dort spricht man Französisch; **se compró hace 3 años** das wurde vor drei Jahren gekauft; **él se ha comprado un sombrero** er hat sich dat einen Hut gekauft ▷ pron (personal) ihm, ihr; (pl) ihnen; **se lo daré** ich werde es ihm/ihr/ihnen geben

sebo m Schmiere f; (gordura) Fett m
secador m Trockner m; **secador de cabello, secador para el pelo** Haartrockner
secadora f Trockenmaschine f; **secadora centrífuga** Wäscheschleuder f; **secadora de ropa** Wäschetrockner m
secar [6] vt (la ropa) trocknen; (los platos) abtrocknen ▷ vr: **secarse** trocknen; (río, planta) vertrocknen; (persona) sich abtrocknen
sección [-'θjon] f Abschnitt m; (en una oficina) Abteilung f
seco, a adj trocken; (fig) barsch ▷ f Dürre f
secretaría f Sekretariat nt
secretario, a m/f Sekretär(in) m(f)
secreto, a adj geheim ▷ m Geheimnis nt
secta f Sekte f
sectario, a adj Sekten-
sector m (t. Inform) Sektor m; **sector (de) servicios, sector terciario** Dienstleistungssektor

secuela [-'kwe-] f Folge f; (Med) Folgeerscheinung f
secuencial [-'θjal] adj (Inform) sequenziell
secuestrar [-kwes-] [1] vt entführen; (bienes) beschlagnahmen, konfiszieren
secuestro m (de bienes) Beschlagnahme f; (de una persona) Entführung f
secular adj weltlich
secundar [1] vt unterstützen; (asistir) beistehen +dat
secundario, a adj zweitrangig, nebensächlich
sed f Durst m; (fig) Begierde f
seda f (textil) Seide f
sedal m Angelschnur f
sedante m, **sedativo** [-βo] m (Med) Beruhigungsmittel nt
sede f Sitz m; **la Santa Sede** der Heilige Stuhl
sediento, a [-'ðjen-] adj durstig
sedimento m Ablagerung f; (residuo) Bodensatz m
seducción [-'θjon] f Verführung f; (arte) Verführungskunst f; (atracción) Verlockung f
seducir [-'θir] irr como conducir vt verführen; (atraer, fascinar) verlocken; (sobornar) bestechen; (cautivar) bezaubern, faszinieren
seductor, a adj (atractivo) faszinierend, verlockend ▷ m(f) Verführer(in) m(f)
segregación [-'θjon] f Trennung f; **segregación racial** Rassentrennung
segregar [7] vt trennen
seguido, a [-'ɣi-] adj ununterbrochen; (recto) gerade; **5 días seguidos** 5 Tage

hintereinander ▷ *adv* (*directo*) immer geradeaus; (*después*) danach, dahinter; **en seguida** sofort ▷ *f* Folge *f*, Reihe *f*

seguir [-'ɣir] *irr vt* folgen +*dat*; (*venir después*) (nach)folgen +*dat*; (*perseguir*) verfolgen; (*proseguir*) fortsetzen ▷ *vi* folgen; (*continuar*) fortfahren, weitergehen; **sigo sin comprender** ich verstehe immer noch nicht; **sigue lloviendo** es regnet immer noch

según *prep* gemäß, laut ▷ *adv* je nachdem; **según esté el tiempo** je nachdem wie das Wetter ist

segundo, a *adj* zweite(r, s); **de segunda mano** gebraucht ▷ *m* Sekunde *f* ▷ *f* Hintergedanke *m*

seguramente *adv* bestimmt, sicher; (*con certeza*) mit Sicherheit

seguridad *f* Sicherheit *f*; (*certidumbre*) Bestimmtheit *f*; (*confianza*) Vertrauen nt; (*estabilidad*) Haltbarkeit *f*; **seguridad social** Sozialversicherung *f*

seguro, a *adj* (*cierto*) sicher, gewiss; (*fiel*) vertrauenswürdig; (*libre del peligro*) sicher; (*bien defendido, firme*) fest, solide ▷ *adv* (*a ciencia cierta*) bestimmt ▷ *m* (*Com*) Versicherung *f*; (*certeza*) Gewissheit *f*; (*cierre*) Sicherung *f*; **seguro contra terceros/a todo riesgo** Haftpflicht-/Vollkaskoversicherung; **seguro del equipaje** Gepäckversicherung; **seguro de pensiones, seguro de vejez** Rentenversicherung; **seguros sociales** Sozialversicherung *f*; **seguro de viajes** Reiseversicherung

seis [seis] *num* sechs
seísmo *m* Erdbeben *nt*
selección [-'θjon] *f* Auswahl *f*
seleccionar [1] *vt* auswählen
selecto, a *adj* ausgewählt; (*club*) exklusiv
sello [-ʎo] *m* Stempel *m*; (*de correos*) Briefmarke *f*; (*medicinal*) Kapsel *f*
selva [-βa] *f* (*bosque*) Wald *m*; (*jungla*) Dschungel *m*; **la Selva Negra** der Schwarzwald
semáforo *m* (*Auto*) Verkehrsampel *f*
semana *f* Woche *f*; **entre semana** unter der Woche, wochentags

■ **SEMANA SANTA**

La Semana Santa, die Karwoche, wird in ganz Spanien gefeiert. In allen Regionen sind der **Viernes Santo**, der Karfreitag, der **Sábado Santo**, der Karsamstag, und der **Domingo de Resurrección**, der Ostersonntag, gesetzliche Feiertage. Andere Feiertage zu dieser Zeit sind von Region zu Region verschieden. Es gibt in ganz Spanien große **procesiones**, an denen Mitglieder der **cofradías** (Bruderschaften) teilnehmen. Sie sind in ihre langen Gewänder mit Kapuzen gekleidet und tragen die **pasos**, religiöse Figuren, durch die Straßen. Sevilla ist für seine Feierlichkeiten am bekanntesten, da dort die Einheimischen mit einer besonders religiösen Hingabe feiern.

semanal adj wöchentlich
semanario m Wochenzeitschrift f
semblante m Gesicht nt; (fig) Aussehen nt, Anschein m
sembrar irr como pensar vt (aus)säen; (propagar) verbreiten
semejante [-'xan-] adj ähnlich; (igual) gleich ▷ m Nächste(r) mf, Mitmensch m
semejanza [-'xanθa] f Ähnlichkeit f
semejar ['xar] (1) vi ähneln +dat, aussehen wie ▷ vr: **semejarse** ähnlich sein
semen m Samen m
semestral adj halbjährlich, halbjährig
semiconductor m Halbleiter m
semilla [-ʎa] f Samen m
seminario m (Rel) Priesterseminar nt; (Escuela) Seminar nt
sémola f Grieß m
sempiterna f (Bot) Immergrün nt
senado m Senat m
senador, a m(f) Senator(in) m(f)
sencillez [-θi'ʎeθ] f Einfachheit f; (naturalidad) Natürlichkeit f
sencillo, a [-'θiʎo] adj einfach; (natural) natürlich
senda f Pfad m
senderismo m Wandern nt; **senderismo ecuestre** Pony-Trekking nt
senderista adj: **guerrillero m senderista** (Pol) Guerillakämpfer m der Organisation „Leuchtender Pfad"
sendero m Pfad m, Fußweg m
senil adj senil
seno m (Anat) Busen m; (fig) Schoß m; (Mat) Sinus m
sensación [-'θjon] f (sentido) Sinneseindruck m; (sentimiento) Empfindung f; (fig) Sensation f
sensato, a adj vernünftig
sensibilidad f (de un aparato) Empfindlichkeit f; (de una persona) Sensibilität f, Empfindsamkeit f
sensibilizar [-'θar] [8] vt sensibilisieren
sensible adj empfindlich; (perceptible) fühlbar; (pérdida) beträchtlich
sensual adj sinnlich
sensualidad f Sinnlichkeit f
sentado, a adj sitzend; (fig) gesetzt; **estar sentado** sitzen ▷ f Sitzung f
sentar irr como pensar vt (hin)setzen; (fig) aufstellen ▷ vi (vestido) passen, sitzen; **sentar bien/mal** gut/schlecht bekommen ▷ vr: **sentarse** (persona) sich setzen
sentencia [-θja] f (máxima) Sinnspruch m; (Jur) Urteil nt
sentido, a adj (pérdida) schmerzlich, bedauerlich; (carácter) empfindlich; **mi más sentido pésame** mein aufrichtiges Beileid ▷ m Sinn m; (significado) Sinn m, Bedeutung f; (sentimiento) Gefühl m, Empfindung f; (dirección) Richtung f; **sentido del humor** Sinn für Humor; **sentido único** Einbahnstraße f
sentimental adj sentimental
sentimiento m (emoción) Gefühl nt, Empfindung f; (pesar) Bedauern nt
sentir irr vt fühlen; (percibir) empfinden, (ver)spüren; (lamentar) bedauern; **lo siento** es tut mir leid ▷ vr: **sentirse** sich fühlen; **sentirse**

bien/mal sich gut/schlecht fühlen
seña f Zeichen nt; **señas** pl Anschrift f, Adresse f; **señas personales** Personenbeschreibung f
señal f Zeichen nt; (síntoma) Symptom nt; (Ferro) Signal nt; (Com) Anzahlung f
señalar [1] vt kennzeichnen; (marcar) markieren; (indicar) anzeigen; (fijar) festsetzen, bestimmen
señor m (hombre) Mann m; (caballero) Herr m; (dueño) Besitzer m; (trato: antes de nombre propio) Herr ...; **muy señor mío** (en carta) sehr geehrter Herr ...
señora f (dama) Dame f; (tratamiento de cortesía) gnädige Frau; (trato: antes de nombre propio) Frau ...; (fam: esposa) (Ehe)frau f; **Nuestra Señora** die Muttergottes
señorita f Fräulein nt; (mujer joven) junge Dame
separación [-'θjon] f Trennung f; (división) Teilung f
separar [1] vt (apartar) trennen; (dividir) teilen ▷ vr: **separarse** sich absondern; (partes) sich lösen; (persona) sich zurückziehen; (matrimonio) sich trennen
separatismo m (Pol) Separatismus m
sepia f (Zool) Tintenfisch m, Sepia f
septiembre [-'tjem-] m ver **setiembre**
séptimo, a adj siebte(r, s) ▷ m Siebtel m
sepultar [1] vt begraben
sepultura f (acto de enterrar) Bestattung f, Begräbnis nt; (tumba) Grab nt
sequedad [-ke-] f Dürre f, Trockenheit f; (fig) Unfreundlichkeit f
sequía [-'kia] f Dürre f
séquito [-ki-] m Gefolge nt, Begleitung f

 PALABRA CLAVE

ser irr vi sein; **ser de** (origen) kommen aus; (hecho de) gemacht sein aus; (pertenecer a) gehören zu; (devenir) werden; **es la una** es ist ein Uhr; **es de esperar que** +subj es bleibt zu hoffen, dass; **era de ver** es war sehenswert; **sea como sea** wie dem auch sei ▷ m (vida, esencia) Sein nt, Wesen nt

Serbia f Serbien nt
serbio, a adj serbisch ▷ m/f Serbe (Serbin) m/f
serenarse [1] vr sich beruhigen
sereno, a adj (persona) gelassen; (tiempo) ruhig; (cielo) heiter, wolkenlos; (ambiente) fröhlich, vergnügt ▷ m (vigilante nocturno) Nachtwächter m
serial adj (Inform) seriell
serie [-rje] f Serie f; (cadena) Folge f; **fabricación f en serie** Serienproduktion f
seriedad [-rje-] f Ernst m; (formalidad) Zuverlässigkeit f
serio, a adj ernst; (formal) zuverlässig; **en serio** im Ernst
sermón m (Rel) Predigt f
seropositivo, a [-βo] adj HIV-positiv
serpiente [-'pjen-] f (Zool) Schlange f; **serpiente boa/pitón/de cascabel** Boa (constrictor) f/

Python-/Klapperschlange
serranía f Bergland nt
serrano, a adj Gebirgs-, Berg- ▷ m/f Bergbewohner(in) m(f)
serrucho [-'tʃo] m Blattsäge f
servicio [-'βiθjo] m Dienst m; (en hotel etc) Service m; **servicios** pl Toilette f; **área f de servicio** (Auto) Raststätte f; **servicio autónomo, servicio fuera de línea** Offlinebetrieb m; **servicio por línea** Onlinebetrieb m; **servicio de grúa** Abschleppdienst; **servicio de guardia** Notdienst; **servicio de transporte al aeropuerto** Flughafenzubringerdienst
servilleta [-βi-'ʎe-] f Serviette f
servir [-'βir] irr como pedir vt bedienen; (los platos etc) servieren; (Com) liefern ▷ vi dienen; (tener utilidad) taugen (para zu), brauchbar sein (para für) ▷ vr: **servirse** sich bedienen
servodirección [-βo-'θjon] f Servolenkung f
servofreno m Servobremse f
sesenta num sechzig
sesgado, a adj schräg, schief
sesgo m Schräge f; (fig) Tendenz f, Neigung f
sesión f (Pol) Sitzung f; (Teat, Cine) Vorstellung f
seso m (Anat) Gehirn nt; (fig) Verstand m; **devanarse los sesos** (fig) sich den Kopf zerbrechen
seta f Pilz m
setenta num siebzig
setiembre [-'tjem-] m September m
setup (pl **s**) [se'tap] m Setup-Datei f
seudo- ['seu-] pref Pseudo-
seudónimo [seu-] m Pseudonym nt

severo, a [-'βe-] adj streng, hart; (serio) ernst
sevillanas [-βi'ʎa-] fpl andalusischer Volkstanz
sexi adj inv sexy
sexismo m Sexismus m
sexista adj sexistisch ▷ mf Sexist(in) m(f)
sexo m Geschlecht nt; **del mismo sexo** gleichgeschlechtlich
sexoturismo m Sextourismus m
sexto, a adj sechste(r, s) ▷ m Sechstel nt
sexual adj geschlechtlich, Sexual-; **vida f sexual** Sexualleben nt
sexualidad f Sexualität f
shareware (pl **s**) ['ʃarwer] m Shareware f
sí adv ja; **claro que sí** natürlich, selbstverständlich; **creo que sí** ich glaube, ja; **ella sí vendrá** sie wird auf jeden Fall kommen ▷ m (consentimiento de boda) Jawort nt ▷ pron sich
SIDA, sida m sigla (= síndrome de inmunodeficiencia adquirida) Aids nt, Immunschwäche(krankheit) f
sidra f Apfelwein m, Cidre m
siembra ['sjem-] f (acción) Säen nt; (tiempo) Saatzeit f
siempre ['sjem-] adv immer; **para siempre** auf ewig ▷ conj: **siempre que** +subj (cada vez) wann immer; (dado que) vorausgesetzt, dass
sien [sjen] f (Anat) Schläfe f
sierra ['sje-] f (Tecn) Säge f; (Geo) Bergkette f
siervo, a ['sjerβo] m/f Sklave (Sklavin) m/f
siesta ['sies-] f Siesta f, Mittagsruhe f
siete ['sie-] num sieben

sífilis f inv Syphilis f
sifón m Siphon m; **whisky con sifón** Whisky mit Soda
sigla f Abkürzung f, Akronym nt
siglo m Jahrhundert nt; (fig) Zeitalter nt
significación [-'θjon] f, **significado** m (sentido) Sinn m; (de palabra) Bedeutung f
significar [6] vt bedeuten; (denotar) andeuten; (representar) darstellen ▷ vr: **significarse** sich auszeichnen
significativo, a [-βo] adj bezeichnend, vielsagend
signo m Zeichen nt; **signo de admiración, signo de exclamación** Ausrufezeichen; **signo de interrogación** Fragezeichen
siguiente [-'ɣjen-] adj folgend
sílaba f Silbe f
silbar [1] vt, vi pfeifen
silbato m Pfeife f
silbido m Pfeifen nt; (un silbido) Pfiff m
silenciador [-θja-] m Schalldämpfer m; (Auto) Auspufftopf m
silencio [-θjo] m Schweigen nt; (fig) Ruhe f, Stille f
silencioso, a adj still; (taciturno) schweigsam
silicio [-θjo] m (Quím) Silizium nt
silla [-ʎa] f Stuhl m; (de jinete) Sattel m; **silla de ruedas** Rollstuhl
sillón [-'ʎon] m Sessel m
silueta [-'lwe-] f Silhouette f; (de edificio) Umriss m
silvestre [-'βes-] adj wild, Wild-
simbólico, a adj symbolisch
símbolo m Symbol nt

simetría f Symmetrie f
simiente f (Agr) Samen m; (fig) Ursache f
similar adj ähnlich
simio m Affe m
simpatía f Sympathie f; (afecto) Zuneigung f; (amabilidad) Freundlichkeit f, Liebenswürdigkeit f; (solidaridad) Solidarität f
simpático, a adj sympathisch, nett; (amable) freundlich
simpatizante [-θan-] mf Sympathisant(in) m(f)
simpatizar [-'θar] [8] vi: **simpatizar con** sympathisieren mit
simple adj einfach; (elemental) elementar; (puro) rein; (mero) bloß
simplificar [6] vt vereinfachen
simular [1] vt vortäuschen, vorspiegeln; (Tecn) simulieren
simultáneo, a adj gleichzeitig, Simultan-
sin prep ohne; **la ropa está sin lavar** die Kleider sind nicht gewaschen; **sin embargo** jedoch, dennoch; **sin fosfatos** phosphatfrei ▷ conj: **sin que** +subj ohne dass
sinagoga f Synagoge f
sincero, a [-'θe-] adj aufrichtig, ehrlich
sincronizar [-'θar] [8] vt synchronisieren
sindicalista [-θa-] mf Gewerkschaft(l)er(in) m(f)
sindicato m (de trabajadores) Gewerkschaft f; (de negociantes) Syndikat nt
síndrome m: **síndrome de inmunodeficiencia** Immunschwächekrankheit f

sinfín m: **un sinfín de ...** eine Unmenge ...
sinfonía f (Mus) Sinfonie f
single m (disco) Single f
singular adj (único) einzeln; (raro) seltsam; (fig: extraordinario) einzigartig, außergewöhnlich
siniestro, a [-'njes-] adj (izquierdo) linke(r, s); (fig) düster, unheimlich
sino m Schicksal nt ▷ conj (pero) sondern; (salvo) außer
sin papeles m illegaler Einwanderer
sinrazón [-'θon] f Unsinn m; (injusticia) Unrecht nt
sintaxis [-'taksis] f inv (Gram, Ling) Syntax f
sintético, a adj synthetisch
sintetizador [-θa-] m (Mus) Synthesizer m
síntoma m Symptom nt
sintonizador [-θa-] m Steuergerät nt, Tuner m
sinvergüenza [-βer'ɣwenθa] mf unverschämte Person
siquiera [-'kje-] conj auch wenn ▷ adv wenigstens; **ni siquiera** nicht einmal
sirena f Sirene f
Siria f Syrien nt
sirviente, a [-'βjen-] m/f Diener(in) m(f), Bedienstete(r) f(m)
sisar [1] vt (robar) stibitzen
sisear [1] vt, vi zischen
sismógrafo m Seismograf m
sismología f Seismologie f
sistema m (Inform) System nt; (método) Methode f; (Inform) Anlage f; **sistema antibalístico** Raketenabwehrsystem; **sistema antibloqueo de frenos** (Auto) Antiblockiersystem; **sistema experto** (Inform) Expertensystem; **sistema inmunológico** (Med) Immunsystem; **Sistema Monetario Europeo** Europäisches Währungssystem; **sistema de operación, sistema operativo** (Inform) Betriebssystem; **sistema de red** (Inform) Netzwerk nt; **sistema de texto** Textsystem
sistemático, a adj systematisch; (metódico) methodisch
sitio m (lugar) Ort m, Stelle f; (espacio) Raum m, Platz m; (Mil) Belagerung f
situación [-'θjon] f Lage f, Position f; (fig) Situation f
skateboard (pl **s**) ['(e)skeitbord] m Skateboard nt
skinhead (pl **s**) [(e)'skinhed] m Skinhead m
S.L. fabr (= sociedad limitada) GmbH f
slalom [es'lalom] m (Sport) Slalom m
slip (pl **s**) [(e)'slip] m Slip m, Unterhose f
S.Ltda. fabr (= sociedad (con responsabilidad) limitada) GmbH f
SME m abr (= Sistema Monetario Europeo) EWS nt
smiley (pl **s**) [(e)'smaili] m Smiley m
smog [(e)smog] m Smog m; **smog electrónico** Elektrosmog; **smog de verano** Sommersmog
smoking (pl **s**) ['(e)smokin] m Smoking m
SMS m abr (= short message service) SMS f; **mandar un SMS a alguien** jdm eine SMS schicken
snack-bar [(e)snak-] m Imbissstube f
so prep unter
sobaco m (Anat) Achselhöhle f

soberanía f Souveränität f
soberano, a adj (Pol) souverän; (fig: magistral) höchste(r, s), erhaben ▷ m/f Herrscher(in) m(f), Staatsoberhaupt nt
soberbio, a adj (orgulloso) stolz; (altivo) arrogant, hochmütig; (fig) herrlich, prächtig ▷ f Hochmut m; (orgullo) Stolz m
sobornar [1] vt bestechen
soborno m Bestechung f
sobra f Überschuss m; **sobras** pl Rest m, Überbleibsel pl; **de sobra** im Überfluss; **tengo de sobra** ich habe mehr als genug
sobrar [1] vt übertreffen, überragen ▷ vi (tener de más) mehr als genug sein; (quedar, restar) übrig bleiben
sobre prep auf; (por encima de, arriba de) über; (además) zusätzlich zu, über ... hinaus; (alrededor de) ungefähr ▷ m (Brief)umschlag m
sobrecama f Deckbett nt, Steppdecke f
sobrecargar [7] vt überladen
sobredosis f inv Überdosis f
sobrehumano, a adj übermenschlich
sobrellevar [-ʎe'βar] [1] vt (fig) ertragen
sobrenatural adj übernatürlich; (fig) wunderlich
sobrepasar [1] vt übertreffen, hinausgehen über +akk
sobreponer irr como poner vr: **sobreponerse a** sich hinwegsetzen über +akk; (fig) die Oberhand gewinnen über +akk
sobresaliente [-'ljen-] adj herausragend; (Escuela) sehr gut; (fig) hervorragend
sobresalir irr como salir vi herausstehen; (exceder) überragen; (fig) sich auszeichnen
sobresalto m Zusammenfahren nt; (susto) Schrecken m; (turbación) Bestürzung f; **de sobresalto** plötzlich, unerwartet
sobresaturado, a adj übersättigt
sobrescribir irr como escribir vt (Inform) überschreiben
sobretodo m Mantel m
sobreventa [-βen-] f Überbuchung f
sobreviviente [-βi'βjen-] adj überlebend ▷ mf Überlebende(r) mf
sobrevivir [3] vi überleben
sobrino, a m/f Neffe (Nichte) m/f
sobrio, a adj nüchtern; (moderado) mäßig
socarrón, ona adj (sarcástico) sarkastisch; (astuto) schlau, hinterlistig
sociable [-'θja-] adj (persona) gesellig, umgänglich; (animal) gesellig lebend
social [-'θjal] adj sozial, gesellschaftlich; (Com) Gesellschafts-
socialdemócrata [-θjal-] mf Sozialdemokrat(in) m(f)
socialista [-θja-] adj sozialistisch ▷ mf Sozialist(in) m(f)
socializar [-θja-'θar] [8] vt (nacionalizar) verstaatlichen
sociedad [-θje-] f Gesellschaft f; **sociedad anónima** Aktiengesellschaft f; **sociedad (con responsabilidad) limitada** Gesellschaft mit beschränkter Haftung; **sociedad de opulencia** Überflussgesellschaft f

socio, a [-θjo] *m/f* Mitglied *nt*; (Com) Teilhaber(in) *m(f)*, Partner(in) *m(f)*

sociología [-θjo-'xia] *f* Soziologie *f*

socorrer [2] *vt* helfen +dat; (asistir) beistehen +dat

socorro *m* Hilfe *f*; (asistencia) Beistand *m*; **¡socorro!** Hilfe!

soda *f* (sosa) Soda *f o nt*; (bebida) Sodawasser *nt*

sofá *m* Sofa *nt*

sofá-cama (*pl* **sofás-cama**) *m* Bettcouch *f*

sofocar [6] *vt* ersticken; (apagar, extinguir) (aus)löschen; (fig) beschämen ▷ *vr:* **sofocarse** ersticken; (fig: ruborizarse) sich schämen

software (*pl* **s**) [-wer] *m* (Inform) Software *f*; **software de usuario** Anwendersoftware *f*

soga *f* Seil *nt*, Strick *m*

sol *m* Sonne *f*; (luz del sol) Sonnenschein *m*; **hace sol** es ist sonnig

solamente *adv* nur, erst

solapa *f* Revers *m*; (de un libro) Umschlag *m*; (fig) Vorwand *m*

solar *adj* Sonnen- ▷ *m* Bauplatz *m*

solario *m*, **solárium** (*pl* **solariums**) *m* Solarium *nt*

solaz [-'laθ] *m* Erholung *f*, Entspannung *f*; (alivio, consuelo) Trost *m*

soldado *m* (Mil) Soldat(in) *m(f)*

soldar *irr como* **contar** *vt* (Tecn) löten; schweißen; (unir, cementar) verkleben

soledad *f* Einsamkeit *f*; (estado) Verlassenheit *f*; (nostalgia, melancolía) Schwermut *f*

solemne *adj* feierlich; (digno, serio) ernst, gemessen

soler *irr como* **mover** *vi* pflegen (zu), gewohnt sein (zu)

solicitación [-θi-'θjon] *f* (dringende) Bitte; (de votos) Wahlkampagne *f*

solicitar [-θi-] [1] *vt* (permiso) erbitten; (puesto) sich bewerben um; (atención) erregen; (Inform) abfragen

solicitud [-θi-] *f* Antrag *m*; (a un puesto) Bewerbung *f*

solidaridad *f* Solidarität *f*

solidario, a *adj* (participación) solidarisch; (compromiso) gesamtschuldnerisch

solidez [-'ðeθ] *f* Festigkeit *f*; (estabilidad) Stabilität *f*

sólido, a *adj* fest; (estable) stabil

soliloquio [-kjo] *m* Selbstgespräch *nt*

solista *mf* Solist(in) *m(f)*

solitario, a *adj* einsam, zurückgezogen ▷ *m/f* (ermitaño) Einsiedler(in) *m(f)*; (en la sociedad) Einzelgänger(in) *m(f)* ▷ *m* (diamante) Solitär *m*

sollozar [-ʎo'θar] [8] *vi* schluchzen

solo, a *adj* allein; (único) einzeln; (solitario) einsam; **hay una sola dificultad** es gibt nur eine Schwierigkeit; **a solas** (ganz) allein

sólo *adv* nur, bloß

solomillo [-ʎo] *m* Filet *nt*, Lendenstück *m*

soltar *irr como* **contar** *vt* (dejar) loslassen; (desprender) losmachen; (librar) freilassen

soltero, a *adj* ledig, unverheiratet; (madre, padre) alleinerziehend ▷ *m/f* Alleinstehende(r) *mf*

soltura *f* (falta de firmeza)

Lockerheit f; (de los miembros) Behändigkeit f; (en el hablar) Gewandtheit f

soluble adj (Quím) löslich; (que se puede resolver) lösbar

solución [-'θjon] f Lösung f; (acción) Auflösen nt

solucionar [1] vt (resolver) lösen; (asunto) erledigen

sombra f Schatten m; **sombra de ojos** Lidschatten

sombrero m Hut m

sombrilla [-ʎa] f (contra el sol) Sonnenschirm m

sombrío, a adj (oscuro) dunkel; (sombreado) schattig; (fig: triste) düster

somero, a adj oberflächlich

someter [2] vt unterwerfen; (informe) vorlegen ▷ vr: **someterse** (ceder) nachgeben; **someterse a un examen** sich einer Untersuchung unterziehen

somnífero m Schlafmittel nt

son m Klang m, Laut m

sonámbulo, a m/f Schlafwandler(in) m(f)

sonar irr como contar vt (instrumento) spielen ▷ vi erklingen, ertönen; (hacer un ruido) Lärm machen; (campana) läuten; (reloj) schlagen ▷ vr: **sonarse** sich dat die Nase putzen

sonda f (Naut) Lot nt; (Tecn) Bohrer m; (para detectar, medir) Fühler m; (Med) Sonde f; **sonda espacial** Raumsonde

sondear [1] vt sondieren, (fig) ausfragen; (Naut) loten; (Tecn) bohren

sondeo m Sondierung f; (Tecn) Bohrung f; (Naut) Lotung f; (fig)

Erforschung f; (encuesta) Umfrage f

sonido m Klang m, Laut m

sonografía f (Med) Ultraschallaufnahme f

sonoro, a adj sonor

sonreír [-re'ir] irr como reír vi, vr: **sonreírse** lächeln

sonriente [-'rjen-] adj lächelnd

sonrisa f Lächeln nt

sonrojo [-xo] m Erröten nt

soñador, a m(f) Träumer(in) m(f)

soñar irr como contar vt, vi träumen; **soñar con** träumen von; **¡ni soñarlo!** nicht im Traum!

soñoliento, a [-'ljen-] adj schläfrig

sopa f Suppe f

sopesar [1] vt (fig) abwägen

soplar [1] vt wegblasen; (inflar) aufblasen; (cerilla) ausblasen ▷ vi blasen ▷ vr: **soplarse** (fam: ufanarse) sich aufblasen

soporífero, a adj einschläfernd, Schlaf-; (fam) stinklangweilig ▷ m (Med) Schlafmittel nt

soportable adj erträglich

soportar [1] vt stützen, tragen; (tolerar) ertragen, dulden

soporte m Stütze f; (Tecn) Träger m; (fig) Unterstützung f; **soporte de datos** (Inform) Datenträger; **soporte físico** (Inform) Hardware f; **soporte lógico** (Inform) Software f

soprano f (Mus) Sopran m

sorber [2] vt (chupar) schlürfen; (inhalar) inhalieren; (absorber) aufsaugen; (tragar) verschlingen

sorbete m Sorbett nt, Fruchteis nt

sorbo m (trago) Schluck m

sordera f (Med) Taubheit f

sórdido, a adj (t. fig) schmutzig; (fig: mezquino) geizig

sordo, a *adj (persona)* taub; *(sin ruido)* geräuschlos ▷ *m/f (Med)* Taube(r) *mf*
sordomudo, a *adj (Med)* taubstumm
sorprendente *adj* überraschend
sorprender [2] *vt* überraschen
sorpresa *f* Überraschung *f*
sortear [1] *vt (objeto)* auslosen, verlosen; *(dificultad)* ausweichen +*dat*, aus dem Weg gehen +*dat*
sorteo *m* Verlosung *f*
sortija [-xa] *f (Finger)ring m*
soso, a *adj* ungesalzen; *(fig)* fad(e), langweilig
sospecha [-tʃa] *f* Verdacht *m*; *(recelo)* Misstrauen *nt*
sospechar [1] *vt* verdächtigen
sospechoso, a *adj* misstrauisch; *(testimonio, opinión)* verdächtig ▷ *m/f* Verdächtige(r) *mf*
sostén *m (apoyo)* Stütze *f*; *(fig)* Schutz *m*; *(prenda femenina)* Büstenhalter *m*, BH *m*
sostener *irr como* tener *vt* halten, stützen; *(fig)* unterstützen; *(mantener)* aufrechterhalten ▷ *vr*:
sostenerse *(mantenerse)* seinen Lebensunterhalt bestreiten; *(seguir)* sich halten
sótano *m* Kellergeschoss *nt*; *(bodega)* Keller *m*
soterrar *irr como* pensar *vt* vergraben
soviético, a [-'bje-] *adj (Hist)* sowjetisch
spamming [(e)s'pamin] *m* Spamming *nt*
spanglish [(e)s'panglif] *m* mit sehr viel Englisch durchsetztes Spanisch
sport [(e)s'por] *m* Sport *m*
spot (*pl* s) [(e)s'pot] *m* (Werbe)spot *m*

spray (*pl* s) [(e)s'prai] *m* Spray *m o nt*
sprint (*pl* s) [(e)s'rin] *m (Sport)* Endspurt *m*
sprintar [1] *vi* sprinten, einen Endspurt vorlegen
squash [(e)s'kwaʃ] *m (Sport)* Squash *nt*
Sr. *abr (= Señor)* Herr
Sra. *abr (= Señora)* Fr.
S.R.C. *abr (= se ruega contestación)* U. A. w. g.
Sri Lanka *f* Sri Lanka *nt*
S.R.L. *abr f abr (= sociedad de responsabilidad limitada)* GmbH *f*
Srta. *abr (= Señorita)* Frl.
Sta. *adj abr (= Santa)* Hl. ▷ *abr (= Señorita)* Frl.
status [(e)s'tatus] *m inv* Status *m*
Sto. *adj abr (= Santo)* Hl.
su *pron (de él)* sein; *(de ella)* ihr; *(de ellos)* seine; *(de ellas)* ihre; *(de usted)* Ihr; *(de ustedes)* Ihre
suave [-βe] *adj (delicado)* weich, sanft; *(superficie)* glatt; *(trabajo)* leicht; *(música, voz)* sanft
suavizante [-βi'θan-] *m (para el pelo)* Pflegespülung *f*; *(para la ropa)* Weichspüler *m*, Weichspülmittel *nt*
subalimentado, a *adj* unterernährt
subasta *f* Versteigerung *f*, Auktion *f*
subastar [1] *vt* versteigern
subconsciente [-'θjen-] *adj* unterbewusst ▷ *m* Unterbewusstsein *nt*
subdesarrollado, a [-'ʎa-] *adj* unterentwickelt; *(país)* Entwicklungs-
subdesarrollo *m* Unterentwicklung *f*

súbdito, a m/f (de un país) Staatsangehörige(r) m/f

subdividir [-βi-] [3] vt unterteilen

subestimar [1] vt (considerar en menos) unterschätzen; (propiedad) unterbewerten

subexpuesto, a [-'pwes-] adj (Foto) unterbelichtet

subido, a adj (color) leuchtend; (precio) angestiegen ▷ f Steigen nt; (de una montaña) Aufstieg m; (de precio) Erhöhung f; (camino) Auffahrt f; (pendiente) Anhöhe f

subir [3] vt (objeto) hinaufbringen; (cuesta, calle) hinaufgehen; (vehículo) hinauffahren; (montaña) hinaufsteigen; (precio) erhöhen ▷ vi (montar) (an)steigen; (a un coche) einsteigen (a in +akk); (precio) steigen; (río) (an)wachsen ▷ vr: **subirse** (hinauf)steigen

súbito, a adj (repentino) plötzlich; (imprevisto) unerwartet; (precipitado) jäh ▷ adv: **(de) súbito** (súbitamente) plötzlich, auf einmal

sublevación [-βa'θjon-] f Aufstand m; (alzamiento) Erhebung f

sublime adj erhaben; (excelso) wunderbar

submarinismo m Sporttauchen nt

submarino, a adj unterseeisch, Unterwasser- ▷ m (Naut) U-Boot nt

submenú m (Inform) Untermenü nt

subordinado, a adj untergeordnet ▷ m/f Untergebene(r) m/f

subrayado m Underscore m, Unterstrich m

subrayar [1] vt unterstreichen; (fig) hervorheben

subsanar [1] vt (reparar) wiedergutmachen; (perdonar) entschuldigen; (sobreponerse) beheben

subsidiario, a adj Hilfs-

subsidio m (ayuda) Beihilfe f, Unterstützung f; (subvención) Zuschuss m, Subvention f; **subsidio de paro, subsidio de desempleo** Arbeitslosengeld nt

subsistencia [-θja] f Lebensunterhalt m

subsistir [3] vi weiter bestehen; (vivir) leben; (sobrevivir) überleben

subterráneo, a adj unterirdisch ▷ m (túnel) Unterführung f; (Am) Untergrundbahn f, U-Bahn f

subtítulo m Untertitel m

suburbano, a adj vorstädtisch

suburbio m (barrio) Elendsviertel nt; (afueras) Vorort m

subvención [-βen'θjon] f Subvention f, Zuschuss m

subvencionar [-βenθjo-] [1] vt subventionieren

subversión [-βer-] f (Pol) Subversion f, Umsturz m

suceder [-θe-] [2] vi geschehen; (seguir) folgen (a auf +akk)

sucesión [-θe-] f Folge f; (serie) Serie f

sucesivamente [-θe-βa-] adv: **y así sucesivamente** und so weiter, und so fort

sucesivo, a [-θe-βo] adj folgend; **en lo sucesivo** von nun an, künftig

suceso [-'θe-] m (hecho) Ereignis nt; (incidente) Vorfall m, Begebenheit f; (éxito) Erfolg m

sucesor, a [-θe-] m(f) Nachfolger(in) m(f); (heredero) Erbe (Erbin) m/f

suciedad [-θje-] f (*estado*) Verschmutzung f; (*mugre*) Schmutz m

sucinto, a [-'θin-] adj gedrängt, kurz

sucio, a [-θjo] adj schmutzig

suculento, a adj saftig

sucursal f Filiale f, Zweigstelle f

sudadera f Sweatshirt nt

Sudáfrica f Südafrika nt

Sudamérica f Südamerika nt

sudamericano, a adj südamerikanisch ▷ m/f Südamerikaner(in) m(f)

sudar [1] vt ausschwitzen ▷ vi schwitzen

sudor m Schweiß m

sudoriento, a [-'rjen-] adj, **sudoroso, a** adj, **sudoso, a** adj schwitzend

Suecia ['sweθja] f Schweden nt

sueco, a ['swe-] adj schwedisch ▷ m/f Schwede (Schwedin) m/f

suegro, a ['swe-] m/f Schwiegervater(-mutter) m/f

suela ['swe-] f (Schuh)sohle f

sueldo ['swel-] m (*salario*) Gehalt nt, Lohn m; **sueldo mínimo** Mindestlohn

suelo ['swe-] m (*tierra*) Erde f, Boden m; (*piso de una casa*) Fußboden m

suelto, a ['swel-] adj lose, losgelöst; (*libre*) frei; (*separado*) einzeln; (*fig: ágil*) flink, gewandt; (*desenvuelto*) ungeniert ▷ m Kleingeld nt

sueño ['swe-] m (*el dormir*) Schlaf m; (*lo soñado*) Traum m; **tener sueño** schläfrig sein

suero ['swe-] m (Med) Serum nt

suerte ['swer-] f (*fortuna*) Glück nt; (*azar*) Zufall m; (*destino*) Schicksal nt; **tener suerte** Glück haben

suéter ['swe-] m Pullover m

suficiente [-'θjen-] adj (*bastante*) genügend, ausreichend

sufragio [-xjo] m (*voto*) (Wahl)stimme f; (*derecho de voto*) Wahlrecht nt; (*ayuda*) Hilfe f, Unterstützung f

sufrimiento m (*dolor*) Leiden nt; (*paciencia*) Geduld f; (*tolerancia*) Nachsicht f, Toleranz f

sufrir [3] vt (*padecer*) erleiden; (*soportar*) ertragen, dulden ▷ vi (*padecer*) leiden

sugerencia [-xe-θja] f Vorschlag m

sugerir [-xe-] irr como sentir vt vorschlagen; (*sutilmente*) andeuten

sugestión [-xes-] f Vorschlag m; (*sutil*) Andeutung f

sugestivo, a [-xes-βo] adj suggestiv; (*estimulador*) anregend; (*fascinante*) eindrucksvoll

suicida [-'θi-] adj selbstmörderisch ▷ mf Selbstmörder(in) m(f)

suicidio m Selbstmord m

suizo, a [-θo] adj schweizerisch ▷ m/f Schweizer(in) m(f) ▷ f die Schweiz

sujetador [-xe-] m Clip m; (*de papeles*) Büroklammer f; (*de mujer*) Büstenhalter m

sujetapapeles [-xe-] m Klemmbrett nt

sujetar [-xe-] [1] vt (*fijar*) befestigen; (*detener*) festhalten

sujeto, a [-'xe-] adj befestigt; **sujeto a** unterworfen +dat ▷ m (*tema*) Stoff m; (*individuo, persona*) Person f; (Ling) Subjekt nt

suma f (*cantidad*) Betrag m; (*de dinero*) (Geld)summe f; (*resumen*)

Zusammenfassung f; (acto) Addition f; **en suma** kurz (und gut)
sumamente adv höchst, äußerst
sumar [1] vt (Mat) addieren; (totalizar) sich belaufen auf +akk; (abreviar) zusammenfassen ▷ vr: **sumarse a alguien** sich jdm anschließen
sumario, a adj zusammengefasst ▷ m Zusammenfassung f
sumergir [-'xir] [13] vt (en un líquido) eintauchen; (hundir) versenken ▷ vr: **sumergirse** (bañar) untertauchen
sumidero m Abfluss m
suministrador, a m(f) Lieferant(in) m(f)
suministrar [1] vt besorgen; (abastecer) liefern
suministro m Lieferung f; (acto) Versorgung f
sumir [3] vt versenken; (fig) stürzen
sumisión f (acto) Unterwerfung f; (calidad) Unterwürfigkeit f, Gefügigkeit f
sumiso, a adj unterwürfig; (obediente) gehorsam
sumo, a adj höchste(r, s), äußerste(r, s)
súper m Super(benzin) nt ▷ adj super, geil
super- pref Super-
superar [1] vt (sobreponerse a) überwinden; (rebasar) übertreffen; (pasar) überholen ▷ vr: **superarse** sich selbst übertreffen
superávit [-βit] m Überschuss m
superchería [-tʃe-] f Betrug m
superficial [-'θjal] adj oberflächlich; (medida) Oberflächen-

superficie [-θje] f Oberfläche f; (área medida) Fläche f
superfluo, a adj überflüssig
superintendente mf Leiter(in) m(f)
superior adj (piso, clase) Ober-; (temperatura, número, nivel) höher; (mejor: calidad, producto) besser ▷ mf Vorgesetzte(r) mf
superioridad f Überlegenheit f
supermercado m Supermarkt m
super-ordenador m Großrechner m
supersónico, a adj Überschall-
superstición [-'θjon] f Aberglaube m
supersticioso, a adj abergläubisch
supervivencia [-βi'βenθja] f Überleben nt
suplementario, a adj zusätzlich, ergänzend
suplemento m Ergänzung f, Nachtrag m; (anexo) Beilage f
suplente adj stellvertretend ▷ mf Stellvertreter(in) m(f)
súplica f Bittschrift f; (ruego) Gesuch nt; (Rel) Flehen nt
suplicar [6] vt (cosa) erbitten; (persona) ersuchen, anflehen
suplicio [-'θjo] m Folter f; (fig) Qual f
suplir [3] vt ergänzen; (compensar) ausgleichen; (reemplazar) vertreten
suponer irr como poner ▷ vt annehmen, vermuten ▷ vi (tener autoridad) etwas zu sagen haben
suposición [-'θjon] f Annahme f; (autoridad) Befugnis f, Autorität f
supositorio m Zäpfchen nt
supremacía [-'θia] f Überlegenheit f

supremo, a *adj* oberste(r, s)
supresión *f* Unterdrückung *f*; *(de derecho)* Abschaffung *f*; *(de dificultad)* Beseitigung *f*; *(de palabra)* Streichung *f*; *(de restricción)* Aufhebung *f*
suprimir [3] *vt* unterdrücken; *(derecho, costumbre)* abschaffen; *(palabra)* streichen; *(restricción)* aufheben
supuesto, a [-'pwes-] *adj (hipotético)* angeblich; *(falso)* falsch ▷ *m* Annahme *f*, Hypothese *f*; **en el supuesto de que** +*subj* in der Annahme, dass; **por supuesto** selbstverständlich
sur *m* Süden *m*
surco *m* Rille *f*; *(Agr)* Furche *f*
surfing [surˈfin] *m (Sport)* (Wind)surfen *nt*; **practicar el surfing** surfen
surfista *mf (Sport)* (Wind)surfer(in) *m(f)*
surgir [-ˈxir] [13] *vi (aparecer)* erscheinen, auftauchen
surtido, a *adj (variado)* sortiert, gemischt ▷ *m (selección)* Auswahl *f*, Sortiment *nt*; *(abastecimiento)* Vorrat *m*
surtir [3] *vt* versorgen, beliefern ▷ *vi (hervor)*sprudeln
susceptible [-θep-] *adj* anfällig *(a* für); *(sensible)* empfindlich; **susceptible de** fähig zu
suscitar [-θi-] [1] *vt* verursachen; *(interés)* erwecken
suscribir *irr como* escribir *vt (firmar)* unterschreiben; *(respaldar)* unterstützen ▷ *vr*: **suscribirse** *(Com)* (einen Beitrag) zeichnen; **suscribirse a algo** etw abonnieren
suscripción [-ˈθjon] *f* Unterzeichnung *f*; *(abono)* Abonnement *nt*
suspender [2] *vt (objeto)* aufhängen; *(trabajo)* unterbrechen; *(a estudiante)* durchfallen lassen
suspensión *f* Aufhängen *nt*; *(interrupción)* Unterbrechung *f*; *(Auto)* Federung *f*
suspenso, a *adj (colgado)* hängend; *(Escuela)* ungenügend; *(estudiante)* durchgefallen; *(admirado)* erstaunt ▷ *m*: **quedar** [*o* **estar**] **en suspenso** in der Schwebe sein; *(persona)* unschlüssig sein; *(una pregunta)* offenstehen
suspicacia [-θja] *f* Misstrauen *nt*
suspicaz [-ˈkaθ] *adj* argwöhnisch, misstrauisch
suspirar [1] *vi* seufzen
suspiro *m* Seufzer *m*
sustancia [-θja] *f* Substanz *f*, Materie *f*
sustentar [1] *vt* stützen; *(alimentar)* unterhalten; *(con víveres)* beköstigen, verpflegen; *(objeto)* tragen; *(idea, teoría)* verteidigen, vertreten; *(fig: sostener)* aufrechterhalten
sustento *m* Unterstützung *f*; *(alimento)* Lebensunterhalt *m*
sustituir *irr como* huir *vt* ersetzen, vertreten
sustituto, a *m/f* (Stell)vertreter(in) *m(f)*
susto *m* Schrecken *m*
sustraer [-ˈtraˈer] *irr como* traer *vt* entziehen; *(Mat)* subtrahieren ▷ *vr*: **sustraerse** *(evitar)* vermeiden *(a* algo etw); *(retirarse)* sich zurückziehen

susurrar [1] *vi* flüstern
sutil *adj* subtil; (*tenue*) dünn; (*agudo*) scharfsinnig
sutileza [-θa] *f* Subtilität *f*
suyo, a *pron* (*de él*) sein; (*pl*) seine; (*de ella*) ihr; (*pl*) ihre; (*de usted*) Ihr; (*pl*) Ihre

T, t [te] *f* T, t *nt*
t *abr* (= *tonelada*) t
tabaco *m* (*Bot: planta*) Tabak *m*; (*fam*) Zigaretten *pl*
tabaquismo [-'kis-] *m*: **tabaquismo pasivo** Passivrauchen *nt*
taberna *f* Taverne *f*
tabernero, a *m/f* Gastwirt(in) *m(f)*; (*camarero*) Kellner(in) *m(f)*
tabique [-ke] *m* dünne Wand; (*para dividir*) Trennwand *f*
tabla *f* Brett *nt*; (*estante*) Regal *nt*, Gestell *nt*; (*de anuncios*) Tafel *f*, (*lista, catálogo*) (Inhalts)verzeichnis *nt*; (*pliegue de vestido*) Falte *f*; **tabla de ruedas** Skateboard *nt*; **tabla de surf** Surfbrett
tablero *m* (*plancha de madera*) Tafel *f*, Platte *f*; (*pizarra*) (Wand)tafel *f*; (*Auto: de instrumentos*)

tableta | 242

Armaturenbrett nt; (de ajedrez etc) Spielbrett nt
tableta f (pastilla) Tablette f; (de chocolate) Tafel f
tablón m Brett nt; (borrachera) Rausch m; **tablón de anuncios** Schwarzes Brett; (Inform) Nachrichtenbrett
tabú m Tabu nt
tabulación [-'θjon] f (Inform) Tabstopp m
tabulador m Tabulator m
tabular [1] vt tabellieren
taburete m Hocker m
tacaño, a adj geizig
tacha [-tʃa] f Fehler m, Makel m; (Tecn) (Reiß)nagel m
tachar [-'tʃar] [1] vt (borrar) streichen; (criticar) tadeln
tácito, a [-θi-] adj stillschweigend
taco m (tarugo) Dübel m; (palo de billar) Billardstock m; (libro de billetes) Block m; (Am: tacón) Absatz m; (fam: bocado) Imbiss m; (trago de vino) Schluck m; (palabrota) Schimpfwort nt, Fluch m
tacón m Absatz m
táctico, a adj taktisch ▷ f Taktik f; (fig) Verfahren nt
táctil adj (Inform) berührungssensitiv
tacto m (sentido) Tastsinn m; (acción de tocar) Befühlen nt; (delicadeza) Takt m
tafetán m Taft m; **tafetán adhesivo, tafetán inglés** Heftpflaster nt
tafilete m Saffianleder nt
tahona f (panadería) Bäckerei f; (molino) (Getreide)mühle f
tahúr(a) m(f) Spieler(in) m(f); (pey) Falschspieler(in) m(f)

tailandés, esa adj thailändisch ▷ m/f Thai mf, Thailänder(in) m(f)
Tailandia f Thailand nt
taimado, a [tai-] adj (astuto) schlau, verschlagen; (malhumorado) mürrisch, missmutig
tajada [-'xa-] f Schnitz m; (raja) Scheibe f
tajadera [-xa-] f Wiegemesser nt
tajante [-'xan-] adj scharf; (categórico) endgültig, kategorisch
tajar [-'xar] [1] vt schneiden
tajo [-xo] m (corte) Schnitt m; (Geo) (Gelände)einschnitt m
tal adj solche(r, s), derartige(r, s); **tal vez** vielleicht; **un tal Juan** ein gewisser Juan ▷ pron (cosa) so etwas; **no haré tal** das werde ich nicht tun ▷ adv: **tal ..., tal ... (así)** (so) wie ..., so ...; **tal como** (igual) genau wie; **¿qué tal?** wie geht's?; **¿qué tal te gusta?** wie gefällt es dir?
talabartero, a m/f Sattler(in) m(f)
taladradora f Bohrmaschine f
taladrar [1] vt (durch)bohren
taladro m Bohrer m; (agujero) Bohrloch m; **taladro neumático** Pressluftbohrer
talante m (humor) Stimmung f, Laune f
talar [1] vt (árbol: derribar) fällen
talco m Talk(stein) m; **polvos mpl de talco** Talkumpuder nt
talega f Sack m; (fam) plumper Mensch
talego m (fam) Knast m
talento m Talent nt, Begabung f
Talgo m sigla (= Tren Articulado Ligero Goicoechea Oriol) ≈ Intercity m
talidomida m Contergan nt

talismán m Talisman m
talla [-ʎa-] f (estatura) Wuchs m, Gestalt f; (tamaño, de vestidos) Größe f; (para medir) Messgerät nt; (de madera) Schnitzerei f; (escultura) Bildhauerarbeit f
tallado, a [-'ʎa-] adj (en madera) geschnitzt; (en piedra) gemeißelt ▷ m Schnitzarbeit f
tallar [-'ʎar] [1] vt (madera) schnitzen; (piedra) meißeln; (grabar) gravieren; (medir: persona) messen; (repartir) austeilen, verteilen
tallarín [-ʎa-] m (Gastr) Bandnudel f
talle [-ʎe] m (Anat) Taille f; (de vestido) Sitz m, Schnitt m; (Anat: física, figura) Figur f; (fig: aspecto, perfil) Aussehen nt, Äußere(s) nt
taller [-'ʎer] m (Tecn) Werkstatt f; (de artista) Studio nt, Atelier nt; (acto, conferencia) Workshop m
tallo [-ʎo] m (de planta) Stängel m, Stiel m; (de hierba) Halm m; (brote) Spross m
talmente adv (de tal manera) derart; (a tal grado) dermaßen; (exactamente) genau, gleich
talón m Ferse f; (de zapato) Absatz m; (Com) Abschnitt m, Schein m
talonario m Quittungsblock m; **talonario de cheques** Scheckheft nt
talud m Böschung f
tamaño, a adj (tan grande) so groß; (tan pequeño) so klein ▷ m Größe f
tamarindo m (Bot) Tamarinde f
tambalearse [1] vr schwanken; (persona) taumeln
también [-'bjen] adv auch, ebenfalls; (además) außerdem

tambor m (Mus, Tecn) Trommel f; (Anat) Trommelfell nt; **tambor del freno** (Auto) Bremstrommel
tamiz (pl **tamices**) [-'miθ] m Sieb nt
tamizar [8] vt sieben
tampoco adv auch nicht, ebenso wenig; **yo tampoco lo compré** ich habe es auch nicht gekauft
tampón m Stöpsel m, Pfropfen m; (Med) Tampon m
tan adv so, ebenso
tanda f Serie f; (juego) Partie f; (turno) Schicht f; **tanda de golpes** Tracht f Prügel
tanga m Tanga m
Tánger [-xer] m Tanger nt
tangible [-'xi-] adj greifbar, (fig) spürbar
tanque [-ke] m Tank m; (Naut) Tanker m; (Auto) Tankwagen m; (Mil) Panzer m
tantear [1] vt berechnen, überschlagen; (medir) ausmessen; (probar, ensayar) überprüfen; (tomar la medida: persona) Maß nehmen bei; (fig) erwägen ▷ vi (Sport) Punkte aufschreiben
tanteo m Schätzung f, Voranschlag m; (adivinación) Erraten nt; (prueba) Prüfung f; (Sport) Punktestand m
tanto, a adj so groß; (cantidad) so viel; **tantos** pl einige, etliche; **20 y tantos** über 20 ▷ adv (cantidad) so viel; (tiempo) so lange; **tanto tú como yo** sowohl du als auch ich; **tanto mejor/peor** umso besser/schlechter; **tanto si viene como si va** einerlei, ob er kommt oder geht; **por tanto, por lo tanto** daher; **me he vuelto ronco de [o con] tanto hablar** ich bin vom

tañer | 244

vielen Reden heiser geworden ▷ *conj*: **en tanto que** +*subj* während, solange ▷ *m* (*suma*) (festgesetzte) Menge; Summe *f*; (*proporción*) Anteil *m*; (Com) (Teil)betrag *m*; **al tanto** auf dem neuesten Stand; **es un tanto perezoso** er ist etwas faul ▷ *pron*: **cada uno paga tanto** jeder zahlt so viel; **a tantos de agosto** den soundsovielten August

tañer [**14**] *vt* (*instrumento*) spielen; (*campana*) läuten

tapa *f* Deckel *m*; (Gastr) kleine Beilagen zum Trinken; **tapa roscada** Schraubverschluss *m*

tapar [**1**] *vt* (*cubrir*) zudecken; (fig: *ocultar*) verbergen; (Am) füllen ▷ *vr*: **taparse** sich bedecken; (*arroparse*) sich zudecken

taparrabo *m* (fam: *bañador*) Badehose *f*

tapeo *m*: **ir de tapeo** von Kneipe zu Kneipe ziehen, in denen kleine Beilagen zu den Getränken angeboten werden

tapete *m* (Tisch)decke *f*

tapicería [-θe-] *f* (*para muebles*) Bezug *m*; (*tienda*) Polstergeschäft *nt*

tapiz (*pl* **tapices**) [-'piθ] *m* (*alfombra*) Teppich *m*; (*tela tejida*) Wandteppich *m*

tapizar [-'θaɾ] [**8**] *vt* (*pared*) tapezieren; (*muebles*) beziehen, polstern; (*alfombrar*) (mit Teppich) auslegen

tapón *m* (*corcho*) Korken *m*, Pfropfen *m*; (Tecn) Stöpsel *m*; (Med) Tampon *m*; **tapón de rosca, tapón de tuerca** Schraubverschluss *m*

taquigrafía [-ki-] *f* Stenografie *f*

taquilla [-'kiʎa] *f* (Teat, Sport) Kartenverkauf *m*, Kartenschalter *m*

taquillero, a [-ki'ʎe-] *m/f* Schalterbeamte(r)(-beamtin) *m/f*; (Teat) Kartenverkäufer(in) *m(f)*

taquímetro [-'ki-] *m* Tacho(meter) *m*

tara *f* (fig) Makel *m*; (Com) Tara *f*

tarántula *f* Tarantel *f*

tardanza [-θa] *f* (*lentitud*) Langsamkeit *f*; (*retraso*) Verzögerung *f*, Verspätung *f*

tardar [**1**] *vi* (*tomar tiempo*) (lange) dauern; (*llegar tarde*) auf sich *akk* warten lassen; (*demorar*) zögern; **¿tarda mucho el tren?** braucht der Zug lange?; **a más tardar** spätestens; **¡no tardes en venir!** komm bald!

tarde *adv* (*hora*) spät; (*después de tiempo*) zu spät ▷ *f* (*de día*) Nachmittag *m*; (*al anochecer*) (früher) Abend *m*; **de tarde en tarde** von Zeit zu Zeit; **¡buenas tardes!** (*de día*) guten Tag!; (*de noche*) guten Abend!; **por la tarde** am Nachmittag; am (frühen) Abend

tardío, a *adj* (*retrasado*) spät; (*lento*) langsam

tardo, a *adj* (*lento*) langsam; (*torpe*) schwerfällig

tarea *f* (*trabajo*) Arbeit *f*; (*de la escuela*) Aufgabe *f*

tarifa *f* (*lista de precios*) Preisliste *f*; (Com) Tarif *m*, Satz *m*; **tarifa completa** Pauschale *f*

tarjeta [-'xe-] *f* (*t. Inform*) Karte *f*; **tarjeta con chip integrado** Chipkarte *f*; **tarjeta de cliente** Kundenkreditkarte *f*; **tarjeta de crédito** Kreditkarte *f*; **tarjeta dorada** Seniorenpass *m*; **tarjeta**

de embarque Bordkarte, Einsteigekarte; **tarjeta de gráficos** (*Inform*) Grafikkarte; **tarjeta Inter-Rail** Interrailkarte; **tarjeta magnética** Chipkarte; **tarjeta de Navidad** Weihnachtskarte; **tarjeta postal** Postkarte; **tarjeta prepago** (*Tel*) Prepaid-Karte; **tarjeta de sonido** (*Inform*) Soundkarte; **tarjeta telefónica, tarjeta de teléfono** Telefonkarte
tarro *m* Topf *m*, Tiegel *m*
tarta *f* Kuchen *m*; (*torta*) Torte *f*
tartamudear [1] *vi* stottern
tartárico, a *adj*: **ácido tartárico** Weinsäure *f*
tártaro *m* Weinstein *m*
tasa *f* Rate *f*; (*medida, norma*) Maß *nt*, Richtschnur *f*; (*impuesto*) Gebühr *f*; (*precio fijo, tipo*) festgesetzter Preis; **tasa de interés** Zinssatz *m*
tasación [-'θjon] *f* (*valoración*) Schätzung *f*; (*cálculo*) Veranschlagung *f*
tasajo [-xo] *m* Dörrfleisch *nt*
tasar [1] *vt* (*fijar precio*) einen Preis festsetzen für; (*valorar*) schätzen, taxieren; (*limitar, racionar*) einschränken, begrenzen
tasca *f* (*fam*) Kneipe *f*
tatarabuelo, a [-βwe-] *m/f* Ururgroßvater(-mutter) *m/f*
tatuar [5] *vt* tätowieren
taurino, a *adj* Stier-, Stierkampf-
Tauro *m* (*Astr*) Stier *m*
tauromaquia [-kja] *f* Stierkampfkunst *f*
taxi *m* Taxi *nt*
taxista *mf* Taxifahrer(in) *m(f)*
taza [-θa] *f* Tasse *f*; (*de retrete*) (Toiletten)schüssel *f*

245 | **tecnología**

tazón [-'θon] *m* große Tasse, Schale *f*; (*vasija*) Becken *nt*
te *pron* (*complemento directo*) dich; (*complemento indirecto*) dir; (*reflexivo*) dich; dir; **¿te duele mucho el brazo?** tut dein Arm sehr weh?; **te equivocas** du irrst dich!; **¡cálmate!** beruhige dich!
té *m* Tee *m*
tea *f* Fackel *f*
teatral *adj* Theater-; (*fig: dramático*) theatralisch
teatro *m* Theater *nt*
tebeo *m* Comicheft *nt*
techo [-tʃo] *m* (*externo*) Dach *nt*; (*interno*) Decke *f*
tecla *f* (*t. Inform*) Taste *f*; **tecla de borrado** Löschtaste; **tecla Control** Steuerungstaste; **tecla Entrada** Eingabetaste; **tecla Escape** Escapetaste; **tecla de espaciar** Leertaste; **tecla Función** Funktionstaste; **tecla Insertar** Einfügetaste; **tecla Mayúsculas** Hochstelltaste, Feststelltaste; **tecla del ratón** Maustaste; **tecla Retorno** Rücktaste; **tecla Suprimir** Entfernungstaste
teclado *m* Tastatur *f*
teclear [1] *vi* klimpern; (*con los dedos*) trommeln
tecleo *m* (*Mus*) Geklimper *nt*
teclista *mf* Keyboardspieler(in) *m(f)*
técnico, a *adj* technisch ▷ *m f* Techniker(in) *m(f)*; (*experto*) Experte (Expertin) *m/f* ▷ *f* Technik *f*
tecnología [-'xia] *f* Technik *f*, Technologie *f*; **tecnología de la información** Informationstechnologie; **tecnología punta** Hightech *nt o f*

tecnológico, a [-xi-] *adj* technologisch, technisch
tedio *m* (*aburrimiento*) Langeweile *f*; (*fastidio*) Überdruss *m*
tedioso, a *adj* langweilig; (*cansado*) ermüdend, öde
teja [-xa] *f* Ziegel *m*; (*Bot*) Limonenbaum *m*
tejado [-'xa-] *m* Ziegeldach *nt*
tejanos [-'xa-] *mpl* Jeans *pl*
tejer [-'xer] [**2**] *vt* weben; (*Am*) stricken
tejido [-'xi-] *m* Gewebe *nt*; (*tela*) Stoff *m*
tel., teléf. *abr* (= *teléfono*) Tel.
tela *f* (*material*) Gewebe *nt*, Stoff *m*
telar *m* (*máquina*) Webstuhl *m*; **telares** *pl* Weberei *f*
telaraña *f* Spinnwebe *f*; **telaraña mundial** World Wide Web *nt*
tele *f* (*fam*) Fernsehen *nt*, Fernseher *m*
teleapuntador *m* Teleprompter *m*
telebanking [-'βaŋkin] *m* Telebanking *nt*, Homebanking *nt*
telecomunicación [-'θjon] *f* Fernmeldewesen *nt*
teleconferencia [-'θja] *f* (*Tel*) Konferenzschaltung *f*
telecontrol *m* Fernsteuerung *f*
telecopia *f* Telekopie *f*
telediario *m* Tagesschau *f*
teledifusión *f* Fernsehsendung *f*
teledirigido, a [-xi-] *adj* ferngesteuert
tele-esquí (*pl* **s**) *m* Skilift *m*
telefax *m inv* Telefax *nt*; **enviar por telefax** faxen
teleférico *m* (*funicular*) Drahtseilbahn *f*; (*de esquí*) Skilift *m*
telefonear [**1**] *vt* anrufen ▷ *vi* telefonieren

telefonista *mf* Telefonist(in) *m(f)*
teléfono *m* Telefon *nt*; **teléfono de automóvil** Autotelefon; **teléfono móvil, teléfono portátil** Mobiltelefon, Handy *nt*; **teléfono de socorro** Notrufsäule *f*; **teléfono de tarjeta** Kartentelefon
telefoto *f* Bildübertragung *f*
telegrafía *f* Telegrafie *f*
telegrama *m* Telegramm *nt*
telemática *f* (*Inform*) Telematik *f*
telémetro *m* Entfernungsmesser *m*
teleobjetivo [-xe-βo] *m* Teleobjektiv *nt*
telepizza *f* Pizzaservice *m*
telescópico, a *adj* ausziehbar
telescopio *m* Teleskop *nt*, Fernrohr *nt*
telesilla [-ʎa] *f* Sessellift *m*
telespectador, a *m(f)* Fernsehzuschauer(in) *m(f)*
telesquí (*pl* **s**) [-'ki] *m* Skilift *m*
teletexto *m* Videotext *m*
teletipo *m* Fernschreiber *m*
teletrabajo [-xo] *m* Telearbeit *f*
televenta [-'βen-] *f* Teleshopping *nt*
televidente [-βi-] *mf* Fernsehzuschauer(in) *m(f)*
televisar [-βi-] [**1**] *vt* (*por televisión*) senden, übertragen
televisión [-βi-] *f* Fernsehen *nt*; **televisión por cable** Kabelfernsehen; **televisión matinal** Frühstücksfernsehen; **televisión de pago** Pay-TV *nt*; **televisión de satélite** Satellitenfernsehen
televisor [-βi-] *m* Fernsehgerät *nt*, Fernseher *m*
télex *m* Telex *nt*, Fernschreiben *nt*

telón m (Teat) Vorhang m; **telón de fondo** Hintergrund m

tema m Thema nt

tembladera f Zittern nt; (Am: pantano) Sumpf m, Morast m

temblar irr como pensar vi zittern, beben

temblón, ona adj zitternd; (fam) ängstlich

temblor m Zittern nt; **temblor de tierra** Erdbeben nt

temer [2] vt (be)fürchten ▷ vi Angst haben; **temo que llegue tarde** ich fürchte, dass er zu spät kommt

temerario, a adj (persona) tollkühn, waghalsig; (juicio) leichtfertig

temeroso, a adj ängstlich; (que inspira temor) furchtbar

temible adj furchterregend; (a temer) zu befürchten

temor m Furcht f, Angst f; (sospecha) Ahnung f; (duda) Zweifel m

témpano m (Mus) Pauke f; **témpano de hielo** Eisscholle f; **témpano de tocino** (Gastr) Speckseite f

temperamento m Temperament nt

temperatura f Temperatur f

temperie [-je] f Witterung f

tempestad f Sturm m

tempestuoso, a adj stürmisch

templado, a adj (agua) lau(warm); (clima) mild

templar [1] vt (moderar) mäßigen; (furia) bändigen; (calor) abkühlen; (diluir) verdünnen, (ab)schwächen; (Mus) stimmen; (acero) härten; (tuerca) anziehen ▷ vi wärmer werden ▷ vr: **templarse** sich mäßigen

temple m (humor) Stimmung f, Laune f; (Tecn) Einstellung f; (Meteo) Temperatur f

templo m (iglesia) Kirche f; (pagano etc) Tempel m

temporada f (tiempo) Zeit f, Zeitraum m; (período del año) Jahreszeit f; **temporada alta** Hochsaison f; **temporada baja** Nachsaison f; **temporada media** Vorsaison f

temporal adj (no permanente) zeitweilig, zeitweise; (Rel) weltlich ▷ m Sturm m

tempranero, a adj (Bot) Früh-; **persona tempranera** Frühaufsteher(in) m(f)

temprano, a adj (fruta, verduras) Früh- ▷ adv (zu) früh

tenacidad [-θi-] f (resistencia) Zähigkeit f; (perseverancia) Beharrlichkeit f; (terquedad) Hartnäckigkeit f

tenacillas [-'θiλas] fpl (Med) Zange f; (para el pelo) Brennschere f

tenaz [-'naθ] adj (material) zäh; (persona) hartnäckig, beharrlich; (terco) störrisch

tenaza(s) [-θa(s)] f(pl) (Med, Tecn) Zange f; (Zool) Schere f, Zange f

tendal m Zeltdach nt, Sonnendach nt

tendedero m Trockenplatz m; (cuerda) Wäscheleine f

tendencia [-θja] f Tendenz f; (proceso) Trend m; (inclinación) Neigung f

tendencioso, a [-'θjo-] adj tendenziös

tender irr vt (extender) ausbreiten;

(la ropa) aufhängen; (vía férrea, cable) verlegen; (cuerda) spannen ▷ vi (tener tendencia) neigen (a zu) ▷ vr: **tenderse** (acostarse) sich hinlegen; (fig: dejarse llevar) sich gehen lassen; (holgazanear) faulenzen

tenderete m (puesto de venta) Verkaufsstand m; (fig: desorden) Durcheinander nt, Verwirrung f

tendero, a m/f (dueño) Ladeninhaber(in) m(f)

tendido, a adj (acostado) liegend; (colgado) hängend ▷ m (Taur) Sperrsitz m

tendón m Sehne f

tenebroso, a adj (oscuro) finster, dunkel; (siniestro) unheimlich, düster

tenedor, a m Gabel f ▷ m(f) (Com) Inhaber(in) m(f)

teneduría f Buchhaltung f

○ PALABRA CLAVE

tener irr vt (poseer) haben, besitzen; (considerar) halten (por für); (fig: mantener) anhalten; (contener) fassen, enthalten; **tener que** müssen; **tener suerte** Glück haben; **tener permiso** die Erlaubnis haben; **tener 10 años** 10 Jahre alt sein; **¿cuántos años tienes?** wie alt bist du?; **tener sed/hambre** durstig/hungrig sein, Durst/Hunger haben; **tener ganas de** Lust haben zu; **tener celos** eifersüchtig sein; **tener razón** recht haben; **tener cuidado** aufpassen; **tener un metro de ancho/de largo** ein Meter breit/lang sein; **tener en cuenta** in Betracht ziehen, berücksichtigen; **tengo frío/calor** mir ist kalt/warm; **tiene que ser así** es muss so sein; **¿qué tienes?** was hast du?, was ist mit dir los? ▷ vr: **tenerse** (erguirse) sich aufrecht halten; (asirse) sich festhalten; (fig: controlarse) sich zusammennehmen; **tenerse por** sich halten für

tenería f Gerberei f

tenia f (Med) Bandwurm m

tenis m Tennis nt

tenista mf Tennisspieler(in) m(f)

tensar [1] vt spannen, straffen

tensiómetro m Blutdruckmesser m

tensión f Spannung f; (voltaje) Spannung f; **tener la tensión alta** hohen Blutdruck haben; **tensión arterial** Blutdruck m

tenso, a adj (an)gespannt

tensor m Spanner m; (Sport) Expander m; **tensor del cinturón (de seguridad)** Gurtstraffer m

tentación [-'θjon] f Versuchung f

tentáculo m Tentakel m o nt

tentador, a adj verführerisch, verlockend ▷ m(f) Verführer(in) m(f)

tentar irr como pensar vt (tocar) befühlen, betasten; (seducir) verführen; (atraer) anziehen, anlocken; (probar) versuchen

tentativa [-βa] f Versuch m

tentempié [-'pje] m (fam) Imbiss m

tenue [-nwe] adj (delgado) dünn, schlank; (fino) fein; (fig) schwach; (ligero) leicht

teñir irr como ceñir vt (colorear) färben; (fig) tönen ▷ vr: **teñirse el pelo** sich dat die Haare färben

teología [-'xia] f Theologie f

teoría f Theorie f; **en teoría** theoretisch

teórico, a adj theoretisch ▷ m/f Theoretiker(in) m(f)

terapéutico, a adj therapeutisch

terapia f (Med) Therapie f; **terapia laboral** [o **ocupacional**] Beschäftigungstherapie

tercer, tercero, a [-'θe-] adj dritte(r, s); **tercera edad** Rentenalter nt; **el Tercer Mundo** die Dritte Welt ▷ m/f (intermediario) Vermittler(in) m(f)

tercería [-θe-] f (mediación) Vermittlung f; (en disputa) Schlichtung f

tercermundismo [-θer-] m Rückständigkeit f

terciado, a [-'θja-] adj: **azúcar terciado** brauner Zucker

terciario, a [-'θja-] adj tertiär

tercio [-'θjo] m Drittel nt

terciopelo [-θjo-] m Samt m

terco, a adj (obstinado) starrsinnig; (material) strapazierfähig, haltbar

tergiversación [-xiβer-'θjon] f Verdrehung f; (evasivas) Ausflucht f

tergiversar [-xiβer-] [1] vt verdrehen ▷ vi Ausflüchte machen

termas fpl Thermalquellen pl

terminación [-'θjon] f (final) Ende nt; (conclusión) Abschluss m

terminal adj (final) End-, (Ab)schluss- ▷ m (Elec) Pol m; (Inform) Endgerät nt, Terminal nt ▷ f Endstation f

terminante adj (decisivo) entscheidend; (final) endgültig; (categórico) kategorisch

terminar [1] vt (completar; Inform) beenden; (concluir) abschließen ▷ vi (llegar a su fin) enden; (acabar) aufhören ▷ vr: **terminarse** zu Ende sein

término m (conclusión) Ende nt, Schluss m; (de ferrocarril) Endstation f; **el término medio** der Durchschnitt

terminología [-'xia] f Terminologie f

termo m Thermosflasche f, Isolierkanne f

termoaislante adj wärmedämmend ▷ m Wärmedämmung f

termoimpresora f Thermodrucker m

termómetro m Thermometer nt

termos m inv Thermosflasche f

termostato m Thermostat m

ternero, a m/f (animal) Kalb nt ▷ f (carne) Kalbfleisch nt

terneza [-θa] f Zärtlichkeit f

ternura f Zärtlichkeit f; (palabra) Kosewort nt; (cariño) Zuneigung f

terrado m (Dach)terrasse f

terraplén m (de ferrocarril) Bahndamm m; (cuesta) Abhang m

terrateniente mf (Groß)grundbesitzer(in) m(f)

terraza [-θa] f (techo) flaches Dach; (balcón) Terrasse f; (Agr) (Garten)beet nt

terremoto m Erdbeben nt

terreno m (tierra) Land nt; (parcela) Grundstück nt; (Agr: suelo) Boden m; (fig) Bereich m, Gebiet nt

terrestre adj (de la tierra) irdisch; (por tierra) Land-

terrible adj (espantoso) schrecklich; (aterrador) furchtbar; (tremendo) gewaltig, riesig

territorio m Territorium nt, Gebiet nt

terrón m (de tierra) Erdklumpen m; (de azúcar) Würfel m
terror m Schrecken m, Entsetzen nt
terrorífico, a adj schreckenerregend
terrorista mf Terrorist(in) m(f); **terrorista suicida** Selbstmordattentäter(in) m(f) ▷ adj terroristisch, Terror-
terso, a adj glatt; (pulido) poliert, blank; (estilo) geschliffen
tersura f Glätte f; (brillo) Glanz m
tertulia f (reunión de amigos) Treffen nt; (círculo, grupo) Gruppe f, Kreis m; (de un café) Stammtisch m
tesar [1] vt straffen
tesis f inv These f; **tesis doctoral** Doktorarbeit f
tesón m (persistencia) Beharrlichkeit f; (tenacidad) Unnachgiebigkeit f
tesoro m Schatz m; (botín) Beute f; (Com) Staatskasse f, Fiskus m
testamentario, a adj testamentarisch, Testaments- ▷ m/f Testamentsvollstrecker(in) m(f)
testamento m Testament nt
testarudo, a adj starrköpfig
testero m Vorderseite f
testículo m Hoden m
testificar [6] vt bezeugen; (fig) beweisen ▷ vi (hacer de testigo) aussagen
testigo, a m/f (Jur) Zeuge (Zeugin) m/f; **testigo luminoso** Leuchtanzeige f
testimoniar [1] vt bezeugen; (fig) zeigen
testimonio m (evidencias) Zeugenaussage f; (escrito) Bescheinigung f

teta f (Anat) Brustwarze f; (fam) Brust f
tétanos m inv (Med) Tetanus m
tetera f Teekanne f
tetilla [-ʎa] f (Anat) männliche Brustwarze; (de biberón) Sauger m
tetrabrik m inv Tetrapak m
tétrico, a adj trübsinnig, trübselig; (sombrío) düster
textil adj Textil-; **textiles** mpl Textilien pl
texto m Text m
textura f (de tela) Webart f, Textur f
tez [teθ] f Teint m, Gesichtsfarbe f
ti pron (complemento directo) dich; (complemento indirecto) dir
TI f abr (= tecnología de la información) IT f
tía f Tante f; (fam: mujer) Frau f
tibia f (Anat) Schienbein nt
tibio, a adj (templado) lau(warm)
tiburón m Hai(fisch) m
tic (pl **s**) m (ruido) Klicken nt; (de reloj) Ticken nt; **tic nervioso** (Med) nervöses Zucken, Tic(k) m
ticket (pl **s**) m Ticket nt; **ticket de aparcamiento** Parkschein m
tiempo ['tjem-] m Zeit f; (época) Zeitalter nt, Epoche f; (Meteo) Wetter nt; (edad: de niños) Alter nt; (Sport) Halbzeit f; (Ling) Zeit f, Tempus nt; **a tiempo** rechtzeitig; **a un tiempo, al mismo tiempo** gleichzeitig; **al poco tiempo** gleich darauf; **de tiempo en tiempo** von Zeit zu Zeit; **hace buen/mal tiempo** es ist schönes/ schlechtes Wetter; **hace algún tiempo** vor einiger Zeit; **hacer tiempo** sich dat die Zeit vertreiben; **tiempo real** (Inform) Echtzeit
tienda ['tjen-] f (Com) Laden m,

Geschäft nt; (Naut) Sonnensegel nt; (para camping) Zelt nt; **tienda libre de impuestos** Dutyfreeshop m

tiento ['tjen-] m (tacto) Befühlen nt, Betasten nt; (precaución) Behutsamkeit f, Vorsicht f; (de pulpo) Fangarm m; (de ciego) Blindenstock m; **¡ándate con tiento!** sei vorsichtig!; **dar un tiento a la botella** einen Schluck aus der Flasche nehmen

tierno, a ['tjer-] adj (blando, dulce) zart, weich; (fresco) frisch

tierra ['tjer-] f (suelo) Erde f, Boden m; (Agr) Ackerland nt; (mundo) Welt f; (país) Heimat f; **Tierra** (planeta) Erde f; **Tierra del Fuego** Feuerland nt

tieso, a ['tje-] adj (rígido) starr; (duro) steif; (fig: testarudo) hartnäckig

tiesto ['tjes-] m Blumentopf m; (pedazo) Scherbe f

tiesura [tje-] f (rigidez) Starre f; (fig) Steifheit f; (fam) Einbildung f

tifo m (Med) Typhus m

tifoideo, a adj: **fiebre tifoidea** Typhus m

tifón m Taifun m

tifus m inv (Med) Typhus m

tigre m Tiger m

tigresa f Tigerin f

tijera [-'xe-] f Schere f; (persona) Klatschbase f; **de tijera** (plegable) Klapp-; **tijeras** pl Schere f

tila f Lindenblütentee m

tilde f (Ling) Tilde f, Akzent m; (defecto) Mangel m; (trivialidad) Lappalie f

tilo m (Bot) Linde f

timarse [1] vr (fam) flirten

timbal m (Mus) Pauke f

timbrar [1] vt (ab)stempeln

timbre m (sello) Stempel m; (campanilla) Klingel f; (Mus) Klang m, Timbre m; (Com) (Stempel)gebühr f

timidez [-'ðeθ] f Schüchternheit f

tímido, a adj schüchtern, scheu

timo m Schwindel m, Betrug m

timón m Steuer nt, Ruder nt

tímpano m (Anat) Trommelfell nt

tinaja [-xa] f großer Tonkrug

tinieblas [-'nje-] fpl (oscuridad) Dunkelheit f; (sombras) Schatten pl

tinnitus m inv (Med) Tinnitus m

tino m Geschick nt; (puntería) Treffsicherheit f

tinta f Tinte f; (Tecn) Farbstoff m; (Arte) Farbton m

tinte m (colorante) Farbstoff m; (fam: tienda) chemische Reinigung

tintinear [1] vi klingeln, bimmeln

tinto, a adj (teñido) gefärbt; (colorado) rot ▷ m (vino) Rotwein m

tintorera f Hai m

tintorería f chemische Reinigung

tintura f (acto) Färben nt; (Quím) Färbemittel nt; (Med) Tinktur f

tío m Onkel m; (fam: viejo) alter Knabe; (individuo) Typ m

tiovivo [-'βiβo] m Karussell nt

típico, a adj typisch

tipo m (norma) Norm f; (patrón) Muster nt, Modell nt; (clase) Art f, Typ m; (fam: persona) Typ m; (Anat) Körperbau m; (Typo) Type f; (de mujer) Figur f; **tipo de cambio** Wechselkurs m; **tipo de descuento/de interés** Diskont-/Zinssatz m

tipografía f Drucken nt; (lugar) Druckerei f

tipógrafo | 252

tipógrafo, a m/f Drucker(in) m(f)
tiquismiquis [-kis-kis] m inv Kleinigkeitskrämer(in) m(f) ▷ mpl (querellas) Streiterei f; (escrúpulos) Skrupel pl, Bedenken pl
tira f Streifen m
tirabuzón [-'θon] m (sacacorchos) Korkenzieher m
tirada f (acto) Wurf m; (distancia, extensión de tiempo) Abstand m; (fig: serie) Serie f, Reihe f; (Typo) Auflage f; **de una tirada** in einem Zug
tirado, a adj (muy barato) spottbillig; (muy fácil) kinderleicht
tirador m Griff m; (Elec) Kabel nt
tiranía f Tyrannei f
tirano, a adj tyrannisch ▷ m/f Tyrann(in) m(f)
tirante adj straff; (relación) gespannt ▷ m Träger m, Strebe f; (Tecn) Halteseil nt; (Typo) Schulterriemen m; **tirantes** pl Hosenträger pl
tirar [1] vt (aventar) werfen; (dejar caer) zu Boden werfen; (un vaso) umstürzen; (un árbol) fällen; (hacia sí) (heran)ziehen; (desechar) wegwerfen; (disipar) vergeuden, verschwenden; (Typo) drucken ▷ vi (disparar) schießen; (atraer) ziehen; (tender a) neigen zu; (Sport) schießen; **ir tirando** gerade so gehen
tirita f (Med) Heftpflaster nt
tiritar [1] vi frösteln
tiro m (lanzamiento) Wurf m; (disparo) Schuss m; (disparar: Sport) Schießen nt; (alcance) Schussweite f; (golpe) Schlag m; (engaño) Trick m; **andar de tiros largos** (fam) piekfein sein; **al tiro** (Am) sofort; **tiro al blanco** Scheibenschießen;

caballo m **de tiro** Zugpferd nt
tirón m Zug m, Ruck m; **de un tirón** auf einmal
tisana f (Heil)tee m
títere m Puppe f, Marionette f; (fam) Hampelmann m
titilar [1] vi (estrella) funkeln; (párpado) zwinkern
titiritero, a m/f Puppenspieler(in) m(f)
titubear [1] vi schwanken; (vacilar) unschlüssig sein, zögern
titular [1] vt betiteln; (llamar) benennen ▷ vr: **titularse** sich betiteln ▷ adj Titular- ▷ mf Inhaber(in) m(f), Berechtigte(r) mf; (Jur) Träger(in) m(f); (de diario) Schlagzeile f
título m Titel m; (de diario) Schlagzeile f, Überschrift f; (Jur) Abschnitt m; (calificación profesional) Diplom nt; (Com) Wertpapier nt; (fig: derecho) Anrecht nt
tiza [-θa] f Kreide f
tizna [‘tiθ-] f Ruß m
tiznar [tiθ-] [1] vt schwärzen; (fig) anschwärzen
toalla [-ʎa] f Handtuch nt
tobillo [-ʎo] m Fußknöchel m
tobogán m (Rodel)schlitten m; (montaña rusa) Achterbahn f; (para niños) Rutschbahn f
toca f Kopfschmuck m
tocadiscos m inv Plattenspieler m
tocado, a adj (etwas) angefault; **estar tocado de la cabeza** (fam) einen leichten Stich haben ▷ m Kopfschmuck m
tocador m (mueble) Toilettentisch m; (cuarto) Toilette f
tocar [6] vt berühren, anrühren;

(*Mus*) spielen; (*topar con*) in Berührung kommen mit ▷ *vi* läuten, klingeln; (*tener el turno*) an der Reihe sein; (*atañer*) betreffen ▷ *vr*: **tocarse** sich berühren; **por lo que a mí me toca** was mich betrifft

tocayo, a *m/f* Namensbruder (-schwester) *m/f*

tocino [-'θi-] *m* Speck *m*

todavía [-'βia] *adv* (*aún*) noch (immer); (*valor adversativo*) (je)doch; **todavía más** noch mehr; **todavía no** noch nicht

○ **PALABRA CLAVE**

todo, a *adj* (*en conjunto*) alle, alles; (*entero*) ganze(r, s); (*cada*) jede(r, s); **todas las semanas** jede Woche; **todos los martes** jeden Dienstag; **a toda velocidad** mit voller Geschwindigkeit; **en todo el día no lo he visto** ich habe ihn den ganzen Tag über nicht gesehen ▷ *adv* (*completamente*) ganz, völlig; **ante todo** vor allem, in erster Linie ▷ *m* (*el conjunto*) Ganze(s) *nt*; **en un todo** als Ganzes; **del todo** ganz, völlig ▷ *pron*: **todos** alle

todopoderoso, a *adj* allmächtig; **El Todopoderoso** der Allmächtige

tofu *m* Tofu *m*

toga *f* Toga *f*, Talar *m*

Tokio *m* Tokio *nt*

toldo *m* Markise *f*; (*parasol*) Sonnenschirm *m*

tole *m* Lärm *m*; (*griterío*) Geschrei *nt*

tolerable *adj* erträglich

tolerancia [-θja] *f* Toleranz *f*

tolerar [1] *vt* (*permitir*) tolerieren; (*resistir*) ertragen, aushalten

toma *f* Nehmen *nt*; (*Med*) Dosis *f*; **toma (de datos)** (Daten)erfassung *f*

tomar [1] *vt* nehmen; (*beber*) trinken; (*datos*) erfassen; **tomar algo a bien/a mal** etw gut/schlecht aufnehmen; **tomar en serio** ernst nehmen ▷ *vr*: **tomarse por** (*considerarse*) sich betrachten als

tomate *m* Tomate *f*; **tomate para cóctel** Cocktailtomate

tómbola *f* Verlosung *f*, Tombola *f*

tomillo [-ʎo] *m* Thymian *m*

tomo *m* (*libro*) Band *m*

tomografía *f* (Computer)tomografie *f*

tomógrafo *m* Tomograf *m*

tomograma *m* Tomogramm *nt*

ton *m abr* = **tonelada** ▷ *m*: **sin ton ni son** (*fam*) mir nichts, dir nichts

tonada *f* Lied *nt*, Melodie *f*

tonel *m* Fass *nt*

tonelada *f* Tonne *f*

tonelaje [-xe] *m* Tonnage *f*

tonelero, a *m/f* Böttcher(in) *m(f)*

tóner *m* Toner *m*

tónico, a *adj* betont; (*Med*) stärkend ▷ *m* (*Med*) Tonikum *nt*

tono *m* Ton *m*; (*color*) Farbton *m*

tontería [-θja] *f* Dummheit *f*; (*dicho*) dumme Bemerkung; (*trivialidad*) Kleinigkeit *f*, Lappalie *f*

tonto, a *adj* dumm; (*sentimental*) albern ▷ *m/f* (*idiota*) Dummkopf *m*; (*payaso*) Clown *m*

topacio [-θjo] *m* Topas *m*

topar [1] *vt* (*tropezar*) zusammenstoßen mit; (*encontrar: una persona*) treffen ▷ *vi* (*fig*) gut ausfallen

tope adj Höchst- ▷ m Ende nt; (riña) Zank m, Streit m; (Ferro) Puffer m; (Auto) Stoßstange f
tópico, a adj (Med) örtlich ▷ m (lugar común) Gemeinplatz m
topo m (Zool) Maulwurf m; (persona torpe) Tölpel m
topografía f Topografie f
toque [-ke] m Berührung f; (de campanas) Glockenläuten nt; **toque de queda** Ausgangssperre f; (Mil) Zapfenstreich m
toquetear vt betatschen
toquilla [-'kiʎa] f (bufanda) Halstuch nt; (chal) Schal m
torbellino [-'ʎi-] m Wirbel m, Strudel m; (fig) Wirbelwind m
torcer [-'θer] irr como cocer vt drehen; (la esquina) biegen; (Med) zerren, verstauchen; (cuerda) drehen, zwirnen; (ropa) (aus)wringen ▷ vr: **torcerse** sich krümmen; (desviarse) auf Abwege geraten; (planes) schiefgehen, nicht gelingen
tordo, a adj grau ▷ m Drossel f
torear [1] vt (fig: evadir) aus dem Weg gehen +dat; (fam) hänseln ▷ vi (Taur) mit Stieren kämpfen
torero, a m/f Torero m, Stierkämpfer(in) m(f)
tormenta f (tempestad) Sturm m; (fig: confusión) Durcheinander nt
tormento m Folter f; (fig) Qual f
tornar [1] vt (devolver) zurückgeben; (transformar) umwandeln ▷ vi umkehren ▷ vr: **tornarse** sich verwandeln; (volver) zurückkehren
tornasol m (Bot) Sonnenblume f; **papel m de tornasol** Lackmuspapier nt

torneo m Turnier nt
tornero, a m/f Drechsler(in) m(f)
tornillo [-ʎo] m Schraube f
torniquete [-'ke-] m Drehkreuz nt; (Med) Aderpresse f
torno m (Tecn) Winde f; (tambor) Walze f, Drehbank f
toro m (Zool) Stier m; (fam) kräftiger Mann; **los toros** der Stierkampf
toronja [-xa] f Grapefruit f
torpe adj ungeschickt; (necio) dumm; (lento) schwerfällig, (indecente) ordinär, derb; (no honrado) unehrlich, unredlich
torpedo m Torpedo m
torre f Turm m; (de petróleo) Bohrturm m
torrefacto, a adj geröstet
torrente m Sturzbach m
tórrido, a adj tropisch heiß
torsión f Verdrehung f
torso m Torso m
torta f Torte f; (pastel) Kuchen m; (fam) Ohrfeige f
tortellinis [-'ʎi-] mpl Tortellini pl
tortícolis m o inv steifer Hals
tortilla [-ʎa] f (de huevo) Omelett nt; (Am: de harina) Maisfladen m; **tortilla francesa/española** Omelett/Kartoffelomelett, Tortilla f
tórtola f Turteltaube f
tortuga f Schildkröte f
tortura f Folter f
torturar [1] vt foltern
tos f Husten m; **tos ferina** Keuchhusten
tosco, a adj roh, ungehobelt
toser [2] vi husten
tostado, a adj (Gastr) geröstet; (color) braun; (bronceado) braun gebrannt ▷ m Bräune f ▷ f Toast m

tostador m Toaster m
tostar irr como contar vt (pan) toasten; (café) rösten; (persona) bräunen, braun werden lassen ▷ vr: **tostarse** sich bräunen
total adj völlig ▷ adv (así que) also, kurz gesagt, ...; (al fin y al cabo) letzten Endes; **total que** kurz (gesagt, ...) ▷ m Gesamtsumme f
totalitario, a adj totalitär
touroperador, a [tur-] m(f) Reiseveranstalter(in) m(f)
tóxico, a adj giftig ▷ m Gift nt
toxicomanía f (Med) Drogenabhängigkeit f, Suchtkrankheit f
toxicómano, a m/f Suchtkranke(r) mf
tozudo, a [-'θu-] adj dickköpfig
trabajador, a [-xa-] adj fleißig ▷ m(f) Arbeiter(in) m(f)
trabajar [-'xar] [1] vt (la tierra) bestellen; (material) bearbeiten; (poner empeño) arbeiten an +dat; (persona) drängen; (convencer) überreden, überzeugen ▷ vi arbeiten; (máquina) gehen
trabajo [-xo] m Arbeit f; (tarea) Aufgabe f; (fig) Anstrengung f, Bemühung f; **trabajo en equipo** Teamarbeit; **trabajo por turno/a destajo** Schicht-/Akkordarbeit
trabar [1] vt verbinden, zusammenfügen; (atar) anbinden, fesseln; (amistad) anknüpfen ▷ vr: **trabarse** sich verfangen, sich verstricken; (reñir) sich zanken, sich streiten
trabucar [6] vt durcheinanderbringen; (palabras) verwechseln
tracción [-'θjon] f Zugkraft f, Zug m; **tracción a las cuatro ruedas,**

tracción total Allradantrieb m; **tracción delantera/trasera** Vorderrad-/Hinterradantrieb m
tractor m Traktor m
tradición [-'θjon] f Tradition f
tradicional adj traditionell
traducción [-'θjon] f Übersetzung f
traducir [-'θir] irr como conducir vt übersetzen
traductor, a m(f) Übersetzer(in) m(f)
traer [tra'er] irr vt mitbringen; (llevar) herbringen; (ropa) tragen, anhaben; (incluir: periódico) bringen ▷ vr: **traerse algo** etw vorhaben, etw beabsichtigen; **traerse bien/mal** sich gut/schlecht kleiden
traficante mf Schieber(in) m(f)
traficar [6] vi handeln, Handel treiben
tráfico m (Com) Handel m; (Auto) Verkehr m; **de tráfico reducido** verkehrsberuhigt
tragaluz (pl -**luces**) [-'luθ] m Dachfenster nt, Luke f
tragamonedas m inv, **tragaperras** m inv Spielautomat m
tragar [7] vt schlucken; (devorar) verschlingen, hinunterschlingen
tragedia [-xe-] f Tragödie f
trágico, a [-xi-] adj tragisch
trago m Schluck m; **de un trago** in einem Zug
traición [trai'θjon] f Verrat m; (a la patria) (Landes)verrat m
traicionar [traiθjo-] [1] vt verraten
traicionero, a [traiθjo-], **traidor, a** adj verräterisch m(f)

Verräter(in) *m(f)*
trailer (*pl* s) ['trailer] *m* Filmvorschau *f*, Trailer *m*; **camión** *m* **trailer** (*Auto*) Zugmaschine *f*
traje [-xe] *m* Kleidung *f*; (*de hombre*) Anzug *m*; (*vestimenta típica*) Tracht *f*; **traje de baño** Badeanzug; **traje de luces** (*Taur*) Stierkämpfertracht
tramar [1] *vt* (*fig*) anzetteln, aushecken; (*Tecn*) weben
tramitar [1] *vt* abwickeln, abschließen; (*negociar*) verhandeln, aushandeln; (*manejar*) erledigen
trámite *m* (*procedimiento*) Vorgehen *nt*, (*Jur*) Instanzengang *m*; **trámites** *pl* (*procedimientos*) Verfahren *nt*; (*burocracia*) Formalitäten *pl*
tramo (*de tierra*) Stück *nt* Land; (*de escalera*) Treppe *f*; (*de carretera*) (Weg)strecke *f*
trampa *f* (*t. fig*) Falle *f*; (*en el suelo*) Falltür *f*, Bodenklappe *f*; (*prestidigitación*) Zaubertrick *m*; (*fam*) Schwindel *m*
trampear [1] *vt* (*fam*) anführen ▷ *vi* (*fam*) schwindeln
trampolín *m* (*de piscina*) Sprungbrett *nt*; (*de gimnasio*) Trampolin *nt*
tramposo, a *adj* betrügerisch ▷ *m/f* Betrüger(in) *m(f)*
tranca *f* (*palo*) Knüppel *m*; (*viga*) Balken *m*
trance [-θe] *m* (*situación difícil*) schwierige Lage; (*de hipnotizado, drogado*) Trance *f*
tranco *m* großer Schritt
tranquilidad *f* Ruhe *f*, Stille *f*; (*paz*) Friedlichkeit *f*
tranquilizar [-ki-'θar] [8] *vt* beruhigen ▷ *vr*: **tranquilizarse** sich beruhigen
tranquilo, a [-'ki-] *adj* ruhig; (*pacífico*) friedlich; (*sin preocupación*) gelassen
transacción [-'θjon] *f* Transaktion *f*; (*acuerdo*) Übereinkommen *nt*
transbordador *m* Fähre *f*; **transbordador espacial** Raumfähre
transbordo *m* Umsteigen *nt*; **hacer transbordo** umsteigen
transcurrir [3] *vi* (*tiempo*) vergehen
transeúnte *mf* Passant(in) *m(f)*
transexual *mf* Transsexuelle(r) *mf*
transferencia [-θja] *f* Übertragung *f*, (*Com*) Überweisung *f*; **transferencia de tecnología** Technologietransfer *m*
transferir *irr como sentir vt* übertragen, übereignen; (*tiempo*) verlegen, verschieben
transformador *m* (*Elec*) Transformator *m*
transformar [1] *vt* (*cambiar*) verändern; (*convertir*) umsetzen
transgénico, a [-'xen-] *adj* genmanipuliert, transgen
transgresión *f* Übertretung *f*
transición [-'θjon] *f* Übergang *m*

- **TRANSICIÓN**
-
- Mit der **Transición** wird jene
- Periode der Geschichte Spaniens
- bezeichnet, in der der Übergang
- von der Franco-Diktatur in ein
- demokratisches System
- vollzogen wurde. Der Tod des
- Diktators Franco im Jahre 1975
- galt als Auslöser der **Transición**,
- eine Phase, die heutzutage als

- abgeschlossen betrachtet wird.
- Am 23. Februar 1981 (dem **23-F**)
- erlitt der demokratische Weg,
- den die spanische Gesellschaft
- beschritten hatte, mit dem
- Putschversuch von **Tejero**,
- einem **coronel** der **Guardia**
- **Civil**, einen schweren Schlag, als
- er an diesem Tag mit weiteren
- Mitgliedern der „Guardia Civil"
- das spanische Parlament
- besetzte. Wenige Tage später
- brach der Putsch bereits
- zusammen. Dabei spielte die
- Initiative des Königs **Juan**
- **Carlos I**, der über Rundfunk zur
- Verfassungstreue aufrief, eine
- entscheidende Rolle.

transigir [-'xir] [13] vi (hacer concesiones) Konzessionen machen; (ceder) nachgeben
transistor m Transistor m
transitar [1] vi durchgehen; (viajar) durchreisen
tránsito m Überfahrt f; (tráfico) Verkehr m; (Aer) Zwischenlandung f
transmisión f (Jur, Radio, TV) Übertragung f; **transmisión de datos** Datenübertragung; **transmisión en directo** Liveübertragung
transmitir [3] vt übertragen; (Radio, TV) senden
transparencia [-θja] f Transparenz f, Durchsichtigkeit f; (claridad) Deutlichkeit f
transparente adj transparent, durchsichtig ▷ m Gardine f
transpirar [1] vi schwitzen; (fig) durchsickern
transponer irr como poner vt umstellen; (una planta) versetzen; (ir más allá) hinausgehen über +akk ▷ vr: **transponerse** (cambiar lugares) die Plätze tauschen; (ocultarse) verschwinden; (adormecerse) einnicken
transportar [1] vt transportieren, befördern; (transferir) versenden
transporte m Transport m; (Com: flete) Transportgewerbe nt
transportista mf Spediteur(in) m(f)
tranvía [-'βia] m Straßenbahn f
trapecio [-θjo] m Trapez nt
trapero, a m/f Lumpensammler(in) m(f)
trapicheos [-'tʃe-] mpl (fam) faule Geschäfte pl, Schiebung f
trapisonda f (jaleo) Krach m, Lärm m; (estafa) Betrug m
trapo m Lappen m; (para polvo) Tuch nt
traqueteo [-ke-] m (golpeteo) Rütteln nt, Schütteln nt
tras prep (detrás) hinter; (después) nach
trascendencia [-θen-θja] f Bedeutung f, Wichtigkeit f; (en filosofía) Transzendenz f
trascender [-θen-] irr como tender vi (oler) sehr stark riechen; (oler mal) stinken; (noticias) bekannt werden; (suceso) Auswirkungen haben
trasero, a adj (de atrás) hintere(r, s) ▷ m (Anat) Hintern m
trasfondo m Hintergrund m
trasladar [1] vt (de sitio) bewegen; (persona) versetzen; (reo, enfermo) überführen
traslado m Übertragung f; (de residencia) Umzug m; (copia) Abschrift f

traslucir [-'θir] *irr como lucir* vt (*revelar*) zeigen, aufweisen ▷ vr: **traslucirse** (*ser transparente*) durchscheinen; (*fig*) ans Licht kommen

trasnochar [-'tʃar] [1] vi (*acostarse tarde*) die Nacht durchmachen; (*no dormir*) eine schlaflose Nacht verbringen; (*pasar la noche*) übernachten

traspasar [1] vt (*bala*) durchdringen, durchbohren; (*propiedad*) verkaufen; (*Jur*) übertragen; (*límites*) überschreiten

traspaso m Übertragung f; (*fig*) Schmerz m, Kummer m

traspié [-'pje] m (*caída*) Fallen nt; (*tropezón*) Stolpern nt; (*fig*) Fehltritt m

trasplantar [1] vt verpflanzen; (*Med*) transplantieren

trasplante m Transplantation f

trasto m (*mueble*) altes Möbelstück; (*tarro viejo*) alter Topf; (*pey: cosa*) Gerümpel nt; (*fam: persona*) Trottel m

trastornar [1] vt verdrehen, durcheinanderbringen; (*fig: ideas*) verwirren; (*persona*) verrückt machen ▷ vr: **trastornarse** (*plan*) fehlschlagen

tratable adj umgänglich, leutselig

tratado m (*Pol*, *Com*) Vertrag m; **tratado de Maastricht** Maastrichter Vertrag

tratamiento m Behandlung f; **tratamiento de textos** (*Inform*) Textverarbeitung f

tratar [1] vt (*ocuparse de*) behandeln; (*manejar*: *Tecn*) umgehen mit; (*Inform*) verarbeiten, bearbeiten; (*Med*) behandeln ▷ vi: **tratar de** (*hablar sobre*) handeln von; (*intentar*) versuchen zu; **tratar con** verkehren mit; (*Com*) verhandeln mit ▷ vr: **tratarse** miteinander verkehren

trato m Behandlung f; (*relaciones*) Umgang m, Verkehr m; (*comportamiento*) Benehmen nt, Betragen nt; (*Com*) Vereinbarung f, Vertrag m; (*título*) Anrede f

trauma m Trauma nt

través [-'βes] m: **a través de** quer über; (*sobre*) über; (*por*) durch

travesía [-βe-] f (*calle*) Querstraße f; (*por mar*) Überfahrt f, Überquerung f

travestí (*pl* s) [-βe-] m Transvestit m

traviesa [-'βje-] f (*Archit*) Querbalken m

travieso, a [-'βje-] adj (*niño*) unartig; (*adulto*) rastlos; (*ingenioso*) geistreich

trayecto m (*ruta*, *camino*) Strecke f, Weg m; (*tramo*) Abschnitt m, Strecke f; (*viaje*) Fahrt f; (*curso*) Kurs m

traza [-θa] f (*Archit*) Entwurf m, Plan m; (*aspecto*) Aussehen nt; (*señal*) Kennzeichen nt; (*engaño*) Betrug m; (*habilidad*) Geschick nt

trazado [-'θa-] m (*diseño*) Entwurf m, Plan m; (*fig*) Abriss m

trazar [-'θar] [8] vt (*diseñar*) entwerfen, planen; (*Arte*) zeichnen; (*fig*) umreißen

trazo [-θo] m (*línea*) Strich m; (*bosquejo*) Umriss m, Skizze f

trébol m (*Bot*) Klee m

trece [-θe] num dreizehn

trecho [-tʃo] m (*distancia*) Strecke f; (*período de tiempo*) Zeitraum m;

(fam: parte, sección) Stück nt
tregua f (Mil) Waffenruhe f; (fig: descanso) Pause f, Erholung f
treinta num dreißig
trekking ['trekin] m Trekking nt
tremendo, a adj (terrible) fürchterlich, schrecklich; (imponente) gewaltig; (fam: fabuloso) riesig, toll
trémulo, a adj zitternd, bebend
tren m Zug m; **tren de aterrizaje** Fahrwerk nt, Fahrgestell nt
trenza [-θa] f Zopf m
trepadora f Kletterpflanze f
trepar [-'ʎar] [1] vt (subir) klettern auf +akk ▷ vi klettern
trepidación [-'θjon] f Zittern nt, Beben nt
trepidar [1] vi beben, zittern
tres num drei
tresillo [-ʎo] m (mueble de tres piezas) (dreiteilige) Sitzgarnitur
treta (fig) Trick m
triángulo m Dreieck nt; **triángulo reflectante** (Auto) Warndreieck
tribu f Stamm m
tribuna f (plataforma: Sport) Tribüne f; (fig) Rede f
tribunal m (juicio) Gericht nt
tributo m (Com) Steuer f, Abgabe f
trigal m Weizenfeld nt
trigo m (Bot) Weizen m
trigueño, a [-'ɣe-] adj (rubio oscuro) dunkelblond; (piel) bräunlich
trillado, a [-'ʎa-] adj (fig) abgedroschen
trillar [-'ʎar] [1] vt (fig) abnutzen; (Agr) dreschen
trimestre m (período) Quartal nt
trinchar [-'tʃar] [1] vt tranchieren
trineo m Schlitten m; **trineo automotor** Schneemobil nt
trinidad f: **la Trinidad** (Rel) die Dreifaltigkeit
trino m Triller m
tripa f (Anat) Darm m; (fam) Bauch m
triple adj dreifach
triplicado, a adj: **por triplicado** in dreifacher Ausfertigung
tripulación [-'θjon] f Besatzung f
triquiñuela [-ki'ɲwe-] f Trick m, List f
tris m inv Knacks m; **en un tris** im Nu
triste adj (afligido) traurig; (sombrío) betrübt, schwermütig
tristeza [-θa] f (aflicción) Traurigkeit f, Trauer f; (melancolía) Schwermut f, Trübsinn m
triturar [1] vt (moler) zermahlen; (mascar) zermalmen
triunfar [1] vi triumphieren; (Sport) siegen
triunfo m Triumph m; (Sport) Sieg m
trivial [-'βjal] adj trivial
triza [-θa] f Stück nt; **hacer trizas** kurz und klein schlagen
trizar [8] vt (hacer pedazos) zerstückeln
trocha [-tʃa] f (sendero) Pfad m; (atajo) Abkürzung f
trofeo m (premio) Trophäe f; (éxito) Erfolg m
troj(e) ['trox(e)] f Kornkammer f
tromba f Wirbelwind m
trombón m Posaune f
trombosis f inv Thrombose f
trompa f (hocico) Rüssel m; **coger una trompa** (fam) sich vollaufen lassen

trompeta f (Mus) Trompete f
trompo m Kreisel m
tronar irr como contar vi (trueno) donnern; (fig: fulminar) wettern; (fam) Pleite machen
tronchante [-'tʃan-] adj (fam) irre komisch
tronchar [-'tʃar] [1] vt (un árbol) fällen; (fig) abbrechen
tronco m (de árbol) Stamm m; (de planta) Stiel m; (Anat) Rumpf m
trono m Thron m
tropa f (Mil) Truppe f; (gentío) Horde f, Haufen m
tropel m (muchedumbre) (Menschen)menge f; (prisa) Eile f
tropezar [-'θar] irr como empezar vi (caer) stolpern; **tropezar con** (encontrar) stoßen auf +akk; (topar con) unvermutet treffen
tropical adj tropisch, Tropen-
trópicos mpl Tropen pl
tropiezo [-'pjeθo] m (error) Patzer m, Schnitzer m; (desgracia) Missgeschick nt; (obstáculo) Hindernis nt; (discusión) Streit m
trotamundos m inv Globetrotter(in) m(f)
trotar [1] vi traben
trozo [-θo] m Stück m
trucha [-tʃa] f Forelle f; (Tecn) Kran m
truco m (habilidad) Geschick nt; (engaño) Trick m, Kniff m
trueno ['trwe-] m Donner m
trufa f (Bot) Trüffel f; (fig) Lüge f
truncar [6] vt (acortar) abschneiden; (vida etc) vorzeitig beenden; (el desarrollo) hemmen
tu adj dein
tú pron du
tubérculo m (Bot) Knolle f

tuberculosis f inv Tuberkulose f
tubería f (Rohr)leitung f
tubo m Rohr nt; (Elec) Röhre f; **tubo de ensayo** Reagenzglas nt; **tubo de escape** (Auto) Auspuffrohr nt
tuerca ['twer-] f (Schrauben)mutter f
tuerto, a ['twer-] adj (torcido) krumm, schief; (ciego) einäugig ▷ m/f (persona) Einäugige(r) mf
tuétano ['twe-] m (Anat) Mark nt
tufo m Dampf m; (fam: mal olor) Mief m
tul m Tüll m
tulipán m Tulpe f
tullido, a [-'ʎi-] adj (inválido) gelähmt; (fig) erschöpft
tumba f (sepultura) Grab nt
tumbar [1] vt (a. fig) umwerfen ▷ vi hinfallen ▷ vr: **tumbarse** (acostarse) sich hinlegen
tumbona f Liegestuhl m
tumefacto, a adj geschwollen
tumor m (Med) Tumor m
tumulto m Tumult m, Aufruhr m
tuna f (Mus) Studentenkapelle f
tunda f (de oveja) Schur f; (fam: paliza) Tracht f Prügel
túnel m Tunnel m
Túnez [-neθ] m Tunesien nt; (ciudad) Tunis nt
tuno, a m/f (fam) Schlingel m
tuntún adv: **al tuntún** unüberlegt
tupido, a adj dicht
turbado, a adj (molesto) gestört; (preocupado) beunruhigt
turbar [1] vt (molestar) stören; (alterar) beunruhigen ▷ vr: **turbarse** in Verlegenheit geraten
turbina f Turbine f
turbio, a adj (agua etc) trüb; (lenguaje) verworren

turbión f Regenguss m
turboalimentador m Turbolader m
turbohélice [-θe] f Propellerturbine f
turbomotor m (Auto) Turbomotor m
turbulencia [-θja] f Turbulenz f; (disturbio) Unruhe f
turbulento, a adj (agitado) turbulent; (fig: intranquilo) unruhig
turco, a adj türkisch ▷ m/f Türke (Türkin) m/f
turismo m Fremdenverkehr m, Tourismus m; (coche) Personenwagen m, Pkw m; **turismo rural, turismo verde** Ferien auf dem Bauernhof
turista mf Tourist(in) m(f)
turístico, a adj touristisch, Fremdenverkehrs-
Turkmenistán m Turkmenistan nt
turnar [1] vi, vr: **turnarse** sich ablösen
turno m Reihe f; (en fábrica) Schicht f; (oportunidad) Gelegenheit f
turquesa [-'ke-] f Türkis m
Turquía [-'kia] f: **la Turquía** die Türkei
turrón m (Gastr) Tafel aus Nuss-, Mandel- oder Nugatmasse
tutear [1] vt duzen ▷ vr: **tutearse** sich duzen
tutelar [1] vt protegieren ▷ adj Vormundschafts-
tutor, a m(f) (Jur) Vormund m; (Escuela) Tutor(in) m(f), Privatlehrer(in) m(f)
tuyo, a pron: **el tuyo, la tuya** dein, deine, deiner; **los tuyos** mpl (fam) deine Angehörigen

TVE f abr (= Televisión Española) spanisches Fernsehen

U

U, u [u] f U, u nt
u *conj* oder
ubicar [6] *vt* (*Am*) unterbringen, aufstellen ▷ *vr*: **ubicarse** sich befinden
ubre f Euter nt
Ud(s). *pron abr* (= *usted(es)*) Sie
UE f abr (= *Unión Europea*) EU f
UEE f abr (= *Unión Económica Europea*) EWU f
ufano, a *adj* (*arrogante*) arrogant; (*engreído*) eingebildet
ufología [-'xia] f Ufologie f
úlcera [-θe-] f (*Med*) Geschwür nt
ulterior *adj* (*más allá*) weiter, ferner; (*siguiente*) (nach)folgend
últimamente *adv* vor Kurzem; (*finalmente*) schließlich
ultimar [1] *vt* (*concluir*) beenden; (*finalizar*) abschließen; (*Am: rematar*) zum Abschluss bringen
ultimátum (*pl* **s**) *m* Ultimatum nt
último, a *adj* letzte(r, s); (*más reciente*) neueste(r, s); (*más bajo*) unterste(r, s); (*más alto*) oberste(r, s); **por último** endlich, schließlich
ultra *adj* Ultra-, ultra- ▷ *mf* Extremist(in) m(f)
ultrajar [-'xar] [1] *vt* (*escandalizar*) empören; (*insultar*) beleidigen, beschimpfen
ultraje *m* (*insulto*) Beleidigung f
ultramar *m* Übersee f
ultramarino, a *adj* überseeisch; **tienda** f **de ultramarinos** Lebensmittelgeschäft nt
ultrasónico, a *adj* Überschall-
ulular [1] *vi* (*viento*) heulen; (*búho*) schreien, rufen
umbral *m* Türschwelle f
umbrío, a *adj*, **umbroso, a** *adj* schattig
un, a *adj*, *art* ein, eine; *ver tb* **uno**
unánime *adj* einstimmig
unción [-'θjon] f Salbung f; (*Med*) Einreibung f; **extrema unción** (*Rel*) Letzte Ölung
undécimo, a [-θi-] *adj* elfte(r, s)
ungüento [-'gwen-] *m* Salbe f; (*fig*) Balsam *m*
únicamente *adv* (*einzig und*) allein; (*solamente*) nur, lediglich
único, a *adj* (*individual*) einzig; (*solo*) allein; (*sin par*) einzigartig
unidad f (*Tecn*) Einheit f; **unidad central de proceso** (*Inform*) Zentraleinheit; **unidad de control, unidad de mando** Steuergerät nt, Steuerwerk nt; **unidad de disco** Laufwerk nt; **unidad de disco magnético** Plattenspeicher m; **unidad impresora** Drucker m; **unidad**

(lectora) de CD-ROM CD-ROM-Laufwerk nt; **unidad de lectura** Lesegerät nt; **unidad de lectura (de disquetes)** (Disketten-)laufwerk nt; **unidad de memoria** (Inform) Arbeitsspeicher m; **unidad de reposición** Nachfüllpack m; **unidad de vigilancia intensiva, unidad de cuidados intensivos** (Med) Intensivstation f; **unidad de visualización (de datos), unidad visual** Monitor m
unido, a adj verbunden, gekoppelt; (fig) vereint
unifamiliar adj Einfamilien-
unificación [-'θjon] f (unión) Vereinigung f; (igualación) Vereinheitlichung f
unificar [6] vt (juntar) vereinen; (uniformar) vereinheitlichen
uniforme adj gleichförmig, einheitlich; (superficie) gleichmäßig ▷ m Uniform f
unilateral adj einseitig
unión f Vereinigung f, Verbindung f; (acto) Zusammenschluss m; (calidad) Einheit f, Einigkeit f; (Tecn) Verbindung f; (fig) Zusammengehörigkeit f; **Unión Económica Europea** Europäische Wirtschaftsunion f; **la Unión Europea** die Europäische Union; **la Unión Soviética** (Hist) die Sowjetunion
unir [3] vt (juntar) (ver)einigen; (combinar) verbinden ▷ vr: **unirse** sich vereinigen; (empresas) sich zusammenschließen, fusionieren
unisex adj inv (en moda) unisex
unísono m: **al unísono** einstimmig

universal [-βer-] adj allgemein, universal; (mundial) Welt-, weltweit
universidad [-βer-] f Universität f
universo [-'βer-] m Universum nt

PALABRA CLAVE

uno num eins ▷ pron (alguien) eine(r, s), jemand; **unos** einige, ein paar; **cada uno** jeder; **uno a uno, uno por uno, de uno en uno** einer nach dem anderen; **uno y otro** beide

untar [1] vt reiben; (engrasar) einschmieren, ölen; (Med) mit Salbe einreiben; (fig) bestechen
unto m Schmiere f; (Med) Salbe f; (fam) Schmiergelder pl
uña f (Anat) Nagel m; (garra) Klaue f; (casco) Huf m; (arrancaclavos) Kralle f
uperizado, a [-'θa-] adj: **leche uperizada** H-Milch f
uranio m Uran nt
urbanidad f Höflichkeit f
urbanismo m Stadtplanung f
urbanización [-θa'θjon] f (conjunto de casas) Siedlung f
urbanizar [8] vt bebauen
urbano, a adj (de ciudad) städtisch, Stadt-; (cortés) höflich
urbe f Großstadt f
urgencia [-'xenθja] f Dringlichkeit f; (prisa) Eile f, Hast f; **servicios** mpl **de urgencia** Notdienst m
urgente [-'xen-] adj dringend
urinario, a adj Urin-, Harn- ▷ m Pissoir nt
urna f Urne f; (Pol) Wahlurne f
urraca f Elster f

URSS f sigla (= Unión de Repúblicas Socialistas Soviéticas: Hist) UdSSR f
Uruguay m Uruguay nt
uruguayo, a adj uruguayisch ▷ m/f Uruguayer(in) m(f)
usado, a adj gebraucht; (ropa etc) abgenutzt, abgetragen
usanza [-θa] f Brauch m, Sitte f
usar [**1**] vt gebrauchen, benutzen; (ropa) tragen ▷ vr: **usarse** gebraucht [o verwendet] werden
uso m Gebrauch m, Verwendung f; (costumbre) Brauch m, Sitte f
usted (pl **ustedes**) pron Sie
usual adj gebräuchlich, üblich
usuario, a m/f Benutzer(in) m(f); (Inform) User(in) m(f)
usura f Wucher m
utensilio m Werkzeug nt; (Gastr) Gerät nt
útero m Uterus m, Gebärmutter f
útil adj nützlich ▷ m Werkzeug nt
utilidad f Nützlichkeit f, Nutzen m; (Com) Gewinn m
utilizar [-'θar] [**8**] vt (be)nutzen
utillaje [-'ʎaxe] m Ausrüstung f
utopía f Utopie f
uva [-βa] f Traube f
UVI f sigla (= Unidad de Vigilancia Intensiva) Intensivstation f
Uzbekistán m Usbekistan nt

V

V, v ['uβe] f V, v nt
v abr (= voltio) V
vaca ['ba-] f Kuh f; (carne) Rindfleisch nt; (cuero) Rindsleder nt
vacaciones [ba-'θjo-] fpl Ferien pl, Urlaub m
vacante [ba-] adj unbesetzt, frei ▷ f offene [o freie] Stelle
vaciado, a [ba'θja-] adj gegossen; (hueco) hohl ▷ m (Ab)guss m
vaciar [ba'θjar] [**4**] vt ausleeren; (ahuecar) aushöhlen; (moldear) gießen ▷ vi (río) münden (en in +akk) ▷ vr: **vaciarse** sich (ent)leeren, abfließen; (fig) sich verplappern
vacilante [baθi-] adj schwankend; (habla) stockend; (fig) unschlüssig
vacilar [baθi-] [**1**] vi schwanken; (persona) taumeln
vacío, a [ba'θio] adj leer; (puesto)

unbesetzt; (desocupado) leer stehend; (vano) eitel ▷ m Leere f; (Fís) Vakuum nt, Lücke f
vacuna [ba-] f Impfstoff m
vacunar [1] vt impfen
vacuno, a [ba-] adj Rind(s)-, Rinder-
vacuo, a ['ba-] adj leer
vadear [ba-] [1] vt durchwaten; (problemas) überwinden
vado ['ba-] m Furt f; (solución) Ausweg m; (descanso) Ruhepause f
vagabundo, a [ba-] adj umherschweifend; (pey) vagabundierend ▷ m/f Landstreicher(in) m(f)
vagar [ba-] [7] vi umherstreifen; (no hacer nada) faulenzen
vagido [ba-xi-] m Schreien nt
vagina [ba-'xi-] f Vagina f, Scheide f
vago, a ['ba-] adj vage, unbestimmt; (perezoso) faul, träge; (ambulante) umherschweifend ▷ m/f (vagabundo) Landstreicher(in) m(f); (perezoso) Faulenzer(in) m(f)
vagón [ba-] m Personenwagen m; (de mercancías) Güterwagen m
vaho ['ba-] m (vapor) Dampf m, Dunst m; (respiración) Atem m
vaina ['bai-] f (de espada) Scheide f
vainilla [bai-ʎa] f Vanille f
vaivén [bai'βen] m Hin und Her nt; (de tránsito) Pendelverkehr m
vajilla [ba'xiʎa] f Geschirr nt
vale ['ba-] m Gutschein m; (recibo) Quittung f; (pagaré) Schuldschein m
valedero, a [ba-] adj gültig
valenciano, a [ba-θja-] adj aus Valencia
valentía [ba-] f Tapferkeit f; (pey) Prahlerei f; (acción) tapfere Tat

valer [ba-] irr vt einbringen; (fig) nützen +dat; (Mat) betragen; **valer la pena** sich lohnen ▷ vi wert sein; (costar) kosten; (ser útil) nützlich sein; (ser válido) gelten, gültig sein; **¿vale?** okay? ▷ vr: **valerse de algo** von etw Gebrauch machen
valeriana [ba-] f Baldrian m
validez [ba-'ðeθ] f Gültigkeit f
válido, a ['ba-] adj gültig
valiente [ba'ljen-] adj tapfer, mutig; (pey) großsprecherisch ▷ mf Held(in) m(f)
valija [ba-xa] f Koffer m
valioso, a [ba-] adj wertvoll
valla ['baʎa] f Zaun m; (Sport) Hürde f; **valla publicitaria** Plakatwand f
valle ['baʎe] m Tal nt
valor [ba-] m Wert m; (precio) Preis m; (importancia) Bedeutung f; (valentía) Mut m; **valor pH** pH-Wert; **valor de posición** (Inform) Stellenwert; **valores** pl (Com) Wertpapiere pl
valorar [ba-] [1] vt schätzen
vals [bals] m Walzer m
válvula ['balβu-] f Ventil nt
vampiresa [bam-] f Vamp m
vampiro [bam-] m Vampir m
vandalismo [ban-] m Vandalismus m
vándalo, a m/f Vandale (Vandalin) m/f
vanguardia [ban-] f Vorhut f; (Arte) Avantgarde f
vanidad [ba-] f Eitelkeit f; (irrealidad) Unwirklichkeit f
vanidoso, a [ba-] adj eitel, eingebildet
vano, a ['ba-] adj unwirklich; (irracional) unvernünftig; (inútil)

unnütz; *(persona)* eitel, eingebildet
vapor [ba-] *m* Dunst *m*; *(vaho)* Dampf *m*; **al vapor** *(Gastr)* gedämpft, gedünstet
vaporizar [ba-'θar] **[8]** *vt* verdampfen, verdunsten lassen
vaquero, a [ba'ke-] *adj* Rinder-; *(camisa, falda, vestido)* Jeans- ▷ *m* Cowboy *m*; **vaqueros** *pl* Jeans *pl*
vara ['ba-] *f* Stock *m*; *(Tecn)* Stange *f*
variable [ba-] *adj* veränderlich ▷ *f* *(Mat)* Variable *f*
variar [ba-] **[4]** *vt* variieren; *(modificar)* abändern, verändern; *(cambiar)* vertauschen ▷ *vi* variieren
varicela [ba-'θe-] *f* Windpocken *pl*
variedad [barje-] *f* Vielfalt *f*; *(variación)* Abwechslung *f*
varilla [ba-ʎa] *f* Gerte *f*, Rute *f*; *(Bot)* Zweig *m*; *(Tecn)* Stab *m*, Stange *f*; *(de rueda)* Speiche *f*
vario, a ['ba-] *adj* *(variado)* verschieden; *(multicolor)* bunt; **varios** mehrere
variopinto, a [ba-] *adj* (kunter)bunt
varón [ba-] *m* Mann *m*, männliches Wesen
Varsovia [bar-βja] *f* Warschau *nt*
vasco, a ['bas-], **vascongado, a** [bas-] *adj* baskisch ▷ *m/f* Baske (Baskin) *m/f*; **las Vascongadas** das Baskenland
vascuence [bas'kwenθe] *adj* baskisch ▷ *m (lengua)* Baskisch *nt*
vaselina [ba-] *f* Vaseline *f*
vasija [ba-xa] *f* Gefäß *nt*
vaso ['ba-] *m* Glas *nt*; *(Anat)* Gefäß *nt*
vástago ['bas-] *m (Bot)* Schössling *m*; *(Tecn)* Stab *m*; *(fig)* Sprössling *m*

vasto, a ['bas-] *adj* gewaltig, riesig
Vaticano [ba-] *m*: **el Vaticano** der Vatikan
vaticinio [ba-'θi-] *m* Voraussage *f*, Prophezeiung *f*
vatio ['ba-] *m (Elec)* Watt *nt*
Vd(s). *pron abr (= usted(es))* Sie
vecindad [beθin-] *f* Nachbarschaft *f*; *(habitantes)* Nachbarn *pl*
vecindario [beθin-] *m* Nachbarschaft *f*; *(habitantes)* Nachbarn *pl*
vecino, a [be'θi-] *adj* benachbart ▷ *m/f* Nachbar(in) *m(f)*; *(residente)* Einwohner(in) *m(f)*
veda ['be-] *f* Verbot *nt*
vedar [be-] **[1]** *vt* verbieten; *(impedir)* (ver)hindern
vegetación [bexe-'θjon] *f* Vegetation *f*
vegetal [bexe-] *adj* pflanzlich ▷ *m* Pflanze *f*
vegetariano, a [bexe-] *adj* vegetarisch ▷ *m/f* Vegetarier(in) *m(f)*
vehemencia [be-θja] *f* Heftigkeit *f*; *(insistencia)* Nachdruck *m*; *(pasión)* Leidenschaft(lichkeit) *f*; *(fervor)* Hingabe *f*, Inbrunst *f*; *(violencia)* Gewalt *f*
vehemente [be-] *adj* heftig; *(apasionado)* leidenschaftlich
vehículo [be-] *m (Auto)* Fahrzeug *nt*; *(Med)* Übertrager *m*; **vehículo de alquiler** Mietwagen *m*; **vehículo todoterreno** Geländewagen *m*
veinte ['bein-] *num* zwanzig
vejamen [be'xa-] *m* Satire *f*
vejar [be'xar] **[1]** *vt (irritar)* (ver)ärgern; *(humillar)* erniedrigen
vejez [be'xeθ] *f* Alter *nt*
vejiga [be'xi-] *f (Anat)* Blase *f*
vela ['be-] *f* Kerze *f*; *(Naut)* Segel *nt*

velado, a [be-] *adj* (Foto) unscharf ▷ *f* Abendgesellschaft *f*
velador, a [be-] *m(f)* Wächter(in) *m(f)* ▷ *m* (candelabro) Leuchter *m*; (mesa) Bistrotisch *m*
velar [be-] [1] *vt* bewachen; (cubrir) verschleiern ▷ *vi* wach bleiben; **velar por** wachen über +akk
velero [be-] *m* (Naut) Segelschiff *nt*
veleta [be-] *f* Wetterfahne *f*
vello ['beʎo] *m* Flaum *m*
velloso, a [be'ʎo-] *adj* behaart
velo ['be-] *m* Schleier *m*
velocidad [be-θi-] *f* Geschwindigkeit *f*; (Tecn, Auto) Gang *m*; **velocidad de acceso** (Inform) Zugriffsgeschwindigkeit *f*
velocímetro [be-'θi-] *m* Geschwindigkeitsmesser *m*; (Auto) Tacho(meter) *m*
velódromo [be-] *m* Radrennbahn *f*
velomotor [be-] *m* Mokick *nt*
veloz [be'loθ] *adj* schnell
vena ['be-] *f* Ader *f*
venado [be-] *m* Rotwild *nt*
venal [be-] *adj* (Anat) venös; (pey) käuflich, korrupt
vencedor, a [benθe-] *adj* siegreich ▷ *m(f)* Sieger(in) *m(f)*
vencer [ben'θer] [10] *vt* besiegen; (superar, controlar) meistern ▷ *vi* (triunfar) siegen; (plazo) ablaufen
vencimiento [benθi-] *m* (Com: de contrato) Verfall *m*; (de pago) Fälligkeit *f*
venda ['ben-] *f* Binde *f*
vendaje [ben-xe] *m* Verband *m*, Bandage *f*
vendar [1] *vt* verbinden; **vendar los ojos** die Augen verbinden
vendaval [ben-'βal] *m* (viento) Sturm *m*; (huracán) Orkan *m*

vendedor, a [ben-] *m(f)* Verkäufer(in) *m(f)*
vender [ben-] [2] *vt* verkaufen; **vender al contado/al por mayor/al por menor** bar/im Großhandel/im Einzelhandel verkaufen
vendimia [ben-] *f* Weinlese *f*
veneno [be-] *m* Gift *nt*; (fig) Bosheit *f*
venenoso, a *adj* giftig
venerable [be-] *adj* ehrwürdig
venerar [be-] [1] *vt* (reconocer) verehren; (adorar) anbeten
venéreo, a [be-] *adj* Geschlechts-
venezolano, a [be-θo-] *adj* venezolanisch ▷ *m/f* Venezolaner(in) *m(f)*
Venezuela [be-'θwe-] *f* Venezuela *nt*
venganza [ben-θa] *f* Rache *f*
vengar [ben-] [7] *vt* rächen ▷ *vr*: **vengarse** sich rächen, Rache nehmen
vengativo, a [ben-βo] *adj* (persona) rachsüchtig
venia ['be-] *f* (perdón) Verzeihung *f*; (permiso) Erlaubnis *f*
venida [be-] *f* (llegada) Ankunft *f*; (regreso) Rückkehr *f*; (fig) Ungestüm *nt*
venidero, a [be-] *adj* kommend, (zu)künftig
venir [be-] *irr vi* kommen; (llegar) ankommen; (fig) stammen (de von); (ocurrir) geschehen, vorkommen; **venir bien/mal** geeignet/ungeeignet sein; **el año que viene** nächstes Jahr ▷ *vr*: **venirse** zurückkommen; **venirse abajo** einstürzen
venta ['ben-] *f* (Com) Verkauf *m*,

Absatz *m*; **venta a plazos** Ratenkauf *m*, Teilzahlungskauf *m*; **venta al contado** Barverkauf; **venta al por mayor** Großhandel *m*; **venta al por menor, venta al detalle** Einzelhandel *m*; **venta de liquidación** Räumungsverkauf
ventaja [ben-xa] *f* Vorteil *m*
ventana [ben-] *f* Fenster *nt*; **tecnología** *f* **de ventana** Fenstertechnik *f*
ventanilla [ben-ʎa] *f* (*de taquilla*) Schalter *m*; **ventanilla de despacho** Abfertigungsschalter
ventear [ben-] [1] *vt* (*ropa*) lüften; (*oler*) schnuppern an +*dat* ▷ *vi* (*investigar*) herumschnüffeln; (*soplar*) blasen, wehen ▷ *vr*: **ventearse** (*romperse*) rissig werden, springen; (*fam*) einen fahren lassen
ventilación [ben-'θjon] *f* Ventilation *f*, Belüftung *f*; (*corriente*) (Luft)zug *m*
ventilador [ben-] *m* Ventilator *m*; (*Auto*) Gebläse *nt*
ventilar [ben-] [1] *vt* lüften; (*a secar*) (zum Trocknen) hinaushängen
ventisca [ben-] *f* Schneesturm *m*
ventosear [ben-] [1] *vi* pupsen
ventoso, a [ben-] *adj* windig
ventura [ben-] *f* Glück *nt*; (*destino*) Schicksal *nt*
ver [ber-] *irr* *vt* sehen; (*Am: mirar*) ansehen, beobachten; (*investigar*) durchsehen, untersuchen; **a ver** mal sehen; **no tener nada que ver con** nichts zu tun haben mit; **a mi modo de ver** meiner Ansicht nach ▷ *vr*: **verse** sich treffen, einander begegnen; (*dejarse ver*) sich sehen lassen; (*en un apuro*) sich befinden
vera ['be-] *f* Rand *m*; (*de río*) Ufer *m*
veracidad [be-θi-] *f* Wahrhaftigkeit *f*
veranear [be-] *vi* den Sommerurlaub verbringen
veraneo [be-] *m* Sommerurlaub *m*
verano [be-] *m* Sommer *m*
veras ['be-] *fpl* Wahrheit *f*; **de veras** im Ernst, wirklich
veraz [be'raθ] *adj* ehrlich
verbal [ber-] *f* *adj* verbal
verbena [ber-] *f* Volksfest *nt*
verbigracia [ber-θja] *adv* zum Beispiel
verbo ['ber-] *m* Verb *nt*
verdad [ber-] *f* (*lo verídico*) Wahrheit *f*; **de verdad** wahr, wirklich, wahrhaftig; **a decir verdad** um ehrlich zu sein
verdadero, a *adj* (*veraz*) wahr; (*fiable*) zuverlässig; (*fig*) echt
verde ['ber-] [1] *adj* grün; (*chiste*) schmutzig; **viejo** *m* **verde** alter Bock ▷ *m* Grün *nt*
verdear [1], **verdecer** [ber-'θer] *irr como crecer vi* grün werden, grünen
verdulería [ber-] *f* Obst- und Gemüsehandlung *f*
verdulero, a [ber-] *m/f* Gemüsehändler(in) *m(f)*
verduras [ber-] *fpl* Gemüse *nt*
vereda [be-] *f* Fußweg *m*
vergonzoso, a [ber-'θo-] *adj* schändlich; (*tímido*) schüchtern
vergüenza [ber'ɣwenθa] *f* Scham *f*; (*timidez*) Schüchternheit *f*
verídico, a [be-] *adj* (*historia*) wahr; (*persona*) aufrichtig
verificar [be-] [6] *vt* nachprüfen,

überprüfen; (corroborar) bestätigen ▷ vr: **verificarse** erfolgen, stattfinden
verja ['berxa] f Gitter nt
verosímil [be-] adj wahrscheinlich; (relato) glaubhaft
verruga [be-] f (Anat) Warze f
versado, a [ber-] adj: **versado en** bewandert in +dat
versar [ber-] [1] vi sich drehen
versátil [ber-] adj vielseitig
versión [ber-] f Version f
verso ['ber-] m Vers m; (poesía) Gedicht nt
vértebra ['ber-] f (Anat) Wirbel nt
vertedero [be-] m Mülldeponie f
verter [ber-] irr como tender vt (vaciar) ausleeren; (tirar) wegwerfen ▷ vi münden (a in +akk)
vertical [ber-] adj vertikal, senkrecht
vértice ['ber-θe] m Scheitel m
vertiente [ber'tjen-] f (Ab)hang m
vertiginoso, a [ber-xi-] adj schwindelerregend
vértigo ['ber-] m Schwindel m
vesícula [be-] f Blase f
vespertino, a [bes-] adj Abend-
vestíbulo [bes-] m Vorhalle f; (de casa) Flur m; (de teatro) Foyer nt
vestido [bes-] m (ropa) Kleidung f; (de mujer) Kleid nt
vestimenta [bes-] f Kleidung f
vestir [bes-] irr como pedir vt (poner: ropa) anziehen; (llevar: ropa) tragen ▷ vi (ponerse) sich kleiden; (verse bien) (gut) stehen ▷ vr: **vestirse** sich anziehen
vestuario [bes-] m Garderobe f; (Sport) Umkleideraum m
veta ['be-] f (vena) Ader f; (raya) Streifen m, Schicht f, Maserung f

veterano, a [be-] adj (alt)erfahren ▷ m/f Veteran(in) m(f)
veterinario, a [be-] m/f Tierarzt(-ärztin) m/f ▷ f Tierheilkunde f
veto [be-] m Veto nt, Einspruch m
vetusto, a [be-] adj (sehr) alt, uralt
vez (pl **veces**) [beθ] f Mal nt; (turno) Reihe(nfolge) f; **a la vez que** zur gleichen Zeit wie; **a su vez** seinerseits; **a veces, algunas veces** gelegentlich, manchmal; **cada vez más/menos** immer mehr/weniger; **de una (sola) vez** auf einmal; **de una vez para siempre** ein für alle Mal; **en vez de** (an)statt; **una vez** einmal, irgendwann; **una y otra vez** wiederholt; **de vez en cuando** gelegentlich; **tal vez** vielleicht
v.g., v.gr. abr (= verbigracia) z. B.
vía ['bia] f Weg m, Straße f; (Ferro) Strecke f, Gleis nt; (Anat) Weg m, Bahn f; **por vía oficial** auf dem Amtsweg; **correo** m **por vía aérea** Luftpost f ▷ prep über, via
viaducto [bja-] m Viadukt m
Viagra ['bja-] f Viagra nt
viajante [bja'xan-] mf (Geschäfts)reisende(r) mf
viajar [bja'xar] [1] vi reisen
viaje ['bjaxe] m Fahrt f; (gira) Reise f; (Naut) Seereise f; **estar de viaje** auf Reisen sein; **viaje de estudios** Studienreise; **viaje de ida y vuelta** Hin- und Rückfahrt; **viaje de novios** Hochzeitsreise
viajero, a [bja'xe-] adj Reise-; (Zool) Wander- ▷ m/f Reisende(r) mf; (pasajero) Passagier m(f), Fahrgast m
víbora ['bi-] f Viper f

vibración [bi-'θjon] f Vibration f
vibrador [bi-] m Vibrator m
vibrante [bi-] adj vibrierend
vibrar [bi-] [1] vi vibrieren
vicario, a [bi-] m/f Vikar(in) m(f)
viceversa [biθe'βer-] adv umgekehrt
viciado, a [bi'θja-] adj (corrompido) verdorben; (atmósfera) schlecht
vicio [bi'θjo] m (libertinaje) Laster nt
vicioso, a [bi'θjo-] adj (muy malo) boshaft, gemein; (corrompido) verderbt; (mimado) verwöhnt
víctima ['bik-] mf Opfer nt
victoria [bik-] f Sieg m
victorioso, a adj siegreich
vid [bið] f Weinstock m, Rebe f
vida ['bi-] f Leben nt; (duración) Lebensdauer f; **de por vida** auf Lebenszeit; **ganarse la vida** seinen Lebensunterhalt verdienen
vídeo ['bi-] m Video nt; (magnetoscopio) Videogerät nt, Videorekorder m
videocámara f Videokamera f
videocasete fo m Videokassette f
videoclip (pl **s**) m Videoclip m
videoconsola f Spielekonsole f
videodisco m Bildplatte f
videojuego informático m Computerspiel nt
videorreunión f Videokonferenz f
videoteca f Videothek f
videoteléfono m Bildtelefon nt
videotex m Bildschirmtext m
vidriera [biðrje-] f (ventana) Glasfenster nt; (puerta) Glastür f
vidrio ['bi-] m Glas nt; **vidrios usados** Altglas nt
vidrioso, a [bi-] adj (también ojos) glasig; (frágil) zerbrechlich; (resbaloso) glatt, rutschig

viejo, a ['bjexo] adj alt ▷ m/f Alte(r) mf
Viena ['bje-] f Wien nt
vienés, esa adj wienerisch
viento ['bjen-] m Wind m; (olfato) Geruchssinn m
vientre ['bjen-] m Bauch m; **vientres** pl Eingeweide pl
viernes ['bjer-] m inv Freitag m; **los viernes** freitags
Vietnam [bjet-] m Vietnam nt
vietnamita adj vietnamesisch
viga ['bi-] f Balken m, Träger m
vigencia [bi'xenθja] f Gültigkeit f; **estar en vigencia** in Kraft sein
vigésimo, a [bi'xe-] adj zwanzigste(r, s)
vigilante [bixi-] adj (atento) aufmerksam; (alerta) wachsam ▷ mf (en la carcel) Wärter(in) m(f); (en el museo) Aufseher(in) m(f)
vigilar [bixi-] [1] vt bewachen ▷ vi wachsam sein; (hacer de vigía) Wache halten
vigor [bi-] m Kraft f; **en vigor** in Kraft; **entrar/poner en vigor** in Kraft treten/setzen
vigoroso, a adj stark, kräftig; (fig) nachdrücklich
vil [bil] adj gemein, niederträchtig
vileza [bi'leθa] f Gemeinheit f
villa ['biʎa] f (pueblo) Kleinstadt f; (municipalidad) Gemeinde f
villorrio [bi'ʎo-] m (pey) Kaff nt
vilo ['bi-] adv: **en vilo** im Ungewissen
vinagre [bi-] m Essig m
vínculo ['bin-] m Bindung f, Band nt
vinicultura [bi-] f Weinbau m
vino ['bi-] m Wein m
viña ['bi-] f Weinberg m
viñedo [bi-] m Weinberg m

viñeta [bi-] f Aufzählungszeichen nt; **viñetas** Comics pl
viola ['bjo-] f Bratsche f
violación [bjo-'θjon] f Verletzung f; **violación (sexual)** Vergewaltigung f
violar [bjo-] [1] vt verletzen; (a una mujer) vergewaltigen
violencia [bjo-θja] f (fuerza) Gewalt f; (acto injusto) Nötigung f
violentar [bjo-] [1] vt Gewalt antun +dat; (casa) einbrechen in +akk; (agredir) angreifen, überfallen; (violar) vergewaltigen
violento, a [bjo-] adj gewalttätig; (furioso) jähzornig, aufbrausend; (difícil) peinlich, unangenehm; (contra su gusto) erzwungen
violeta [bjo-] f Veilchen nt
violín [bjo-] m Geige f, Violine f
viraje [bi-xe] m Wendung f, Drehung f; (de vehículo) Bogen m; (de carretera) Kurve f; (fig) Umschwung m
virar [bi-] [1] vt, vi wenden, wenden
virgen (pl **vírgenes**) ['birxen] adj unberührt, jungfräulich ▷ f Jungfrau f
Virgo ['bir-] m inv (Astr) Jungfrau f
viril [bi-] adj männlich
virilidad [bi-] f Männlichkeit f
virtud [bir-] f Fähigkeit f; (cualidad) Tugend f; **en virtud de** kraft +gen
virtuoso, a adj tugendhaft ▷ m/f Virtuose (Virtuosin) m/f
viruela [bi'rwe-] f (Med) Pocken pl; **viruelas** pl Pockennarben pl; **viruelas locas** Windpocken pl
virulento, a [bi-] adj ansteckend, virulent; (estilo) beißend, ätzend
virus ['bi-] m inv Virus m o nt

visado [bi-] m Visum nt
viscoso, a [bis-] adj zäh(flüssig)
visera [bi-] f Visier nt
visibilidad [bi-] f Sicht(weite) f
visible [bi-] adj sichtbar; (fig) offensichtlich
visión [bi-] f Sehvermögen nt; (panorama) Aussicht f
visita [bi-] f Besuch m
visitar [1] vt besuchen; (inspeccionar) untersuchen, kontrollieren
visófono [bi-] m Bildtelefon nt
visón [bi-] m Nerz m
visor [bi-] m (Foto) Sucher m
víspera ['bis-] f Vorabend m; (día) Vortag m
vista [bis-] f Sehen nt; (facultad de ver) Sehvermögen nt; (mirada) (An)blick m; **hacer la vista gorda** (fam) ein Auge zudrücken; **volver la vista** zurückblicken; **a primera vista** auf den ersten Blick; **está a la vista que** es liegt auf der Hand, dass; **en vista de** angesichts der Tatsache, dass; **¡hasta la vista!** auf Wiedersehen!; **con vistas a** im Hinblick auf +akk ▷ mf Zollbeamte(r)(-beamtin) m/f
vistazo [bis-θo] m flüchtiger Blick; **dar un vistazo a** einen flüchtigen Blick werfen auf +akk
visto, a ['bis-, -da] pp gesehen; (considerado) überlegt; **está visto que** es ist offensichtlich, dass; **bien/mal visto** sehr beliebt/unbeliebt ▷ m: **visto bueno** Genehmigung f; (fórmula) genehmigt; **por lo visto** offensichtlich, offenbar
vistoso, a [bis-] adj farbenprächtig; (alegre) lustig, heiter; (pey) auffällig

visualización [bi-θa-'θjon] f (*Inform*) Anzeige f, Display nt
vital [bi-] adj (*de la vida*) Lebens-; (*fig*) lebenswichtig; (*persona*) vital
vitalidad f Vitalität f, Lebenskraft f
vitamina [bi-] f Vitamin nt
viticultor, a [bi-] m(f) Winzer(in) m(f)
viticultura f Weinbau m
vitivinícola [bi-βi-] f Weinbaugebiet nt
vítreo, a ['bi-] adj gläsern
vitrina [bi-] f Glasschrank m
viudo, a ['bju-] m/f Witwer (Witwe) m/f
vivacidad [biβaθi-] f (*vigor*) Kraft f; (*vida*) Lebendigkeit f
vivaz [bi'βaθ] adj langlebig; (*vigoroso*) kräftig; (*vivo*) lebhaft
víveres ['biβe-] mpl Lebensmittel nt
vivienda [bi'βjen-] f Wohnung f
viviente [bi'βjen-] adj lebendig
vivir [bi'βir] [**3**] vt, vi leben ⊳ m Lebensweise f
vivo, a ['biβo] adj lebendig, lebhaft, (*fig*) leuchtend; (*fam: astuto*) gescheit, clever
vocablo [bo-] m (*palabra*) Wort nt
vocabulario [bo-] m Vokabular nt
vocación [bo-'θjon] f Berufung f
vocería [boθe-] f, **vocerío** m Geschrei nt
vocero [bo'θe-] m Sprecher(in) m(f)
vociferar [boθi-] [**1**] vt (*gritar*) schreien; (*jactarse*) prahlen mit ⊳ vi schreien
vodka ['boð-] f o m Wodka m
voice mail (pl **s**) ['βoismeil] m Voicemail f
vol. abr (= *volumen*) Vol.
volante [bo-] m (*Auto*) Lenkrad nt; (*de reloj*) Unruh f
volar [bo-] irr como contar vt (in die Luft) sprengen ⊳ vi fliegen
volátil [bo-] adj flüchtig; (*fig*) flatterhaft
vol-au-vent [bolo'βan] m Königinpastete f
volcán [bol-] m Vulkan m
volcar [bol-] irr vt umstoßen, umwerfen; (*tumbar, derribar*) umkippen; (*vaciar*) ausleeren ⊳ vi umstürzen, umkippen
voleibol [bo-] m Volleyball m
voltaje [bol-xe] m Spannung f
voltereta [bol-] f Purzelbaum m
voltio ['bol-] m Volt nt
volumen (pl **volúmenes**) [bo-] m Volumen nt
voluminoso, a [bo-] adj umfangreich; (*enorme*) voluminös
voluntad [bo-] f Wille m; (*deseo*) Wunsch m; (*afecto*) Zuneigung f
voluntario, a [bo-] adj freiwillig ⊳ m/f Freiwillige(r) mf
voluptuoso, a [bo-] adj sinnlich
volver [bol'βer] irr vt drehen; (*dar vuelta*) wenden; (*voltear*) umkehren; (*poner al revés*) umstülpen, umkehren; **volver la espalda** den Rücken kehren ⊳ vi zurückkehren; **volver a hacer algo** etw wieder tun; **volver en sí** wieder zu sich kommen ⊳ vr: **volverse** sich umdrehen; (*llegar a ser*) werden; **volverse loco** verrückt werden
vomitar [bo-] [**1**] vt (er)brechen
voraz [bo'raθ] adj gefräßig
vosotros [bo-] pron ihr
votación [bo-'θjon] f (*acto*) Abstimmung f; (*voto*) Stimme f
votar [bo-] [**1**] vt stimmen für; (*ley*) verabschieden ⊳ vi wählen
voto ['bo-] m Stimme f; (*promesa*)

Gelübde nt; (maldición) Fluch m; **votos** pl Grüße pl
voz (pl **voces**) [boθ] f Stimme f; (grito) Schrei m; (chisme) Gerücht nt; **en alta voz** laut; **a media voz** halblaut; **voz pasiva** (Ling) Passiv nt; **dar voces** rufen, schreien
vuelco ['bwel-] m Umkehren nt; (fig) Umsturz m
vuelo ['bwe-] m Flug m; **vuelo con ala delta** (Sport) Drachenfliegen nt; **vuelo chárter** Charterflug; **vuelo de bajo coste** Billigflug; **vuelo de enlace** Anschlussflug; **vuelo de última hora, vuelo last-minute** Last-Minute-Flug; **vuelo directo** Direktflug
vuelta ['bwel-] f Wendung f; (curva) Kurve f; (regreso) Rückkehr f; (paseo) Spaziergang m; (circuito) Runde f; (cambio) Wechselgeld nt; **a vuelta de correo** postwendend; **dar vueltas** (sich) drehen; **dar una vuelta** einen Spaziergang machen; **Vuelta a Francia** Tour f de France
vuestro, a ['bwes-] adj euer, eu(e)re; **un amigo vuestro** ein Freund von euch ▷ pron: **el vuestro, la vuestra** eure(r, s)
vulgar [bul-] adj (ordinario) vulgär; (común) gewöhnlich
vulgaridad f Gewöhnlichkeit f; (acto) Vulgarität f; (expresión) vulgärer Ausdruck; **vulgaridades** pl dummes Zeug
vulnerable [bul-] adj verletzlich
vulnerar [bul-] [1] vt verletzen

W, w ['uβe'doble] f W, w nt
walkman (pl **s**) ['bokmen] m Walkman m
wáter ['ba-] m WC nt
waterpolo [ba-] m Wasserball m
W.C. m abr (= watercloset) WC nt
web [beβ] f (Inform) Web nt
webcam f Webkamera f, Webcam f
week-end [wi'ken] m Weekend nt, Wochenende nt
whisky ['gwiski] m Whisky m
windsurf ['winsurf] m (Wind)surfing nt
wok (pl **s**) ['bok] m Wok m
World Wide Web, WWW m World Wide Web nt, WWW nt

X x

X, x ['ekis] f X, x nt
xenofobia [se-] f Fremdenfeindlichkeit f
xenófobo, a adj ausländerfeindlich, fremdenfeindlich
xenón [se-] m Xenon nt
xilófono [si-] m Xylofon nt

Y y

Y, y [i'γrjeγa] f Y, y nt
y conj und
ya adv schon; (ahora) nun, jetzt; (en seguida) sofort; (pronto) bald; **ya lo sé** ich weiß ▷ interj ach ja ▷ conj (ahora que) da; **ya que** da (ja)
yacimiento [-θi-] m (depósito) Fundstelle f, Vorkommen nt
yate m Jacht f
yedra f Efeu m
yegua f Stute f
yema f Eigelb nt, Dotter m; (Bot) Knospe f; (fig) (das) Beste, (das) Feinste; **yema del dedo** Fingerkuppe f
yermo, a adj unbewohnt ▷ m Ödland nt
yerno m Schwiegersohn m
yerto, a adj starr, steif
yesca f Zunder m
yeso m Gips m; (Archit) Verputz m

yodo *m* Jod *nt*
yogur *m* Joghurt *m o nt*
yogurtera *f* Joghurtbereiter *m*
yonqui [-ki] *mf (fam)* Fixer(in) *m(f)*
yugo *m* Joch *nt*
Yugoslavia [-βja] *f* Jugoslawien *nt*
yugoslavo, a *adj* jugoslawisch
▷ *m/f* Jugoslawe(-slawin) *m/f*
yunque [-ke] *m* Amboss *m*
yunta *f* Gespann *nt*
yute *m* Jute *f*
yuxtaponer *irr como* poner *vt* nebeneinanderstellen

Z

Z, z ['θeta, 'θeða] *f* Z, z *nt*
zafar [θa-] [1] *vt (soltar)* losmachen
▷ *vr:* **zafarse** *(escaparse)* entfliehen; *(Tecn)* freikommen
zafio, a ['θa-] *adj* grob, derb
zafiro [θa-] *m* Saphir *m*
zaga ['θa-] *f* hinterer Teil; **a la zaga** hinten(drein)
zagal, a [θa-] *m(f)* Junge *m*, Mädchen *nt*
zaguán [θa-] *m* Diele *f*
zahareño, a [θa-] *adj (incontrolado)* ungezähmt, wild; *(tímido)* (menschen)scheu
zahorí *(pl* **-íes)** [θa-] *mf* Hellseher(in) *m(f)*
zalamería [θa-] *f* Schmeichelei *f*
zalamero, a *adj* schmeichlerisch
▷ *m/f* Schmeichler(in) *m(f)*
zamarra [θa-] *f (piel)* Schaffell *nt*; *(chaqueta)* Schaffelljacke *f*

zambra ['θam-] f Zigeunertanz m

zampar [θam-] [1] vt (comer) verschlingen; (arrojar) werfen ▷ vi fressen ▷ vr: **zamparse** schlingen

zanahoria [θa-] f Karotte f

zancada [θan-] f großer Schritt

zancadilla [θan-ˈʎa-] f Beinstellen nt; (fig) List f

zancajo [θan-xo] m (Anat) Ferse f; (fig) Zwerg m

zanco ['θan-] m Stelze f

zancudo [θan-] m (Am) Stechmücke f

zángano ['θan-] m Drohne f; (fig) Faulpelz m

zanja [ˈθanxa] f (fosa) Graben m

zanjar [θanˈxar] [1] vt (problemas) beseitigen; (conflicto) bereinigen

zapapico [θa-] m Pickel m

zapata [θa-] f Halbstiefel m; (Tecn) Bremsschuh m

zapatear [θa-] [1] vt (patear) treten; (fam) schikanieren ▷ vi (bailar) im Takt mit dem Fuß aufstampfen

zapatería [θa-] f (oficio) Schuhmacherwerkstatt f; (tienda) Schuhgeschäft nt; (fabrica) Schuhfabrik f

zapatero, a [θa-] m/f Schuhmacher(in) m(f)

zapatilla [θa-ˈʎa] f Pantoffel m; **zapatilla deportiva** Turnschuh m

zapato [θa-] m Schuh m; **zapatos de plató** Plateauschuhe pl

zapear [θa-] [1] vi (TV) zappen

zapeo, zapping [-pin] m Zappen nt

zarandear [θa-] [1] vt (fam) kräftig schütteln

zarcillo [θarˈθiʎo] m Ohrring m

zarpa ['θar-] f Klaue f

zarpar [θar-] [1] vi die Anker lichten, auslaufen

zarza [ˈθarθa] f Brombeerstrauch m

zarzal [θarˈθal] m (matorral) Dorngestrüpp nt

zarzamora [θarθa-] f Brombeere f

zarzuela [θarˈθwe-] f spanische Operette

zigzag [θiɣˈθaɣ] adj zickzackförmig

zigzaguear [1] vi im Zickzack gehen; (en coche) im Zickzack fahren

Zimbabue, Zimbabwe [θim-] m Simbabwe nt

zinc ['θink] m Zink nt

zócalo ['θo-] m (Archit) Sockel m, Fuß m

zodiaco, zodíaco [θo-] m Tierkreis m

zombi ['θom-] adj (fig) dusselig, belämmert ▷ m Zombie m

zona ['θo-] f Zone f; **zona catastrófica** Katastrophengebiet nt; **zona comprimible de seguridad** (Tecn, Auto) Knautschzone; **zona fronteriza** Grenzgebiet nt; **zona horaria** Zeitzone

zoo [θo] m Zoo m

zoología [θo-ˈxia] f Tierkunde f, Zoologie f

zoológico, a adj zoologisch ▷ m Zoo m

zoom [θum] m (Foto) Zoom m

zopilote [θo-] m (Am) Bussard m

zoquete [θo-] m (de madera) Klotz m; (de pan) Kanten m; (fam) Dummkopf m

zorro, a ['θo-] adj schlau ▷ m/f Fuchs (Füchsin) m/f

zozobra [θoˈθo-] f (fig) innere Unruhe

zozobrar [θoθo-] [**1**] *vi* (*hundirse*) kentern; (*fig*) scheitern

zueco ['θwe-] *m* Holzschuh *m*

zumbar [θum-] [**1**] *vt* (*burlar*) necken; (*golpear*) verprügeln ▷ *vi* summen ▷ *vr*: **zumbarse de** verspotten, sich lustig machen über +*akk*

zumo ['θu-] *m* (Frucht)saft *m*

zurcir [θur'θir] [**11**] *vt* stopfen

zurdo, a ['θur-] *adj* (*persona*) linkshändig

zurrar [θu-] [**1**] *vt* (*Tecn*) gerben; (*fam: bofetar*) prügeln; (*aplastar*) fertigmachen

zurrón [θu-] *m* Provianttasche *f*

zutano, a [θu-] *m/f* ein gewisser Herr X, eine gewisse Frau X

lubrificar

ab|schneiden irr vt cortar; (Weg) obstruir ▷ vi: **gut/schlecht abschneiden** (bei Prüfung) salir bien/mal

Abschnitt m (Teilstück) sección f; (von Strecke) parte f; (Kontrollabschnitt) resguardo m; (Zeitabschnitt) período m

ab|schrecken vt (abhalten) desalentar

abschreckend adj espantoso(-a); **abschreckendes Beispiel** escarmiento m

Abschreckung f disuasión f

ab|schreiben irr vt (Text) copiar; (fam: verloren geben) dar por perdido(-a); (Com) descontar

Abschrift f copia f

abschüssig adj escarpado(-a)

ab|schwellen irr vi (Geschwulst) deshincharse; (Sturm, Lärm) decrecer; **der Knöchel schwillt ab** baja la hinchazón del tobillo

absehbar adj (Folgen) previsible; **in absehbarer Zeit** en un plazo previsible

ab|sehen irr vt prever ▷ vi: **von etw absehen** renunciar a algo

abseits adv aparte ▷ präp +gen lejos de

Absender, in m(f) (von Briefen) remitente mf; (Angabe auf Brief) remite m; (Com) expedidor(a) m(f)

ab|setzen vt dejar (en el suelo); (aussteigen lassen) apear; (Hut, Brille) quitar(se); (Com: verkaufen) vender, expender; (abziehen) deducir ▷ vr: **sich absetzen** (sich entfernen) alejarse sigilosamente; (sich ablagern) depositarse

Absicht f (Vorsatz) intención f, propósito m; **mit Absicht** con intención

absichtlich adj intencionado(-a) ▷ adv intencionadamente

absolut adj absoluto(-a); (Geltung, Anspruch) ilimitado(-a) ▷ adv absolutamente

ab|sondern vt aislar; (ausscheiden) segregar ▷ vr: **sich absondern** aislarse

ab|sperren vt cerrar

Absperrung f (Vorgang) cierre m; (Sperre) bloqueo m

ab|spielen vt (Platte, Tonband) poner ▷ vr: **sich abspielen** ocurrir, suceder

Absprache f acuerdo m

ab|sprechen vt (vereinbaren) acordar, convenir

ab|springen irr vi saltar; (Lack) desconcharse, desprenderse

ab|stammen vi: **von jdm abstammen** descender de alguien

Abstand m (-s, -) excursión f

Abstecher m (-s, -) excursión f

ab|steigen irr vi (von Rad etc) bajar; (von Berg) descender; (in Gasthof) alojarse

ab|stellen vt (niederstellen) depositar; (hinstellen) estacionar; (unterstellen) guardar; (ausschalten) desconectar; (Missstand) erradicar

Abstieg m (-(e)s, -e) (von Berg etc) descenso m; (Weg) bajada f; (fig) decadencia f; (Sport) descenso m a la categoría inferior

ab|stimmen vi votar; (über +akk sobre) ▷ vt (Farben) armonizar; (Interessen, Termine, Ziele) concertar

abstinent adj abstinente; (von Alkohol) abstemio(-a)

ab|stoßen irr vt (verkaufen) deshacerse de; (anekeln) repugnar
abstoßend adj repugnante
ab|streiten irr vt negar
Abstrich m (Med) frotis m
ab|stumpfen vi despuntarse; (fig) perder el interés
ab|stürzen vi (Bergsteiger) despeñarse; (Flugzeug) estrellarse; (Computer) caerse, derrumbarse
ab|suchen vt (Gelände) registrar; (Horizont) otear; **etw nach etw absuchen** revisar algo buscando algo
Abszess m (**-es, -e**) absceso m
ab|tauen vi (Schnee, Eis) derretirse; (Straße, Eisschrank) deshelarse ▷ vt (Scheibe) desempañar; (Eisschrank) deshelar
Abteil nt compartimento m
ab|teilen vt dividir; (trennen) separar
Abteilung f departamento m; (Mil) unidad f
Abteilungsleiter, in m(f) jefe(-a) m/f de departamento
ab|treiben irr vt (Kind) abortar ▷ vi (Schiff) ir a la deriva
Abtreibung f (Med) aborto m (provocado)
ab|trennen vt (lostrennen) cortar; (abteilen) separar
ab|treten irr vt (überlassen) ceder
ab|trocknen vt secar
ab|warten vt, vi esperar
abwärts adv bajando, hacia abajo
Abwasser nt (pl **-wässer**) aguas fpl residuales
ab|wechseln vi cambiar ▷ vr: **sich abwechseln** alternarse; (Menschen) turnarse
abwechselnd adj alterno(-a),

alternativo(-a) ▷ adv: **etw abwechselnd machen** hacer algo por turnos
abwechslungsreich adj variado(-a); (Programm) entretenido(-a)
ab|weichen irr vi (von Grundsätzen) apartarse; (Meinung) divergir
ab|weisen irr vt (Besucher) no recibir; (Bewerber) no admitir
abweisend adj (Haltung) negativo(-a)
ab|wenden irr vt (Blick) desviar; (Kopf) volver; (verhindern) evitar
ab|werten vt devaluar
abwesend adj ausente
Abwesenheit f ausencia f
ab|zahlen vt (Schulden) pagar; (in Raten) pagar a plazos
Abzeichen nt señal f; (Orden) condecoración f
ab|zeichnen vt copiar; (Dokument) firmar ▷ vr: **sich abzeichnen** perfilarse
ab|ziehen irr vt (entfernen) quitar, separar; (Bett) cambiar las sábanas de; (subtrahieren) restar, deducir ▷ vi (Rauch) salir; (fam: weggehen) largarse
Abzug m partida f; (Kopie: Foto) copia f; (Subtraktion) deducción f; (Com) descuento m
abzüglich präp +gen (Com) menos, deduciendo
ab|zweigen vi bifurcarse ▷ vt separar
Abzweigung f bifurcación f
ach interj ah, caramba
Achse f (**-, -n**) eje m
Achsel f (**-, -n**) hombro m
acht num ocho; **in acht Tagen** dentro de ocho días; **zu acht** (a)

ocho

Acht f(-); **sich in Acht nehmen** ponerse en guardia; **etw außer Acht lassen** desatender algo; **Acht geben** siehe **achtgeben**

achte, r, s adj octavo(-a)

Achtel nt (-s, -) octavo m

achten vt (Eltern) estimar; (Gefühle) respetar; (Gesetz) acatar ▷ vi: **auf etw** akk **achten** prestar atención a algo; **darauf achten, dass** tener cuidado de +inf

achtens adv en octavo lugar

Achterbahn f montaña f rusa

acht|geben irr vi poner atención (auf+akk en); **gib acht!** ¡ten cuidado!

achthundert num ochocientos(-as)

achtmal adv ocho veces

Achtung f (Respekt) respeto m, consideración f (vor jdm/etw ante alguien/algo) ▷ interj cuidado

achtzehn num dieciocho

achtzig num ochenta

ächzen vi gemir

Acker m (-s, Äcker) campo m

Acryl nt (-s) acrílico m

Action f(-, -s) (fam) acción f

Actionfilm m película f de acción

Adapter m (-s, -) adaptador m

addieren vt sumar

ade interj adiós

Ader f(-, -n) (Anat: fig) vena f

Adler m (-s, -) (el) águila f

adoptieren vt adoptar

Adresse f(-, -n) dirección f

adressieren vt poner las señas en

Advent m (-(e)s, -e) Adviento m

Aerobic nt (-s) aerobic m

Affäre f(-, -n) (Angelegenheit) asunto m, negocio m; (fam: Verhältnis) lío m amoroso

Affe m (-n, -n) mono(-a) m/f

affektiert adj afectado(-a)

afghanisch adj afgano(-a)

Afghanistan nt (-s) Afganistán m

Afrika nt (-s) Africa f

Afrikaner, in m(f) (-s, -) africano(-a) m/f

afrikanisch adj africano(-a)

Aftershave nt (-(s), -s) loción f para después del afeitado

AG f(-, -s) abk (= Aktiengesellschaft) S.A. f

Agent, in m(f) (Spion) espía mf; (Vertreter) representante mf; (Vermittler) corredor(a) m(f) de comercio

Agentur f (Geschäftsstelle) delegación f; (Vermittlungsstelle) agencia f

aggressiv adj agresivo(-a)

Ägypten nt (-s) Egipto m

ägyptisch adj egipcio(-a)

aha interj ya caigo, entendido, ajá

ähneln vi: **jdm ähneln** parecerse a alguien ▷ vr: **sich ähneln** parecerse

ahnen vt (vermuten) suponer, sospechar; (Tod, Gefahr) presentir

ähnlich adj parecido(-a); **das sieht ihm ähnlich!** ¡es una de las suyas!

Ähnlichkeit f semejanza f, parecido m

Ahnung f (Vorgefühl) presentimiento m; (Vermutung) sospecha f; **keine Ahnung!** ¡ni idea!

ahnungslos adj desprevenido(-a)

Ahorn m (-s, -e) arce m

Aids nt (-) sida m, SIDA m

Aidshilfe f centro m de asistencia contra el sida

Aidstest | 286

Aidstest m prueba f del sida
Airbag m (-s, -s) airbag m, saco m de aire
Airbus m aerobús m, airbus m
Akademie f academia f
Akademiker, in m(f) (-s, -) universitario(-a) m/f
akademisch adj universitario(-a)
Akkord m (-(e)s, -e) (Stücklohn) destajo m; (Mus) acorde m
Akkordeon nt (-s, -s) acordeón m
Akne f (-, -n) (Handlung) acné m (juvenil)
Akt m (-(e)s, -e) (Handlung) acción f; (Theat) acto m; (Kunst) desnudo m; (Sexualakt) coito m
Akte f (-, -n) (Unterlage) expediente m; (Gerichtsakte) (el) acta f
Aktie f acción f
Aktiengesellschaft f sociedad f anónima
aktiv adj activo(-a)
aktuell adj actual
Akupressur f acupresión f
Akupunktur f acupuntura f
akut adj agudo(-a)
AKW nt (-s, -s) abk (= Atomkraftwerk) central f nuclear [o atómica]
Akzent m (-(e)s, -e) (Zeichen) tilde f, acento m; (Betonung) acento m
akzeptieren vt aceptar
Alarm m (-(e)s, -e) alarma f
alarmieren vt (Feuerwehr, Polizei) llamar; (beunruhigen) alarmar
Albanien nt (-s) Albania f
albanisch adj albanés(-esa)
albern adj tonto(-a)
Albtraum m pesadilla f
Album nt (-s, Alben) álbum m
Alge f (-, -n) (el) alga f
Algerien nt (-s) Argelia f
algerisch adj argelino(-a)
Algorithmus m algoritmo m

Alibi nt (-s, -s) coartada f
Alkohol m (-s, -e) alcohol m
alkoholfrei adj sin alcohol
Alkoholiker, in m(f) (-s, -) alcohólico(-a) m/f
All nt (-s) universo m
alle pron pl todos/todas; **alle, die** todos los que/todas las que ▷ adj (mit pl) todos los/todas las ▷ adv: **alle sein** (fam) estar terminado(-a)
allein adj solo(-a) ▷ adv (ausschließlich) sólo, solamente ▷ konj pero, aunque
Alleinerziehende, r mf padre m soltero/madre f soltera
alleinig adj (Erbe) universal; (Vertreter) exclusivo(-a)
alleinstehend adj (Mensch) soltero(-a); (Haus) solitario(-a)
Alleinstehende, r mf persona f soltera
allerbeste, r, s adj el/la mejor (de todos/todas)
allerdings adv (jedoch, freilich) no obstante; (gewiss) ciertamente
Allergie f alergia f
Allergiker, in m(f) (-s, -) persona f que padece alergia
allergisch adj alérgico(-a)
allerhand adj inv mucho(-a); (substantivisch) de todo; **das ist doch allerhand!** (entrüstet) ¡es demasiado!
Allerheiligen nt (-s) Todos los Santos mpl
allerhöchste, r, s adj altísimo(-a); (Preis, Ehre) máximo(-a)
allerhöchstens adv a lo sumo, todo lo más
allerlei adj inv diversos(-as), toda clase de; (substantivisch) de todo
allerletzte, r, s adj último(-a) de

todos(-as)
allerseits *adv* por todas partes; **prost allerseits!** ¡a la salud de todos!
allerwenigste, r, s *adj* mínimo(-a)
alles *pron* todo; **alles in allem** en conjunto; **vor allem** sobre todo ▷ *adj* todo el/toda la
allgemein *adj* (*allseitig*) general; (*für alle gültig*) universal, común ▷ *adv* universalmente
Allgemeinbildung *f* cultura *f* general
alljährlich *adj* anual
allmählich *adj* paulatino(-a) ▷ *adv* poco a poco, gradualmente
Allradantrieb *m* tracción *f* a las cuatro ruedas, tracción *f* total
Alltag *m* vida *f* cotidiana
allzu *adv* demasiado
Alm *f* (-, -en) pasto *m* alpino
Alpen *pl* Alpes *mpl*
Alphabet *nt* (-s, -e) alfabeto *m*
alphabetisch *adj* alfabético(-a)
alphanumerisch *adj* alfanumérico(-a)
alpin *adj* alpino(-a)
Alptraum *m* pesadilla *f*
als *konj* (*zeitlich*) cuando; (*mit Komparativ*) que; (*bei Mengenangaben*) de; (*Eigenschaft*) como; **nichts als** sólo, nada más que; **als ob** como si
also *adv* así, de este modo; (*folglich*) así pues, por consiguiente
alt *adj* viejo(-a); (*antik*) antiguo(-a); (*gebraucht*) usado(-a); (*nicht frisch: Brot*) duro(-a); (*klassisch: Meister, Sage*) clásico(-a); **sie/es ist drei Jahre alt** tiene tres años
Alt *m* (-s, -e) (*Mus*) alto *m*

Altar *m* (-(e)s, Altäre) altar *m*
Altbier *nt* cerveza *f* fuerte de fermentación alta (*especialidad del Estado de Renania-Westfalia*)
Alter *nt* (-s, -) (*Lebensjahre*) edad *f*; (*hohes*) edad *f* avanzada; (*von Gegenstand*) antigüedad *f*; **im Alter von** a la edad de
altern *vi* envejecer
alternativ *adj* alternativo(-a); (*umweltbewusst*) alternativo(-a), ecologista
Alternative *f* alternativa *f*
Alternative, r *mf* (*Pol*) integrante *mf* del movimiento alternativo
Alternativmedizin *f* medicina *f* alternativa
Altersheim *nt* residencia *f* de ancianos
Altertum *nt* antigüedad *f*
Altertümer *pl* antigüedades *fpl*
Altglas *nt* vidrios *mpl* usados
Altglascontainer *m* contenedor *m* de (recogida de) vidrio
altklug *adj* precoz
Altlasten *pl* residuos *mpl* contaminantes, vertidos *mpl* salvajes
Altmaterial *nt* material *m* de desecho
altmodisch *adj* pasado(-a) de moda
Altöl *nt* aceite *m* usado
Altpapier *nt* papel *m* usado
Altstadt *f* casco *m* antiguo
Alt-Taste *f* tecla *f* ALT
Alufolie *f* papel *m* de aluminio
Aluminium *nt* aluminio *m*
Alzheimerkrankheit *f* enfermedad *f* de Alzheimer
am *kontr von* an dem; **am Aussterben** en vías de extinción;

ambulant | 288

am 15. März el 15 de marzo; **am besten/schönsten** lo mejor/lo más bonito; **am Tage** de día
ambulant *adj* ambulante
Ameise *f* (**-, -n**) hormiga *f*
Amerika *nt* (**-s**) América *f*; (*USA*) los Estados *mpl* Unidos
Amerikaner, in *m(f)* (**-s, -**) americano(-a) *m/f*
amerikanisch *adj* americano(-a)
Ampel *f* (**-, -n**) (*Verkehrsampel*) semáforo *m*
Amsel *f* (**-, -n**) mirlo *m*
Amt *nt* (**-(e)s, Ämter**) (*Posten*) cargo *m*; (*Aufgabe*) función *f*; (*Behörde*) administración *f*; (*Tel*) central *f*
amtlich *adj* oficial
amüsant *adj* entretenido(-a)
amüsieren *vt* entretener ▷ *vr*: **sich amüsieren** divertirse
Amüsierviertel *nt* barrio *m* chino

 SCHLÜSSELWORT

an *präp* +*dat* o *akk* (*räumlich*) en; (*bei*) junto a; (*zeitlich*) en; **an dem Tag, an dem ...** el día (en) que ...; **am nächsten Tag** al día siguiente; **am Anfang** al principio ▷ *adv*: **von ... an** a partir de ...; **an sein** estar encendido(-a)

Anabolikum *nt* (**-s, Anabolika**) anabolizante *m*
analog *adj* análogo(-a); (*Inform*) analógico(-a)
Analogie *f* analogía *f*
Analogrechner *m* ordenador *m* analógico
analysieren *vt* analizar
Ananas *f* (**-, -** o **-se**) piña *f* (tropical)
Anarchie *f* anarquía *f*
Anarchist, in *m(f)* anarquista *mf*
Anarcho *m* (**-s, -s**) anarco *m*
an|baggern *vt* (*fam*) ligar
Anbau *m* (*Agr*) cultivo *m* ▷ *m* (*pl* **Anbauten**) (*Gebäudeteil*) anexo *m*
an|bauen *vt* (*Agr*) cultivar; (*Gebäudeteil*) ampliar, añadir
anbei *adv* adjunto
an|bieten *irr vt* (*Hilfe*) brindar; (*Kuchen*) ofrecer ▷ *vr*: **sich anbieten** ofrecerse; (*Gelegenheit*) brindarse
an|binden *irr vt* atar, ligar
Anblick *m* mirada *f*, aspecto *m*
an|brechen *irr vt* (*Flasche etc*) abrir; (*Vorräte*) empezar ▷ *vi* (*Zeitalter*) iniciar; (*Tag*) despuntar; (*Nacht*) caer
an|brennen *irr vi* quemarse; (*Gastr*) pegarse
an|bringen *irr vt* (*herbeibringen*) traer; (*Ware*) dar salida a, vender; (*festmachen*) fijar
Anbruch *m* comienzo *m*
Andacht *f* (**-, -en**) (*Erinnerung*) memoria *f*; (*Gottesdienst*) oficio *m*
Andalusien *nt* (**-s**) Andalucía *f*
Andalusier, in *m(f)* (**-s, -**) andaluz(a) *m(f)*
an|dauern *vi* perdurar
andauernd *adj* persistente, continuo(-a) ▷ *adv* continuamente, siempre
Anden *pl* Andes *mpl*
Andenken *nt* (**-s, -**) (*Erinnerung*) memoria *f*; (*Souvenir*) recuerdo *m*
andere, r, s *pron* otro(-a); (*verschieden*) distinto(-a), diferente; **die anderen** los otros, los demás; **von etwas anderem sprechen** hablar de otra cosa; **unter**

anderem entre otras cosas
andererseits adv por otro lado; *(aber)* en cambio
ändern vt cambiar, modificar ▷ vr: **sich ändern** cambiar
andernfalls adv de lo contrario
anders adv de otra manera, de otro modo; **irgendwo anders** en otro sitio; **jdn anders** algún otro; **anders aussehen** parecer otro(-a), tener un aspecto distinto
andersartig adj de otro tipo
andersherum adv en el otro sentido
anderthalb num uno(-a) y medio(-a)
Änderung f cambio m, modificación f
anderweitig adj otro(-a) ▷ adv *(anders)* de otro modo
an|deuten vt indicar, aludir; *(Wink geben)* insinuar
Andeutung f *(Hinweis)* alusión f; *(Spur)* indicio m
Andorra nt (-s) Andorra f
Andrang m aglomeración f; *(Menschen)* gentío m
an|drohen vt: **jdm etw androhen** amenazar a alguien con algo
an|eignen vt: **sich** dat **etw aneignen** apropiarse de algo; *(widerrechtlich)* usurpar algo
aneinander adv *(vorbeifahren)* uno(-a) junto a otro(-a); *(denken)* uno(-a) en otro(-a)
an|ekeln vt repugnar
Anemone f (-,-n) anemone f
an|erkennen irr vt reconocer
anerkennend adj elogioso(-a)
anerkennenswert adj loable
Anerkennung f *(eines Staates)* reconocimiento m; *(Würdigung)* reconocimiento m, aprecio m
an|fahren irr vt *(herbeibringen)* traer, llevar; *(fahren gegen)* chocar contra; *(Hafen, Ort, Kurve)* entrar; *(Fußgänger)* atropellar ▷ vi *(losfahren: Auto)* arrancar; *(Fahrer)* ponerse en marcha
Anfall m *(Nervenanfall)* ataque m; *(Fieberanfall)* acceso m; *(fig)* arrebato m
anfällig adj susceptible; **anfällig für etw** propenso(-a) a algo
Anfang m (-(e)s, Anfänge) inicio m, principio m; *(Ursprung)* origen m; **von Anfang an** desde el principio; **am Anfang, zu Anfang** al principio; **Anfang Mai** a primeros de mayo
an|fangen irr vt comenzar, empezar; *(machen)* hacer
Anfänger, in m(f) (-s, -) principiante mf
anfänglich adj inicial
anfangs adv al principio, inicialmente
an|fassen vt *(ergreifen)* coger; *(berühren)* tocar; *(Angelegenheit)* tratar ▷ vi *(helfen)* echar una mano
an|fertigen vt hacer
an|feuern vt *(fig)* animar, alentar
an|flehen vt suplicar
an|fliegen irr vt *(Land, Stadt)* hacer escala en
Anflug m *(Aer)* llegada f; *(das Anfliegen)* aproximación f; *(Spur)* asomo m
an|fordern vt *(Bericht)* pedir; *(Nachschub)* reclamar
Anforderung f exigencia f
Anfrage f pregunta f; *(Inform)* consulta f
an|freunden vr: **sich anfreunden**

anfühlen

(*mit Menschen*) trabar amistad (*mit* con); **sich mit dem Gedanken anfreunden, dass** hacerse a la idea de que

an|fühlen vr: **sich anfühlen**: **sich hart anfühlen** ser duro(-a) al tacto

Anführungszeichen pl comillas fpl

Angabe f (*Auskunft*) información f; (*das Angeben*) indicación f; (*Tech*) datos mpl, característica f; (*Prahlerei*) fanfarronada f; **Angaben zur Person** datos mpl personales, filiación f

an|geben irr vt (*Namen, Preis*) dar, facilitar; (*vor Gericht*) declarar; (*Grund*) alegar; (*Takt, Kurs*) indicar ▷ vi (*fam*) farolear, darse pisto, mandarse al fresco (*Am*); (*Sport*) sacar

Angeber, in m(f)(**-s, -**) fanfarrón(-ona) m/f

angeblich adj presunto(-a), supuesto(-a) ▷ adv según dicen

Angebot nt oferta f; (*Auswahl*) surtido m

angeheitert adj achispado(-a)

an|gehen irr vt (*betreffen*) concernir ▷ vi (*Feuer*) encenderse, arder; (*Licht*) encenderse; (*beginnen*) empezar

angehend adj (*Lehrer*) principiante

an|gehören vi +dat pertenecer a

Angehörige, r mf (*von Verein*) miembro mf; (*von Familie*) pariente mf

Angeklagte, r mf acusado(-a) m/f

Angel f(**-, -n**) (*Gerät*) caña f de pescar; (*Türangel*) gozne m

Angelegenheit f asunto m

angeln vt, vi pescar

Angeln nt (**-s**) pesca f con caña

angemessen adj adecuado(-a)

angenehm adj agradable; **angenehm!** (*bei Vorstellung*) ¡tanto gusto!

angenommen adj supuesto(-a); **angenommen, dass** suponiendo que +subj

angesehen adj estimado(-a)

angesichts präp +gen en vista de

angespannt adj (*Aufmerksamkeit*) intenso(-a); (*Lage*) crítico(-a)

Angestellte, r mf empleado(-a) m/f

angetan adj: **von etw angetan sein** estar encantado(-a) de algo

angewiesen adj: **auf etw akk angewiesen sein** depender de algo

an|gewöhnen vt: **sich** dat **etw angewöhnen** acostumbrarse a algo

Angewohnheit f costumbre f

Angler, in m(f)(**-s, -**) pescador(a) m(f) (de caña)

an|greifen irr vt atacar; (*anfassen*) coger; (*Aufgabe*) emprender; (*Gesundheit*) perjudicar

Angriff m (*Mil*) ofensiva f; (*Sport*) ataque m

Angst f(**-, Ängste**) (*Furcht*) miedo m (*vor* +dat a), temor m (*vor* +dat a); (*Sorge*) preocupación f (*um* por, de); **Angst haben** tener miedo; **nur keine Angst!** ¡no te asustes!

ängstlich adj (*furchtsam*) miedoso(-a); (*besorgt*) inquieto(-a)

an|haben irr vt llevar

an|halten irr vt (*Fahrzeug*) parar, detener; (*Atem*) contener ▷ vi (*Auto*) detenerse; (*Redner*) interrumpirse; (*andauern*) perdurar

anhaltend adj (*Beifall*)

prolongado(-a); (*Regen*) continuo(-a), ininterrumpido(-a)
Anhalter, in *m(f)* (**-s, -**) autostopista *mf*; **per Anhalter fahren** viajar en autostop
anhand *präp +gen* mediante
an|hängen *vt* colgar; (*Wagen*) enganchar; (*Zusatz*) agregar
Anhänger *m* (**-s, -**) (*Auto*) remolque *m*; (*am Koffer*) etiqueta *f*; (*Schmuck*) colgante *m*
Anhänger, in *m(f)* (**-s, -**) (*Mensch*) partidario(-a) *m/f*, seguidor(a) *m(f)*
anhänglich *adj* fiel, afecto(-a)
Anhieb *m*: **auf Anhieb** de golpe
an|hören *vt* escuchar; (*anmerken*) notar ▷ *vr*: **sich anhören** sonar
Animateur, in *m(f)* animador(a) *m(f)*
animieren *vt* animar
Ankauf *m* compra *f*, adquisición *f*
an|kaufen *vt* comprar, adquirir
Anker *m* (**-s, -**) (*Naut*) (el) ancla *f*
ankern *vi* anclar, fondear
Ankerplatz *m* fondeadero *m*
Anklage *f* acusación *f*
an|klagen *vt* acusar
Anklang *m*: **bei jdm Anklang finden** ser del agrado de alguien
Ankleidekabine *f* probador *m*; (*Sport*) vestuario *m*
an|klicken *vt* hacer clic sobre [*o* en]
an|klopfen *vi* llamar a la puerta
an|kommen *irr vi* llegar; (*fam*: *Anklang finden*) ser del agrado (*bei* de); **es kommt darauf an** depende
an|kündigen *vt* anunciar
Ankunft *f* (**-, Ankünfte**) llegada *f*
Anlage *f* (*Veranlagung*) predisposición *f* (*zu para*); (*Park*) parque *m*; (*Gebäudekomplex*)

establecimiento *m*, complejo *m*; (*Beilage*) anexo *m*; (*Tech*) instalación *f*; (*Inform*) sistema *m*
Anlass *m* (**-es, Anlässe**) (*Ursache*) causa *f*; (*Gelegenheit*) ocasión *f*
an|lassen *irr vt* (*Motor*) poner en marcha; (*Mantel*) dejar puesto(-a); (*Licht, Radio*) dejar encendido(-a)
Anlasser *m* (**-s, -**) (*Auto*) motor *m* de arranque, starter *m*
anlässlich *präp +gen* con ocasión de
Anlauf *m* (*Sport*) salida *f*; (*Versuch*) tentativa *f*; **Anlauf nehmen** tomar carrerilla
an|laufen *irr vi* (*beginnen*) comenzar; (*Metall*) deslustrarse; (*Glas*) empañarse
an|legen *vt* (*Maßstab*) aplicar; (*Leiter*) apoyar; (*anziehen*) ponerse; (*gestalten*: *Park*) crear; (*Liste*) hacer; (*Akte*) levantar; (*Geld*: *investieren*) invertir; (*ausgeben*) gastar; **es darauf anlegen, ...** esforzarse por ... ▷ *vi* (*Naut*) atracar
Anlegestelle *f* embarcadero *m*
an|lehnen *vt* (*Leiter, Fahrrad*) apoyar; (*Tür, Fenster*) entornar ▷ *vr*: **sich anlehnen** apoyarse
Anleitung *f* instrucciones *fpl*
Anliegen *nt* (**-s, -**) deseo *m*, ruego *m*
Anlieger, in *m(f)* (**-s, -**) vecino(-a) *m/f*
an|machen *vt* (*befestigen*) fijar; (*anschalten*) encender
Anmeldeformular *nt* formulario *m* de inscripción
an|melden *vt* (*Besuch*) anunciar; (*Radio, Auto*) registrar; (*Wohnsitz*) dar de alta a (*bei en*) ▷ *vr*: **sich anmelden** (*sich ankündigen*) anunciarse; (*für Kurs etc*)

inscribirse; (Wohnsitz) dar parte de su llegada
Anmeldeschluss m plazo m de inscripción
Anmeldung f notificación f, inscripción f
Annahme f (-, -n) (Entgegennahme) aceptación f; (Zulassung) admisión f; (Vermutung) suposición f
an|nehmen irr vt (entgegennehmen) aceptar; (Namen, Kind, Angewohnheit) adoptar; (Bewerber) admitir; (vermuten) suponer; **angenommen, das ist so** suponiendo que esto sea así ▷ vr: **sich annehmen** (sich kümmern um) cuidarse (+gen de)
Annehmlichkeit f comodidad f
annoncieren vi poner un anuncio ▷ vt anunciar
Anorak m (-s, -s) anorak m
Anordnung f disposición f; (Befehl) orden f, decreto m
an|packen vt (anfassen) tomar, agarrar; (behandeln: jdn) tratar; (in Angriff nehmen) abordar
an|passen vr: **sich anpassen** (dem Klima) aclimatarse; (anderen) adaptarse
an|probieren vt probar
an|rechnen vt (Betrag) deducir (jdm a alguien); (abziehen: auf altes Gerät) descontar; **jdm etw hoch anrechnen** estar muy agradecido(-a) a alguien por algo
Anrecht nt derecho m (auf +akk a)
Anrede f tratamiento m
an|reden vt (ansprechen) dirigir la palabra (jdm a alguien); (mit Titel, Sie) tratar (mit de)
an|regen vt estimular; (Appetit) abrir; (vorschlagen) proponer

Anreise f llegada f
an|reisen vi llegar
Anreiz m impulso m, estímulo m
Anruf m llamada f
Anrufbeantworter m (-s, -) contestador m automático
an|rufen irr vt llamar, telefonear
ans kontr von **an das**
Ansage f aviso m
an|sagen vt (Zeit, Programm) anunciar ▷ vr: **sich ansagen** anunciarse
Ansager, in m(f) (-s, -) (Radio) locutor(a) m(f); (TV) presentador(a) m(f); (Kabarettsansager) animador(a) m(f)
an|sammeln vr: **sich ansammeln** (Menschen) aglomerarse; (Wasser) acumularse
Ansatz m (Beginn) principio m; (Haaransatz) nacimiento m; (Rostansatz, Kalkansatz) depósito m; (Verlängerungsstück) pieza f adicional
an|schaffen vt adquirir, procurarse
Anschaffung f adquisición f
an|schalten vt (Licht) encender; (Maschine) poner en marcha
an|schauen vt mirar, contemplar
Anschein m apariencia f
anscheinend adv en apariencia, por lo visto
Anschlag m (Bekanntmachung) anuncio m, proclama f; (Attentat) atentado m; (Tech) tope m
an|schlagen irr vt (Zettel) pegar; (Kopf) golpear; (beschädigen) mellar, desportillar; (Akkord) marcar
an|schließen irr vt (Sender, Telefon) conectar; (Elec) enchufar,

empalmar; *(folgen lassen: Frage)* añadir ▷ vr: **sich anschließen** *(mitmachen)* unirse *(dat* a)

anschließend *adv* a continuación *(an +akk* de)

Anschluss *m (Elec)* conexión *f*; *(Eisenb, Aer)* enlace *m*; *(Tel)* conexión *f*; *(Wasseranschluss etc)* toma *f*, acometida *f*; **im Anschluss an** *+akk* a continuación de; **Anschluss finden** encontrar compañía

Anschlussflug *m* vuelo *m* de enlace

an|schnallen *vr*: **sich anschnallen** abrocharse el cinturón

Anschnallpflicht *f* obligación *f* de abrocharse el cinturón de seguridad

Anschrift *f* dirección *f*, señas *fpl*

an|sehen *irr vt* mirar; *(betrachten)* contemplar; **man sieht es ihm an se le ve en la cara**; **jdn/etw als etw ansehen** tomar algo(-a) alguien por algo

Ansehen *nt (-s)* reputación *f*, prestigio *m*

ansehnlich *adj (Mensch)* de buena presencia; *(beträchtlich)* considerable

an sein *irr vi* estar encendido(-a)

an|setzen *vt (anfügen)* añadir; *(festlegen: Termin)* fijar; **Rost ansetzen** oxidarse ▷ *vi (beginnen)* comenzar

Ansicht *f (Anblick)* vista *f*, aspecto *m*; *(Meinung)* punto *m* de vista; **meiner Ansicht nach** desde mi punto de vista

Ansichtskarte *f* tarjeta *f* postal, postal *f*

Anspannung *f* tensión *f*, esfuerzo *m*

Anspiel *nt (Sport)* saque *m*

Anspielung *f* alusión *f*, indirecta *f*

an|sprechen *irr vt* dirigir la palabra *(jdn* a alguien)

Ansprechpartner, in *m(f)* interlocutor(a) *m(f)*

an|springen *irr vi (Auto)* arrancar ▷ *vt (Tier)* embestir

Anspruch *m (Recht)* derecho *m*; *(Forderung)* reclamación *f*, demanda *f*; **Anspruch auf etw** *akk* **haben** tener derecho a algo; **etw/jdn in Anspruch nehmen** emplear algo/ recurrir a alguien

anspruchsvoll *adj* exigente

Anstalt *f* (**-, -en**) *(Schule, Heim, Gefängnis)* centro *m*, institución *f*; *(Institut)* instituto *m*; *(Heilanstalt)* hospital *m* psiquiátrico

Anstand *m* decoro *m*, buenas maneras *fpl*

anständig *adj (Mensch, Benehmen)* decente, respetable; *(Arbeit, Leistung)* correcto(-a); *(Portion)* considerable; *(Prügel)* bueno(-a)

anstatt *präp +gen* en lugar de, en vez de ▷ *konj*: **anstatt etw zu tun** en vez de hacer algo

an|stecken *vt (Abzeichen, Blume)* prender; *(Med)* contagiar, infectar ▷ *vr*: **sich anstecken**: **ich habe mich bei ihm angesteckt** me ha contagiado

ansteckend *adj (Krankheit)* contagioso(-a), infeccioso(-a); *(fig)* pegadizo(-a)

Ansteckung *f* contagio *m*, infección *f*

anstelle, an Stelle *präp +gen* en lugar de

an|stellen vt (einschalten) poner, encender; (Arbeit geben) emplear, colocar; (fam: unternehmen) emprender; (Unsinn) hacer, cometer ▷ vr: **sich anstellen** (Schlange stehen) hacer cola; **sich dumm anstellen** hacerse el tonto/la tonta

Anstellung f colocación f, empleo m; (Posten) puesto m, cargo m

Anstoß m (Impuls) impulso m, empuje m; (Ärgernis) escándalo m

an|stoßen irr vt empujar ▷ vi (sich stoßen) golpearse (an +dat contra); **auf jds Wohl anstoßen** brindar por alguien

an|streben vt aspirar a

an|streichen irr vt pintar; (Fehler) señalar

Anstreicher, in m(f) ⟨-s, -⟩ pintor(a) m(f) (de brocha gorda)

an|strengen vt (strapazieren) cansar, fatigar; (Gedächtnis, Kräfte) esforzar ▷ vr: **sich anstrengen** esforzarse

anstrengend adj fatigoso(-a), penoso(-a)

Anstrengung f esfuerzo m; (Strapaze) fatiga f

Anstrich m pintura f; (Farbe) capa f de pintura; (fig: Note) apariencia f

Antarktis f Antártida f

antarktisch adj antártico(-a)

Anteil m (Teil) parte f; **Anteil nehmen an** +dat (sich beteiligen) tomar parte en; (Mitgefühl haben) mostrar simpatía por

Antenne f ⟨-, -n⟩ antena f

Antibiotikum nt ⟨-s, Antibiotika⟩ antibiótico m

Antiblockiersystem nt sistema m antibloqueo de frenos, ABS m

Antihistamin nt ⟨-s, -e⟩ antihistamina f

antik adj antiguo(-a)

Antike f antigüedad f

Antiquariat nt tienda f de libros antiguos

Antiquitäten pl antigüedades fpl

Antiquitätenhändler, in m(f) anticuario(-a) m/f

Antrag m ⟨-(e)s, Anträge⟩ (Pol) ponencia f, moción f; (Gesuch) solicitud f; (Formular) modelo m de instancia; (Heiratsantrag) petición f de mano

an|treten irr vt (Amt, Regierung, Stellung) tomar posesión de, asumir; (Beweis) presentar; (Reise) emprender; (Urlaub) iniciar

Antrieb m (a. fig) impulso m, empuje m; (Tech) propulsión f

Antritt m inicio m; (eines Amtes) toma f de posesión

an|tun irr vt: **jdm etw antun** hacer algo a alguien

Antwort f ⟨-, -en⟩ respuesta f, contestación f; **um Antwort wird gebeten** se ruega contestación

antworten vi contestar, responder (dat a)

an|vertrauen vt: **jdm etw anvertrauen** confiar algo a alguien

Anwalt m ⟨-(e)s, Anwälte⟩, **Anwältin** f abogado(-a) m/f, letrado(-a) m/f; (fig) defensor(a) m(f)

an|weisen irr vt (zuweisen) indicar, señalar; (befehlen) dar instrucciones a; (zuteilen) destinar; (Geld) mandar, girar; (anleiten) instruir

Anweisung f (Zuweisung)

indicación f; (Befehl) orden f; (Zuteilung) asignación f; (Com) orden f de pago; (Postanweisung) giro m; (Anleitung) instrucción f
an|wenden vt (Gerät, Mittel) usar; (Therapie) emplear, aplicar; (Gesetz, Regel) aplicar; (Gewalt) emplear
Anwender, in m(f) (-s, -) (Softwareanwender) usuario(-a) m/f
Anwendersoftware f software m de usuario
Anwendung f empleo m, aplicación f
anwesend adj presente
Anwesenheit f presencia f
an|widern vt repugnar
Anzahl f (Menge) cantidad f; (Gesamtzahl) número m
Anzahlung f (Vorauszahlung) pago m a cuenta, pago m por adelantado; (bei Teilzahlungsgeschäft) entrada f
Anzeichen nt síntoma m, indicio m
Anzeige f (-, -n) (Zeitungsanzeige, Werbung) anuncio m; (bei Polizei) denuncia f; (Inform) indicación f
an|zeigen vt (Zeit) indicar; (bekannt geben: Geburt) anunciar, informar; (bei Polizei) denunciar
an|ziehen irr vt atraer; (Kleidung) ponerse; (Schraube, Handbremse) apretar; (Feuchtigkeit) absorber; **sich** dat **Schuhe anziehen** calzarse ▷ vr: **sich anziehen** vestirse
anziehend adj atractivo(-a)
Anziehung f atracción f
Anzug m traje m
anzüglich adj (Bemerkung) alusivo(-a); (anstößig: Witz) chocante, verde
an|zünden vt (Feuer, Zigarette) encender; (Haus) incendiar
apart adj especial
Apartment nt (-s, -s) apartamiento m
Apfel m (-s, Äpfel) manzana f
Apfelmus nt puré m de compota de manzana
Apfelsaft m zumo m de manzana, jugo m de manzana (Am)
Apfelsine f naranja f
Apfelwein m sidra f
Apotheke f (-, -n) farmacia f
Apotheker, in m(f) (-s, -) farmacéutico(-a) m/f
Apparat m (-(e)s, -e) (Gerät) aparato m; (Telefonapparat) teléfono m; (Fernsehapparat) televisor m; (Radioapparat) radio f; **am Apparat bleiben** seguir al aparato [o teléfono]
Appetit m (-(e)s, -e) apetito m; **guten Appetit!** ¡que aproveche!, ¡buen provecho!
appetitlich adj apetitoso(-a)
Appetitzügler m (-s, -) quitahambre m
Applaus m (-es, -e) aplauso m
Applikation f (Inform) aplicación f
Aprikose f (-, -n) albaricoque m
April m (-(s)) abril m
Aquaplaning nt (-(s)) acuaplaning m
Äquator m ecuador m
Araber, in m(f) (-s, -) árabe mf
arabisch adj árabe
Aragonien nt (-s) Aragón m
Aragonier, in m(f) (-s, -) aragonés(-esa) m/f
Arbeit f (-, -en) trabajo m; (Erzeugnis) confección f
arbeiten vi trabajar; (funktionieren) funcionar ▷ vt hacer

Arbeiter, in *m(f)* (**-s, -**) trabajador(a) *m(f)*; (*in Fabrik*) obrero(-a) *m/f*

Arbeitgeber, in *m(f)* (**-s, -**) patrono(-a) *m/f*

Arbeitnehmer, in *m(f)* (**-s, -**) trabajador(a) *m(f)*

Arbeitsamt *nt* oficina *f* de empleo

Arbeitsbeschaffungsmaßnahme *f* programa *m* de creación de empleo(s)

Arbeitserlaubnis *f* permiso *m* de trabajo

arbeitslos *adj* parado(-a), en paro, desempleado(-a), desocupado(-a) (*Am*)

Arbeitslose, r *mf* parado(-a) *m/f*, desocupado(-a) *m/f* (*Am*)

Arbeitslosengeld *nt* subsidio *m* de paro [o de desempleo]

Arbeitslosenhilfe *f* asistencia *f* tras cumplir el periodo de subsidio al paro

Arbeitslosigkeit *f* desempleo *m*, paro *m*

Arbeitsplatz *m* puesto *m* de trabajo

Arbeitsspeicher *m* (*Inform*) memoria *f* de trabajo

Arbeitszeit *f* horas *fpl* de oficina [o de trabajo]; **gleitende Arbeitszeit** horario *m* flexible

Architekt, in *m(f)* (**-en, -en**) arquitecto(-a) *m/f*

Architektur *f* arquitectura *f*

arg *adj* (*schlimm: Zeit*) malo(-a); (*heftig: Enttäuschung, Kopfschmerzen*) fuerte ▷ *adv* (*sehr*) muy

Argentinien *nt* (**-s**) Argentina *f*

argentinisch *adj* argentino(-a)

Ärger *m* (**-s**) (*Wut*) enojo *m*; (*Unannehmlichkeit*) disgusto *m*; **jdm Ärger machen** dar que hacer a alguien

ärgerlich *adj* (*verärgert*) enfadado(-a); (*lästig*) molesto(-a)

ärgern *vt* enojar, enfadar ▷ *vr*: **sich ärgern** enfadarse

Argument *nt* argumento *m*

argwöhnisch *adj* desconfiado(-a)

Arktis *f* (**-**) Ártico *m*

arktisch *adj* ártico(-a)

arm *adj* (*nicht reich*) pobre; (*bedauernswert*) infeliz; **arm dran sein** (*fam*) pasarlo mal

Arm *m* (**-(e)s, -e**) brazo *m*; (*von Polyp*) tentáculo *m*

Armatur *f* (*sanitär*) grifería *f*

Armaturenbrett *nt* cuadro *m* de mandos

Armband *nt* pulsera *f*

Armbanduhr *f* reloj *m* de pulsera

Armee *f* (**-, -n**) ejército *m*

Ärmel *m* (**-s, -**) manga *f*

Ärmelkanal *m* Canal *m* de la Mancha

Armut *f* (**-**) pobreza *f*

Aroma *nt* (**-s, Aromen**) aroma *m*

Aromatherapie *f* aromaterapia *f* (*terapia con aceites aromáticos*)

arrangieren *vt* (*Fest, Treffen*) organizar ▷ *vr*: **sich arrangieren** arreglarse

arrogant *adj* arrogante

Art *f* (**-, -en**) (*Weise*) manera *f*, modo *m*; (*Sorte*) clase *f*, tipo *m*; (*Wesen*) naturaleza *f*, carácter *m*; **nach Art des Hauses** al estilo de la casa

Artenschutz *m* protección *f* de las especies animales y vegetales

artig *adj* obediente, bueno(-a)

Artikel *m* (**-s, -**) artículo *m*

Artischocke *f* (**-, -n**) alcachofa *f*

Arznei f medicina f
Arzneimittelmissbrauch m abuso m de medicamentos
Arzt m (-es, Ärzte), **Ärztin** f médico(-a) m/f
Arzthelferin f auxiliar f (de médico)
ärztlich adj (Behandlung) médico(-a); (Gutachten) facultativo(-a)
Asbest m (-(e)s, -e) amianto m
Asche f (-, -n) ceniza f
Aschenbecher m cenicero m
Aschermittwoch m Miércoles m de Ceniza
ASCII-Code m (-s, -s) código m ASCII
Asiat, in m(f) (-en, -en) asiático(-a) m/f
asiatisch adj asiático(-a)
Asien nt (-s) (el) Asia f
Aspekt m (-(e)s, -e) aspecto m
Assembler m (-s, -) (Inform) ensamblador m
Assistent, in m(f) asistente mf
Ast m (-(e)s, Äste) rama f
Asthma nt (-s) (el) asma f
Astrologie f astrología f
Astronaut, in m(f) (-en, -en) astronauta mf
Astronautik f astronáutica f
Asturien nt (-s) Asturias fpl
Asturier, in m(f) (-s, -), asturiano(-a) m/f
ASU f (-) akr (= Abgassonderuntersuchung) control m de los gases de escape
Asyl nt (-s, -e) (Pol) asilo m; (Obdachlosenasyl) asilo m de noche
Asylant, in m(f) asilado(-a) m/f (político(-a))
Asylbewerber, in m(f) solicitante mf de asilo político
Atelier nt (-s, -s) estudio m
Atem m (-s) (das Atmen) respiración f; (Luft) aliento m, respiro m
atemberaubend adj (Tempo) vertiginoso(-a); (Schönheit) impresionante
Atempause f (fig) respiro m
Atheist, in m(f) ateo(-a) m/f
Äthiopien nt (-s) Etiopía f
äthiopisch adj etiópico(-a)
Athlet, in m(f) (-en, -en) atleta mf
Atlas m (-ses, Atlanten) atlas m
atmen vt, vi respirar
Atmosphäre f (von Erde) atmósfera f; (Stimmung) ambiente m
Atmung f respiración f
Atom nt (-s, -e) átomo m
Atombombe f bomba f atómica
Atomenergie f energía f nuclear
Atomkraftwerk nt central f nuclear [o atómica]
Atommüll m desechos mpl nucleares
Atomsperrvertrag m (Pol) tratado m de no proliferación de armas nucleares
atomwaffenfrei adj desnuclearizado(-a)
Attachment nt (-s, -s) anexo m
Attest nt (-(e)s, -e) certificado m, atestado m
attraktiv adj atractivo(-a), atrayente
At-Zeichen nt (Inform) arroba f
AU f (-) abk (= Abgassonderuntersuchung) control m de los gases de escape
Aubergine f berenjena f
auch konj (ebenfalls) también; (überdies) además; (selbst, sogar) hasta, incluso, aun; (wirklich) de

audiovisuell | 298

hecho, en efecto; **ich auch nicht** ni yo tampoco; **wer auch immer** cualquiera; **was auch immer** cualquier cosa
audiovisuell *adj* audiovisual

 SCHLÜSSELWORT

auf *präp +akk o dat (räumlich)* en, sobre; *(hinauf: mit akk)* encima de; *(in Richtung: mit akk)* a, hacia; *(nach)* después de; **auf der Reise** durante el viaje; **auf der Post/dem Fest** en correos/la fiesta; **auf der Straße** en carretera, en la calle; **auf dem Land/der ganzen Welt** en el campo/mundo entero; **auf Deutsch** en alemán; **auf einmal** de una vez ▷ *adv*: **auf und ab** de arriba abajo; **auf!** *(los)* ¡vamos!, ¡adelante!; **auf sein** *(geöffnet)* estar abierto(-a), *(aufgestanden)* estar levantado(-a)

auf|atmen *vi (fig)* respirar
auf|bauen *vt* construir; *(Existenz)* levantar; *(Beziehungen)* iniciar
auf|bereiten *vt (Daten)* preparar, editar
auf|bewahren *vt (aufheben)* conservar; *(Gepäck)* depositar; *(lagern)* almacenar
Aufbewahrung *f* conservación *f*; *(Gepäckaufbewahrung)* consigna *f* (de equipajes)
auf|blasen *irr vt* hinchar, inflar
auf|bleiben *irr vi (Laden)* quedar abierto(-a); *(Mensch)* quedarse levantado(-a)
auf|blenden *vt* encender ▷ *vi (Fahrer)* dar las largas
auf|blühen *vi* abrirse; *(fig)* prosperar
auf|brauchen *vt* consumir, agotar
auf|brechen *irr vt (Kiste)* abrir; *(Schloss)* descerrajar; *(Auto)* forzar ▷ *vi (Wunde)* volver a abrirse; *(gehen)* marcharse
Aufbruch *m* partida *f*
auf|drängen: **jdm etw aufdrängen** imponer algo a alguien ▷ *vr*: **sich aufdrängen** *(Mensch)* importunar *(jdm a alguien)*
aufdringlich *adj* importuno(-a)
aufeinander *adv (übereinander)* uno(-a) sobre otro(-a); *(gegenseitig)* uno(-a) contra otro(-a)
Aufenthalt *m (-s, -e) (in Stadt, Land)* estancia *f*; *(Verzögerung)* retraso *m*, demora *f*; *(bei Flug, Zugfahrt)* parada *f*; *(Ort)* domicilio *m*
Aufenthaltsgenehmigung *f* permiso *m* de residencia
auf|fahren *irr vi (dagegenfahren)* chocar *(auf +akk* contra); *(dicht herankommen)* aproximarse; *(hochfahren)* subir; *(wütend werden)* enfurecerse, encolerizarse
Auffahrt *f* subida *f*; *(Autobahnauffahrt)* vía *f* de acceso
Auffahrunfall *m* choque *m* por alcance
auf|fallen *irr vi* llamar la atención; **das ist mir aufgefallen** me di cuenta de eso
auffallend *adv* extraordinariamente
auffällig *adj* vistoso(-a)
auf|fassen *vt (verstehen)* comprender; *(auslegen)* interpretar
Auffassung *f (Meinung)* opinión *f*; *(Auslegung)* interpretación *f*
auf|fordern *vt (befehlen)* exigir;

(*bitten*) invitar
auf|führen *vt* (*Theat*) representar; (*in einem Verzeichnis*) enumerar ▷ *vr*: **sich aufführen** (*sich benehmen*) comportarse
Aufführung *f* (*Theat*) representación *f*; (*Liste*) enumeración *f*
Aufgabe *f* (*Auftrag*) cometido *m*; (*Pflicht*) obligación *f*; (*Arbeit*) trabajo *m*; (*Schul*) tema *m*, lección *f*; (*Hausaufgabe*) deberes *mpl*; (*Verzicht*) renuncia *f*; (*von Gepäck*) facturación *f*; (*von Inserat*) inserción *f*
auf|geben *irr vt* (*Paket*) enviar, expedir; (*Gepäck*) facturar; (*Bestellung*) hacer, cursar; (*Inserat*) poner; (*Schularbeit*) dar; (*Rätsel*) proponer (*jdm* a alguien); (*Problem*) plantear (*jdm* a alguien); (*verzichten*) renunciar a; (*Rauchen*) dejar; (*Kampf*) suspender; (*Widerstand*) desistir de; (*Hoffnung*) abandonar; (*Verlorenes*) dar por perdido(-a)
auf|gehen *irr vi* (*Sonne*) salir; (*Teig*) subir; (*sich öffnen*) abrirse; (*Math*) caber exactamente; **die Rechnung geht nicht auf** la cuenta no (me) sale; (*fig*) las cuentas no (me) salen
aufgeklärt *adj* (*Zeitalter*) ilustrado(-a), instruido(-a); (*sexuell*) educado(-a) sexualmente
aufgelegt *adj*: **gut/schlecht aufgelegt sein** estar de buen/mal humor; **zu etw aufgelegt sein** estar dispuesto(-a) a algo
aufgeregt *adj* excitado(-a)
aufgeschlossen *adj* abierto(-a)
aufgrund, auf Grund *präp +gen* a causa de

299 | aufkommen

auf|haben *irr vt* (*Hut, Brille*) tener puesto(-a); (*Mund, Fenster*) tener abierto(-a) ▷ *vi* (*Geschäft*) estar abierto(-a)
auf|halten *irr vt* (*Fliehenden, Feind*) detener; (*Entwicklung*) frenar; (*Katastrophe*) impedir; (*jdn*) demorar; (*Tür, Sack*) tener abierto(-a); (*Augen*) mantener abierto(-a); (*Hand*) abrir ▷ *vr*: **sich aufhalten** (*bleiben*) detenerse, permanecer; (*Zeit verlieren*) demorarse (*bei, mit* con); (*wohnen*) encontrarse, hallarse
auf|hängen *vt* colgar; (*Wäsche*) tender; (*jdn*) ahorcar
auf|heben *irr vt* (*hochheben*) coger del suelo; (*aufbewahren*) conservar; **bei jdm gut aufgehoben sein** estar en buenas manos con alguien; **viel Aufhebens(s) machen** hacer mucho ruido, hacer (muchos) aspavientos (*um* por) ▷ *vr*: **sich aufheben** (*sich ausgleichen*) equilibrarse
auf|heitern *vt* animar, serenar ▷ *vr*: **sich aufheitern** (*Himmel*) despejarse; (*Miene, Stimmung*) serenarse
auf|holen *vi* (*Zug*) recuperar; (*Läufer*) ganar terreno ▷ *vt* recuperar
auf|hören *vi* (*enden*) terminar, concluir; **mit etw aufhören** (*nicht weitermachen*) dejar algo
auf|klären *vt* (*Geheimnis*) aclarar, explicar; (*unterrichten*) instruir (*über +akk* sobre); (*sexuell*) iniciar
Aufkleber *m* (**-s, -**) pegatina *f*
auf|kommen *irr vi* (*Wind*) levantarse; (*Zweifel, Gefühl*) surgir; (*Stimmung*) propagarse; (*Mode*)

aufladen

surgir; **für jdn/etw aufkommen** responder de alguien/algo

auf|laden irr vt (Last) cargar; (Verantwortung) atribuir (jdm a alguien); (Batterie) recargar

Auflage f soporte m; (von Zeitung) tirada f; (von Buch) edición f; (Bedingung) condición f

Auflauf m (Gastr) soufflé m; (Menschenauflauf) gentío m

auf|leben vi (fig: Mensch) reanimarse; (Interesse) resurgir

auf|legen vt poner; (Telefonhörer) colgar; (Buch etc) editar

auf|lesen irr vt recoger; (fam: mitnehmen) pescar, coger

auf|lösen vt (in Wasser) disolver; (Rätsel, Missverständnis) resolver; (Versammlung) disolver; (Geschäft) liquidar ▷ vr: **sich auflösen** disolverse

auf|machen vt (öffnen) abrir; (Kleidung) desabrochar; (Geschäft, Verein) fundar; (zurechtmachen) presentar

Aufmachung f (Kleidung) ropa f, indumentaria f; (Gestaltung) presentación f

aufmerksam adj atento(-a); (höflich) cortés, fino(-a); **jdn auf etw akk aufmerksam machen** llamar la atención de alguien sobre algo

Aufmerksamkeit f atención f; (Geschenk) regalo m; (Höflichkeit) amabilidad f, fineza f

auf|muntern vt (ermutigen) estimular, alentar; (erheitern) animar

Aufnahme f (-, -n) (Empfang) acogida f; (in Verein etc) admisión f; (Beginn) inicio m; (Foto) fotografía f; (Tonbandaufnahme) grabación f

auf|nehmen irr vt (empfangen) acoger, recibir; (in Verein etc) admitir; (einbeziehen) incluir; (Geld) tomar prestado(-a); (beginnen) iniciar; (fotografieren) fotografiar; (auf Tonband, Platte) grabar; (Eindrücke) recibir; (fassen: Anzahl, Menge) contener; **es mit jdm aufnehmen können** poder competir con alguien

auf|passen vi (aufmerksam sein) estar atento(-a); **auf jdn/etw aufpassen** cuidar de alguien/algo; **aufgepasst!** ¡cuidado!

Aufprall m choque m

auf|prallen vi chocar

auf|pumpen vt inflar

auf|raffen vr: **sich aufraffen** animarse (zu a)

auf|räumen vt (Dinge) ordenar; (Zimmer) arreglar ▷ vi poner orden

aufrecht adj derecho(-a); (ehrlich) íntegro(-a)

aufrecht|erhalten irr vt mantener

auf|regen vt inquietar, intranquilizar ▷ vr: **sich aufregen** excitarse, irritarse

aufregend adj emocionante

Aufregung f emoción f, excitación f

aufrichtig adj sincero(-a)

Aufruf m llamamiento m, proclama f; (zur Hilfe: Aer, Inform) llamada f (an +akk a); (des Namens) citación f

auf|rufen irr vt llamar

auf|runden vt redondear

Aufrüstung f rearme m

aufs kontr von **auf das**

Aufsatz m (Schulaufsatz) tema m, composición f

Aufschlag m (Ärmelaufschlag etc) vuelta f; (Aufprall) golpe m, choque m; (Preisaufschlag) subida f, aumento m; (beim Tennis) servicio m, saque m

auf|schlagen irr vt (öffnen) abrir; (verwunden) herir; (Zelt, Lager) montar; (Ärmel) arremangar; (Kragen) subir ▷ vi (teurer werden) encarecer; (im Tennis) servir; (aufprallen) golpear (auf +akk contra)

auf|schließen irr vt abrir ▷ vi (aufrücken) cerrar las filas

Aufschnitt m (Wurstaufschnitt) loncha f

auf|schreiben irr vt apuntar

Aufschrift f (Inschrift) inscripción f; (Etikett) etiqueta f

Aufschub m (-(e)s, Aufschübe) aplazamiento m, prórroga f

Aufschwung m (Auftrieb) impulso m; (wirtschaftlich) incremento m

auf|sehen irr vi alzar la vista

Aufsehen nt (-s) sensación f, escándalo m; **Aufsehen erregen** causar sensación, causar revuelo

aufsehenerregend adj espectacular, sensacional

auf|setzen vt (Hut, Brille) ponerse; (Essen) preparar; (Fuß) apoyar ▷ vi (Flugzeug) aterrizar

Aufsicht f (Kontrolle) vigilancia f, inspección f; (Mensch) dirección f

auf|spielen vr: **sich aufspielen** darse importancia; **sich aufspielen als** presumir de

auf|springen irr vi saltar (auf +akk sobre); (vom Sitz) levantarse de pronto; (sich öffnen) abrirse de golpe; (Hände, Lippen) agrietarse; (Ball) botar

auf|stehen irr vi ponerse en pie; (das Bett verlassen) levantarse; (Tür) estar abierto(-a)

auf|steigen irr vi subir (auf +akk a); (auf Berg, beruflich) ascender; (Rauch) elevarse

auf|stellen vt (Tisch) poner; (Gerüst) colocar; (Kind) poner en pie; (Wachen) apostar; (Programm etc) formular; (Rekord) establecer

Aufstieg m (-(e)s, -e) (auf Berg) ascensión f; (Weg) subida f; (beruflich: Sport) ascenso m

Auftakt m (Mus) antecompás m; (fig) preludio m

auf|tanken vi (Flugzeug) abastecerse ▷ vt (Flugzeug) reaprovisionar de combustible

auf|tauchen vi (U-Boot) emerger; (fig) surgir

auf|tauen vt (Gefrorenes) descongelar; (Leitung) deshelar ▷ vi (Eis) derretirse; (fig) soltarse

Auftrag m (-(e)s, Aufträge) (Bestellung) pedido m; (Anweisung) instrucción f; (Aufgabe) cometido m; **im Auftrag von** por encargo de

auf|treten irr vi (sich zeigen) presentarse; (Theat) salir a escena; (sich verhalten) comportarse

Auftreten nt (-s) (Vorkommen) presencia f; (Benehmen) maneras fpl

Auftritt m (Erscheinen) aparición f; (von Schauspieler) salida f a escena; (Theat: fig: Szene) escena f

auf|wachen vi despertar(se)

auf|wachsen vi criarse

Aufwand m (-(e)s) (an Kraft, Geld etc) gasto m, esfuerzo m; (Kosten) costos mpl; (Luxus) lujo m

aufwändig adj siehe **aufwendig**

aufwärts adv hacia arriba

auf|wecken vt despertar
auf|wenden irr vt emplear; (*Geld*) gastar (*für* en); (*Sorgfalt*) usar
aufwendig adj costoso(-a)
auf|werten vt revalorizar
auf|zählen vt enumerar
Aufzählungszeichen nt viñeta f
auf|zeichnen vt dibujar; (*schriftlich*) anotar; (*auf Band*) registrar
Aufzeichnung f apunte m, nota f; (*Tonbandaufzeichnung*) grabación f; (*Filmaufzeichnung*) filmación f
auf|ziehen irr vt (*öffnen*) abrir tirando; (*Uhr*) dar cuerda a; (*fam: Unternehmung, Fest*) montar, organizar; (*Kinder, Tiere*) criar; (*fam: necken*) bromear, tomar el pelo a
Aufzug m (*Fahrstuhl*) ascensor m; (*Kleidung*) atavío m; (*Theat*) acto m
Auge nt (**-s, -n**) ojo m; (*Fettauge*) ojo m de grasa; (*in Kartoffel*) yema f; (*auf Würfel*) punto m; **unter vier Augen** a solas; **jdm etw aufs Auge drücken** (*fam*) imponer algo a alguien; **ins Auge gehen** (*fam*) terminar mal, acabar mal
Augenarzt m, **Augenärztin** f oculista mf, oftalmólogo(-a) m/f
Augenblick m momento m, instante m
Augenbraue f ceja f
August m (**-(es), -e**) agosto m
Auktion f subasta f

○ **SCHLÜSSELWORT**

aus präp +dat (*heraus, von ... her*) de; (*Material*) de, hecho de; (*wegen*) por; **aus Deutschland** de Alemania ▷ adv (*beendet*) acabado(-a); (*ausgezogen*) mudado(-a); (*nicht an*) apagado(-a); (*Sport*) fuera; **von sich aus** espontáneamente, de sí mismo(-a); **von mir aus** (*meinetwegen*) por mí, en cuanto a mí; **aus sein** (*fam: zu Ende sein*) estar acabado(-a); (*vorbei sein*) haber pasado(-a); (*nicht brennen*) estar apagado(-a); (*abgeschaltet sein*) estar desconectado(-a); **auf etw** akk **aus sein** querer conseguir algo

Aus nt (**-**) (*Sport*) fuera m; (*fig*) fin m
Ausbau m ampliación f; (*Ausmontieren*) desmontaje m
aus|beulen vt alisar, desabollar
aus|beuten vt explotar
aus|bilden vt (*beruflich*) formar, instruir; (*Fähigkeiten*) desarrollar
Ausbildung f (*beruflich*) formación f
Ausblick m vista f, panorama m; (*fig*) perspectiva f
aus|brechen irr vi (*Gefangener*) evadirse; (*Krankheit, Feuer*) declararse; (*Krieg, Panik*) estallar; (*Vulkan*) entrar en erupción
aus|breiten vt (*Waren*) exponer; (*Tuch, Karte*) extender; (*Arme, Flügel*) abrir ▷ vr: **sich ausbreiten** (*sich verbreiten*) propagarse; (*Ebene*) extenderse; (*über Thema*) explayarse
Ausbruch m (*von Gefangenen*) evasión f; (*Beginn*) inicio m, comienzo m; (*von Vulkan*) erupción f; (*Gefühlsausbruch*) arrebato m, estallido m
Ausdauer f perseverancia f
aus|dehnen vt expandir; (*Gummi*) estirar; (*fig: Macht*) extender;

(*zeitlich*) prolongar ▷ *vr*: **sich ausdehnen** extenderse; (*zeitlich*) prolongarse

aus|denken *irr vt*: **sich** *dat* **etw ausdenken** imaginarse algo, figurarse algo

Ausdruck *m* (*pl* **Ausdrücke**) (*Bezeichnung*) término *m*; (*Zeichen*) signo *m*; (*Gesichtsausdruck*) expresión *f* ▷ *m* (*pl* **Ausdrucke**) (*Computerausdruck*) listado *m*

aus|drucken *vt* imprimir

aus|drücken *vt* (*formulieren*) expresar, explicar; (*Zigarette*) apagar; (*Zitrone*) exprimir; (*Schwamm*) escurrir ▷ *vr*: **sich ausdrücken** expresarse

ausdrücklich *adj* expreso(-a)

auseinander *adv* (*räumlich*) lejos; (*zeitlich*) distante

auseinander|gehen *irr vi* (*Menschen*) separarse; (*Meinungen*) discrepar; (*Gegenstand*) deshacerse; (*fam: dick werden*) engordar

auseinander|halten *irr vt* (*unterscheiden*) distinguir

Auseinandersetzung *f* (*Diskussion*) discusión *f*; (*Streit*) disputa *f*

aus|fahren *irr vi* (*Zug*) salir; (*spazieren fahren*) salir a pasear en coche ▷ *vt* (*spazieren fahren*) sacar a pasear (*jdn* a alguien); (*liefern*) distribuir; (*Fahrwerk*) sacar

Ausfahrt *f* (*Autobahnausfahrt, Garagenausfahrt*) salida *f*; (*des Zuges etc*) partida *f*; (*Spazierfahrt*) paseo *m* en coche

aus|fallen *irr vi* (*Zähne, Haare*) caerse; (*nicht stattfinden*) no tener lugar; (*nicht funktionieren*) estropearse; (*Resultat haben*) resultar

ausfallend *adj* (*Worte*) injurioso(-a); **ausfallend werden** colmar de improperios

aus|fertigen *vt* (*Urkunde*) redactar; (*Pass, Rechnung*) extender

ausfindig *adj*: **ausfindig machen** localizar

aus|flippen *vi* (*fam*) flipar, alucinar; (*durchdrehen*) excitarse

Ausflug *m* excursión *f*

aus|fragen *vt* interrogar

Ausfuhr *f* (-, -en) exportación *f*

aus|führen *vt* (*spazieren führen*) llevar a pasear; (*erledigen*) concluir; (*verwirklichen*) realizar; (*gestalten*) elaborar; (*Com*) exportar

ausführlich *adj* detallado(-a) ▷ *adv* extensamente

aus|füllen *vt* (*Loch, Platz*) llenar; (*Fragebogen etc*) rellenar

Ausgabe *f* (*Geldausgabe*) gasto *m*; (*Aushändigung*) entrega *f*; (*Gepäckausgabe*) consigna *f*; (*Buch*) edición *f*; (*Nummer*) emisión *f*; (*Modell*) modelo *m*; (*Inform*) salida *f*

Ausgabegerät *nt* (*Inform*) dispositivo *m* de salida

Ausgang *m* (*Tür*) salida *f*; (*Ende*) fin *m*; (*Ergebnis*) resultado *m*; (*Ausgehtag*) día *m* de salida; **kein Ausgang!** ¡salida prohibida!

aus|geben *vt* (*Geld*) gastar; (*austeilen*) repartir, distribuir ▷ *vr*: **sich ausgeben**: **sich für etw/jdn ausgeben** hacerse pasar por algo/alguien

ausgebucht *adj* al completo

ausgefallen *adj* (*ungewöhnlich*) extraño(-a), raro(-a)

ausgeglichen *adj* (*Mensch*)

ausgehen | 304

equilibrado(-a), sensato(-a); (*Klima*) moderado(-a); (*Spiel*) equilibrado(-a)
aus|gehen irr vi (*weggehen*) salir; (*sich vergnügen*) salir a divertirse; (*Haare, Zähne*) caerse; (*zu Ende gehen*) acabarse; (*Benzin*) agotarse; (*Feuer, Ofen, Licht*) apagarse; (*Resultat haben*) resultar; (*zugrunde legen*) partir (*von* de); **ausgehen von** (*wegführen*) partir de
ausgelassen adj travieso(-a)
ausgelernt adj cualificado(-a)
ausgenommen präp +gen o dat a excepción de, fuera de ▷ konj a menos que, siempre que ▷ adj: **Anwesende sind ausgenommen** exceptuando a los presentes
ausgerechnet adv precisamente
ausgeschlossen adj (*unmöglich*) imposible; **es ist nicht ausgeschlossen, dass** no se excluye que +*subj*
ausgesprochen adj declarado(-a), manifiesto(-a) ▷ adv francamente; **sich ausgesprochen freuen** alegrarse particularmente
ausgezeichnet adj excelente
ausgiebig adj (*Gebrauch*) extenso(-a), amplio(-a); (*Essen*) abundante
aus|gleichen irr vt (*Höhe*) nivelar, allanar; (*Unterschied*) aplanar; (*Konflikt*) conciliar; (*Mangel*) compensar; (*Konto*) saldar, liquidar ▷ vi (*zwischen Menschen*) conciliar, mediar ▷ vr: **sich ausgleichen** compensarse
aus|grenzen vt excluir
Ausguss m (*Spüle*) fregadero m; (*Abfluss*) boca f de salida, desagüe m

aus|halten irr vt (*ertragen*) soportar, resistir
Aushang m cartel m, anuncio m
aus|hecken vt (*fam*) inventar; (*Plan*) maquinar
aus|helfen irr vi: **jdm aushelfen** ayudar a alguien
Aushilfe f ayuda f, asistencia f; (*Mensch*) suplente mf
aushilfsweise adv provisionalmente, temporalmente
aus|kennen irr vr: **sich auskennen** conocer la materia; (*an einem Ort*) saber orientarse; (*in Fragen etc*) estar informado(-a)
aus|kochen vt (*Wäsche*) hervir; (*Knochen*) cocer; (*Med*) esterilizar
aus|kommen irr vi: **mit jdm auskommen** entenderse con alguien; **er kommt mit dem Geld nicht aus** no le alcanza el dinero; **ohne jdn/etw auskommen** poder pasar sin alguien/algo
Auskunft f (-, **Auskünfte**) (*Mitteilung, nähere Auskunft*) información f; (*Stelle*) centro m de información; (*Tel*) servicio m de información
aus|lachen vt reírse de
aus|laden irr vt descargar; (*fam: Gäste*) desconvidar
Auslage f (*Waren*) muestra f, exposición f; (*Schaufenster*) escaparate m; **Auslagen** pl (*Kosten*) desembolsos mpl
Ausland nt extranjero m; **im/ins Ausland** en el/al extranjero
Ausländer, in m(f)(**-s, -**) extranjero(-a) m/f
ausländerfeindlich adj xenófobo(-a)
ausländisch adj extranjero(-a)

Auslandsgespräch nt (Tel) conferencia f internacional
Auslandskrankenschein m certificado m de derecho a prestaciones médicas en el extranjero
Auslandsschutzbrief m seguro m de cobertura internacional
aus|lassen irr vt dejar salir; (Wort) omitir; (Fett) derretir; (Wut, Ärger) descargar (an +dat sobre, en); (fam: nicht einschalten) dejar apagado(-a), no poner; (nicht anziehen) no ponerse ▷ vr: **sich auslassen**: **sich über jdn/etw auslassen** explayarse sobre alguien/algo
aus|laufen vi (Flüssigkeit) derramarse; (Behälter) vaciarse; (Naut) zarpar; (aufhören: Serie) terminar, acabar
aus|leeren vt (Flüssigkeit) verter; (Behälter, Glas) vaciar
aus|legen vt (Waren) exponer; (Geld) anticipar, adelantar; (Text etc) interpretar; (technisch ausstatten) concebir, diseñar
Ausleihe f (-, -n) (Vorgang) empréstito m; (Stelle) lugar m de distribución
aus|leihen irr vt (verleihen) prestar; **sich** dat **etw ausleihen** tomar prestado algo
Auslese f (Vorgang) selección f; (Elite) minoría f selecta, élite f; (Wein) vino m selecto
aus|loggen vi concluir una sesión de trabajo en una red informática
aus|lösen vt (Explosion, Schuss, Alarm, Reaktion) provocar, causar; (Panik, Gefühl, Heiterkeit) suscitar
Auslöser m (-s, -) (Foto) disparador m

aus|machen vt (Licht, Radio) apagar; (Feuer) extinguir; (vereinbaren) fijar, convenir; (betragen) ascender a; (bedeuten) significar, equivaler a; **das macht ihm nichts aus** no le importa nada; **macht es Ihnen etwas aus, wenn …?** ¿le molesta si …?
Ausmaß nt (von Gegenstand) medida f; (von Fläche) extensión f; (von Katastrophe) dimensión f; (von Liebe etc) medida f
aus|messen irr vt medir
Ausnahme f (-, -n) excepción f
ausnahmsweise adv excepcionalmente
aus|nutzen vt (Zeit, Gelegenheit) aprovechar; (Einfluss) aprovecharse de, usar; (Menschen, Gutmütigkeit) aprovecharse de, abusar de
aus|packen vt (Koffer) deshacer; (Geschenk) desenvolver
aus|probieren vt probar, ensayar
Auspuff m (-(e)s, -e) (Tech) escape m
Auspuffrohr nt (Auto) tubo m de escape
Auspufftopf m (Auto) silenciador m
aus|rauben vt despojar, atracar
aus|räumen vt (Dinge) quitar; (Schrank, Zimmer) vaciar; (Bedenken) eliminar
aus|rechnen vt (Summe) calcular; **sich** dat **etw ausrechnen können** poder imaginarse algo
Ausrede f excusa f, disculpa f
aus|reden vi: **ausreden lassen** dejar terminar de hablar ▷ vt: **jdm etw ausreden** disuadir a alguien de algo

aus|reichen vi bastar
ausreichend adj bastante; (Schulnote) suficiente
Ausreise f salida f; **bei der Ausreise** a la salida
aus|reisen vi salir del país
aus|reißen irr vt arrancar ▷ vi (Riss bekommen) desgarrarse; (fam: weglaufen) escaparse
aus|richten vt (Botschaft) comunicar; (erreichen) alcanzar, obtener; **einen Gruß ausrichten, Grüße ausrichten** dar recuerdos; **jdm etw ausrichten** comunicar algo a alguien
aus|rotten vt (Unkraut) arrancar; (Insekten) exterminar; (fig) aniquilar
aus|rufen irr vt (schreien) gritar; (Stationen, Schlagzeile) anunciar; (Streik, Revolution) proclamar
Ausrufezeichen nt punto m de exclamación
aus|ruhen vi, vr descansar
Ausrüstung f (Vorgang) dotación f; (Gegenstände) equipo m
aus|rutschen vi resbalar, escurrirse
Aussage f afirmación f; (Jur) declaración f
aus|schalten vt desconectar; (fig) eliminar
Ausschank m (-(e)s, Ausschänke) venta f; (Theke) barra f
Ausschau f: **nach jdm/etw Ausschau halten** buscar a alguien/algo con la vista
aus|scheiden irr vt apartar, eliminar; (Med) excretar ▷ vi (nicht in Betracht kommen) no entrar en consideración; (weggehen) retirarse
aus|schlafen irr vi, vr dormir bastante ▷ vt: **seinen Rausch ausschlafen** dormir la mona
Ausschlag m (Med) erupción f; (Pendelausschlag) oscilación f; (Nadelausschlag) desviación f; **den Ausschlag geben** (fig) ser determinante
aus|schlagen irr vt (Zähne) romper; (Feuer) apagar golpeando; (auskleiden) guarnecer; (verweigern) rehusar, rechazar ▷ vi (Pferd) cocear; (Zeiger) oscilar
ausschlaggebend adj decisivo(-a)
aus|schließen irr vt (aus Haus) dejar fuera; (von Gemeinschaft) dar de baja; (Möglichkeit, Fall) excluir; (Zweifel, Irrtum) evitar, suprimir
ausschließlich adj exclusivo(-a) ▷ adv exclusivamente ▷ präp +gen no incluido, exclusive
Ausschnitt m (Teil) fragmento m, parte f; (von Kleid) escote m; (aus Film etc) escena f
Ausschuss m (Gremium) junta f, comisión f; (Prüfungsausschuss) tribunal m; (Com: Ausschussware) mercancía f defectuosa
ausschweifend adj (Leben) disoluto(-a); (Fantasie) exuberante
aus|sehen irr vi parecer; **es sieht schlecht aus** (la cosa) tiene mal aspecto
Aussehen nt (-s) aspecto m, apariencia f
außen adv afuera, en la parte exterior; **außen ist es rot** por fuera es rojo; **außen vor sein** ser excluido(-a), dejar de lado
Außenminister, in m(f) Ministro(-a) m/f de Asuntos Exteriores

Außenpolitik f política f exterior
außer präp +dat (räumlich) fuera de; (abgesehen von) amén de, excepto; **außer Atem** sin aliento; **außer Betrieb** fuera de servicio; **außer sich sein** estar fuera de sí ▷ konj (ausgenommen) a no ser que +subj; **außer wenn** a menos que +subj; **außer dass** salvo que +subj
außerdem konj además
äußere, r, s adj (nicht innen) exterior; (von außen) externo(-a), de afuera; (von außen betrachtet) superficial; (auswärtig) extranjero(-a); **das Äußere** lo exterior
außergewöhnlich adj insólito(-a), excepcional; (Mensch) excepcional; (außerordentlich) extraordinario(-a) ▷ adv sumamente
außerhalb präp +gen fuera de; (räumlich) al exterior de ▷ adv fuera
äußerlich adj externo(-a), superficial ▷ adv externamente
Äußerlichkeit f exterioridad f, superficialidad f
äußern vt expresar ▷ vr: **sich äußern** (Stellung nehmen) pronunciarse; (sich zeigen) mostrarse, manifestarse
außerordentlich adj extraordinario(-a) ▷ adv extremamente
außerparlamentarisch adj extraparlamentario(-a)
außerplanmäßig adj fuera de programa; (Zug) fuera de horario
äußerst adv extrema(da)mente
äußerste, r, s adj (größte) máximo(-a); (räumlich) extremo(-a), el/la más distante; (Termin) último(-a)

Äußerung f declaración f, manifestación f
aus|setzen vi (Musik) cesar; (Atmung, Herz) pararse; (Motor) fallar; (mit Medikament) dejar de tomar; (bei Arbeit) interrumpirse; **an jdm/etw etwas aussetzen** (beanstanden) poner reparos a alguien/algo
Aussicht f (Blick) vista f, panorama m; (in Zukunft) perspectiva f
aus|spannen vt (fam: Freund, Freundin) quitar (a alguien) ▷ vi (sich erholen) descansar
Aussprache f (Sprechweise) manera f de hablar; (von Wort) pronunciación f; (Unterredung) discusión f, debate m
aus|sprechen irr vt (Wort) pronunciar; (äußern) expresar, manifestar ▷ vi (zu Ende sprechen) acabar de hablar ▷ vr: **sich aussprechen** (sich äußern) dar su opinión, manifestarse; (sich anvertrauen) desahogarse; (diskutieren) hablar francamente
aus|statten vt: **jdn mit etw ausstatten** dotar a alguien de algo; **etw ausstatten** (Zimmer etc) equipar algo; (Buch) presentar algo
Ausstattung f (das Ausstatten) dotación f, equipo m; (Kleidung) vestuario m; (Aufmachung: von Buch) presentación f; (Einrichtung: von Zimmer) decoración f; (von Auto) equipo m
aus|stehen irr vt (ertragen) soportar, aguantar; **etw/jdn nicht ausstehen können** no poder aguantar algo(-a) alguien ▷ vi (noch nicht da sein) faltar, no estar todavía

aus|steigen irr vi (aus Fahrzeug) bajar; (aus Geschäft) retirarse

aus|stellen vt (Waren) exponer, exhibir; (Pass, Zeugnis, Scheck) extender; (Rechnung etc) pasar, dar

Ausstellung f (Kunstausstellung etc) exposición f; (von Waren) exhibición f; (von Pass etc) entrega f, extensión f

aus|sterben irr vi extinguirse; **wie ausgestorben** (fig) como muerto(-a)

aus|strahlen vt (Wärme, Licht) desprender; (Radio, TV) emitir, transmitir; (fig: Ruhe) irradiar

Ausstrahlung f irradiación f; (fig: eines Menschen) carisma m

aus|suchen vt escoger, seleccionar

Austausch m (von Waren) cambio m; (von Besuchern, von Erfahrungen: Pol) intercambio m

Austauschmotor m motor m de recambio

aus|teilen vt distribuir, repartir

Auster f (-, -n) ostra f

Australien nt (-s) Australia f

Australier, in m(f) (-s, -) australiano(-a) m/f

australisch adj australiano(-a)

aus|trinken irr vt (Glas) apurar; (Getränk) acabar ▷ vi beber el resto

Austritt m (aus Verein, Partei etc) salida f (aus de), baja f (aus de), separación f (aus de)

Ausverkauf m liquidación f

ausverkauft adj vendido(-a); (Theat) agotado(-a)

Auswahl f (das Auswählen) elección f; (Ausgewähltes: Sport) selección f; (Com: Angebot) surtido m

aus|wählen vt elegir, escoger

auswärtig adj (nicht am/vom Ort) forastero(-a); (ausländisch) extranjero(-a)

auswärts adv fuera; (nicht am Ort) en otra parte

aus|wechseln vt cambiar (gegen por), sustituir (gegen por)

Ausweg m salida f, solución f

aus|weichen irr vi: **jdm ausweichen** evitar a alguien; (fig) evitar el encuentro con alguien

ausweichend adj evasivo(-a)

Ausweis m (-es, -e) (Personalausweis) documento m personal de identidad, DNI m; (Mitgliedsausweis, Bibliotheksausweis etc) carné m

aus|weisen irr vt vr: **sich ausweisen** identificarse

auswendig adv de memoria; **etw auswendig lernen** aprender algo de memoria

aus|wirken vr: **sich auswirken**: **sich auswirken auf** +akk repercutir en

aus|wuchten vt (Auto) equilibrar

aus|zahlen vt (Lohn, Summe) pagar; (jdn) liquidar ▷ vr: **sich auszahlen** (sich lohnen) valer la pena

aus|zeichnen vt (ehren) premiar, agraciar; (hervorheben) hacer resaltar; (Com: Waren) marcar el precio de ▷ vr: **sich auszeichnen** distinguirse

aus|ziehen irr vt (Kleidung) quitarse; (Zähne) extraer; (Tisch) extender; (Antenne) extender, sacar; (nachmalen) repasar ▷ vi (aus Wohnung) mudarse, cambiar de domicilio ▷ vr: **sich ausziehen** desnudarse

Auszubildende, r *mf* aprendiz(a) *m(f)*
Auszug *m* (*aus Wohnung*) mudanza *f*, cambio *m* de domicilio; (*aus Buch etc*) extracto *m*; (*Abschrift*) copia *f*; (*Kontoauszug*) extracto *m* de cuenta
Autismus *m* autismo *m*
autistisch *adj* autista
Auto *nt* (**-s, -s**) coche *m*, automóvil *m*; **Auto fahren** conducir
Autobahn *f* autopista *f*

♦ **AUTOBAHN**

♦ **Autobahn** es el término utilizado para referirse a las autopistas en Alemania. En la antigua Alemania occidental la red de autopistas es muy extensa, cosa que no ocurre en la zona del este. No existe un límite de velocidad preestablecido, aunque se recomienda circular a un máximo de 130 km/h y existen tramos donde la velocidad está limitada obligatoriamente. Hasta el momento, en Alemania no existen las autopistas de peaje.

Autobahngebühr *f* peaje *m*
Autobombe *f* coche-bomba *m*
Autofahrer, in *m(f)* conductor(a) *m(f)*, automovilista *mf*
Autofahrt *f* viaje *m* en automóvil [o en coche]
Autogas *nt* gas *m* licuado de petróleo
Autogramm *nt* (**-s, -e**) autógrafo *m*
Autokino *nt* autocine *m*
Automat *m* (**-en, -en**) máquina *f* expendedora
Automatikgurt *m* cinturón *m* automático
Automatikschaltung *f* cambio *m* automático
Automatikwagen *m* coche *m* con cambio automático
automatisch *adj* automático(-a)
autonom *adj* autónomo(-a)
Autor, in *m(f)* autor(a) *m(f)*
Autoradio *nt* autorradio *f*
Autoreifen *m* neumático *m*
Autoreisezug *m* autotren *m*
Autorennen *nt* carrera *f* de automóviles
Autorität *f* autoridad *f*
Autotelefon *nt* teléfono *m* de automóvil
Autounfall *m* accidente *m* de automóvil [o de coche]
Autoverleih *m* alquiler *m* de coches
Avocado *f* (**-, -s**) aguacate *m*, palta *f* (*Am*)
Axt *f* (**-, Äxte**) (el) hacha *f*
Azubi *m* (**-s, -s**), *f* (**-, -s**) *akr* (= *Auszubildende*) aprendiz(a) *m(f)*

b

Baby nt (**-s, -s**) bebé m
Babysitter, in m(f) (**-s, -**) canguro mf
Bach m (**-(e)s, Bäche**) arroyo m
Backe f (**-, -n**) (Wange) carrillo m hacer
backen irr vt cocer; (Brot, Kuchen)
Bäcker, in m(f) (**-s, -**) panadero(-a) m/f; (Feinbäcker) pastelero(-a) m/f
Bäckerei f panadería f; (Feinbäckerei) pastelería f
Backofen m horno m
Backpulver nt levadura f en polvo
Backslash m (**-es, -e**) (Inform) barra f inclinada hacia la izquierda
Backspacetaste f tecla f Retroceso
Backstein m ladrillo m
Back-up m (**-s, -s**) (Inform) backup m
Bad nt (**-(e)s, Bäder**) baño m; (Raum) cuarto m de baño; (Anstalt) piscina f; (Badeort) baños mpl, balneario m
Badeanzug m traje m de baño, bañador m
Badehose f bañador m
Badekappe f gorro m de baño
Bademantel m albornoz m
baden vi bañarse ▷ vt bañar
Baden-Württemberg nt (**-s**) Baden-Wurtemberg m
Badewanne f bañera f
Badezimmer nt cuarto m de baño
Bafög nt (**-s**) akr (= Bundesausbildungsförderungsgesetz) beca f (estatal)
Bagger m (**-s, -**) excavadora f
Bahamas pl: **die Bahamas, die Bahamainseln** las Bahamas, las Islas Bahamas
Bahn f (**-, -en**) (Weg) camino m; (Rennbahn) pista f; (Eisenbahn) ferrocarril m; (Straßenbahn) tranvía m
Bahnfahrt f viaje m en tren
Bahnhof m estación f; **auf dem Bahnhof** en la estación
Bahnsteig m (**-s, -e**) andén m
Bahnstrecke f trayecto m
Bahnübergang m paso m a nivel
Balance f (**-, -n**) equilibrio m
bald adv (zeitlich) pronto; (fast) casi; **bald ..., bald ...** ya ... ya ...
baldmöglichst adv lo más pronto posible
Baldrian m (**-s, -e**) valeriana f
Balearen pl Baleares fpl
Balkan m (**-s**) Balcanes mpl
Balken m (**-s, -**) viga f; (Tragbalken) viga f maestra; (Stützbalken) puntal m
Balkendiagramm nt (**-s, -e**) diagrama m de barras
Balkon m (**-s, -s** o **-e**) balcón m

Ball m (-(e)s, Bälle) (klein) pelota f; (groß) balón m; (Tanz) baile m
Ballaststoffe pl fibras fpl
Ballett nt (-(e)s, -e) ballet m
Baltikum nt (-s) Báltico m
Bambus m (-, -se) bambú m
Bambussprossen pl brotes mpl tiernos de bambú
Banane f (-, -n) plátano m, banana f (Am)
Bananenrepublik f (pej) república f bananera
Banause m (-n, -n) filisteo(-a) m/f
Band m (-(e)s, Bände) (Buchband) tomo m ▷ nt (-(e)s, Bänder) (Stoffband) cinta f; (Fließband) cadena f (de montaje); (Tonband) cinta f (magnetofónica); (Anat) ligamento m ▷ nt (-(e)s, -e) (Freundschaftsband etc) vínculo m, lazo m ▷ f (-, -s) (Musikband) banda f
bandagieren vt vendar
Bande f (-, -n) banda f, pandilla f
Bandscheibe f (Anat) disco m intervertebral
Bandwurm m tenia f, solitaria f
Bank f (-, Bänke) (Sitzbank, Sandbank) banco m ▷ f (-, -en) (Geldbank) banco m
Bankkonto nt cuenta f bancaria
Bankleitzahl f número m [o código m] de identificación bancaria
Banknote f billete m de banco
Bankraub m robo m a un banco
Bankräuber, in m(f) actracador(a) m(f) de bancos
bankrott adj en quiebra
Bankrott m (-(e)s, -e) quiebra f
bar adj (offenkundig: Unsinn, Entsetzen) manifiesto(-a); **etw (in) bar bezahlen** pagar algo al contado; **bares Geld** dinero m en efectivo
Bar f (-, -s) bar m
Bär, in m(f) (-en, -en) oso(-a) m/f
Baracke f (-, -n) barraca f
barfuß adv: **barfuß sein/gehen** estar/ir descalzo(-a)
Bargeld nt dinero m en efectivo
bargeldlos adj, adv por transferencia; **bargeldloser Zahlungsverkehr** pago m por transferencia
Bariton m (-s, -e) barítono m
Barmann m barman m
Barkeeper m (-s, -) barman m
Barometer nt (-s, -) barómetro m
barsch adj brusco(-a), rudo(-a)
Barsch m (-(e)s, -e) perca f
Bart m (-(e)s, Bärte) barba f
bärtig adj barbudo(-a)
Barzahlung f pago m al contado
Basar m (-s, -e) bazar m
Basis f (-, Basen) base f; (Grundlage) fundamento m
Baske m (-n, -n) vasco m
Baskenland nt País m Vasco, Euskadi m
Basketball m baloncesto m; (Ball) pelota f de baloncesto
Baskin f vasca f
baskisch adj vasco(-a), euskera m
Bass m (-es, Bässe) bajo m; (Instrument) contrabajo m
Bast m (-(e)s, -e) rafia f
basteln vt construir ▷ vi practicar el bricolaje
Bastler, in m(f) (-s, -) aficionado(-a) m/f al bricolaje
Batchbetrieb m (Inform) trabajo m en batch, proceso m por lotes
Batterie f batería f; (Taschenlampenbatterie etc) pila f

Bau m (-(e)s) (das Bauen) construcción f; (Baustelle) obra f
▷ m (pl **Baue**) (Tierbau) madriguera f
▷ m (pl **Bauten**) (Gebäude) edificio m

Bauarbeiter, in m(f) obrero(-a) m/f de la construcción

Bauch m (-(e)s, Bäuche) (Anat) vientre m, abdomen m; (fam: Magen) estómago m; (dicker Bauch) barriga f; (von Gefäß) barriga f; (von Schiff, Flugzeug) fondo m

Bauchschmerzen pl, **Bauchweh** nt (-s) dolor m de vientre

Bauelement nt componente m

bauen vt construir; (Maschinenteile) montar

Bauer m (-n o -s, -n), **Bäuerin** f campesino(-a) m/f, labrador(a) m(f); (fig: Rüpel) patán m; (Schach) peón m

Bauernhof m granja f, finca f

Baum m (-(e)s, Bäume) árbol m

Baumsterben nt (-s) muerte f forestal

Baumwolle f algodón m

Bauplatz m solar m de construcción

Baustelle f obra f

Bauteil nt elemento m de construcción, componente m

Bayern nt (-s) Baviera f

bayrisch adj bávaro(-a)

Bazillus m (-, Bazillen) bacilo m

beabsichtigen vt proyectar, tener intención de; **beabsichtigen, etw zu tun** tener intención de hacer algo

beachten vt (jdn, Gebot) prestar atención a; (Vorschrift, Regeln) observar; (Vorfahrt) ceder

beachtlich adj considerable

Beachtung f atención f

Beamte, r m (-n, -n), **Beamtin** f funcionario(-a) m/f

beanspruchen vt (Recht, Erbe, Hilfe) reclamar; (Zeit, Platz) requerir; (Tech) someter a un esfuerzo

beanstanden vt poner reparo a, reclamar contra

beantragen vt solicitar

beantworten vt responder

bearbeiten vt (Antrag, Akte, Fall) tramitar; (Thema) tratar; (Buch, Film) adaptar; (Material) elaborar; (Inform) tratar, elaborar; (fam: beeinflussen wollen) trabajar a

beauftragen vt encargar; **jdn mit etw beauftragen** encargar a alguien de algo

Becher m (-s, -) taza f; (ohne Henkel) vaso m

Becken nt (-s, -) (Waschbecken) lavabo m; (Schwimmbecken) piscina f; (Geo) cuenca f; (Mus) platillos mpl; (Anat) pelvis f

bedächtig adj (umsichtig) prudente; (langsam) lento(-a)

bedanken vr: **sich bedanken**: **sich für etw bedanken** agradecer algo (bei jdm a alguien)

Bedarf m (-s, -e) necesidad f (an +dat de); (Com) demanda f; **je nach Bedarf** según convenga; **bei Bedarf** en caso necesario

Bedarfsfall m: **im Bedarfsfall** en caso de necesidad

Bedarfshaltestelle f parada f discrecional

bedauerlich adj lamentable

bedauern vt lamentar; (bemitleiden) compadecer

Bedauern nt (-s) sentimiento m,

pesar *m*
bedauernswert *adj* (*Zustände*) deplorable; (*Mensch*) pobre, digno(-a) de lástima
bedecken *vt* cubrir
bedenken *irr vt* (*Folgen, Tat*) pensar en, reflexionar sobre
Bedenken *pl* (*Zweifel*) duda *f*; (*Skrupel*) escrúpulo(s) *m*(*pl*)
bedenklich *adj* (*Miene, Gesicht*) serio(-a); (*Zustand, Aussehen*) amenazador(a)
bedeuten *vt* (*Zeichen, Wort*) significar; **jdm viel/wenig bedeuten** importar mucho/poco a alguien
bedeutend *adj* importante; (*beträchtlich*) considerable
Bedeutung *f* (*von Wort, Zeichen*) significado *m*; (*Wichtigkeit*) importancia *f*
bedienen *vt* (*jdn*) atender; (*Maschine*) manejar ▷ *vr*: **sich bedienen** (*beim Essen*) servirse; (*gebrauchen*) valerse (*gen* de)
Bedienung *f* servicio *m*; (*von Maschinen*) manejo *m*; (*Kellner*) camarero(-a) *m/f*, mozo(-a) *m/f* (*Am*)
Bedienungsanleitung *f* instrucciones *fpl*
bedingt *adj* (*Richtigkeit, Tauglichkeit*) limitado(-a); (*Zusage, Annahme*) condicional; (*Reflex*) condicionado(-a)
Bedingung *f* condición *f*
bedrohen *vt* amenazar
bedrücken *vt* afligir
Bedürfnis *nt* (*Notwendigkeit*) necesidad *f*; (*Verlangen*) exigencia *f*; (*Anliegen*) deseo *m*
beeilen *vr*: **sich beeilen** darse prisa

beeindrucken *vt* impresionar
beeinflussen *vt* influir en [o sobre]
beeinträchtigen *vt* (*Qualität*) perjudicar, afectar; (*Freude, Genuss*) reducir; (*Freiheit*) restringir
beenden *vt* terminar
beerdigen *vt* enterrar
Beerdigung *f* entierro *m*
Beere *f* (-, -n) baya *f*; (*Traubenbeere*) uva *f*
Beet *nt* (-(e)s, -e) (*Blumenbeet*) arriate *m*; (*Gemüsebeet*) bancal *m*
befahrbar *adj* (*Straße*) transitable; (*Naut*) navegable
befahren *irr vt* (*Straße, Route*) circular por; (*Naut*) navegar por ▷ *adj* transitado(-a); **stark befahrene Straße** calle de mucho tránsito
befassen *vr*: **sich befassen: sich befassen mit** dedicarse a, ocuparse de
Befehl *m* (-(e)s, -e) (*Anweisung*) orden *f*; (*Führung*) mando *m*; (*Inform*) instrucción *f*, orden *f*
befehlen *irr vt* ordenar ▷ *vi* mandar
Befehlsschaltfläche *f* (*Inform*) panel *m* de mando
Befehlsvorrat *m* (*Inform*) repertorio *m* de instrucciones
befinden *irr vr*: **sich befinden** encontrarse, estar
Befinden *nt* (-s) (*Zustand*) estado *m* (de salud)
befolgen *vt* (*Rat*) seguir; (*Vorschrift*) cumplir
befördern *vt* transportar; (*beruflich*) ascender
Beförderung *f* (*von Gütern*) transporte *m*; (*beruflich*) ascenso *m*, promoción *f*

befreien vt (*Gefangene*) libertar, poner en libertad; (*jdn: von Angst etc*) liberar; (*freistellen*) librar (*von de*) ▷ vr: **sich befreien** librarse
befreunden vr: **sich befreunden**: **sich befreunden mit** (*jdm*) hacerse amigo(-a) de; (*Idee etc*) familiarizarse con
befreundet *adj* amigo(-a)
befriedigen vt satisfacer
befriedigend *adj* satisfactorio(-a); (*Schulnote*) aprobado
Befriedigung *f* satisfacción *f*
befristet *adj* con plazo limitado
Befund *m* (-(e)s, -e) resultado *m*, hallazgo *m*; **ohne Befund** (*Med*) sin hallazgos
befürchten vt temer
befürworten vt recomendar, apoyar
begabt *adj* dotado(-a)
Begabung *f* talento *m*, aptitud *f*
begeben *irr* vr: **sich begeben** (*gehen*) trasladarse (*nach, in +akk* a), desplazarse (*nach, in +akk* a); (*geschehen*) tener lugar, suceder
begegnen vi (*treffen*) encontrar (*jdm* a alguien); (*stoßen auf*) tropezar (*dat* con); (*behandeln*) prevenir
Begegnung *f* encuentro *m*
begehen *irr* vt (*Straftat, Fehler, Dummheit*) cometer; (*Feier*) celebrar
begehrt *adj* solicitado(-a)
begeistern vt entusiasmar ▷ vr: **sich begeistern**: **sich für etw begeistern** entusiasmarse por algo
begeistert *adj* entusiasmado(-a)
Begeisterung *f* entusiasmo *m*
Beginn *m* (-(e)s) principio *m*; **zu Beginn** al comienzo
beginnen *irr* vt, vi empezar, comenzar
Beglaubigung *f* certificado *m*
begleiten vt acompañar
Begleiter, in *m*(f)(-s, -) acompañante *mf*; (*Freund*) compañero(-a) *m/f*
Begleitung *f* acompañamiento *m*
beglückwünschen vt felicitar (*zu* por, con ocasión de)
begraben *irr* vt enterrar; (*Hoffnung*) abandonar; (*Streit*) olvidar
begreifen *irr* vt comprender
Begriff *m* (-(e)s, -e) idea *f*, concepto *m*; **im Begriff sein, etw zu tun** estar a punto de hacer algo; **schwer von Begriff sein** tener pocas entendederas
begründen vt justificar
Begründung *f* argumentación *f*, justificación *f*
begrüßen vt (*Gäste*) saludar, recibir; (*Vorschlag, Entwicklung*) aprobar
Begrüßung *f* (*Gruß*) saludo *m*; (*Empfang*) recibimiento *m*
behagen vi: **jdm behagen** agradar a alguien
Behagen *nt* (-s) placer *m*
behaglich *adj* (*Atmosphäre, Wärme*) agradable; (*Möbel*) cómodo(-a)
behalten *irr* vt guardar, quedarse (con); (*Ruhe, Nerven*) mantener; (*Schaden*) quedarse con; (*Angestellte*) retener; (*Farbe, Mehrheit, Recht*) conservar; (*im Gedächtnis*) retener
Behälter *m* (-s, -) recipiente *m*
behandeln vt (*umgehen mit*) tratar; (*Maschine*) manejar; (*Med*) tratar
Behandlung *f* tratamiento *m*;

(*von Maschine*) manejo *m*; (*von Krankheit*) tratamiento *m*; (*mit Medikamenten*) medicación *f*
beharrlich *adj* (*ausdauernd*) perseverante; (*hartnäckig*) obstinado(-a)
behaupten *vt* (*äußern*) afirmar; (*Recht, Position*) mantener ▷ *vr*: **sich behaupten** mantenerse firme
Behauptung *f* afirmación *f*
beherrschen *vt* (*Volk*) gobernar; (*Situation*) controlar; (*Sprache, Gefühle*) dominar; (*Thema*) conocer a fondo ▷ *vr*: **sich beherrschen** dominarse
Beherrschung *f* (*Selbstbeherrschung*) autocontrol *m*; **die Beherrschung verlieren** perder el control (sobre uno mismo/una misma)
behilflich *adj*: **jdm behilflich sein** ayudar a alguien
behindern *vt* impedir
Behinderte, r *mf* minusválido(-a) *m/f*; (*geistig*) disminuido(-a) *m/f* mental
behindertengerecht *adj* apto(-a) para discapacitados
Behörde *f* (-, -n) autoridad *f*

○ SCHLÜSSELWORT

bei *präp +dat* (*räumlich*) cerca de, junto a; (*zusammen mit*) junto con; (*in jds Wohnung*) en casa de; (*Teilnahme*) en; (*zeitlich*) durante; (*Begleitumstände*) con; **beim Friseur** en la peluquería; **bei einer Firma arbeiten** trabajar para [*o* en] una empresa; **bei uns** en nuestra casa; (*in Land*) en nuestro país; **etw bei sich haben** tener algo consigo; **beim Fahren** al conducir; **bei Tag** de día; **bei Regen** con lluvia

bei|behalten *irr vt* mantener
bei|bringen *irr vt* (*Beweis, Zeugen*) aducir, presentar; (*Gründe*) alegar; **jdm etw beibringen** (*lehren*) enseñar algo a alguien; (*zu verstehen geben*) hacer comprender algo a alguien; (*zufügen*) causar algo a alguien
Beichte *f* (-, -n) confesión *f*
beide *pron* ambos(-as), los/las dos; **wir beide** nosotros(-as) dos; **einer von beiden** uno de los dos ▷ *adj*: **meine beiden Brüder** mis dos hermanos
beiderlei *adj inv* de los dos, de uno y otro; **beiderlei Geschlechts** de ambos sexos
beiderseits *adv* de ambas partes, recíprocamente
beides *pron* lo uno y lo otro, las dos cosas, ambas cosas; **alles beides** las dos cosas
beieinander *adv* juntos(-as)
Beifahrer, in *m(f)* (*im Auto*) acompañante *mf*; (*auf Motorrad*) paquete *mf*
Beifahrerairbag *m* airbag *m* del acompañante
Beifahrersitz *m* asiento *m* para pasajeros
Beifall *m* aplauso *m*
bei|fügen *vt* adjuntar
beige *adj inv* beige, beis
Beigeschmack *m* gustillo *m*
Beil *nt* (-(e)s, -e) (el) hacha *f*
Beilage *f* (*Buchbeilage*) suplemento *m*; (*Gastr*) guarnición *f*

beiläufig adj incidental ▷ adv de paso
Beileid nt pésame m; **mein herzliches Beileid** mi más sentido pésame
beiliegend adj (Com) adjunto(-a)
beim kontr von **bei dem**
Bein nt (-(e)s, -e) (von Mensch) pierna f; (zu Tier) pata f; (von Möbelstück) pie m, pata f; (Hosenbein) pernera f
beinah, e adv casi, aproximadamente
Beinbruch m fractura f de la pierna
beisammen adv juntos(-as), reunidos(-as)
Beisammensein nt (-s) reunión f
Beisein nt (-s) presencia f
beiseite adv a un lado
beiseite|legen vt: **etw beiseitelegen** (Ware) apartar algo; (Geld) ahorrar algo
Beispiel nt (-(e)s, -e) ejemplo m; **zum Beispiel** por ejemplo
beißen irr vt morder ▷ vi (Rauch, Insekt) picar ▷ vr: **sich beißen** (fam: Farben) no combinar
Beißzange f tenazas fpl
bei|steuern vt contribuir (zu a)
Beitrag m (-(e)s, Beiträge) (Anteil) parte f; (zu Buch, Zeitschrift) artículo m; (Mitgliedsbeitrag) cuota f; (Versicherungsbeitrag) prima f
bei|tragen irr vt contribuir; (mithelfen) ayudar
bei|treten irr vi adherirse (dat a)
bekämpfen vt (Gegner, Schädlinge, Unkraut) combatir; (Seuche) hacer frente a; (Missstände) luchar contra ▷ vr: **sich bekämpfen** enfrentarse
bekannt adj conocido(-a); **mit jdm bekannt sein** conocer a alguien; **jdn mit jdm bekannt machen** presentar a uno(-a) con otro(-a); **das ist mir bekannt** eso lo conozco; **es/sie kommt mir bekannt vor** creo conocerle/la; **bekannt geben** comunicar; (Verlobung etc) anunciar
Bekannte, r mf conocido(-a) m/f
bekanntlich adv notoriamente
Bekanntschaft f conocimiento m; **Bekanntschaft machen** conocer a alguien
beklagen vt compadecerse de; (Verluste) deplorar, lamentar ▷ vr: **sich beklagen** quejarse (über +akk de)
Bekleidung f vestimenta f
bekommen irr vt recibir; (Preis) ganar; (Kind: erwarten) ir a tener; (gebären) tener; (Krankheit) contraer; (Zug) coger ▷ vi: **jdm gut/schlecht bekommen** caer bien/mal a alguien; (Essen) sentar bien/mal a alguien; (Sonne) hacer bien/mal a alguien
beladen irr vt cargar
Belag m (-(e)s, Beläge) capa f; (Boden) revestimiento m; (Brotbelag) fiambre m; (Zahnbelag) funda f; (auf Zunge) saburra f lingual; (Bremsbelag) forro m
belanglos adj insignificante
belasten vt cargar; (Organ, Körper) someter a esfuerzo; (Stromnetz etc) sobrecargar; (fig: bedrücken) agobiar, abrumar; (Konto) cargar ▷ vr: **sich belasten** (mit Arbeit) sobrecargarse; (mit Sorgen) preocuparse
belästigen vt importunar
Belästigung f molestia f; **sexuelle Belästigung** acoso m

sexual

Belastung f (von Brücke etc) carga f; (Last, Gewicht) peso m; (fig) agobio m; (Com) recargo m; (von Haus) hipoteca f; (von Konto) débito m; (Jur) imputación f; **die 4 Kinder sind eine große Belastung** los 4 niños son una gran carga

belaufen irr vr: **sich belaufen** ascender (auf +akk a)

belebt adj animado(-a), vivo(-a)

Beleg m (-(e)s, -e) (Com) comprobante m; (Beweis) prueba f

belegen vt (Boden) revestir; (Platz, Zimmer) reservar; (Kurs) inscribirse en; (beweisen) justificar; (urkundlich) documentar; **ein Brot mit Käse belegen** hacer un bocadillo de queso

beleidigen vt (durch Benehmen) ofender; (mündlich) insultar; (Jur) injuriar; **beleidigt sein** estar enfadado(-a)

Beleidigung f ofensa f; (Äußerung) insulto m; (Jur) injuria f

Beleuchtung f (von Gebäude, Treppe etc) iluminación f; (von Straße) alumbrado m; (von Fahrzeug) luces fpl, faros mpl

Belgien nt (-s) Bélgica f

Belgier, in m(f) (-s, -) belga mf

belgisch adj belga

Belichtung f (Foto) exposición f

Belichtungsmesser m (-s, -) fotómetro m

Belieben nt: **(ganz) nach Belieben** (nach Wunsch) a placer, a discreción; (nach Geschmack) según gusto

beliebig adj a voluntad; (irgendein) cualquier(a); **beliebig viel** cuanto se quiera

beliebt adj (Mensch) querido(-a), estimado(-a); (Buch, Thema) apreciado(-a); **sich bei jdm beliebt machen** ganarse el afecto de alguien

bellen vi ladrar

Belohnung f recompensa f; (Geld) retribución f

bemerkbar adj: **sich bemerkbar machen** hacerse notar; (Mensch) atraer la atención

bemerken vt (wahrnehmen) notar, darse cuenta de

bemerkenswert adj notable, interesante

Bemerkung f (Äußerung) observación f; (schriftlich) nota f

bemühen vr: **sich bemühen** (sich Mühe geben) esforzarse; (sich begeben) dirigirse a; (beanspruchen) aspirar (um a)

Bemühung f esfuerzo m; (Dienstleistung) molestia f

benachbart adj vecino(-a)

benachrichtigen vt avisar, informar

benehmen irr vr: **sich benehmen** portarse, comportarse

Benehmen nt (-s) conducta f, comportamiento m

beneiden vt envidiar (jdn um a alguien por)

beneidenswert adj envidiable

Beneluxländer pl (Estados mpl del) Benelux m

benötigen vt tener necesidad de

benutzen, benützen vt usar; (Eingang) utilizar; (Bücherei) consultar; (Zug, Taxi) servirse de

Benutzer, in m(f) (-s, -) (von Gegenstand: Inform) usuario(-a) m/f; (von Bücherei) lector(a) m(f)

benutzerfreundlich *adj* de fácil manejo, de manejo sencillo
Benutzeroberfläche *f* (*Inform*) superficie *f* del usuario
Benutzung *f* uso *m*, empleo *m*
Benzin *nt* (**-s, -e**) gasolina *f*
Benzinkanister *m* bidón *m* de gasolina
Benzinuhr *f* indicador *m* del nivel de gasolina
beobachten *vt* (*betrachten*) observar; (*Verdächtigen*) vigilar; (*bemerken*) notar, advertir
Beobachtung *f* observación *f*; (*polizeilich*) vigilancia *f*; (*ärztlich*) control *m*; (*Feststellung, Äußerung*) constatación *f*
bequem *adj* cómodo(-a); (*Lösung, Ausrede*) oportuno(-a); (*Mensch*) indolente
Bequemlichkeit *f* comodidad *f*; (*Faulheit*) pereza *f*
beraten *irr vt* (*Rat geben*) aconsejar; (*besprechen*) deliberar
Beratung *f* consejo *m*; (*ärztlich*) consulta *f*; (*Besprechung*) discusión *f*
berauben *vt* (*jdn*) robar
berechnen *vt* calcular; (*Com: anrechnen*) cargar (en cuenta), adeudar; **jdm etw berechnen** cargar algo a la cuenta de alguien
berechnend *adj* (*Mensch*) calculador(a)
berechtigen *vt* autorizar; (*fig*) dar derecho a
berechtigt *adj* legítimo(-a), fundado(-a)
Bereich *m* (**-(e)s, -e**) (*Bezirk*) ámbito *m*, zona *f*; (*Ressort*) campo *m*
bereit *adj*: **bereit sein** estar preparado(-a); **zu etw bereit sein** estar dispuesto(-a) para algo; **sich**

bereit erklären mostrarse dispuesto(-a); **bereit machen** preparar
bereiten *vt* preparar; (*Kummer, Freude*) causar (*jdm* a alguien)
bereit|halten *irr vt* tener preparado(-a)
bereit|machen *vt siehe* **bereit**
bereits *adv* ya
bereuen *vt* arrepentirse de
Berg *m* (**-(e)s, -e**) montaña *f*; (*kleiner*) monte *m*
bergig *adj* montañoso(-a)
Bergmann *m* minero *m*
Bergsteigen *nt* (**-s**) alpinismo *m*, montañismo *m*
Bergsteiger, in *m(f)* (**-s, -**) alpinista *mf*
Bergung *f* (*von Menschen*) rescate *m*; (*von Material*) recuperación *f*; (*Naut*) salvamento *m*
Bergwerk *nt* mina *f*
Bericht *m* (**-(e)s, -e**) (*schriftlich*) relación *f*, informe *m*; (*mündlich*) exposición *f*, comunicación *f*
berichten *vt* (*schriftlich*) informar; (*mündlich*) relatar, contar
Berlin *nt* (**-s**) Berlín *m*
Berliner Republik *f* hace referencia al traspaso del gobierno central alemán de Bonn a Berlín, se habla así de la 'república de Berlín' en lugar de la 'república de Bonn'.
Bermudadreieck *nt* Triángulo *m* de las Bermudas
Bermudas *pl*: **die Bermudas, die Bermudainseln** las Bermudas, las Islas Bermudas
Bermudashorts *pl* bermudas *mpl*
Bern *nt* (**-s**) (*Stadt und Kanton*) Berna *f*
berücksichtigen *vt* considerar
Beruf *m* (**-(e)s, -e**) (*Tätigkeit*)

actividad f, profesión f; (Gewerbe) oficio m; **Lehrer/Bäcker von Beruf sein** ser maestro de profesión/panadero de oficio
beruflich adj profesional; **beruflich unterwegs sein** estar en viaje de negocios
Berufsausbildung f formación f profesional
Berufsschule f escuela f de formación profesional
beruhigen vt calmar; **beruhigt sein** estar tranquilo(-a) ▷ vr: **sich beruhigen** (Mensch) tranquilizarse, calmarse; (Situation) normalizarse; (Sturm) amainar
beruhigend adj calmante, tranquilizador; (Mittel) sedante
Beruhigung f (von Mensch) calma f, apaciguamiento m; (von Gewissen) tranquilidad f; (von Nerven) sedación f
Beruhigungsmittel nt sedante m, calmante m
berühmt adj famoso(-a), célebre
berühren vt tocar, entrar en contacto con; (Math) ser tangente de; (gefühlsmäßig) conmover; (erwähnen) mencionar ▷ vr: **sich berühren** (Menschen) tocarse; (Gegenstände) estar en contacto, tocarse; (Bereiche) lindar uno(-a) con otro(-a)
Berührung f contacto m; (Math) tangencia f
Berührungsbildschirm m pantalla f táctil
beschädigen vt deteriorar, estropear
beschaffen vt proporcionar, procurar; **sich** dat **etw beschaffen** procurarse algo, hacerse con algo

Beschaffenheit f (von Materie) estado m, calidad f
beschäftigen vt (jdn) ocupar; (beruflich) dar trabajo a; (Problem, Frage) preocupar ▷ vr: **sich beschäftigen** ocuparse; (sich befassen) entretenerse (mit de, con)
Beschäftigung f (Beruf) empleo m, ocupación f; (Tätigkeit) actividad f; (Befassen) entretenimiento m
Beschäftigungstherapie f terapia f ocupacional
Bescheid m (-(e)s, -e) (Auskunft) información f; (Benachrichtigung) noticia f; **Bescheid wissen** estar al corriente; **jdm Bescheid geben** [o **sagen**] informar a alguien, avisar a alguien
bescheiden adj modesto(-a); (Mahl, Haus, Gehalt) moderado(-a)
Bescheinigung f certificado m; (Quittung) recibo m
beschenken vt regalar
beschimpfen vt insultar
beschleunigen vt acelerar; (Arbeit etc) adelantar
beschließen irr vt (entscheiden) decidir; (beenden) concluir
Beschluss m decisión f
beschreiben irr vt describir; (Papier) escribir en, escribir sobre
Beschreibung f descripción f
beschuldigen vt inculpar; **jdn einer Sache** gen **beschuldigen** acusar a alguien de algo
beschützen vt proteger
Beschwerde f (-, -n) queja f, reclamación f; (Mühe) fatiga f; **Beschwerden** pl (Leiden) sufrimientos mpl, molestias fpl
beschweren vt cargar (mit de) ▷ vr: **sich beschweren** quejarse

beschwipst *adj* achispado(-a)
beseitigen *vt* eliminar, suprimir; *(Zweifel)* disipar
Besen *m* (**-s, -**) escoba *f*
besetzen *vt* ocupar; *(Posten)* cubrir; *(Rolle)* asignar
besetzt *adj (Toilette)* ocupado(-a); *(Tel)* comunicando; *(Stelle)* cubierto(-a); *(Hotel)* completo(-a), lleno(-a)
Besetztzeichen *nt* señal *f* de ocupado
besichtigen *vt* ver, mirar; *(Sehenswürdigkeit)* visitar
Besichtigung *f* visita *f*
besiegen *vt* vencer
Besinnung *f (Bewusstsein)* conocimiento *m*, sentido *m*; **zur Besinnung kommen** recobrar el conocimiento; *(fig)* recobrar el juicio
Besitz *m* (**-es**) *(das Besitzen)* posesión *f*; *(Eigentum)* propiedad *f*; *(Landgut)* finca *f*
besitzen *irr vt* poseer
Besitzer, in *m(f)* (**-s, -**) propietario(-a) *m/f*
besondere, r, s *adj (außergewöhnlich)* extraordinario(-a); *(ausgefallen, eigentümlich)* particular; *(speziell)* especial; *(gesondert)* separado(-a); **nichts Besonderes** nada especial; **etwas Besonderes** algo extraordinario
Besonderheit *f* particularidad *f*, especialidad *f*
besonders *adv (hauptsächlich)* sobre todo, principalmente; *(nachdrücklich)* particularmente; *(außergewöhnlich)* excepcionalmente; *(sehr)* muy

besorgen *vt* procurar, conseguir; *(kaufen)* comprar; *(erledigen)* encargarse de, ocuparse de
besorgt *adj* inquieto(-a)
besprechen *irr vt* discutir *(mit con)*; *(Tonband etc)* grabar ▷ *vr:* **sich besprechen** consultarse
Besprechung *f (Unterredung)* entrevista *f*
besser *adj* mejor; **es wäre besser, wenn ...** más valdría que ... +subj ▷ *adv* mejor; **du hättest besser ...** mejor hubieses ...; **besser gesagt** mejor dicho; **es geht ihm besser** está mejor, va mejorando
bessern *vt* mejorar ▷ *vr:* **sich bessern** mejorarse, aliviarse; *(Wetter)* aclararse; *(Verbrecher)* enmendarse
Besserung *f* mejoría *f*; *(von Patient)* restablecimiento *m*; **gute Besserung!** ¡que se mejore!
Besserwessi *m (pej)* sabelotodo *m* *(se emplea, como juego de palabras, para los alemanes del oeste)*
Besserwisser, in *m(f)* (**-s, -**) sabelotodo *mf*, sabidillo *m/f*
beständig *adj* constante; *(Wetter)* estable; *(widerstandsfähig)* resistente; *(dauernd)* continuo(-a)
Bestandteil *m* componente *m*; *(Zusatz)* ingrediente *m*; *(Einzelteil)* parte *f*; *(Grundbestandteil)* parte *f* integrante
bestätigen *vt* confirmar; *(Com)* acusar; *(bekräftigen)* ratificar; **jdm etw bestätigen** confirmar algo a alguien ▷ *vr:* **sich bestätigen** confirmarse
Bestätigung *f* confirmación *f*
beste, r, s *adj* el/lo/la mejor, óptimo(-a); **sie singt am besten**

es la que mejor canta; **am besten gehst du gleich** mejor (te) vas ahora mismo

bestechen *irr vt (Zeugen)* sobornar; *(Beamte)* corromper

bestechlich *adj* sobornable

Bestechung *f* soborno *m*, cohecho *m*

Besteck *nt* **(-(e)s, -e)** cubierto *m*

bestehen *irr vi (existieren)* existir; *(andauern)* perdurar, durar; **aus etw bestehen** estar compuesto(-a) de, constar de; **auf etw** *dat* **bestehen** insistir en algo ▷ *vt (Kampf)* sostener; *(Prüfung)* aprobar

bestehlen *irr vt* robar

bestellen *vt (Waren)* pedir; *(reservieren lassen)* mandar reservar; *(kommen lassen)* hacer venir, llamar (zu a); *(Grüße, Auftrag)* transmitir

Bestellschein *m* hoja *f* de pedido

Bestellung *f (Com)* pedido *m*; *(das Bestellen)* orden *f*

bestens *adv* óptimamente

bestimmen *vt (Tag, Ort)* fijar; *(vorsehen)* destinar; *(ernennen)* designar

bestimmt *adj (entschlossen)* decidido(-a); *(gewiss)* fijo(-a) ▷ *adv (gewiss)* seguramente

Bestimmung *f (Verordnung)* disposición *f*, norma *f*; *(Festsetzen)* fijación *f*; *(Verwendungszweck, Schicksal)* destino *m*

Bestimmungsort *m* (lugar *m* de) destino *m*

bestrafen *vt* castigar

bestrahlen *vt* iluminar; *(Med)* tratar con rayos

bestreiten *irr vt (abstreiten)* impugnar; *(finanzieren)* financiar

Bestseller *m* **(-s, -)** éxito *m* de ventas

bestürzt *adj* consternado(-a)

Besuch *m* **(-(e)s, -e)** visita *f*; *(von Gottesdienst)* asistencia *f*; **bei jdm auf [o zu] Besuch sein** estar de visita en casa de alguien

besuchen *vt* visitar; *(häufig)* frecuentar; *(Schule etc)* asistir; **gut besucht** muy frecuentado(-a)

Besucher, in *m(f)***(-s, -)** visitante *mf*

Betablocker *m* **(-s, -)** bloqueador *m* beta, betabloqueador *m*

betätigen *vt (bedienen)* accionar ▷ *vr:* **sich betätigen** actuar *(als* de)

betäuben *vt (Schlag)* aturdir, atontar; *(Lärm)* ensordecer; *(fig: Gewissen)* adormecer; *(Med)* anestesiar

Betäubungsmittel *nt* narcótico *m*, anestésico *m*

Beta-Version *f (Inform)* versión *f* Beta

Bete *f***(-, -n): Rote Bete** remolacha *f* roja

beteiligen *vr:* **sich beteiligen** participar *(an +dat* en); *(finanziell)* participar económicamente

Beteiligung *f* participación *f*

beten *vt, vi* rezar, orar

Beton *m* **(-s, -s)** hormigón *m*

betonen *vt* acentuar; *(bekräftigen)* destacar; *(hervorheben)* hacer resaltar

Betonkopf *m (pej)* cabeza *f* dura

Betonung *f* acentuación *f*

Betracht *m:* **in Betracht kommen** entrar en consideración; **nicht in Betracht kommen** no merecer atención

betrachten *vt* mirar, observar; **jdn als ... betrachten** considerar a

alguien como ...
beträchtlich adj considerable
Betrachtung f contemplación f
Betrag m (**-(e)s, Beträge**) importe m, suma f
betragen irr vt (Summe) ascender a ▷ vr: **sich betragen** comportarse
Betragen nt (**-s**) comportamiento m, conducta f
betreffen irr vt concernir, afectar; **was mich betrifft** en cuanto a mí
betreffend adj respectivo(-a)
betreffs präp +gen (con) respecto a
betreten irr vt (Haus) entrar en; (Gelände etc) andar por, caminar por; (Rasen) pisar; **Betreten verboten!** prohibida la entrada
▷ adj (Schweigen) embarazoso(-a); (Gesichtsausdruck) turbado(-a)
betreuen vt (Kinder) cuidar de; (Reisegruppe, Kranke) atender a; (Projekt) asesorar
Betrieb m (**-(e)s, -e**) (Firma) empresa f; (Tätigkeit: von Maschine) funcionamiento m; (Betriebsamkeit) actividad f, tráfico m; **außer Betrieb sein** estar fuera de servicio; **in Betrieb sein** hallarse en servicio
Betriebsrat m, **Betriebsrätin** f (Mensch) miembro m del comité de empresa
Betriebssystem nt (Inform) sistema m de operación [o operativo]
betrinken irr vr: **sich betrinken** emborracharse
betroffen adj (bestürzt) consternado(-a); **von etw betroffen werden** [o **sein**] estar afectado(-a) por algo
Betrug m (**-(e)s**) engaño m, fraude m

betrügen irr vt engañar, defraudar ▷ vr: **sich betrügen**: **sich (selbst) betrügen** engañarse
Betrüger, in m(f) (**-s, -**) estafador(a) m(f)
betrügerisch adj fraudulento(-a), tramposo(-a)
betrunken adj borracho(-a)
Bett nt (**-(e)s, -en**) cama f; **ins** [o **zu**] **Bett gehen** irse a la cama, acostarse
Bettdecke f colcha f; (Daunenbettdecke) edredón m
betteln vi mendigar; (bitten) pedir insistentemente
Bettler, in m(f) (**-s, -**) mendigo(-a) m/f
Bettwäsche f ropa f de cama
Beule f (**-, -n**) (am Kopf) chichón m; (Anschwellung) hinchazón f; (an Gegenstand) abolladura f
beunruhigen vt inquietar ▷ vr: **sich beunruhigen** preocuparse
beurteilen vt (Lage) juzgar; (Schüler etc) evaluar; (Buch etc) reseñar
Beute f (**-**) (Kriegsbeute) botín m; (Diebesbeute) objetos mpl robados; (Jagdbeute) presa f
Beutel m (**-s, -**) (Tasche) bolsa f; (Geldbeutel) monedero m; (Tabaksbeutel) petaca f; (von Känguru) bolsa f (abdominal), marsupio m
Bevölkerung f población f
Bevölkerungsexplosion f explosión f demográfica
bevor konj antes que +subj
bevor|stehen irr vi ser inminente
bevorzugen vt preferir
bewachen vt vigilar
bewahren vt (aufbewahren)

guardar, custodiar; *(behalten)* conservar; **jdn vor jdm/etw bewahren** proteger a alguien de alguien/algo

Bewährung f *(Jur)* prueba f

bewältigen vt superar; *(Arbeit)* llevar a cabo; *(Problem)* vencer

bewegen vt mover ▷ vr: **sich bewegen** moverse; *(Preis)* oscilar

beweglich adj móvil; *(flink)* ágil; *(geistig)* vivaz

bewegt adj *(unruhig)* inquieto(-a); *(Meer)* agitado(-a); *(ergriffen)* emocionado(-a)

Bewegung f movimiento m; *(heftige)* agitación f; *(Vereinigung: politisch)* movimiento m

Beweis m (**-es, -e**) prueba f; *(Zeichen)* signo m

beweisen *irr* vt probar; *(zeigen: Math)* demostrar

bewerben *irr* vr: **sich bewerben** presentarse

Bewerber, in m(f) (**-s, -**) solicitante mf

Bewerbung f *(Vorgang)* aspiración f; *(Schreiben)* solicitud f

bewerten vt *(Gegenstand, Arbeit)* evaluar; *(Sport)* clasificar; *(Äußerung, Menschen)* valorar

bewirken vt causar, efectuar; **was will er damit bewirken?** ¿qué quiere conseguir con eso?

bewirten vt hospedar, agasajar

Bewirtung f hospitalidad f; *(Essen und Getränke)* servicio m

bewohnen vt habitar, vivir en

Bewohner, in m(f) (**-s, -**) habitante mf

Bewölkung f nubes fpl

bewundern vt admirar

Bewunderung f admiración f

bewusst adj *(bereits bekannt)* en cuestión; *(geistig wach)* consciente; *(absichtlich)* intencionado(-a); **sich** dat **einer Sache** gen **bewusst sein** ser consciente de algo

bewusstlos adj *(Mensch)* inconsciente; *(Zustand)* sin conocimiento; **bewusstlos werden** desmayarse

Bewusstlosigkeit f pérdida f del conocimiento, desvanecimiento m

Bewusstsein nt (**-s**) *(Wissen)* conocimiento m; *(Psych)* conciencia f; *(Med)* conocimiento m, sentido m

bezahlen vt pagar; **das macht sich bezahlt** vale la pena; **bitte bezahlen!** ¡la cuenta, por favor!

Bezahlfernsehen nt televisión f de pago

Bezahlung f pago m, retribución f

bezeichnen vt *(markieren)* marcar; *(benennen)* definir; *(beschreiben)* describir, señalar

bezeichnend adj característico(-a), típico(-a)

Bezeichnung f designación f; *(Zeichen)* señal f, marca f; *(Benennung)* denominación f

beziehen *irr* vt *(Bett)* cambiar las sábanas de; *(Haus)* instalarse en; *(Gelder)* percibir; *(Zeitung)* estar suscrito(-a) a; **etw auf jdn/etw beziehen** aplicar algo a alguien/algo ▷ vr: **sich beziehen** referirse (**auf**+akk a)

Beziehung f *(Verbindung)* contacto m; *(Zusammenhang)* relación f; *(Verhältnis)* relaciones fpl; *(Hinsicht)* respecto m; **Beziehungen haben** tener contactos [o relaciones]

beziehungsweise konj *(genauer*

gesagt) mejor dicho, o sea; (*im anderen Fall*) respectivamente
Bezirk m (-(e)s, -e) (*Gegend*) región f; (*Stadtbezirk*) barrio m; (*Verwaltungsbezirk*) distrito m
Bezug m (-(e)s, Bezüge) (*Sofabezug*) funda f; (*Bettbezug*) ropa f de cama; (*von Waren*) adquisición f; (*Beziehung*) relación f; **in Bezug auf** +akk respecto a, respecto de; **Bezug nehmen auf** +akk referirse a
bezüglich präp +gen referente a
bezweifeln vt poner en duda
BH m (-s, -s) abk (= Büstenhalter) sostén m, corpiño m (Am)
Bhf. abk (= Bahnhof) estación f
Bibel f (-, -n) Biblia f
Biber m (-s, -) castor m
Bibliothek f (-, -en) biblioteca f
biegen irr vt doblar; (*Arm etc*) torcer ▷ vi girar ▷ vr: **sich biegen** (*Ast, Blech*) doblarse; (*Mensch, Körper*) inclinarse
Biene f (-, -n) abeja f; (*fam: Mädchen*) chica f llamativa
Bier nt (-(e)s, -e) cerveza f
Biest nt (-s, -er) (*Tier*) animal m; (*fam: Mensch*) canalla m
bieten irr vt ofrecer; (*bei Versteigerung*) pujar; **sich dat etw bieten lassen** tolerar algo ▷ vi (*bei Versteigerung*) hacer una oferta ▷ vr: **sich bieten** (*Chance, Ausweg*) presentarse
Bikini m (-s, -s) bikini m
Bild nt (-(e)s, -er) (*Gemälde*) cuadro m; (*Foto*) foto f; (*Zeichnung*) dibujo m; (*Fernsehbild, Spiegelbild*) imagen f; (*Vorstellung*) idea f; (*Eindruck*) impresión f; (*Anblick*) aspecto m
bilden vt formar; (*modellieren*)

crear, modelar; (*erziehen*) educar; (*Ausnahme, Ende*) constituir ▷ vr: **sich bilden** formarse
Bildhauer, in m(f) (-s, -) escultor(a) m(f)
Bildschirm m pantalla f; **geteilter Bildschirm** pantalla dividida
Bildschirmschoner m (-s, -) salvapantallas m, protector m de pantalla
Bildschirmtext m videotex m
Bildtelefon nt visófono m
Bildung f formación f; (*Wissen, Benehmen*) cultura f, educación f
Bildungsurlaub m permiso m de formación
billig adj (*nicht teuer*) barato(-a); (*schlecht*) malo(-a), mediocre
billigen vt aprobar
binär adj binario(-a)
Binde f (-, -n) (*Med*) venda f; (*Damenbinde*) compresa f
binden irr vt (*zusammenbinden*) atar; (*Buch*) encuadernar; (*Strauß, Schleife*) hacer; (*festbinden*) sujetar; (*verpflichten: jdn*) comprometer ▷ vr: **sich binden** (*sich verpflichten*) comprometerse; **sich an jdn binden** (*fig*) vincularse [o ligarse] a alguien
Bindestrich m guión m
Bindfaden m bramante m, cuerda f
Bindung f (*Verpflichtung*) compromiso m, obligación f; (*Verbundenheit*) vínculo m; (*Skibindung*) fijación f
Binse f (-, -n) junco m
biodynamisch adj biodinámico(-a)
Biogas nt biogás m

BIOLADEN

Un **Bioladen** es un establecimiento especializado en la venta de productos ecológicos, como detergentes sin fosfatos, papel reciclado y verduras biológicas.

Biologie f biología f (als Fach großgeschrieben)
biologisch adj biológico(-a); **biologisch abbaubar** biodegradable
Biorhythmus m biorritmo m
Biotechnik f biotécnica f
Biotechnologie f biotecnología f
Biotonne f cubo de basura biológico para residuos vegetales
Biotop nt (-s, -e) biotopo m
Birke f (-, -n) abedul m
Birne f (-, -n) pera f; (Elec) bombilla f

  SCHLÜSSELWORT

bis präp +akk (zeitlich) hasta; **bis bald/gleich** hasta pronto/ahora; **bis auf etw** akk (einschließlich) hasta algo; (ausgeschlossen) con excepción de algo; **bis zu** hasta; **von ... bis ...** de ... a ..., desde ... hasta ... ▷ konj (mit Zahlen) hasta; (zeitlich) hasta que +subj

Bischof m (-s, Bischöfe) obispo m
bisher adv hasta ahora
Biskaya f (-) Golfo m de Vizcaya; **der Golf von Biskaya** el Golfo de Vizcaya
Biskuit m o nt (-(e)s, -s o -e) bizcocho m
Biss m (-es, -e) mordisco m; (Verletzung) mordedura f
bisschen pron: **ein bisschen** un poquito; **ein bisschen Ruhe/Salz** un poco de tranquilidad/sal; **kein bisschen** ni pizca; **ein klein(es) bisschen** un poquitín (de)
Bissen m (-s, -) bocado m
bissig adj (Hund) mordedor(a); (Bemerkung) mordaz
Bit nt (-s, -s) (Inform) bit m
bitte interj por favor; (wie bitte?) ¿cómo dice?, ¿qué?; (ja bitte) sí, por favor; (als Antwort auf Dank) de nada; **bitte schön!** ¡por favor!, ¡sírvase!
Bitte f (-, -n) ruego m
bitten irr vt, vi pedir, solicitar; **jdn um etw bitten** rogar [o solicitar] algo a alguien
bitter adj amargo(-a)
Blabla nt (-(s)) (fam) blablabla m
Blackout, Black-out m (-s, -s) pérdida f pasajera de la conciencia; (Stromausfall) apagón m; (durch Überlastung) derrumbe m; **da habe ich einen Blackout gehabt** me quedé en blanco
Blähungen pl (Med) flatulencias fpl
blamieren vt poner en ridículo ▷ vr: **sich blamieren** hacer el ridículo
Blankoscheck m cheque m en blanco
Bläschen nt burbujita f; (Med) vesícula f
Blase f (-, -n) burbuja f; (Med) ampolla f; (Anat) vejiga f
blasen irr vt, vi soplar
Blasinstrument nt instrumento m de viento
Blaskapelle f banda f de instrumentos de viento

blass adj pálido(-a)
blassblau adj azul pálido(-a)
Blatt nt (-(e)s, Blätter) (von Pflanze, Papier) hoja f; (Seite) página f
blättern vi (Inform) desplazarse la pantalla; **in etw** dat **blättern** hojear algo
Blätterteig m hojaldre m
blau adj azul; (Lippen, Auge: von Schlag) morado(-a); (Blut) aristocrático(-a); (fam: betrunken) borracho(-a); (Gastr) cocido(-a), hervido(-a); **die blaue Fahne** [o **Flagge**] (für Strandqualität) la bandera azul; **blauer Fleck** cardenal m; **Fahrt ins Blaue** viaje m sorpresa
Blauhelm m casco m azul
Blech nt (-(e)s, -e) chapa f, lámina f
Blechschaden m (Auto) daños mpl de chapa
Blei nt (-(e)s, -e) plomo m
bleiben irr vi quedarse; (Lage, Haltung nicht ändern) permanecer; (übrig bleiben) sobrar, quedar de más; **stehen/sitzen bleiben** quedarse de pie/sentado(-a); **bei etw bleiben** persistir [o quedar] en algo; **bleiben lassen** no hacer
bleich adj pálido(-a)
bleifrei adj sin plomo
bleihaltig adj con plomo
Bleistift m lápiz m
Bleistiftspitzer m (-s, -) sacapuntas m
Blende f (-, -n) (Foto) diafragma m
blenden vt (Sonne, Auto) deslumbrar; (blind machen) cegar; (täuschen) ilusionar, engañar
blendend adj (fam) deslumbrante; **blendend aussehen** tener un aspecto magnífico

Blick m (-(e)s, -e) mirada f; (Aussicht) vista f
blicken vi (in bestimmte Richtung) mirar; (Zimmer, Haus) dar (auf +akk a); **sich blicken lassen** dejarse ver
blind adj ciego(-a); (Spiegel, Glas etc) empañado(-a); (Wut, Hass etc) desmedido(-a); **blinder Passagier** polizón m, pasajero(-a) m/f clandestino(-a)
Blinddarm m apéndice m
Blinddarmentzündung f apendicitis f
Blindenschrift f escritura f Braille
blinken vi (Stern) brillar, centellear; (Metall) relucir; (Licht) destellar; (Auto) poner la luz intermitente
Blinker m (-s, -), **Blinklicht** nt (Auto) intermitente m
blinzeln vi parpadear
Blitz m (-es, -e) rayo m, relámpago m
Blitzableiter m (-s, -) pararrayos m
blitzen vi (Metall) relucir; (Augen) brillar; **es blitzt** (Meteo) relampaguea
Blitzlicht nt (Foto) flash m
Block m (-(e)s, Blöcke) (Quader) sillar m; (Inform) bloc m; (Papierblock) taco m (de papel) ▷ m (-s, -s) (Häuserblock) bloque m de pisos [o casas]; (von Straßen umgeben) manzana f; (Gruppe) grupo m
Blockflöte f flauta f dulce
blockieren vt bloquear ▷ vi bloquearse
Blockschrift f letra f de imprenta
blöd, e adj tonto(-a), estúpido(-a); (fam: albern) simple, bobo(-a); (ungeschickt) torpe; (unangenehm) desagradable
blond adj rubio(-a)

bloß *adj* (*unbedeckt*) descubierto(-a); (*nackt*) desnudo(-a) ▷ *adv* (*nur*) sólo; (*auffordernd*) nada más que
blühen *vi* florecer; (*fig*) prosperar
Blume *f*(-, -n) flor *f*
Blumenkohl *m* coliflor *f*
Blumentopf *m* maceta *f*
Blumenzwiebel *f* bulbo *m*
Bluse *f*(-, -n) blusa *f*
Blut *nt* (-(e)s) sangre *f*
Blutbuche *f* (el) haya *f* roja
Blutdruck *m* tensión *f* arterial
Blutdruckmesser *m* (-s, -) tensiómetro *m*
Blüte *f*(-, -n) flor *f*; (*Zeit*) florescencia *f*; (*fig*) apogeo *m*
Blutegel *m* sanguijuela *f*
bluten *vi* sangrar
Bluter *m* (-s, -) (*Med*) hemofílico *m*
Bluterguss *m* (*Med*) derrame *m* sanguíneo
Blutgruppe *f* grupo *m* sanguíneo
blutig *adj* ensangrentado(-a); (*Kampf*) sangriento(-a); **das ist mein blutiger Ernst** lo digo totalmente en serio
Blutkonserve *f* unidad *f* de sangre almacenada
Blutung *f* (*Med*) hemorragia *f*; (*monatliche Blutung*) menstruación *f*
Blutzuckerspiegel *m* grado *m* de azúcar en la sangre
BLZ *abk* (= *Bankleitzahl*) n° [o código] de identificación bancaria
Bob *m* (-s, -s) bob (sleigh) *m*
Bock *m* (-(e)s, Böcke) (*Rehbock*) corzo *m* macho; (*Ziegenbock*) macho *m* cabrío; (*Gestell*) caballete *m*; **keinen Bock haben, etw zu tun** (*fam*) no tener ganas de hacer algo

Boden *m* (-s, Böden) (*Erde*) suelo *m*, tierra *f*; (*Gebiet*) territorio *m*; (*untere Seite, Meeresboden*) fondo *m*; (*Fußboden*) pavimento *m*, suelo *m*; (*Speicher*) desván *m*; (*fig*) base *f*, fundamento *m*
Bodenhaltung *f* cría *f* sobre el suelo
Bodenschätze *pl* riquezas *fpl* del subsuelo
Body *m* (-s, -s) body *m*
Bodybuilding *nt* (-s) culturismo *m*, musculación *f*
Bogen *m* (-s, - *o* Bögen) (*Biegung*) curva *f*; (*Waffe: Archit*) arco *m*; (*Papierbogen*) pliego *m*, hoja *f*
Bohne *f*(-, -n) (*Gartenbohne*) judía *f*; (*großschotige Bohne*) (el) haba *f*; (*Kaffeebohne*) grano *m*
Bohnenkaffee *m* café *m*
bohren *vt* (*Loch*) agujerear; (*Metall*) taladrar; (*Pfahl*) clavar ▷ *vi* taladrar; **in der Nase bohren** hurgarse en la nariz
Bohrer *m* (-s, -) broca *f*
Bohrmaschine *f* taladradora *f*
Boiler *m* (-s, -) termo *m* eléctrico
bolivianisch *adj* boliviano(-a)
Bolivien *nt* (-s) Bolivia *f*
Bombe *f*(-, -n) bomba *f*
Bombenerfolg *m* (*fam*) éxito *m* fabuloso
Bomberjacke *f* cazadora *f* corta
Bonbon *m o nt* (-s, -s) caramelo *m*
Bonus *m* (-, -se) gratificación *f*
Boot *nt* (-(e)s, -e) lancha *f*; (*Ruderboot*) barca *f*, bote *m*
booten *vt, vi* (*Inform*) lanzar
Bootsektor *m* (*Inform*) sector *m* de inicialización
Bord *nt* (-(e)s, -e); **an Bord** (*Aer, Naut*) a bordo; **über Bord** por la

borda; **von Bord** de a bordo ▷ *nt* (**-(e)s, -e**) (*Regal*) estante *m*
Bordell *nt* (**-s, -e**) burdel *m*
Bordkarte *f* tarjeta *f* de embarque
borgen *vt* (*verleihen*) prestar (*jdm etw algo a alguien*); (*ausleihen*) hacerse prestar (*etw von jdm algo de alguien*); **sich** *dat* **etw borgen** tomar prestado algo
Börse *f* (**-, -n**) (*Com*) bolsa *f*; (*Geldbörse*) monedero *m*
Borste *f* (**-, -n**) cerda *f*
bösartig *adj* malvado(-a); (*Med*) maligno(-a)
Böschung *f* talud *m*
bös, e *adj* malo(-a); (*verärgert*) enfadado(-a); (*unartig*) travieso(-a)
Bosheit *f* maldad *f*; (*Bemerkung, Handlung*) malicia *f*
Bosnien *nt* (**-s**) Bosnia *f*
Bosnien-Herzegowina *nt* (**-s**) Bosnia-Herzegovina *f*
bosnisch *adj* bosnio(-a)
böswillig *adj* malintencionado(-a)
botanisch *adj* botánico(-a)
Botschaft *f* mensaje *m*, noticia *f*; (*Pol*) embajada *f*
Bowle *f* (**-, -n**) ponche *m*
boxen *vi* boxear
Boxer, in *m(f)* (**-s, -**) boxeador(a) *m(f)*
Boxershorts *pl* calzoncillos *mpl* largos
Boxkampf *m* combate *m* de boxeo
Boykott *m* (**-(e)s, -s**) boicoteo *m*
Brackwasser *f* (el) agua *f* salobre
Branchenverzeichnis *nt* índice *m* por ramos; (*Tel*) páginas *fpl* amarillas
Brand *m* (**-(e)s, Brände**) incendio *m*
Brandenburg *nt* (**-s**) Brandemburgo *m*

Brandung *f* oleaje *m*
Brandwunde *f* quemadura *f*
Branntwein *m* aguardiente *m*
Brasilianer, in *m(f)* (**-s, -**) brasileño(-a) *m/f*
brasilianisch *adj* brasileño(-a)
Brasilien *nt* (**-s**) Brasil *m*
braten *irr vt* asar
Braten *m* (**-s, -**) asado *m* (de carne)
Bratkartoffeln *pl* patatas *fpl* salteadas
Bratwurst *f* salchicha *f*, chorizo *m* (*Am*)
Brauch *m* (**-(e)s, Bräuche**) uso *m*, costumbre *f*
brauchen *vt* (*nötig haben*) necesitar; (*verwenden*) utilizar; (*verbrauchen*) usar, emplear; **nicht (zu) gehen brauchen** no tener que ir
Braue *f* (**-, -n**) ceja *f*
Brauerei *f* cervecería *f*
braun *adj* marrón; (*von Sonne*) moreno(-a)
Bräunungsmittel *nt* bronceador *m*
Brause *f* (**-, -n**) ducha *f*; (*Getränk*) gaseosa *f*, limonada *f*
brausen *vi* (*Geräusch machen*) rugir ▷ *vi* (*schnell fahren*) ir volando, ir zumbando
brav *adj* (*artig*) bien educado(-a)
bravo *interj* bravo
BRD *f* (**-**) *abk* (= *Bundesrepublik Deutschland*) RFA *f*

- **BRD**
- La **BRD** es el nombre oficial de la República Federal de Alemania.
- Está formada por 16 **Länder**
- (véase **Land**). Era el nombre

dado a la antigua Alemania occidental para distinguirla de la oriental (la **DDR**). La reunificación de las dos Alemanias tuvo lugar el 3 de octubre de 1990.

brechen irr vt romper; (Widerstand, Trotz) vencer; (Rekord) batir; (Recht, Vertrag) quebrantar; (speien) vomitar ▷ vi romperse; (Leder) cuartearse

Brechreiz m náuseas fpl

Brei m (-(e)s, -e) (Masse) masa f, pasta f; (Kartoffelbrei) puré m; (aus Getreide) gachas fpl; (für Kinder) papilla f

breit adj amplio(-a), vasto(-a); (nicht schmal) ancho(-a); (Öffentlichkeit, Masse) gran; (Lachen) abierto(-a)

Breite f (-, -n) extensión f; (Maßangabe) anchura f, ancho m; (Geo) latitud f

Bremen nt (-s) Brema f

Bremsbelag m forro m de freno

Bremse f (-, -n) freno m; (Zool) tábano m

bremsen vi apretar el freno, frenar ▷ vt frenar; (fig: Inflation) contener; (jdn) refrenar

Bremslicht nt luz f de freno

Bremspedal nt pedal m de freno

brennen irr vi (Haus, Holz) arder; (Licht, Kerze) estar encendido(-a); (Wunde, Augen) escocer ▷ vt (Zeichen, Muster) marcar (a fuego) (auf, in +akk sobre, en); (Ziegel, Ton) cocer; (Branntwein) destilar; (Kaffee) tostar

Brennnessel f ortiga f

Brennstoffzelle f pila f de combustible

Brett nt (-(e)s, -er) tabla f; (Bord) estante m; (Spielbrett) tablero m; **Schwarzes Brett** tablón m de anuncios

Brezel f (-, -n) rosquilla f

Brief m (-(e)s, -e) carta f

Briefbombe f carta f bomba

Briefkasten m buzón m; **elektronischer Briefkasten** buzón electrónico

Briefmarke f sello m

Briefpapier nt papel m de cartas

Brieftasche f cartera f

Briefträger, in m(f) cartero(-a) m/f

Briefumschlag m sobre m

Brille f (-, -n) gafas fpl

bringen irr vt llevar; (mitnehmen, begleiten) conducir; (Profit) producir; (veröffentlichen) publicar; (Theat) dar, representar; (Radio, TV) transmitir; (in einen Zustand versetzen) hacer; **jdn dazu bringen, etw zu tun** conseguir que alguien haga algo; **jdn um etw bringen** privar a alguien de algo; **es zu etw bringen** llegar a ser algo

Brite m (-n, -n), **Britin** f británico(-a) m/f

britisch adj británico(-a)

Brocken m (-s, -) trozo m, pedazo m; (Bissen) bocado m; (Felsbrocken, Steinbrocken, Kohlebrocken) fragmento m; **ein paar Brocken Spanisch können** chapurrear el español

Brokkoli m (-s, -) brócoli m, brécol m

Brombeere f zarzamora f

Bronchitis f (-) bronquitis f

Bronze f (-, -n) bronce m

Bronzemedaille f medalla f de bronce
Brosche f (-, -n) broche m, alfiler m
Broschüre f (-, -n) folleto m
Brot nt (-(e)s, -e) pan m; (belegtes Brot) bocadillo m
Brötchen nt panecillo m
browsen vi explorar, navegar
Browser m (-s, -) (Inform) navegador m, browser m
Bruch m (-(e)s, Brüche) rotura f; (Vertragsbruch) violación f; (Med: Eingeweidebruch) hernia f; (Knochenbruch) fractura f; (Math) fracción f
brüchig adj (Material) frágil; (Stein) quebradizo(-a)
Brücke f (-, -n) puente m
Brückenspringen nt (-s) puenting m, puenteo m
Bruder m (-s, Brüder) hermano m
Brühe f (-, -n) (Gastr) consomé m, caldo m; (pej: fam) porquería f
brüllen vi gritar; (Tier) rugir
brummen vi gruñir; (Insekt) zumbar; (Motoren) vibrar
brünett adj castaño(-a), moreno(-a)
Brunnen m (-s, -) fuente f; (tief) pozo m; (natürlich) manantial m
Brust f (-, Brüste) pecho m
brüsten vr: **sich brüsten** pavonearse
Brustschwimmen nt (-s) braza f
Brüstung f antepecho m
brüten vi empollar, incubar; (fig: nachsinnen) meditar
Brüter m (-s, -): **Schneller Brüter** reactor m de regeneración rápida
brutto adv bruto
BSE f (-) abk (= bovine spongiforme Enzephalopathie) enfermedad f de las vacas locas, encefalopatía f espongiforme bovina, EEB f
Btx abk (= Bildschirmtext) videotex m
Btx-Gerät nt decodificador m de videotex
Buch nt (-(e)s, Bücher) libro m
Buche f (-, -n) (el) haya f
buchen vt reservar; (Betrag) registrar
Bücherei f librería f, biblioteca f
Buchfink m (Zool) pinzón m
Buchhandlung f librería f
Büchse f (-, -n) (Konserve) lata f; (Sammelbüchse) caja f
Büchsenfleisch nt carne f en conserva
Büchsenöffner m abrelatas m
Buchstabe m (-ns, -n) letra f
buchstabieren vt deletrear
buchstäblich adj literal ▷ adv efectivamente
Bucht f (-, -en) bahía f; (Parkbucht) recodo m
Buchung f reserva f; (Com) entrada f (en libros), asiento m
bücken vr: **sich bücken** inclinarse
Buddhismus m budismo m
Budget nt (-s, -s) presupuesto m
Büfett nt (-s, -s) (Schrank) aparador m; (Theke) mostrador m; **kaltes Büfett** buffet m, fiambres fpl
Büffel m (-s, -) búfalo m
Bügel m (-s, -) (Kleiderbügel) percha f; (Steigbügel) estribo m
Bügelbrett nt tabla f de planchar
Bügeleisen nt plancha f
Bügelfalte f raya f del pantalón
bügeln vt, vi planchar
Bühne f (-, -n) (Rednerbühne) tribuna f; (im Theater) escenario m; (Theater) teatro m
Bühnenbild nt decorados mpl

Bulette f albóndiga f
Bulgarien nt (**-s**) Bulgaria f
bulgarisch adj búlgaro(-a)
Bulimie f bulimia f
Bulle m (**-n, -n**) toro m
Bummel m (**-s, -**) paseo m
bummeln vi (*bummeln gehen*) callejear; (*trödeln*) remolonear
bumsen vi (*aufprallen*) chocar; (*vulg*) hacer el amor, follar
Bund m (**-(e)s, Bünde**) (*Freundschaftsbund etc*) vínculo m; (*Vereinigung*) liga f, federación f; (*Pol*) confederación f, alianza f; (*Hosenbund, Rockbund*) cinturilla f ▷ nt (**-(e)s, -e**) mazo m; (*Strohbund*) manojo m
Bündel nt (**-s, -**) hatillo m
Bundesbahn f ferrocarriles mpl federales
Bundeskanzler, in m(f) canciller m (federal)
Bundesland nt estado m federado; **die neuen/alten Bundesländer** los nuevos/antiguos estados federados
Bundespräsident, in m(f) Presidente mf de la República Federal
Bundesrat m Consejo m Federal
Bundesregierung f Gobierno m Federal
Bundesrepublik f: **Bundesrepublik Deutschland** República f Federal de Alemania
Bundesstraße f carretera f nacional
Bundestag m Parlamento m Federal
Bundeswehr f(**-, -en**) Fuerzas fpl Armadas de la República Federal

● **BUNDESWEHR**
●
● **Bundeswehr** es el nombre que
● reciben las fuerzas armadas
● alemanas. Fue creado en 1955,
● primero mediante el
● reclutamiento de voluntarios y, a
● partir de 1956, de todos los
● jóvenes de 18 años sin
● discapacidad, para los que se
● estableció el servicio militar
● obligatorio. En tiempos de paz,
● el mando lo ejerce el Ministerio
● de Defensa pero en caso de
● guerra la responsabilidad pasa al
● **Bundeskanzler**. El
● 'Bundeswehr' se encuentra bajo
● la jurisdicción de la OTAN.

Bündnis nt alianza f
Bungeejumping nt (**-s**) gomeo m, salto elástico m; (*Brückenspringen*) puenting m, puenteo m
Bunker m (**-s, -**) refugio m antiaéreo, búnker m
bunt adj de (varios) colores; (*gemischt*) variado(-a)
Burg f(**-, -en**) fortaleza f, castillo m
bürgen vi: **für jdn/etw bürgen** responder por alguien/algo
Bürger, in m(f) (**-s, -**) ciudadano(-a) m/f
Bürgerinitiative f grupo m de iniciativa ciudadana, asociación f ciudadana
bürgerlich adj (*Rechte*) civil; (*Klasse*) burgués(-esa); (*pej*) pequeño(-a) burgués(-esa)
Bürgermeister, in m(f) alcalde(sa) m/f
Bürgersteig m (**-s, -e**) acera f
Büro nt (**-s, -s**) oficina f, despacho m

Büroautomation f ofimática f
Büroklammer f clip m, sujetapapeles m
Bursche m (-n, -n) muchacho m
Bürste f (-, -n) cepillo m
Bus m (-ses, -se) autobús m; (Inform) bus m
Busch m (-(e)s, Büsche) arbusto m; (Urwald) selva f
Büschel nt (-s, -) mechón m
Busen m (-s, -) pecho m
Businessclass f (-) clase f preferente
Bussard m (-s, -e) (el) águila f ratonera
Buße f (-, -n) penitencia f; (Geldbuße) multa f
Bußgeld nt multa f
Büste f (-, -n) busto m; (Brust) pecho m
Büstenhalter m (-s, -) sostén m, corpiño m
Butan nt (-s) butano m
Butter f (-) mantequilla f
Butterdose f mantequera f
Buttermilch f suero m de mantequilla
b. w. abk (= bitte wenden) véase al dorso
Byte nt (-s, -s) (Inform) byte m

C

Cache m (-) memoria f de caché
CAD nt (-, -s) abk (= computer-aided Design) (Inform) diseño m asistido por ordenador
Café m (-s, -s) café m
Cafeteria f (-, -s) cafetería f
Callcenter nt (-s, -) callcenter m
Camcorder m (-s, -) cámara f de vídeo
Camping nt (-s) camping m
Campingbus m autocaravana f
Campingplatz m camping m
Canyoning nt (-s) canyoning m, barranquismo m
Carving nt (-s) (Sport) carving m
Cäsium nt cesio m
CD f (-, -s) abk (= Compact Disc) CD m, disco m compacto
CD-Brenner m (-s, -) (Inform) grabadora f de CD-ROM
CD-ROM f (-, -s) (Inform) CD-ROM f

CD-ROM Laufwerk nt (Inform) drive m de disco CD-ROM
CD-Spieler m reproductor m [o lector m] de discos compactos
Cello nt (-s, -s o Celli) violonchelo m
Cellulitis f(-) (Med) celulitis f
Celsius nt (-) centígrados m
Cent m (-s, -s) (von Dollar) centavo m; (von Euro) céntimo m
Chamäleon nt (-s, -s) camaleón m
Champagner m (-s, -) champán m, champaña m
Champignon m (-s, -s) champiñón m
Champions League f (-, -s) Liga f de Campeones
Chance f(-, -n) (Gelegenheit) oportunidad f; (Aussicht) probabilidad f
Chaos nt (-) caos m
chaotisch adj caótico(-a)
Charakter m (-s, -e) (von Mensch) carácter m; (Mensch) genio m; (Eigenart) idiosincrasia f
charakterfest adj firme
charakteristisch adj característico(-a)
charakterlich adj de carácter
charmant adj encantador(a)
Charme m (-s) encanto m
Charterflug m vuelo m chárter
Charterflugzeug nt (avión m) chárter m
Chat m (-s, -s) (im Internet) charla f, chat m
Chatiquette f condiciones fpl generales (de utilización del servicio) de chat
Chatprogramm nt programa m para chat
Chatroom m (-s, -s) salón m de conversación

chatten vi chatear
checken vt (Tech) comprobar, inspeccionar; (fam) comprender, entender
Check-in m (-s, -s) facturación f de equipaje
Check-in-Schalter m mostrador m de facturación
Chef, in m(f) (-s, -s) jefe(-a) m/f
Chemie f química f (als Fach großgeschrieben)
Chemikalie f producto m químico
chemisch adj químico(-a); **chemische Reinigung** tintorería f
Chemotherapie f quimioterapia f
chic adj chic, elegante
Chicorée m (-s), f(-) achicoria f
Chiffre f(-, -n) (Geheimzeichen) cifra f; (in Zeitung) referencia f
Chile nt (-s) Chile m
Chilene m (-n, -n), **Chilenin** f chileno(-a) m/f
chilenisch adj chileno(-a)
China nt (-s) China f
Chinese m (-n, -n), **Chinesin** f chino(-a) m/f
chinesisch adj chino(-a)
Chinin nt (-s) quinina f
Chip m (-s, -s) (Inform) chip m
Chipkarte f tarjeta f magnética, tarjeta f con chip integrado
Chips pl (Spielmarken) fichas fpl; (Kartoffelchips) chips fpl
Chirurg, in m(f) (-en, -en) cirujano(-a) m/f
Chirurgie f cirugía f
chirurgisch adj quirúrgico(-a)
Chlor nt (-s) cloro m
Cholera f(-) (Med) cólera m
Cholesterin nt (-s) colesterol m
Chor m (-(e)s, Chöre) coro m
Chorgestühl nt sillería f

Christ, in m(f) (-en, -en) cristiano(-a) m/f
Christentum nt cristianismo m
Christkind nt niño m Jesús
christlich adj cristiano(-a)
Christrose f eléboro m negro
Chrom nt (-s) cromo m
chronisch adj crónico(-a)
Chrysantheme f (-, -n) crisantemo m
circa adv aproximadamente
clever adj listo(-a)
Clown m (-s, -s) payaso m
Cocktail m (-s, -s) cóctel m
Cocktailtomate f tomate m cereza [o cóctel]
Cola f (-, -s) coca-cola m
Comeback, Come-back nt (-s, -s) vuelta f (al escenario), retorno m, resurgir m
Comics pl tebeo m, viñetas fpl
Compact Disc, Compact Disk f (-, -s) disco m compacto
Compiler m (-s, -) compilador m
Computer m (-s, -) ordenador m, computador(a) m(f)
computergestützt adj asistido(-a) por ordenador
Computergrafik, Computergraphik f gráfico m por ordenador
Computerspiel nt videojuego m informático, juego m de ordenador
Computertomograf, Computertomograph m tomógrafo m
Computertomografie, Computertomographie f tomografía f asistida por ordenador
Computertomogramm nt tomograma m

Computervirus m virus m informático
Conférencier m (-s, -s) animador(a) m(f)
Container m (-s, -) contenedor m
Controller m (-s, -) controlador m
Controltaste f tecla f Control
Cookie nt (-s, -s) cookie f
cool adj (fam) frío(-a), inmutable
Cord m (-(e)s, -e), **Cordsamt** m pana f
Cornflakes pl copos mpl de maíz (tostado)
Couch f (-, -es o -en) diván m
Countdown, Count-down m (-s, -s) cuenta f atrás
Cousin m (-s, -s), **Cousine** f primo(-a) m/f
Crack nt (-s) (Droge) crack m
Creme f (-, -s) crema f
Creutzfeldt-Jakob-Krankheit f enfermedad f de Creutzfeldt-Jakob
CS-Gas nt gas m de autodefensa
Curry(pulver) nt (-s) curry m
Cursor m (-s, -) cursor m
Cursortaste f cursor m
Cybergeld nt dinero m electrónico
Cyberspace m (-) ciberespacio m

d

da *adv* (*dort*) ahí; (*hier*) aquí; (*dann*) entonces; **von da an** desde entonces; **da sein** (*anwesend*) estar presente; (*vorhanden*) existir ▷ *konj* (*weil*) puesto que

dabei *adv* (*räumlich*) junto a, cerca de (*oft unübersetzt*); (*obwohl*) aunque; **was ist schon dabei?** ¿qué importa?; **es ist doch nichts dabei, wenn ...** no pasa nada si ...; **es bleibt dabei!** ¡de acuerdo!; **dabei sein** (*anwesend*) estar presente; (*beteiligt*) participar; **er war gerade dabei zu gehen** estaba a punto de irse

Dach *nt* (**-(e)s, Dächer**) techo *m*; (*Ziegeldach*) tejado *m*; (*von Kinderwagen, Sportwagen*) capota *f*

Dachboden *m* desván *m*

Dachrinne *f* canalón *m*

Dachs *m* (**-es, -e**) tejón *m*

Dackel *m* (**-s, -**) perro *m* salchicha

dadurch *adv* a través de; (*mittels*) con ello; (*aus diesem Grund*) por eso; **dadurch, dass** debido a que

dafür *adv* (*Bestimmung angebend*) para ello; (*hinsichtlich dessen*) teniendo en cuenta que; (*Heilmittel*) para ello; (*Ersatz*) en lugar de ello, en su lugar; **dafür sein** estar conforme, estar de acuerdo; **er kann nichts dafür** no tiene la culpa

dagegen *adv* (*räumlich*) contra ello; (*Opposition*) en contra; (*im Vergleich*) en comparación; (*bei Tausch*) en cambio; **ich habe nichts dagegen** no tengo nada en contra; **ich war dagegen** yo estaba en contra

daheim *adv* en casa

Daheim *nt* (**-s**) hogar *m*

daher *adv* (*räumlich*) de allí; (*Ursache*) de ahí ▷ *konj* (*deshalb*) por eso

dahin *adv* (*räumlich*) hacia allí; **sich dahin einigen/äußern** convenir/opinar; **bis dahin** (*zeitlich*) hasta entonces; **dahin gehend** en este sentido

dahinten *adv* ahí detrás

dahinter *adv* detrás

Dahlie *f* dalia *f*

damals *adv* en aquel tiempo

Dame *f* (**-, -n**) señora *f*; (*beim Schach, Kartenspiel*) reina *f*; (*Spiel*) dama *f*; **meine Damen und Herren!** ¡señoras y señores!

Damenbinde *f* compresa *f*

damit *adv* con ello; (*begründend*) para que; **was ist damit?** ¿qué pasa con eso? ▷ *konj* a fin de que +*subj*

Damm m (-(e)s, Dämme) (*Staudamm*) presa f; (*Hafendamm*) dique m; (*Straßendamm*) terraplén m

Dämmerung f crepúsculo m; (*Morgendämmerung*) (el) alba f; (*Abenddämmerung*) ocaso m

Dampf m (-(e)s, Dämpfe) vapor m; (*von Essen, Lokomotive*) humo m; (*Dunst*) vaho m

Dampfbügeleisen nt plancha f de vapor

dampfen vi echar humo

dämpfen vt (*Gemüse*) rehogar; (*Fleisch*) estofar; (*bügeln*) planchar al vapor; (*fig: Lärm*) moderar; (*Freude*) moderar; (*Schmerz*) calmar

Dampfer m (-s, -) (barco m de) vapor m

Dampfkochtopf m olla f a presión

Dampfwalze f apisonadora f

danach adv (*räumlich*) detrás; (*zeitlich*) después; (*demgemäß*) según ello

Däne m (-n, -n) danés m, dinamarqués m

daneben adv junto a; (*im Vergleich damit*) en comparación; (*außerdem*) además

Dänemark nt (-s) Dinamarca f

Dänin f danesa f, dinamarquesa f

dänisch adj danés(-esa)

dank präp +dat o gen gracias a

Dank m (-(e)s) agradecimiento m; **vielen Dank, schönen Dank** muchas gracias

dankbar adj (*Mensch*) agradecido(-a); (*Aufgabe*) provechoso(-a); (*Publikum*) atento(-a)

danke interj gracias; **danke schön!** ¡muchas gracias!

danken vi agradecer (*jdm* a alguien), dar las gracias (*für etw* por algo)

dann adv (*danach*) luego, después; (*zu dem Zeitpunkt*) entonces; (*in diesem Fall*) en tal caso

daran adv (*räumlich*) a ello, en ello; **daran hat er kein Interesse** no le interesa; **es liegt daran, dass** se debe a que; **gut/schlecht daran sein** estar bien/mal; **das Beste/Dümmste daran** lo mejor/peor de ello; **ich war daran zu …** estaba a punto de …

darauf adv (*räumlich*) encima; (*zielgerichtet*) a ello; (*danach*) después; **es kommt ganz darauf an, ob …** depende (de las circunstancias), si …; **am Tag darauf** al día siguiente; **darauf folgend** siguiente

daraus adv (*räumlich*) de ahí, (*Material*) de eso; **was ist daraus geworden?** ¿en qué ha quedado eso?; **mach dir nichts daraus!** ¡no hagas caso!

darin adv en esto

Darm m (-(e)s, Därme) intestino m; (*Wurstdarm*) tripa f

Darmsaite f (*Mus*) cuerda f de tripa

dar|stellen vt (*abbilden*) presentar; (*Theat*) representar; (*beschreiben*) describir

Darstellung f (*Bild*) presentación f, (*Beschreibung*) descripción f; (*Theat*) representación f

darüber adv (*auf Frage wohin*) por encima; (*auf Frage wo*) encima; (*in Bezug auf Thema*) acerca de; (*bei Zahlen, Beträgen*) en adelante

darum adv (*räumlich*) alrededor, (*hinsichtlich einer Sache*) por ello ▷ konj por eso; **es geht darum,**

dass/ob ... se trata de que/si ...
darunter adv (räumlich) debajo, por debajo; (bei Bekleidung) debajo; (dazwischen, dabei) en medio, entre ellos; (bei Zahlen) para abajo
das art siehe **der, die, das**
da sein irr vi (anwesend) estar presente; (vorhanden) existir
Dasein nt (**-s**) (Leben) existencia f; (Anwesenheit) presencia f
dass konj que; (damit) para que +subj; **außer, dass** a no ser que +subj
dasselbe pron lo mismo
da|stehen irr vi (Mensch) estar ahí; (fig) quedar
Datei f (Inform) fichero m, archivo m
Dateiattribut nt (**-(e)s, -e**) atributo m de fichero
Dateiendung f extensión f
Dateienverwaltungsprogramm nt programa m de gestión de ficheros
Dateienverzeichnis nt directorio m
Dateimanager m gestor m de ficheros
Dateiname m nombre m del fichero
Daten pl (Angaben) datos mpl; siehe auch **Datum**
Datenaustausch m intercambio m de datos
Datenautobahn f autopista f informática, infopista f
Datenbank f banco m de datos
Datenerfassung f captación f de datos, toma f de datos, adquisición f de datos
Datenfernübertragung f telemetría f
Datenfernverarbeitung f teleproceso m
Datenkomprimierung f compresión f de datos
Datenmissbrauch m uso m indebido de los datos informatizados, abuso m con los datos informatizados
Datenschutz m protección f de los datos informatizados
Datenschutzbeauftragte, r mf Comisario m de Protección de Datos
Datenträger m soporte m de la información, portador m de datos
Datenübertragung f transmisión f de datos
Datenübertragungsrate f velocidad f de transmisión de datos
Datenverarbeitung f tratamiento m [o procesamiento m] de datos
Datenzentrum nt centro m de recogida de datos
datieren vt (Brief) fechar; (zeitlich einordnen) datar ▷ vi: **von ... datieren** tener fecha de ...
Datscha f (**-, Datschen**) dacha f
Dattel f (**-, -n**) dátil m
Datum nt (**-s, Daten**) fecha f; siehe auch **Daten**
Dauer f (**-, -n**) duración f; **auf die Dauer** a la larga
Dauerkarte f abono m
dauern vi durar; **es hat sehr lange gedauert, bis er ...** tardó mucho en ...
dauernd adj (ununterbrochen) continuo(-a); (Unterbrechung) permanente; (andauernd) duradero(-a) ▷ adv continuamente
Dauerwelle f permanente f
Daumen m (**-s, -**) pulgar m

Daunendecke f edredón m de plumas
davon adv: **das liegt weit davon entfernt** esto está muy lejos; **den Deckel davon entfernen** quitar la tapa; **die Hälfte davon** la mitad de ello; **davon haben wir auch geredet** también hemos hablado de eso; **davon bekommt man Durchfall** con eso (te) entra diarrea; **das kommt davon!** ¡ahí tienes!; **was habe ich davon?** ¿de qué me sirve?; **das hast du nun davon!** ¡tú lo has querido!
davon|laufen irr vi escapar
davor adv (räumlich) delante; (zeitlich) antes; **das Jahr davor** el año anterior
dazu adv (legen, stellen) a esto; (essen, singen) con esto; (Zweck angebend) para esto; **dazu fähig sein** ser capaz
dazwischen adv (räumlich) en medio; (zeitlich) entretanto; (bei Maß-, Mengenangaben) intermedio; (dabei, darunter) entre ellos(-as)
dazwischen|kommen irr vi (hineingeraten) intervenir
DDR f (-) abk (= Deutsche Demokratische Republik) (Hist) RDA f
deaktivieren vt (Inform) deshabilitar
Deal m (-s, -s) negocio m, transacción f
dealen vt revender, traficar
Dealer, in m(f) (-s, -) traficante mf; (von Drogen) camello m
debuggen vt (Inform) depurar
Deck nt (-(e)s, -s o -e) cubierta f
Deckblatt nt (von Fax) cubierta f
Decke f (-, -n) cubierta f; (Bettdecke) manta f; (Tischdecke) mantel m; (Zimmerdecke) techo m
Deckel m (-s, -) (von Dose) tapa f; (von Flasche) chapa f
decken vt (bedecken) tapar; (Dach) cubrir; (Tisch) poner; (schützen) cubrir ▷ vr: **sich decken** (Meinungen) coincidir
Deckung f cobertura f; (Schutz) protección f; (Übereinstimmen) coincidencia f; **in Deckung gehen** cobijarse, ponerse a cubierto
Decoder m (-s, -) decodificador m
defekt adj (Maschine) averiado(-a)
Defekt m (-(e)s, -e) (von Maschine) avería f; (körperlich, geistig) defecto m
defragmentieren vt (Inform) defragmentar
dehnen vt (Stoff) dilatar; (Glieder) estirar ▷ vr: **sich dehnen** (Stoff) dilatarse; (Mensch) estirarse
Deich m (-(e)s, -e) dique m
dein pron (adjektivisch) tu
deine, r, s pron (substantivisch) tuyo(-a)
deiner pron gen von **du** de/en ti
deinerseits adv por tu parte
deinetwegen adv por ti
deinstallieren vt (Programm) desinstalar
Dekolleté nt (-s, -s) escote m
dekomprimieren vt (Datei) descomprimir
Deletetaste f tecla f Suprimir
Delfin m (-s, -e) delfín m
Delikatesse f (-, -n) exquisitez f
Delle f (-, -n) bollo m
Delphin m siehe **Delfin**
demnach adv según ello
demnächst adv próximamente
Demo f (-, -s) (fam) mani f
Demokrat, in m(f) (-en, -en) demócrata mf

Demokratie f democracia f
demokratisch adj democrático(-a)
Demonstrant, in m(f) manifestante mf
Demonstration f demostración f; (Umzug) manifestación f
demonstrieren vt (zeigen) manifestar; (Funktion, guten Willen) demostrar ▷ vi protestar, manifestarse
demütigen vt humillar
denken irr vt, vi pensar; (vermuten) creer; **an jdn/etw denken** pensar en alguien/algo; **sich dat etw denken** (vermuten) imaginarse algo
Denkmal nt (-s, -mäler) monumento m; (fig) recuerdo m
denn konj pues, porque; (als) que; **mehr/besser denn je** más/mejor que nunca ▷ adv (verstärkend) pues
dennoch konj sin embargo
Deo nt (-s, -s), **Deodorant** nt (-s, -s) desodorante m
Deoroller m desodorante m de bola
Deospray m o nt spray m desodorante
Depot nt (-s, -s) depósito m
deprimieren vt deprimir
der, die, das art el, la, lo; (pl) los, las ▷ pron (demonstrativ) este, esta, esto; (pl) estos, estas; (relativ) el, la
derart adv tanto, de tal modo; (solcherart) de tal manera; **derart, dass** hasta el punto que
dermaßen adv de tal modo
derselbe pron el mismo
deshalb adv por eso
Design nt (-s, -s) diseño m
Designer, in m(f) (-s, -) diseñador(a) m(f)

Designerdroge f droga f de diseño
Designerkleidung f ropa f de diseño
Desinfektion f desinfección f
Desinfektionsmittel nt desinfectante m
desinfizieren vt desinfectar
Desktop-Publishing, Desktoppublishing nt (-s) publicación f desde el escritorio
Desoxyribonukleinsäure f ácido m desoxirribonucleico
dessen pron (demonstrativ) gen von **der, das**: **dessen ungeachtet** no obstante
Dessert nt (-s, -s) postre m
desto adv tanto
deswegen adv por eso
deutlich adj claro(-a); (Unterschied, Drohung) evidente
dezent adj discreto(-a)
deutsch adj alemán(-ana); **Deutsche Demokratische Republik** (Hist) República f Democrática Alemana
Deutsch nt (-en) alemán m
Deutsche, r mf alemán(-ana) m/f
Deutschland nt Alemania f
Dezember m (-(s), -) diciembre m
DFÜ f(-) abk (= Datenfernübertragung) telemetría f
Dia nt (-s, -s) diapositiva f
Diabetes m (-s) diabetes f
Diabetiker, in m(f) (-s, -) diabético(-a) m/f
Diagnose f (-, -n) diagnóstico m
Dialekt m (-(e)s, -e) dialecto m
Dialog m (-(e)s, -e) diálogo m
Dialogfeld nt (Inform) cuadro m de diálogo
Dialyse f (-, -n) diálisis f

Diamant m diamante m
Diaphragma nt (**-s, Diaphragmen**) diafragma m
Diät f (**-, -en**) dieta f; (zum Abnehmen) régimen m
dich pron akk von **du** te; a ti
dicht adj (Nebel) espeso(-a); (Haar, Bäume, Gewebe) tupido(-a); (Menschenmenge) apretado(-a); (Verkehr) denso(-a); (undurchlässig) impermeable ▷ adv: **dicht an/bei** junto a
Dichte f (**-**) (von Nebel) intensidad f; (von Gewebe) consistencia f; (von Verkehr) densidad f
dichten vt (dicht machen) impermeabilizar; (verfassen) componer
Dichter, in m(f) (**-s, -**) poeta mf, poetisa f, escritor(a) m(f)
Dichtung f (Tech) guarnición f; (Auto) junta f; (Gedichte) poesía f; (Prosa) composición f
dick adj (Wand, Brett) grueso(-a); (Mensch) obeso(-a); (Saft) espeso(-a); (Nebel) denso(-a)
Dicke f (**-, -n**) (von Wand, Brett) grosor m
dickflüssig adj espeso(-a)
Dickicht nt (**-s, -e**) espesura f
Dickkopf m cabezón(-ona) m/f
Dickmilch f leche f cuajada
die art siehe **der, die, das**
Dieb, in m(f) (**-(e)s, -e**) ladrón(-ona) m/f
Diebstahl m (**-(e)s, Diebstähle**) robo m
dienen vi servir
Diener, in m(f) (**-s, -**) criado(-a) m/f; (fig) servidor(a) m(f)
Dienst m (**-(e)s, -e**) (Tätigkeit) servicio m; (Amt, Stellung) empleo m; (Hilfeleistung) servicio m, favor m; **außer Dienst** fuera de servicio; **Dienst habend** siehe **diensthabend**
Dienstag m martes m
dienstags adv los martes
diensthabend adj (Arzt) de guardia
Dienstleistung f prestación f de servicio
Dienstleistungssektor m sector m terciario
dienstlich adj (Schreiben) oficial; (Vorgehen) de oficio
diesbezüglich adj (Frage) correspondiente
diese, r, s pron esto, esta, este
Diesel nt (**-s**) (Dieselöl) diesel m, gasóleo m; (Heizöl) gasoil m
dieselbe pron la misma
diesig adj brumoso(-a)
diesmal adv esta vez
Dietrich m (**-s, -e**) ganzúa f
digital adj digital
Digitalanzeige f indicación f digital
digitalisieren vt digitalizar
Digitalkamera f cámara f digital
Digitaluhr f reloj m digital
Diktatur f dictadura f
diktieren vt, vi (a. fig) dictar
Ding nt (**-(e)s, -e**) cosa f; **Dinge** pl (Angelegenheiten) asuntos mpl
Dingsbums m (**-**) (fam: Mensch) fulano m; (Gegenstand) cosa f
Diode f (**-, -n**) diodo m
Dioxin nt (**-s, -e**) dioxina f
Diplom nt (**-(e)s, -e**) diploma m; (von Hochschule) título m
Diplomat, in m(f) (**-en, -en**) diplomático(-a) m/f
diplomatisch adj diplomático(-a)
dir pron dat von **du** a ti; te

direkt adj directo(-a) ▷ adv directamente
Direktbank f banca f directa
Direktflug m vuelo m directo
Direktor, in m(f) director(a) m(f)
Direktübertragung f transmisión f en directo
Dirigent, in m(f) director(a) m(f) (de orquesta)
dirigieren vt dirigir
Discman m (-s, -s) reproductor m portátil de discos compactos, discman m
Diskette f (-, -n) disquete m, diskette m
Diskettenfehler m error m de disquete
Diskettenlaufwerk nt unidad f de lectura de disquetes
Discjockey, Diskjockey m pinchadiscos m
Disco, Disko f (-, -s) discoteca f
diskriminieren vt discriminar
Diskussion f discusión f; **zur Diskussion stehen** estar en discusión
Diskussionsforum nt (Inform) foro m de debate
diskutieren vt discutir ▷ vi discutir (**über** +akk sobre)
Display nt (-s, -s) (Anzeigegerät) visualizador m, display m; (Anzeige) indicación f visual, display m
Distanz f distancia f
Distel f (-, -n) cardo m
dividieren vt dividir (**durch** por)
DJ m (-s, -s) abk (= Discjockey) pinchadiscos m
DM f (-,) abk (= Deutsche Mark: Hist) DM m
DNS f (-, -) abk (= Desoxyribonukleinsäure) A.D.N. m

341 | Doppelbett

🔑 **SCHLÜSSELWORT**

doch adv: **das ist nicht wahr! — doch!** ¡no es verdad! — ¡sí!; **das ist doch schön!** ¡mira que es bonito!; **nicht doch!** ¡déjalo!; **er kam doch noch** al fin sí que vino; **komm doch!** ¡ven pues! ▷ konj (aber) pero; (trotzdem) sin embargo

Docht m (-(e)s, -e) mecha f
Dogge f (-, -n) dogo m
Doktor, in m(f) (-s, -en) (Arzt) médico(-a) m/f; (Titel) doctor(a) m(f)
Doktorarbeit f (trabajo m de) doctorado m
Dokumentarfilm m documental m
dokumentieren vt documentar
Dokumentvorlage f (Inform) plantilla f para documentos
Dollar m (-(s), -s) dólar m
dolmetschen vt, vi interpretar
Dolmetscher, in m(f) (-s, -) intérprete mf
Dom m (-(e)s, -e) catedral f
Domain m (-s, -s) dominio m
Domainname m nombre m de dominio
Domäne f (-, -n) (a. Inform) dominio m; (Fachbereich) campo m, ámbito m
Donau f (-) Danubio m
Döner (Kebab) m (-s, -) kebab m, brocheta f
Donner m (-s, -) trueno m
Donnerstag m jueves m
donnerstags adv los jueves
doof adj (fam) idiota, estúpido(-a)
dopen vt dopar
Doping nt (-s) doping m
Doppel nt (-s, -) duplicado m; (Sport) dobles mpl
Doppelbett nt cama f de

matrimonio
Doppelklick m (-s, -s) doble pulsación f (de la tecla del ratón), doble clic m

doppelklicken vi pulsar dos veces (la tecla del ratón)

Doppelpunkt m dos puntos mpl

Doppelstecker m enchufe m doble

doppelt adj doble ▷ adv dos veces

Doppelzimmer nt habitación f doble

Dorf nt (-(e)s, Dörfer) pueblo m; (kleines Dorf) aldea f

Dorn m (-(e)s, -en) (Bot) espina f

dörren vt secar

Dörrobst nt frutas fpl secas

Dorsch m (-(e)s, -e) bacalao m

dort adv allí

dorther adv de allí

dorthin adv hasta allí

DOS nt (-) akr (= disk operating system: Inform) (sistema m operativo) DOS m

Dose f (-, -n) caja f; (Konservendose) lata f

Dosenbier nt cerveza f en lata

Dosenöffner m abrelatas m

Dotter nt o m (-s, -) yema f

Download m (-s, -s) (Inform) descarga f

downloaden vt bajar

Downsyndrom nt (Med) mongolismo m

Drache m (-n, -n) (Tier) dragón m

Drachen m (-s, -) (Kinderspielzeug) cometa f; (Sport) (el) ala f delta; (fam: Frau) fiera f

Drachenfliegen nt (-s) aladeltismo m

Draht m (-(e)s, Drähte) alambre m, hilo m

Drahtseilbahn f teleférico m

Drama nt (-s, Dramen) drama m

dramatisch adj dramático(-a)

dran (fam) kontr von **daran**

Drang m (-(e)s, Dränge) (Trieb) impulso m; (Druck) presión f

drängen vt (schieben) empujar; (antreiben) impulsar ▷ vi (Zeit) urgir; **auf etw akk drängen** insistir en algo

drastisch adj (Maßnahme) drástico(-a); (Schilderung) gráfico(-a)

drauf (fam) kontr von **darauf**

draußen adv (außerhalb) fuera; (weit entfernt) lejos

Dreck m (-(e)s) suciedad f

dreckig adj sucio(-a); (fam: Bemerkung) obsceno(-a); (Lachen) malicioso(-a)

drehen vt, vi (allgemein) girar; (Wind) virar; (Film) rodar; (Zigaretten) liar; **an etw dat drehen** manipular algo ▷ vr: **sich drehen** (Mensch) volverse; (Rad, Wind) girar; (handeln von) tratarse (um de)

drei num tres

Drei f (-, -en) tres m; (Schulnote) aprobado m

Dreieck nt triángulo m

dreieckig adj triangular

dreifach adj, adv triple, tres veces, por triplicado

dreihundert num trescientos(-as)

dreimal adv tres veces

dreißig num treinta

Dreiviertelstunde f tres cuartos mpl de hora

dreizehn num trece

Dresden nt (-s) Dresde f

Dressing nt (-s, -s) aliño m

Drillbohrer m berbiquí m

drin (*fam*) kontr von **darin**
dringen *irr vi* penetrar (*durch* por, a través de, *in* +*akk* en); (*Nachricht*) llegar; **auf etw** *akk* **dringen** insistir en algo
dringend *adj* urgente
Drink *m* (**-s, -s**) copa *f*, cubata *m*
drinnen *adv* dentro; (*in Seele*) en el interior
dritt *num*: **zu dritt** (a) tres
dritte, r, s *adj* tercer(a); **die Dritte Welt** el Tercer Mundo
Drittel *nt* (**-s, -**) tercio *m*
drittens *adv* en tercer lugar
Dritte-Welt-Laden *m* tienda *f* de artículos del Tercer Mundo
droben *adv* arriba
Droge *f* (**-, -n**) droga *f*
drogenabhängig *adj* drogadicto(-a)
Drogenhandel *m* narcotráfico *m*
Drogensüchtige, r *mf* adicto(-a) *m/f*
Drogerie *f* droguería *f*

- **DROGERIE**
- A diferencia de la **Apotheke**, en la **Drogerie** sólo se pueden adquirir medicamentos que no requieran receta médica. Suelen ser más baratos y además se pueden comprar cosméticos, perfumes y productos para el aseo personal.

drohen *vi* amenazar (*jdm* a alguien)
dröhnen *vi* (*Motor*) rugir; (*Stimme, Musik*) resonar; (*Kopf*) retumbar
Drohung *f* amenaza *f*
drollig *adj* jocoso(-a), cómico(-a)
drüben *adv* al otro lado; (*über Grenze*) más allá
drüber (*fam*) kontr von **darüber**
Druck *m* (**-(e)s, Drücke**) (*Phys*) presión *f*; (*Bedrängnis*) carga *f*, presión *f*; **im Druck sein** (*fig*) andar apurado(-a) (de tiempo) ⊳ *m* (*pl* **-e**) (*Typo: Vorgang*) impresión *f*
Druckbuchstabe *m* letra *f* de imprenta
drucken *vt* imprimir
drücken *vt* (*schieben*) empujar; (*pressen*) comprimir; (*Knopf*) apretar; (*Hand*) chocar; (*Preise*) hacer bajar; (*Sorgen*) oprimir ⊳ *vi* (*zu eng sein*) apretar ⊳ *vr*: **sich drücken** escaquearse
drückend *adj* (*Hitze*) agobiante; (*Stille*) opresivo(-a)
Drucker *m* (**-s, -**) (*Inform*) impresora *f*
Druckerei *f* imprenta *f*
Druckertreiber *m* controlador *m* para impresora
Druckknopf *m* (*Elec*) pulsador *m*; (*an Kleidung*) botón *m* de presión
Drucksache *f* impreso *m*
Druckschrift *f* letra *f* de imprenta
drunten *adv* (*im Tal*) abajo
Drüse *f* (**-, -n**) glándula *f*
DTP *nt* (**-s**) *abk* (= Desktop-Publishing) publicación *f* desde el escritorio
du *pron* tú
ducken *vr*: **sich ducken** agacharse
Duft *m* (**-(e)s, Düfte**) aroma *m*
duften *vi* despedir aroma
dulden *vt* (*erdulden*) soportar; (*zulassen*) tolerar; (*Widerspruch*) admitir
duldsam *adj* tolerante
dumm *adj* tonto(-a); (*Bemerkung*) ingenuo(-a); (*ärgerlich: Sache*) desagradable; **dumm gelaufen** (*fam*) ha salido rana

Dummheit f tontería f; (*Tat*) torpeza f
Dummkopf m estúpido(-a) m/f
dumpf adj (*Ton*) sordo(-a)
Düne f (-, -n) duna f
Dünger m (-s, -) abono m; (*künstlich*) fertilizante m
dunkel adj oscuro(-a); (*Ort*) tenebroso(-a); (*Stimme*) grave; (*Ahnung*) vago(-a); (*rätselhaft*) enigmático(-a); **im Dunkeln tappen** (*fig*) andar a ciegas
Dunkelheit f oscuridad f
dünn adj (*Mensch, Scheibe*) delgado(-a); (*Schleier*) fino(-a); (*Luft*) enrarecido(-a); (*Haar*) ralo(-a)
Dunst m (-es, Dünste) vapor m; (*Nebel*) neblina f
dünsten vt (*Gemüse*) rehogar; (*Fleisch*) estofar
Dur nt (-) (*modo m*) mayor
durch präp +akk (*räumlich*) por; (*mithilfe von*) mediante, por mediación de, a través de; (*bei Passiv: von*) por; (*Math*) entre, por ▷ adv (*zeitlich*) durante; **die Nacht durch** durante la noche
durchaus adv absolutamente; (*unbedingt*) a todo trance
durch|blättern vt hojear
durch|blicken vi mirar a través; (*fam: verstehen*) comprender; **etw durchblicken lassen** dar a entender algo
durch|brechen irr vi romper; (*sich zeigen*) declararse
durch|brennen irr vi (*Draht*) quemar; (*Sicherung*) fundir; (*fam: weglaufen*) escaparse
durch|drehen vi (*fam*) perder los nervios
durcheinander adv mezclado(-a); (*fam: verwirrt*) desorientado(-a)
Durcheinander nt (-s) (*Verwirrung*) confusión f; (*Unordnung*) caos m
durch|fahren irr vi atravesar; (*ohne Unterbrechung*) pasar sin detenerse
Durchfahrt f (*Öffnung*) paso m; (*das Durchfahren*) tránsito m; **Durchfahrt verboten!** ¡prohibido el paso!; **auf der Durchfahrt sein** estar de paso
Durchfall m (*Med*) diarrea f
durch|fallen irr vi (*fig*) fracasar; (*in Prüfung*) ser suspendido(-a)
durch|führen vt (*jdn*) conducir; (*Plan*) llevar a cabo; (*Maßnahme*) ejecutar; (*Experiment*) realizar
Durchgang m paso m (*durch* por); (*Öffnung*) pasadizo m; (*bei Produktion, Versuch*) serie f; (*Sport*) serie f, eliminatoria f; (*bei Wahl*) ronda f; **Durchgang verboten!** ¡prohibido el paso!
durch|gehen irr vi pasar (*durch* por); (*Antrag*) ser aceptado(-a); (*durchpassen*) atravesar (*durch* por); (*ausreißen: Pferd*) desbocarse
durchgehend adj (*Zug*) directo(-a); (*Öffnungszeiten*) continuo(-a)
durch|halten irr vi perseverar; (*körperlich*) resistir ▷ vt resistir
durch|kommen irr vi (*durch Gedränge*) pasar; (*Nachricht*) difundirse; (*im Leben*) arreglárselas; (*im Examen*) aprobar; (*überleben*) sobrevivir
durch|lassen irr vt (*jdn*) dejar pasar; **jdm etw durchlassen** consentir algo a alguien
Durchlauf(wasser)erhitzer m

(-s, -) calentador m de agua
Durchlaufzeit f (Inform) tiempo m de pasada
durchleben vt pasar
durch|lesen irr vt leer
durchleuchten vt (Med) examinar con rayos X
durch|machen vt (Leiden) sufrir; (Ausbildung) cursar; **die (ganze) Nacht durchmachen** pasar toda la noche de juerga
Durchmesser m (-s, -) (Math) diámetro m
durch|nehmen irr vt tratar
Durchreiche f (-, -n) ventanilla f pasaplatos
Durchreise f paso m; **auf der Durchreise** de paso
durchs kontr von **durch das**
Durchsage f mensaje m; (Radiodurchsage) noticia f
durchschauen vt (jdn) adivinar las intenciones de; (Lüge) descubrir
Durchschlag m (Kopie) copia f
durch|schlagen irr vt (entzweischlagen) hendir; (Nagel) atravesar ▷ vr: **sich durchschlagen** arreglárselas
durchschlagend adj (Erfolg) contundente
Durchschnitt m (Mittelwert) promedio m; **im Durchschnitt** por término medio
durchschnittlich adj medio(-a); (mittelmäßig) mediocre ▷ adv por término medio
Durchschrift f copia f
durch|sehen irr vt (Artikel) revisar ▷ vi mirar (durch a través)
durch|setzen vt (Recht) hacer valer; (Meinung, Plan) imponer ▷ vr: **sich durchsetzen** (Erfolg haben) imponerse; (sich behaupten) hacerse respetar
Durchsicht f vista f; (Prüfung) revisión f
durchsichtig adj (Stoff) transparente; (Manöver) claro(-a)
durch|streichen vt tachar
durchsuchen vt registrar (nach, auf +akk en busca de); (jdn) cachear
Durchsuchung f registro m
durchtrieben adj (Mensch) astuto(-a)
Durchwahl f (Tel) marcado m directo
durchweg adv generalmente
Durchzug m (Luft) corriente f
dürfen irr vt, vi poder; **darf ich?** ¿se puede?; **was darf es sein?** ¿qué se le ofrece?
dürftig adj (ärmlich) escaso(-a), exiguo(-a); (unzulänglich) insuficiente
dürr adj (Ast) seco(-a); (Land) árido(-a); (mager) flaco(-a)
Durst m (-(e)s) sed f; **Durst haben** tener sed
durstig adj sediento(-a)
Dusche f (-, -n) ducha f
duschen vi, vr ducharse
Düse f (-, -n) boquilla f; (Flugzeugdüse) tobera f
Düsenantrieb m propulsión f por reacción
düster adj (Zimmer) tenebroso(-a); (Farben) oscuro(-a), apagado(-a); (Gedanken) lúgubre; (Gestalt) tétrico(-a); (Zukunft) oscuro(-a)
Dutyfreeshop m (-s, -s) tienda f libre de impuestos
Dutzend nt (-s, -e) docena f
duzen vt tutear ▷ vr: **sich duzen** tutearse

DVD f (-, -s) abk (= Digital Versatile Disk) DVD m
DVD-Rekorder m (grabadora f de) DVD m
Dynamik f (Phys) dinámica f; (fig) dinamismo m
dynamisch adj dinámico(-a)
Dynamit nt (-s) dinamita f
D-Zug m (tren m) rápido m

e

Ebbe f (-, -n) marea f baja
eben adj llano(-a); (Fläche) plano(-a); (glatt) liso(-a) ▷ adv ahora mismo, en este instante; (bestätigend) justamente, precisamente
Ebene f (-, -n) llanura f; (fig) nivel m
ebenfalls adv lo mismo; **danke, ebenfalls!** ¡gracias, igualmente!
ebenso adv asimismo, del mismo modo; **ebenso gut** igual; **ebenso oft** las mismas veces
Eber m (-s, -) jabalí m
Eberesche f serbo m
E-Cash m (-s) dinero m electrónico
Echo nt (-s, -s) eco m
echt adj verdadero(-a), auténtico(-a); (Freund, Schmerz) sincero(-a); (typisch) típico(-a), genuino(-a)
Echtheit f autenticidad f; (von

Schmerz) sinceridad f
Echtzeit f (Inform) tiempo m real
Ecke f (-, -n) rincón m; (von Straße) esquina f; (Sport) córner m
E-Commerce m (-) comercio m electrónico, E-commerce m
Economyclass f (-) clase f turista
Ecstasy f (-, -) éxtasis m
Ecuador nt (-s) Ecuador m
ecuadorianisch adj ecuatoriano(-a)
edel adj precioso(-a); (Tat, Mensch) noble
Edelmetall nt metal m precioso
Edelstein m piedra f preciosa
editieren vt (Inform) editar
Editor m (-s, -s) (Inform) editor m, programa m de edición
EDV f (-) abk (= elektronische Datenverarbeitung) procesamiento m electrónico de datos
EDV-Anlage f instalación f de procesamiento de datos, centro m de informatización
Efeu m (-s) hiedra f
Effekt m (-s, -e) efecto m
egal adj igual; (gleichgültig) indiferente; **das ist egal** da igual
ehe konj antes que +subj
Ehe f (-, -n) matrimonio m
Ehefrau f esposa f
ehemalig adj anterior, de antes
ehemals adv en otro tiempo
Ehemann m esposo m, marido m
Ehepaar nt matrimonio m
eher adv (früher) antes; (lieber) primero, más bien; (mehr) más
eheste, r, s adj primero(-a); **am ehesten** en todo caso; (am meisten) la mayoría de las veces; (am wahrscheinlichsten) muy probablemente

Ehre f (-, -n) honor m
ehren vt (Sieger) honrar; (das Alter) respetar
Ehrenwort nt palabra f de honor
ehrgeizig adj ambicioso(-a)
ehrlich adj (aufrichtig) sincero(-a), honesto(-a); (anständig) decente
Ehrlichkeit f sinceridad f; (Anständigkeit) honradez f, decencia f
Ehrung f homenaje m
Ei nt (-(e)s, -er) huevo m; (Keimzelle) óvulo m
Eiche f (-, -n) roble m
Eichel f (-, -n) (Frucht) bellota f
eichen vt (Maße) verificar; (Waage) calibrar
Eichhörnchen nt ardilla f
Eid m (-(e)s, -e) juramento m
Eidechse f (-, -n) lagartija f
Eidgenosse m, **-genossin** f confederado(-a) m/f (suizo(-a))
Eierbecher m huevera f
Eierkuchen m crepe f
Eierstock m ovario m
Eieruhr f ampolleta f
Eifer m (-s) celo m, entusiasmo m
Eifersucht f celos mpl
eifersüchtig adj celoso(-a)
eifrig adj (emsig) diligente; (begeistert) apasionado(-a), ferviente ▷ adv (arbeiten) diligentemente
Eigelb nt (-s, -e) yema f de huevo
eigen adj propio(-a); (gesondert: Tür) separado(-a); (typisch: Charme) particular, típico(-a); (eigenartig) extraño(-a), singular
Eigenart f característica f
eigenartig adj raro(-a), extraño(-a); (sonderbar) singular
Eigenheit f particularidad f
eigens adv a propósito

Eigenschaft f (Merkmal) atributo m
Eigensinn m capricho m
eigentlich adj (Grund) verdadero(-a), propio(-a); (Bedeutung) literal ▷ adv en el fondo
Eigentum nt propiedad f
eigentümlich adj peculiar
Eigentumswohnung f piso m en propiedad
eignen vr: **sich eignen** ser apropiado(-a) (für para, als como)
Eignung f idoneidad f
Eilbrief m carta f urgente
Eile f(-) prisa f
eilen vi (dringend sein) correr prisa
eilig adj rápido(-a), ligero(-a); (dringlich) urgente; **es eilig haben** tener prisa
Eilzug m (tren m) expreso m
Eimer m (-s, -) cubo m
ein, e num uno ▷ art (unbestimmt) un(o), una
einander pron (dativisch) uno con otro, entre sí; (akkusativisch) uno a otro, recíprocamente
ein|arbeiten vr: **sich einarbeiten** ponerse al corriente (in +akk de)
ein|atmen vt, vi aspirar, inspirar
Einbahnstraße f calle f de dirección única
Einband m encuadernación f
ein|bauen vt instalar; (Schrank) montar
Einbettzimmer nt habitación f de una cama
ein|bilden vt: **sich** dat **etw einbilden** presumir de algo; (stolz sein) estar orgulloso(-a) (auf +akk de)
Einbildung f imaginación f; (Dünkel) engreimiento m
Einbildungskraft f fantasía f, imaginación f
ein|binden irr vt (Buch) encuadernar; (fig: einbeziehen) integrar, incluir
ein|brechen irr vi irrumpir (in +akk en); (in Eis) hundirse; (Nacht) hacerse; (Decke) venirse abajo
Einbrecher, in m(f) (-s, -) ladrón(-ona) m/f
ein|bringen irr vt (Geld) reportar; (Gesetzesantrag) presentar; (fig: integrieren) integrar; **jdm etw einbringen** reportar algo a alguien; **das bringt nichts ein** eso no reporta nada ▷ vr: **sich einbringen** participar
Einbruch m (Hauseinbruch) robo m (con fractura); (des Winters) irrupción f; (der Nacht) caída f; (Einsturz) desmoronamiento m
eindeutig adj unívoco(-a), evidente
ein|dringen irr vi penetrar, entrar (in +akk en); (Gas, Wasser) infiltrarse (in +akk en); (bedrängen) abalanzarse (auf jdn sobre alguien)
eindringlich adj (Bitte) insistente; (Rede) conmovedor(a)
Eindruck m impresión f
eine pron siehe **ein**
eine, r, s pron uno(-a)
eineiig adj univitelino(-a)
eineinhalb num uno(-a) y medio(-a)
Einelternfamilie f familia f en la que falta el padre o la madre
einerlei adj inv igual; (gleichgültig) indiferente; **es ist mir einerlei** por mí da lo mismo, me es igual
einerseits adv por un lado
einfach adj simple; (Mensch) sencillo(-a); (Verhältnisse) modesto(-a); (Möbel) sin lujo ▷ adv:

etw einfach tun hacer algo sin más
Einfachheit f simplicidad f; (Schlichtheit) sencillez f
ein|fahren irr vt (Mauer) derribar; (Fahrgestell) acarrear; (Auto) hacer el rodaje de ▷ vi entrar (in +akk en)
Einfahrt f (Ort) entrada f (zu a); (von Zug) llegada f
Einfall m (Idee) idea f
ein|fallen irr vi (einstimmen) terciar, intervenir (in +akk en); (einstürzen) venirse abajo; **das ist mir eben eingefallen** se me ha ocurrido; **das fällt mir gar nicht ein!** ¡ni pensarlo!
einfarbig adj unicolor, monocromo
Einfluss m influencia f
Einflussbereich m zona f de influencia
einflussreich adj (Mensch) muy influyente; (Position) prestigioso(-a)
einförmig adj uniforme; (Arbeit) monótono(-a)
Einfügemodus m (Inform) modalidad f de inserción
ein|fügen vt incluir (in +akk en); (zusätzlich) adjuntar (in +akk a); (Inform) insertar
Einfügetaste f (Inform) tecla f Insertar
Einfuhr f (-, -en) importación f
ein|führen vt introducir (in +akk en); (in Kunst, Gebiet etc) iniciar (in +akk en); (Ware) importar
Einführung f introducción f; (in Arbeit) iniciación f; (von Menschen) introducción f
Eingabe f (Inform) entrada f, introducción f

Eingabeaufforderung f (Inform) línea f de comandos
Eingabetaste f (Inform) tecla f de introducción, tecla f de ejecución, tecla f Entrada
Eingang m entrada f
eingebildet adj imaginario(-a); (eitel) presuntuoso(-a)
ein|gehen irr vi (Sendung, Geld) llegar; (Tier, Pflanze) morir (an +dat por); (schrumpfen) encogerse; **auf etw** akk **eingehen** entrar a discutir algo, abordar algo ▷ vt (Vertrag) establecer, contraer; (Risiko) afrontar; (Wette) hacer
Eingemachte, s nt conservas fpl
eingenommen adj: **eingenommen (von)** prendado(-a) (de); **eingenommen (gegen)** prevenido(-a) (contra)
eingeschrieben adj certificado(-a)
Eingeweide nt (-s, -) vísceras fpl
eingleisig adj (Bahnstrecke) de vía única; (Denken) unilateral
ein|greifen irr vi intervenir
Eingreiftruppe f: **schnelle Eingreiftruppe** fuerza f de reacción [o de intervención] rápida
Eingriff m intervención f; (Operation) operación f
ein|halten irr vt observar, respetar; (Plan, Frist) cumplir; (Diät, Richtung) mantener
ein|hängen vt colocar; (Tür) enquiciar; (Telefon) colgar; **sich bei jdm einhängen** cogerse del brazo de alguien
einheimisch adj (Ware) nacional; (Mensch) nativo(-a)
Einheimische, r mf nativo(-a) m/f
Einheit f unidad f

einheitlich adj (System) unitario(-a)
ein|holen vt (jdn) alcanzar; (Verspätung) recuperar; (Rat, Erlaubnis) pedir
einhundert num cien
einig adj acorde; **einig sein/werden** estar/ponerse de acuerdo
einige pron pl algunos(-as); (mehrere) unos(-as) cuantos(-as); **einige Mal** algunas veces
einigen vr: **sich einigen** ponerse de acuerdo (auf+akk sobre, en)
einigermaßen adv hasta cierto punto; (leidlich) bastante
einiges pron (manches) algo, algunas cosas; (viel) bastante
Einigkeit f unidad f; (Übereinstimmung) concordia f
Einigung f acuerdo m
Einkauf m compra f
ein|kaufen vt comprar ▷ vi hacer compras
Einkaufsbummel m: **einen Einkaufsbummel machen** ir de tiendas
Einkaufswagen m carro m para la compra
Einkaufszentrum nt centro m comercial
ein|klemmen vt encajar
Einkommen nt (**-s, -**) ingresos mpl
Einkünfte pl ingresos mpl
ein|laden irr vt (jdn) invitar; (Gegenstände) cargar
Einladung f invitación f
Einlage f contenido m; (Schuheinlage) plantilla f; (Fußstütze) apoyo m
ein|lassen irr vt dejar entrar, hacer entrar ▷ vr: **sich einlassen**: **sich mit jdm/auf etw** akk **einlassen** relacionarse con alguien/aceptar algo
ein|laufen irr vi entrar; (in Hafen) arribar; (Wasser) fluir (in +akk en); (Stoff) encogerse
ein|leben vr: **sich einleben** aclimatarse
ein|leiten vt introducir
Einleitung f introducción f
ein|leuchten vi (Grund) parecer evidente (jdm a alguien)
einleuchtend adj evidente
ein|loggen vi iniciar una sesión de trabajo en una red, conectarse (a una red)
ein|lösen vt (Scheck) hacer efectivo(-a); (Schuldschein, Pfand) desempeñar; (Versprechen) cumplir
einmal adv una vez; (irgendwann) un día; (einst) en otro tiempo; **erst einmal** en principio, inicialmente; **noch einmal** otra vez, una vez más; **nicht einmal** ni siquiera; **auf einmal** de una vez
einmalig adj único(-a); (prima) excelente
Einnahme f (**-, -n**) ingresos mpl; (von Medizin) toma f, ingestión f
ein|nehmen irr vt (Geld) cobrar; (Medizin, Mahlzeit) ingerir, tomar; (Stellung, Raum) ocupar; **einnehmen für/gegen** prevenir a favor de/en contra de
ein|ordnen vt disponer (in +akk en) ▷ vr: **sich einordnen** (Auto) colocarse en el carril [o la fila]
ein|packen vt envolver
ein|parken vt, vi aparcar
ein|planen vt incluir en los planes
ein|prägen vt: **sich** dat **etw einprägen** grabarse algo en la memoria

ein|reichen vt presentar
Einreise f entrada f
Einreiseerlaubnis f, **Einreisegenehmigung** f permiso m de entrada, visado m de entrada
ein|reisen vi entrar (*in ein Land* en un país)
ein|richten vt (*Haus*) decorar; (*schaffen: Telefondienst*) establecer; (*arrangieren*) disponer ▷ vr: **sich einrichten** (*in Haus*) instalarse; (*sich vorbereiten*) prepararse (*auf +akk* para)
Einrichtung f (*Wohungseinrichtung*) mobiliario m; (*öffentliche Anstalt*) institución f; (*Dienste*) servicio m
eins num uno
Eins f (-, -en) uno m; (*Schulnote*) sobresaliente m
einsam adj (*Mensch*) solo(-a); (*Leben*) solitario(-a); (*Gegend*) desierto(-a)
Einsamkeit f soledad f
Einsatz m (*Teil*) elemento m; (*Stoffeinsatz*) pieza f insertada; (*Verwendung*) aplicación f, uso m; (*Bemühung*) empeño m; (*in Spiel etc*) jugada f; **im Einsatz** en acción
ein|scannen vt escanear
ein|schalten vt (*Radio etc*) conectar, enchufar; (*Pause*) intercalar; (*Anwalt*) hacer intervenir ▷ vr: **sich einschalten** (*dazwischentreten*) intervenir
ein|schätzen vt valorar; (*jdn*) apreciar a ▷ vr: **sich einschätzen** apreciarse
ein|schenken vt echar (de beber)
ein|schlafen irr vi dormirse
ein|schlagen irr vt romper; (*Nagel*) clavar; (*Steuer*) girar; (*Weg, Richtung*) tomar, seguir ▷ vi (*Anklang finden*) tener éxito
ein|schließen irr vt encerrar; (*umgeben*) circundar; (*fig*) incluir, abarcar ▷ vr: **sich einschließen** encerrarse (*in +dat* en)
einschließlich adv incluso, comprendido ▷ präp +gen con inclusión de
ein|schmeicheln vr: **sich einschmeicheln** engatusar (*bei* a)
ein|schränken vt limitar (*auf +akk* a); (*Freiheit*) restringir; (*Kosten, Zahl*) reducir ▷ vr: **sich einschränken** limitarse
ein|schreiben irr vt inscribir; (*Post*) certificar ▷ vr: **sich einschreiben** inscribirse, (*Sch*) matricularse
Einschreiben nt (-s, -) certificado m
ein|schüchtern vt intimidar
einseitig adj (*Lähmung*) parcial; (*Erklärung*) unilateral; (*Ausbildung*) monolítico(-a)
ein|senden irr vt enviar
ein|setzen vt (*Teil*) insertar; (*Betrag*) asentar; (*in Amt*) instalar; (*riskieren*) arriesgar; (*verwenden*) usar ▷ vi comenzar ▷ vr: **sich einsetzen**: **sich für jdn einsetzen** interceder en favor de alguien
Einsicht f entendimiento m; (*Vernunft*) juicio m; **zu der Einsicht kommen, dass** convencerse de que
einsichtig adj (*Mensch*) juicioso(-a); (*Haltung*) prudente
einsilbig adj monosílabo(-a); (*fig*) lacónico(-a)
Einspritzmotor m motor m de inyección

Einspruch m objeción f, protesta f
einspurig adj (Gleis) de una sola vía; (Straße) de un solo carril
einst adv un día, cierta vez; (zukünftig) algún día
ein|stecken vt (in Tasche) meter (en el bolsillo); (Münze in Automat) introducir; (Brief) echar; (Stecker etc) enchufar; (Geld) embolsar; (mitnehmen) llevar consigo
Einsteigekarte f tarjeta f de embarque
ein|steigen irr vi: **einsteigen in** +akk (in Fahrzeug) subir a; (in Schiff) embarcarse en; (sich beteiligen) participar en
ein|stellen vt (aufhören mit) cesar; (Zahlungen) suspender; (einrichten: Geräte) ajustar; (Kamera) enfocar; (Sender, Radio) sintonizar; (unterstellen) depositar; (in Firma) emplear, contratar ▷ vr: **sich einstellen** prepararse; **sich auf jdn/etw einstellen** adaptarse a alguien/algo
Einstellung f (das Aufhören) supresión f; (Einrichtung) regulación f; (in Firma) contratación f; (Haltung) actitud f
einstimmig adj unánime; (Lied) de una sola voz; (Laut) unísono(-a)
ein|stürzen vi derrumbarse
einstweilig adj provisional
eintägig adj de un día
eintausend num mil
ein|teilen vt (in Teile) dividir (in +akk en); (in Gruppen) clasificar; (Geld) distribuir
eintönig adj monótono(-a); (Leben) aburrido(-a); (Landschaft) uniforme
Eintopf m, **Eintopfgericht** nt potaje m, olla f
ein|tragen irr vt (in Buch) anotar (in +akk en); (Profit) rendir, producir ▷ vr: **sich eintragen** inscribirse (in +akk en)
ein|treffen irr vi (Prophezeiung) cumplirse; (ankommen) llegar
ein|treten irr vi (hineingehen) entrar (in +akk en); (in Klub, Partei) ingresar (in +akk en); (sich einsetzen) interceder (für por); (geschehen) sobrevenir; (Besserung) tener lugar; (Dämmerung) caer
Eintritt m (Betreten) entrada f (in +akk en); (in Klub etc) ingreso m (in +akk en); (Anfang) inicio m
Eintrittskarte f entrada f
Eintrittspreis m precio m de entrada
einundzwanzig num veintiuno
einverstanden interj de acuerdo, entendido ▷ adj: **einverstanden sein** estar de acuerdo (mit con)
Einverständnis nt aprobación f, asentimiento m
Einwahlknoten m punto m de enlace a la red
ein|wandern vi inmigrar
einwandfrei adj (Ware) sin defecto; (Benehmen) irreprochable
Einwegflasche f botella f [o envase m] no retornable
Einwegspritze f jeringuilla f desechable
ein|weihen vt bendecir; (Kirche) consagrar; (Brücke, Gebäude) inaugurar; (fam: Kleid etc) estrenar; (jdn) iniciar (in +akk en)
ein|werfen irr vt (Brief) echar; (Geld) introducir; (Fenster) romper a pedradas; (äußern) objetar
Einwilligung f consentimiento m

Einwohner, in *m(f)* (**-s, -**) habitante *mf*
Einwohnermeldeamt *nt* oficina *f* de empadronamiento
Einwurf *m* (*das Einwerfen*) introducción *f*; (*Öffnung*) abertura *f*
ein|zahlen *vt* (*Geld*) pagar, abonar (*auf, in +akk* en)
Einzel *nt* (**-s, -**) (*Sport*) (partido *m*) individual *m*
einzeln *adj* solo(-a), único(-a); (*vereinzelt*) aislado(-a); **der/die Einzelne** el único/la única ▷ *adv* uno(-a) a uno(-a)
Einzelteil *nt* componente *m*
Einzelzimmer *nt* habitación *f* individual
einzig *adj* solo(-a), único(-a); **das Einzige** lo único; **der/die Einzige** el único/la única ▷ *adv* (*nur*) únicamente, tan sólo
einzigartig *adj* único(-a) (en su género)
Einzug *m* entrada *f* (in +akk en); (in Haus) mudanza *f* (in +akk a)
Eis *nt* (**-es, -**) hielo *m*; (*Speiseeis*) helado *m*
Eisbahn *f* pista *f* de patinaje (sobre hielo)
Eisbecher *m* copa *f* de helado
Eisbein *nt* codillo *m* de cerdo
Eisbereiter *m* (**-s, -**) heladora *f*
Eisbergsalat *m* lechuga *f* iceberg
Eisdiele *f* (**-, -n**) heladería *f*
Eisen *nt* (**-s, -**) hierro *m*
Eisenbahn *f* ferrocarril *m*

Eisenbahnfähre *f* ferrocarril *m* transbordador
Eisenerz *nt* mineral *m* de hierro
eisern *adj* de hierro; (*Energie*) férreo(-a)
eiskalt *adj* helado(-a), gélido(-a); (*fig*) glacial
Eiskratzer *m* espátula *f* limpiavidrios, raspador *m* de hielo
Eisschrank *m* nevera *f*
Eiswürfel *m* cubito *m* de hielo
Eiszapfen *m* carámbano *m*
eitel *adj* (*Mensch*) vanidoso(-a); (*Hoffnung*) vano(-a); (*rein: Freude*) puro(-a)
Eitelkeit *f* vanidad *f*
Eiter *m* (**-s**) pus *m*
Eiweiß *nt* (**-es, -e**) clara *f* de huevo
Ekel *m* (**-s**) asco *m* (*vor +dat* de) ▷ *nt* (**-s, -**) (*fam: Mensch*) antipático(-a) *m/f*
ekelerregend *adj* asqueroso(-a), repugnante
ekelhaft, ek(e)lig *adj* asqueroso(-a), repugnante
ekeln *vt* repugnar ▷ *vr*: **sich ekeln: sich ekeln vor +dat** sentir repugnancia hacia
EKG *nt* (**-s, -s**) *abk* (= *Elektrokardiogramm*) electrocardiograma *m*
Ekzem *nt* (**-s, -e**) eczema *m*
Elan *m* (**-s**) ímpetu *m*
elastisch *adj* elástico(-a)
Elch *m* (**-(e)s, -e**) alce *m*
Elefant *m* elefante *m*
elegant *adj* elegante
Elektriker, in *m(f)* (**-s, -**) electricista *mf*
elektrisch *adj* eléctrico(-a)
Elektrizität *f* electricidad *f*
Elektrizitätswerk *nt* central *f*

eléctrica
Elektrokardiogramm nt electrocardiograma m
elektronisch adj electrónico(-a); **elektronische Datenverarbeitung** procesamiento m electrónico de datos
Elektrorasierer m (**-s, -**) máquina f de afeitar eléctrica
Elektrosmog m electrosmog m, polución f eléctrica
Element nt (**-s, -e**) elemento m; (Bestandteil) componente m
elementar adj (Rechte) elemental; (Wissen) fundamental
elend adj miserable; (Verräter) infame; (fam: Hunger) de muerte
Elend nt (**-(e)s**) miseria f
Elendsviertel nt barrios mpl pobres
elf num once
Elf f (**-, -en**) (Sport) once m; (Nationalelf) selección f (de fútbol), equipo m (de fútbol)
Elfenbein nt marfil m
Elfmeterschießen nt (**-s**) tiro m de penalti
Ell(en)bogen m codo m
El Salvador nt (**-s**) El Salvador
Elster f (**-, -n**) urraca f
elterlich adj paternal; (Wohnung) paterno(-a)
Eltern pl padres mpl
Email nt (**-s, -s**) esmalte m
E-Mail f (**-, -s**) (Inform) correo m electrónico
E-Mail-Adresse f dirección f de correo electrónico
Emanze f (**-, -n**) (fam) mujer f emancipada
Emanzipation f emancipación f

emanzipieren vr: **sich emanzipieren** emanciparse
Embargo nt (**-s, -s**) embargo m
Emoticon nt (**-s, -s**) emoticón m, expreicono m
emotional adj emotivo(-a)
Empfang m (**-(e)s, Empfänge**) recibimiento m; (Aufname) acogida f; (Radio) recepción f
empfangen irr vt (erhalten) recibir; (begrüßen) saludar, acoger
Empfänger m (**-s, -**) (Gerät) receptor m
Empfänger, in m(f) (**-s, -**) destinatario(-a) m/f
empfänglich adj receptivo(-a) (für a)
Empfängnis f concepción f
Empfängnisverhütung f anticoncepción f
empfehlen irr vt recomendar
Empfehlung f recomendación f
empfinden irr vt sentir
empfindlich adj sensible; (Stoff, Farbe) delicado(-a); (reizbar) susceptible
Empfindung f sensación f
Ende nt (**-s, -n**) (vonWeg) final m; (von länglichem Gegenstand) extremo m; (von Band, Seil) cabo m; (von Roman, Rede) fin m; (Abschluss) conclusión f; (Ausgang) desenlace m; **am Ende** al final; (schließlich) al fin y al cabo; **Ende Dezember** a finales de diciembre; **zu Ende sein** acabarse, estar agotado(-a)
enden vi terminar(se)
Endgerät nt terminal m
endgültig adj definitivo(-a)
Endivie f escarola f
Endlagerung f almacenamiento m final

endlich adj (Math) finito(-a) ▷ adv finalmente
Endlospapier nt papel m continuo
Endoskop nt (-s, -e) (Med) endoscopio m
Endstation f estación f terminal
Energie f energía f
Energiesparlampe f lámpara f de bajo consumo energético
energisch adj enérgico(-a); (Benehmen) vigoroso(-a)
eng adj estrecho(-a); (Kleidung) ajustado(-a); (Sinn, Bedeutung) estricto(-a); (Horizont) limitado(-a); (Freundschaft, Verhältnis) íntimo(-a); **etw eng sehen** tomar algo por lo trágico
Enge f (-, -n) estrechez f; (von Räumen) pequeñez f; (fig) reducción f
Engel m (-s, -) ángel m
England nt Inglaterra f
Engländer, in m(f) (-s, -) inglés(-esa) m/f
englisch adj inglés(-esa)
Engpass m desfiladero m; (fig) dificultad f
engstirnig adj estrecho(-a) de miras
Enkel, in m(f) (-s, -) nieto(-a) m/f
entbinden irr vt exonerar, desligar (von de); (Med) asistir en el parto
Entbindung f dispensación f (von de); (Med) parto m
entdecken vt descubrir
Entdeckung f descubrimiento m
Ente f (-, -n) pato m; (fig) patraña f
enteisen vt deshelar, descongelar
Entertaste f tecla f Entrada
entfallen irr vi (wegfallen) caer; **etw ist mir entfallen** se me olvidó algo
entfernen vt alejar; (hinauswerfen)

expulsar ▷ vr: **sich entfernen** alejarse
entfernt adj distante, apartado(-a); (Verwandtschaft) lejano(-a); (Ähnlichkeit) vago(-a)
Entfernung f distancia f; (Wegschaffen) eliminación f
Entfernungsmesser m (-s, -) (Foto) telémetro m
Entfernungstaste f (Inform) tecla f Suprimir
Entfroster m (-s, -) descongelante m
entführen vt secuestrar, raptar
Entführer, in m(f) raptor(a) m(f), secuestrador(a) m(f)
Entführung f rapto m, secuestro m
entgegen präp +dat al encuentro de ▷ adv en contra de, opuesto a
entgegengesetzt adj opuesto(-a); (widersprechend) contradictorio(-a); (Meinung) contrario(-a)
entgegen|kommen irr vi salir al encuentro (jdm de alguien); (fig) hacer concesiones (jdm a alguien)
Entgegenkommen nt (-s) complacencia f, amabilidad f
entgegenkommend adj (Mensch) amable; (Verhalten) complaciente
entgegen|nehmen irr vt (Auftrag) recibir; (Geschenk) aceptar
entgegnen vt replicar
entgehen irr vi: **jdm/einer Gefahr entgehen** (fig) escapar de alguien/ un peligro; **sich** dat **etw nicht entgehen lassen** no dejar escapar algo
Enthaarungsmittel nt depilatorio m
enthalten irr vt contener ▷ vr: **sich enthalten: sich der Stimme**

enthaltsam

gen/**einer Meinung** gen **enthalten** abstenerse de votar/dar una opinión

enthaltsam adj (Leben) austero(-a); (Mensch) sobrio(-a)

entkoffeiniert adj descafeinado(-a)

entlang adv, präp +akk o dat a lo largo de; **entlang dem Fluss, den Fluss entlang** siguiendo el río

entlang|gehen irr vt, vi recorrer

entlassen irr vt (Arbeiter) despedir; (Gefangene) soltar

Entlassung f (von Arbeiter) despido m; (Jur) excarcelación f

entlasten vt (von Arbeit) aliviar; (Achse) aligerar

entpacken vt (Inform) descomprimir

entrosten vt desoxidar

entrüsten vt irritar ▷ vr: **sich entrüsten** indignarse (über +akk por)

entrüstet adj (Mensch) indignado(-a); (Blick) furioso(-a)

Entrüstung f indignación f

Entschädigung f indemnización f; (Ersatz) compensación f

Entscheid m (-(e)s, -e) decisión f

entscheiden irr vt, vi decidir ▷ vr: **sich entscheiden** decidirse; **sich für jdn/etw entscheiden** decidirse por alguien/algo

entscheidend adj decisivo(-a); (Maßnahme) definitivo(-a); (Rede) determinante

Entscheidung f decisión f; (Entschluss) resolución f

entschließen irr vr: **sich entschließen** decidirse (zu a)

entschlossen adj (Mensch) decidido(-a); (Haltung) firme

Entschlossenheit f (von Mensch) resolución f; (von Haltung) firmeza f

Entschluss m decisión f

entschuldigen vt disculpar; (verzeihen) perdonar ▷ vr: **sich entschuldigen** disculparse (für por)

Entschuldigung f disculpa f; (Erklärung) explicación f

Entschwefelungsanlage f dispositivo m de desulfurado, sistema m de desulfurado

entsetzlich adj horrible

entsorgen vt eliminar substancias contaminantes de

Entsorgung f eliminación f de desechos

entspannen vr: **sich entspannen** relajarse; (Lage) despejarse, distenderse

Entspannung f relajación f; (von Lage) distensión f

entsprechen irr vi corresponder (dat a); **den Anforderungen/Wünschen** dat **entsprechen** satisfacer las exigencias/los deseos

entsprechend adj (Lohn) correspondiente; (Verhalten) adecuado(-a); (Befehl) oportuno(-a) ▷ präp +dat conforme a

entstehen irr vi nacer; (Unruhe) surgir; (Gerüche) formarse; (Kosten) ocasionar

Entstehung f origen m, comienzo m

entstellen vt (jdn) desfigurar a; (Bericht) alterar; (Wahrheit) deformar

Entstickungsanlage f sistema m de desnitrificación, dispositivo m de desnitrificación

enttäuschen vt (Mensch, Verhalten) desengañar,

decepcionar; (Buch, Film) defraudar
Enttäuschung f (das Enttäuschen) desengaño m, decepción f; (das Enttäuschtsein) desilusión f
entweder konj: **entweder ... oder ...** o ... o ...
entwerfen irr vt (Zeichnung) proyectar; (Modell) idear, diseñar; (Plan) trazar
entwerten vt desvalorizar; (stempeln) inutilizar
Entwerter m (-s, -) cancelador m de billetes
entwickeln vt (Fähigkeit) desarrollar; (Plan) exponer; (Mut, Energie) mostrar; (Foto) revelar ▷ vr: **sich entwickeln** (wachsen) desarrollarse; (entstehen) producirse
Entwickler m (-s, -) (Foto) revelador m
Entwicklung f (von Fähigkeiten) desarrollo m; (Entstehung) evolución f; (Wachstum) progreso m; (Foto) revelado m
Entwicklungsdienst m Servicio m de Cooperación y Ayuda al Desarrollo
Entwicklungshelfer, in m(f) cooperante mf
Entwicklungshilfe f ayuda f al desarrollo
Entwicklungsland nt país m en vías de desarrollo
Entwurf m esbozo m, bosquejo m; (Projekt) proyecto m
entzücken vt entusiasmar
Entzücken nt (-s) encanto m
entzückend adj (Kind) encantador(a); (Kleid) maravilloso(-a)
entzünden vr: **sich entzünden** arder; (Med) inflamarse
Entzündung f (Med) inflamación f
entzwei adv: **entzwei sein** estar en (dos) pedazos
Enzian m (-s, -e) genciana f
Epoche f (-, -n) época f
er pron él
erbärmlich adj (Zustände) lamentable; (Lohn) mezquino(-a); (gemein) miserable
Erbe nt (-s) herencia f
Erbe m (-n, -n) heredero m
erben vt heredar
Erbin f heredera f
erblich adj hereditario(-a)
Erbschaft f herencia f
Erbse f (-, -n) guisante m
Erdbeben nt (-s, -) terremoto m
Erdbeere f fresa f
Erdboden m suelo m
Erde f (-, -n) (Planet) Tierra f; (Boden) suelo m
Erdgas nt gas m natural
Erdgeschoss nt planta f baja
Erdkunde f (Sch) Geografía f
Erdnuss f cacahuete m
Erdöl nt petróleo m
Erdteil m continente m
ereignen vr: **sich ereignen** pasar, suceder
Ereignis nt suceso m
erfahren irr vt (Llegar a) saber, enterarse de; (erleben: Leid) sufrir; (Glück) experimentar ▷ adj con experiencia
Erfahrung f experiencia f; (Erlebnis) práctica f
erfassen vt (Daten, Texte) recoger, registrar; (fig: einbeziehen) incluir; (verstehen) comprender
erfinden irr vt inventar
Erfinder, in m(f) inventor(a) m(f)

erfinderisch adj (Mensch) inventivo(-a); (Geist) ingenioso(-a)
Erfindung f invención f; (Einfall) invento m; (Lüge) mentira f
Erfolg m (-(e)s, -e) éxito m; **Erfolg versprechend** prometedor(a)
erfolglos adj (Mensch) desafortunado(-a); (Versuch) infructuoso(-a); (Unternehmen) inútil
erfolgreich adj (Mensch) afortunado(-a); (Versuch) exitoso(-a); (Unternehmen) con buen éxito
erforderlich adj necesario(-a)
erfordern vt pedir; (Mittel) exigir
Erforschung f investigación f
erfreulich adj (Nachrichten) alentador(a); (Ergebnis, Anblick) agradable
erfreulicherweise adv afortunadamente
erfrieren irr vi (Mensch) morirse de frío; (Glieder) aterirse; (Pflanzen) helarse
erfrischen vt refrescar ▷ vr: **sich erfrischen** refrescarse
Erfrischung f refresco m
Erfrischungsraum m bar m
erfüllen vt (Raum etc) llenar; (jdn, Bewusstsein) ocupar; (Bitte etc) corresponder a; (Zweck) cumplir; satisfacer; (Zweck) cumplir ▷ vr: **sich erfüllen** (Traum) realizarse; (Prophezeiung) cumplirse
ergänzen vt completar
Ergänzung f complemento m; (Zusatz) suplemento m
ergeben irr vt producir; (Betrag) arrojar ▷ vr: sich ergeben resultar; (sich ausliefern) darse (dat a)
Ergebnis nt (von Rechnung) resultado m; (von Versuch) consecuencia f; (von Wahl) efecto m
Ergonomie f ergonomía f
ergonomisch adj ergonómico(-a)
Ergotherapie f ergoterapia f
ergreifen irr vt coger; (Täter) capturar; (Beruf) seguir, abrazar; (Maßnahmen) tomar, adoptar; (rühren) conmover
erhalten irr vt (Ware) recibir; (Erlaubnis) obtener; (bewahren) conservar ▷ adj: **gut erhalten** bien conservado(-a)
erhältlich adj que puede adquirirse
erheblich adj considerable; (Schaden) importante; (Summe) cuantioso(-a)
erheitern vt alegrar
Erheiterung f diversión f
erhitzen vt calentar; (fig) excitar ▷ vr: **sich erhitzen** calentarse; (fig) acalorarse
erhöhen vt (Steuern) elevar; (Geschwindigkeit) aumentar
erholen vr: **sich erholen** (von Krankheit) restablecerse; (von Schreck) tranquilizarse; (sich entspannen) descansar, reposar
erholsam adj reposado(-a), tranquilo(-a)
Erholung f (Gesundung) convalecencia f; (Entspannung) reposo m
erholungsbedürftig adj necesitado(-a) de reposo
erinnern vt recordar (jdn an etw +akk algo a alguien) ▷ vr: **sich erinnern** acordarse (an +akk de)
Erinnerung f memoria f; (Andenken) recuerdo m
erkälten vr: **sich erkälten**

resfriarse; **erkältet sein** estar acatarrado(-a)

Erkältung f resfriado m, catarro m

erkennen irr vt (jdn) reconocer, distinguir (an +dat por)

erkenntlich adj: **sich erkenntlich zeigen** mostrarse agradecido(-a) (für por)

Erkenntnis f conocimiento m; (Einsicht) entendimiento m; **zur Erkenntnis kommen** reconocer

erklären vt (Vorgang) demostrar; (Verhalten) explicar

Erklärung f (das Erklären) explicación f; (Aussage) declaración f

erkundigen vr: **sich erkundigen** informarse (nach de, über +akk sobre)

Erkundigung f información f

erlauben vt permitir (jdm etw algo a alguien)

Erlaubnis f permiso m

Erle f (-, -n) aliso m

erleben vt (Überraschung) experimentar; (Zeit) vivir; (miterleben: Ereignis) asistir a

Erlebnis nt experiencia f

erledigen vt acabar; (Auftrag etc) cumplir; (fam: erschöpfen) agotar; (ruinieren) hundir

Erleichterung f alivio m

Erlös m (-es, -e) producto m

erlösen vt (jdn) libertar; (Rel) redimir

Ermäßigung f (das Ermäßigen) rebaja f; (Nachlass) descuento m

ermitteln vt (Wert) determinar; (Täter) descubrir ▷ vi: **gegen jdn ermitteln** efectuar pesquisas contra alguien

Ermittlung f (Polizeiermittlung) pesquisa f; **verdeckte Ermittlung** operación f encubierta

ermöglichen vt hacer posible

ermorden vt asesinar

Ermüdung f cansancio m; (Müdigkeit) fatiga f

ermutigen vt estimular (zu a)

ernähren vt alimentar; (Familie) mantener ▷ vr: **sich ernähren**: **sich ernähren von** vivir de

Ernährung f (das Ernähren) alimentación f; (Nahrung) alimento m

ernennen irr vt designar

erneuern vt reformar; (renovieren) renovar

erneut adj nuevo(-a), otro(-a) ▷ adv de nuevo, otra vez

ernst adj serio(-a); (Gesicht, Worte) severo(-a); (Lage) grave; **ernst gemeint** serio(-a)

Ernst m (-es) seriedad f; **im Ernst** de veras, en serio

ernsthaft adj (Mensch) serio(-a); (Angebot) formal

ernstlich adj (Sorgen) serio(-a); (Probleme) grave

Ernte f (-, -n) cosecha f; (das Ernten) recolección f

ernten vt cosechar

erobern vt conquistar

eröffnen vt abrir; **jdm etw eröffnen** comunicar algo a alguien

Eröffnung f (von Sitzung etc) apertura f; (Mitteilung) comunicación f

erotisch adj erótico(-a)

erpressen vt (Geld etc) extorsionar; (jdn) chantajear

Erpressung f (von Menschen) chantaje m; (von Geld) extorsión f

erraten irr vt (Rätsel) adivinar; (Geheimnis) descubrir

erregen vt excitar; (ärgern) irritar;

(*hervorrufen*) suscitar; (*Neid*) causar ▷ *vr*: **sich erregen** irritarse (*über +akk* por)
Erreger *m* (**-s, -**) agente *m* patógeno
Erregung *f* emoción *f*; (*Erregtheit*) excitación *f*
erreichen *vt* (*Ort*) llegar a; (*jdn*) localizar a; (*Geschwindigkeit, Zug*) alcanzar a; (*Ziel*) ganar
Errungenschaft *f* conquista *f*; (*fam: Anschaffung*) adquisición *f*
Ersatz *m* (**-es**) sustitución *f*; (*Schadensersatz*) indemnización *f*
Ersatzrad *nt* rueda *f* de repuesto
Ersatzteil *nt* pieza *f* de repuesto [*o* de recambio]
erschaffen *irr vt* crear
erscheinen *irr vi* (*sich zeigen*) mostrarse; (*auftreten*) aparecer, surgir; (*Buch etc*) publicarse; **das erscheint mir vernünftig** me parece razonable
Erscheinung *f* (*Geist*) aparición *f*; (*Gegebenheit*) fenómeno *m*; (*Gestalt*) personaje *m*
erschießen *irr vt* matar a tiros; (*Mil*) fusilar
erschöpfen *vt* (*jdn*) extenuar; (*Reserven, Thema*) agotar; (*Geduld*) hacer perder
erschöpfend *adj* exhaustivo(-a)
Erschöpfung *f* extenuación *f*
erschrecken *vt* asustar *irr* ▷ *vi* asustarse
erschreckend *adj* espantoso(-a)
erschüttern *vt* sacudir; (*jdn*) perturbar, trastornar
erschwinglich *adj* (*Preis*) razonable
ersetzen *vt* (*Gerät*) reemplazar; (*jdn*) sustituir; (*Unkosten*) reembolsar; **jdm etw ersetzen** restituir algo a alguien
ersichtlich *adj* evidente
ersparen *vt* (*Geld*) ahorrar; (*Ärger etc*) evitar; **jdm etw ersparen** evitar algo a alguien
Ersparnis *f* ahorro *m* (*an +dat* de); **Ersparnisse** *pl* ahorros *mpl*
erst *adv* (*zuerst*) primeramente, en primer lugar; (*nicht früher als*) no antes de; **erst einmal** primero
erstatten *vt* (*Kosten*) reembolsar; **jdm Bericht erstatten über etw** *akk* informar a alguien sobre algo
erstaunen *vt* (*jdn*) asombrar
erstaunlich *adj* (*Leistung*) sorprendente; (*Vorfall*) prodigioso(-a)
erstbeste, r, s *adj* el/la/lo primero(-a) (que esté [*o* venga] a mano)
erste, r, s *adj* primero(-a)
Erste, r *mf* primero(-a) *m/f*
erstens *adv* primeramente, en primer lugar
ersticken *vt* ahogar; (*Flammen*) apagar ▷ *vi* ahogarse, asfixiarse
erstklassig *adj* (*Ware*) de primera clase; (*Hotel*) de primera categoría; (*Essen*) de primera calidad; (*Sportler*) de primera, soberbio(-a)
ertappen *vt* sorprender (*bei en*)
Ertrag *m* (**-(e)s, Erträge**) (*Ergebnis*) producto *m*; (*Gewinn*) rédito *m*
ertragen *irr vt* soportar
erträglich *adj* soportable, sufrible; (*Arbeit*) pasable
ertrinken *vi* ahogarse
erübrigen *vt* (*Vorräte, Zeit*) tener de más; (*Geld*) tener de sobra ▷ *vr*: **sich erübrigen** no ser necesario(-a), estar demás

erwachsen *adj* adulto(-a)
Erwachsene, r *mf* adulto(-a) *m/f*
erwähnen *vt* (*jdn*) mencionar
Erwähnung *f* mención *f*
erwarten *vt* (*rechnen mit*) contar con; (*warten auf*) esperar; **etw kaum erwarten können** estar ansioso(-a) de algo
Erwartung *f* espera *f*, expectativa *f*
Erwerb *m* (**-(e)s, -e**) (*von Haus etc*) adquisición *f*, compra *f*
erwerben *irr vt* (*Haus etc*) adquirir; (*Fähigkeit*) conseguir; (*Wissen*) alcanzar
erwerbstätig *adj* activo(-a)
erwidern *vt* (*antworten*) contestar (*jdm* a alguien); (*Besuch*) devolver; (*Gefühl*) corresponder
erwiesen *adj* probado(-a)
erwischen *vt* (*Dieb*) atrapar, pillar; (*Zug etc*) coger
erwünscht *adj* (*Besuch*) deseado(-a); (*Gelegenheit*) favorable
erwürgen *vt* estrangular
erzählen *vt* (*Geschichte*) narrar; (*Ereignis*) contar
Erzählung *f* relato *m*, narración *f*
erzeugen *vt* (*Waren*) fabricar; (*Kraft*) generar; (*Angst*) provocar
Erzeugnis *nt* producto *m*
erziehen *irr vt* (*Kind*) criar; (*bilden*) educar
Erzieher, in *m(f)* (**-s, -**) educador(a) *m(f)*
Erziehung *f* (*von Kind*) crianza *f*; (*Bildung*) educación *f*
es *pron* (*Nominativ und akk*) esto, ello, eso, aquello; lo, la, le
Escapetaste *f* tecla *f* Escape
Esche *f* (**-, -n**) fresno *m*
Esel *m* (**-s, -**) asno *m*

361 | **Euroland**

Eskimo *m* (**-s, -s**) esquimal *m*
Esoterik *f* esotérica *f*
esoterisch *adj* esotérico(-a)
Espresso *m* (**-(s), -s**) café *m* exprés, espresso *m*
essbar *adj* comestible
essen *irr vt, vi* comer; **gegessen sein** (*fig*) estar pasado(-a), estar fuera de onda
Essen *nt* (**-s, -**) (*Nahrung*) alimento *m*; (*Mahlzeit*) comida *f*
Essig *m* (**-s, -e**) vinagre *m*
Essiggurke *f* pepinillo *m* en vinagre
Esslöffel *m* cuchara *f*
Estland *nt* Estonia *f*
estnisch *adj* estonio(-a)
Etage *f* (**-, -n**) planta *f*, piso *m*
Etagenbett *nt* (cama *f* de) litera *f*
etliche *pron pl* algunos(-as);
etliches algo, algunas cosas
Etui *nt* (**-s, -s**) estuche *m*
etwa *adv* aproximadamente
etwas *pron* algo, alguna cosa; (*ein wenig*) un poco ▷ *adv* algo (de)
Et-Zeichen *nt* et *f*
EU *f* (**-**) abk (= *Europäische Union*) UE *f*
euch *pron akk von* **ihr** os ▷ *pron dat von* **ihr** a vosotros(-as)
euer *pron* (*adjektivisch*) vuestro(-a) ▷ *pron gen von* **ihr** de/en vosotros(-as)
EU-Erweiterung *f* ampliación *f* de la UE
Eule *f* (**-, -n**) lechuza *f*
eure, r, s *pron* (*substantivisch*) vuestro(-a)
eurerseits *adv* por vuestra parte
euretwegen *adv* por vosotros
Euro *m* (**-, -**) (*Währung*) euro *m*
Eurocent *m* céntimo *m* de euro
Euroland *nt* (*fam*) país *m* euro

Europa nt (-s) Europa f
Europäer, in m(f) (-s, -) europeo(-a) m/f
europäisch adj europeo(-a); **Europäische Union** Unión f Europea; **der Europäische Binnenmarkt** el Mercado Único Europeo; **Europäischer Wirtschaftsraum** Espacio m Económico Europeo; **Europäisches Währungssystem** Sistema m Monetario Europeo; **Europäische Wirtschaftsunion** Unión f Económica Europea
Eurozeichen nt símbolo m del euro
Eurozone f zona f euro
Euter nt (-s, -) ubre f
evangelisch adj protestante
Evangelium nt Evangelio m
eventuell adj eventual ▷ adv eventualmente, en caso necesario
ewig adj eterno(-a)
Ewigkeit f eternidad f
EWR m (-) abk (= Europäischer Wirtschaftsraum) EEE m
EWS nt (-) abk (= Europäisches Währungssystem) SME m
EWU f (-) abk (= Europäische Wirtschaftsunion) UEE f
Examen nt (-s, - o Examina) examen m
Exemplar nt (-s, -e) ejemplar m
Exil nt (-s, -e) exilio m
Existenz f existencia f; (Unterhalt) sustento m
existieren vi (leben) vivir; (vorhanden sein) existir
exklusiv adj exclusivo(-a)
exklusive adv, präp +gen excluso(-a)
Experiment nt experimento m
Explosion f explosión f

Export m (-(e)s, -e) exportación f
exportieren vt (Waren) exportar
extra adj inv (fam: gesondert) separado(-a); (besondere) especial ▷ adv (gesondert) por separado, separadamente; (speziell) especialmente; (fam: absichtlich) a propósito; (vor Adjektiven) muy
Extra nt (-s, -s) extra m
Extrakt m (-(e)s, -e) extracto m
Extremsportart f deporte m de alto riesgo
Eyeliner m (-s, -) lápiz m de ojos

f

Fabel f(-, -n) fábula f
fabelhaft adj fabuloso(-a), maravilloso(-a)
Fabrik f(-, -en) fábrica f
Fach nt (-(e)s, Fächer) división f; (Regal) estante m; (Sachgebiet) campo m, ramo m; (Schulfach) materia f
Fächer m (-s, -) abanico m
Fachfrau f especialista f
Fachmann m especialista m
Fachwerk nt entramado m
Fackel f(-, -n) antorcha f
fad, e adj (Geschmack, Essen) insípido(-a); (Mensch) soso(-a)
Faden m (-s, Fäden) hilo m
fähig adj capaz, apto(-a); **zu etw fähig sein** ser capaz de hacer algo
Fähigkeit f capacidad f
Fahndung f pesquisa f, búsqueda f
Fahne f(-, -n) (Flagge) bandera f; (Wetterfahne) veleta f; **eine Fahne haben** (fam) apestar a alcohol
Fahrausweis m billete m
Fahrbahn f calzada f
Fähre f(-, -n) transbordador m; (Autofähre) ferry m
fahren irr vt (Fahrzeug) conducir; (Karussell) guiar; (Rad, Ski, Rollschuh etc) ir en, ir sobre; (Rennen) participar en; (befördern) transportar; (Strecke zurücklegen) recorrer ▷ vi andar; (abfahren) partir; **fahren nach** ir a; **mit etw fahren** viajar en algo
Fahrer, in m(f)(-s, -) conductor(a) m(f)
Fahrerairbag m airbag m del conductor
Fahrerflucht f delito m de huida (de un conductor)
Fahrgast m (in Auto, Bus) pasajero(-a) m/f
Fahrgeld nt dinero m para el billete
Fahrgestell nt chasis m; (Aer) tren m de aterrizaje
Fahrkarte f billete m
Fahrkartenautomat m máquina f expendedora de billetes
Fahrlässigkeit f descuido m
Fahrplan m horario m (de trenes/autobuses)
Fahrplanauszug m extracto m del horario
fahrplanmäßig adj conforme al horario; (Zug etc) regular
Fahrpreis m precio m del viaje
Fahrpreisermäßigung f reducción f del precio del billete
Fahrrad nt bicicleta f
Fahrschein m billete m
Fahrscheinautomat m expedidor m de billetes

Fahrscheinentwerter m cancelador m de billetes
Fahrschule f autoescuela f
Fahrstuhl m ascensor m
Fahrt f (-, -en) viaje m
Fahrzeug nt vehículo m
fair adj justo(-a); (Mensch) decente; (Spiel) limpio(-a)
Fakultät f facultad f
Falklandinseln pl Islas fpl Malvinas
Fall m (-(e)s, Fälle) (Sturz) caída f; (Sachverhalt: Jur, Ling) caso m; **auf jeden Fall, auf alle Fälle** en cualquier caso; **auf keinen Fall** en ningún caso
Falle f (-, -n) trampa f
fallen irr vi caer; (im Krieg) morir; (sinken) bajar
fällen vt (Baum) talar; (Urteil) dictar
fällig adj (Zinsen) vencido(-a); (Bus, Zug) que ha de llegar, próximo(-a)
falls adv si, en el caso de, cuando
falsch adj (unecht) falso(-a); (unrichtig) incorrecto(-a); (irrig) equivocado(-a)
fälschen vt falsificar
fälschlich adj erróneo(-a), falso(-a)
Fälschung f falsificación f
Falte f (-, -n) pliegue m; (Hautfalte) arruga f
falten vt (Papier etc) plegar, doblar; (Hände) juntar
Familie f (a. Bio) familia f
Familienname m apellido m
Familienstand m estado m civil
Fan m (-s, -s) aficionado(-a) m/f
Fang m (-(e)s, Fänge) (das Fangen) captura f; (Fischfang) pesca f; (Jagen) caza f; (Beute) presa f
fangen irr vt (Tier) cazar; (Dieb) prender; (Ball) coger ▷ vr: **sich fangen** (nicht fallen) mantener el equilibrio; (seelisch) recuperarse, rehacerse
Fantasie f fantasía f
fantasieren vi fantasear
fantastisch adj (Geschichte) fantástico(-a); (herrlich) fabuloso(-a)
Farbaufnahme f fotografía f en color
Farbdrucker m impresora f de color
Farbe f (-, -n) color m; (zum Malen etc) pintura f; (Farbton) tono m
farbecht adj (de color) estable
färben vi (Stoff etc) desteñirse ▷ vt colorear; (Stoff, Haar) teñir ▷ vr: **sich färben** teñirse
Farbfernsehen nt televisión f en color
Farbfilm m película f en color
farbig adj (bunt) coloreado(-a); (Mensch) de color
Farbkopierer m fotocopiadora f de color
farblos adj sin color
Farn m (-(e)s, -e) helecho m
Fasan m (-(e)s, -e(n)) faisán m
Fasching m (-s, -e o -s) carnaval m
Faschismus m fascismo m
Faschist, in m(f) fascista mf
Faser f (-, -n) fibra f
fasern vi deshilacharse
Fass nt (-es, Fässer) barril m
Fassade f fachada f
Fassbier nt cerveza f de barril
fassen vt (ergreifen) coger, agarrar (Am); (begreifen) comprender; (inhaltlich) contener; (Edelstein) engarzar; (Entschluss, Plan, Gedanken) concebir; (Verbrecher) prender ▷ vr: **sich fassen**

Fassung f (*Umrahmung*) armadura f, montura f; (*bei Lampe*) portalámpara m; (*von Text*) redacción f; (*Beherrschung*) serenidad f; **jdn aus der Fassung bringen** hacer perder el control a alguien
fast *adv* casi
fasten vi ayunar
Fastenzeit f cuaresma f
Fast Food nt comida f rápida
Fastnacht f (martes m de) carnaval m
faul *adj* (*verdorben*) podrido(-a); (*Mensch*) holgazán(-ana); (*fam: verdächtig*) sospechoso(-a)
faulen vi pudrirse
faulenzen vi holgazanear
Faulheit f (*von Mensch*) pereza f
faulig *adj* podrido(-a)
Faust f (-, **Fäuste**) puño m
Fax nt (-**es**, -**e**) fax m
Faxanschluss m línea f de fax
faxen vt, vi enviar por (por) telefax
Faxnummer f número m de fax
FCKW m (-**s**, -**s**) *abk* (= *Fluorkohlenwasserstoff*) CFC m
Februar m (-(**s**), -**e**) febrero m
Feder f (-, -**n**) pluma f; (*von Steppdecke*) edredón m; (*Tech*) muelle m
Federball m volante m
Federung f muelles mpl; (*Auto*) suspensión f
fegen vt (*kehren*) barrer
fehl *adj*: **fehl am Platz** [*o* **am Ort**] **sein** no venir al caso
fehlen vi faltar; (*abwesend sein*) estar ausente; **jdm fehlt etw** alguien carece de algo; **was fehlt ihm?** ¿qué le falta?

Fehler m (-**s**, -) error m; (*bei Mensch, Gerät*) defecto m
Fehlermeldung f (*Inform*) error m
fehl|schlagen *irr* vi fallar
Fehlzündung f (*Auto*) fallo m de encendido
Feier f (-, -**n**) fiesta f
Feierabend m: **Feierabend machen** terminar la jornada laboral; **jetzt ist Feierabend!** ¡se acabó!, ¡basta!
feierlich *adj* festivo(-a)
feiern vt, vi celebrar
Feiertag m día m de fiesta
feig, e *adj* cobarde
Feige f (-, -**n**) higo m
Feigheit f cobardía f
Feigling m cobarde mf, gallina m
Feile f (-, -**n**) lima f
feilschen vi regatear
fein *adj* (*zart*) delicado(-a), sutil; (*fig: Humor*) fino(-a); (*in kleinen Teilchen*) menudo(-a); (*erlesen*) selecto(-a); (*vornehm*) distinguido(-a); (*genau*) escogido(-a); **fein!** ¡muy bien!
Feind, in m(f) (-(**e**)**s**, -**e**) enemigo(-a) m/f
Feinkostgeschäft nt tienda f de especialidades gastronómicas
Feinschmecker, in m(f) (-**s**, -) gastrónomo(-a) m/f
Feinwäsche f prendas fpl delicadas
Feld nt (-(**e**)**s**, -**er**) (*a. Inform*) campo m; (*Schachfeld*) casilla f; (*Mil*) campaña f
Feldsalat m canónigo m
Felge f (-, -**n**) (*Auto*) llanta f
Fell nt (-(**e**)**s**, -**e**) (*von Tier*) piel f; (*verarbeitetes Fell*) cuero m
Fels m (-**en**, -**en**), **Felsen** m (-**s**, -)

roca f
felsig adj rocoso(-a)
feminin adj femenino(-a)
Femininum nt (**-s, Feminina**) (Ling) género m femenino
Feminismus m feminismo m
Feminist, in m(f) feminista mf
feministisch adj feminista
Fenchel m (**-s**) hinojo m
Fenster nt (**-s, -**) (a. Inform) ventana f
Fensterscheibe f vidrio m (de la ventana)
Fenstertechnik f (Inform) técnica f de ventana
Ferien pl vacaciones fpl; **Ferien machen** hacer vacaciones; **Ferien haben** estar de vacaciones
Feriendorf nt complejo m turístico
Ferienhaus nt chalet m para las vacaciones
Ferienkurs m curso m de vacaciones
Ferienlager nt campamento m
Ferienwohnung f apartamento m de vacaciones
Ferkel nt (**-s, -**) lechón m; (fig) cochino m
fern adj lejano(-a) ▷ adv lejos
Fernbedienung f mando m a distancia
Ferne f (**-, -n**) lejanía f
ferner adv (zukünftig) en lo sucesivo; (außerdem) además
Fernflug m vuelo m de larga distancia
Ferngespräch nt conversación f (telefónica) interurbana
ferngesteuert adj teledirigido(-a)
Fernglas nt gemelos mpl
Fernsehapparat m televisor m
fern|sehen irr vi ver la televisión

Fernsehen nt (**-s**) televisión f; **im Fernsehen** en la televisión
Fernseher m (**-s, -**) televisor m
Fernsprecher m teléfono m
Fernsprechzelle f cabina f telefónica
Fernverkehr m servicio m interurbano
Ferse f (**-, -n**) talón m
fertig adj (bereit) listo(-a), dispuesto(-a); (beendet) concluido(-a); (gebrauchsfertig) listo(-a) para usar; **fertig sein** (fam: müde) estar acabado(-a); **fertig bringen** llevar a cabo; **fertig machen** (beenden) terminar; (fam: körperlich) hacer polvo; (moralisch) acabar
Fertiggericht nt plato m preparado [o precocinado]
Fessel f (**-, -n**) atadura f, ligadura f
fesseln vt (Gefangenen) encadenar, esposar; (fig) cautivar
fesselnd adj cautivador(a)
fest adj firme; (Nahrung, Stoff) sólido(-a); (Preis, Wohnsitz, Schuhe) fijo(-a); (Anstellung, Versprechen, Bindung) seguro(-a); (Schlaf) profundo(-a)
Fest nt (**-(e)s, -e**) fiesta f
fest|halten irr vt sujetar; (Ereignis) retener
festigen vt afirmar, fortalecer
Festiger m (**-s, -**) (Haarfestiger) fijador m (para el pelo)
Festigkeit f firmeza f
Festival nt (**-s, -s**) festival m
Festland nt tierra f firme
fest|legen vt fijar ▷ vr: **sich festlegen** comprometerse (auf etw akk a (hacer) algo)
festlich adj festivo(-a)

fest|machen vt (befestigen) sujetar; (Termin etc) fijar; (Schiff) amarrar
fest|nehmen irr vt detener
Festplatte f disco m duro
Festplattenlaufwerk nt lector m de disco duro
fest|setzen vt fijar, determinar
fest|stellen vt (herausfinden) averiguar, constatar; (sagen) señalar; (erkennen) observar
Feststelltaste f tecla f Mayúsculas
Festung f fortaleza f
fett adj gordo(-a); (Essen etc) grasoso(-a); (Schrift) (en) negrillas
Fett nt (-(e)s, -e) grasa f; (bei Mensch) gordura f
fettig adj graso(-a); (Haar) grasiento(-a)
feucht adj húmedo(-a)
Feuchtigkeitscreme f crema f hidratante
Feuer nt (-s, -) fuego m; (fig) ardor m
feuerfest adj (Geschirr) refractario(-a) (al fuego)
feuergefährlich adj inflamable
Feuerlöscher m (-s, -) extintor m
Feuermelder m (-s, -) detector m de incendios
Feuerwehr f (-, -en) cuerpo m de bomberos
Feuerwerk nt fuegos mpl artificiales
Feuerzeug nt mechero m
feurig adj de fuego; (fig) ardiente
Fichte f (-, -n) pícea f
Fieber nt (-s, -) fiebre f
fieberhaft adj febril
Fiebermesser m (-s, -), **Fieberthermometer** nt termómetro m (clínico)

367 | Fisch

fies adj (fam) asqueroso(-a)
Figur f (-, -en) figura f
Filiale f (-, -n) sucursal f
Film m (-(e)s, -e) (für Kamera) carrete m; (Spielfilm) película f
filmen vt rodar, filmar ▷ vi filmar
Filmkamera f cámara f tomavistas
Filter m (-s, -) filtro m
filtern vt filtrar
Filterpapier nt papel m filtrante
Filterzigarette f cigarrillo m con filtro
Filz m (-es, -e) fieltro m
Filzschreiber m, **Filzstift** m rotulador m
Finanzamt nt Delegación f de Hacienda
finanziell adj financiero(-a)
finanzieren vt financiar
finden irr vt encontrar; (Lösung, Worte, Ausrede) dar con; (meinen) parecer; **ich finde nichts dabei, wenn ...** no veo ningún inconveniente si ...
Finder, in m(f) (-s, -) hallador(a) m(f)
Finger m (-s, -) dedo m
Fingernagel m uña f
Fingerspitzengefühl nt tacto m
Fink m (-en, -en) pinzón m
finnisch adj finlandés(-esa)
Finnland nt Finlandia f
finster adj oscuro(-a); (fig) sombrío(-a)
Firewall f (-, -s) (Inform) firewall m, cortafuegos m
Firma f (-, Firmen) empresa f
Fisch m (-(e)s, -e) (im Wasser) pez m; (zubereitet) pescado m; **Fische** pl (Astr) Piscis m; **Adelheid ist Fisch** Adelheid es Piscis

fischen vt, vi pescar
Fischer, in m(f) (**-s, -**) pescador(a) m(f)
Fischstäbchen nt palito m de pescado
fit adj en forma
Fitness f (-) (buena) forma f física
Fitnesscenter nt (**-s, -**) gimnasio m
Fitnessraum m sala f de culturismo
Fitnessstudio nt gimnasio m
fix adj (fam: flink) rápido(-a); **fix und fertig** (fam: völlig fertig) totalmente listo(-a); (völlig erschöpft) agotado(-a)
fixen vi (fam) picarse, pincharse
Fixer, in m(f) (**-s, -**) (fam) heroinómano(-a) m/f, yonqui mf
Fixerstube f centro o instalaciones para drogadictos puestas a disposición por las administraciones municipales, en donde éstos pueden consumir las drogas bajo consumir las drogas en un entorno higiénico
fixieren vt fijar
flach adj llano(-a), plano(-a)
Flachbildschirm m pantalla f plana
Fläche f (**-, -n**) superficie f; (Math) (el) área f
flächendeckend adj general, global
flackern vi llamear, flamear
Fladenbrot nt pan m (en forma de) torta
Flagge f (**-, -n**) bandera f
Flamme f (**-, -n**) llama f
Flasche f (**-, -n**) botella f; (fam: Versager) fracasado(-a) m/f
Flaschenöffner m abrebotellas m
Flaschentomate f tomate m en forma de pera

flattern vi revolotear
flau adj débil, lánguido(-a); (Nachfrage, Geschäft) flojo(-a); **ihm ist flau** se siente desfallecer
flauschig adj mullido(-a), suave
Flausen pl (fam) patrañas fpl
Flaute f (**-, -n**) calma f (chicha); (Com) depresión f, baja f
Flechte f (**-, -n**) (Zopf) trenza f; (Med) eczema m
flechten irr vt (Haare) trenzar; (Zopf, Kranz, Korb) hacer
Fleck m (**-(e)s, -e**) mancha f; (fam: Ort, Stelle) sitio m, punto m; (Stofffleck) parche m; (Makel) defecto m
Fleckenmittel nt quitamanchas m
fleckig adj manchado(-a)
Fledermaus f murciélago m
Fleisch nt (**-(e)s**) carne f
Fleischbrühe f caldo m
Fleischerei f carnicería f
Fleischtomate f tomate m carnoso
Fleischwolf m máquina f de picar carne
Fleiß m (**-es**) celo m
fleißig adj diligente, activo(-a); (fam: oft) con frecuencia
flicken vt remendar
Flicken m (**-s, -**) (auf Stoff) remiendo m
Flieder m (**-s, -**) lila f
Fliege f (**-, -n**) mosca f; (Krawatte) pajarita f (corbata de lazo)
fliegen irr vi volar; (Tier, Flugzeug) levantar el vuelo
Fliegenpilz m oronja f falsa
fliehen irr vi escaparse; **vor etw** dat **fliehen** huir de algo
Fliese f (**-, -n**) baldosa f

Fließband nt cadena f de montaje
fließen irr vi correr, pasar
fließend adj fluyente; (*Rede, Wasser*) corriente
flimmerfrei adj (*Monitor*) sin centelleo
flimmern vi parpadear
flink adj ágil, ligero(-a)
Flinte f(-, -n) fusil m
Flipper m(-s, -) flipper m
flippig adj (fam) flipante, chulo(-a)
Flirt m(-s, -s) ligue m
flirten vi ligar
Flitterwochen pl luna f de miel
flitzen vi pasar como un rayo
Floh m(-(e)s, Flöhe) pulga f
Flohmarkt m rastro m, rastrillo m
Flop m(-s, -s) fracaso m
Floskel f(-, -n) muletilla f
Flosse f(-, -n) (*Fischflosse, Schwimmflosse*) aleta f
Flöte f(-, -n) flauta f
flott adj (*flink*) ágil; (*schwungvoll*) alegre; (*chic*) guapo(-a); (*Naut*) a flote
Fluch m(-(e)s, Flüche) blasfemia f; (*Verfluchung*) maldición f
fluchen vi soltar tacos
Flucht f(-) fuga f
fluchtartig adj precipitado(-a)
flüchtig adj (*oberflächlich*) superficial; (*Besuch*) breve; (*Blick*) fugaz; (*Bekanntschaft*) pasajero(-a)
Flüchtling m fugitivo(-a) m/f; (*Pol*) refugiado(-a) m/f
Flug m(-(e)s, Flüge) vuelo m
Flugangst f avio(no)fobia f
Flugblatt nt folleto m, octavilla f
Flugdatenschreiber m caja f negra
Flügel m(-s, -) (*a. Sport*) (el) ala f; (*Mus*) piano m de cola

Fluggast m pasajero(-a) m/f aéreo(-a)
Fluggesellschaft f compañía f de aviación
Flughafen m aeropuerto m
Flughafenzubringerdienst m servicio m de transporte al aeropuerto
Fluglotse m, **Fluglotsin** f controlador(a) m(f) (de vuelo)
Flugnummer f número m de vuelo
Flugobjekt nt: **unbekanntes Flugobjekt** objeto m volante [o volador] no identificado
Flugplan m horario m (de vuelos)
Flugplatz m aeródromo m
Flugrettungsdienst m servicio m aéreo de salvamento
Flugschein m billete m de avión
Flugschreiber m caja f negra
Flugsteig m(-s, -e) muelle m de embarque
Flugverkehr m tráfico m aéreo
Flugzeug nt avión m
Flugzeugentführung f secuestro m aéreo
Flunder f(-, -n) rodaballo m
Fluorkohlenwasserstoffe pl cloro-fluoro-carbonos mpl
Flur m(-(e)s, -e) corredor m; (*Treppenflur*) descansillo m; (*Wohnungsflur*) pasillo m
Fluss m(-es, Flüsse) río m
flüssig adj líquido(-a); (*Verkehr, Stil*) fluido(-a); (*Gelder*) disponible
Flüssigkeit f líquido m
Flüssigkristallanzeige f indicación f de cristal líquido
flüstern vi cuchichear, susurrar
Flut f(-, -en) (*Gezeiten*) marea f alta; (*Wassermassen*) diluvio m; (*fig*) torrente m

Flutlicht nt luz f de proyectores
Fohlen nt (**-s**, **-**) potro m
Föhn m (**-(e)s**, **-e**) (*Haarföhn*) secador m de pelo
föhnen vt secar con secador
Föhre f (**-**, **-n**) pino m (silvestre)
Folge f (**-**, **-n**) consecuencia f; (*Fortsetzung*) continuación f; (*Auswirkung*) efecto m
folgen vi (*gehorchen*) obedecer (*jdm* a alguien); (*hören auf*) hacer caso; (*hinterhergehen*) seguir (*jdm* a alguien); (*zeitlich*) suceder; **daraus folgt ...** de ello se deduce ..., de ello se desprende ...
folgend adj siguiente
folgendermaßen adv como sigue
Folgerung f deducción f
folglich adv por consiguiente
folgsam adj obediente
Folie f hoja f; (*aus Kunststoff*) lámina f
foltern vt torturar
Fön m (**-(e)s**, **-e**) siehe **Föhn**
Fondue nt (**-s**, **-s**) fondue f
Font m (**-s**, **-s**) (*Schriftart*) fuente f
fordern vt pedir, exigir
fördern vt (*jdn*) promover; (*Absatz*) aumentar; (*Kohle*) extraer
Forderung f exigencia f
Forelle f trucha f
Form f (**-**, **-en**) forma f; (*von Rede, Brief etc*) tipo m; (*Gussform, Backform*) molde m; **in Form sein** estar en forma
formatieren vt (*Inform*) formatear
Formatvorlage f (*Inform*) formulario m
formen vt formar, moldear
förmlich adj formal ▷ adv formalmente; (*regelrecht*) verdaderamente
Förmlichkeit f formalidad f
Formular nt (**-s**, **-e**) formulario m
forschen vi investigar (*nach etw* algo)
Forscher, in m(f) (**-s**, **-**) investigador(a) m(f)
Forschung f investigación f
Förster, in m(f) (**-s**, **-**) guarda mf forestal
fort adv lejos, distante; (*weg*) desaparecido(-a)
fort|bewegen vt desplazar, mover (hacia delante)
fort|bilden vr: **sich fortbilden** perfeccionarse
Fortbildung f perfeccionamiento m
Fortdauer f continuación f
fort|fahren irr vi (*wegfahren*) partir; (*weitermachen*) continuar
fortgeschritten adj adelantado(-a); (*Alter*) avanzado(-a)
Fortpflanzung f reproducción f
Fortschritt m progreso m
fortschrittlich adj (*Mensch etc*) progresista; (*Methode*) avanzado(-a)
fort|setzen vt proseguir; (*fortführen*) continuar
Fortsetzung f continuación f; (*folgender Teil*) entrega f; **Fortsetzung folgt** continuará
Foto nt (**-s**, **-s**) foto f
Fotoapparat m máquina f fotográfica
Fotograf, in m(f) (**-en**, **-en**) fotógrafo(-a) m/f
Fotografie f fotografía f
fotografieren vt fotografiar ▷ vi sacar fotografías
Fotohandy nt móvil m con cámara

(integrada)
Fotokopie f fotocopia f
fotokopieren vt fotocopiar
Fotokopierer m fotocopiadora f
Foul nt (-s, -s) falta f
Fracht f (-, -en) (Frachtkosten) gastos mpl de transporte
Frage f (-, -n) pregunta f; siehe auch **infrage**
Fragebogen m cuestionario m
fragen vt preguntar, interrogar ▷ vi hacer preguntas
Fragezeichen nt signo m de interrogación
fraglich adj dudoso(-a)
fragwürdig adj dudoso(-a)
Franken m (-s, -) franco m (suizo)
frankieren vt franquear
franko adv franco (de porte)
Frankreich nt (-s) Francia f
Franzose m (-n, -n), **Französin** f francés(-esa) m/f
französisch adj francés(-esa)
Frau f (-, -en) mujer f; (Ehefrau) esposa f; **Frau Doktor** doctora f
Frauenarzt m, **Frauenärztin** f ginecólogo(-a) m/f
Frauenbeauftragte, r mf encargado(-a) m/f de asuntos de la mujer
Frauenbewegung f movimiento m feminista
Frauenhaus nt centro m de acogida para mujeres (maltratadas)
Fräulein nt señorita f
fraulich adj femenino(-a)
Freak m (-s, -s) pirado(-a) m/f
frech adj atrevido(-a), desvergonzado(-a)
Frechdachs m fresco(-a) m/f
Frechheit f insolencia f

371 | Fremdenführer

Freeclimbing, Free Climbing nt (-s) escalada f libre
Freeware f (-, -s) freeware m, programa m de libre distribución
frei adj (unabhängig) libre; (nicht verheiratet) soltero(-a); (unbesetzt) desocupado(-a); (kostenlos) gratuito(-a); (nicht bedeckt) descubierto(-a), abierto(-a); **im Freien** al aire libre
Freibad nt piscina f al aire libre
freigebig adj generoso(-a)
Freiheit f libertad f
freiheitlich adj liberal
Freikarte f billete m gratuito
Freilandei m huevo m de gallina campera
frei|lassen irr vt poner en libertad
freilich adv sin duda, ciertamente; **ja freilich!** ¡claro que sí!
frei|schalten vt conectar
Freispruch m libre absolución f
frei|stellen vt: **jdm etw freistellen** dejar elegir algo a alguien
Freitag m viernes m
freitags adv los viernes
freiwillig adj voluntario(-a)
Freizeichen nt (Tel) tono m de llamada, señal f de línea libre
Freizeit f tiempo m libre
Freizeitpark m parque m de atracciones
fremd adj (nicht eigen) ajeno(-a), de otros; (ausländisch) forastero(-a); (unvertraut) extraño(-a); (Land, Sprache) extranjero(-a)
fremdartig adj extraño(-a)
Fremde, r mf extranjero(-a) m/f
fremdenfeindlich adj xenófobo(-a)
Fremdenführer, in m(f) guía mf

turístico(-a)
Fremdenverkehr m turismo m
Fremdenverkehrsamt nt Oficina f de Turismo
Fremdenzimmer nt cuarto m de huéspedes
Fremdsprache f idioma m extranjero
fressen irr vt devorar
Freude f (-, -n) alegría f; **Freude an etw** dat **haben** hallar placer en algo; **jdm eine Freude machen** dar una alegría [o satisfacción] a alguien
freuen vt unpers alegrar; **es freut mich** me alegro ▷ vr: **sich freuen** alegrarse; **sich auf etw** akk **freuen** esperar algo con impaciencia; **sich über etw** akk **freuen** alegrarse por algo
Freund, in m(f) (-(e)s, -e) (Kamerad) amigo(-a) m/f; (feste(r) Freund) novio(-a) m/f
freundlich adj (angenehm) agradable; (Mensch, Miene) amistoso(-a)
freundlicherweise adv cortésmente
Freundlichkeit f amabilidad f
Freundschaft f amistad f
Frieden m (-s, -) paz f
Friedensbewegung f movimiento m pacifista
Friedensinitiative f iniciativa f para la paz
Friedhof m cementerio m
friedlich adj pacífico(-a)
frieren irr vi (Wasser etc) helarse; (Mensch) tener frío; **ich friere, es friert mich** tengo frío ▷ vi unpers helar
Frikadelle f hamburguesa f

Frisbeescheibe® f disco m de frisbee®
frisch adj fresco(-a); (nicht ermüdet) vivo(-a), activo(-a); (sauber: Wäsche etc) limpio(-a); (Aussehen) saludable; **sich frisch machen** refrescarse; **frisch gestrichen!** ¡recién pintado!; **frische Luft** aire m fresco
Frischhaltefolie f celofán m
frisch|machen vr: **sich frischmachen** siehe **frisch**
Friseur, in m(f) peluquero(-a) m/f
frisieren vt peinar; (fig: Abrechnung) falsear; (Motor) trucar
Frisör, in m(f) siehe **Friseur(in)**
Frist f (-, -en) plazo m, término m
fristlos adj (Entlassung) inmediato(-a), sin aviso
Frisur f peinado m
froh adj contento(-a), feliz; **ich bin froh, dass** estoy contento(-a) de que
fröhlich adj alegre
Fröhlichkeit f alegría f, buen humor m
Frömmigkeit f piedad f, devoción f
Fronleichnam nt (-s) Corpus m Christi
Frosch m (-(e)s, Frösche) rana f
Froschschenkel m (el) anca f de rana
Frost m (-(e)s, Fröste) helada f
Frottee m (-(s), -s) tejido m de rizo
Frucht f (-, Früchte) fruto m; (a. fig) fruto m; (Getreide) grano m
fruchtbar adj fecundo(-a); (Boden) fértil
früh adj temprano(-a); (vorzeitig) precoz ▷ adv temprano; (morgens) por la mañana; **heute früh** esta

mañana temprano
Frühe f(-) madrugada f
früher adj (vergangen) anterior; (ehemalig) antiguo(-a) ▷ adv antes, anteriormente, antaño
frühestens adv lo más pronto posible
Frühjahr nt, **Frühling** m primavera f
Frühjahrsmüdigkeit f astenia f primaveral
Frühstück nt desayuno m
frühstücken vi desayunar
Frühstücksbüfett nt buffet- desayuno m
Frühstücksfernsehen nt televisión f matinal
Frust m (-s) (fam) frustración f, frustre m
frustrieren vt frustrar
FTP nt (-s, -s) abk (= file transfer protocol) FTP m
Fuchs m (-es, Füchse) zorro m
fühlen vt sentir, experimentar; (ahnen) intuir; (ertasten) palpar; (Puls) tomar ▷ vi: **mit jdm fühlen** condolerse con alguien ▷ vr: **sich fühlen** sentirse
Fühler m (-s, -) antena f (de animal); (Tech) sensor m
führen vt (leiten) dirigir; (begleiten) acompañar; (Geschäft) administrar; (Name, Haushalt, Kasse) llevar; (Fahrzeug) conducir ▷ vi (an der Spitze liegen) estar en cabeza, liderar ▷ vr: **sich führen** comportarse
Führer, in m(f) (-s, -) jefe(-a) m/f, líder mf; (Fahrzeugführer) conductor(a) m(f); (Fremdenführer) guía m f
Führerschein m permiso m de conducir
Führung f liderazgo m; (Museumsführung) visita f (guiada); (eines Unternehmens) gestión f
Fülle f(-) (Menge) abundancia f
füllen vt llenar (mit de); (Gastr) rellenar ▷ vr: **sich füllen** llenarse
Füller m (-s, -) estilográfica f
Füllung f (Gastr) relleno m
fummeln vi (fam) manosear (an etw dat algo); **miteinander fummeln** meterse mano (uno(-a) a otro(-a))
Fund m (-(e)s, -e) hallazgo m
Fundament nt (Grundlage) base f; (von Gebäude) cimientos mpl
Fundamentalismus m fundamentalismo m
Fundamentalist, in m(f) fundamentalista mf, integrista mf
fundamentalistisch adj fundamentalista, integrista
Fundbüro nt oficina f de objetos perdidos
Fünf f (-, -en) cinco m; (Schulnote) suspenso m
fünf num cinco
fünfhundert num quinientos(-as)
fünfmal adv cinco veces
Fünfprozentklausel f cláusula f/ barrera f del cinco por ciento
fünft num: **zu fünft** (a) cinco
fünfte, r, s adj quinto(-a)
Fünftel nt (-s, -) quinto m
fünftens adv en quinto lugar
fünfzehn num quince
fünfzig num cincuenta
Funk m (-s) radio f
Funke m (-ns, -n) (a. fig) chispa f
funkeln vi brillar
Funken m (-s, -) (a. fig) chispa f
Funkgerät nt aparato m de radio

Funkstreife f (-, -n) radiopatrulla f
Funktaxi nt radio-taxi m
Funktion f función f
funktionieren vi funcionar
Funktionstaste f tecla f Función
für präp +akk por; para; **ich tue das für meine Kinder** lo hago por mis hijos; **diese Geschenke sind für mich** estos regalos son para mí; **jdn für etw halten** tener [o tomar] alguien por algo; **das hat etwas für sich** (ist einleuchtend) eso es muy plausible; (hat Vorteile) eso es ventajoso(-a)
Furcht f (-) miedo m
furchtbar adj terrible, horrible
fürchten vt temer ▷ vr: **sich fürchten** asustarse (vor etw dat de algo)
fürchterlich adj tremendo(-a)
furchtsam adj medroso(-a)
füreinander adv el uno para el otro, la una para la otra
fürs kontr von **für das**
Fuß m (-es, Füße) pie m; (von Möbeln) pata f; **zu Fuß** a pie
Fußball m fútbol m; (Ball) balón m de fútbol, pelota m de fútbol
Fußballspiel nt partido m de fútbol
Fußballspieler, in m(f) jugador(a) m(f) de fútbol, futbolista mf
Fußboden m suelo m, piso m
Fußgänger, in m(f) (-s, -) peatón mf
Fußgängerzone f zona f peatonal
Fußweg m camino m
Futon m (-s, -s) futón m
Futter nt (-s, -) alimento m; (Stoff) forro m
füttern vt (Tier) dar [o echar] de comer a; (Baby) dar de comer a; (Kleidung) forrar
Futur nt (-s, -e) (Ling) futuro m

g

Gabe f (-, -n) (*Geschenk*) regalo m; (*Talent, Begabung*) dote f, talento m
Gabel f (-, -n) (*Essgabel*) tenedor m; (*Mistgabel*) horca f; (*Astgabel, Telefongabel*) horquilla f
gabeln vr: **sich gabeln** bifurcarse
Gabelung f bifurcación f
gackern vi cacarear; (*fig*) cloquear
gaffen vi mirar con la boca abierta
Gag m (-s, -s) truco m, gag m
gähnen vi (*Mensch*) bostezar
Galerie f galería f
Galicien nt (-s) Galicia f
galicisch adj gallego(-a)
Galle f (-, -n) (*Organ*) hiel f; (*Gallensaft*) bilis f
Gallenblase f vesícula f biliar
Gameboy m (-s, -s) gameboy m
Gameshow f (-, -s) gameshow m
gammeln vi (*fam*) holgazanear
Gämse f (-, -n) gamuza f

Gang m (-(e)s, Gänge) (*Gangart*) (modo m de) andar m, paso m; (*Essensgang*) comisión f; (*Besorgung*) plato m; (*Ablauf, Verlauf*) rumbo m, curso m; (*Hausflur, im Flugzeug*) pasillo m; (*Korridor*) corredor m; (*Auto*) marcha f, velocidad f; **in Gang bringen** poner en marcha; (*fig*) activar; **das ist gang und gäbe** es la costumbre
Gangschaltung f cambio m (de velocidades)
Gangway f (-, -s) pasarela f
Gans f (-, Gänse) ganso m
ganz adj íntegro(-a); (*vollständig*) completo(-a), total; (*fam: nur*) sólo(-a); (*nicht kaputt*) intacto(-a); **ganz Europa** toda Europa; **sein ganzes Geld** todo su dinero; **das Ganze** el todo ▷ adv (*ziemlich*) bastante; (*völlig*) completamente; **ganz und gar** absolutamente; **ganz und gar nicht** de ningún modo
gänzlich adv totalmente
Ganztagsschule f escuela f de jornada completa
gar adj (*durchgekocht*) cocido(-a) ▷ adv: **gar nicht** no; **gar nicht schlecht** nada mal; **gar nichts** nada de nada; **gar keiner** ninguno
Garage f (-, -n) garaje m
Garantie f garantía f
garantieren vt garantizar
Garderobe f (-, -n) ropa f, vestidos mpl; (*Ort*) guardarropa m
Gardine f cortina f
Garn nt (-(e)s, -e) hilo m
Garnele f (-, -n) camarón m
garnieren vt guarnecer
Garnitur f (*Besatz*) guarnición f; (*Satz*) (juego m) completo m;

(*Unterwäsche*) juego m
Garten m (**-s, Gärten**) jardín m; (*von Schloss*) parque m
Gartenlokal nt café m con terraza
Gärtner, in m(f) (**-s, -**) jardinero(-a) m/f
Gärtnerei f jardinería f
Gas nt (**-es, -e**) gas m; **Gas geben** (*Auto*) acelerar
Gaspedal nt (pedal m) acelerador m
Gasse f (**-, -n**) callejón m
Gast m (**-es, Gäste**) (*bei Familie*) invitado(-a) m/f; (*im Hotel*) huésped mf; (*in einem Land*) visitante mf; **bei jdm zu Gast sein** ser huésped de alguien
Gastarbeiter, in m(f) trabajador(a) m/f extranjero(-a)
Gästezimmer nt cuarto m de huéspedes
gastfreundlich adj hospitalario(-a)
Gastgeber, in m(f) (**-s, -**) anfitrión(-ona) m/f; (*Hausherr/in*) dueño(-a) m/f de la casa
Gasthaus nt, **Gasthof** m posada f
gastlich adj hospitalario(-a)
Gaststätte f restaurante m
Gatter nt (**-s, -**) reja f
GAU m (**-s, -s**) akr (= *größter anzunehmender Unfall*) accidente m verosímil máximo
Gaumen m (**-s, -**) paladar m
Gauner, in m(f) (**-s, -**) maleante mf
Gebäck nt (**-(e)s, -e**) pasteles mpl
Gebärde f (**-, -n**) gesto m
gebärden vr: **sich gebärden** comportarse
gebären irr vt (*Mensch*) dar a luz a, alumbrar; (*Tier*) parir
Gebärmutter f (*Anat*) matriz f
Gebäude nt (**-s, -**) edificio m

Gebell nt (**-(e)s**) ladrido m
geben irr vt dar; (*mit Präposition: wohin bringen*) llevar; **jdm etw geben** dar algo a alguien; (*Mut, Hoffnung*) infundir algo a alguien; **bitte geben Sie mir Herrrn Sánchez!** (*Tel*) ¡póngame con el señor Sánchez por favor!; **etwas von sich geben** decir algo ▷ vi unpers: **es gibt** existe, hay; **es wird Frost geben** va a helar; **das gibt es nicht!** ¡no es posible! ▷ vr: **sich geben** (*sich verhalten*) comportarse; (*aufhören*) calmarse, cesar; **das wird sich geben** ya pasará
Gebet nt (**-(e)s, -e**) oración f
Gebiet nt (**-(e)s, -e**) (*Bezirk*) zona f; (*Hoheitsgebiet*) territorio m; (*Fachgebiet*) campo m
gebildet adj culto(-a), instruido(-a)
Gebirge nt (**-s, -**) montaña f, montes mpl
Gebiss nt (**-es, -e**) dentadura f; (*künstlich*) (dentadura f) postiza f
Gebläse nt (**-s, -**) ventilador m
geboren adj: **geboren am 15. 4.** nacido(-a) el 15 del 4; **Frau Schnorr, geborene Duss** señora de Schnorr, (nombre) de soltera Duss
geborgen adj: **sich (bei jdm) geborgen fühlen** sentirse seguro(-a) (con alguien)
Gebot nt (**-(e)s, -e**) (*Rel*) mandamiento m; (*im Verkehr*) norma f
Gebrauch m uso m, empleo m
gebrauchen vt usar, utilizar; **das kann ich gut gebrauchen** eso me es útil
Gebrauchsanweisung f

instrucciones *fpl* de uso
gebraucht *adj* usado(-a)
Gebrauchtwagen *m* coche *m* usado
Gebrüder *pl* hermanos *mpl*
Gebrüll *nt* (-(e)s) griterío *m*
Gebühr *f* (-, -en) tarifa *f*; (*Grundgebühr*) tasa *f*
Gebühreneinheit *f* (*Tel*) unidad *f*, paso *m*
gebührenfrei *adj* exento(-a) de tasas, libre de tasas
gebührenpflichtig *adj* sujeto(-a) a derechos; **gebührenpflichtige Verwarnung** multa *f*
Geburt *f* (-, -en) nacimiento *m*; **von Geburt Spanier** español *m* de nacimiento
Geburtenkontrolle *f* control *m* de la natalidad
gebürtig *adj* nativo(-a); **Kathi ist gebürtige Schweizerin** Kathi es natural de Suiza
Geburtsdatum *nt* fecha *f* de nacimiento
Geburtsjahr *nt* año *m* de nacimiento
Geburtsort *m* lugar *m* de nacimiento
Geburtstag *m* cumpleaños *m*; (*Tag der Geburt*) día *m* del nacimiento; **Geburtstag haben** cumplir años; **zum Geburtstag** para el cumpleaños; **herzlichen Glückwunsch zum Geburtstag!** ¡feliz cumpleaños!
Geburtsurkunde *f* partida *f* de nacimiento
Gebüsch *nt* (-(e)s, -e) matorral *m*
Gedächtnis *nt* memoria *f*; (*Andenken*) recuerdo *m*
Gedanke *m* (-ns, -n) (*Denken*) pensamiento *m*; (*Idee*) concepto *m*, idea *f*
Gedankenstrich *m* guión *m*
Gedeck *nt* (-(e)s, -e) servicio *m* de mesa; (*Menü*) cubierto *m*
Gedicht *nt* (-(e)s, -e) poesía *f*, poema *m*
Gedränge *nt* (-s) apretura *f*; (*Menschenmenge*) gentío *m*
geeignet *adj* indicado(-a) (*für para*); (*Mittel, Methode*) apropiado(-a)
Gefahr *f* (-, -en) peligro *m*; **auf eigene Gefahr** bajo propio riesgo
gefährden *vt* (*jdn*) comprometer; (*Land, Plan, Wirtschaft*) poner en peligro
gefährlich *adj* peligroso(-a); (*Alter*) crítico(-a); (*Krankheit*) grave
Gefälle *nt* (-s, -) desnivel *m*; (*von Straße*) pendiente *f*; (*soziales Gefälle*) diferencia *f*
gefallen *irr vi*: **jdm gefallen** (*Sache*) agradar a alguien; **er/es gefällt mir** él/eso me gusta; **sich** *dat* **etw gefallen lassen** soportar algo, tolerar algo
Gefallen *m* (-s, -) favor *m*; **jdm einen Gefallen tun** hacer un favor a alguien
Gefängnis *nt* (*Gebäude*) cárcel *f*, prisión *f*
Gefängnisstrafe *f* cárcel *f*, pena *f* de prisión
Gefäß *nt* (-es, -e) recipiente *m*; (*Anat*) vaso *m*
gefasst *adj* sereno(-a), tranquilo(-a); **auf etw** *akk* **gefasst sein** estar preparado(-a) para algo; **sich auf etw** *akk* **gefasst machen** prepararse para algo
Geflügel *nt* (-s) aves *fpl* de corral

gefragt adj solicitado(-a)
gefräßig adj glotón(-ona)
gefrieren irr vi congelarse, helar(se)
Gefrierfach nt (compartimiento m) congelador m
gefriergetrocknet adj liofilizado(-a)
Gefriertruhe f (armario m) congelador m
Gefühl nt (-(e)s, -e) (physisch) sensación f; (seelisch) sentimiento m; (Ahnung) presagio m; (Gespür) presentimiento m
gegebenenfalls adv dado el caso

 SCHLÜSSELWORT

gegen präp +akk contra; (an, auf) en, sobre; (jdn betreffend) respecto de, hacia; (im Vergleich zu) en comparación a [o con]; (ungefähr) cerca; (zeitlich) alrededor de; (im Austausch für) a cambio de

Gegend f (-, -en) región f; (Landschaft) paisaje m; (Umgebung) alrededores mpl
gegeneinander adv uno(-a) contra otro(-a)
Gegenfahrbahn f carril m contrario
Gegenmaßnahme f medida f en contra
Gegensatz m (bei Begriff, Wort) contrario m, opuesto m; (bei Meinung etc) oposición f
gegensätzlich adj contrario(-a), opuesto(-a)
gegenseitig adj recíproco(-a)
Gegenstand m cosa f, objeto m; (Thema) argumento m

Gegenteil nt contrario m; **im Gegenteil** al contrario
gegenteilig adj opuesto(-a)
gegenüber präp +dat frente a, enfrente de; (in Hinsicht auf) con respecto a; (im Vergleich mit) en comparación con; (angesichts) en vista de ▷ adv de frente (von a)
Gegenüber nt (-s, -) vecino(-a) m/f de enfrente; (Gegner) contrario m
gegenüber|stellen vt confrontar; (zum Vergleich) comparar
Gegenverkehr m tráfico m en sentido contrario
Gegenwart f (-) (Ling) presente m
gegenwärtig adj presente m ▷ adv actualmente
Gegenwind m viento m en contra
Gegner, in m(f) (-s, -) adversario(-a) m/f; (militärisch) enemigo(-a) m/f; (von Meinung, Methode) oposito r(a) m(f)
Gehackte, s nt carne f picada
Gehalt m (-(e)s, -e) (Inhalt) contenido m ▷ nt (-(e)s, Gehälter) (Bezahlung) sueldo m
gehässig adj (Mensch) malévolo(-a); (Äußerung) odioso(-a)
Gehässigkeit f (eines Menschen) malevolencia f; (einer Äußerung) encono m
Gehäuse nt (-s, -) estuche m, caja f; (von Apfel etc) corazón m
geheim adj secreto(-a)
Geheimnis nt secreto m
geheimnisvoll adj misterioso(-a)
Geheimnummer f, **Geheimzahl** f (für Geldautomat) código m secreto
gehemmt adj inhibido(-a)

gehen irr vi caminar, andar; (ins Ausland) ir; (abfahren) partir; (hineingehen, passen) entrar (in +akk en), caber (in +akk en); (weggehen) marcharse, irse; (laufen) marchar, funcionar; (sich erstrecken) extenderse; (andauern) durar; (möglich sein) ser posible; **geht das?** ¿es posible (hacerlo)?; **das Zimmer geht nach Süden** la habitación da al sur; **geht das nicht** no es posible ▷ vt (Weg, Strecke) recorrer ▷ vi unpers: **wie geht es (dir)?** ¿cómo estás?; **mir/ihm geht es gut** estoy/está bien; **geht's (noch)?** ¿puede(s) todavía?; **es geht** no está mal, así, así; **es geht um etw** se trata de algo

geheuer adj: **nicht geheuer** (verdächtig) sospechoso(-a); (unheimlich) inquietante

Gehirn nt cerebro m

Gehirnerschütterung f conmoción f cerebral

Gehör nt (-(e)s) oído m

gehorchen vi obedecer

gehören vi (als Eigentum) pertenecer (jdm a alguien); (angehören) formar parte (zu de); **zu etw gehören** ser propio(-a) de algo ▷ vr unpers: **sich gehören** ser conveniente

gehorsam adj obediente, dócil

Gehsteig m (-s, -e), **Gehweg** m acera f

Geier m (-s, -) buitre m

Geige f (-, -n) violín m

geil adj calentón(-ona); (fam: toll) cojonudo(-a), alucinante

Geisel f (-, -n) rehén m f

Geist m (-(e)s, -er) espíritu m; (Gespenst) fantasma m; (Verstand) inteligencia f; (Gesinnung) ánimo m

Geisterfahrer, in m(f) conductor(a) m(f) suicida

Geistesgegenwart f presencia f de ánimo

Geisteswissenschaften pl humanidades fpl (als Fach großgeschrieben)

geistig adj mental; (Arbeit) intelectual; (Fähigkeiten, Wesen) espiritual; (Getränke) alcohólico(-a); **geistig behindert** disminuido(-a) psíquico(-a)

geistlos adj (Mensch) tonto(-a), soso(-a); (Buch) trivial

geistreich adj ingenioso(-a)

geisttötend adj tedioso(-a)

Geiz m (-es, -e) avaricia f

geizen vi ser avaro(-a) (mit con)

geizig adj avaro(-a), mezquino(-a)

gekonnt adj hábil; (Taktik) experto(-a)

Gel nt (-s, -s) gel m

Gelächter nt (-s, -) risa f

geladen adj cargado(-a); (fig) furioso(-a)

gelähmt adj paralítico(-a)

Gelände nt (-s, -) terreno m; (Grundstück) solar m

Geländer nt (-s, -) barandilla f; (Treppengeländer) balaustrada f

Geländewagen m vehículo m todoterreno

gelassen adj tranquilo(-a), pausado(-a)

Gelassenheit f calma f

Gelatine f gelatina f

geläufig adj familiar, corriente

gelaunt adj: **schlecht/gut gelaunt** de mal/buen humor

gelb adj amarillo(-a); **gelber Sack** saco m amarillo (saco específico para

gelblich | 380

guardar los envases reciclables provistos del punto verde)
gelblich *adj* amarillento(-a)
Gelbsucht *f* ictericia *f*
Geld *nt* (-(e)s, -er) dinero *m*
Geldautomat *m* cajero *m* automático
Geldbeutel *m* monedero *m*
Geldschein *m* billete *m*
Geldspielautomat *m* máquina *f* tragaperras
Geldstrafe *m* multa *f*
Geldstück *nt* moneda *f*
Geldwechsel *m* cambio *m* (monetario)
Geldwechsler *m* (-s, -) expendedor *m* automático de cambio
gelegen *adj* (*zeitlich*) oportuno(-a); (*passend*) cómodo(-a); **das kommt ihm gelegen** esto le viene a pedir de boca
Gelegenheit *f* oportunidad *f*; (*Anlass*) ocasión *f*; **bei Gelegenheit** en ocasiones
gelegentlich *adj* ocasional ⊳ *adv* en ocasiones; (*ab und zu*) de vez en cuando
Gelenk *nt* (-(e)s, -e) articulación *f*
gelernt *adj* (*Arbeiter*) cualificado(-a)
Geliebte, r *f* amante *m/f*
gelingen *irr vi* acertar, salir bien; **es ist mir gelungen, etw zu tun** he conseguido hacer algo
gelten *irr vt* valer ⊳ *vt unpers*: **es gilt, etw zu tun** se trata de hacer algo ⊳ *vi* (*gültig sein*) ser válido(-a), tener valor; **als etw gelten** (*angesehen sein als*) ser considerado(-a) como algo; **das gilt dir** esto va por ti; **das gilt nicht** eso no vale

Geltung *f*: **Geltung haben** tener validez *f*; **etw zur Geltung bringen** poner de relieve algo; **zur Geltung kommen** imponerse
gemächlich *adj* (*Mensch, Tempo*) tranquilo(-a); (*Arbeitsweise*) reposado(-a)
Gemälde *nt* (-s, -) pintura *f*
gemäß *präp* +*dat* conforme a ⊳ *adj*: **jdm/einer Sache gemäß sein** ser digno(-a) de alguien/algo
gemäßigt *adj* moderado(-a), módico(-a); (*Klima*) templado(-a)
gemein *adj* (*allgemein*) común; (*gewöhnlich*) ordinario(-a), vulgar; (*niederträchtig*) infame, vil; (*hinterhältig*) malicioso(-a)
Gemeinde *f* (-, -n) comunidad *f*; (*Pfarrgemeinde*) parroquia *f*; (*Kirchengemeinde*) congregación *f*
gemeinsam *adj* común ⊳ *adv*: **etw gemeinsam tun** hacer algo juntos(-as) [o en común]
Gemeinsamkeit *f* afinidad *f*
Gemeinschaft *f* comunidad *f*; (*Gesellschaft*) sociedad *f*; **Gemeinschaft Unabhängiger Staaten** Comunidad *f* de Estados Independientes, CEI *f*
Gemisch *nt* (-es, -e) mezcla *f*
gemischt *adj* mezclado(-a), mixto(-a); (*Gefühle*) revuelto(-a)
Gemse *f siehe* **Gämse**
Gemüse *nt* (-s, -) verduras *fpl*
Gemüsegarten *m* huerta *f*
Gemüsehändler, in *m(f)* verdulero(-a) *m/f*
Gemüt *nt* (-(e)s, -er) (*seelisch*) (el) alma *f*; (*Mensch*) ánimo *m*; **sich** *dat* **etw zu Gemüte führen** (*fam*) comer/beber algo con ganas
gemütlich *adj* (*bequem*)

cómodo(-a); (*Mensch*) de fácil trato; (*Lokal*) agradable; (*Abend*) íntimo(-a); (*Tempo*) tranquilo(-a)
Gemütlichkeit *f* (*Bequemlichkeit*) comodidad *f*; (*Behaglichkeit*) placidez *f*
Gen *nt* (**-s, -e**) gen *m*
genau *adj* exacto(-a); (*sorgfältig*) esmerado(-a), cuidadoso(-a); (*gründlich*) concienzudo(-a) ▷ *adv* precisamente; (*sorgfältig*) escrupulosamente; **genau richtig** exactamente; **genau!** ¡exacto!, ¡justo!; **etw genau nehmen** tomar algo en serio; **genau genommen** para ser exacto, en rigor
Genauigkeit *f* exactitud *f*; (*Sorgfältigkeit*) cuidado *m*, esmero *m*
genehmigen *vt* permitir, aprobar; **sich** *dat* **etw genehmigen** concederse algo, permitirse algo
Genehmigung *f* permiso *m*, autorización *f*
General, in *m(f)* (**-s, -e** *o* **Generäle**) general *m*
Generation *f* generación *f*
Genesung *f* convalecencia *f*
genetisch *adj* genético(-a); **genetischer Fingerabdruck** huella *f* genética [*o* genómica]
Genick *nt* (**-(e)s, -e**) nuca *f*
genieren *vt* molestar; **geniert es dich, wenn ...?** ¿te molesta si ...? ▷ *vr*: **sich genieren** (*sich schämen*) avergonzarse; (*zögern*) tener reparo (*etw zu tun* en hacer algo)
genießen *irr vt* gozar de; (*Essen*) saborear; (*erhalten*) recibir; **das ist nicht zu genießen** no se puede comer/beber
Genießer, in *m(f)* (**-s, -**) sibarita *mf*

Genlebensmittel *nt* alimentos *mpl* transgénicos
Genmais *m* maíz *m* transgénico
Genmanipulation *f* manipulación *f* genética
genmanipuliert *adj*: **genmanipulierte Produkte** productos *mpl* transgénicos
Gentechnik *f* ingeniería *f* genética
gentechnisch *adj* sometido(-a) a la ingeniería genética; **gentechnisch verändert** genéticamente modificado(-a)
Gentechnologie *f* tecnología *f* genética
genug *adv* suficiente, bastante
Genüge *f*: **zur Genüge** suficientemente
genügen *vi* bastar (*jdm* a alguien), ser suficiente (*jdm* a alguien)
Genuss *m* (**-es, Genüsse**) (*von Nahrung*) degustación *f*; (*Freude*) deleite *m*
genüsslich *adv* voluptuosamente
Geografie, Geographie *f* geografía *f* (*als Fach großgeschrieben*)
Geologie *f* geología *f* (*als Fach großgeschrieben*)
Gepäck *nt* (**-(e)s**) equipaje *m*
Gepäckabfertigung *f* facturación *f* de equipajes
Gepäckannahme *f* recepción *f* de equipajes
Gepäckaufbewahrung *f* consigna *f*
Gepäckausgabe *f* recogida *f* de equipajes
Gepäckschein *m* resguardo *m*
Gepäckversicherung *f* seguro *m* del equipaje
gepflegt *adj* (*Aussehen, Kleidung*) cuidado(-a); (*Wohnung, Park etc*)

bien cuidado(-a); (Atmosphäre) selecto(-a); (Sprache) culto(-a)

○ SCHLÜSSELWORT

gerade adj derecho(-a); (Zahl) par ▷ adv (direkt) directamente; (eben) apenas; (im Augenblick) en este momento; (verstärkend: genau das) exactamente; (ausgerechnet) precisamente; **gerade eben** hace un instante; **gerade noch** justo; **gerade, weil** hace un instante; **gerade noch** justo; **gerade, weil** por(que); **das ist nicht gerade schön** no es precisamente bonito(-a)

geradeaus adv todo seguido, recto
geradezu adv verdaderamente
Gerät nt (-(e)s, -e) utensilio m; (landwirtschaftliches Gerät) apero m; (Werkzeug) herramienta f; (Apparat) aparato m; (Sport) aparato m gimnástico
geraten irr vi (gelingen) salir bien; (mit Präposition: wohin kommen) llegar a; (in einen Zustand geraten) caer; **gut/schlecht geraten** dar buen/mal resultado; **an jdn geraten** topar(se) con alguien; **in etw akk geraten** incurrir en algo, caer en algo
Geratewohl nt: **aufs Geratewohl** al azar
geräumig adj espacioso(-a)
Geräusch nt (-(e)s, -e) ruido m
gerecht adj justo(-a); (Strafe, Lohn) merecido(-a); **jdm gerecht werden** hacer justicia a alguien
gereizt adj irritado(-a); (Stimmung) tenso(-a)

Gereiztheit f irritación f
Gericht nt (-(e)s, -e) (Behörde) tribunal m; (Essen) comida f
gerichtlich adj judicial, legal
gering adj (klein) pequeño(-a); (Bedeutung) escaso(-a); (Kosten) módico(-a); (Lohn) modesto(-a); (Interesse) poco(-a); **nicht im Geringsten** de ninguna manera
gerinnen irr vi (Blut) coagularse; (Milch) cortarse
gerissen adj astuto(-a)
Germanistik f filología f germánica (als Fach großgeschrieben)
gern, e adv: **etw gern tun (mögen)** hacer algo con agrado; **jdn gernhaben** [o **gern mögen**] querer a alguien; **ich mag** [o **habe**] **das gern** me gusta (eso); **gern geschehen!** ¡ha sido un placer!
Geröll nt (-(e)s, -e) guijarros mpl
Gerste f (-, -n) cebada f
Gerstenkorn nt (am Auge) orzuelo m
Geruch m (-(e)s, Gerüche) olor m
Gerücht nt (-(e)s, -e) rumor m
Gerümpel nt (-s) cachivaches mpl
Gerüst nt (-(e)s, -e) (Tech) armazón mf; (Baugerüst) andamio m; (fig) estructura f
gesamt adj todo(-a), entero(-a); (Kosten) íntegro(-a); (Werke) completo(-a)
Gesamtheit f totalidad f
Gesamtschule f escuela f integrada
Gesang m (-(e)s, Gesänge) canto m; (Lied) canción f
Gesäß nt (-es, -e) posaderas fpl
Geschäft nt (-(e)s, -e) (Laden) tienda f; (Geschäftsabschluss) negocio m; (fam: Firma, Büro)

trabajo m
geschäftlich adj comercial, de negocios ▷ adv por negocios
Geschäftsfrau f mujer f de negocios
Geschäftsführer, in m(f) gerente mf; (im Klub) administrador(a) m(f)
Geschäftsmann m hombre m de negocios
Geschäftszeiten pl horarios mpl de (apertura de) comercio
geschehen irr vi ocurrir, suceder; **jdm geschieht etw** algo le ocurre a alguien; **das geschieht ihm recht** bien merecido lo tiene; **es geschieht dir nichts** no te pasará nada
gescheit adj inteligente; **nichts Gescheites** nada bueno
Geschenk nt (-(e)s, -e) regalo m
Geschichte f (-, -n) historia f (als Fach großgeschrieben); (Ereignis, Angelegenheit) hecho m, acontecimiento m; (Kurzgeschichte) narración f (corta); (Märchen) cuento m
geschichtlich adj histórico(-a)
Geschick nt (-(e)s, -e) (Schicksal) destino m; (Geschicklichkeit) habilidad f
geschickt adj hábil; (Frage) certero(-a); (Taktik, Politiker) astuto(-a)
geschieden adj divorciado(-a)
Geschirr nt (-(e)s, -e) vajilla f; (für Pferd) arreos mpl
Geschirrspülmaschine f lavavajillas m
Geschirrtuch nt paño m de cocina
Geschlecht nt (-(e)s, -er) sexo m
geschlechtlich adj sexual
Geschlechtskrankheit f

383 | Gesellschaft

enfermedad f venérea
Geschlechtsorgan nt genital m
Geschlechtsverkehr m relaciones fpl sexuales
Geschmack m (-(e)s, **Geschmäcke**) (von Speisen etc) sabor m; (Geschmackssinn) gusto m
Geschmack(s)sache f cuestión f de gusto
Geschmack(s)sinn m sentido m del gusto
geschmackvoll adj (fig) de buen gusto
Geschoss nt (-es, -e) (Mil) proyectil m; (Stockwerk) piso m
Geschrei nt (-s) griterío m
Geschütz nt (-es, -e) cañón m
geschützt adj protegido(-a)
Geschwätz nt (-es) chismorreo m
geschwätzig adj hablador(a)
geschweige adv: **geschweige denn** ni mucho menos
geschwind adj rápido(-a), veloz
Geschwindigkeit f velocidad f; (von Mensch) rapidez f
Geschwindigkeitsbegrenzung f limitación f de velocidad
Geschwister pl hermanos mpl
geschwollen adj hinchado(-a), tumefacto(-a); (fig: Redeweise etc) presuntuoso(-a), ampuloso(-a)
Geschwulst f (-, **Geschwülste**) hinchazón f
Geschwür nt (-(e)s, -e) úlcera f
gesellig adj (Abend) social; (Beisammensein) amigable; (Mensch, Wesen) sociable
Geselligkeit f sociabilidad f
Gesellschaft f sociedad f; (Verein) círculo m; (Begleitung) compañía f; (Vereinigung) asociación f; **Gesellschaft mit beschränkter**

Haftung sociedad de responsabilidad limitada
Gesetz nt (-es, -e) ley f
Gesicht nt (-(e)s, -er) cara f; (Miene) aspecto m; **ein langes Gesicht machen** poner mala cara
Gesinnung f (charakterlich) carácter m; (geistig, politisch) credo m
gespannt adj (kritisch) tenso(-a); (voll Erwartung) ansioso(-a); (einem Streit nahe) excitado(-a); **ich bin gespannt, ob ...** tengo curiosidad (por ver) si ...; **auf etw/jdn gespannt sein** tener curiosidad por algo/alguien
Gespenst nt (-(e)s, -er) fantasma m
Gespräch nt (-(e)s, -e) conversación f; (Telefongespräch) conversación f telefónica
Gespür nt (-s) sensibilidad f; (Vorgefühl) presentimiento m; **ein gutes Gespür für** un buen olfato para
Gestalt f (-, -en) aspecto m, figura f; (Form) forma f; (fam: Mensch) persona f; (Persönlichkeit) personalidad f; **in Gestalt von** en forma de
gestalten vt (formen) formar, plasmar; (organisieren) organizar, preparar ▷ vr: **sich gestalten** formarse, configurarse
Gestaltung f configuración f; (von Abend etc) organización f
Geständnis nt confesión f
Gestank m (-(e)s) hedor m
gestatten vt permitir (jdm etw algo a alguien), consentir en (etw algo); **gestatten Sie!** ¡con su permiso!; **gestatten Sie, dass ...?** ¿permite Vd. que ...?
Geste f (-, -n) gesto m, ademán m

gestehen irr vt confesar; (Liebe) declarar
Gestein nt (-(e)s, -e) roca f, piedra f
Gestell nt (-(e)s, -e) soporte m; (Regal) estante m; (Fahrgestell) chasis m
gestern adv ayer; **gestern Abend** anoche; **gestern Morgen** ayer por la mañana
gestreift adj rayado(-a), a rayas
gestrig adj de ayer
Gestrüpp nt (-(e)s, -e) arbustos mpl
Gestüt nt (-(e)s, -e) acaballadero m
gesund adj sano(-a); (gut für die Gesundheit) saludable; (Speisen, Vitamine etc) bueno(-a); **wieder gesund werden** curarse, recobrar la salud
Gesundheit f salud f
Getränk nt (-(e)s, -e) bebida f
Getränkeautomat m máquina f expendedora de bebidas
Getränkekarte f tarjeta f monedero m (para bebidas)
Getreide nt (-s, -) cereales mpl
getrennt adj separado(-a) ▷ adv aparte
Getriebe nt (-s, -) (von Maschinen) mecanismo m; (das Treiben) movimiento m; (Auto) caja f de cambios
Getriebeöl nt aceite m lubricante
getrost adv tranquilamente
geübt adj experto(-a)
Gewächs nt (-(e)s, -e) (Pflanze) planta f; (Med) tumor m
gewachsen adj: **jdm/einer Sache gewachsen sein** estar a la altura de alguien/algo
Gewähr f (-) garantía f; **ohne Gewähr** sin garantía
Gewalt f (-, -en) (Zwang) violencia f;

(*Macht*) poder *m*; (*Naturgewalt*) fuerza *f*; **mit aller Gewalt** a toda costa

gewaltfrei *adj* no violento(-a), sin violencia

gewaltig *adj* (*riesig, stark*) formidable, enorme; (*mächtig*) poderoso(-a); (*fam: groß*) grande, tremendo(-a) ▷ *adv* (*fam*) enormemente

Gewaltvideo *nt* vídeo *m* violento

gewandt *adj* ágil; (*Stil*) fluido(-a); (*Auftreten*) desenvuelto(-a)

Gewässer *nt* (**-s, -**) aguas *fpl*

Gewebe *nt* (**-s, -**) (*Stoff*) tela *f*; (*Bio*) tejido *m*

Gewehr *nt* (**-(e)s, -e**) fusil *m*

Geweih *nt* (**-(e)s, -e**) cornamenta *f*

Gewerbe *nt* (**-s, -**) actividad *f* profesional; **Handel und Gewerbe** comercio e industria

Gewerkschaft *f* sindicato *m*

Gewicht *nt* (**-(e)s, -e**) peso *m*; (*fig*) importancia *f*

Gewinde *nt* (**-s, -**) rosca *f*

Gewinn *m* (**-(e)s, -e**) ganancia *f*; (*bei Spiel*) premio *m*; (*fig*) ventaja *f*, provecho *m*

gewinnen *irr vt* (*siegreich beenden*) vencer; (*als Gewinn erhalten*) ganar; (*erreichen, bekommen*) obtener; (*Kohle, Öl etc*) extraer ▷ *vi* (*Sieger sein*) triunfar; (*in Lotterie etc*) salir premiado(-a)

Gewinner, in *m(f)* (**-s, -**) (*Sieger*) vencedor(a) *m(f)*, ganador(a) *m(f)*; (*in Lotterie*) premiado(-a) *m/f*

Gewirr *nt* (**-(e)s, -e**) (*fig*) confusión *f*; (*von Straßen etc*) laberinto *m*

gewiss *adj* cierto(-a); (*bestimmt, sicher, fest*) seguro(-a) ▷ *adv* (*sicher*) ciertamente

Gewissen *nt* (**-s, -**) conciencia *f*

Gewissensbisse *pl* remordimientos *mpl*

gewissermaßen *adv* en cierto modo

Gewissheit *f* certeza *f*

Gewitter *nt* (**-s, -**) tormenta *f*

gewittern *vi unpers*: **es gewittert** hay tormenta

gewöhnen *vt*: **jdn an etw** *akk* **gewöhnen** acostumbrar a alguien a algo; (*erziehen zu*) educar a alguien a algo ▷ *vr*: **sich gewöhnen**: **sich an etw** *akk* **gewöhnen** acostumbrarse a algo

Gewohnheit *f* costumbre *f*

gewöhnlich *adj* (*alltäglich*) cotidiano(-a); (*normal, einfach*) normal; (*ordinär*) vulgar ▷ *adv* en general; **wie gewöhnlich** como de costumbre

gewohnt *adj* habituado(-a); **etw gewohnt sein** estar acostumbrado(-a) a algo

Gewölbe *nt* (**-s, -**) (*fig*) bóveda *f*; (*Raum*) habitación *f* abovedada

Gewürz *nt* (**-es, -e**) especia *f*; (*Würze*) condimento *m*

Gewürzgurke *f* pepinillo *m* en vinagre

Gewürznelke *f* clavo *m*

Gezeiten *pl* marea *f*

Gibraltar (**-s**) Gibraltar *m*

Giebel *m* (**-s, -**) frontispicio *m*

Gier *f* (**-**) avidez *f*, codicia *f*

gierig *adj* ávido(-a), codicioso(-a)

gießen *irr vt* vaciar, verter; (*Blumen*) regar ▷ *vi unpers*: **es gießt** (*fam*) llueve a cántaros

Gießkanne *f* regadera *f*

Gift *nt* (**-(e)s, -e**) veneno *m*

giftig *adj* venenoso(-a); (*fam*:

Giftmüll *boshaft*) malicioso(-a)

Giftmüll *m* residuos *mpl* tóxicos

Gigabyte *nt* gigabyte *m*, giga *m*

Gipfel *m* (**-s, -**) cumbre *f*, cima *f*; (*fig*) colmo *m*; (*Pol*) cumbre *f*

Gips *m* (**-es, -e**) yeso *m*

Giro *nt* (**-s, -s**) transferencia *f*, giro *m*

Girokonto *nt* cuenta *f* corriente

Gitarre *f* (**-, -n**) guitarra *f*

Glanz *m* (**-es**) brillo *m*; (*fig*) esplendor *m*

glänzen *vi* brillar; (*fig*) brillar (*durch* por)

glänzend *adj* resplandeciente; (*fig*) brillante

Glas *nt* (**-es, Gläser**) vidrio *m*, cristal *m*; (*in Brille*) lente *f*; (*Trinkglas*) copa *f*, vaso *m*

Glascontainer *m* contenedor *m* de (recogida de) vidrio

Glasur *f* esmalte *m*, barniz *m*

glatt *adj* liso(-a); (*eben*) llano(-a); (*rutschig*) resbaladizo(-a); (*komplikationslos*) simple; (*fam: Absage*) rotundo(-a) ▷ *adv*: **das habe ich glatt vergessen** (*fam*) lo he olvidado por completo

Glatteis *nt* aguanieve *f* helada

Glatze *f* (**-, -n**) calva *f*; (*fam: Skinhead*) cabeza *mf* rapada

Glaube *m* (**-ns, -n**) (*Rel*) fe *f*; (*Überzeugung*) creencia *f* (*an +akk* en)

glauben *vt* creer; (*meinen*) pensar; (*annehmen*) suponer ▷ *vi* creer (*an +akk* en); **jdm glauben** creer a alguien

gleich *adj* igual, lo mismo; (*identisch*) idéntico(-a); **er/es ist mir gleich** (*fam*) él/eso me da igual ▷ *adv* (*ebenso*) igualmente; (*sofort*) inmediatamente; (*bald*) en seguida; **gleich groß** igual de grande; **gleich nach** inmediatamente después de

gleichberechtigt *adj* con los mismos derechos

Gleichberechtigung *f* igualdad *f* de derechos

gleichfalls *adv* igualmente

Gleichgewicht *nt* equilibrio *m*

gleichgültig *adj* indiferente

gleichmäßig *adj* uniforme

Gleichung *f* (*Math*) ecuación *f*

gleichzeitig *adj* simultáneo(-a)

Gleis *nt* (**-es, -e**) (*Schiene*) rail *m*; (*Bahnsteig*) vía *f*

gleiten *irr vi* deslizarse (*über +akk* por, sobre); (*rutschen*) resbalar; **gleitende Arbeitszeit** horario *m* (de trabajo) flexible

Gleitschirm *m* paracaídas *m* para vuelo planeado

Gleitschirmfliegen *nt* (**-s**) parapente *m*

Gletscher *m* (**-s, -**) glaciar *m*

Gletscherskifahren *nt* (**-s**) esquí *m* en glaciares

Gletscherspalte *f* grieta *f* (en un glaciar)

Glied *nt* (**-(e)s, -er**) (*einer Kette*) eslabón *m*; (*fig*) elemento *m*; (*Körperglied*) miembro *m*; (*Penis*) miembro *m* viril

gliedern *vt* (*einteilen*) dividir; (*ordnen*) ordenar

Gliederung *f* división *f*; (*Aufbau*) estructura *f*

Gliedmaßen *pl* extremidades *fpl*

glitzern *vi* brillar, resplandecer

Globalisierung *f* globalización *f*

Glocke *f* (**-, -n**) campana *f*; (*Schulglocke*) campanilla *f*, timbre *m*

Glück *nt* (**-(e)s**) suerte *f*, fortuna *f*; (*Freude, Zustand*) felicidad *f*, dicha *f*;

Glück haben tener suerte; **viel Glück!** ¡mucha suerte!; **zum Glück** por suerte
glücklich adj afortunado(-a); (froh) feliz
Glückwunsch m felicitación f, enhorabuena f; **herzlichen Glückwunsch!** ¡felicidades!, ¡enhorabuena!
Glühbirne f bombilla f
glühen vi arder, estar incandescente
Glühwein m vino m caliente
Glut f(-, -en) brasa f, (el) ascua f; (Feuersglut) fuego m, llamas fpl; (Hitze) calor m; (fig) ardor m, pasión f
GmbH f(-, -s) abk (= Gesellschaft mit beschränkter Haftung) S.R.L. f
Gokart m (-(s), -s) karting m, kart m
Gold nt (-(e)s) oro m
Goldfisch m pez m dorado
goldig adj (fam) encantador(a)
Goldmedaille f medalla f de oro
Goldregen m (Bot) laburno m
Golf nt (-s) (Sport) golf m ▷ m (-s, -e) (Geo) golfo m; **der Golf von Biskaya** Golfo m de Vizcaya
Golfplatz m campo m de golf
Golfschläger m maza f de golf
Gondel f(-, -n) (Boot) góndola f; (von Seilbahn) barquilla f
gönnen vt: **jdm etw gönnen** conceder algo a alguien; **sich dat etw gönnen** permitirse algo, darse un lujo
Gott m (-es, Götter) dios m (christlicher Gott großgeschrieben); **Gott sei Dank!** ¡gracias a Dios!
Gottesdienst m servicio m religioso
göttlich adj divino(-a); (fam) sublime

Grab nt (-(e)s, Gräber) tumba f
graben irr vt, vi cavar; **nach etw graben** buscar (excavando) algo
Graben m (-s, -) foso m, zanja f
Grad m (-(e)s, -e) grado m; (akademischer Grad) título m
Graffiti pl pintadas fpl, graffiti mpl
Grafik f (Schaubild) gráfico m; (Kunstgrafik) litografía f
Grafikbildschirm m (Inform) pantalla f para gráficos
Grafiker, in m(f)(-s, -) grafista mf
Grafikkarte f (Inform) tarjeta f de gráficos
Grafikmodus m (Inform) modalidad f gráfica
Grafikprogramm nt programa m de gráficos
Gramm nt (-s, -) gramo m
Grammatik f gramática f
Grapefruit f(-, -s) pomelo m
Graphik siehe **Grafik**
Gras nt (-es, Gräser) hierba f
grässlich adj horroroso(-a); (fam) horrible
Gräte f(-, -n) espina f (de pescado)
gratis adv gratis
Gratulation f felicitación f
gratulieren vi: **jdm zu etw gratulieren** felicitar a alguien para [o por] algo; **(ich) gratuliere!** ¡mis felicitaciones!
grau adj gris
Gräuel m (-s, -) horror m; **etw ist jdm ein Gräuel** algo le causa horror a alguien
grauen vi unpers: **es graut jdm vor etw** algo le tiene horror a algo
grausam adj cruel, atroz
greifbar adj palpable
greifen irr vt (ergreifen) coger; (Verbrecher) prender ▷ vi (Reifen)

agarrar; *(wohin greifen)* echar mano; **nach etw greifen** (alargar la mano para) coger algo; **zu etw greifen** recurrir a algo

grell *adj (Licht)* deslumbrante; *(Farbe)* chillón(-a), llamativo(-ona); *(Stimme, Ton)* agudo(-a)

Grenze *f* (-, -n) confín *m*; *(Staatsgrenze)* frontera *f*; *(fig)* límite *m*

grenzen *vi* lindar *(an +akk* con); *(fig)* acercarse *(an +akk* a)

Greuel *m siehe* **Gräuel**

Grieche *m* (-n, -n) griego *m*

Griechenland *nt* Grecia *f*

Griechin *f* griega *f*

griechisch *adj* griego(-a)

griesgrämig *adj* gruñón(-ona)

Grieß *m* (-es, -e) sémola *f*

Griff *m* (-(e)s, -e) *(zum Halten)* asidero *m*, (el) asa *f*, mango *m*

Grill *m* (-s, -e) asador *m*, parrilla *f*

Grille *f* (-, -n) grillo *m*

grillen *vt (im Grill)* hacer a la parrilla; *(über offenem Feuer)* hacer al fuego; *(am Spieß)* hacer asando

Grimasse *f* (-, -n) mueca *f*

grinsen *vi* sonreírse irónicamente

Grippe *f* (-, -n) gripe *f*

Grippeschutzimpfung *f* vacuna *f* de prevención contra la gripe

grob *adj (Stoff)* basto(-a), burdo(-a); *(Gesichtszüge)* tosco(-a); *(nicht exakt)* aproximado(-a); *(Mensch, Benehmen)* grosero(-a); *(Fehler, Unfug)* grave

grölen *vi (fam)* vociferar

Groschen *m* (-s, -) *(österreichische Münze)* groschen *m (centésima parte de un chelín austríaco)*

groß *adj* gran, grande; *(erwachsen)* adulto(-a); *(hoch)* alto(-a); *(beträchtlich)* considerable, notable; *(Tat, Aufgabe)* importante; *(Künstler, Politiker)* eminente; **im Großen und Ganzen** en general, en resumen; **er/es ist 1,80 groß** mide 1,80 de altura

großartig *adj* grandioso(-a), magnífico(-a)

Großbritannien *nt* (-s) Gran Bretaña *f*

Größe *f* (-, -n) *(Format)* tamaño *m*; *(Kapazität)* capacidad *f*; *(fig)* grandeza *f*; *(Math)* magnitud *f*; *(bei Kleidung)* talla *f*

Großeltern *pl* abuelos *mpl*

Großmacht *f* gran potencia *f*

Großmutter *f* abuela *f*

großspurig *adj (Mensch)* presuntuoso(-a); *(Rede)* retórico(-a)

Großstadt *f* gran ciudad *f*

groß|tun *irr vi* fanfarronear

Großvater *m* abuelo *m*

großzügig *adj* generoso(-a); *(Anlage)* grande, amplio(-a)

Grotte *f* (-, -n) gruta *f*

Grübchen *nt* hoyuelo *m*

Grube *f* (-, -n) hoyo *m*, foso *m*

grübeln *vi* cavilar

grün *adj* verde; *(fig: Mensch)* inmaduro(-a); *(Pol)* verde, ecologista; **der Grüne Punkt** el punto verde *(distintivo que caracteriza en Alemania los embalajes y envases reciclables)*

○ **GRÜNER PUNKT**

El **Grüner Punkt** es el símbolo del punto verde que aparece en muchos embalajes y que indica que éste no debe tirarse a la basura normal, sino que debe dejarse

- aparte con el fin de ser reciclado
- a través del sistema 'DSD' (Duales System Deutschland). El reciclaje se financia por medio de licencias compradas por el fabricante al 'DSD', que suelen redundar en un aumento en el coste del producto para el consumidor.

Grünanlage f parque m
Grund m (-(e)s, Gründe) motivo m; (von Gewässer) fondo m; **im Grunde genommen** en el fondo
gründen vt fundar
Grundgebühr f tarifa f básica
Grundgesetz nt ley f fundamental, constitución f
Grundlage f base f, fundamento m
gründlich adj (Kenntnisse) profundo(-a); (Arbeit) minucioso(-a) ▷ adv a fondo, con esmero
grundsätzlich adj fundamental ▷ adv por principio
Grundschule f escuela f primaria
Grundstück nt terreno m
Gründung f fundación f
Grüne, r mf (Pol) verde mf (miembro del partido de Los Verdes)
Gruppe f (-, -n) grupo m
Gruppenreise f viaje m organizado
gruseln vr: **sich gruseln** estremecerse (de horror)
Gruß m (-es, Grüße) saludo m; **viele Grüße** saludos, muchos recuerdos; **mit freundlichen Grüßen** un cordial saludo
grüßen vt saludar; **jdn von jdm grüßen** saludar a alguien de parte de alguien; **jdn grüßen lassen** dar recuerdos a alguien
Guatemala nt (-s) Guatemala f
guatemaltekisch adj guatemalteco(-a)
Guayana nt (-s) Guayana f
gucken vi mirar; **nach etw/jdm gucken** ver si viene algo/alguien
Gulasch nt (-(e)s, -e) gulasch m, estofado m (a la húngara)
gültig adj válido(-a); (Gesetz etc) en vigor
Gummi nt o m (-s, -s) goma f
Gummiband nt cinta f elástica
Gummistiefel m bota f de goma
günstig adj favorable, ventajoso(-a)
gurgeln vi hacer gárgaras
Gurke f (-, -n) pepino m
Gurt m (-(e)s, -e) ceñidor m, faja f; (Sicherheitsgurt) cinturón m de seguridad
Gürtel m (-s, -) cinturón m; (Geo) zona f
Gürtelreifen m neumático m radial
Gürteltasche f riñonera f
Gurtstraffer m (-s, -) tensor m del cinturón (de seguridad)
Guru m (-s, -s) gurú m
GUS f (-) abk (= Gemeinschaft Unabhängiger Staaten) CEI f
Guss m (-es, Güsse) colada f, fundición f; (Regenguss) chaparrón m; (Gastr) glaseado m

○ SCHLÜSSELWORT

gut adj buen, bueno(-a); (Schulnote) notable; **sehr gut** (Schulnote) sobresaliente; **alles Gute!** ¡Suerte! ▷ adv bien; **es geht ihm gut** se encuentra bien; **es wird schon**

alles gut todo saldrá bien; *siehe auch* **guttun**

Gut *nt* (**-(e)s, Güter**) (*Besitz*) bien *m*; (*Waren*) mercancías *fpl*; (*Landgut*) finca *f*, propiedad *f* rural

gutartig *adj* bueno(-a); (*Med*) benigno(-a)

gutbürgerlich *adj*: **gutbürgerliche Küche** comida *f* casera

Güte *f* (**-**) bondad *f*; (*Qualität*) calidad *f*

gutmütig *adj* bonachón(-ona)

Gutschein *m* vale *m*

gut|tun *irr vi*: **jdm guttun** hacer [*o* sentar] bien a alguien

Gymnasium *nt* instituto *m* de enseñanza media

Gymnastik *f* gimnasia *f*

gynäkologisch *adj* ginecológico(-a)

Gyros *nt* (**-, -**) gyros *m*, brocheta *f*

h

Haar *nt* (**-(e)s, -e**) (*Kopfhaar*) cabello *m*; (*von Tier*) pelo *m*; (*Schamhaar*) pendejo *m*; (*auf Pflanze*) pelusa *f*

Haarbürste *f* cepillo *m* para el cabello

Haarfestiger *m* fijador *m* para el pelo

Haargel *nt* gel *m* para el cabello

haarig *adj* peludo(-a); (*fig: fam*) peliagudo(-a)

Haarschnitt *m* corte *m* de pelo

Haarspliss *m* (**-**) puntas *fpl* abiertas

Haarspray *m o nt* laca *f* para el cabello

Haarspülung *f* crema suavizante *f* del cabello

haarsträubend *adj* horripilante

Haartrockner *m* secador *m* de pelo

Haarwaschmittel *nt* champú *m*

haben *irr Hilfsverb* haber; **haben**

zu (mit Infinitiv: müssen) deber, tener que ▷ vt (besitzen) tener, poseer; **etw von jdm haben** (bekommen haben) haber recibido algo de alguien; (geerbt haben) haber heredado algo de alguien; (erfahren haben) haberse enterado por boca de alguien; **zu haben sein** (erhältlich) estar en venta, estar disponible; (fam: unverheiratet) estar soltero(-a); **für etw zu haben sein** (interessiert sein) interesarse en algo; (begeistert sein) entusiasmarse con algo; **was hast du denn?** ¿qué tienes?, ¿qué te pasa?

Hachse f (-, -n) corvejón m; (Gastr) pierna f de cordero, cerdo m

Hacke f (-, -n) azada f; (Ferse, von Strumpf) talón m

hacken vi (mit Hacke) partir, cortar; (Vogel) dar picotazos ▷ vt (Loch) cavar (in +akk en); (Holz) partir; (Fleisch) picar

Hacker,in m(f) (-s, -) pirata mf informático(-a)

Hackfleisch nt carne f picada

Hafen m (-s, Häfen) puerto m

Hafer m (-s, -) avena f

Haferflocken pl copos mpl de avena

Haft f (-) arresto m

haftbar adj responsable (für de)

haften vi (kleben) quedar adherido(-a) (an +dat a); **für jdn haften** responder por alguien; **für etw haften** ser responsable de algo

Haftpflichtversicherung f seguro m de responsabilidad civil

Haftung f (Jur) responsabilidad f

Hagebutte f (-, -n) escaramujo m

Hagel m (-s) granizo m

hageln vi unpers granizar ▷ vt unpers (fig) llover

Hahn m (-(e)s, Hähne) gallo m; (Wetterhahn) veleta f; (Wasserhahn) grifo m; (Gashahn) espita f, llave f

Hähnchen nt gallito m; (Gastr) pollo m

Hai(fisch) m (-(e)s, -e) tiburón m

Häkchen nt ganchito m

häkeln vt, vi hacer ganchillo

Haken m (-s, -) (zum Aufhängen) gancho m, percha f; (Angelhaken) anzuelo m; (Zeichen) signo m de referencia; (beim Boxen) gancho m; (fam: Nachteil) inconveniente m

Hakenkreuz nt cruz f gamada, esvástica f

halb adj medio(-a); **ein halber Ton** (Mus) un semitono; **eine halbe Stunde** media hora; **ein halbes Jahr** seis meses; **die halbe Stadt** media ciudad ▷ adv medio; **halb so groß** la mitad (de grande); **etw halb machen** hacer algo a medias; **halb eins** las doce y media

halbieren vt dividir en dos partes iguales

Halbinsel f península f

Halbjahr nt semestre m

halbjährlich adj semestral

Halbpension f media pensión f

Halbschuh m zapato m bajo

halbstündlich adv cada media hora

halbtags adv media jornada

halbwegs adv (fam: ungefähr) más o menos

Halbwertzeit f periodo m de semidesintegración

Hälfte f (-, -n) mitad f; **zur Hälfte** mitad y mitad, de medio a medio

Halle f (-, -n) sala f; (Messehalle) pabellón m; (Turnhalle) gimnasio m; (Hotelhalle) vestíbulo m
Hallenbad nt piscina f cubierta
hallo interj (Ruf) hola; (am Telefon) sí, diga
Halm m (-(e)s, -e) paja f
Halogenbirne f bombilla f halógena
Halogenlampe f lámpara f halógena
Halogenscheinwerfer m (Auto) faro m halógeno
Hals m (-es, Hälse) (von Mensch: außen) cuello m; (innen) garganta f; (von Tier) pescuezo m; (von Flasche) gollete m; (von Instrument) mango m
Halsband nt (von Hund) collar m; (Schmuck) gargantilla f, collar m
Halsentzündung f inflamación f de garganta
Halskette f collar m, cadena f
Hals-Nasen-Ohren-Arzt m, **-Ärztin** f otorrinolaringólogo(-a) m/f
Halsschmerzen pl dolor m de garganta
Halstuch nt pañuelo m
Halt m (-(e)s, -e) (Anhalten) parada f; (für Hände, Füße) apoyo m; (fig: Stütze) amparo m; (innerer Halt) estabilidad f
haltbar adj duradero(-a); (Lebensmittel) conservable
Haltbarkeitsdatum nt fecha f de caducidad
halten irr vt (nicht loslassen) sujetar; (Rede) pronunciar; (einhalten) cumplir; (unterhalten) sostener, mantener, entretener; **etw/jdn für etw/jdn halten** tomar algo(-a) alguien por algo/alguien; **viel/ wenig von etw/jdm halten** apreciar/no apreciar algo(-a) alguien ▷ vt mantenerse; (Nahrungsmittel) conservarse; (fest bleiben) quedar pegado(-a); (Farbe) ser sólido(-a); (Seil) ser resistente; (anhalten: Mensch) detenerse; (Maschine, Fahrzeug) pararse; **zu jdm halten** estar de parte de alguien ▷ vr: **sich halten** (frisch bleiben) conservarse; (Blumen, Wetter) mantenerse; (sich behaupten) afirmarse; **sich rechts halten** mantenerse a la derecha
Haltestelle f parada f
Halteverbot nt prohibición f de estacionamiento
Haltung f (Körperhaltung) postura f; (fig: Einstellung) actitud f; (Selbstbeherrschung) (auto)control m
Hamburg nt (-s) Hamburgo m
Hamburger m (-s, -) (Gastr) hamburguesa f
hämisch adj malicioso(-a)
Hammel m (-s, -) carnero m
Hammer m (-s, Hämmer) martillo m; (von Auktionator) percutor m
hämmern vt martillear ▷ vi (Mensch) dar golpes con un martillo; (Herz, Puls) palpitar; (mit Fäusten) golpear
Hämorr(ho)iden pl hemorroides fpl
hamstern vt acaparar
Hand f (-, Hände) mano f; **an Hand von** a base de; **zu Händen von** a la atención de
Handarbeit f trabajo m manual [o artesano]; (Nadelarbeit) labores fpl de aguja
Handball m balonmano m
Handbremse f freno m de mano

Handbuch nt manual m
Handel m (**-s**) comercio m; (Geschäft) negocio m
handeln vi (vorgehen) proceder; (etwas tun) actuar; (Handel treiben) comerciar (mit con); (feilschen) regatear (um sobre, por) ▷ vr unpers: **sich handeln**: **sich um etw handeln** tratarse de algo
Handfeger m (**-s**, -) escobilla f
Handgelenk nt muñeca f
Handgepäck nt equipaje m de mano
handhaben vt (Maschine) manipular, accionar; (Menschen, Rechtsfall) tratar; (Gesetze, Regeln) aplicar
Handheld-PC m Handheld-PC m
Handicap, Handikap nt (**-s**, -s) handicap m
Händler, in m(f) (**-s**, -) tratante mf, comerciante mf; (Vertragshändler) concesionario(-a) m/f
handlich adj manejable
Handlung f (Tat) hecho m; (in Buch) acción f; (Laden) tienda f
Handschrift f escritura f; (Text) manuscrito m
Handschuh m guante m
Handshake m (**-s**, -s) sirena f
Handtasche f bolso m
Handtuch nt toalla f
Handwäsche f lavado m a mano
Handwerk nt oficio m
Handwerker, in m(f) (**-s**, -) artesano(-a) m/f
Handwerkszeug nt herramientas fpl
Handy nt (**-s**, -s) móvil m
Hanf m (**-(e)s**) cáñamo m
Hang m (**-(e)s**, **Hänge**) (Berghang) falda f, pendiente f; (Vorliebe) predilección f (zu a, hacia)
Hängematte f hamaca f
hängen irr vi (befestigt sein) estar suspendido(-a) (an +dat de); **an etw** dat **hängen** (abhängig sein von) depender de algo; **hängen bleiben** quedar suspendido(-a) (an +dat de); (fig: an einem Ort) quedarse, permanecer ▷ vt colgar, suspender (an +dat de)
Hantel f (**-**, **-n**) pesa f, mancuerna f
Happen m (**-s**, -) bocado m
Happy End nt (**-s**, -s) final m feliz
Hardliner, in m(f) (**-s**, -) representante mf del ala dura
Hardware f (-) (Inform) hardware m, soporte m físico
Harfe f (**-**, **-n**) (el) arpa f
Harke f (**-**, **-n**) rastrillo m
harmlos adj inofensivo(-a); (Krankheit, Wunde) leve; (Bemerkung) ingenuo(-a); (Medizin) inocuo(-a)
Harmonie f armonía f
harmonieren vi armonizar
harmonisch adj armónico(-a), armonioso(-a)
Harn m (**-(e)s**, -e) orina f
Harnblase f vejiga f
Harpune f (**-**, **-n**) arpón m
hart adj duro(-a); (Mensch, Haltung, Worte) rudo(-a), áspero(-a); (Arbeit, Leben, Schlag) penoso(-a), difícil; (Winter, Gesetze) severo(-a), riguroso(-a) ▷ adv sólidamente; **hart gekocht** (Ei) duro(-a)
Härte f (**-**, **-n**) dureza f
hartnäckig adj (Mensch) tenaz; (Husten) persistente
Hartschalenkoffer m maleta f rígida
Harz nt (**-es**, -e) resina f
Haschee nt (**-s**, -s) carne f picada

Haschisch | 394

Haschisch nt (-) hachís m
Hase m (-n, -n) liebre f
Haselnuss f avellana f
Hass m (-es) odio m
hassen vt odiar
hässlich adj feo(-a); (gemein) malvado(-a)
Hast f(-) prisa f, premura f
hastig adj presuroso(-a), precipitado(-a); (Bewegung) brusco(-a); (Sprechen) impetuoso(-a)
Haube f(-, -n) cofia f; (von Nonne) toca f; (Auto) capó m; (Trockenhaube) secador m (de casco)
Hauch m (-(e)s, -e) (Atemhauch) aliento m; (Lufthauch) soplo m
hauchdünn adj muy delgado(-a), tenue
hauchfein adj finísimo(-a)
hauen irr vt (Holz) partir; (Bäume) talar; (Stein) picar; (fam: verprügeln) dar una paliza a
Haufen m (-s, -) montón m; (Leute) muchedumbre f
häufen vt acumular ▷ vr: **sich häufen** multiplicarse; (sich aufhäufen) acumularse
häufig adj frecuente ▷ adv a menudo, con frecuencia
Haupt nt (-(e)s, Häupter) (a. fig) cabeza f
Haupt- in zW principal
Hauptbahnhof m estación f central
Hauptgeschäftszeit f horas fpl de más movimiento (en los comercios)
Hauptgewinn m primer premio m, gordo m
Hauptperson f personaje m principal
Hauptpostamt nt central f de correos
Hauptsache f punto m [o asunto m] principal
hauptsächlich adj principal
Hauptsaison f temporada f alta
Hauptschule f escuela f primaria superior
Hauptspeicher m (Inform) memoria f principal
Hauptstadt f capital f
Hauptstraße f calle f principal [o mayor]
Hauptverkehrszeit f hora f de mayor afluencia de tráfico, hora f punta
Haus nt (-es, Häuser) casa f; (Gebäude) edificio m; (von Schnecke) concha f; **nach Hause** a casa; **zu Hause** en casa
Hausarbeit f trabajo m doméstico; (Sch) deberes mpl
Hausaufgabe f (Sch) deberes mpl, tareas fpl para casa
Hausbesetzer, in m(f) (-s, -) okupa mf, squatter mf
Hausbesetzung f ocupación f ilegal de casas [o edificios]
Hausfrau f (el) ama f de casa
hausgemacht adj casero(-a)
Haushalt m economía f doméstica; (Pol) presupuesto m
Haushaltsgerät nt electrodoméstico m
Hausherr, in m(f) dueño(-a) m/f de la casa
häuslich adj doméstico(-a); (Mensch) casero(-a)
Hausmann m amo m de casa
Hausmeister, in m(f) portero(-a) m/f
Hausnummer f número m de casa

Hausschlüssel m llave f de la casa
Hausschuhe pl zapatillas fpl
Haustier nt animal m doméstico
Haut f(-, Häute) piel f; (abgezogen) pellejo m; (auf Milch etc) capa f; (von Zwiebel) cáscara f
Hautarzt m, **Hautärztin** f dermatólogo(-a) m/f
Hautcreme f crema f para la piel
Haxe f(-, -n) siehe Hachse
Hbf. m abk (= Hauptbahnhof) estación f central
Headhunter, in m(f) (-s, -) cazacerebros m
Hearing nt (-s, -s) sesión f informativa, interrogatorio m
Hebamme f(-, -n) partera f
Hebel m (-s, -) palanca f
heben irr vt levantar, alzar; (Schatz) desenterrar; (Wrack) recuperar; (Niveau, Stimmung) elevar
Hebräisch nt (-en) hebreo m (als Fach großgeschrieben)
Hecht m (-(e)s, -e) (Fisch) lucio m; (Sport: Hechtsprung) salto m de la carpa
Heck nt (-(e)s, -e) popa f; (von Auto) parte f posterior
Hecke f(-, -n) seto m
Heckmotor m motor m trasero
Heer nt (-(e)s, -e) ejército m; (fig: Unmenge) multitud f, legión f
Hefe f(-, -n) levadura f
Heft nt (-(e)s, -e) (Schreibheft) cuaderno m; (Fahrscheinheft) carné m; (Zeitschriftenheft) número m
heften vt (befestigen) fijar, sujetar (an +akk a); (nähen) hilvanar
heftig adj (Wind) fuerte; (Schmerzen) intenso(-a); (Mensch, Worte) vehemente; (Liebe) violento(-a)

Heftklammer f grapa f
Heftpflaster nt esparadrapo m
Heftzwecke f chincheta f
Heide f(-, -n) (Landschaft) brezal m, campo m; (Gewächs) brezo m
Heidekraut nt brezo m
Heidelbeere f arándano m
heikel adj (empfindlich) delicado(-a); (wählerisch: Mensch) quisquilloso(-a); (schwierig) difícil
heil adj (nicht kaputt) entero(-a), intacto(-a); (unverletzt) ileso(-a)
Heil nt (-(e)s) (Glück) fortuna f; (Seelenheil) salvación f
heilen vt (Kranke) sanar; (Wunde) curar ▷ vi curarse; (Wunde) cicatrizar
heilig adj (Sonntag, -a), sagrado(-a)
Heiligabend m Nochebuena f
Heilige, r mf santo(-a) m/f
heillos adj enorme, extraordinario(-a); (Lärm) infernal
Heilmittel nt remedio m
Heilpraktiker, in m(f) (-s, -) profesional de la medicina que pratica técnicas de la medicina alternativa
heim adv a casa
Heim nt (-(e)s, -e) (von Familie) hogar m; (Altersheim) asilo m; (Kinderheim) hospicio m
Heimat f(-, -en) (von Mensch) patria f; (von Tier, von Pflanze) país m de origen
heimatlich adj nacional; (Gefühle, Klänge) patrio(-a)
heim|begleiten vt acompañar a casa
heim|fahren irr vi volver a casa
Heimfahrt f viaje m de regreso
heim|gehen irr vi volver a casa
Heimkehr f(-) retorno m a casa, regreso m al hogar

heimlich adj disimulado(-a), oculto(-a)
Heimreise f (viaje m de) regreso m
Heimtrainer m aparato m para hacer gimnasia en casa
heimtückisch adj (Krankheit) pernicioso(-a); (Mensch) pérfido(-a)
Heimweg m camino m de vuelta (a casa)
Heimweh nt (-s) nostalgia f, añoranza f; **Heimweh haben** añorar la patria
Heirat f (-, -en) boda f
heiraten vi casarse ▷ vt (jdn) contraer matrimonio con
heiser adj (Stimme) ronco(-a); (Mensch) afónico(-a)
heiß adj (sehr warm) (muy) caliente; (Wetter) caluroso(-a); (heftig: Kampf) violento(-a); (Liebe) apasionado(-a)
heißen irr vi (Namen haben) llamarse; (Titel haben) titularse; **es heißt, ...** se dice ..., dicen ...; **das heißt** esto es, es decir
heiter adj (Mensch) alegre, jovial; (Stimmung) festivo(-a); (Wetter) apacible; (ironisch: angenehm) bonito(-a)
Heiterkeit f alegría f
heizen vt (Zimmer, Haus) caldear; (Ofen) encender ▷ vi tener puesta [o funcionando] la calefacción; (Wärme abgeben) dar calor
Heizkörper m radiador m (de calefacción)
Heizung f calefacción f
hektisch adj inquieto(-a), agitado(-a)
Held m (-en, -en) héroe m
Heldin f heroína f
helfen irr vi ayudar (jdm a alguien, bei en); (nützen) servir; **sich** dat **zu helfen wissen** saber arreglárselas ▷ vi unpers: **es hilft nichts, du musst ...** no hay más remedio, tienes que ...
Heliskiing nt (-s) heliesquí m
hell adj claro(-a); (Haare) rubio(-a); (Lachen, Stimme, Ton) sonoro(-a); (klug) inteligente; (fam: Aufregung, Freude etc) muy grande
Helm m (-(e)s, -e) casco m
Helmpflicht f obligación f de llevar casco
Hemd nt (-(e)s, -en) (Oberhemd) camisa f; (Nachthemd) camisón m; (Unterhemd) camiseta f
Hemdbluse f blusa f camisera
hemmen vt (Entwicklung) detener; (Fortschritt) impedir; (Wachstum) frenar; (jdn) inhibir
Hemmung f (Psych) inhibición f; (von Entwicklung) detención f; (von Fortschritt) impedimento m
Hengst m (-es, -e) semental m
Henkel m (-s, -) (el) asa f
Henna nt (-s) alheña f
Henne f (-, -n) gallina f
her adv aquí, acá; **es ist lange her** hace mucho; **es ist 2 Jahre her** hace 2 años; **von weit her** de lejos
herab adv hacia abajo
herablassend adj condescendiente
herab|setzen vt (Preise) rebajar; (Strafe) reducir; (fig) disminuir
heran adv: **näher heran!** ¡más cerca!
herauf adv hacia arriba
herauf|holen vt traer para arriba
herauf|kommen irr vi subir
heraus adv afuera, hacia afuera; **heraus sein** (fam) estar fuera, estar

a salvo (aus de); (aus Stadt, Land etc) estar fuera; (veröffentlicht) estar publicado(-a); (Briefmarke) haber salido (a la venta); **aus etw heraus sein** (überstanden haben) haber superado algo
heraus|bringen irr vt (nach außen bringen) llevar afuera, sacar; (auf den Markt bringen) lanzar, presentar; (veröffentlichen) publicar; (äußern können: Wort) decir
Herausforderung f provocación f
heraus|geben irr vt dar, entregar; (zurückgeben) devolver; (Buch) editar; (Zeitung) publicar; **jdm 2 Euro herausgeben** dar a alguien 2 euros de vuelta
heraus|holen vt sacar (aus de); (fam: Erfolg, Rekord) obtener
heraus|kommen irr vi salir; (Blumen) brotar, despuntar; (fam: bekannt werden) divulgarse; (veröffentlicht werden) publicarse; **dabei kommt (doch) nichts heraus** (fam) eso no conduce a nada
heraus|stellen vr: **sich herausstellen** (sich zeigen) mostrarse
heraus|ziehen irr vt sacar; (Zahn, Splitter) extraer
herb adj (Geschmack) amargo(-a), agrio(-a); (Wein) seco(-a); (Duft) acre; (fig: schmerzlich) doloroso(-a); (Worte, Kritik) áspero(-a)
herbei adv aquí, acá
Herberge f(-, -n) albergue m
her|bringen irr vt traer
Herbst m (-(e)s, -e) otoño m
Herd m (-(e)s, -e) cocina f
Herde f(-, -n) manada f; (Schafherde) rebaño m

herein adv adentro; **herein!** ¡adelante!
herein|kommen irr vi entrar
her|fallen irr vi: **über jdn/etw herfallen** abalanzarse sobre alguien/algo
Hergang m marcha f (del asunto)
her|geben irr vt (weggeben) dar; (zurückgeben) devolver
Hering m (-s, -e) arenque m; (Zeltpflock) estaquilla f
her|kommen irr vi (näher kommen) acercarse; **von etw herkommen** derivarse [o proceder] de algo; **komm her!** ¡ven aquí!, ¡acércate!
Herkunft f(-) origen m, procedencia f; (von Wort) etimología f
Heroin nt (-s) heroína f
Herpes m (-) (Med) herpes m
Herr m (-(e)n, -en) (Mann) señor m; **meine Herren!** ¡señores!
her|richten vt (Essen) preparar; (Bett) hacer
herrlich adj maravilloso(-a); (Speise) exquisito(-a)
Herrschaft f dominio m
herrschen vi mandar, gobernar (über +akk sobre); (bestehen) reinar
her|stellen vt (produzieren) producir
Hersteller, in m(f) (-s, -) productor(a) m(f), fabricante mf
Herstellung f producción f
herüber adv de este lado
herum adv alrededor; **um etw herum** en torno a algo
herum|kriegen vt (fam: überreden) persuadir
herunter adv hacia abajo
herunter|fahren irr vt (Inform, Tech) apagar

heruntergekommen adj arruinado(-a)

herunter|hängen irr vi pender, colgar

herunter|holen vt hacer bajar

herunter|kommen irr vi descender, bajar; (fig: gesundheitlich, im Aussehen) ir decayendo; (moralisch) venirse abajo

herunter|laden irr vt (Inform) cargar, bajar, descargar

hervor adv adelante

hervor|bringen irr vt producir; (Laute, Töne) proferir; (Wort) articular

hervor|heben irr vt acentuar, recalcar; (als Kontrast) hacer resaltar

hervorragend adj saliente; (fig) notable, extraordinario(-a)

hervor|rufen irr vt (fig) causar, provocar

Herz nt (-ens, -en) corazón m; (Zentrum) centro m

Herzinfarkt m infarto m de miocardio

Herzklopfen nt (-s) palpitaciones fpl (cardíacas)

herzlich adj afectuoso(-a), cariñoso(-a); **herzlichen Glückwunsch** muchas felicidades fpl

Herzlichkeit f cordialidad f, afectuosidad f

herzlos adj sin corazón

Herzschlag m (Tätigkeit des Herzens) latido m (del corazón); (Med) ataque m al corazón

Herzschrittmacher m (-s, -) marcapasos m

Hessen nt (-s) Hesse m

Heu nt (-(e)s) heno m

Heuchelei f hipocresía f

heulen vi (fam: weinen) llorar; (Sirene) silbar; (Wind) bramar; (Wolf) aullar

Heuschnupfen m fiebre f del heno, rinitis f alérgica

Heuschrecke f (-, -n) saltamontes m

heute adv hoy; **heute Abend/früh** esta noche/mañana

heutig adj del día, actual; (Zeitung, Tag) de hoy

heutzutage adv hoy (en) día

Hexe f (-, -n) bruja f

hexen vi hacer brujerías; **ich kann doch nicht hexen!** (fam) ¡no puedo hacer milagros!

Hexenschuss m lumbago m

Hickhack nt (-s) discusiones fpl

Hieb m (-(e)s, -e) (Stockhieb) golpe m; (Säbelhieb) sablazo m; (Axthieb) hachazo m; (Wunde) herida f; (Stichelei) indirecta f

hier adv aquí

hier|bleiben irr vi quedarse aquí

hierher adv para acá

hier|lassen irr vt dejar aquí

hiermit adv con esto

hierzulande, hier zu Lande adv en este país

hiesig adj de aquí, de este lugar

Hi-Fi-Anlage f cadena f de música

high adj inv (fam) colocado(-a), flipado(-a)

Hightech nt (-s) tecnología f punta

Hilfe f (-, -n) ayuda f; **Erste Hilfe** primeros auxilios mpl; **Hilfe!** ¡socorro!

Hilfefunktion f (Inform) función f de ayuda

hilflos adj desamparado(-a)

Hilfsarbeiter, in m(f) obrero(-a)

hilfsbereit adj servicial
Himbeere f frambuesa f
Himmel m (**-s, -**) cielo m
Himmelfahrt f Ascensión f
Himmelsrichtung f punto m cardinal
himmlisch adj celestial, divino(-a); (fig: wunderbar) maravilloso(-a)

○ **SCHLÜSSELWORT**

hin adv (Ausdehnung) hasta, a lo largo de; (in Richtung) (hacia) allá; (fam: kaputt) roto(-a); **wo gehst du hin?** ¿adónde vas?; **bis zur Mauer hin** hasta el muro; **hin und zurück** ida y vuelta; **hin und her** (laufen, sich bewegen) de aquí para allá; (fig: überlegen, reden) largo y tendido

hinab adv para abajo
hinab|gehen irr vi ir hacia abajo, bajar
hinauf adv hacia arriba
hinauf|arbeiten vr: **sich hinaufarbeiten** encumbrarse
hinauf|steigen irr vi subir
hinaus adv hacia afuera
hinaus|gehen irr vi salir afuera; **hinausgehen über** +akk exceder
hinaus|laufen irr vi salir corriendo; **hinauslaufen auf** +akk terminar en
Hinblick m: **in** [o **im**] **Hinblick auf** +akk en vista de
hinderlich adj de estorbo, engorroso(-a)
hindern vt impedir; **jdn an etw** dat **hindern** impedir a alguien hacer algo
Hindernis nt (a. Sport) obstáculo m; (Schwierigkeit) dificultad f
Hinduismus m hinduismo m
hindurch adv a través de; (zeitlich) durante
hinein adv en, dentro, adentro; **bis in die Nacht hinein** hasta entrada la noche
hinein|gehen irr vi entrar (in +akk en); (Platz haben) caber
hinein|passen vi caber (in +akk en)
hinein|stecken vt introducir, meter; (Geld, Mühe) invertir
hin|fahren irr vi (mit Fahrzeug) ir en coche ▷ vt conducir
Hinfahrt f (viaje m de) ida f
hin|fallen irr vi caerse (al suelo)
hin|gehen irr vi ir; (Zeit) pasar
hin|halten irr vt tender; (vertrösten) entretener; (aufhalten) detener
hinken vi cojear
hinlänglich adv suficiente
hin|legen vt poner, colocar
Hinreise f viaje m de ida
hinsichtlich präp con respecto a
hin|stellen vt colocar, poner en; **jdn/etw als etw hinstellen** presentar a alguien/una cosa como algo
hinten adv (auf Rückseite) detrás; (von Haus) en la parte posterior; (in Fahrzeug, in Raum) al fondo; (am Ende, in Buch) al final; **hinten und vorne nicht reichen** (fam) no alcanzar en absoluto
hinter präp +akk o dat detrás de; **hinter mir** detrás de mí; **etw hinter sich** dat **haben** haber superado algo; **hinter jdm her sein** (fam: fahnden) perseguir a alguien; (werben) correr detrás de alguien; **hinter etw** dat **her sein**

(fam) andar detrás de algo; **etw hinter sich** akk **bringen** superar algo
Hinterachse f eje m posterior
hintere, r, s adj (an der Rückseite) posterior; (am Ende) final
hintereinander adv uno(-a) detrás de otro(-a); (zeitlich) sucesivamente
Hintergedanke m segunda [o mala] intención f
Hintergrund m fondo m
hinterhältig adj insidioso(-a)
hinterher adv luego, más tarde
hinterlegen vt depositar
Hintern m (-, -) (fam) trasero m
Hinterrad nt rueda f trasera
Hinterradantrieb m tracción f trasera
hinüber adv hacia el otro lado
hinunter adv abajo, hacia abajo
hinunter|bringen irr vt traer para abajo; **jdn hinunterbringen** (ins Tal) acompañar a alguien hasta abajo
hinunter|schlucken vt tragar
Hinweg m ida f
Hinweis m (-es, -e) (Verweis) referencia f; (Andeutung) alusión f; (Anweisung) indicación f, dato m
hinzu adv además
hinzu|kommen irr vi añadirse, sumarse (zu a); (Umstand) venir, llegar
hinzu|ziehen irr vt consultar
Hirn nt (-(e)s, -e) cerebro m; (Gastr) sesos mpl
Hirngespinst nt (-es, -e) quimera f
hirnverbrannt adj completamente loco(-a)
Hirsch m (-(e)s, -e) ciervo m
historisch adj histórico(-a)
Hitze f (-) calor m; (Gastr) fuego m
hitzebeständig adj termorresistente
Hitzewelle f ola f de calor
hitzig adj (Mensch) apasionado(-a); (Temperament) impetuoso(-a); (Debatte) acalorado(-a)
Hitzschlag m insolación f
H-Milch f leche f uperizada
Hobby nt (-s, -s) hobby m, afición f
hoch (hohe, r, s, höher, am höchsten) adj alto(-a); (Besucherzahl, Gewicht, Vertrauen) gran; (Gehalt, Summe) elevado(-a); (hell: Ton, Stimme) agudo(-a) ▷ adv hacia arriba; (spielen) fuerte; (sehr) mucho
Hoch nt (-s, -s) (Meteo) anticiclón m, (el) área f de alta presión
hochachtungsvoll adv (Briefschluss) atentamente
Hochbetrieb m actividad f intensa; (Com) horas fpl de mayor actividad
Hochdeutsch nt alto alemán m
Hochdruck m alta presión f
Hochebene f altiplano m
hoch|fahren irr vt (Inform, Tech) arrancar, poner en marcha
Hochgeschwindigkeitszug m tren m de alta velocidad
Hochhaus nt bloque m de pisos
hoch|heben irr vt levantar, alzar
hoch|laden irr vt (Inform) cargar
hoch|leben vi: **jdn hochleben lassen** hacer un brindis por alguien
hochmütig adj orgulloso(-a)
hochnäsig adj altanero(-a), soberbio(-a)
Hochsaison f temporada f alta
Hochschule f universidad f
Hochsommer m pleno verano m

Hochspannung f alta tensión f
höchst adv muy
höchste, r, s adj altísimo(-a), grandísimo(-a); **es ist höchste Zeit** ya es hora; **am höchsten** al máximo
Hochstelltaste f tecla f Mayúsculas
höchstens adv a lo más, a lo sumo
Höchstgeschwindigkeit f velocidad f máxima
höchstwahrscheinlich adv muy probablemente
Hochwasser nt marea f alta; (Überschwemmung) inundación f
Hochzahl f (Math) exponente m
Hochzeit f boda f
Hoden m (-s, -) testículo m
Hof m (-(e)s, Höfe) patio m; (Bauernhof) granja f; (Königshof) corte f
hoffen vi confiar (auf+akk en) ▷ vt esperar
hoffentlich adv espero que +subj
Hoffnung f esperanza f
hoffnungslos adj desesperado(-a)
höflich adj cortés, atento(-a)
Höflichkeit f cortesía f
Höhe f (-, -n) altura f; (Anhöhe) colina f
Höhepunkt m punto m culminante
hohl adj (Baum) hueco(-a); (Nuss) vacío(-a); (Stimme) cavernoso(-a); (Phrasen) vacío(-a)
Höhle f (-, -n) cueva f; (Mundhöhle) cavidad f; (Zool) madriguera f
Hohn m (-(e)s) burla f, mofa f
höhnisch adj burlón(-a), malicioso(-ona)
holen vt ir a buscar; (Arzt) llamar; (Hilfe) traer; (Atem) coger; **sich** dat **eine Erkältung holen** coger un resfriado; **etw/jdn holen lassen** mandar buscar algo(-a) alguien
Holland nt Holanda f
Holländer, in m(f) (-s, -) holandés(-esa) m/f
holländisch adj holandés(-esa)
Hölle f (-, -n) infierno m
höllisch adj infernal; (Qualen, Angst, Hitze) tremendo(-a), enorme
Holocaust m (-s) holocausto m
holp(e)rig adj (Weg) escabroso(-a); (Fahrt) accidentado(-a); (Sprachkenntnisse) precario(-a), flojo(-a)
Holunder m (-s, -) saúco m
Holz nt (-es, Hölzer) madera f
Homebanking nt (-s) telebanking m, banca f electrónica
Homepage f (-, -s) página f de entrada a una web, homepage f
Hometrainer m aparato m para hacer gimnasia en casa
Homöopathie f homeopatía f
homöopathisch adj homeopático(-a)
homosexuell adj homosexual
Honig m (-s, -e) miel f
Honigmelone f melón m
Hopfen m (-s, -) lúpulo m
horch interj escucha
horchen vi escuchar; (pej: mithören) estar a la escucha
hören vt oír; (Radio) escuchar ▷ vi oír; (erfahren) saber, oír decir; **auf jdn hören** seguir los consejos de alguien; **von jdm hören** recibir noticias de alguien
Hörer m (-s, -) auricular m
Hörer, in m(f) (-s, -) oyente m f; (Radio) radioyente m f
Hörgerät nt prótesis f auditiva

Horizont m (-(e)s, -e) horizonte m
Hormon nt (-s, -e) hormona f
Horn nt (-s, Hörner) cuerno m; (Instrument) corneta f
Hornhaut f callo m; (von Auge) córnea f
Hornisse f (-, -n) avispón m
Horoskop nt (-s, -e) horóscopo m
Hörsaal m auditorium m
Hörsturz m pérdida f del oído
Hose f (-, -n) pantalón m; (Unterhose) calzoncillos mpl
Hosenträger m tirantes mpl
Hotdog nt (-s, -s) perrito m caliente
Hotel nt (-s, -s) hotel m
Hotline f (-, -s) línea f de atención al cliente
hübsch adj bonito(-a)
Hubschrauber m (-s, -) helicóptero m
Huf m (-(e)s, -e) casco m, uña f
Hufeisen nt herradura f
Hüfte f (-, -n) cadera f
Hügel m (-s, -) colina f; (Erdhügel) túmulo m
Huhn nt (-(e)s, Hühner) gallina f; (Gastr) pollo m
Hühnerauge nt (Med) callo m
Hühnerbrühe f caldo m de gallina
Hülle f (-, -n) envoltura f
humanitär adj humanitario(-a)
Hummel f (-, -n) abejorro m
Hummer m (-s, -) langosta f
Humor m (-s, -e) humorismo m; **Humor haben** tener sentido del humor
humorvoll adj humorístico(-a)
humpeln vi cojear
Hund m (-(e)s, -e) perro m
hundert num ciento
Hundertjahrfeier f centenario m
hundertprozentig adv al ciento por ciento
Hunger m (-s) (el) hambre f; **Hunger haben** tener hambre
hungern vi sufrir hambre
hungrig adj hambriento(-a); **hungrig sein** tener hambre
Hupe f (-, -n) bocina f
hupen vi tocar la bocina
hüpfen vi saltar, brincar
Hürde f (-, -n) (Sport) valla f; (fig: Hindernis) obstáculo m
Hure f (-, -n) puta f
husten vi toser
Husten m (-s) tos f
Hustensaft m jarabe m contra la tos
Hut m (-(e)s, Hüte) sombrero m
hüten vt (Tiere) guardar; (Kinder) cuidar; (Schatz) custodiar ▷ vr: **sich hüten** estar en guardia; **sich hüten, etw zu tun** cuidarse de hacer algo; **sich vor etw** dat **hüten** guardarse de algo
Hütte f (-, -n) cabaña f; (im Gebirge) refugio m
Hyazinthe f (-, -n) jacinto m
Hydrant m boca f de riego
hygienisch adj higiénico(-a)
Hyperlink m hiperenlace m
Hypermedia pl hipermedia mpl
Hypertext m hipertexto m
Hypnose f (-, -n) hipnosis f
hysterisch adj histérico(-a)

IC m (-s, -s) abk (= Intercity) tren m rápido interurbano, ≈ Intercity m
ICE m (-s, -s) abk (= Intercityexpress) ≈ AVE m
ich pron yo; **ich bin's!** ¡soy yo!
Icon nt (-s, -s) (Inform) icono m
IC-Zuschlag m suplemento m para el (tren) Intercity
ideal adj ideal
Idee f (-, -n) (Gedanke) idea f; (Einfall) ocurrencia f
Ideologie f ideología f
Idiot, in m(f) (-en, -en) idiota mf
idiotisch adj idiota
Igel m (-s, -) erizo m
ignorieren vt ignorar
ihm pron dat von **er** le, a él ▷ pron dat von **es** le; a él, a ella
ihn pron akk von **er** le, lo; a él
ihnen pron dat pl von **sie** les, a ellos(-as)

Ihnen pron dat sing von **Sie** a usted; (pl) a ustedes
ihr pron (2. Person Plural) vosotros(-as) ▷ pron dat von **sie** le, a ella ▷ pron possessiv de ella; (adjektivisch) su ▷ pron possessiv von **sie** su
Ihr pron (adjektivisch: = **Sie**) su
ihre, r, s pron possessiv sing von **sie** (substantivisch) suyo(-a) ▷ pron possessiv pl von **sie**; (substantivisch) suyos(-as)
Ihre, r, s pron (substantivisch) suyo(-a)
ihrer pron (gen sing) de ella ▷ pron gen pl von **sie** de ellos(-as)
Ihrer pron gen von **Sie** de/en usted; de/en ustedes
ihrerseits adv bezüglich auf sing von **sie** por su parte ▷ adv bezüglich auf pl von **sie** por su parte
Ihrerseits adv por su parte
illegal adj ilegal
Illustrierte f (-n, -n) revista f
Iltis m (-ses, -se) turón m
im kontr von **in dem**
Image nt (-s, -s) imagen f
Imbiss m (-es, -e) refrigerio m, tentempié m
Imbissstube f merendero m, snack-bar m
immatrikulieren vt matricular
immer adv siempre; (jeweils) cada vez; **immer wieder** siempre (de nuevo), repetidamente; **immer noch** todavía; **immer noch nicht** aún no; **für immer** para siempre; **immer wenn ich ...** cada vez que yo ...
immerhin adv en todo caso, por lo menos; (schließlich) con todo
Immobilien pl bienes mpl

inmuebles
Immunschwäche f inmunodeficiencia f
Immunschwächekrankheit f síndrome m de inmunodeficiencia
Immunsystem nt sistema m inmunológico
Imperfekt nt pretérito m imperfecto
impfen vt vacunar (jdn gegen etw a alguien contra algo)
Impfpass m carné m de vacunación
Impfstoff m vacuna f
Impfung f vacunación f
imponieren vi impresionar
Import m (-(e)s, -e) importación f
importieren vt importar
impotent adj impotente
imprägnieren vt impregnar
improvisieren vt, vi improvisar
impulsiv adj impulsivo(-a)
imstande adj: **imstande sein, etw zu tun** (in der Lage sein) estar en condiciones de hacer algo; (fähig sein) ser capaz de hacer algo

○ SCHLÜSSELWORT

in präp +akk (räumlich) a, en; **in die Schule** a la escuela; **bis in** (zeitlich) hasta ▷ präp +dat en; (in Zukunft) en, dentro de; **in der Schule** en la escuela; **im Frühling/Mai** en primavera/mayo; **im Stehen essen** comer de pie

inbegriffen adv incluido(-a)
Inder, in m(f) (-s, -) indio(-a) m/f (de India)
Indianer, in m(f) (-s, -) indio(-a) m/f (de América)

Indien nt (-s) India f
indirekt adj indirecto(-a)
indisch adj indio(-a)
individuell adj individual
Indonesien nt (-s) Indonesia f
indonesisch adj indonesio(-a)
Industrie f industria f
Industriegebiet nt zona f industrial
industriell adj industrial
ineinander adv uno(-a) en otro(-a)
Infarkt m (-(e)s, -e) infarto m
Infektion f infección f
Inflation f inflación f
Info f (-, -s) informaciones fpl
infolge präp +gen por, debido a
infolgedessen adv por consiguiente
Informatik f informática f
Information f información f
informationell adj informático(-a)
Informationsforum nt (-s, -foren) (Inform) foro m de información
Informationstechnologie f tecnología f de la información
informieren vt informar
infrage adv: **nicht infrage kommen** no entrar en consideración
Infrastruktur f infraestructura f
Ingenieur, in m(f) ingeniero(-a) m/f
Ingwer m (-s) jengibre m
Inhaber, in m(f) (-s, -) (Eigner) propietario(-a) m/f; (von Titel, Rekord, Konzession) poseedor(a) m(f)
inhalieren vt, vi inhalar
Inhalt m (-(e)s, -e) (von Behälter, Paket) contenido m; (Volumen) capacidad f; (von Film, Buch)

argumento *m*; (*Bedeutung*) sentido *m*
Inhaltsangabe *f* resumen *m*
Inhaltsverzeichnis *nt* tabla *f* de materias; (*von Buch*) índice *m*
Initiative *f* iniciativa *f*
inklusive *adv*, *präp +gen* inclusive
inkompatibel *adj* incompatible
Inland *nt* territorio *m* nacional
Inlineskates *pl* patines *mpl* en línea, inline skates *mpl*
innen *adv* (*in Behälter*) dentro; (*in Frucht, Haus*) en el interior
Innenminister, in *m(f)* Ministro *m*/*f* del Interior
Innenstadt *f* centro *m* de la ciudad
Innere, r, s *adj* interior; (*geistig, seelisch*) íntimo(-a); (*im Körper, inländisch*) interno(-a)
Innere, s *nt* interior *m*; (*fig*) núcleo *m*
Innereien *pl* menudillos *mpl*
innerhalb *adv*, *präp +gen* (*zeitlich*) en el plazo de; (*räumlich*) dentro de
innerlich *adj* interior; (*geistig*) íntimo(-a)
innerste, r, s *adj* (*Punkt*) central; (*Gedanken, Gefühle*) más íntimo(-a)
Innerste, s *nt* (*von Land*) centro *m*; **das Innerste** (*seelisch*) lo más íntimo *m*
ins *kontr von* in das
Insasse *m* (*-n, -n*), **Insassin** *f* (*von Anstalt*) acogido(-a) *m*/*f*, recluso(-a) *m*/*f*; (*Auto*) ocupante *mf*
Inschrift *f* inscripción *f*
Insekt *nt* (*-(e)s, -en*) insecto *m*
Insektenbekämpfungsmittel *nt* insecticida *m*
Insektenschutzmittel *nt* agente *m* protector [*o* repelente *m*] contra insectos
Insel *f* (*-, -n*) isla *f*; (*Verkehrsinsel*) refugio *m* de peatones
Inserat *nt* anuncio *m*
insgesamt *adv* en suma
Insider, in *m(f)* (*-s, -*) iniciado(-a) *m/f*
insofern, insoweit *adv* en tanto que; **insofern, als** *en tanto que konj* (*deshalb*) por cuanto que
Installation *f* (*Inform*) instalación *f*
installieren *vt* (*Inform*) instalar
Instinkt *m* (*-(e)s, -e*) instinto *m*
Institut *nt* (*-(e)s, -e*) instituto *m*
Institution *f* (*Einrichtung*) institución *f*; **staatliche Institutionen** instituciones *fpl* públicas
Instrument *nt* instrumento *m*
Insulin *nt* (*-s*) insulina *f*
Integralhelm *m* casco *m* integral
intellektuell *adj* intelectual
intelligent *adj* inteligente
Intelligenz *f* inteligencia *f*
intensiv *adj* intenso(-a), intensivo(-a)
Intensivkurs *m* curso *m* intensivo
Intensivstation *f* unidad *f* de vigilancia intensiva, UVI *f*
interaktiv *adj* interactivo(-a)
Intercity *m* (*-s, -s*) tren *m* rápido interurbano, Intercity *m*
Intercityexpress *m* tren *m* alemán de alta velocidad, ≈ AVE *m*
interessant *adj* interesante
interessanterweise *adv* curiosamente
Interesse *nt* (*-s, -n*) interés *m*; **Interesse haben** interesarse (*an +dat* por)
interessieren *vt* interesar
Interface *nt* (*-, -s*) interfaz *f*
international *adj* internacional

Internet nt (-s) internet f
Internetadresse f dirección f de internet
Internetauktion f subasta f en o por Internet
Internetcafé nt cibercafé m
Internethandel m mercado m de internet
Internetseite f página f de internet
Internetsurfer, in m(f) navegante mf por internet
Internettelefon nt teléfono m por internet
Internetzugang m conexión f a internet
interpretieren vt interpretar
Interrailkarte f tarjeta f Inter-Rail
Interregio m (-s, -s) tren m regional
Interview nt (-s, -s) entrevista f
intim adj íntimo(-a); (Angelegenheit) privado(-a); (Lokal, Atmosphäre) familiar
Intimität f intimidad f
intolerant adj intolerante
Intranet nt (-s, -s) intranet m
Inventar nt (-s, -e) inventario m
investieren vt invertir
inwiefern adv hasta qué punto
inzwischen adv mientras tanto
Irak m (-s): **(der) Irak** el Irak
Iran m (-s): **(der) Iran** el Irán
Ire m (-n, -n) irlandés m
irgend adv cualquier(a)
irgendein adj (adjektivisch) cualquiera; **irgendein Mensch hat das erfunden** alguien lo ha inventado
irgendeine, r, s pron cualquiera
irgendeinmal adv alguna vez; **warst du schon irgendeinmal in Deutschland?** ¿has estado alguna vez en Alemania?
irgendetwas pron algo
irgendjemand pron alguien
irgendwann adv algún día, alguna vez
irgendwie adv de alguna manera
irgendwo adv en alguna parte
Irin f irlandesa f
irisch adj irlandés(-esa)
Irland nt Irlanda f
ironisch adj irónico(-a)
irre adj extraviado(-a); (geistesgestört) loco(-a); (verwirrt) confuso(-a); (fam: prima) fabuloso(-a)
irren vi, vr equivocarse; (umherirren) errar; **sich in jdm/etw irren** equivocarse con alguien/en algo
irrsinnig adj (Mensch) loco(-a); (Tat) absurdo(-a), demencial
Irrtum m error m
irrtümlich adj equivocado(-a)
ISBN f (-, -s) abk (= Internationale Standard Buchnummer) Número m Estándar Internacional de los libros, ISBN m
ISDN nt (-) abk (= integrated services digital network) RDSI
Islam m (-s) Islam m
Islamisierung f islamización f
Island nt Islandia f
isländisch adj islandés(-esa)
Isodrink m bebida f isotónica
Isolierband nt cinta f aislante
isolieren vt aislar; (Häftling) incomunicar
Isolierstation f (Med) unidad f de aislamiento
Isomatte f colchoneta f aislante
Israel nt (-s) Israel m
Israeli m (-s, -s), f (-, -s) israelí mf

israelisch adj israelí
IT f(-) abk (= Informationstechnologie) TI f
Italien nt (-s) Italia f
Italiener, in m(f)(-s, -) italiano(-a) m/f
italienisch adj italiano(-a)

ja adv sí
Jacht f(-, -en) yate m
Jachthafen m puerto m deportivo
Jacke f(-, -n) chaqueta f
Jackett nt (-s, -s o -e) chaqueta f
Jackpot m (-s, -s) bote m
Jagd f(-, -en) caza f; (Revier) coto m
jagen vi cazar; (eilen) correr ▷ vt (Tiere) cazar; (vertreiben) ahuyentar; (verfolgen) perseguir
Jäger, in m(f)(-s, -) cazador(a) m(f)
Jahr nt (-(e)s, -e) año m; **im Jahre 2010** en el año 2010; **5 Jahre alt** de 5 años
jahrelang adv durante muchos años
Jahreszahl f año m
Jahreszeit f estación f
Jahrhundert nt (-s, -e) siglo m
jährlich adj anual ▷ adv anualmente

Jahrmarkt m feria f
Jahrzehnt nt (-(e)s, -e) decenio m
jähzornig adj irascible
Jalousie f persiana f
jämmerlich adj (Weinen, Geschrei) lastimero(-a); (pej: Leistung) deplorable; (Bezahlung) mísero(-a)
jammern vi quejarse
Januar m (-(s), -e) enero m
Japan nt (-s) Japón m
japanisch adj japonés(-esa)
jawohl adv ciertamente
Jazz m (-) jazz m
je adv (zeitlich) alguna vez; (vor Zahlen) cada; **je nachdem, ob ...** según qué ... +subj; **je ..., desto [**o **je]** cuanto más ..., tanto más ▷ präp +akk (pro) por cada uno
Jeans f (-, -) tejanos mpl, vaqueros mpl
Jeanshemd nt camisa f vaquera
Jeansjacke f cazadora f vaquera, chaqueta f vaquera
Jeanskleid nt vestido m vaquero
Jeansweste f chaleco m vaquero
jede, r, s adj cada; **jedes Mal** cada vez; **ohne jede Scham/Freude** sin pizca de vergüenza/alegría ▷ pron todo el, toda la; (jeder Einzelne) cada uno(-a)
jedenfalls adv en cualquier caso
jedermann pron cada uno, cada cual
jederzeit adv en todo momento
jedoch adv sin embargo
jemals adv alguna vez, jamás
jemand pron alguien
jene, r, s adj aquel(la) ▷ pron aquél(la), aquéllo
jenseits adv al otro lado ▷ präp +gen al otro lado de; **das Jenseits** el más allá

Jetlag m (-s) jetlag m
jetzig adj actual, presente
jetzt adv ahora, hoy
jeweils adv en cada caso
Job m (-s, -s) (fam) curro m, trabajo m; (Inform) tarea f, trabajo m
Jobsharing nt (-s) trabajo m compartido
Jod nt (-(e)s) yodo m
joggen vi hacer jogging
Jogging nt (-s) jogging m, footing m
Jogginganzug m chándal m
Joghurt, Jogurt m o nt (-s, -s) yogur m
Johannisbeere f grosella f; **Schwarze Johannisbeere** grosella negra, casis f
Joint m (-s, -s) porro m, canuto m
Joule nt (-(s), -) joule m, julio m
Journalist, in m(f) periodista mf
Joystick m (-s, -s) (Inform) palanca f de control
Jubel m (-s) júbilo m, alegría f
jubeln vi dar gritos de alegría
jucken vt, vi (a. fig) picar, escocer; **auf der Haut jucken** tener picor en la piel
Juckreiz m prurito m, picazón f
Jude m (-n, -n) judío m
Judenverfolgung f persecución f de los judíos
Jüdin f judía f
jüdisch adj judío(-a)
Jugend f (-) juventud f
Jugendherberge f albergue m juvenil
Jugendherbergsausweis m carné m de albergista
Jugendkriminalität f delincuencia f juvenil
jugendlich adj juvenil
Jugendliche, r mf menor mf,

joven *mf*
Jugoslawien *nt* (**-s**) (*Hist*) Yugo(e)slavia *f*
Juli *m* (**-(s)**, **-s**) julio *m*
jung *adj* joven
Junge *m* (**-n**, **-n**) muchacho *m*; (*Kind*) niño *m*
Junge, s *nt* cría *f*
Jungfrau *f* virgen *f*; (*Astr*) Virgo *m*
Junggeselle *m*, **-gesellin** *f* soltero(-a) *m/f*
Juni *m* (**-(s)**, **-s**) junio *m*
Juniorpass *m* carné *m* joven
Junkfood *nt* (**-s**) comida *f* basura
Junkie *m* (**-s**, **-s**) yonqui *mf*
Jurist, in *m(f)* jurista *mf*
juristisch *adj* jurídico(-a)
Justiz *f* (**-**) justicia *f*
Juwelier, in *m(f)* (**-s**, **-e**) joyero(-a) *m/f*
Juweliergeschäft *nt* joyería *f*
Jux *m* (**-es**, **-e**) broma *f*

Kabarett *nt* (**-s**, **-e** *o* **-s**) cabaret *m*
Kabel *nt* (**-s**, **-**) (*Elec*) cable *m*
Kabelfernsehen *nt* televisión *f* por cable
Kabeljau *m* (**-s**, **-e** *o* **-s**) bacalao *m*
Kabine *f* cabina *f*; (*auf Schiff*) camarote *m*
Kachel *f* (**-**, **-n**) azulejo *m*
kacheln *vt* alicatar
Kachelofen *m* estufa *f* de azulejos
Käfer *m* (**-s**, **-**) escarabajo *m*
Kaff *nt* (**-s**, **-s** *o* **-e**) pueblucho *m*
Kaffee *m* (**-s**, **-s**) café *m*
Kaffeebohne *f* grano *m* de café
Kaffeekanne *f* cafetera *f*
Kaffeekränzchen *nt* tertulia *f* de café (de señoras mayores)
Kaffeelöffel *m* cucharilla *f* de café
Kaffeemaschine *f* cafetera *f*
Käfig *m* (**-s**, **-e**) jaula *f*
kahl *adj* (*Mensch*) calvo(-a); (*Baum*)

sin hojas; (*Landschaft*) estéril; (*Raum*) desnudo(-a); **kahl geschoren** pelado(-a) al rape
Kahn *m* (-(e)s, Kähne) bote *m*; (*Lastkahn*) gabarra *f*
Kai *m* (-s, -e *o* -s) muelle *m*
Kaiser *m* (-s, -) emperador *m*
Kaiserin *f* emperatriz *f*
Kaiserreich *nt* imperio *m*
Kaiserschnitt *m* (*Med*) cesárea *f*
Kakao *m* (-s, -s) cacao *m*
Kaktus *m* (-, Kakteen) cacto *m*
Kalb *nt* (-(e)s, Kälber) ternero(-a) *m/f*
Kalbfleisch *nt* carne *f* de ternera
Kalender *m* (-s, -) calendario *m*
Kalk *m* (-(e)s, -e) cal *f*; (*im Körper*) calcio *m*
Kalkstein *m* caliza *f*
Kalorie *f* caloría *f*
kalorienarm *adj* de pocas calorías, bajo(-a) en calorías
kalt *adj* frío(-a); (*gefühllos*) insensible; **mir ist (es) kalt** tengo frío
kaltblütig *adj* a [o de] sangre fría
Kälte *f* (-) frío *m*
Kaltstart *m* arranque *m* en frío
Kalzium *nt* calcio *m*
Kamel *nt* (-(e)s, -e) camello *m*
Kamera *f* (-, -s) cámara *f*
Kamerad, in *m(f)* (-en, -en) camarada *mf*
Kamille *f* (-, -n) manzanilla *f*
Kamillentee *m* (infusión *f* de) manzanilla *f*
Kamin *m* (-s, -e) chimenea *f*
Kaminfeger, in *m(f)* (-s, -), **Kaminkehrer, in** *m(f)* (-s, -) deshollinador(a) *m(f)*
Kamm *m* (-(e)s, Kämme) peine *m*; (*Bergkamm*) cima *f*; (*Hahnenkamm*) cresta *f*
kämmen *vt* peinar
Kammer *f* (-, -n) (*Raum*) cuarto *m*
Kampf *m* (-(e)s, Kämpfe) (*a. fig*) lucha *f*; (*Mil*) contienda *f*; (*Sport*) combate *m*; (*Wettbewerb*) competencia *f*
kämpfen *vi* luchar, combatir; **um etw kämpfen** luchar por algo
Kampfhund *m* perro *m* de pelea
Kanada *nt* (-s) Canadá *m*
kanadisch *adj* canadiense
Kanal *m* (-s, Kanäle) (*Fluss, Rinne*) canal *m*; (*für Abfluss*) alcantarilla *f*
Kanalisation *f* canalización *f*
Kanaltunnel *m* túnel *m* debajo del Canal de La Mancha
Kanarienvogel *m* canario *m*
kanarisch *adj* canario(-a); **Kanarische Inseln** (Islas *fpl*) Canarias *fpl*
Kandidat, in *m(f)* (-en, -en) candidato(-a) *m/f*
kandidieren *vi* ser candidato(-a)
Kandis(zucker) *m* azúcar *m* cande
Känguru *nt* (-s, -s) canguro *m*
Kaninchen *nt* conejo *m*
Kanister *m* (-s, -) bidón *m*
Kännchen *nt* jarrita con capacidad para dos tazas
Kanne *f* (-, -n) (*Krug*) jarra *f*; (*Kaffeekanne*) cafetera *f*; (*Milchkanne*) lechera *f*
Kanone *f* (-, -n) cañón *m*
Kante *f* (-, -n) borde *m*; (*Webkante*) orilla *f*; (*Schnittkante*) arista *f*; (*Rand, Borte*) ribete *m*
Kanton *m* (-s, -e) cantón *m*
Kanu *nt* (-s, -s) canoa *f*, piragua *f*
Kanzel *f* (-, -n) (*in Kirche*) púlpito *m*;

(im Flugzeug) carlinga f
Kanzler, in m(f) (**-s, -**) canciller m
Kap nt (**-s, -s**) cabo m
Kapazität f capacidad f; (Fachmann) eminencia f
Kapelle f capilla f; (Mus) banda f
kapieren vt, vi (fam) entender
Kapital nt (**-s, -e** o **-ien**) capital m
Kapitalismus m capitalismo m
kapitalistisch adj capitalista
Kapitän m (**-s, -e**) (von Schiff: Sport) capitán m; (von Flugzeug) comandante m
Kapitel nt (**-s, -**) capítulo m
Kaposisarkom nt (**-s, -e**) sarcoma m de Kaposi
Kappe f (**-, -n**) (Mütze) gorra f; (ohne Schirm) gorro m; (Deckel) tapa f
Kapsel f (**-, -n**) cápsula f
kaputt adj (fam) roto(-a); **kaputt machen** (Gegenstand) romper; siehe auch **kaputtmachen**
kaputt|gehen irr vi (Auto, Gerät) estropearse; (Schuhe, Stoff) romperse; (sterben) morir
kaputt|machen vt (Gesundheit) estropear ▷ vr: **sich kaputtmachen** matarse; siehe auch **kaputt**
Kapuze f (**-, -n**) capucha f
Karamell m (**-s**) caramelo m
Karaoke nt (**-(s)**) karaoke m
Karat nt quilate m
Karate nt (**-**) kárate m
Karfreitag m Viernes m Santo
kariert adj (Stoff, Kleidungsstück) a cuadros; (Papier) cuadriculado (-a)
Karies f (**-**) caries f
Karikatur f caricatura f
Karneval m (**-s, -e** o **-s**) carnaval m

---

411 | **Karton**

KARNEVAL

Karneval es el nombre que se le da a los días que preceden a la Cuaresma, en los que la gente se reune para cantar, bailar, comer, beber y divertirse antes de comenzar el ayuno.
Rosenmontag, el día anterior al Martes de Carnaval, es el día más importante del **Karneval** en la zona del Rin. Muchas empresas lo dan como día no laborable para poder disfrutar de las cabalgatas y el ambiente festivo. En el sur de Alemania, al carnaval se le conoce como **Fasching**.

Karo nt (**-s, -s**) cuadrado m
Karotte f (**-, -n**) zanahoria f
Karpfen m (**-s, -**) carpa f
Karriere f (**-, -n**) carrera f
Karte f (**-, -n**) (Postkarte) postal f; (Spielkarte) naipe m; (Landkarte) mapa m; (Speisekarte) carta f; (Eintrittskarte) entrada f; (Fahrkarte) billete m; (Visitenkarte, Telefonkarte: Inform) tarjeta f
Kartei f (**-, -en**) fichero m
Karteikarte f ficha f
Kartenspiel nt juego m de naipes
Kartentelefon nt teléfono m de tarjeta
Kartenvorverkauf m venta f anticipada de entradas
Kartoffel f (**-, -n**) patata f
Kartoffelbrei m puré m de patatas
Kartoffelchip m patata f frita
Kartoffelsalat m ensalada f de patatas
Karton m (**-s, -s**) (Pappe) cartón m; (dünn) cartulina f; (Schachtel) caja f

de cartón
Kartusche f (-, -n) (Behälter) cartucho m; (für Toner) tóner m
Karussell nt (-s, -e) tiovivo m
Karwoche f Semana f Santa
Kasachstan nt (-s) Kazajstán m
Käse m (-s, -) queso m; (fam: Unsinn) tontería f
Käsekuchen m tarta f de queso
Kaserne f (-, -n) cuartel m
Kasino nt (-s, -s) (Spielkasino) casino m
Kasse f (-, -n) (Geldkasten) caja f; (Kinokasse, Theaterkasse) taquilla f; (Krankenkasse) caja f de enfermedad; (Sparkasse) caja f de ahorros
Kassenzettel m vale m de caja, ticket m
Kassette f (Behälter) estuche m; (Tonband) casete f; (Foto) chasis m
Kassettenrekorder m (-s, -) (grabadora f de) casete m
kassieren vt (Geld) cobrar; (an sich nehmen) apropiarse ▷ vi: **darf ich kassieren?** ¿puedo cobrarle?
Kastanie f (Frucht) castaña f; (Baum) castaño m
Kasten m (-s, Kästen) caja f; (Truhe) (el) arca f
Kastilien nt (-s) Castilla f
kastilisch adj castellano(-a)
katalanisch adj catalán(-ana)
Katalonien nt (-s) Cataluña f
Katalysator m catalizador m
Katastrophe f (-, -n) catástrofe f; (Naturkatastrophe) catástrofe f natural, cataclismo m
Katastrophenschutz m Protección f Civil
Kater m (-s, -) gato m; (fam) resaca f
Kathedrale f (-, -n) catedral f
katholisch adj católico(-a)
Katze f (-, -n) gato m; (weibliches Tier) gata f
Kauderwelsch nt (-(s)) galimatías m
kauen vt, vi masticar
Kauf m (-(e)s, Käufe) compra f; **etw in Kauf nehmen** aceptar algo, conformarse a algo
kaufen vt comprar; (fam: bestechen) sobornar
Käufer, in m(f) (-s, -) comprador(a) m(f)
Kauffrau f comerciante f
Kaufhaus nt grandes almacenes mpl
käuflich adj adquirible; (fam: bestechlich) venal
Kaufmann m (Geschäftsmann) comerciante m
Kaufvertrag m contrato m de compraventa
Kaugummi m o nt goma f de mascar, chicle m
kaum adv (fast nicht) apenas; (schwerlich) difícilmente; **kaum dass** apenas; **er wird kaum gehen** (wahrscheinlich nicht) dudo que vaya; **er war kaum angekommen** (soeben) nada más llegar
Kaution f garantía f; (Jur) fianza f
Kauz m (-es, Käuze) (Zool) lechuza f, mochuelo m; (fig: Mensch) tipo m estrafalario
Kavalier m (-s, -e) caballero m
KB nt (-, -), **Kbyte** nt (-, -) abk (= Kilobyte) kilobyte m
Kebab m (-(s), -s) kebab m
Kegel m (-s, -) (Sport) bolo m; (Math) cono m; (Bergkegel) pico m; (Lichtkegel) foco m

Kegelbahn f pista f de bolos
kegeln vi jugar a los bolos
Kehle f (-, -n) garganta f
Kehlkopf m laringe f
kehren vt (wenden) volver; (mit Besen) barrer
kehrt|machen vi dar media vuelta
keifen vi reñir a voz en grito
Keil m (-(e)s, -e) cuña f; (Bremskeil) chaveta f
Keilriemen m (Auto) correa f trapezoidal
Keim m (-(e)s, -e) germen m; (Bot) semilla f, brote m; (Zool) embrión m; (Med) agente m patógeno; (fig) origen m
kein adj (attributiv) ningún, ninguna
keine, r, s pron ninguno(-a)
keinesfalls adv de ningún modo
keinmal adv ni una vez
Keks m o nt (-es, -e) galleta f
Kelle f (-, -n) (Schöpfkelle) cazo m
Keller m (-s, -) sótano m
Kellner, in m(f) (-s, -) camarero(-a) m/f
keltern vt pisar, prensar
Kenia m (-s) Kenia f
kennen irr vt, vi conocer; (wissen) saber ▷ vr: **sich kennen** (sich selbst) conocerse uno(-a) mismo(-a); (gegenseitig) conocerse
kennen|lernen vt conocer, trabar conocimiento con ▷ vr: **sich kennenlernen** conocerse
Kenntnis f conocimiento m; **etw zur Kenntnis nehmen** tomar nota de algo; **von etw Kenntnis nehmen** enterarse de algo; **jdn von etw in Kenntnis setzen** poner a alguien al corriente de algo
Kennung f (Inform) carácter m de identificación
Kennwort nt (Inform) palabra f clave
Kennzeichen nt característica f, matrícula f
kentern vi zozobrar
Keramik f cerámica f
Kerbe f (-, -n) muesca f
Kerbel m (-s, -) perifollo m
Kerl m (-s, -e) (Mann) hombre m; (fam) tío m, tipo m
Kern m (-(e)s, -e) núcleo m; (Obstkern) hueso m; (von Mandarine, Apfel) pepita f; (fig: von Stadt) centro m
Kernarbeitszeit f horas fpl de asistencia obligatoria
Kernenergie f energía f nuclear
Kernkraftgegner, in m(f) activista m f antinuclear
Kernkraftwerk nt central f nuclear
Kernspaltung f fisión f nuclear
Kernwaffen pl armas mpl nucleares
Kerze f (-, -n) vela f; (Zündkerze) bujía f
kess adj (Mädchen) fresco(-a), desenvuelto(-a); (Kleidung, Hut) chic
Kessel m (-s, -) (Gefäß) olla f; (von Lokomotive etc) caldera f; (Geo) valle m cerrado; (Mil) bolsa f
Ketchup, Ketschup nt (-s, -s) ketchup m, catsup m
Kette f (-, -n) cadena f; (Schmuckkette) collar m; (Bergkette) sierra f; (von Ereignissen, Gedankenkette) serie f, sucesión f
Kettenreaktion f reacción f en cadena
keuchen vi jadear

Keuchhusten m tos f ferina
Keule f (-, -n) maza f; (Gastr) pierna f
Keyboard nt (-s, -s) teclado m (de música)
Keyboardspieler, in m(f) teclista mf
Kfz nt abk (= Kraftfahrzeug) automóvil m
Kfz-Steuer f impuesto m de circulación
Kfz-Versicherung f seguro m de vehículos
KI f (-) abk (= künstliche Intelligenz) inteligencia f artificial
Kichererbse f garbanzo m
kichern vi reírse por lo bajo
Kickboard nt (-s, -s) patinete m
kidnappen vt secuestrar
Kiefer m (-s, -) mandíbula f ▷ f (-, -n) (Baum) pino m
Kiefernzapfen m piña f
Kiel m (-(e)s, -e) (Naut) quilla f
Kieme f (-, -n) agalla f, branquia f
Kies m (-es, -e) grava f
Kiesel(stein) m (-s, -) guijarro m
kiffen vi (fam) fumarse un porro [o un canuto]
Kilo nt (-s, -(s)) kilo m
Kilobyte nt kilobyte m
Kilogramm nt kilogramo m
Kilojoule nt kilojulio m, kilojoule m
Kilometer m kilómetro m
Kilometerzähler m cuentakilómetros m
Kilowatt nt kilovatio m
Kind nt (-(e)s, -er) niño(-a) m/f; (Sohn, Tochter) hijo(-a) m/f
Kinderbetreuung f cuidado m de los niños
Kinderei f chiquillada f
Kinderfahrkarte f billete m de tarifa reducida [o para niños]

Kindergarten m jardín m de infancia
Kindergeld nt subsidio m por hijos
Kinderkrippe f jardín m de infancia, guardería f
Kinderlähmung f poliomielitis f
kinderreich adj (Familie) numeroso(-a)
Kindersicherung f seguro m para niños
Kindertagheim nt centro m de párvulos
Kinderzimmer nt cuarto m de los niños
Kindheit f infancia f
kindisch adj pueril
kindlich adj infantil
Kinn nt (-(e)s, -e) barbilla f
Kino nt (-s, -s) cine m
Kinobesucher, in m(f) espectador(a) m(f)
Kiosk m (-(e)s, -e) kiosco m, quiosco m
kippen vt (neigen) inclinar; (ausschütten) verter; (fig: verhindern) dar al traste (etw con algo); (vom Programm absetzen) retirar (de la programación); (jdn absetzen) dejar cesante en un cargo ▷ vi volcar
Kirche f (-, -n) iglesia f; (Glaubensgemeinschaft) Iglesia f
Kirchensteuer f impuesto m eclesiástico
Kirchturm m campanario m
Kirgisien nt (-s), **Kirgisistan** nt (-s), **Kirgistan** nt (-s) Kirguistán m
Kirsche f (-, -n) cereza f
Kirschtomate f tomate m cereza
Kirschwasser nt kirsch m
Kissen nt (-s, -) cojín m; (Kopfkissen) almohada f
Kiste f (-, -n) caja f

Kitsch *m* **(-(e)s)** *(pej)* cursilería *f*
kitschig *adj* cursi
Kitt *m* **(-(e)s, -e)** masilla *f*
kitten *vt* pegar; *(fig: Ehe etc)* unir
kitzelig *adj* cosquilloso(-a); *(fig)* espinoso(-a)
kitzeln *vt, vi* hacer cosquillas
Kiwi *f*(**-, -s**) kiwi *m*
KKW *nt* **(-s, -s)** *abk* (= *Kernkraftwerk*) central *f* nuclear
kläffen *vi* ladrar, gañir
Klage *f*(**-, -n**) *(Beschwerde)* queja *f*; *(Wehklage)* lamento *m*; *(Jur)* demanda *f*
klagen *vi* *(wehklagen)* lamentarse; *(sich beschweren)* quejarse; *(Jur)* demandar
kläglich *adj* lastimoso(-a); *(Versagen, Ergebnis)* lamentable; *(Verhalten)* deplorable; *(Ende)* triste
Klammer *f*(**-, -n**) grapa *f*; *(in Text)* paréntesis *m*; *(Büroklammer)* clip *m*, sujetapapeles *m*; *(Wäscheklammer)* pinza *f*
Klammeraffe *m* *(Inform)* arroba *f*
klammern *vr*: **sich klammern**: **sich an jdn/etw klammern** pegarse a alguien/algo; *(fig)* aferrarse a alguien/algo
Klang *m*(**-(e)s, Klänge**) sonido *m*
Klappe *f*(**-, -n**) *(Herzklappe)* válvula *f*; *(Mus)* lengüeta *f*; *(Ofenklappe)* tapa *f*; *(fam: Mund)* pico *m*
klappen *vi* *(fam)* funcionar
klappern *vi* tabletear; *(Zähne)* castañetear
Klapperschlange *f* serpiente *f* de cascabel
klar *adj* *(Flüssigkeit)* transparente; *(Luft)* diáfano(-a); *(Wetter)* despejado(-a); *(Ton, Stimme, Ausdrucksweise)* claro(-a); *(Geist)* sereno(-a); *(Antwort)* contundente; *(Entscheidung)* categórico(-a); *(Naut)* listo(-a) (para partir); **(das ist) klar!** ¡claro (está)!; **sich** *dat* **über etw** *akk* **im Klaren sein** darse cuenta de algo; **jdm etw klar machen** explicar algo a alguien
Kläranlage *f* estación *f* depuradora
klären *vt* *(Flüssigkeit)* clarificar; *(Abwasser)* depurar; *(Problem)* aclarar ▷ *vr*: **sich klären** *(Flüssigkeit)* aclararse; *(Frage, Problem)* aclararse
Klarheit *f* claridad *f*
Klarinette *f* clarinete *m*
Klarsichtfolie *f* hoja *f* transparente
klar|stellen *vt* poner en claro
Klärung *f* *(von Flüssigkeit)* clarificación *f*; *(von Abwasser)* depuración *f*; *(von Frage, Problem)* aclaración *f*
klasse *adj inv* *(fam)* estupendo(-a)
Klasse *f*(**-, -n**) clase *f*; *(Altersklasse, Begriffsklasse)* categoría *f*; *(Güteklasse)* calidad *f*; *(Schulklasse)* clase *f*, curso *m*
Klassenarbeit *f* examen *m*, prueba *f* escrita
Klassenlehrer, in *m(f)* profesor(a) *m(f)* encargado(-a) de curso
Klassenzimmer *nt* (el) aula *f*
Klassik *f* *(Zeit)* época *f* clásica; *(Stil)* clasicismo *m*
klassisch *adj* *(a. fig)* clásico(-a)
Klatsch *m*(**-(e)s, -e**) *(pej: Gerede)* chismes *mpl*
klatschen *vi* *(Geräusch)* chasquear; *(pej: reden)* chismorrear; *(Beifall klatschen)* aplaudir
Klatschmohn *m* amapola *f*

Klaue f (-, -n) (von Raubtier) garra f; (fam: Schrift) mala letra f
klauen vt (fam) robar, pispar
Klausel f (-, -n) cláusula f
Klausur f (Sch) examen m
Klavier nt (-s, -e) piano m
kleben vt pegar (an +akk en, a) ▷ vi adherirse
Klebestreifen m cinta f adhesiva
klebrig adj pegajoso(-a)
Klebstoff m pegamento m
Klecks m (-es, -e) mancha f
Klee m (-s) trébol m
Kleid nt (-(e)s, -er) vestido m; **Kleider** pl (Kleidung) vestimenta f, ropa f
Kleiderbügel m percha f
Kleiderbürste f cepillo m de ropa
Kleiderschrank m (armario m) ropero m
Kleidung f vestuario m
Kleidungsstück nt prenda f de vestir
Kleie f (-, -n) salvado m
klein adj pequeño(-a); (Mensch) bajo(-a); (in Bezug auf Menge) poco(-a); (Geld) fraccionario(-a); (nicht akt) joven; (nicht bedeutend) insignificante; **ein klein wenig** un poquito; **klein schneiden** cortar en pedazos
Kleingeld nt calderilla f
Kleinigkeit f insignificancia f
kleinlaut adj apocado(-a)
kleinlich adj mezquino(-a)
klein|schneiden irr vt siehe **klein**
Klementine f clementina f
Klemme f (-, -n) (Med) grapa f; (Haarklemme) prendedor m; (fig) aprieto m
klemmen vt (festhalten) sujetar; (quetschen) apretar ▷ vi (Tür) bloquearse
Klette f (-, -n) lampazo m
klettern vi trepar; (auf Berge) escalar; (fig: Preise) subir; **auf etw** akk **klettern** subir a algo; **über etw** akk **klettern** pasar por encima de algo
klicken vi hacer click
Klima nt (-s, -s) clima m
Klimaanlage f (instalación f de) aire m acondicionado
Klimawechsel m cambio m de clima
Klinge f (-, -n) cuchilla f
Klingel f (-, -n) timbre m
klingeln vi tocar el timbre
Klingelton m (Tel) tono m
klingen irr vi (Glocken, Instrumente) sonar; (Stimme, Worte) resonar; **schön/eigenartig klingen** parecer [o sonar] bonito(-a)/peculiar
Klinik f clínica f
Klischee nt (-s, -s) clisé m
Klo nt (-s, -s) (fam) retrete m
Klon m (-s, -e) clon m
klonen vt clonar
Klonen nt (-s) clonaje m
klopfen vi (an Tür) golpear; (Herz) palpitar; (Motor) picar; **auf/an/gegen etw** akk **klopfen** golpear sobre/en/contra algo; **es klopft** llaman
Klops m (-es, -e) albondiguilla f
Klosett nt (-s, -e o -s) retrete m
Klosettpapier nt papel m higiénico
Kloß m (-es, Klöße) (Gastr) albóndiga f; (im Hals) nudo m
Kloster nt (-s, Klöster) (Männerkloster) monasterio m; (Frauenkloster) convento m

Klotz m (-es, Klötze) (aus Holz) leño m; (aus Stein) bloque m; (Hackklotz) tajo m

Klub m (-s, -s) club m

Kluft f (-, Klüfte) abismo m

klug adj (Mensch) inteligente; (Verhalten) prudente; (Ausspruch) juicioso(-a); (Rat) sensato(-a); (Entscheidung) astuto(-a)

Klumpen m (-s, -) (Erdklumpen) terrón m; (Blutklumpen) coágulo m; (Goldklumpen) pepita f; (Gastr) grumo m

knabbern vt roer ▷ vi: **an etw** dat **knabbern** mordisquear algo

Knäckebrot nt pan m crujiente

Knackpunkt m punto m de inflexión

Knacks m (-es, -e) (Laut) chasquido m; (Sprung) grieta f; (fig: Schaden) daño m

Knall m (-(e)s, -e) (von Explosion) estallido m; (von Aufprall) detonación f; (Peitschenknall) chasquido m; (von Schlag) golpe m

knallen vi (Schuss) estallar; (Tür) dar un portazo; (Peitsche) restallar; (Schlag) golpear

knapp adj (Kleidungsstück) ceñido(-a); (Geld, Portionen) escaso(-a); (Zeit) breve; (Sieg) apretado(-a); (Sprache, Bericht) conciso(-a); **eine knappe Stunde** una hora escasa; **knapp zwei Meter** apenas dos metros; **knapp an/unter/neben** muy próximo(-a)/apenas por debajo de/al lado mismo de

knapp|halten irr vt: **jdn knapphalten** dar a alguien sólo el mínimo indispensable (mit etw de algo)

Knappheit f (von Geld, Vorräten, Zeit) escasez f; (von Kleidungsstück) estrechez f

knarren vi crujir

Knautschzone f (Auto) zona f de deformación (controlada)

kneifen irr vt (jdn) pellizcar ▷ vi (Kleidung) apretar, venir estrecho(-a); (fam: sich drücken) escaquearse

Kneipe f (-, -n) (fam) tasca f

Knete f (-) (fam) pasta f

kneten vt amasar

Knick m (-(e)s, -e) (in Papier) doblez m; (Kurve) recodo m

knicken vt (Blumenstängel) quebrar; (biegen) doblar; (brechen) romper; (bedrücken: jdn) deprimir; **geknickt sein** estar abatido(-a) ▷ vi doblarse

Knie nt (-s, -) rodilla f; (in Rohr) codo m

Kniekehle f corva f

knien vi estar arrodillado(-a)

Kniescheibe f rótula f

Knieschützer m (-s, -) rodillera f

Kniestrumpf m media f corta

knipsen vt (Fahrkarte) picar; (Foto) tomar una instantánea de

knirschen vi crujir; **mit den Zähnen knirschen** rechinar los dientes

knittern vi arrugarse

Knoblauch m ajo m

Knoblauchzehe f diente m de ajo

Knöchel m (-s, -) (Fingerknöchel) nudillo m; (Fußknöchel) tobillo m

Knochen m (-s, -) hueso m

Knochenbruch m fractura f ósea

Knödel m (-s, -) (Gastr) albóndiga f; (Teigknödel) pelota f, bola f

Knopf m (-(e)s, Knöpfe) botón m

Knorpel m (-s, -) (Anat) cartílago m;

(*Gastr*) ternilla *f*
Knospe *f* (-, -n) (*Blattknospe*) yema *f*; (*Blütenknospe*) capullo *m*
knoten *vt* anudar
Knoten *m* (-s, -) nudo *m*; (*Med*) nódulo *m*
Knotenpunkt *m* empalme *m*
Know-how *nt* (-(s)) know-how *m*, saber *m* hacer
Knüller *m* (-s, -) (*fam*) exitazo *m*
Knüppel *m* (-s, -) garrote *m*; (*Polizeiknüppel*) porra *f*; (*Aer, Auto*) palanca *f* (de mando)
Knüppelschaltung *f* (*Auto*) cambio *m* de palanca
knurren *vi* (*Hund*) gruñir; (*Magen*) sonar; (*Mensch*) refunfuñar
knusp(e)rig *adj* (*Braten*) tostado(-a); (*Gebäck*) crujiente
knutschen *vi* (*fam*) besuquearse
Knutschfleck *m* chupetón *m*
k. o. *adj* (*beim Boxen*) k.o.; **k. o. sein** (*fam*) estar hecho(-a) polvo
Koala *m* (-s, -s) koala *m*
Koalition *f* coalición *f*
Koch *m* (-(e)s, *Köche*) cocinero *m*
Kochbuch *nt* libro *m* de cocina
kochen *vt* (*Essen, Fleisch*) guisar; (*Gemüse*) cocer; (*Kaffee, Tee*) preparar; (*Wasser, Wäsche*) hervir ▷ *vi* (*Essen bereiten*) cocinar; (*sieden: Wasser etc*) hervir; (*fam: wütend sein*) rabiar
Kocher *m* (-s, -) (*Gerät*) hornillo *m*
Kochgelegenheit *f* posibilidad *f* para cocinar
Köchin *f* cocinera *f*
Kochlöffel *m* cucharón *m*
Kochplatte *f* hornillo *m* eléctrico
Kochsalz *nt* sal *f* común
Kochtopf *m* olla *f*
Köder *m* (-s, -) (*für Tiere*) señuelo *m*; (*für Fische*) cebo *m*; (*fig*) gancho *m*
Koffein *nt* (-s) cafeína *f*
koffeinfrei *adj* descafeinado(-a)
Koffer *m* (-s, -) maleta *f*
Kofferradio *nt* radio *f* portátil
Kofferraum *m* (*Auto*) maletero *m*
Kognak *m* (-s, -s) coñac *m*
Kohl *m* (-(e)s, -e) col *f*, berza *f*
Kohle *f* (-, -n) carbón *m*; (*Chem*) carbono *m*
Kohlehydrat *nt* hidrato *m* de carbono
Kohlendioxid *nt* dióxido *m* de carbono
Kohlensäure *f* ácido *m* carbónico
Kohlenstoff *m* carbono *m*
Kohlrabi *m* (-(s), -(s)) colinabo *m*
Kohlrübe *f* nabo *m*
Koje *f* (-, -n) camarote *m*
Kokain *nt* (-s) cocaína *f*
Kokosnuss *f* coco *m*
Koks *m* (-es, -e) coque *m*; (*fam: Kokain*) coca *f*
Kolben *m* (-s, -) (*Gewehrkolben*) culata *f*; (*Tech: von Motor*) émbolo *m*, pistón *m*; (*Maiskolben*) mazorca *f*
Kollaps *m* (-es, -e) colapso *m*
Kollege *m* (-n, -n), **Kollegin** *f* colega *mf*
Kollision *f* colisión *f*; (*zeitlich*) coincidencia *f*
Köln *nt* (-s) Colonia *f*
Kölnischwasser *nt* ((el) agua *f* de) Colonia *f*
Kolonne *f* (-, -n) columna *f*; **in Kolonne(n) fahren** viajar en caravana
kolossal *adj* (*riesig*) colosal; (*fam: sehr viel*) enorme
Kölsch *nt* (-(s), -) (*Bier*) variedad de cerveza fuerte
Kolumbianer, in *m(f)* (-s, -)

colombiano(-a) *m/f*
Kolumbien *nt* (-s) Colombia *f*
kolumbisch *adj* colombiano(-a)
kombinieren *vt* combinar ▷ *vi* (*schlussfolgern*) deducir
Kombiwagen *m* furgoneta *f*
Kombizange *f* alicates *mpl* universales
Komfort *m* (-s) comodidad *f*
komisch *adj* (*lustig*) cómico(-a); (*merkwürdig*) raro(-a)
Komma *nt* (-s, -s *o* -ta) coma *f*
kommen *irr vi* (*ankommen*) llegar, venir; (*näher kommen*) acercarse; (*Gewitter, Winter*) llegar, acercarse; (*Brief, Besuch, Beschwerde*) llegar; (*Blumen, Tränen*) brotar; (*Zähne*) salir; (*teilnehmen*) venir; (*herstammen*) proceder; **jetzt kommt er an die Reihe** ahora le toca a él; **wie kommt es, dass ...** ¿cómo es posible que ...; **in die Schule/ins Krankenhaus kommen** ir a la escuela/al hospital; **um etw kommen** (*verlieren*) perder algo; **zu sich kommen** volver en sí
kommend *adj* (*Woche, Frühling*) próximo(-a); (*Generationen*) venidero(-a)
Kommentar *m* comentario *m*
Kommissar, in *m(f)* comisario(-a) *m/f*
Kommunion *f* comunión *f*
Kommunismus *m* comunismo *m*
Kommunist, in *m(f)* comunista *mf*
kommunistisch *adj* comunista
Komödie *f* comedia *f*
Kompass *m* (-es, -e) brújula *f*
kompatibel *adj* compatible
Kompetenz *f* competencia *f*
Komplex *m* (-es, -e) complejo *m*; (*Gebäudekomplex*) conjunto *m*
Kompliment *nt* cumplido *m*
komplizieren *vt* complicar
kompliziert *adj* complicado(-a)
Komponist, in *m(f)* compositor(a) *m(f)*
Kompost *m* (-(e)s, -e) mantillo *m*, abono *m* compuesto
Komposthaufen *m* pila *f* de compostaje
Kompostieranlage *f* instalación *f* para compostaje
kompostierbar *adj* biodegradable
kompostieren *vt* convertir en compost
Kompostierung *f* compostaje *m*
Kompott *nt* (-(e)s, -e) compota *f*
Kompression *f* (*Inform*) compresión *f*
Kompressionsprogramm *nt* compresor *m*
komprimieren *vt* (*Inform*) comprimir
Kompromiss *m* (-es, -e) compromiso *m*
kompromissbereit *adj* transigente
Kondensmilch *f* leche *f* condensada
Kondenswasser *nt* (el) agua *f* de condensación
Konditionstraining *nt* preparación *f* física
Konditor, in *m(f)* pastelero(-a) *m/f*
Konditorei *f* pastelería *f*
Kondom *nt* (-s, -e) condón *m*
Konferenz *f* conferencia *f*
Konferenzschaltung *f* (*Tel*) teleconferencia *f*
Konfession *f* confesión *f*
Konfiguration *f* (*Inform*)

configuración *f*
konfigurieren *vt* (*Inform*) configurar
Konfirmation *f* (*Rel*) confirmación *f*
Konfitüre *f* (-, -n) confitura *f*
Konflikt *m* (-(e)s, -e) conflicto *m*
konfrontieren *vt* confrontar
Kongress *m* (-es, -e) congreso *m*
König *m* (-(e)s, -e) rey *m*
Königin *f* reina *f*
Konjunktur *f* coyuntura *f*; (*Hochkonjunktur*) coyuntura *f* favorable
konkret *adj* concreto(-a)
Konkurrenz *f* competencia *f*
Konkurs *m* (-es, -e) quiebra *f*
können *irr vt, vi* poder; (*beherrschen*) saber; **ich kann nicht schwimmen** no sé nadar; **sie kann gut Spanisch** habla bien el español; **das kann sein** es posible
konsequent *adj* consecuente
Konsequenz *f* consecuencia *f*
konservativ *adj* conservador(a)
Konserve *f* (-, -n) conserva *f*
Konservenbüchse *f* lata *f*
Konservierung *f* conservación *f*
Konservierungsmittel *nt* conservante *m*
konstruieren *vt* construir; (*fig: entwerfen*) diseñar
Konsulat *nt* consulado *m*
Konsum *m* (-s) consumo *m*
Kontakt *m* (-(e)s, -e) contacto *m*; (*fig*) relación *f*
kontaktarm *adj* retraído(-a)
kontaktfreudig *adj* comunicativo(-a)
Kontaktlinsen *pl* lentes *fpl* de contacto
Kontinent *m* (-(e)s, -e) continente *m*
Konto *nt* (-s, Konten) cuenta *f*

Kontoauszug *m* extracto *m* de cuenta
Kontoinhaber, in *m(f)* titular *mf* de una cuenta
Kontonummer *f* número *m* de cuenta bancaria
Kontostand *m* estado *m* de cuenta
Kontra *nt* (-s, -s) contra *m*; **jdm Kontra geben** (*fig*) oponerse a alguien
Kontrast *m* (-(e)s, -e) contraste *m*
Kontrastregler *m* (-s, -) regulador *m* de contraste
Kontrolle *f* (-, -n) (*Überwachung*) vigilancia *f*; (*Passkontrolle*) control *m*; (*Inspektion*) inspección *f*
kontrollieren *vt* controlar
Konversation *f* conversación *f*
Konzentration *f* concentración *f*
Konzentrationslager *nt* campo *m* de concentración
konzentrieren *vt* concentrar ▷ *vr*: **sich konzentrieren** (*geistig*) concentrarse (*auf+akk* en, sobre)
Konzert *nt* (-(e)s, -e) concierto *m*
Kopf *m* (-(e)s, Köpfe) (*a. Inform*) cabeza *f*; (*Mensch*) persona *f*; (*führende Person*) jefe *m*; (*Verstand*) inteligencia *f*; (*Salatkopf*) lechuga *f*; **pro Kopf** por persona, per cápita; **sich** *dat* **den Kopf zerbrechen** romperse la cabeza
Kopfbedeckung *f* tocado *m*
Kopfhörer *m* auriculares *mpl*
Kopfkissen *nt* almohada *f*
Kopfsalat *m* lechuga *f*
Kopfschmerzen *pl* dolores *mpl* de cabeza
Kopfsprung *m* salto *m* de cabeza
Kopftuch *nt* pañuelo *m* (de cabeza)

Kopie f copia f
kopieren vt (a. Inform) copiar
Kopierer m (-s, -), **Kopiergerät** nt fotocopiadora f
Kopierschutz m (Inform) protección f [o seguro m] contra copia indebida
koppeln vt acoplar
Koralle f (-, -n) coral m
Koran m (-s) Corán m
Koranschule f escuela f de enseñanza del Corán
Korb m (-(e)s, Körbe) cesta f; **jdm einen Korb geben** (fig) dar calabazas a alguien
Kord(samt) m siehe **Cord(samt)**
Korea nt (-s) Corea f
koreanisch adj coreano(-a)
Kork m (-(e)s, -e) corcho m
Korken m (-s, -) corcho m
Korkenzieher m (-s, -) sacacorchos m
Korn nt (-(e)s, Körner) (Samenkorn) grano m; (Getreide) cereal m; (Salzkorn, Sandkorn, Hagelkorn) grano m
Kornblume f aciano m
Körper m (-s, -) (von Lebewesen: Math) cuerpo m; (Phys) sólido m
körperbehindert adj impedido(-a)
körperlich adj corporal
Körperpflege f higiene f personal
Körperteil m miembro m
korrekt adj correcto(-a)
Korrektur f (von Text: Sch) corrección f
Korrekturband nt cinta f correctora
Korrespondent, in m(f) (von Zeitung) corresponsal mf
Korrespondenz f correspondencia f
korrigieren vt corregir
Kosmetik f cosmética f
Kosmetiker, in m(f) (-s, -) esteticista mf
Kosmetiktuch nt kleenex m
kosmetisch adj cosmético(-a)
Kosmonaut, in m(f) (-en, -en) cosmonauta mf
Kost f (-) alimento m; (Verpflegung) pensión f; (Med) dieta f
kostbar adj (wertvoll) valioso(-a); (teuer) caro(-a)
Kostbarkeit f preciosidad f; (Wertstück) objeto m de valor
kosten vt (Preis haben) costar; (versuchen) probar, gustar ▷ vi (versuchen) probar (von etw algo)
Kosten pl gastos mpl, (Com) costos mpl, costes mpl; **auf jds Kosten** akk (von jds Geld) a cuenta de alguien; (fig: zu jds Nachteil) a costa de alguien
kostenlos adj gratuito, gratis
köstlich adj exquisito(-a); (amüsant) delicioso(-a); **sich köstlich amüsieren** divertirse muchísimo
Kostprobe f prueba f
Kostüm nt (-s, -e) (Damenkostüm) vestido m; (Verkleidung) disfraz m
Kot m (-(e)s) excremento m
Kotelett nt (-(e)s, -e o -s) chuleta f
Koteletten pl (Bart) patillas fpl
Köter m (-s, -) (pej) chucho m
Kotflügel m (Auto) guardabarros m
kotzen vi (vulg) vomitar
Krabbe f (-, -n) (Seetier) gamba f
krabbeln vi arrastrarse; (Baby) gatear
Krach m (-(e)s, Kräche o -e) ruido m; (fam: Streit) disputa f

krächzen vi graznar
kraft präp +gen en virtud de
Kraft f(-, **Kräfte**) (körperlich) fuerza f, vigor m; (Stärke) intensidad f; (Willenskraft) fortaleza f; (von Energiequelle) energía f; (Arbeitskraft) colaborador(a) m(f), mano f de obra; **in Kraft treten** entrar en vigor
Kraftfahrzeug nt automóvil m
Kraftfahrzeugbrief m documentación f del coche
Kraftfahrzeugschein m permiso m de circulación
Kraftfahrzeugsteuer f impuesto m de circulación
Kraftfahrzeugversicherung f seguro m del automóvil
kräftig adj fuerte; (nahrhaft) sustancioso(-a); (Farbe) subido(-a) ▷ adv (stark) intensamente
Kraftrad nt motocicleta f
Kraftwagen m automóvil m
Kraftwerk nt central f eléctrica
Kragen m (-s, -) cuello m
Krähe f (-, -n) corneja f
krähen vi (Hahn) cantar; (Säugling) berrear
Kralle f (-, -n) (Tierkralle: fig) zarpa f; (Vogelkralle) garra f; (Parkkralle) cepo m
Kram m (-(e)s) (pej: Zeug) trastos mpl; (Angelegenheit) asuntos mpl
kramen vi rebuscar (in +dat en)
Krampf m (-(e)s, **Krämpfe**) (Muskelkrampf) espasmo m; (Magenkrampf) cólico m; (Wadenkrampf) calambre m
Krampfadern pl varices fpl
krampfhaft adj convulsivo(-a); (fig: Versuche) desesperado(-a)
Kran m (-(e)s, **Kräne**) grúa f

Kranich m (-s, -e) grulla f
krank adj enfermo(-a)
Kranke, r mf enfermo(-a) m/f
kränken vt ofender, herir
Krankengymnast, in m(f) (-en, -en) fisioterapeuta mf
Krankengymnastik f gimnasia f terapéutica
Krankenhaus nt hospital m
Krankenkasse f caja f de enfermedad
Krankenschein m volante m para asistencia médica
Krankenschwester f enfermera f
Krankenversicherung f seguro m de enfermedad
Krankenwagen m ambulancia f
krankhaft adj enfermizo(-a); (Angst etc) patológico(-a)
Krankheit f enfermedad f
kränklich adj enfermizo(-a)
Kränkung f ofensa f
Kranz m (-es, **Kränze**) corona f; (Blumenkranz) guirnalda f; (Kuchen) rosca f
krass adj craso(-a)
Krater m (-s, -) cráter m
Kratzbürste f (fig) erizo m
kratzen vt (mit Nägeln, Krallen) arañar; (abkratzen) raspar; (gegen Jucken) rascar; (jucken) picar ▷ vi (Katze) arañar; (gegen Jucken) rascarse; (Pullover etc) causar picor
Kratzer m (-s, -) rasguño m; (Werkzeug) rascador m
kraulen vi (schwimmen) nadar a crol ▷ vt (streicheln) acariciar
Kraul(schwimmen) nt (-s) crol m
kraus adj (Haar) rizado(-a); (Stirn) arrugado(-a); (verworren) confuso(-a)
Kraut nt (-(e)s, **Kräuter**) hierba f;

(Gewürzkraut) hierba f fina; (Heilkraut) planta f medicinal; (Kohl) col f

Krawall m (-s, -e) motín m; (Lärm) alboroto m; **Krawalle** pl (Pol) disturbios mpl

Krawatte f corbata f

kreativ adj creativo(-a)

Krebs m (-es, -e) (Tier) cangrejo m; (Med) cáncer m; (Astr) Cáncer m

Kredit m (-(e)s, -e) crédito m

Kreditkarte f tarjeta f de crédito

Kreide f (-, -n) (Schreibkreide) tiza f; (Gestein) creta f

Kreis m (-es, -e) círculo m; (Verwaltungskreis) distrito m

kreischen vi chillar; (Reifen) chirriar

Kreisel m (-s, -) peonza f

kreisen vi girar (um alrededor de); (Flugzeug, Vogel) dar vueltas

Kreislauf m (Med) circulación f; (fig: der Natur etc) ciclo m

Kreislaufstörungen pl (Med) trastornos mpl circulatorios

Kreisverkehr m circulación f giratoria

Krepp m (-s, -s o -e) crespón m

Krepppapier nt papel m rizado

Kresse f (-, -n) berro m

Kreuz nt (-es, -e) cruz f; (Rel: Symbol) crucifijo m; (Kreuzzeichen) signo m de la cruz; (Anat) sacro m

kreuzen vt (a. Bio) cruzar; (Linie) atravesar ▷ vr: **sich kreuzen** cruzarse

Kreuzfahrt f crucero m

Kreuzgang m claustro m

Kreuzotter f víbora f común

Kreuzschlitzschraubenzieher m destornillador m de estrella

Kreuzschlüssel m llave f en cruz

423 | kritisch

Kreuzung f (Verkehrskreuzung) cruce m; (das Züchten) cruzamiento m; (Tier, Pflanze) híbrido m

Kreuzworträtsel nt crucigrama m

Kreuzzug m cruzada f

kriechen irr vi arrastrarse; (langsam) deslizarse; (pej) humillarse

Kriechspur f (auf Autobahn) carril m para vehículos lentos

Krieg m (-(e)s, -e) guerra f

kriegen vt (fam: bekommen) recibir; (erwischen) coger

Kriegsdienstverweigerer m (-s, -) objetor m de conciencia

Krimi m (-s, -s) (fam: Film) película f policíaca; (Roman) novela f policíaca

Kriminalbeamte, r m, **-beamtin** f agente mf de la brigada de investigación criminal

Kriminalität f criminalidad f

Kriminalpolizei f policía f de investigación criminal

Kriminalroman m novela f policíaca

kriminell adj (Mensch, Tat) criminal

Krimskrams m (-) (fam) cachivaches mpl

Kripo f (-) (fam) policía f de investigación criminal

Krippe f (-, -n) pesebre m; (Rel) belén m; (Kinderkrippe) guardería f

Krise f (-, -n) crisis f

Kristall m (-s, -e) cristal m ▷ nt (-s) (Glas) cristal m

Kriterium nt criterio m

Kritik f crítica f

Kritiker, in m(f) (-s, -) crítico(-a) m/f

kritisch adj crítico(-a); (entscheidend) delicado(-a);

(*gefährlich*) arriesgado(-a)
kritisieren vt (*besprechen*) comentar; (*tadeln*) criticar, censurar ▷ vi (*tadeln*) criticar
kritzeln vt, vi garabatear
Kroatien nt (**-s**) Croacia f
kroatisch adj croata
Krokodil nt (**-s, -e**) cocodrilo m
Krokus m (**-, -se**) croco m
Krone f (**-, -n**) (*a. Zahnkrone*) corona f
krönen vt (*jdn*) coronar; (*abschließen*) rematar
Kronkorken m tapón m de corona
Kronleuchter m araña f
Kröte f (**-, -n**) sapo m
Krücke f (**-, -n**) muleta f
Krug m (**-(e)s, Krüge**) jarro m; (*Bierkrug*) jarra f
Krümel m (**-s, -**) migaja f
krumm adj (*gebogen*) torcido(-a); (*kurvig*) curvo(-a); (*fam: fragwürdig*) tortuoso(-a)
Krüppel m (**-s, -**) inválido(-a) m/f
Kruste f (**-, -n**) (*Schorf*) costra f; (*Erdkruste, von Brot*) corteza f
Kuba nt (**-s**) Cuba f
kubanisch adj cubano(-a)
Kübel m (**-s, -**) cuba f
Kubikmeter m metro m cúbico
Küche f (**-, -n**) cocina f
Kuchen m (**-s, -**) pastel m; (*Obstkuchen*) tarta f
Kuchengabel f tenedor m de postres
Küchenschabe f (**-, -n**) cucaracha f
Kuckuck m (**-s, -e**) (*Vogel*) cuco m
Kuddelmuddel m (**-s**) (*fam*) desbarajuste m, follón m
Kufe f (**-, -n**) patín m
Kugel f (**-, -n**) bola f; (*geometrisch*) esfera f; (*Mil*) bala f; (*Sport*) bolo m
Kugellager nt rodamiento m de bolas
Kugelschreiber m bolígrafo m
Kugelstoßen nt (**-s**) lanzamiento m de peso
Kuh f (**-, Kühe**) vaca f
kühl adj fresco(-a); (*fig*) indiferente; (*Rechner, Geschäftsmann, Kopf*) frío(-a)
Kühlbox f (**-, -en**) nevera f portátil
kühlen vt refrescar
Kühler m (**-s, -**) (*Auto*) radiador m
Kühlerhaube f (*Auto*) capó m
Kühlschrank m nevera f
Kühltruhe f congelador m
Kühlwasser nt (*Auto*) (el) agua f del radiador
Küken nt (**-s, -**) polluelo m
Kuli m (**-s, -**) culi m; (*fam: Kugelschreiber*) boli m
Kulisse f (**-, -n**) (*Theat*) bastidor m; (*fig: Rahmen*) trasfondo m
Kult m (**-(e)s, -e**) culto m; **mit etw einen Kult treiben** (*pej*) llegar a hacer un culto de algo
Kultfigur f ídolo m
kultiviert adj (*gepflegt*) culto(-a); (*gebildet*) distinguido(-a)
Kultur f cultura f; (*Bildung*) urbanidad f; (*Anbau, Pflanzung*) cultivo m
Kulturbeutel m bolsa f de aseo
kulturell adj cultural
Kultusminister, in m(f) Ministro(-a) m/f de Cultura/Educación y Ciencia
Kultusministerium nt Ministerio m de Cultura/Educación y Ciencia
Kümmel m (**-s, -**) comino m; (*Branntwein*) cúmel m, kummel m
Kummer m (**-s**) pesar m
kümmern vr: **sich kümmern**:

sich um jdn kümmern interesarse por alguien; **sich um etw kümmern** ocuparse de algo ▷ vt: **das kümmert mich nicht** esto no me interesa

Kumpel m (-s, -) (Bergmann) minero m; (fam: Freund) compañero(-a) m/f

Kunde m (-n, -n) cliente mf

Kundendienst m servicio m postventa

Kundenkreditkarte f tarjeta f de cliente

Kundgebung f manifestación f

kündigen vi (Arbeitgeber) despedir; (Arbeitnehmer) despedirse, renunciar; (Mieter) anunciar el abandono del piso; (Vermieter) denunciar el contrato de alquiler; **jdm kündigen** despedir a alguien ▷ vt (Wohnung, Stelle) abandonar; (Mitgliedschaft) darse de baja; (Sparvertrag) rescindir

Kündigung f (von Wohnung) aviso m; (von Arbeitsstelle) despido m

Kündigungsfrist f (an Arbeitsstelle) plazo m de despido; (von Vertrag) plazo m de anticipación

Kundin f cliente f

Kundschaft f clientela f

künftig adj futuro(-a) ▷ adv a partir de ahora

Kunst f (-, Künste) arte m; (bildende Kunst) artes fpl; (Können) habilidad f; **das ist doch keine Kunst!** ¡eso lo hace cualquiera!

Kunstdünger m abono m artificial

Kunstfaser f fibra f sintética

Kunstgewerbe nt artes fpl aplicadas [o industriales]

Künstler, in m(f) (-s, -) artista mf

künstlerisch adj artístico(-a)

künstlich adj artificial; **künstliche Intelligenz** inteligencia f artificial

Kunststoff m plástico m

Kunststück nt truco m

Kunstwerk nt obra f de arte

kunterbunt adj abigarrado(-a)

Kupfer nt (-s, -) cobre m

Kupplung f (Auto) embrague m

Kur f (-, -en) cura f

Kurbel f (-, -n) manivela f

Kurbelwelle f cigüeñal m

Kürbis m (-ses, -se) calabaza f

Kurgast m bañista mf

Kurierdienst m empresa f de mensajería, servicio m de mensajeros

kurieren vt (jdn) curar; (etw) remediar

Kurort m balneario m

Kurs m (-es, -e) (Richtung) rumbo m; (Lehrgang) curso m; (Fin) cotización f; (Wechselkurs) cambio m

Kursbuch nt guía f de ferrocarriles

kursiv adj cursivo(-a)

Kursleiter, in m(f) profesor(a) m(f)

Kursteilnehmer, in m(f) alumno(-a) m/f

Kurswagen m (Eisenb) coche m directo

Kurve f (-, -n) curva f

kurvenreich, kurvig adj lleno(-a) de curvas

kurz adj (räumlich) corto(-a); (zeitlich) breve; (knapp) escaso(-a); **zu kurz kommen** salir perdiendo

Kurzarbeit f jornada f reducida [o regulada]

Kürze f (-, -n) (räumlich) cortedad f; (zeitlich) brevedad f; (Knappheit) escasez f

kürzen vt acortar; (verringern) reducir, recortar

kurzerhand *adv* (*fam*) sin más ni más
kurzfristig *adj* a corto plazo
kürzlich *adv* recientemente
Kurzschluss *m* (*Elec*) cortocircuito *m*
kurzsichtig *adj* miope; (*fig*) poco perspicaz
Kurzwelle *f* onda *f* corta
Kurzzeitspeicher *m* registro *m*
kuscheln *vr*: **sich kuscheln** acurrucarse
Kusine *f* prima *f*
Kuss *m* (**-es, Küsse**) beso *m*
küssen *vt* besar
Küste *f* (**-, -n**) costa *f*
Kutsche *f* (**-, -n**) carruaje *m*
Kybernetik *f* cibernética *f*
kybernetisch *adj* cibernético(-a)
KZ *nt* (**-s, -s**) *abk* (= *Konzentrationslager*) campo *m* de concentración

Labor *nt* (**-s, -e** *o* **-s**) laboratorio *m*
Labyrinth *nt* (**-s, -e**) laberinto *m*
lächeln *vi* sonreír
Lächeln *nt* (**-s**) sonrisa *f*
lachen *vi* reírse (*über* +*akk* de)
Lachen *nt* (**-s**) risa *f*
lächerlich *adj* ridículo(-a); (*unbedeutend*) irrisorio(-a); **jdn lächerlich machen** poner en ridículo a alguien
Lachs *m* (**-es, -e**) salmón *m*
Lack *m* (**-(e)s, -e**) barniz *m*, laca *f*; (*von Auto*) pintura *f*
lackieren *vt* barnizar; (*Fingernägel, Auto*) pintar
laden *irr vt* (*a. Inform*) cargar; (*auf Schiff*) embarcar; (*einladen*) invitar
Laden *m* (**-s, Läden**) (*Geschäft*) tienda *f*, comercio *m*; (*Fensterladen*) postigo *m*
Ladenschluss *m* (hora *f* de) cierre

427 | Landung

m de los comercios
Ladentisch m mostrador m
Ladung f (Last, Fracht) carga f, cargamento m; (Sprengladung) carga f (explosiva); (fam: Masse) masa f
Lage f (-, -n) posición f; (Verkehrslage) estado m; (Situation) situación f; (Schicht) capa f, estrato m; **in der Lage sein zu** estar en condiciones de
Lager nt (-s, -) campamento m; (Com) almacén m, depósito m; (Tech) soporte m
lagern vi (Vorräte) estar almacenado(-a); (Menschen: übernachten) pernoctar; (rasten) acampar ▷ vt (Vorräte) almacenar; (Esswaren) conservar; (betten) alojar
lahm adj tullido(-a), impedido(-a); (Ausrede) débil, insuficiente; (fam: langsam) lento(-a)
lähmen vt paralizar; (fig) inmovilizar
Lähmung f parálisis f
Laib m (-s, -e): **Laib Brot** pan m
Laie m (-n, -n) profano(-a) m/f; (Rel) lego(-a) m/f, laico(-a) m/f
laienhaft adj lego(-a), profano(-a)
Laken nt (-s, -) sábana f
Lakritze f (-, -n) regaliz m
Lamm nt (-(e)s, Lämmer) cordero m
Lampe f (-, -n) lámpara f
Lampenfieber nt nervios mpl al presentarse ante el público, miedo m escénico
Lampenschirm m pantalla f
Lampion m (-s, -s) farolillo m de papel
Land nt (-(e)s, Länder) (Gebiet) región f, zona f; (Erdboden) terreno m; (Festland) tierra f (firme); (Nation) país m; (Bundesland) Estado m (regional) federado; (nicht Stadt) campo m; **auf dem Land(e)** en el campo

○ **LAND**
○
○ Un **Land** es un estado miembro
○ de la **BRD**. Existen 16 **Länder**,
○ que son Baden-Württemberg,
○ Baja Sajonia, Baviera, Berlín,
○ Brandeburgo, Bremen,
○ Hamburgo, Hesse,
○ Mecklemburgo-Antepomerania,
○ Renania Septentrional-
○ Westfalia, Renania Palatinado-
○ Sajonia, Sajonia, Sajonia-Anhalt,
○ Sarre, Schleswig-Holstein y
○ Turingia. Cada **Land** cuenta con
○ un Parlamento y una
○ constitución propios.

Landebahn f pista f de aterrizaje
landen vi (Flugzeug) aterrizar; (Schiff) tocar puerto; (Passagier) desembarcar; (aufkommen) tocar tierra; (fam: geraten) ir a parar
Landeshauptstadt f capital f del Estado federado
Landesregierung f Gobierno m del Estado federado
Landkarte f mapa m
Landkreis m distrito m (regional)
ländlich adj campesino(-a), rural
Landschaft f paisaje m; (Landstrich) región f, comarca f
Landstraße f carretera f (comarcal)
Landtag m (Pol) Parlamento m de un Land [o Estado federado]
Landung f (von Flugzeug) aterrizaje

Landwirt

m; *(von Schiff)* arribada *f*
Landwirt, in *m(f)* agricultor(a) *m(f)*, agrónomo(-a) *m/f*
Landwirtschaft *f* agricultura *f*
landwirtschaftlich *adj* agrícola
lang *adj* largo(-a); *(bei Maßangabe)* (de) largo; *(Brief etc)* extenso(-a); *(Mensch)* alto(-a); **sein Leben lang** (para) toda su vida
lange *adv* largo, mucho tiempo
Länge *f*(-, -n) largo *m*; *(Geo)* longitud *f*; *(zeitlich)* duración *f*
langen *vi (fam: ausreichen)* bastar; **nach etw langen** alargar la mano para coger algo; **es langt mir** ya basta
Langeweile *f*(-) aburrimiento *m*
langfristig *adv* a largo plazo
Langlauf *m* esquí *m* de fondo
länglich *adj* oblongo(-a), alargado(-a)
längs *adv*, *präp* a lo largo de
langsam *adj* lento(-a) ▷ *adv (allmählich)* lentamente
Langsamkeit *f* lentitud *f*
Langschläfer, in *m(f)*(-s, -) dormilón(-ona) *m/f*
Langspielplatte *f* elepé *m*
längst *adv* hace mucho (tiempo)
Langstreckenflug *m* vuelo *m* de largo recorrido
Languste *f*(-, -n) langosta *f*
langweilig *adj* aburrido(-a)
Langwelle *f* onda *f* larga
Langzeitarbeitslose *pl* personas que llevan desempleadas un largo período
La-Ola-Welle *f* ola *f*
Laos *nt* (-) Laos *m*
laotisch *adj* laosiano(-a)
Lappalie *f* bagatela *f*, fruslería *f*
Lappen *m* (-s, -) trapo *m*

läppisch *adj (pej)* necio(-a), ridículo(-a)
Laptop *m* (-s, -s) ordenador *m* portátil
Lärche *f* alerce *m*
Lärm *m* (-(e)s) ruido *m*, estrépito *m*
Laser *m* (-s, -) láser *m*
Laserdrucker *m* impresora *f* láser
lassen *irr vt (unterlassen)* dejar de, cesar de; *(zurücklassen)* dejar; *(erlauben)* permitir; *(veranlassen)* mandar hacer; **etw machen lassen** (dejar) hacer algo; **es lässt sich machen** se puede hacer
lässig *adj* indolente; *(nachlässig)* negligente, descuidado(-a)
Last *f*(-, -en) peso *m*; *(Naut, Aer: Fracht)* carga *f*; **jdm zur Last fallen** ser una carga para alguien
Laster *nt* (-s, -) vicio *m*
lästern *vi* calumniar ▷ *vt (Gott)* blasfemar
lästig *adj* desagradable, molesto(-a)
Last(kraft)wagen *m* camión *m*
Last-Minute-Angebot *nt* oferta *f* de última hora
Last-Minute-Flug *m* vuelo *m* de última hora, vuelo *m* last-minute
Last-Minute-Ticket *nt* billete *m* para vuelo de última hora, billete *m* last-minute
Laterne *f*(-, -n) farol *m*; *(Straßenlaterne)* farola *f*
Latte *f*(-, -n) viga *f*
lau *adj (Wasser)* tibio(-a); *(Wetter, Wind)* templado(-a); *(fig)* desinteresado(-a)
Laub *nt* (-es) follaje *m*; *(abgefallen)* hojas *fpl* secas
Laubfrosch *m* rana *f* verde
Laubsäge *f* sierra *f* de marquetería

Lebensversicherung

Lauch m (-(e)s) puerro m
Lauf m (-(e)s, Läufe) (Wettlauf) carrera f; (Ablauf) transcurso m; (Gewehrlauf) cañón m, tubo m; (Inform) pasada f; (Verlauf, Flusslauf: Astr) curso m
Laufbahn f carrera f
laufen irr vi (rennen) correr; (zu Fuß gehen) caminar; (Flüssigkeit) fluir; (sich zeitlich erstrecken) durar; (sich bewegen) moverse; (funktionieren) funcionar; (gezeigt werden: Film) proyectarse, echar; (im Gang sein: Verhandlung) desarrollarse
laufend adj continuo(-a); (Monat, Ausgaben) corriente; **auf dem Laufenden sein/halten** estar/mantener al corriente
Laufmasche f carrera f
Laufsteg m (-(e)s, -e) pasarela f
Laufwerk nt unidad f de lectura [o de disco]
Lauge f (-, -n) (Chem) solución f alcalina; (Seifenlauge) lejía f
Laune f (-, -n) (Stimmung) humor m; (schlechte Laune) mal humor m; (Einfall) capricho m
launisch adj caprichoso(-a), veleidoso(-a)
Laus f (-, Läuse) (Blattlaus) pulgón m; (Kopflaus) piojo m
lauschen vi (heimlich) espiar; (zuhören) escuchar (auf etw akk algo)
lausig adj (pej: fam) miserable, (Kälte) de mil demonios, tremendo(-a)
laut adj fuerte; (voller Lärm) ruidoso(-a) ▷ präp +gen o dat según
lauten vi sonar; (Urteil) decir
läuten vi (Glocke) tocar; (klingeln) llamar; (Wecker etc) sonar
lauter adv (fam: nur) solamente

lauthals adv vociferante
Lautsprecher m altavoz m
Lautsprecherbox f (-, -en) bafle m
Lautstärke f volumen m de sonido
lauwarm adj templado(-a)
Lavendel m (-s, -) espliego m, lavanda f
Lawine f alud m, avalancha f
Layout, Lay-out nt (-s, -s) maqueta f, layout m; (Inform) maquetación f
LCD-Anzeige f, **LCD-Display** nt (-s, -s) indicación f de cristal líquido, indicación f LCD
leasen vt tomar en leasing
Leasing nt (-s) leasing m
Leben nt (-s, -) vida f; (Lebensweise) manera f de vivir
leben vi vivir
lebend adj (Sprache) vivo(-a); (Pflanzen) natural; (Tiere, Menschen) viviente
lebendig adj (nicht tot) vivo(-a); (lebhaft) vivaz, activo(-a)
Lebensgefahr f: **Lebensgefahr!** ¡peligro de muerte!
lebensgefährlich adj peligroso(-a)
lebenslänglich adj vitalicio(-a), de por vida
Lebenslauf m currículum m vitae
lebenslustig adj lleno(-a) de vida
Lebensmittel pl alimentos mpl, víveres mpl
Lebensmittelgeschäft nt tienda f de comestibles
Lebensstandard m nivel m de vida
Lebensunterhalt m sustento m, mantenimiento m
Lebensversicherung f seguro m de vida

Lebenswandel m conducta f
lebenswichtig adj vital
Leber f(-, -n) hígado m
lebhaft adj vivaz; (Verkehr) animado(-a); (Interesse) vivo(-a)
Lebkuchen m pan m de especias
leblos adj sin vida, inanimado(-a)
leck adj: **leck sein** tener fugas
Leck nt (-(e)s, -e) agujero m, fuga f
lecken vi (Loch haben) tener un escape, tener fugas ▷ vt, vi (schlecken) lamer
lecker adj sabroso(-a)
Leder nt (-s, -) cuero m
Lederhose f pantalones mpl de piel
ledig adj soltero(-a)
leer adj vacío(-a); (Zimmer) sin amueblar; (Seite) blanco(-a); (Straßen, Geschäfte) despoblado(-a)
Leere f(-) vacío m
leeren vt vaciar ▷ vr: **sich leeren** vaciarse
Leerlauf m marcha f sin carga, ralentí m
Leerschlag m espaciador m
Leertaste f tecla f de espaciar
Leerung f vaciado m; (von Briefkasten) recogida f
Leerzeichen nt espaciador m
Legasthenie f dislexia f
Legebatterie f cadena f de jaulas de ponedoras
legen vt colocar, poner; (in flache Lage) tumbar; (Kabel) tender; (Ei) poner ▷ vr: **sich legen** (Mensch) acostarse; (Nebel, Interesse) disminuir; (Sturm, Schmerz) calmarse
Legende f(-, -n) leyenda f
leger adj natural, desenvuelto(-a)
Leggings pl mallas fpl

Legierung f aleación f
Lehm m (-(e)s, -e) barro m
lehmig adj fangoso(-a)
Lehne f(-, -n) (Rückenlehne) respaldo m; (Armlehne) apoyo m
lehnen vt apoyar ▷ vr: **sich lehnen** apoyarse
Lehre f(-, -n) (Ideologie) doctrina f; (wissenschaftlich) teoría f; (beruflich) aprendizaje m; (Tech) calibre m
lehren vt enseñar; (unterrichten) instruir; (aufzeigen) demostrar
Lehrer, in m(f)(-s, -) profesor(a) m(f); (Grundschullehrer) maestro(-a) m/f
Lehrgang m curso m
Lehrling m aprendiz(a) m(f)
lehrreich adj instructivo(-a)
Lehrstelle f puesto m de aprendiz
Leib m (-(e)s, -er) cuerpo m
Leiche f(-, -n) cadáver m
Leichenwagen m coche m fúnebre
leicht adj ligero(-a); (nicht schwerfällig) fácil; (nicht stark) débil; (einfach) sencillo(-a), fácil ▷ adv (schnell) fácilmente; **es jdm leicht machen** ponérselo fácil a alguien
Leichtathletik f(-) atletismo m
leicht|fallen irr vi: **jdm leichtfallen** resultar fácil a alguien
leichtgläubig adj crédulo(-a)
Leichtmetall nt metal m ligero
leichtsinnig adj descuidado(-a), imprudente
Leichtwasserreaktor m reactor m de agua ligera
leid adj: **etw leid haben** [o **sein**] estar harto(-a) de algo
Leid nt (-(e)s) pena f, dolor m; siehe auch **leidtun, zuleide**
leiden irr vt sufrir; (erlauben)

permitir, tolerar; (erdulden) soportar; **jdn/etw nicht leiden können** no poder soportar [o aguantar] a alguien/algo ▷ vi sufrir, padecer; (Schaden nehmen) sufrir; **an etw dat leiden** padecer (de) algo

Leiden nt (**-s, -**) sufrimiento m, dolor m; (Krankheit) enfermedad f

Leidenschaft f pasión f

leidenschaftlich adj apasionado(-a); (begeistert) entusiástico(-a)

leider adv desgraciadamente

leid|tun irr vi: **es tut mir leid** lo siento; **er/das tut mir leid** él/eso me da pena

leihen irr vt prestar; **sich** dat **etw leihen** pedir prestado algo

Leihgebühr f cuota f de alquiler

Leihwagen m coche m de alquiler

Leim m (**-(e)s, -e**) cola f

Leine f(**-, -n**) cuerda f; (Hundeleine) correa f

Leinen nt (**-s, -**) tela f (de lino)

Leintuch nt (fürs Bett) sábana f (de lino)

Leinwand f tela f de lino; (Kunst) tela f; (Cine) pantalla f

leise adj (nicht laut) silencioso(-a), quedo(-a); (Ahnung etc) vago(-a)

Leiste f(**-, -n**) listón m, varilla f; (Zierleiste) viñeta f; (Anat) ingle f

leisten vt (Arbeit) producir; (Motor) rendir; (Gesellschaft) hacer; (Ersatz) resarcir; (vollbringen) lograr; **sich** dat **etw leisten können** poderse permitir algo

Leistung f prestación f; (gute Leistung) rendimiento m; (Kapazität) capacidad f; (von Motor) potencia f; (Arbeit) trabajo m; (Zahlung) pago m

Leistungskurs m asignaturas principales en el instituto

Leistungszulage f prima f por rendimiento

leiten vt estar a la cabeza de; (Firma) dirigir; (in eine Richtung) guiar; (Kabel, Röhre, Wärme) conducir

Leiter m (**-s, -**) (Elec) conductor m

Leiter f(**-, -n**) escalera f

Leiter, in m(f)(**-s, -**) jefe(-a) m/f

Leitplanke f(**-, -n**) banda f de guía

Leitung f dirección f; (von Wasser) tubería f; (Kabel) conducción f; **eine lange Leitung haben** (fam) ser tardo(-a) de comprensión

Leitwerk nt (Aer) timón m de cola

Lektion f lección f

Lektüre f(**-, -n**) lectura f

Lende f(**-, -n**) cadera f; (Gastr) lomo m

lenken vt (Fahrzeug) conducir; (Blick, Aufmerksamkeit) encauzar (auf +akk a, sobre)

Lenkrad nt volante m

Lenkstange f (von Fahrrad) manillar m

Lerche f(**-, -n**) alondra f

lernen vt aprender ▷ vi estudiar; (in der Ausbildung sein) estar de aprendiz

lesbisch adj lésbico(-a)

Lese f(**-, -n**) recolección f; (Weinlese) vendimia f

Lesegerät nt (Inform) unidad f de lectura, lector m, dispositivo m de lectura

Lesekopf m (Inform) cabeza f de lectura

lesen irr vt (Text: Inform) leer; (Messe) celebrar; (ernten) recoger;

(auslesen: Erbsen etc) seleccionar
▷ vi leer
Leser, in m(f) (**-s,** -) lector(a) m(f)
leserlich adj legible
lettisch adj letón(-ona)
Lettland nt Letonia f
letzte, r, s adj (von Reihe) último(-a); (vergangen: Jahr, Monat) pasado(-a); (äußerste: Maßnahme) extremo(-a); **zum letzten Mal** por última vez
letztens adv (kürzlich) recientemente
Leuchtanzeige f testigo m luminoso, indicación f visual luminosa
Leuchtdiode f diodo m luminoso
leuchten vi (mit Lampe) dar luz; (strahlen: Sonne etc) brillar, resplandecer; (Augen) relucir
Leuchter m (**-s,** -) candelabro m
Leuchtfarbe f pintura f fluorescente
Leuchtkugel f, **Leuchtrakete** f proyectil m luminoso
Leuchtreklame f anuncio m luminoso
Leuchtröhre f tubo m fluorescente
Leuchtstift m marcador m [o lápiz m] fluorescente
Leuchtturm m faro m
leugnen vt, vi negar
Leute pl gente f
Lexikon nt (**-s,** Lexika) enciclopedia f; (Wörterbuch) diccionario m
libanesisch adj libanés(-esa)
Libanon m (**-(s)**): **der Libanon** el Líbano
Libelle f (Zool) libélula f
liberal adj liberal

Licht nt (**-(e)s,** **-er**) luz f; (Lampe) lámpara f; (Kerze) vela f
Lichtbild nt (Dia) diapositiva f
Lichtblick m (Hoffnung) rayo m de esperanza
lichten vt (Wald) aclarar, entresacar; (Anker) levar ▷ vr: **sich lichten** cercenarse; (Haare) hacerse ralo; (Nebel) despejarse; (Bestände) disminuir; (Reihen) diezmar
Lichthupe f avisador m luminoso
Lichtschalter nt interruptor m de luz
Lichtschutzfaktor m factor m de protección (de la luz solar)
Lid nt (**-(e)s,** **-er**) párpado m
Lidschatten m sombra f de ojos
lieb adj querido(-a); (artig) bueno(-a); (willkommen) bienvenido(-a); **lieb haben** querer; **liebe Silke** (in Brief) querida Silke
Liebe f (**-,** -n) amor m; (Zuneigung) inclinación f, afecto m (zu por)
lieben vt querer, amar; (Bücher, Musik, Luxus) ser aficionado(-a) a
liebenswürdig adj gentil, amable
liebenswürdigerweise adv gentilmente, amablemente
Liebenswürdigkeit f amabilidad f, gentileza f
lieber adv más bien; **etw lieber mögen/tun** preferir algo/hacer algo; **ich gehe lieber nicht** mejor no voy
liebevoll adj amoroso(-a), cariñoso(-a)
Liebhaber, in m(f) (**-s,** -) amante mf; (von Wein, Büchern etc) aficionado(-a) m/f; (Kenner) entendido(-a) m/f
Liebhaberei f afición f

Liebling m (von Eltern) predilecto(-a) m/f; (Anrede) querido(-a) m/f; (von Publikum) favorito(-a) m/f
Lieblings- in zW favorito(-a), preferido(-a)
Liechtenstein nt (-s) Liechtenstein m
Lied nt (-(e)s, -er) canción f
liederlich adj (nachlässig) descuidado(-a); (moralisch) licencioso(-a)
Liedermacher, in m(f) (-s, -) cantautor(a) m(f)
Lieferant, in m(f) proveedor(a) m(f)
liefern vt (Waren) proveer; (Rohstoffe) proporcionar; (Beweis) suministrar
Lieferschein m talón m de entrega
Lieferung f entrega f; (Warensendung) suministro m
Liege f (-, -n) diván m
liegen irr vi (waagerecht sein) estar tendido(-a); (sich befinden) encontrarse; (geografische Lage haben) estar situado(-a); (etw dat liegen (Ursache) depender de algo; **woran liegt es?** ¿de qué depende?, ¿a qué se debe?; **mir liegt nichts/viel daran** no me importa nada/me importa mucho; **liegen bleiben** (Mensch) quedar acostado(-a); (Ding) quedar olvidado(-a); (Arbeit) no continuarse; **liegen lassen** (vergessen) olvidar
Liegesitz m (Auto) asiento m reclinable
Liegestuhl m tumbona f
Liegewagen m (Eisenb) coche m cama
Lift m (-(e)s, -e o -s) ascensor m; (Skilift) tele-esquí m
Likör m (-s, -e) licor m
lila adj inv de color lila
Lilie f lirio m
Limo f (-, -s) (fam) gaseosa f, refresco m
Limonade f limonada f
Limone f (-, -n) lima f
Linde f (-, -n) tilo m
lindern vt aliviar
Lineal nt (-s, -e) regla f
Linie f (Strich) raya f; (Zeile) renglón m; (Reihe) fila f; (Bahnlinie) línea f; (Straßenbahnnummer) número m
Link m (-s, -s) (Inform) enlace m
linke, r, s adj izquierdo(-a); (Pol) de izquierdas
linken vt (fam) engañar, timar
linkisch adj torpe
links adv a la izquierda; (Pol) de izquierdas; (verkehrt herum) de revés; (mit der linken Hand) con la izquierda; **links von mir** a mi izquierda
linksbündig adj alineado(-a) a la izquierda
Linkshänder, in m(f) (-s, -) zurdo(-a) m/f
Linse f (-, -n) lenteja f; (optisch) lente m o f
Lippe f (-, -n) labio m
Lippenpflegestift m lápiz m protector de labios
Lippenstift m lápiz m de labios
lispeln vi cecear
Lissabon nt (-s) Lisboa f
List f (-, -en) astucia f
Liste f (-, -n) lista f
Litauen nt (-s) Lituania f
litauisch adj lituano(-a)
Liter m o nt (-s, -) litro m
literarisch adj literario(-a)

Literatur f literatura f
Litfaßsäule f columna f de anuncios
live adv en directo, en vivo
LKW, Lkw m (-s, -s) abk (= Lastkraftwagen) camión m
Lob nt (-(e)s) elogio m
loben vt elogiar
löblich adj loable
Loch nt (-(e)s, Löcher) (Öffnung) abertura f; (schadhafte Stelle) agujero m; (im Zahn) hueco m; (Vertiefung) hoyo m
lochen vt (Papier) perforar; (Fahrkarte) picar
Locher m (-s, -) perforador m
löcherig adj agujereado(-a)
Locke f (-, -n) rizo m
locken vt (herbeilocken) atraer; (reizen) seducir; (Haare) rizar
Lockenwickler m (-s, -) bigudí m, rul(er)o m
locker adj (wackelnd) movedizo(-a); (nicht straff) flojo(-a); (nicht streng) relajado(-a)
lockern vt aflojar; (fig) relajar
lockig adj rizado(-a)
Löffel m (-s, -) cuchara f
logisch adj lógico(-a)
Logo nt (-s, -s) logo(tipo) m
Lohn m (-(e)s, Löhne) (Belohnung) premio m, recompensa f; (Bezahlung) pago m; (Arbeitslohn) salario m
Lohnausgleich m: **bei vollem Lohnausgleich** a salario completo
lohnen vr: **sich lohnen** valer la pena
Lohnsteuer f impuesto m sobre la renta del trabajo personal
Lohnsteuerkarte f tarjeta f de impuestos

Loipe f (-, -n) pista f de esquí de fondo
lokal adj local
Lokal nt (-(e)s, -e) local m; (Gaststätte) restaurante m
Lokomotive f locomotora f
Lollo rosso m (-, -s) variedad de lechuga de hoja rizada y rojiza
Lorbeer m (-s, -en) (Bot) laurel m; (fig) lauro m
los adv **los!** (vorwärts) ¡adelante!; (Beeilung) ¡vamos!, ¡rápido!; **los sein** (abgetrennt) estar desprendido(-a), estar separado(-a); **jdn/etw los sein** (fam) haberse desembarazado de alguien/algo; **was ist los?** ¿qué pasa?; **was ist mit ihm los?** ¿qué tiene?; **dort ist nichts/viel los** (fam) allí no pasa nada/pasa de todo
Los nt (-es, -e) (Zettel, Lotterielos) billete m, boleto m; (Schicksal) suerte f, destino m
löschen vt (Feuer, Licht, Durst) apagar, extinguir; (Tonband, Daten) borrar
Löschtaste f tecla f de borrado
lose adj (locker) flojo(-a); (nicht verpackt) sin embalar, a granel; (moralisch) frívolo(-a), ligero(-a)
Lösegeld nt (precio m del) rescate m
losen vi echar a suertes
lösen vt (Knoten) desatar; (Rätsel etc) resolver; (Verlobung, Partnerschaft) romper; (Chem) disolver; (Fahrkarte) sacar ▷ vr: **sich lösen** disolverse; (Problem, Schwierigkeit) resolverse
losfahren irr vi partir
losgehen irr vi (fam) ponerse en marcha; (anfangen) empezar;

(*Gewehr*) dispararse
los|lassen *irr vt* soltar
los|legen *vi (fam)* empezar (*mit etw* a hacer algo)
löslich *adj* soluble
los|machen *vt* deshacer
Lösung *f* (*von Rätsel, Aufgabe*) solución *f*; (*Ergebnis*) desenlace *m*; (*von Verlobung*) rotura *f*; (*Chem*) disolución *f*
Lösungsmittel *nt* disolvente *m*
los|werden *irr vt (fam)* quitarse de encima; (*verkaufen*) vender
löten *vt* soldar
Lötkolben *m* soplete *m*
Lotse *m* (-n, -n), **Lotsin** *f* práctico *m*; (*Aer*) controlador(a) *m(f)* aéreo(-a)
Lotterie *f* lotería *f*
Lotto *nt* (-s, -s) lotería *f* primitiva
Löwe *m* (-n, -n) león *m*; (*Astr*) Leo *m*
Löwenzahn *m* (*Bot*) diente *m* de león
LP *f* (-, -s) *abk* (= *Langspielplatte*) elepé *m*
Luchs *m* (-es, -e) lince *m*
Lücke *f* (-, -n) vacío *m*; (*im Text*) laguna *f*
Lückenbüßer, in *m(f)* (-s, -) tapagujeros *m*
Luft *f* (-, **Lüfte**) aire *m*; (*Atem*) respiración *f*; **in die Luft gehen** (*explodieren*) explotar; (*wütend werden*) montar en cólera; **dicke Luft** (*fam*) mal ambiente *m*
Luftballon *m* globo *m*
Luftdruck *m* presión *f* atmosférica
lüften *vt* (*Zimmer*) ventilar; (*Kleidung*) airear ▷ *vi* renovar el aire
Luftfahrt *f* aviación *f*
Luftkissenfahrzeug *nt* aerodeslizador *m*, Hovercraft *m*

Luftlinie *f* línea *f* aérea
Luftloch *nt* (*Aer*) bache *m* (de aire)
Luftmatratze *f* colchón *m* neumático
Luftpirat, in *m(f)* (-en, -en) secuestrador(a) *m(f)* aéreo(-a), pirata *m f* aéreo(-a)
Luftpost *f* correo *m* aéreo
Luftreinhaltung *f* control *m* de la contaminación aérea
Lüftung *f* ventilación *f*
Luftverschmutzung *f* polución *f* [*o* contaminación *f*] atmosférica
Lüge *f* (-, -n) mentira *f*
lügen *irr vi* mentir
Lumpen *m* (-s, -) andrajo *m*, harapo *m*
Lunchpaket *nt* paquete *m* de almuerzo
Lunge *f* (-, -n) pulmón *m*
Lungenentzündung *f* pulmonía *f*, neumonía *f*
Lupe *f* (-, -n) lupa *f*
Lupine *f* altramuz *m*
Lust *f* (-, **Lüste**) (*Freude*) placer *m*, alegría *f*; (*Begierde*) sensualidad *f*; (*Neigung*) inclinación *f*; **Lust haben zu** [*o* **auf** +*akk*] tener ganas de
Lüsterklemme *f* regleta *f*, clema *f*
lustig *adj* (*komisch*) cómico(-a); (*fröhlich*) alegre
lutschen *vt*, *vi* chupar
Lutscher *m* (-s, -) piruleta *f*
Luxemburg *nt* (-s) Luxemburgo *m*
luxemburgisch *adj* luxemburgués(-esa)
luxuriös *adj* lujoso(-a)
Luxus *m* (-) lujo *m*

m

machbar *adj* factible; (*Plan*) realizable
machen *vt* hacer, producir; (*fam: reparieren*) reparar; (*kosten*) costar; **das macht nichts** no importa; **mach's gut!** ¡que te vaya bien!
Macht *f* (-, **Mächte**) fuerza *f*, poder *m*; (*Staat*) potencia *f*
mächtig *adj* fuerte; (*Staat*) potente; (*Gebäude*) imponente
Mädchen *nt* muchacha *f*, chica *f*
Mädchenname *m* nombre *m* de soltera
Made *f* (-, -n) cresa *f*
Magen *m* (-s, - o **Mägen**) estómago *m*
Magenschmerzen *pl* dolor *m* de estómago
mager *adj* (*dünn*) delgado(-a); (*Arme*) escuálido(-a); (*Fleisch*) magro(-a); (*dürftig*) insuficiente; (*Buchstabe*) normal
Magersucht *f* anorexia *f*
magersüchtig *adj* anoréxico(-a)
magisch *adj* mágico(-a)
Magnet *m* (-s *o* -en, -en) imán *m*
Magnetband *nt* cinta *f* magnética
magnetisch *adj* (*Metall*) imantado(-a); (*Feld*) magnético(-a)
Mahagoni *nt* (-s) caoba *f*
mähen *vt, vi* segar, cortar
mahlen *vt* triturar; (*Kaffee*) moler
Mahlzeit *f* comida *f*
Mähne *f* (-, -n) melena *f*, crin *f*; (*von Mensch*) cabellera *f*
Mahnung *f* (*das Mahnen*) aviso *m*, notificación *f*; (*mahnende Worte*) advertencia *f*
Mai *m* (-(e)s, -e) mayo *m*
Maiglöckchen *nt* lirio *m* de los valles
Maikäfer *m* abejorro *m*
Mail *f* (-, -s) correo *m* (electrónico)
Mailbox *f* (-, -en) (*Inform*) buzón *m*
mailen *vi* escribir correo electrónico ▷ *vt* enviar por correo electrónico
Mailing *nt* (-s, -s) mailing *m*
Mailprogramm *nt* programa *m* de mail
Mailserver *m* servidor *m* de correo electrónico
Main *m* (-s) Meno *m*
Mainz *nt* (-) Maguncia *f*
Mais *m* (-es, -e) maíz *m*
Maiskolben *m* mazorca *f* de maíz
Majo *f siehe* **Mayo**
Majonäse *f siehe* **Mayonnaise**
Majoran *m* (-s, -e) mejorana *f*
makaber *adj* macabro(-a)
Makel *m* (-s, -) defecto *m*
Make-up *nt* (-s, -s) maquillaje *m*
Makkaroni *pl* macarrones *mpl*

Makler, in m(f) (**-s, -**) mediador(a) m(f); (Com) corredor(a) m(f); (Immobilienmakler) agente m de propiedad inmobiliaria
Makrele f (**-, -n**) caballa f
Makro nt (**-s, -s**) (Inform) macro m
mal adv (Math) (multiplicado) por; (fam) siehe auch **einmal**
Mal nt (**-(e)s, -e**) (Zeichen) marca f, señal f; (Zeitpunkt) vez f
Malaria f (-) malaria f
malen vt, vi pintar
Maler, in m(f) (**-s, -**) pintor(a) m(f); (Anstreicher) pintor(a) m(f) (de brocha gorda)
Malerei f pintura f
malerisch adj pintoresco(-a)
Mallorca nt (**-s**) Mallorca f
Malta nt (**-s**) (la Isla de) Malta f
maltesisch adj maltés(-esa)
Malz nt (**-es**) malta f
Malzbonbon nt caramelo m de malta
Malzkaffee m (café m de) malta f
Mama f (**-, -s**) (fam) mamá f
man pron se
Manager, in m(f) (**-s, -**) ejecutivo(-a) m/f, manager mf
manche, r, s adj más de uno(-a) ▷ pron algunos(-as), varios(-as)
manchmal adv a veces
Mandant, in m(f) mandante mf
Mandarine f mandarina f
Mandel f (**-, -n**) almendra f; (Med) amígdala f
Mandelentzündung f amigdalitis f
Mangel m (**-s, Mängel**) (Knappheit) escasez f (an +dat de); (Fehler) defecto m
mangelhaft adj (Ware) deficiente; (Schulnote) suspenso

---

437 | marokkanisch

mangels präp +gen por falta de
Mango f (**-, -s**) mango m
Manier f (**-, -en**) (Art) manera f, modo m; **keine Manieren haben** no tener modales
Mann m (**-(e)s, Männer**) hombre m; (Ehemann) marido m
Mannequin nt (**-s, -s**) modelo f
männlich adj masculino(-a)
Mannschaft f (Sport: fig) equipo m; (Naut, Aer) tripulación f
Manschette f puño m
Mantel m (**-s, Mäntel**) abrigo m; (Tech) envoltura f, carcasa f
Mappe f (**-, -n**) carpeta f; (Aktentasche, Schultasche) cartera f
Märchen nt cuento m; (Lüge) embuste m
märchenhaft adj fabuloso(-a)
Marder m (**-s, -**) marta f
Margarine f margarina f
Marienkäfer m mariquita f
Marihuana nt (**-s**) marihuana f, grifa f
Marine f marina f
marinieren vt escabechar, adobar
Marionette f títere m, marioneta f
Mark f (**-, -**) (Hist: Münze) marco m ▷ nt (**-(e)s, -**) (Knochenmark) médula f
Marke f (**-, -n**) (Fabrikat) marca f; (Briefmarke) sello m; (Essensmarke) vale m; (aus Metall etc) moneda f
Marketing nt (**-s**) marketing m
markieren vt marcar; (fam) simular ▷ vi simular
Markise f (**-, -n**) toldo m
Markt m (**-(e)s, Märkte**) mercado m
Marktplatz m (plaza f del) mercado m
Marmelade f mermelada f
Marmor m (**-s, -e**) mármol m
marokkanisch adj marroquí

Marokko nt (-s) Marruecos m
Marone f (-, -n o **Maroni**) castaña f
Marsch m (-(e)s, **Märsche**) marcha f; **marsch!** ¡adelante!
Marschflugkörper m misil m crucero
marschieren vi marchar
März m (-(es), -e) marzo m
Marzipan nt (-s, -e) mazapán m
Masche f (-, -n) malla f; (Strickmasche) punto m
Maschine f máquina f; (Motor) motor m; **Maschine schreiben** escribir a máquina, mecanografiar
maschinell adj (Arbeit) mecánico(-a)
Maschinenbau m ingeniería f mecánica (als Fach großgeschrieben)
Maschinengewehr nt ametralladora f
maschinenlesbar adj legible por máquina
Maschinenpistole f ametralladora f, metralleta f
Masern pl (Med) sarampión m
Maserung f (von Holz) vetas fpl
Maske f (-, -n) (a. Inform) máscara f
maskieren vt (verkleiden) disfrazar ▷ vr: **sich maskieren** disfrazarse
Maskulinum nt (-s, **Maskulina**) género m masculino
Maß nt (-es, -e) medida f, (Mäßigung) moderación f; (Grad) grado m ▷ f (-, -(e)) : **eine Maß (Bier)** un litro de cerveza
Massage f (-, -n) masaje m
Masse f (-, -n) (Stoff) materia f; (Phys) volumen m, masa f; (Menge) cantidad f
Massenarbeitslosigkeit f paro m masivo, desempleo m masivo
Massentierhaltung f cría f masiva de animales
Masseur, in m(f) masajista mf
massieren vt masificar
massig adj (Gestalt) voluminoso(-a); (Fels) compacto(-a); (fam) en masa
mäßig adj moderado(-a); (Preise) módico(-a); (mittelmäßig) mediocre; (Qualität) mediano(-a)
massiv adj masivo(-a), compacto(-a); (Gold) macizo(-a); (fig) tosco(-a)
Massiv nt (-s, -e) macizo m
Maßkrug m jarro m de litro
maßlos adj (Essen, Trinken etc) desmesurado(-a); (Enttäuschung etc) enorme, intenso(-a)
Maßnahme f (-, -n) medida f, disposición f
Maßstab m metro m, medida f; (fig) norma f, baremo m; (Geo) escala f
maßvoll adj moderado(-a)
Mast m (-(e)s, -e(n)) mástil m; (Elec) poste m
Material nt (-s, -ien) material m
materialistisch adj materialista
Materie f materia f
materiell adj (Werte) económico(-a)
Mathematik f matemática f (als Fach großgeschrieben)
Matjeshering m arenque m fresco
Matratze f (-, -n) colchón m
Matrixdrucker m impresora f matriz
Matrose m (-n, -n) marinero m
Matsch m (-(e)s) cieno m, lodo m; (Schneematsch) barro m de nieve
matt adj (müde) fatigado(-a); (Lächeln) débil; (glanzlos) opaco(-a); (Foto, Schach) mate

Matte f (-, -n) (Turnmatte) colchoneta f; (Fußmatte) felpudo m
Matterhorn nt Monte m Cervino
maturieren vi (österreichisch, schweizerisch: das Abitur machen) hacer la prueba de selectividad
Mauer f (-, -n) muro m
mauern vi levantar una pared
Maul nt (-(e)s, Mäuler) (von Tier) boca f; (pej: von Mensch) pico m
Maulesel m mulo m
Maulkorb m bozal m
Maulwurf m topo m
Maurer, in m(f) (-s, -) albañil mf
Maus f (-, Mäuse) (a. Inform) ratón m
Mausefalle f ratonera f
Mausklick m (-s, -s) activación f de la tecla del ratón
Mausmatte f, **Mauspad** nt (-s, -s) alfombrilla f para ratón
Mauszeiger m puntero m del ratón
Maut f (-, -en) peaje m
maximal adj máximo(-a)
maximieren vt (Gewinne) aumentar; (Inform) maximizar
Maxisingle f maxisingle m
Mayo f (-, -s) (fam) mayonesa f, mahonesa f
Mayonnaise f (-, -n) mayonesa f, mahonesa f
MB nt (-, -), **Mbyte** nt (-, -) abk (= Megabyte) megabyte m, mega m
Mechanik f mecánica f (als Fach groß geschrieben); (Getriebe) mecanismo m
Mechaniker, in m(f) (-s, -) mecánico(-a) m/f
meckern vi balar; (fam) criticar
Mecklenburg-Vorpommern nt (-s) Mecklemburgo-Pomerania Anterior f

Medaille f (-, -n) medalla f
Medien pl medios mpl (de comunicación)
medienwirksam adj que resulta eficaz en los medios de difusión
Medikament nt medicamento m
Medizin f (-, -en) medicina f (als Fach groß geschrieben); (Wissenschaft) ciencia f médica
medizinisch adj médico(-a), medicinal
Meer nt (-(e)s, -e) mar m
Meeresspiegel m nivel m del mar
Meerrettich m rábano m picante
Meerschweinchen nt cobaya f, conejillo m de Indias
Megabyte nt megabyte m
mega-out adj (fam): **mega-out sein** estar completamente desfasado(-a)
Mehl nt (-(e)s, -e) harina f
mehr adj, adv más
Mehrbereichsöl nt aceite m multigrado
mehrdeutig adj (Wort) ambiguo(-a)
mehrere adj muchos(-as), varios(-as)
mehreres pron varias cosas
mehrfach adj múltiple; (Hinsicht) diverso(-a); (wiederholt) repetido(-a)
Mehrheit f (von Leuten) mayoría f; (von Stimmen) pluralidad f
mehrmalig adj (Aufruf) repetido(-a); (Versagen) frecuente
mehrmals adv varias veces
mehrplatzfähig adj (Inform) multipuesto(-a)
Mehrwegflasche f botella f retornable
Mehrwegverpackung f envase

m retornable

Mehrwertsteuer *f* impuesto *m* sobre el valor añadido, IVA *m*

Mehrzahl *f* mayoría *f*

meiden *irr vt* evitar

mein *pron (adjektivisch)* mi

meine, r, s *adj (substantivisch)* mío(-a)

meinen *vi* pensar; *(sich beziehen auf)* referirse a; *(sagen)* opinar; *(sagen wollen)* querer decir

meiner *pron gen von* **ich** de/en mí

meinerseits *adv* por mi parte

meinetwegen *adv* por mí

Meinung *f* opinión *f*

Meinungsumfrage *f* encuesta *f*

Meinungsverschiedenheit *f* divergencia *f* de opiniones

Meise *f*(-, -n) paro *m*

Meißel *m* (-s, -) cincel *m*

meist *adv* lo que más

meiste, r, s *adj* la mayor parte (de)

meistens *adv* de ordinario

Meister, in *m(f)* (-s, -) maestro(-a) *m/f*; *(Sport)* campeón(-ona) *m/f*

Meisterschaft *f* maestría *f*; *(Sport)* campeonato *m*

melancholisch *adj* melancólico(-a)

Meldefrist *f* plazo *m* de inscripción

melden *vt* anunciar; *(anzeigen)* denunciar *vr*: **sich melden** anunciarse *(bei en)*; *(freiwillig)* presentarse; *(auf etw, am Telefon)* contestar

Meldepflicht *f* *(bei Meldeamt)* registro *m* obligatorio; *(von Krankheit)* notificación *f* obligatoria

Meldung *f* aviso *m*, comunicación *f*; *(Bericht)* informe *m*; *(Inform)* mensaje *m*

melken *irr vt* ordeñar

Melodie *f* melodía *f*

Melone *f*(-, -n) melón *m*; *(Wassermelone)* sandía *f*; *(Hut)* hongo *m*

Menge *f*(-, -n) cantidad *f*; *(Menschenmenge)* muchedumbre *f*; *(große Anzahl)* multitud *f*, masa *f*

Menorca *nt* (-s) Menorca *f*

Mensa *f*(-, **Mensen**) comedor *m* universitario

Mensch *m* (-en, -en) hombre *m*, persona *f*; **kein Mensch** nadie

Menschenrechte *pl* derechos *mpl* humanos

Menschenrechtsverletzung *f* violación *f* de los derechos humanos

Menschenverstand *m*: **gesunder Menschenverstand** sentido *m* común

Menschheit *f* humanidad *f*

menschlich *adj* humano(-a)

mental *adj* mental ▷ *adv* mentalmente

Mentalität *f* mentalidad *f*

Menü *nt* (-s) *(a. Inform)* menú *m*

Menüanzeige *f* indicación *f* de menús

menügesteuert *adj* dirigido(-a) por menú

Menüleiste *f* barra *f* de menú

merken *vt* notar, reparar en; **sich** *dat* **etw merken** tomar nota (mental) de algo

merklich *adj* considerable

merkwürdig *adj* raro(-a), curioso(-a)

Messe *f*(-, -n) *(Com)* feria *f*; *(Rel)* misa *f*

messen *irr vt* medir

Messer *nt* (-s, -) cuchillo *m*

Messgerät *nt* aparato *m* de medida

Messing nt (-s) latón m
Metall nt (-s, -e) metal m
Meter nt o m (-s, -) metro m
Metermaß nt cinta f métrica
Methadon nt (-s) metadona f
Methode f(-, -n) método m
Metzger, in m(f) (-s, -) carnicero(-a) m/f
Metzgerei nt carnicería f
Meute f(-, -n) jauría f
mexikanisch adj mejicano(-a)
Mexiko nt (-s) Méjico m, México m
MfG abk (= mit freundlichen Grüßen) un cordial saludo
miauen vi maullar
mich pron akk von **ich** me; a mí
Miene f(-, -n) gesto m
mies adj (fam: Wetter) malo(-a); (Stimmung) pobre; (Sache) feo(-a); (Charakter) ordinario(-a)
Miesmuschel f mejillón m
Mietauto nt coche m de alquiler
Miete f(-, -n) alquiler m
mieten vt alquilar
Mieter, in m(f) (-s, -) inquilino(-a) m/f
Mietvertrag m contrato m de alquiler
Mietwagen m vehículo m de alquiler
Mikrochip m microchip m
Mikroprozessor m microprocesador m
Mikroroller m patinete m
Mikroskop nt (-s, -e) microscopio m
Mikrowelle f microonda f
Mikrowellenherd m microondas m
Milch f(-) leche f
Milchkaffee m café m con leche
Milchstraße f vía f láctea
Milchzahn m diente m de leche
mild adj (Richter) clemente; (Urteil) leve; (Wetter) agradable; (Gabe) caritativo(-a)
mildern vt atenuar; (Schmerz) aliviar; **mildernde Umstände** atenuantes fpl
Milieu nt (-s, -s) medio m, ambiente m
milieugeschädigt adj dañado(-a) por el medio ambiente [o social]
militant adj militante
Militär nt (-s) militares mpl
Militärdiktatur f dictadura f militar
militärisch adj militar
Millenium nt (-s, Millenien) milenio m
Milliarde f(-, -n) mil millones mpl
Millimeter m milímetro m
Million f(-, -en) millón m
Millirem m milirem m
Milz f(-s, -en) bazo m
Mimose f(-, -n) mimosa f; (fig) sensiblero(-a) m/f
minder adj inferior ▷ adv menos
Minderheit f minoría f
minderjährig adj menor (de edad)
mindern vt (Wert) reducir; (Qualität) disminuir
minderwertig adj de calidad inferior, defectuoso(-a)
Minderwertigkeitskomplex m complejo m de inferioridad
mindeste, r, s adj mínimo(-a)
mindestens adv como mínimo
Mindesthaltbarkeitsdatum nt fecha f mínima de caducidad
Mine f(-, -n) mina f; (Kugelschreibermine) recambio m
Mineral nt (-s, -e o -ien) mineral m
mineralisch adj mineral
Mineralölsteuer f impuesto m sobre hidrocarburos
Mineralwasser nt (el) agua f

mineral
Minibar f minibar m
minimal adj mínimo(-a)
minimieren vt (Kosten) reducir; (Inform) minimizar
Minimum nt (-s, Minima) mínimo m
Minirock m minifalda f
Minister, in m(f) (-s, -) ministro(-a) m/f
Ministerium nt ministerio m
Ministerpräsident, in m(f) Primer Ministro(-a) m/f, presidente(-a) m/f del gobierno
minus adv menos
Minus nt (-, -) déficit m
Minute f (-, -n) minuto m
mir pron dat von **ich** me; a mí
mischen vt mezclar
Mischung f mezcla f
Missbrauch m abuso m
Misserfolg m fracaso m
Missfallen nt (-s) desagrado m
Missgunst f envidia f
missgünstig adj envidioso(-a)
misshandeln vt maltratar
Mission f misión f
misslingen irr vi fracasar
Missstand m irregularidad f
Misstrauen nt (-s) desconfianza f (gegenüber hacia)
misstrauisch adj (Mensch) desconfiado(-a); (Blick) receloso(-a); (Frage) suspicaz
Missverständnis nt malentendido m, equivocación f
missverstehen irr vt entender mal; (Tat, Worte) malinterpretar
Mist m (-(e)s) estiércol m; (fam) disparate m
Mistel f (-, -n) muérdago m
mit präp +dat con; (im Alter von) a la edad de ▷ adv (außerdem, auch)

también, junto; **willst du mit?** ¿quieres venir?
Mitarbeit f cooperación f
mit|arbeiten vi colaborar (an +dat en)
Mitarbeiter, in m(f) compañero(-a) m/f de trabajo; **Mitarbeiter** pl equipo m de colaboradores
mit|bringen irr vt traer (consigo)
miteinander adv juntos(-as)
mit|erleben vt presenciar
Mitesser m (-s, -) (Med) espinilla f
Mitfahr(er)zentrale f agencia f para desplazamientos compartidos en coche
Mitfahrgelegenheit f posibilidad de viajar con alguien que tenga vehículo compartiendo los gastos
mit|geben irr vt (Sache) entregar (para llevar); (Rat) dar
Mitgefühl nt compasión f
mit|gehen irr vi ir, venir; (fig: sich begeistern) dejarse arrastrar, entusiasmarse; **gehst du mit?** ¿vienes?
mitgenommen adj: **mitgenommen sein/aussehen** (Mensch) estar/parecer abatido(-a); (Möbel, Auto etc) estar/parecer estropeado(-a)
Mitglied nt (in Verein) socio(-a) m/f; (in Partei) miembro mf
mit|kommen irr vi acompañar; (fam: verstehen) comprender
Mitleid nt compasión f; (Erbarmen) piedad f
mitleidig adj compasivo(-a), piadoso(-a)
mit|machen vt, vi tomar parte, participar en; (fam: leiden) sufrir
Mitmensch m prójimo m

mit|nehmen irr vt llevar consigo; (anstrengen) extenuar
mit|spielen vi tomar parte en el juego; (fig) estar en juego
Mitspracherecht nt derecho m de intervención
Mittag m mediodía m; **(zu) Mittag essen** almorzar; **heute Mittag** hoy a mediodía
Mittagessen nt comida f, almuerzo m
mittags adv al mediodía, a la hora de comer
Mitte f(-, -n) medio m; (von Land) centro m; (von Jahr etc) mitad f
mit|teilen vt: **jdm etw mitteilen** comunicar algo a alguien
Mitteilung f comunicación f; (Nachricht) aviso m
Mittel nt (-s, -) medio m; (Med) remedio m
Mittelalter nt edad f media
Mitteleuropa nt Europa f Central
mittelmäßig adj (Mensch) mediocre; (Sache) mediano(-a)
Mittelmeer nt (Mar m) Mediterráneo m
Mittelpunkt m punto m medio; (fig) centro m, núcleo m
Mittelstreifen m franja f divisoria central
Mittelweg m (fig) vía f de compromiso
Mittelwelle f onda f media
mitten adv: **mitten an/auf/in/unter** +dat en medio de, entre; **mitten auf der Straße/in der Nacht** en medio de la calle/en plena noche
Mitternacht f medianoche f
mittlere, r, s adj mediano(-a), central; (durchschnittlich) medio(-a)

mittlerweile adv entretanto
Mittwoch m (-s, -e) miércoles m
mittwochs adv los miércoles
mit|wirken vi contribuir (bei a); (Theat) actuar
Mitwirkung f participación f
Mixer m (-s, -) (Gerät) batidora f
mobben vt hacer mobbing contra
Mobbing nt (-s) mobbing m
Möbel nt (-s, -) mueble m
Möbelwagen m camión m de mudanza
Mobilfunk m telefonía f móvil
Mobilfunknetz nt red f de servicios de telefonía móvil
Mobiltelefon nt (teléfono m) móvil m
möblieren vt amueblar
Mode f(-, -n) moda f
Modell nt (-s, -e) modelo m
Modem m (-s, -e) módem m
Modenschau f desfile m de modas
modern adj (Mensch) moderno(-a); (Einstellung) actual; (modisch: Kleid) de moda; (Frisur) a la moda
modisch adj a la moda; (Erscheinung) moderno(-a)
Modus m (-, Modi) modo m
Mofa nt (-s, -s) ciclomotor m
mogeln vi (fam) engañar
mögen irr vt querer, desear; **ich möchte ...** me gustaría ...
möglich adj posible; (Fehler) eventual
möglicherweise adv tal vez, acaso
Möglichkeit f posibilidad f
möglichst adv a ser posible, en cuanto pueda; **möglichst bald** cuanto antes, lo más pronto posible
Mohn m (-(e)s, -e) (Schlafmohn)

adormidera *f*; (*Klatschmohn*) amapola *f*; (*Mohnsamen*) semilla *f* de adormidera
Möhre *f* (-, -n), **Mohrrübe** *f* zanahoria *f*
Mokick *nt* (-s, -s) velomotor *m*
Mole *f* (-, -n) muelle *m*
Molkerei *f* lechería *f*, vaquería *f*
Moll *nt* (-) (*Mus*) (modo *m*) menor
mollig *adj* confortable; (*Pullover*) agradable; (*Figur*) rellenito(-a)
Moment *m* (-(e)s, -e) momento *m*; **im Moment** por el momento
momentan *adj* (*Lage*) actual; (*Schwierigkeiten*) momentáneo(-a) ▷ *adv* por el momento
Monaco *nt* (-s) Mónaco *m*
Monarchie *f* monarquía *f*
Monat *m* (-(e)s, -e) mes *m*
monatlich *adj* mensual
Monatskarte *f* abono *m* mensual
Mönch *m* (-(e)s, -e) monje *m*
Mond *m* (-(e)s, -e) Luna *f*
Mondfähre *f* módulo *m* lunar
Mondlandung *f* alunizaje *m*
Mondschein *m* claro *m* de luna
Mondsonde *f* (-, -n) sonda *f* lunar
Monitor *m* (-s, -e) monitor *m*
Montag *m* lunes *m*
montags *adv* los lunes
montieren *vt* (*Maschine*) instalar; (*Teil*) montar
Monument *nt* monumento *m*
Moor *nt* (-(e)s, -e) pantano *m*
Moos *nt* (-es, -e) musgo *m*
Moped *nt* (-s, -s) ciclomotor *m*
Moral *f* (-) moral *f*; (*einer Geschichte*) moraleja *f*
moralisch *adj* moral
Moräne *f* (-, -n) morena *f*
Mord *m* (-(e)s, -e) asesinato *m*
Mörder, in *m(f)* (-s, -) asesino(-a) *m/f*

morgen *adv* mañana; **morgen früh** mañana temprano
Morgen *m* (-s, -) mañana *f*
morgens *adv* por la mañana
Morphium *nt* morfina *f*
Mörtel *m* (-s, -) mortero *m*
Mosaik *nt* (-s, -en *o* -e) mosaico *m*
Moschee *f* (-, -n) mezquita *f*
Mosel *f* (-) Mosela *f*
Moslem *m* (-s, -s) musulmán
Moslime *f* (-, -n) musulmana *f*
Most *m* (-(e)s, -e) mosto *m*; (*Apfelmost*) sidra *f*
Motiv *nt* (*Grund*) causa *f*; (*zum Malen etc*) motivo *m*; (*Mus*) tema *m*
motivieren *vt* motivar
Motor *m* (-s, -en) motor *m*
Motorboot *nt* lancha *f* de motor
Motorenöl *nt* aceite *m* para motores
Motorrad *nt* motocicleta *f*
Motorroller *m* scooter *m*, escúter *m*
Motorschaden *m* avería *f* del motor
Motte *f* (-, -n) polilla *f*
Motto *nt* (-s, -s) lema *m*
Mountainbike *nt* (-s, -s) bicicleta *f* (de) montaña, mountainbike *f*
Möwe *f* (-, -n) gaviota *f*
MP3-Player *m* (-s, -) reproductor *m* MP3
MS *f* (-) *abk* (= *multiple Sklerose*) esclerosis *f* múltiple
Mücke *f* (-, -n) mosquito *m*
müde *adj* cansado(-a), fatigado(-a)
Müdigkeit *f* cansancio *m*
Muffel *m* (-s, -) (*fam*) tipo(-a) *m/f* gruñón(-ona)
Mühe *f* (-, -n) esfuerzo *m*; **sich** *dat* **Mühe geben** esforzarse
mühelos *adj* sin esfuerzo
muhen *vi* mugir

Mühle f(-, -n) molino m; (Kaffeemühle) molinillo m
Mull m (-(e)s, -e) gasa f (esterilizada)
Müll m (-(e)s) basura f
Müllabfuhr f(-, -en) recogida f de basuras; (Leute) servicio m de basuras
Müllabladeplatz m basurero m, muladar m
Mullbinde f venda f de gasa
Müllcontainer m contenedor m de basuras
Mülleimer m cubo m de la basura
Müller, in m(f) (-s, -) molinero(-a) m/f
Müllschlucker m (-s, -) tolva f de basuras
Mülltonne f cubo m de basura
Mülltrennung f selección f de (los diferentes tipos de) basuras
Müllverbrennungsanlage f planta f de incineración de basuras
Multi m (-s, -s) (fam) multinacional f
multifunktional adj multifuncional
Multifunktionstastatur f teclado m multifunciones
multikulturell adj multicultural
Multiple-Choice-Verfahren nt examen m tipo test
multiple Sklerose f(-n, -n) esclerosis f múltiple
Multiplexkino nt cine m multisalas (de grandes dimensiones con varias salas y otros servicios), multicine m
Multitasking nt (-s) multitarea f
Mumie f momia f
Mumps m (-) paperas fpl
München nt (-s) Múnich m
Mund m (-(e)s, Münder) boca f

münden vi desembocar (in +akk en)
Mundharmonika f(-, -s) armónica f
mündig adj mayor de edad
mündlich adj verbal; (Prüfung) oral
Mündung f desembocadura f; (von Gewehr) boca f
Munition f munición f
munkeln vi murmurarse, decirse
Münster nt (-s, -) catedral f
munter adj alegre; (wach) despierto(-a)
Münze f(-, -n) moneda f
münzen vt acuñar; **das war auf ihn gemünzt** eso iba por él
Münzfernsprecher m teléfono m de monedas
Münztankstelle f surtidor m de gasolina de monedas
mürb, e adj blando(-a); (Gebäck) tierno(-a)
murmeln vt, vi murmurar, susurrar
Murmeltier nt marmota f
murren vi gruñir
mürrisch adj (Mensch) gruñón(-ona); (Antwort) hosco(-a); (Gesicht) malhumorado(-a)
Mus nt (-es, -e) compota f
Muschel f(-, -n) concha f; (Miesmuschel) mejillón m; (Muschelschale) valva f; (Telefonmuschel) auricular m
Museum nt (-s, Museen) museo m
Musik f música f
musikalisch adj musical
Musikbox f(-, -en) máquina f tocadiscos
Musiker, in m(f) (-s, -) músico(-a) m/f
Muskat m (-(e)s) (Nuss) nuez f moscada

Muskel m (-s, -n) músculo m
Muskelkater m agujetas fpl
Müsli nt (-s, -s) muesli m
müssen irr vi tener que
Muster nt (-s, -) modelo m; (Dessin) diseño m; (Probe) muestra f
mustern vt (Tapete) diseñar; (fig: Mil) inspeccionar
Mut m (-(e)s) valor m, coraje m; **jdm Mut machen** animar a alguien
mutig adj valiente
Mutter f (-, **Mütter**) madre f ▷ f (-, -n) (Schraubenmutter) tuerca f
mütterlich adj materno(-a), maternal
Muttersprache f lengua f materna
mutwillig adj intencionado(-a)
Mütze f (-, -n) gorro m
MwSt., **Mw.-St.** abk (= Mehrwertsteuer) IVA m

na interj vaya
Nabel m (-s, -) ombligo m
nach präp +dat (zeitlich) después de; (in Richtung) a, hacia; (gemäß) según; **nach oben/unten/ Norden/hinten** hacia arriba/ abajo/el norte/atrás; **nach Frankreich** a Francia
nach|ahmen vt imitar
Nachbar, in m(f) (-s, -n) vecino(-a) m/f
nachdem konj después (de) que; (weil) después de
nach|denken irr vi reflexionar (über +akk sobre)
Nachdenken nt (-s) reflexión f
nachdenklich adj pensativo(-a), ensimismado(-a)
nacheinander adv uno(-a) tras otro(-a)
nach|empfinden irr vt: **jdm etw**

nachempfinden comprender los sentimientos de alguien
Nachfolger, in m(f)(-s, -) sucesor(a) m(f)
Nachfrage f (Com) demanda f
nach|fragen vi informarse
Nachfüllpack m (-(e)s, -e) paquete m de reposición, unidad f de reposición
nach|geben irr vi ceder
Nachgebühr f sobretasa f; (bei der Post) tasa f a cargo del destinatario
nach|gehen irr vi seguir (jdm a alguien); (erforschen) andar detrás de (einer Sache algo); (Uhr) atrasar
Nachgeschmack m regustillo m
nachgiebig adj (Mensch) transigente; (Boden etc) dilatable
nachher adv después, más tarde
Nachhilfeunterricht m clases fpl de recuperación
nach|holen vt recuperar
nach|kommen irr vi llegar después; (mitkommen) seguir
nach|lassen irr vi (Sturm) amainar; (schlechter werden: Mensch) ceder; (Leistung) disminuir
nachlässig adj (Mensch) negligente; (Arbeit) descuidado(-a); (Kleidung) desaliñado(-a)
nach|laufen irr vi: **jdm nachlaufen** correr tras alguien; (fig) ir detrás de alguien
nach|machen vt (Fotos) copiar; (Gebärde) imitar; (Geld) falsificar
Nachmittag m tarde f; **am Nachmittag** por la tarde
nachmittags adv por las tardes
Nachnahme f (-, -n) reembolso m; **per Nachnahme** contra reembolso

Nachname m apellido m
Nachricht f (-, -en) noticia f, comunicación f; **Nachrichten** pl noticiario m
Nachrichtenbrett nt (Inform) tablón m de anuncios
nach|rüsten vt (Gerät, Auto) completar el equipo de; **mit Katalysator nachrüsten** reequipar con catalizador ▷ vi (Mil) ampliar el armamento
nach|schicken vt: **etw nachschicken** enviar tras algo; (Post) mandar algo a la nueva dirección
nach|schlagen irr vt consultar (en un libro)
nach|sehen irr vt (prüfen) examinar, revisar; **jdm etw nachsehen** perdonar algo a alguien
nach|senden irr vt enviar tras uno; (Post) enviar a la nueva dirección
Nachsicht f indulgencia f
nachsichtig adj indulgente
Nachspeise f postre m
Nachspielzeit f tiempo m de descuento
nächstbeste, r, s adj (Mensch) uno(-a) cualquiera; (Auto, Job) el/la primero(-a) que se presente
nächste, r, s adj (Tag) siguiente; (Arbeit) próximo(-a); (Verwandte) más próximo(-a); (nächstgelegen) vecino(-a)
Nächste, r mf prójimo(-a) m/f
Nacht f (-, Nächte) noche f
Nachteil m inconveniente m, desventaja f
nachteilig adj perjudicial
Nachthemd nt camisón m
Nachtigall f (-, -en) ruiseñor m

Nachtisch m postre m
nächtlich adj nocturno(-a)
nachts adv por la noche
Nachttisch m mesilla f de noche
Nachttopf m orinal m
Nachweis m (**-es, -e**) prueba f
Nachwirkung f consecuencia f
Nachwuchs m (Baby) niño m
nach|zahlen vt (Summe) pagar el resto de; (Steuer) completar el pago de
nach|zählen vt volver a contar
Nacken m (**-s, -**) nuca f
nackt adj desnudo(-a); (Wand, Holz) liso(-a); (Tatsachen) crudo(-a); (Wahrheit) puro(-a)
Nacktheit f desnudez f
Nadel f (**-, -n**) aguja f; (Stecknadel) alfiler m
Nadeldrucker m impresora f de agujas [o de mosaico]
Nagel m (**-s, Nägel**) clavo m; (Fingernagel) uña f; **Nägel mit Köpfen machen** hacer las cosas a base de bien [o como se debe]
Nagelfeile f lima f para la uñas
Nagellack m esmalte m de uñas
Nagellackentferner m (**-s, -**) quitaesmaltes m
nagelneu adj novísimo(-a); (Auto) flamante
Nagelschere f tijera f pequeña para las uñas
nagen vt, vi roer
Nagetier nt roedor m
nahe adj (räumlich) contiguo(-a); (Verwandter, Freund) próximo(-a); (zeitlich) inmediato(-a) ▷ adv cerca ▷ präp +dat próximo(-a) a
Nähe f (**-**) proximidad f; (Umgebung) vecindad f; **in der Nähe** cerca
nahe|gehen irr vi: **etw geht jdm nahe** algo afecta a alguien
nahe|legen vt: **jdm etw nahe legen** sugerir algo a alguien
nahe|liegen irr vi (Verdacht) ser evidente; (Gedanke) guardar relación
naheliegend adj (Verdacht) evidente; (Grund) fácil de hallar [o explicar]
nahen vi acercarse
nähen vt coser; (Wunde) suturar
näher adj más cercano(-a), más próximo(-a); (Erklärung, Erkundigung) preciso(-a), detallado(-a) ▷ adv más detalladamente
Nähere, s nt pormenores mpl
nähern vr: **sich nähern** acercarse, aproximarse
Nähmaschine f máquina f de coser
nahrhaft adj nutritivo(-a)
Nahrung f alimento m
Nahrungskette f cadena f alimenticia
Nahrungsmittel pl alimentos mpl, víveres mpl
Naht f (**-, Nähte**) costura f; (Med) sutura f; (Tech) soldadura f
Nahverkehr m tráfico m de cercanías
Nahverkehrszug m tren m de cercanías
naiv adj ingenuo(-a); (Kunst) naíf
Name m (**-ns, -n**) nombre m; **im Namen** von en nombre de
nämlich adv a saber, esto es; (denn) porque
Narbe f (**-, -n**) cicatriz f
Narkose f (**-, -n**) anestesia f
Narzisse f (**-, -n**) narciso m
naschen vi golosinear

naschhaft adj goloso(-a)
Nase f(-, -n) nariz f
Nasenbluten nt (-s) hemorragia f nasal
Nasentropfen pl gotas fpl para la nariz
naseweis adj (frech) impertinente; (neugierig) indiscreto(-a)
Nashorn nt rinoceronte m
nass adj mojado(-a)
Nässe f(-) humedad f
Nation f nación f
national adj nacional
Nationalfeiertag m fiesta f nacional
Nationalhymne f(-, -n) himno m nacional
Nationalismus m nacionalismo m
Nationalität f nacionalidad f
Nationalsozialismus m nacionalsocialismo m
NATO f(-) akr (= North Atlantic Treaty Organization) OTAN f
Natron nt (-s) sosa f, bicarbonato m
Natur f naturaleza f; (Wesen: von Mensch) carácter m; (von Sache) constitución f
Naturalien pl productos mpl de la naturaleza
natürlich adj natural; (Begabung, Erscheinung) espontáneo(-a) ▷ adv naturalmente
Naturmedizin f medicina f natural
Naturprodukt nt producto m natural
Naturschutz m protección f de la naturaleza
Naturschutzgebiet nt reserva f, parque m natural
Naturwissenschaft f ciencias fpl naturales (als Fach großgeschrieben)

449 | **Necessaire**

Naturwissenschaftler, in m(f) naturalista mf
Navarrese f(-n, -n), **Navarresin** f navarro(-a) m/f
Navigationssystem nt sistema m de navegación
Nazi m (-s, -s) nazi mf
Nebel m (-s, -) niebla f
nebelig adj nublado(-a)
Nebelscheinwerfer m faro m antiniebla
Nebelschlussleuchte f(-, -n) piloto m antiniebla
neben präp +dat o akk (räumlich) al lado de, junto a; (verglichen mit) en comparación con; (außer) salvo, prescindiendo con; **ich kann neben dem Arbeiten her nicht fernsehen** no puedo ver la televisión mientras trabajo
nebenan adv al lado, aquí cerca
nebenbei adv (außerdem) además; (beiläufig) de paso, entre paréntesis
nebeneinander adv juntos(-as), unidos(-as)
Nebenerscheinung f efectos mpl secundarios
Nebenfach nt (Sch) asignatura f secundaria
nebenher adv (zusätzlich) accesoriamente; (gleichzeitig) al mismo tiempo; (daneben) muy cerca, al lado
Nebenkosten pl gastos mpl adicionales
Nebensache f cosa f secundaria
nebensächlich adj accesorio(-a); (Frage) de poca importancia
Nebensaison f temporada f baja y media [o media]
Nebenstraße f calle f lateral
Necessaire nt (-s, -s) neceser m

necken vt tomar el pelo a ▷ vr: **sich necken** guasearse
neckisch adj bromista; (*Einfall, Lied*) gracioso(-a)
Neffe m (-n, -n) sobrino m
negativ adj negativo(-a)
Negativ nt (*Foto*) negativo m
nehmen irr vt tomar; (*ergreifen*) coger, agarrar (*Am*); (*kaufen*) comprar; (*wegnehmen: Geld*) quitar; **sich ernst nehmen** tomarse en serio; **nimm dir noch einmal** sírvete otra vez, toma más
Neid m (-(e)s) envidia f
neidisch adj envidioso(-a)
neigen vt doblar; (*Kopf*) inclinar ▷ vi: **zu etw neigen** tender hacia algo
Neigung f (*des Geländes*) pendiente f; (*Tendenz*) tendencia f, propensión f (*zu* a); (*Vorliebe*) simpatía f; (*Zuneigung*) afección f (*zu* a, hacia)
nein adv no
Nektarine f nectarina f
Nelke f (-, -n) clavel m; (*Gewürz*) clavo m
nennen irr vt (*Kind*) llamar; (*Namen*) mencionar; (*Sache*) denominar
Neon nt (-s) neón m
Neonazi m neonazi mf
Neonlicht nt luz f de neón
Neonröhre f tubo m fluorescente
Nerv m (-s, -en) nervio m; **jdm auf die Nerven gehen** poner a alguien los nervios de punta
nerven vt fastidiar
Nervenzusammenbruch m depresión f nerviosa
nervös adj nervioso(-a)
Nerz m (-es, -e) visón m
Nessel f (-, -n) ortiga f

Nest nt (-(e)s, -er) nido m; (*fam: Ort*) villorrio m, pueblucho m
Netikette f, **Netiquette** f etiqueta f de la red
nett adj bonito(-a), agradable; (*freundlich*) simpático(-a), amable
netto adj (*Com*) neto(-a)
Netz nt (-es, -e) (*a. Inform*) red f; (*Einkaufsnetz*) bolsa f de redecilla
Netzanschluss m conexión f a la red
Netzbetreiber, in m(f) (*von Mobilnetz*) compañía f telefónica
Netzsurfer, in m(f) (*Inform*) internauta m/f, cibernauta m/f
Netzwerk nt (*Inform*) red f
neu adj nuevo(-a); (*Sprachen, Geschichte*) moderno(-a); **Neuer Markt** nuevo mercado ▷ adv: **neu schreiben/machen** volver a escribir/hacer
neuerdings adv recientemente, hace poco
Neuerung f innovación f
Neugier f curiosidad f
neugierig adj curioso(-a)
Neuheit f originalidad f
Neuigkeit f novedad f
Neujahr nt año m nuevo
neulich adv últimamente
neun num nueve
neunhundert num novecientos(-as)
neunmal adv nueve veces
neunt num: **zu neunt** (a) nueve
neunte, r, s adj noveno(-a)
neuntens adv en noveno lugar
neunzehn num diecinueve
neunzig num noventa
Neurose f (-, -n) neurosis f
Neuseeland nt Nueva Zelanda f
neuseeländisch adj

neozelandés(-esa)
Neustart m (*Inform*) reinicio m
neutral adj neutro(-a)
Neutralität f neutralidad f
Neutrum nt (**-s, Neutra**) (*Ling*) género m neutro
neuzeitlich adj moderno(-a)
Newsgroup f(**-, -s**) (*Inform*) grupo m de noticias
Nicaragua nt (**-s**) Nicaragua f
nicaraguanisch adj nicaragüense
nicht adv no; **nicht wahr?** ¿verdad?; **nicht rostend** inoxidable
Nichte f(**-, -n**) sobrina f
Nichtraucher, in m(f) no fumador(a) m(f)
Nichtraucherflug m vuelo m no fumador
nichts pron nada, ninguna cosa; **nichts sagend** (*Gesicht*) inexpresivo(-a); (*Worte*) insignificante
Nichtschwimmer, in m(f) (**-s, -**) no nadador(a) m(f)
Nichtzutreffende, s nt no correspondiente
nicken vi asentir con la cabeza; (*als Gruß*) saludar con la cabeza
nie adv nunca, jamás; **nie wieder, nie mehr** nunca más
nieder adj bajo(-a); (*gering: Herkunft*) humilde; (*Instinkt*) vil ▷ adv abajo
niedergeschlagen adj abatido(-a)
Niederlage f fracaso m, derrota f
Niederlande pl: **die Niederlande** los Países Bajos
niederländisch adj neerlandés(-esa)
Niedersachsen nt Baja Sajonia f

Niederschlag m (*Chem*) precipitado m; (*Meteo*) precipitación f
niederträchtig adj indigno(-a); (*Tat*) infame
niedlich adj gracioso(-a), bonito(-a)
niedrig adj bajo(-a); (*Preis*) módico(-a); (*Stand*) humilde; (*Gesinnung*) vil
niemals adv jamás
niemand pron nadie
Niere f(**-, -n**) riñón m
Nierenentzündung f nefritis f
Nierentasche f riñonera f
nieseln vi unpers: **es nieselt** está lloviznando, chispea
niesen vi estornudar
Niete f(**-, -n**) (*Los*) billete m (de lotería) no premiado; (*fam: Mensch*) fracasado(-a) m/f; (*Tech*) remache m
nieten vt remachar
Nikolaus m (**-**) San Nicolás m
Nilpferd nt hipopótamo m
nippen vi probar (*an +dat* algo)
nirgends, nirgendwo adv en ninguna parte
Nische f(**-, -n**) nicho m
Niveau nt (**-s, -s**) nivel m; (*Höhe*) altitud f; (*von Zeitung*) categoría f

○ **SCHLÜSSELWORT**

noch adv (*in Zukunft*) aún; (*außerdem*) todavía; **noch (ein)mal** otra vez, una vez más; **noch nie** jamás; **noch nicht** aún no; **immer noch** todavía; **noch heute** hoy todavía, aún hoy

nochmalig adj repetido(-a), reiterado(-a)

nochmals adv otra vez, de nuevo
Nockenwelle f árbol m de levas
Nonne f (-, -n) monja f
Nordamerika nt América f del Norte, Norteamérica f
norddeutsch adj del Norte de Alemania
Norddeutschland nt Norte m de Alemania
Norden m (-s) norte m
Nordirland nt Irlanda f del Norte
nordisch adj nórdico(-a)
nördlich adj del norte, septentrional ▷ adv: **nördlich von** al norte de
Nordosten m nordeste m
Nordpol m Polo m Norte
Nordrhein-Westfalen nt (-s) Renania del Norte-Westfalia f
Nordsee f Mar m del Norte
Nordwesten m noroeste m
nörgeln vi criticar
Norm f (-, -en) regla f; (Vorschrift) norma f
normal adj normal, corriente
Normalbenzin nt gasolina f normal; (in Spanien) súper f
normalerweise adv normalmente
Norwegen nt (-s) Noruega f
norwegisch adj noruego(-a)
Not f (-, Nöte) necesidad f; (Mangel) escasez f; (Mühe) pena f; **zur Not** en caso de necesidad
Notar, in m(f) notario(-a) mf
Notarzt m médico m de urgencia
Notarztwagen m automóvil m del médico de urgencia
Notausgang m salida f de emergencia
Notbremse f freno m de emergencia

Notdienst m servicio m de guardia
notdürftig adj (Ersatz) provisional; (behelfsmäßig) de emergencia
Note f (-, -n) nota f; (Sch) calificación f; (Mitteilung) anotación f; (Banknote) billete m (de banco)
Notebook nt (-s, -s) (Inform) (ordenador m) portátil m
Notfall m caso m de emergencia
notfalls adv en caso de necesidad
notieren vt anotar
nötig adj necesario(-a), preciso(-a); (Hilfe) imprescindible; **etw nötig haben** necesitar algo
Notiz f (-, -en) apunte m, nota f; (Zeitungsnotiz) noticia f
Notizbuch nt agenda f
notlanden vi hacer un aterrizaje forzoso
Notlandung f aterrizaje m forzoso
Notruf m llamada f de emergencia
Notrufsäule f teléfono m de socorro
Notrutsche f (-, -n) rampa-balza f
notwendig adj necesario(-a); (zwangsläufig) inevitable
November m (-(s), -) noviembre m
Nu m: **im Nu** en un instante
Nuance f (-, -n) matiz m
nüchtern adj (Magen) en ayunas; (nicht betrunken) sobrio(-a); (Urteil) objetivo(-a), sereno(-a); (Einrichtung) simple
Nudeln pl pasta f
null num cero; (Fehler) nulo(-a); **null Uhr** cero horas fpl, medianoche f
Null f (-, -en) cero m; (pej: Mensch) nulidad f
Nulltarif m tarifa f cero; **zum Nulltarif** gratis, gratuito(-a)

Numerus clausus *m* (-) numerus clausus *m*; (*an spanischer Universität*) selectividad *f*, acceso *m* restringido
Nummer *f*(-, -n) (*Zahl*) número *m*; (*von Zeitung*) ejemplar *m*
nummerieren *vt* numerar
Nummernblock *m* (*Inform*) bloque *m* de teclas numéricas
Nummernkonto *nt* cuenta *f* innominada
Nummernschild *nt* (*Auto*) matrícula *f*
nun *adv* actualmente ▷ *interj* ahora
nur *adv* sólo, solamente
Nuss *f*(-, Nüsse) nuez *f*
Nussknacker *m* (-s, -) cascanueces *m*
Nutte *f*(-, -n) (*fam*) puta *f*
nutz, nütze *adj*: **zu nichts nutz sein** (*Mensch*) no servir para nada; (*Sache*) no valer para nada; **sich** *dat* **etw zu Nutze machen** sacar provecho de algo
nutzen, nützen *vt* utilizar; (*Situation*) aprovechar (*zu etw* para algo) *vi* servir, ser útil; (*gut sein*) ser bueno(-a) (*dat* para)
Nutzen *m* (-s) (*von Sache*) utilidad *f*; (*von Maßnahmen*) beneficio *m*
nützlich *adj* útil; (*Erfindung*) provechoso(-a)
Nützlichkeit *f* utilidad *f*

O

ob *konj* si; **und ob!** ¡claro que sí!, ¡y cómo!
obdachlos *adj* sin domicilio
O-Beine *pl* piernas *fpl* arqueadas
oben *adv* arriba; (*in Haus*) en la parte superior; **nach oben** hacia arriba; **von oben** de arriba
Ober *m* (-s, -) camarero *m*
Oberfläche *f* superficie *f*
oberflächlich *adj* superficial
oberhalb *adv* arriba, encima ▷ *präp* +*gen* más arriba de, sobre
Oberhemd *nt* camisa *f*
Oberkellner, in *m*(*f*) camarero(-a) *m/f* jefe
Oberkörper *m* tronco *m*, busto *m*
Oberschenkel *m* muslo *m*
Oberschule *f* instituto *m* (de enseñanza)
oberste, r, s *adj* más alto(-a); (*Stockwerk*) último(-a);

(*Befehlshaber, Gesetz*) supremo(-a)
Oberstufe f clase f superior
Oberteil nt parte f superior; (*von Kleidung*) cuerpo m
Oberweite f (-, -n) medida f de pecho
obig adj arriba citado(-a)
Objekt nt (-(e)s, -e) objeto m
objektiv adj objetivo(-a)
Objektiv nt objetivo m
Oboe f (-, -n) oboe m
Observatorium nt observatorio m
Obst nt (-(e)s) fruta f
Obstbaum m árbol m frutal
Obsthändler, in m(f) vendedor(a) m(f) de fruta
Obstkuchen m tarta f de frutas
Obstsalat m macedonia f
obwohl konj aunque
Ochse m (-n, -n) buey m
Ochsenschwanzsuppe f sopa f de rabo de buey
öd(e) adj (*Land*) desierto(-a); (*fig: Leben*) aburrido(-a), monótono(-a)
oder konj o
Ofen m (-s, Öfen) estufa f; (*Herd*) horn(ill)o m
offen adj abierto(-a); (*nicht bedeckt*) descubierto(-a); (*Feuer*) vivo(-a); (*nicht begrenzt*) accesible, libre; (*nicht besetzt: Stelle*) vacante; (*Mensch, Antwort*) sincero(-a); **offen gesagt** francamente
offenbar adj manifiesto(-a), evidente ▷ adv aparentemente
Offenheit f sinceridad f, franqueza f
offenkundig adj notorio(-a), público(-a)
offensichtlich adj evidente
öffentlich adj público(-a)
Öffentlichkeit f opinión f pública; (*Leute*) público m; **in aller**

Öffentlichkeit en público
offiziell adj oficial
offline adv (*Inform*) offline, desconectado
Offlinebetrieb m modo m autónomo [*o* fuera de línea], servicio m autónomo [*o* fuera de línea]
öffnen vt abrir ▷ vr: **sich öffnen** abrirse
Öffner m (-s, -) (*Büchsenöffner*) abrelatas m
Öffnung f (*das Öffnen*) abertura f; (*Loch*) apertura f, agujero m
Öffnungszeiten pl horas fpl de apertura
oft adv a menudo
öfter adv más a menudo
öfters adv con frecuencia
ohne präp +akk sin; **ohne Weiteres** sin más; (*sofort*) inmediatamente ▷ konj: **ohne zu** sin +inf; **ohne dass** sin que +subj
ohnehin adv así y todo
Ohnmacht f (-, -en) desmayo m; (*fig*) impotencia f; **in Ohnmacht fallen** desmayarse
ohnmächtig adj sin sentido; (*fig*) impotente; **sie ist ohnmächtig** (ella) se ha desmayado
Ohr nt (-(e)s, -en) oreja f; (*Gehör*) oído m
Öhr nt (-(e)s, -e) ojo m de la aguja
Ohrenarzt m, **Ohrenärztin** f otólogo(-a) m/f
ohrenbetäubend adj (*Lärm*) ensordecedor(a)
Ohrenschmerzen pl dolor m de oídos
Ohrfeige f bofetada f
Ohrring m pendiente m
Ökologie f ecología f

ökologisch adj ecológico(-a); **ökologisches Gleichgewicht** equilibrio m ecológico
Ökopartei f partido m ecologista
Ökopax m (**-en, -en**) ecopacifista m/f
Ökosystem nt (Bio) ecosistema m
Oktanzahl f número m de octanos
Oktober m (**-(s), -**) octubre m

● **OKTOBERFEST**
●
● La fiesta anual de la cerveza, la
● **Oktoberfest**, tiene lugar en
● Munich, en una enorme
● explanada en la que se instalan
● carpas para degustación de la
● cerveza, montañas rusas y todo
● tipo de atracciones. Comienza
● en septiembre y finaliza el primer
● domingo de octubre, con una
● durción de dos semanas. La
● gente se sienta en largas mesas
● de madera y beben cerveza en
● enormes jarras de litro, comen
● galletas saladas y disfrutan de la
● actuación de bandas de música.
● Es una gran atracción tanto para
● turistas como para la gente del
● lugar.

ökumenisch adj ecuménico(-a)
Öl nt (**-(e)s, -e**) aceite m
Ölbaum m olivo m
ölen vt (Tech) engrasar, lubricar
Ölfarbe f pintura f al óleo
Ölheizung f calefacción f de fuel-oil
Olive f (**-, -n**) aceituna f
oliv(farben) adj inv verde oliva
Ölmessstab m varilla f indicadora del nivel de aceite
Ölpest f contaminación f por aceite
Ölsardine f sardina f en aceite
Ölstandanzeiger m (Auto) indicador m del nivel de aceite
Ölwechsel m (Auto) cambio m de aceite
olympisch adj olímpico(-a)
Ölzeug nt ropa f impermeabilizada
Oma f (**-, -s**) (fam) abuela f
Omelett nt (**-(e)s, -s**) tortilla f a la francesa
Omnibus m autobús m
Onkel m (**-s, -**) tío m
online adj (Inform) por línea, online
Onlinebanking nt (**-s**) banca f online
Onlinebetrieb m modo m en línea, servicio m en línea
Onlinedienst m (Inform) servicio m por línea
Onlineshopping nt compras fpl en línea
Opa m (**-s, -s**) (fam) abuelo m
Oper f (**-, -n**) ópera f
Operation f operación f
Operette f opereta f
operieren vt, vi operar
Opfer nt (**-s, -**) (Gabe) ofrenda f; (Verzicht) sacrificio m; (bei Unfall) víctima f
Opposition f oposición f
Optik f óptica f
Optiker, in m(f) (**-s, -**) óptico(-a) m/f
Optimismus m optimismo m
orange adj inv de color naranja
Orange f (**-, -n**) naranja f
Orangeade f naranjada f
Orangensaft m zumo m de naranja
Orchester nt (**-s, -**) orquesta f
ordentlich adj (anständig) respetable; (Zimmer, Mensch)

ordenado(-a); (fam: annehmbar) como es debido ▷ adv (fam) bien, mucho

ordinär adj (gemein) vulgar; (alltäglich) ordinario(-a), corriente

ordnen vt (Papiere, Bücher etc) arreglar, ordenar

Ordner m (-s, -) (Aktenordner) clasificador m, archivador m

Ordner, in m(f) (-s, -) (Mensch) miembro mf del servicio de orden

Ordnung f (das Ordnen) arreglo m; (Geordnetsein) orden m

Ordnungsstrafe f multa f

Oregano m (-) orégano m

Organ nt (-s, -e) órgano m

Organisation f organización f

organisieren vt organizar; (fam: beschaffen) procurarse

Organizer m (-s, -) organizador m conectado, PDA m

Orgel f (-, -n) órgano m

orientalisch adj oriental

orientieren vt orientar (über +akk acerca de); (informieren) informar (über +akk sobre) ▷ vr: **sich orientieren** (örtlich) orientarse; (fig) informarse (an +dat en)

Orientierung f orientación f; (Information) información f

Orientierungssinn m sentido m de la orientación

original adj original

Original nt (-s, -e) original m; (Mensch) hombre m singular

Orkan m (-(e)s, -e) huracán m

Ort m (-(e)s, -e) lugar m, sitio m; (Stadt etc) localidad f; **vor Ort** sobre el terreno

orthopädisch adj ortopédico(-a)

örtlich adj local

Ortsgespräch nt llamada f urbana

Ortszeit f hora f local

Öse f (-, -n) ojal m

> **Ossi**
>
> **Ossi** es un término coloquial y bastante peyorativo que hace referencia a los alemanes de la antigua **DDR**.

Ostdeutschland nt Alemania f Oriental

Osten m (-s) Este m, Oriente m; **der Nahe Osten** Oriente Próximo, Cercano Oriente; **der Mittlere Osten** Oriente Medio; **der Ferne Osten** Oriente Lejano, Extremo Oriente

Osterei nt huevo m de Pascua

Osterglocke f narciso m

Osterhase m conejo m de Pascua

Ostermontag m lunes m de Pascua

Ostern nt (-s, -) Pascua f

Österreich nt (-s) Austria f

Österreicher, in m(f) (-s, -) austríaco(-a) m/f

österreichisch adj austríaco(-a)

östlich adj del este, oriental ▷ adv: **östlich von** al este de

Ostsee f (Mar m) Báltico m

O-Ton m versión f original, sonido m original

Otter m (-s, -) nutria f ▷ f (-, -n) (Schlange) víbora f

out adj inv (fam) pasado(-a) de moda

oval adj ovalado(-a)

Overheadprojektor m retroproyector m

Ovulationshemmer m (-s, -) (Med) anovulatorio m

oxidieren *vt, vi* oxidar
Ozean *m* (**-s, -e**) océano *m*
Ozon *nt* (**-s**) ozono *m*
Ozonalarm *m* alarma *f* a causa del ozono
Ozonloch *nt* agujero *m* (en la capa de) ozono
Ozonschicht *f* capa *f* de ozono
Ozonschild *m* capa *f* protectora de ozono

paar *adj*: **ein paar** unos cuantos
Paar *nt* (**-(e)s, -e**) par *m*; (*Ehepaar*) pareja *f*
paarmal *adv*: **ein paarmal** un par de veces, algunas veces
Päckchen *nt* paquetito *m*
packen *vt* (*Koffer, Paket*) hacer; (*seine Sachen*) preparar; (*fassen: jdn*) coger, atrapar, agarrar (*Am*)
Packpapier *nt* papel *m* de envolver
Packung *f* paquete *m*; (*Pralinenpackung*) caja *f*; (*Med*) envoltura *f*
Paddel *nt* (**-s, -**) remo *m* (de piragua)
Paddelboot *nt* piragua *f*
Paket *nt* (**-(e)s, -e**) paquete *m*
Paketbombe *f* paquete *m* bomba
Paketkarte *f* talón *m* de envío
Pakistan *nt* (**-s**) Pakistán *m*
pakistanisch *adj* pakistaní

Palast m (-es, **Paläste**) palacio m
Palästina nt (-s) Palestina f
palästinensisch adj palestino(-a)
Palme f (-, -n) palmera f
Palm-PC m ordenador m de mano
Palmsonntag m domingo m de Ramos
Pampelmuse f (-, -n) pomelo m
Panama nt (-s) Panamá m
panamaisch adj panameño(-a)
Panamakanal m Canal m de Panamá
Panda(bär) m (-s, -s) (oso m) panda m
panieren vt (Gastr) empanar
Paniermehl nt (Gastr) pan m rallado
Panik f pánico m
Panne f (-, -n) avería f; (fam: Missgeschick) contratiempo m
Pannendienst m servicio m de auxilio en carretera
Pantoffel m (-s, -n) zapatilla f
Pantomime f (-, -n) pantomima f
Panzer m (-s, -) coraza f; (von Schildkröte etc) caparazón m; (Fahrzeug) carro m de combate, tanque m
Papa m (-s, -s) (fam) papá m
Papagei m (-s, -en) papagayo m
Papier nt (-s, -e) papel m; (Wertpapier) valor m; **Papiere** pl documentos mpl
Papiercontainer m contenedor m para papel usado
Papiergeld nt billetes mpl (de banco)
Papierkorb m (a. Inform) papelera f
Papiertonne f cubo m para recoger el papel usado
Pappdeckel m tapa f de cartón
Pappe f (-, -n) cartón m

Pappel f (-, -n) álamo m, chopo m
Paprika m (-s, -(s)) (Gewürz) pimentón m; (Paprikaschote) pimiento m
Papst m (-(e)s, **Päpste**) Papa m
Parabolantenne f antena f parabólica
Paradies nt (-es, -e) paraíso m
Paraguay nt (-s) Paraguay m
paraguayisch adj paraguayo(-a)
parallel adj paralelo(-a)
Parallelrechner m ordenador m paralelo
Parameter m parámetro m
Paranuss f nuez f del Brasil
parat adj preparado(-a), listo(-a)
Pärchen nt (Liebespärchen) parejita f; (von Tieren) pareja f
Parfüm nt (-s, -s o -e) perfume m
Parfümerie f perfumería f
parfümieren vt perfumar
Pariser m (-s, -) (fam) condón m
Park m (-s, -s) parque m
Park-and-ride-System nt sistema combinado de aparcamiento y transporte público
Parkanlage f parque m
parken vt, vi aparcar
Parkett nt (-(e)s, -e) entarimado m, parqué m; (Theat) platea f
Parkhaus nt parking m
parkinsonsche Krankheit f enfermedad f de Parkinson
Parkkralle f cepo m
Parklücke f hueco m para aparcar
Parkplatz m plaza f de aparcamiento
Parkscheibe f disco m horario (de aparcamiento)
Parkschein m ticket m de aparcamiento
Parkscheinautomat m

distribuidor m automático de tickets de aparcamiento
Parkverbot nt estacionamiento m prohibido
Parlament nt parlamento m
parlamentarisch adj parlamentario(-a)
Parsing nt (-s) (Inform) análisis m sintáctico
Partei f partido m
parteiisch adj (Richter) parcial; (Urteil) preconcebido(-a)
Partner, in m(f) (-s, -) socio(-a) m/f; (Ehepartner) cónyuge mf; (Spielpartner) compañero(-a) m/f
partnerschaftlich adj (Beziehung) de pareja
Partnerstadt f ciudad f hermanada
Party f (-, -s) fiesta f
Partyservice m servicio m (de catering) a domicilio
Pass m (-es, Pässe) (Ausweis) pasaporte m; (Bergpass) puerto m
Passage f (-, -n) pasaje m
Passagier, in m(f) (-s, -e) pasajero(-a) m/f
Passamt nt oficina f de pasaporte
Passbild nt foto f de pasaportes
passen vi (Schuhe, Kleidung) venir bien, estar bien; (sich eignen) adaptarse (zu a); **das passt mir nicht** no me conviene; **er passt nicht zu dir** él no te conviene
passend adj apropiado(-a); (Zeit) oportuno(-a); (Geschenk) acertado(-a)
passieren vi (Dinge) suceder, ocurrir ▷ vt (durch Sieb) pasar
passiv adj pasivo(-a)
Passiv nt (-s) (Ling) voz f pasiva
Passivrauchen nt (-s) fumar m

pasivamente
Passkontrolle f control m de pasaportes
Passwort nt (Inform) clave f de acceso
Passwortschutz m protección f por clave de acceso
Pastete f (-, -n) empanada f
pasteurisieren vt paste(u)rizar
Pate m (-n, -n) padrino m
Patenkind nt ahijado(-a) m/f
patent adj (fam) hábil, ingenioso(-a)
Patent nt (-(e)s, -e) patente f
Patient, in m(f) paciente mf
Patin f madrina f
Patrone f (-, -n) cartucho m
Pauke f (-, -n) bombo m
pauschal adj global; (Kosten) inclusive
Pauschale f (-, -n) suma f global
Pauschalgebühr f tasa f global
Pauschalpreis m precio m global
Pauschalreise f viaje m con gastos incluidos
Pause f (-, -n) pausa f; (Theat) descanso m, intermedio m; (Kopie) calco m
pausenlos adj (Reden) ininterrumpido(-a); (Lärm) continuo(-a); (Arbeit) sin interrupción
Pavian m (-s, -e) cinocéfalo m
Pay-TV nt (-s) televisión f de pago
PC m (-s, -s) abk (= Personal Computer) ordenador m personal
Pech nt (-s, -e) pez f; (fig) desgracia f; **Pech haben** tener mala suerte
Pedal nt (-s) pedal m
Pedant, in m(f) pedante mf
Peddigrohr nt (tallo m de) roten m
Peeling nt (-s, -e) peeling m,

exfoliación f
Pegel m (**-s**, **-**) fluviómetro m
Pegelstand m nivel m (del agua)
peinlich adj (unangenehm) embarazoso(-a); (genau: Sauberkeit) escrupuloso(-a); (Ordnung) meticuloso(-a)
Pellkartoffeln pl patatas fpl cocidas con piel
Pelz m (**-es**, **-e**) pellejo m; (verarbeitet) piel f
Pendel nt (**-s**, **-**) péndulo m
pendeln vi viajar diariamente de su casa al trabajo
Pendelverkehr m tráfico m pendular
Pendler, in m(f) (**-s**, **-**) persona que viaja diariamente de su casa al trabajo
penetrant adj penetrante
Penis m (**-**, **-se**) pene m
Pension f pensión f
pensioniert adj jubilado(-a)
Pensionierung f jubilación f
Pensionsgast m huésped mf
Pensum nt (**-s**, **Pensen**) trabajo m; (Sch) materia f (de enseñanza)
Peperoni pl pimiento m picante; (schweizerisch: Paprika) pimiento m
perfekt adj perfecto(-a)
Perfekt nt (**-s**) pretérito m perfecto
Pergament nt pergamino m
Pergamentpapier nt papel m pergamino
Periode f (**-**, **-n**) período m; (Med) menstruación f
Peripheriegerät nt periférico m
Perle f (**-**, **-n**) (a. fig) perla f
Perlmutt nt (**-s**) nácar m
perplex adj perplejo(-a)
Persianer m (**-s**, **-**) astracán m
Person f (**-**, **-en**) persona f
Personal nt (**-s**) personal m

Personalausweis m documento m de identidad, DNI m
Personal Computer m ordenador m personal
Personalien pl señas fpl personales
Personenkraftwagen m automóvil m
Personenschaden m daño m personal
Personenzug m tren m de pasajeros
persönlich adj personal ▷ adv personalmente
Persönlichkeit f personalidad f
Peru nt (**-s**) Perú m
peruanisch adj peruano(-a)
Perücke f (**-**, **-n**) peluca f
Peseta f (**-**, **Peseten**) (Hist) peseta f
Peso m (**-s**, **-s**) (Währung) peso m
Pessimismus m pesimismo m
Pest f (**-**) peste f
Pestizid nt (**-s**, **-e**) pesticida m
Petersilie f perejil m
Pet-Flasche f botella f Pet
Petroleum nt (**-s**) petróleo m
petzen vi (fam) chivarse
Pfad m (**-(e)s**, **-e**) (a. Inform) camino m
Pfadfinder, in m(f) (**-s**, **-**) explorador(a) m(f)
pfahl adj (**-(e)s**, **Pfähle**) palo m
Pfahlbau m construcción f lacustre
Pfand nt (**-(e)s**, **Pfänder**) prenda f
Pfandflasche f envase m retornable
Pfanne f (**-**, **-n**) sartén f
Pfannkuchen m crêpe f; (Berliner) bollo m berlinés
Pfarrei f parroquia f
Pfarrer, in m(f) (**-s**, **-**) pastor(a) m(f)
Pfau m (**-(e)s**, **-en**) pavo m real
Pfeffer m (**-s**) pimienta f

Pfefferkuchen m pan m de especias
Pfefferminz nt (-es, -e) caramelo m de menta
Pfeffermühle f molinillo m de pimienta
Pfeife f(-, -n) silbato m; (Tabakpfeife) pipa f; (Orgelpfeife) tubo m
pfeifen irr vt, vi silbar
Pfeil m (-(e)s, -e) flecha f
Pfeiler m (-s, -) pilar m; (Brückenpfeiler) puntal m
Pfennig m (-(e)s, -e) (Hist) pfennig m, ≈ céntimo m
Pferd nt (-(e)s, -e) caballo m
Pferdeschwanz m cola f de caballo
Pfifferling m (Bot) cantarela f
pfiffig adj listo(-a), vivo(-a)
Pfingsten nt (-, -) (Pascua f de) Pentecostés m
Pfingstrose f peonia f
Pfirsich m (-s, -e) melocotón m
Pflanze f(-, -n) planta f
pflanzen vt plantar
Pflanzenfett nt grasa f vegetal
pflanzlich adj vegetal
Pflaster nt (-s, -) esparadrapo m; (Straßenpflaster) adoquinado m
Pflaume f(-, -n) ciruela m
Pflege f(-, -n) (von Menschen, Tier) aseo m; (von Dingen) cuidado m; (Krankenpflege) asistencia f
pflegeleicht adj (Stoff) de fácil lavado; (fig) manejable
pflegen vt cuidar; (Kranke) asistir a; (Beziehungen) cultivar, fomentar; (Daten) mantener, conservar
Pflegeversicherung f seguro de asistencia para personas mayores
Pflicht f(-, -en) deber m; (Sport)

461 | Pickel

ejercicio m obligatorio
pflichtbewusst adj cumplidor(a)
Pflichtfach nt (Sch) asignatura f obligatoria
Pflichtversicherung f seguro m obligatorio
pflücken vt (Blumen) coger; (Obst) recolectar
Pflug m (-(e)s, Pflüge) arado m
Pforte f(-, -n) puerta f
Pförtner, in m(f)(-s, -) portero(-a) m/f
Pfosten m (-s, -) poste m, pilar m
Pfote f(-, -n) pata f
Pfropf m (-(e)s, -e) (Flaschenpfropf) tapón m; (Blutpfropf) coágulo m
pfui interj puaf, qué asco
Pfund nt (-(e)s, -e) libra f
pfuschen vi (fam) chapucear; **jdm in etw** akk **pfuschen** inmiscuirse en algo de alguien
Pfütze f(-, -n) charco m
Phänomen nt (-s, -e) fenómeno m
Phantasie f siehe **Fantasie**
Phase f(-, -n) fase f
Philippinen pl: **die Philippinen** las Filipinas
philippinisch adj filipino(-a)
Philosophie f filosofía f (als Fach großgeschrieben)
phlegmatisch adj flemático(-a)
Phosphat nt fosfato m
Photo siehe **Foto**
pH-Wert m valor m pH
Physik f física f (als Fach großgeschrieben)
physisch adj (Kraft) físico(-a); (Belastung) material
picheln vi (fam) empinar el codo
Pickel m (-s, -) (Med) grano m; (Werkzeug) piqueta f; (Bergpickel) pico m

picken vt, vi picar
Picknick nt (-s, -e o -s) picnic m, merienda f campestre
piepen, piepsen vi piar
Piep(s)er m (-s, -) avisador m
piercen vt agujerear
Piercing nt (-s, -s) piercing m
pikant adj (Speise) picante
Piktogramm nt (-s, -e) pictograma m
Pille f (-, -n) píldora f; **die Pille** la píldora (anticonceptiva)
Pilot, in m(f) (-en, -en) piloto mf
Pilotprojekt nt proyecto m piloto
Pils nt (-, -) cerveza f Pils, cerveza f tipo Pilsen
Pilz m (-es, -e) hongo m, seta f
Pilzkrankheit f micosis f
PIN f (-, -s) clave f personal
pingelig adj (fam) pedante
Pinguin m (-s, -e) pingüino m
Pinie f pino m piñonero
pink adj rosa fucsia
pinkeln vi (fam) mear
Pinsel m (-s, -) pincel m
Pinzette f pinzas fpl
Piste f (-, -n) pista f
Pistole f (-, -n) pistola f
Pixel m (-s, -) (Inform) pixel m
Pkw m (-(s), -(s)) abk (= Personenkraftwagen) automóvil m
Plage f (-, -n) vejación f, pena f; (Mühe) ajetreo m; (fig) plaga f
plagen vt vejar ▷ vr: **sich plagen** afanarse
Plakat nt cartel m
Plakette f placa f conmemorativa
Plan m (-(e)s, Pläne) plan m; (Karte) plano m
Plane f (-, -n) toldo m
planen vt proyectar; (Entwicklung) planear; (Mord) concebir

Planet m (-en, -en) planeta m
planmäßig adj conforme al plan; (Eisenb) regular, puntual
Planschbecken nt piscina f para niños
planschen vi chapotear
Planung f planificación f
plappern vi parlotear
Plastik f (Kunst) artes fpl plásticas; (Kunstwerk) escultura f ▷ nt (-s) (Kunststoff) plástico m
Plastikfolie f hoja f de plástico
Plastiktüte f bolsa m de plástico
Platane f (-, -n) plátano m
Plateauschuhe pl zapatos mpl de plataforma
Platin nt (-s) platino m
plätschern vi murmurar
platt adj llano(-a); (Reifen) pinchado(-a); (fam: überrascht) sorprendido(-a)
Platte f (-, -n) (dünne Platte) chapa f; (Speiseplatten) plato m; (Steinplatte) losa f; (Fliese) azulejo m; (Foto) placa f; (Schallplatte: Inform) disco m
Plattenbau m contrucción en bloques de cemento característica de la antigua RDA
Plattenspeicher m (Inform) unidad f de disco magnético
Plattenspieler m tocadiscos m
Plattfuß m pie m plano; (Reifen) reventón m (de neumático)
Platz m (-es, Plätze) (Stelle) sitio m; (Sitzplatz) asiento m; (Raum) espacio m, lugar m; (in Stadt) plaza f; (Sportplatz) campo m, pista f; **Platz nehmen** tomar asiento
Plätzchen nt plazoleta f; (Gebäck) pasta f
platzen vi reventar; (Bombe) estallar

Platzkarte f billete m de reserva de asiento
plaudern vi conversar, charlar
plausibel adj plausible, probable
Plausibilitätskontrolle f control m de plausibilidad
pleite adj (fam) sin blanca
Pleite f(-, -n) quiebra f; (fig: Reinfall) fracaso m
Plombe f(-, -n) precinto m; (Zahnplombe) empaste m
plombieren vt precintar; (Zahn) empastar
plötzlich adj repentino(-a), súbito(-a) ▷ adv de repente, de pronto
plump adj (Mensch) grosero(-a); (Körper) pesado(-a); (Bewegung) torpe; (Versuch) burdo(-a)
plumpsen vi (fam) caer pesadamente
plus adv más
Plus nt (-, -) excedente m; (Com) superávit m; (Vorteil) ventaja f
Plüsch m (-(e)s, -e) peluche m
Plutonium nt plutonio m
PLZ fabk (= Postleitzahl) código m postal
Po m (-s, -s) (fam) trasero m
pöbelhaft adj vulgar
pochen vi golpear (an +akk a); (Herz) palpitar; **auf etw akk pochen** (fig) insistir en algo
Pocken pl viruela f
Pointe f(-, -n) gracia f
Pokal m (-s, -e) copa f
Pol m (-s, -e) polo m
Pole m (-n, -n) polaco m
Polen nt (-s) Polonia f
Police f(-, -n) póliza f
polieren vt dar brillo a, abrillantar; (mit Maschine: Metall) pulir

Polin f polaca f
Politik f política f
Politiker, in m(f) (-s, -) político(-a) m/f
politisch adj político(-a)
Polizei f policía f
polizeilich adj policíaco(-a); (Kennzeichen) de policía
Polizeistunde f hora f de cierre de los establecimientos públicos
polizeiwidrig adj contrario(-a) a las ordenanzas policiales
Polizist, in m(f) policía mf, agente mf
Pollenflug m concentración f de polen en el aire
polnisch adj polaco(-a)
Polster nt (-s, -) almohada f, cojín m; (Polsterung, in Kleidung) relleno m; (fig: Geld) reserva f
Polstermöbel pl muebles mpl tapizados
polstern vt acolchar; (Couch etc) tapizar
Polterabend m (fiesta f de la) víspera f de bodas
poltern vi hacer ruido
Pommes frites pl patatas fpl fritas
pompös adj pomposo(-a); (Fest) lujoso(-a); (Haus) magnífico(-a)
Pony nt (-s, -s) (Pferd) poney m ▷ m (-s, -s) (Frisur) flequillo m
Pony-Trekking nt (-s) senderismo m ecuestre
Popcorn nt (-s) palomitas fpl
Popmusik f música f pop
Pore f(-, -n) poro m
Porree m (-s, -s) puerro m
Portal nt (-s, -e) portal m
Portemonnaie nt (-s, -s) monedero m

Portier *m* (**-s, -s**) portero *m*
Portion *f* porción *f*, ración *f*; (fam: von Mut, Frechheit etc) dosis *f*
Porto *nt* (**-s, -s**) franqueo *m*
Porträt *nt* (**-s, -s**) retrato *m*
porträtieren *vt* retratar
Portugal *nt* (**-s**) Portugal *m*
portugiesisch *adj* portugués(-esa)
Porzellan *nt* (**-s, -e**) porcelana *f*; (Geschirr) loza *f*
Posaune *f* (**-, -n**) trombón *m* de varas
POS1-Taste *f* tecla *f* POS1
posieren *vi* posar
Position *f* posición *f*
positionieren *vt* (Inform) posicionar
Positionierung *f* (Inform) posicionamiento *m*
positiv *adj* positivo(-a); (Antwort) afirmativo(-a)
Positiv *nt* positivo *m*
possierlich *adj* gracioso(-a)
Post *f* (**-**) correo *m*; (Briefe) correspondencia *f*
Postamt *nt* oficina *f* de correos
Postanweisung *f* giro *m* postal
Postbank *f* Banco *m* Postal, Caja *f* Postal (de Ahorros)
Postbote *m*, **-botin** *f* cartero(-a) *m/f*
Posten *m* (**-s, -**) (Stelle) puesto *m*; (Com) partida *f*; (Mil) centinela *m*; (Streikposten) piquete *m*
Poster *nt* (**-s, -**) afiche *m*, poster *m*
Postfach *nt* apartado *m* de correos
Postkarte *f* tarjeta *f* postal, postal *f*
postlagernd *adj* en lista de correos
Postleitzahl *f* código *m* postal
Postmaster *m* (**-s, -s**) jefe *m* de correos
Postsparkasse *f* Caja *f* Postal de Ahorros
Poststempel *m* matasellos *m*
potent *adj* potente
Potenzpille *f* píldora *f* incrementadora de la potencia sexual
PR *f* (**-**) abk (= Public Relations) relaciones públicas *fpl*, RR.PP.
Pracht *f* (**-**) pompa *f*
prächtig *adj* soberbio(-a); (Idee) magnífico(-a)
prahlen *vi* vanagloriarse
praktikabel *adj* realizable
Praktikant, in *m(f)* practicante *mf*
Praktikum *nt* (**-s, -Praktika** o **Praktiken**) prácticas *fpl*
praktisch *adj* práctico(-a); **praktischer Arzt, praktische Ärztin** médico(-a) *m/f*
Praline *f* bombón *m* (praliné)
prall *adj* (Sack, Ball) relleno(-a); (Segel) tenso(-a); (Arm) rollizo(-a)
prallen *vi* dar, chocar (gegen, auf +akk contra); (Sonne) reverberar
Prämie *f* prima *f*; (Belohnung) premio *m*
Pranger *m* (**-s, -**) (Hist) picota *f*
Präsens *nt* (**-**) (Ling) presente *m*
Präservativ *nt* preservativo *m*
Präsident, in *m(f)* presidente(-a) *m/f*
prasseln *vi* (Feuer) chisporrotear; (Regen) caer con fuerza
Präteritum *nt* (**-s, -Präterita**) (Ling) pretérito *m*
Praxis *f* (**-**) (Wirklichkeit) práctica *f*, praxis *f* ▷ *f* (pl **Praxen**) (von Arzt) consulta *f*; (Behandlungsraum) consultorio *m*
predigen *vt, vi* predicar; (fig)

sermonear
Predigt f(-, **-en**) (a. fig) sermón m
Preis m (**-es, -e**) precio m; (Siegespreis) premio m
Preiselbeere f arándano m encarnado
preisgünstig adj barato(-a)
Preislage f estado m de precios
preislich adj según el precio; (Unterschied) de precio
Preisträger, in m(f) premiado(-a) m/f
preiswert adj barato(-a), económico(-a)
Prellung f (Med) contusión f
Premierminister, in m(f) Primer(a) Ministro(-a) m/f
Prepaidkarte f (Tel) tarjeta f prepago
Presse f(-, **-n**) prensa f
pressen vt (drücken) apretar; (Pflanzen) prensar; (ausquetschen) estrujar, exprimir
Pressluftbohrer m perforadora f neumática
Priester, in m(f) (**-s, -**) sacerdote/-tisa m/f
prima adj inv (Ware) de primera calidad; (fam) excelente
Primel f(-, **-n**) primavera f
primitiv adj primitivo(-a)
Prinz m (**-en, -en**) príncipe m
Prinzessin f princesa f
Prinzip nt (**-s, -ien**) principio m
prinzipiell adj, adv por principio, en principio
Prise f(-, **-n**) (Prise Salz etc) pizca f
privat adj privado(-a)
pro präp +akk pro
Pro nt (**-s**) pro m
Probe f(-, **-n**) prueba f; (Teststück) muestra f

probieren vt, vi probar; (Wein) catar
Problem nt (**-s, -e**) problema m
Produkt nt (**-(e)s, -e**) producto m
Produkthaftung f responsabilidad f por un producto
Produktion f producción f
Produktpiraterie f piratería f de productos
produzieren vt producir
Professor, in m(f) (**-s, -en**) profesor(a) m(f) (de universidad), catedrático(-a) m/f
profilieren vr: **sich profilieren** distinguirse
Profit m (**-(e)s, -e**) provecho m
profitieren vi aprovechar(se) (von de)
Programm nt (**-s, -e**) (a. Inform) programa m; (Heft) revista f de programación
programmieren vt (a. Inform) programar
Programmierer, in m(f) (**-s, -**) programador(a) m(f)
Programmiersprache f lenguaje m de programación
progressiv adj progresivo(-a)
Projekt nt (**-(e)s, -e**) proyecto m
Projektor m proyector m
Promille nt (**-(s), -**) tanto m por mil; (im Blut) grado m de alcoholemia
Prominenz f: **die Prominenz** la crema y nata de la sociedad
prompt adj pronto(-a) ▷ adv inmediatamente
Propeller m (**-s, -**) propulsor m, hélice f
Prophezeiung f profecía f
Proportion f proporción f
Prospekt m (**-(e)s, -e**) prospecto m, folleto m

prost *interj* salud
Prostituierte, r *mf*(**-n, -n**) prostituto(-a) *m/f*
Prostitution *f* prostitución *f*
Protest *m* (**-(e)s, -e**) protesta *f* (*gegen* contra)
Protestant, in *m(f)* (*Rel*) protestante *m*
protestantisch *adj* protestante
protestieren *vi* protestar (*gegen* contra)
Prothese *f*(**-, -n**) prótesis *f*
Protokoll *nt* (**-s, -e**) (*von Sitzung*) (el) acta *f*; (*diplomatisch: Inform*) protocolo *m*; (*Polizeiprotokoll*) expediente *m*
protzen *vi* (*fam*) jactarse (*mit* de)
Proviant *m* (**-s, -e**) víveres *mpl*
Provider *m* (**-s, -**) (*Inform*) servidor *m*
Provinz *f*(**-, -en**) provincia *f*
provisorisch *adj* provisional
provozieren *vt* provocar
Prozedur *f* procedimiento *m*
Prozent *nt* (**-(e)s, -e**) tanto *m* por ciento
Prozess *m* (**-es, -e**) proceso *m*; (*Jur*) pleito *m*
prozessieren *vi* litigar (*mit, gegen* contra)
Prozession *f* procesión *f*
Prozessor *m* (**-s, -en**) procesador *m*
prüde *adj* mojigato(-a)
prüfen *vt* (*Gerät*) revisar; (*Kandidaten*) comprobar; (*Bücher*) revisar
Prüfung *f* (*das Prüfen*) comprobación *f*; (*Examen*) examen *m*; (*fig: Heimsuchung*) prueba *f*
Prügel *m* (**-s, -**) palo *m*; **Prügel** *pl* paliza *f*
Prügelei *f* riña *f*
prügeln *vt* pegar ▷ *vr*: **sich prügeln** pegarse, darse de palos
PS *nt* (**-, -**) *abk* (= *Pferdestärke*) C.V.
Pseudokrupp *m* (**-s**) (*p*)seudocrup *m*
Psychiater, in *m(f)*(**-s, -**) (p)siquiatra *mf*
psychisch *adj* (p)síquico(-a)
Psychoanalyse *f*(**-, -n**) (p)sicoanálisis *m*
Psychologie *f* (p)sicología *f*
psychologisch *adj* (p)sicológico(-a)
Psychopharmaka *pl* (p)sicofármacos *mpl*
psychosomatisch *adj* (p)sicosomático(-a)
Psychoterror *m* terror *m* (p)sicológico
Psychotherapie *f* psicoterapia *f*
Pubertät *f* pubertad *f*
Public Domain *nt* (*Inform*) dominio *m* público
Publikum *nt* (**-s**) público *m*
Pudding *m* (**-s, -e** *o* **-s**) ≈ flan *m*, pudín *m*
Pudel *m* (**-s, -**) perro *m* de aguas
Puder *m* (**-s, -**) polvos *mpl* (de tocador)
Puderzucker *m* azúcar *m* lustre [*o* glaseado]
Puffer *m* (**-s, -**) tope *m*; (*Inform*) buffer *m*, memoria *f* intermedia, registro *m* tampón
Pull-down-Menü *nt* (*Inform*) menú *m* de persiana, menú *m* instantáneo
Pulli *m* (**-s, -s**), **Pullover** *m* (**-s, -**) suéter *m*
Puls *m* (**-es, -e**) pulso *m*
Pulsader *f* arteria *f* radial
Pulver *nt* (**-s, -**) polvos *mpl*; (*Schießpulver*) pólvora *f*
pulverig *adj* polvoriento(-a);

(*Schnee*) en polvo
Pulverschnee *m* (*Skisport*) nieve *f* polvo
pummelig *adj* regordete(-a)
Pumpe *f* (-, -n) bomba *f*
pumpen *vt* (*Wasser*) bombear; **jdm etw pumpen** (*fam*) prestar algo a alguien
Punk *m* (-s, -s) (*Punkmusik*) punk *m*; (*Punker*) punky *m*, punk *m*
Punkt *m* (-(e)s, -e) punto *m*
pünktlich *adj* puntual
Pünktlichkeit *f* puntualidad *f*
Pupille *f* (-, -n) pupila *f*
Puppe *f* (-, -n) muñeca *f*
pur *adj* puro(-a); (*Zufall*) mero(-a)
Püree *nt* (-s, -s) puré *m*
Pustel *f* (-, -n) pústula *f*
pusten *vi* soplar
Pute *f* (-, -n) pava *f*
Puter *m* (-s, -) pavo *m*
Putsch *m* (-(e)s, -e) golpe *m* de estado
Putz *m* (-es) (*Mörtel*) revoque *m*
putzen *vt* limpiar
Putzfrau *f* mujer *f* de la limpieza, asistenta *f*
Putzmann *m* hombre *m* de la limpieza
Putzmittel *nt* producto *m* para la limpieza, detergente *m*
Puzzle *nt* (-s, -s) puzzle *m*, rompecabezas *m*
Pyrenäen *pl*: **die Pyrenäen** los Pirineos
Python *m* (-s, -s) pitón *m*

Quader *m* (-s, -) piedra *f* de sillería; (*Math*) paralelepípedo *m*
Quadrat *nt* cuadrado *m*
quadratisch *adj* (*Fläche*) cuadrado(-a); (*Gleichung*) de segundo grado
Quadratmeter *m* metro *m* cuadrado
quaken *vi* (*Frosch*) croar; (*Ente*) graznar
quäken *vi* (*fam*) berrear
Qual *f* (-, -en) tormento *m*
quälen *vt* atormentar; (*mit Bitten*) molestar ▷ *vr*: **sich quälen** atormentarse
qualifizieren *vt* calificar; (*einstufen*) clasificar ▷ *vr*: **sich qualifizieren** clasificarse
Qualität *f* calidad *f*
Qualle *f* (-, -n) medusa *f*
Qualm *m* (-(e)s) humo *m* espeso

qualmen vi (Ofen, Kerze etc) echar humo, humear; (fam) fumar
Quantität f cantidad f
Quark m (-s) requesón m, cuajada f; (fam) tonterías fpl
Quartier nt (-s, -e) alojamiento m; (Stadtquartier) barrio m
Quarz m (-es, -e) cuarzo m
quasseln vi (pej: fam) charlatanear
Quatsch m (-es) (fam) tontería f; **Quatsch!** ¡tonterías!
quatschen vi (fam) charlar
Quecksilber nt mercurio m
Quelle f (-, -n) fuente f; (eines Flusses) manantial m; (fig) origen m, causa f
quengeln vi dar la lata
quer adv (der Breite nach) al través, transversalmente; **quer durch den Wald** a través del bosque
querfeldein adv campo a través
Querflöte f flauta f travesera
querschnittsgelähmt adj parapléjico(-a)
Querstraße f travesía f
quetschen vt aplastar; (Med) magullar
Quetschung f (Med) contusión f, magulladura f
quietschen vi (Tür) chirriar; (Kind) chillar
Quirl m (-(e)s, -e) batidor m
quitt adj: **quitt sein** (fam) estar igual [o parejo(-a)] (mit jdm con alguien)
Quitte f (-, -n) membrillo m
Quittung f recibo m
Quittungsaustausch m sirena f
Quiz nt (-, -) concurso m (de preguntas y respuestas)
Quotenregelung f reparto m por cuotas

r

Rabatt m (-(e)s, -e) rebaja f, descuento m
Rabe m (-n, -n) cuervo m
rabiat adj brutal, bárbaro(-a)
Rache f (-) venganza f
Rachen m (-s, -) (Anat) faringe f; (Maul) fauces fpl
rächen vt vengar ▷ vr: **sich rächen** (Mensch) vengarse (an +dat en); (Versäumnis) costar caro(-a)
Rad nt (-(e)s, Räder) rueda f; (Fahrrad) bicicleta f; **Rad fahren** ir en bicicleta
Radar m o nt (-s) radar m
Radarkontrolle f control m de radar
Radau m (-s) (fam) alboroto m
radebrechen vi: **Deutsch radebrechen** chapurrear el alemán
Radfahrer, in m(f) ciclista mf

Radfahrweg m carril m para bicicletas
Radicchio m (-s) achicoria f (variedad italiana)
Radiergummi m goma f de borrar
Radieschen nt rabanito m
radikal adj radical
Radio nt (-s, -s) radio f
radioaktiv adj radi(o)activo(-a)
Radioapparat m aparato m de radio
Radiorekorder m (-s, -) radiocasete m
Radiowecker m radiodespertador m
Radium nt radio m
Radkappe f (Auto) tapacubos m
Radlerhose f pantalones mpl de ciclista
Radrennen nt carrera f ciclista
RAF f (-) abk (= Rote Armee Fraktion) Fracción f del Ejército Rojo
raffinieren vt refinar
raffiniert adj (Mensch) pícaro(-a); (Trick) astuto(-a); (Methode) sofisticado(-a); (Schnitt, Kleid) audaz
Rafting nt (-s) rafting m
ragen vi elevarse
Rahm m (-s) nata f
rahmen vt (Bild) enmarcar
Rahmen m (-s, -) marco m; (fig: von Veranstaltung) ambiente m
Rakete f (-, -n) cohete m; (Mil) misil m
Raketenabwehrsystem nt sistema m antimisil
RAM m (-(s), -(s)) abk (= random access memory) memoria f de acceso aleatorio
rammen vt (Pfahl) hundir (in +akk en); (Schiff) abordar; (Auto) chocar

ramponieren vt (fam: Auto) averiar; (Möbel) dañar
Ramsch m (-(e)s, -e) baratillo m
ran (fam) kontr von **heran**
Rand m (-(e)s, Ränder) borde m; (von Wald) linde f; (von Stadt) periferia f; (von Brille, Tasse) reborde m; (Hutrand) (el) ala f; (auf Papier) margen m; (unter Augen) ojeras fpl
Randale f (-, -n) alboroto m; **Randale machen** alborotar
randalieren vi alborotar
Rang m (-(e)s, Ränge) (Stand) clase f, rango m; (Wert) valor m
ranzig adj (Butter) rancio(-a)
Rap m (-(s), -s) (Mus) rap m
rappen vi (Mus) rapear
Rappen m (-s, -) rappen m (centésima parte de un franco suizo)
Rapper, in m(f) (-s, -) (Mus) rapero(-a) m/f, rapista mf
Raps m (-es, -e) (Bot) colza f
rasant adj (Fahrt) veloz; (Entwicklung) rápido(-a)
rasch adj (Entschluss) impulsivo(-a); (Hilfe) rápido(-a); (Bewegung) ágil
rasen vi (vor Zorn) rabiar; (schnell fahren) ir a toda pastilla
Rasen m (-s, -) césped m
rasend adj (Eifersucht) furibundo(-a); (Kopfschmerzen) terrible; (Tempo) vertiginoso(-a); (Entwicklung) frenético(-a)
Rasenmäher m (-s, -) cortacésped m
Rasierapparat m maquinilla f de afeitar
Rasiercreme f crema f de afeitar
rasieren vt afeitar ▷ vr: **sich rasieren** afeitarse
Rasierklinge f hoja f de afeitar
Rasiermesser nt navaja f de

afeitar
Rasierpinsel m brocha f de afeitar
Rasierschaum m espuma f de afeitar
Rasierseife f jabón m de afeitar
Rasierwasser nt loción f para el afeitado
Rasse f (-, -n) raza f
Rassist, in m(f) racista mf
rassistisch adj racista
Rast f (-, -en) descanso m; (Ruhe) quietud f
Rastalocken pl llevar el cabello a lo rasta
rasten vi reposar
Rasthof m (el) área f de servicio
Rastplatz m (Auto) lugar m de descanso
Raststätte f (-, -n) (el) área f de servicio m
Rasur f afeitado m
Rat m (-(e)s, Ratschläge) consejo m ▷ m (pl **Räte**) (Mensch) consejero m; (Einrichtung) consejo m
Rate f (-, -n) plazo m
raten irr vt, vi adivinar; (empfehlen) aconsejar (jdm a alguien)
Rathaus nt ayuntamiento m
Ration f ración f
ratlos adj perplejo(-a), desorientado(-a)
ratsam adj aconsejable
Rätsel nt (-s, -) adivinanza f; (Geheimnis) misterio m, secreto m
rätselhaft adj misterioso(-a)
Ratte f (-, -n) rata f
rau adj (Mensch) rudo(-a); (Hände, Klima) áspero(-a); (Stimme) bronco(-a); (Hals) ronco(-a)
Raub m (-(e)s) (von Gegenstand) robo m, rapiña f; (Entführung) rapto m; (Beute) presa f, botín m

Raubbau m explotación f exhaustiva
rauben vt (Gegenstand) arrebatar, robar; (jdn) raptar
Räuber, in m(f) (-s, -) ladrón(-ona) m/f
Raubkopie f copia f pirata
Raubmord m asesinato m con robo
Raubtier nt (animal m) depredador m
Raubüberfall m asalto m, atraco m
Raubvogel m (el) ave f rapaz f
Rauch m (-(e)s) humo m
rauchen vt fumar ▷ vi echar humo
Raucher, in m(f) (-s, -) fumador(a) m(f)
räuchern vt ahumar
raufen vt arrancar ▷ vi reñir
rauh siehe **rau**
Raum m (-(e)s, **Räume**) (Zimmer) habitación f; (Platz) sitio m, lugar m; (Gebiet) zona f; (Weltraum) espacio m
räumen vt (Wohnung) desocupar; (Stadt) evacuar; (Gebiet) abandonar; (wegschaffen) quitar
Raumfähre f transbordador m espacial
Raumfahrt f astronáutica f, navegación f espacial
räumlich adj (Darstellung) en el espacio
Räumlichkeiten pl (Räume) espacios mpl
Raumschiff nt nave f espacial
Raupe f (-, -n) oruga f
Raureif m escarcha f
Rausch m (-(e)s, **Räusche**) (Alkoholrausch) borrachera f
rauschen vi murmurar; (Bäume) susurrar; (Radio) hacer ruido

Rauschgift nt estupefaciente m
Rauschgiftsüchtige, r mf drogadicto(-a) m/f, toxicómano(-a) m/f
räuspern vr: **sich räuspern** carraspear
Raveparty f fiesta f (de música) rave
Raver, in m(f) (**-s, -**) aficionado(-a) m/f a la música rave
Ravioli pl ravioles mpl
reagieren vi reaccionar (auf +akk a)
Reaktion f reacción f
Reaktor m reactor m
real adj (Einkommen) real; (Gewinn) efectivo(-a); (Vorstellung) material
realisieren vt (merken) darse cuenta de; (verwirklichen) realizar
realistisch adj realista
Reality-TV nt (**-s**) reality show m
Realo m (**-s, -s**) político m partidario de una política realista (fracción del Partido ecologista Los Verdes)
Realschule f tipo de escuela situado entre EGB y BUP; el título obtenible equivale a 2° de BUP
Rebe f(**-, -n**) sarmiento m
Rechenzentrum nt centro m de procesamiento de datos
rechnen vt (Math) calcular; (veranschlagen) contar ▷ vi hacer cálculos
Rechner m (**-s, -**) calculador m, calculadora f; (Inform) ordenador m, computador(a) m(f)
Rechnung f (Math) cálculo m; (fig) nota f; (Com) factura f
recht adj justo(-a); (Alter) adecuado(-a); (Feigling) verdadero(-a); (Wort) exacto(-a), preciso(-a); **das ist mir recht** me parece bien ▷ adv (vor Adjektiv) bastante, muy; (böse) verdaderamente; **recht haben** tener razón
Recht nt (**-(e)s, -e**) derecho m (auf +akk a); (Jur) derecho m
rechte, r, s adj derecho(-a); (Pol) de derechas
Rechte, s nt lo justo m
Rechteck nt (**-s, -e**) rectángulo m
rechteckig adj rectangular
rechtfertigen vt (Tat) justificar
rechtlich adj, **rechtmäßig** adj (Erbe) legítimo(-a); (Verfahren) legal
rechts adv a la derecha; (Pol) de derechas; (mit der rechten Hand) con la derecha; **rechts von mir** a mi derecha
Rechtsanwalt m, **Rechtsanwältin** f abogado(-a) m/f
rechtsbündig adj alineado(-a) a la derecha
Rechtschreibhilfe f (Inform) programa m de corrección ortográfica
Rechtschreibprüfung f (Inform) revisión f ortográfica
Rechtschreibreform f reforma f ortográfica (del alemán)
Rechtschreibung f ortografía f
rechtsextremistisch adj ultraderechista
Rechtshänder, in m(f) (**-s, -**) diestro(-a) m/f
Rechtsschutzversicherung f seguro m de protección [o de defensa jurídica]
rechtswidrig adj (Verhalten) improcedente; (Parken) prohibido(-a)
rechtwinklig adj rectangular

rechtzeitig adj (Ankunft) puntual; (Eingreifen) a tiempo, oportuno(-a) ▷ adv oportunamente
recycelbar adj reciclable
recyceln vt reciclar
Recycling nt (-s) reciclaje m
Recyclingpapier nt papel m reciclado
Redaktion f redacción f
Rede f (-, -n) discurso m, alocución f; (Gespräch) conversación f
redegewandt adj elocuente
reden vi hablar ▷ vt decir
Reden nt (-s) habla m
Redewendung f giro m
reduzieren vt reducir (auf+akk a)
Reede f (-, -n) rada f
Reeder, in m(f) (-s, -) armador(a) m(f)
Reederei f compañía f naviera
reell adj (Chance) efectivo(-a); (Preis) aceptable; (Geschäft) sólido(-a)
Reflex m (-es, -e) reflejo m
Reform f (-, -en) reforma f
Reformhaus nt tienda f de productos dietéticos
Regal nt (-s, -e) estante m
Regel f (-, -n) regla f; (Med) menstruación f
regelmäßig adj (Leben) ordinario(-a), normal; (Arbeit) regular ▷ adv regularmente
regeln vt (Verkehr) dirigir, regular; (Angelegenheit) arreglar ▷ vr: **sich regeln**: **sich von selbst regeln** (Angelegenheit) arreglarse por sí mismo(-a)
regelrecht adj (Verfahren) formal; (fam: Frechheit etc) verdadero(-a) ▷ adv regularmente; (fam) verdaderamente

Regelung f regulación f; (von Angelegenheit) arreglo m
Regen m (-s, -) lluvia f
Regenbogen m arco m iris
Regenmantel m impermeable m
Regenschauer m aguacero m
Regenschirm m paraguas m
Regie f (Cine, Theat) dirección f; (fig) administración f
regieren vt, vi (Land) gobernar; (Volk) reinar (sobre); (Ling) regir
Regierung f gobierno m
Region f región f
regional adj regional
Regisseur, in m(f) (Theat) director(a) m(f) de escena
Register nt (-s, -) (Verzeichnis) lista f; (von Orgel: Inform) registro m
registrieren vt registrar, clasificar
regnen vi unpers: **es regnet** llueve, está lloviendo
regnerisch adj lluvioso(-a)
regulär adj regular; (Preis) ordinario(-a)
regulieren vt regular; (Bewegung) igualar; (Com) arreglar
Regung f movimiento m; (Gefühlsregung) impulso m
Reh nt (-(e)s, -e) corzo m
Rehabilitationszentrum nt centro m de rehabilitación
Reibe f (-, -n), **Reibeisen** nt rallador m
reiben irr vt (Creme etc) friccionar (in, auf+akk en, sobre); (scheuern) frotar; (Gastr) rallar
reich adj rico(-a)
Reich nt (-(e)s, -e) imperio m, dominio m; (fig) reino m; **das Dritte Reich** el Tercer Reich
reichen vi llegar, alcanzar (bis hasta); (genügen) ser suficiente ▷ vt

alcanzar; (geben: Hand) dar; (Seil) pasar; (anbieten) ofrecer

reichhaltig adj (Essen) nutritivo(-a); (Auswahl) abundante

reichlich adj copioso(-a); (Entlohnung) amplio(-a); (Zeit) suficiente

Reichtum m riqueza f

reif adj maduro(-a)

Reif m (-(e)s) (Raureif) escarcha f ▷ m (-(e)s, -e) (Ring) anillo m

Reife f (-) madurez f; **mittlere Reife** bachillerato elemental situado entre EGB y COU

reifen vi madurar

Reifen m (-s, -) aro m; (Fahrzeugreifen) neumático m

Reifenpanne f reventón m (de neumático)

Reifenschaden m avería f de neumático

Reihe f (-, -n) (Anordnung) hilera f; (von Menschen) fila f; (von Perlen) sarta f; (von Tagen etc) serie f, sucesión f; **der Reihe nach** por turno; **er ist an der Reihe** es su turno (de él); **ich komme an die Reihe** me toca a mí, es mi turno

Reihenfolge f orden m de sucesión

Reiher m (-s, -) garza f

rein adj puro(-a); (Freude) genuino(-a); (sauber) limpio(-a)

Reinfall m chasco m

reinigen vt limpiar; (Wasser) clarificar, depurar

Reinigung f (das Reinigen) limpieza f; (Geschäft) tintorería f; **chemische Reinigung** limpieza en seco

Reis m (-es) arroz m

Reise f (-, -n) viaje m; (Flugreise) vuelo m; (Schiffsreise) travesía f

Reiseandenken nt recuerdo m de viaje

Reisebüro nt agencia f de viajes

Reiseführer m (Buch) guía f (de viajes)

Reiseführer, in m(f) guía mf (turístico(-a))

Reisegesellschaft f grupo m de viaje (organizado)

Reiseleiter, in m(f) guía mf

reisen vi viajar (nach a); (per Flugzeug) volar (nach a)

Reisende, r mf viajero(-a) m/f

Reisepass m pasaporte m

Reiseproviant m provisiones fpl para el viaje

Reiserücktrittversicherung f seguro para el caso de desistir del viaje contratado

Reiseruf m llamada f de emergencia por radio para viajeros en ruta

Reisescheck m cheque m de viaje

Reisetasche f bolsa f de viaje

Reiseveranstalter, in m(f) touroperador(a) m(f)

Reiseverkehr m tráfico m de viajeros

Reiseversicherung f seguro m de viajes

Reisewetterbericht m parte m meteorológico de zonas turísticas

Reiseziel nt destino m del viaje

reißen irr vi (Stoff) desgarrarse; (Seil) romperse; (ziehen) tirar ▷ vr: **sich reißen**: **sich um etw reißen** disputarse una cosa ▷ vt: **etw an sich** akk **reißen** apoderarse de algo; (fig) usurpar algo

Reißverschluss m cremallera f

Reißzwecke f chincheta f

reiten *irr vt* (*Pferd etc*) montar ▷ *vi* cabalgar (*auf +dat* sobre)
Reiter *m* (**-s, -**) jinete *m*
Reiterin *f* amazona *f*
Reitgerte *f* fusta *f*
Reithose *f* pantalón *m* de montar
Reiz *m* (**-es, -e**) atractivo *m*, encanto *m*; (*von Licht, von Rauch*) excitación *f*; (*auf Haut*) irritación *f*; (*Verlockung*) estímulo *m*; **Reize** *pl* atractivos *mpl*
reizen *vt* (*angreifen: Augen, erzürnen*) irritar; (*verlocken*) seducir, encantar; (*Aufgabe, Angebot*) atraer, estimular
reizend *adj* (*Mensch*) encantador(a), fascinante; (*Kleid*) precioso(-a); (*Geschenk*) delicioso(-a)
Reizgas *nt* gas *m* irritante
Reizwäsche *f* ropa f íntima
Reklamation *f* reclamación *f*
Reklame *f* (**-, -n**) publicidad *f*
Rekord *m* (**-es, -e**) récord *m*
relational *adj* (*Inform*) relacional
relativ *adj* relativo(-a)
relevant *adj* (*Bemerkung*) oportuno(-a); (*Sache*) importante
Religion *f* religión *f*
religiös *adj* religioso(-a); (*Mensch*) devoto(-a)
Reling *f* (**-, -s**) (*Naut*) borda *f*
Rem *nt* (**-, -**) rem *m*
Remoulade *f* salsa *f* tártara
Rendezvous *nt* (**-, -**) cita *f*
Rennbahn *f* (*Pferderennbahn*) hipódromo *m*; (*Radrennbahn*) velódromo *m*; (*Auto*) autódromo *m*
rennen *irr vt, vi* correr
Rennen *nt* (**-s, -**) carrera *f*
Rennfahrer, in *m(f)* corredor(a) *m(f)*

Rennwagen *m* coche *m* de carreras
renovieren *vt* renovar
rentabel *adj* (*Projekt*) lucrativo(-a); (*Geschäft*) provechoso(-a)
Rente *f* (**-, -n**) (*Altersrente*) pensión *f*
Rentenversicherung *f* seguro *m* de vejez [o de pensiones]
Rentier *nt* (*Zool*) reno *m*
rentieren *vr*: **sich rentieren** ser rentable
Rentner, in *m(f)* (**-s, -**) pensionista *mf*
Reparatur *f* (*von Auto*) reparación *f*; (*von Gerät*) arreglo *m*
Reparaturwerkstatt *f* (*Auto*) taller *m* (de reparación)
reparieren *vt* (*Auto*) reparar; (*Gerät*) arreglar
Reporter, in *m(f)* (**-s, -**) reportero(-a) *m/f*
reproduzieren *vt* reproducir
Reptil *nt* (**-s, -ien**) reptil *m*
Republik *f* república *f*
Reserve *f* (**-, -n**) reserva *f*
Reserverad *nt* (*Auto*) rueda *f* de repuesto [o de recambio]
Reservetank *m* bidón *m* de reserva
reservieren *vt* reservar (*etw für jdn* algo a alguien)
Resettaste *f* (*Inform*) tecla *f* Reset
resignieren *vi* resignar(se), renunciar
Resonanz *f* (*a. fig*) repercusión *f*
Respekt *m* (**-(e)s**) respeto *m* (*vor +dat* ante)
respektieren *vt* respetar; (*Wunsch*) acatar
Rest *m* (**-(e)s, -e**) resto *m*; (*von Stoff*) retal *m*; (*von Essen*) sobras *fpl*
Restaurant *nt* (**-s, -s**) restaurante *m*

restaurieren vt restaurar
Restbetrag m remanente m
restlich adj restante; (Essen) sobrante
restlos adv (fig) totalmente
Resultat nt resultado m
Retorte f (-, -n) retorta f, probeta f
Retortenbaby nt bebé m probeta
retten vt (jdn) poner a salvo; (Besitz) librar; (Situation) salvar ▷ vr: **sich retten** salvarse
Rettich m (-s, -e) rábano m (largo)
Rettung f (das Retten) salvamento m; (Hilfe) socorro m, auxilio m
Rettungsboot nt bote m salvavidas
Rettungshubschrauber m helicóptero m de salvamento
Rettungsring m salvavidas m
Returntaste f tecla f Enter
Reue f (-) arrepentimiento m
reuen vt: **es reut ihn** lo siente
revanchieren vr: **sich revanchieren** (sich rächen) vengarse (für de); (erwidern) cumplir con sus compromisos
Revier nt (-s, -e) distrito m; (Jagdrevier) coto m; (Polizeirevier) distrito m de policía
Revolution f revolución m
Rezept nt (-(e)s, -e) (Gastr) receta f; (Med) prescripción f médica; (fig) fórmula f
rezeptfrei adj sin receta médica
Rezeption f (im Hotel) recepción f
rezeptpflichtig adj de prescripción obligatoria
Rhabarber m (-s) ruibarbo m
Rhein m (-s) Rin m
Rheinland-Pfalz nt (-) Renania-Palatinado f
Rhesusfaktor m factor m Rh

Rheuma nt (-s), **Rheumatismus** m reumatismo m
Rhythmus m ritmo m
richten vt (Brief, Frage) dirigir (an +akk a); (Waffe) apuntar (auf +akk sobre, contra); (einstellen) regular; (zurechtmachen) preparar ▷ vr: **sich richten**: **sich nach etw richten** acomodarse a algo; **sich nach jdm richten** adaptarse a alguien
Richter, in m(f) (-s, -) juez mf
richtig adj (Antwort) exacto(-a), correcto(-a); (Abzweigung) justo(-a); (Partner) adecuado(-a); **der/die Richtige** la persona adecuada; **das Richtige** lo apropiado ▷ adv justamente; (fam: sehr) muy
Richtigkeit f (von Antwort) exactitud f; (von Verhalten) rectitud f
Richtpreis m precio m de base
Richtung f dirección f, sentido m; (fig) tendencia f, orientación f
riechen irr vt oler, olfatear ▷ vi oler (an etw dat algo, nach a)
Riegel m (-s, -) cerrojo m; (Schokoriegel) barrita f
Riemen m (-s, -) (Tech) correa f; (Gürtel) cinturón m
Riese m (-n, -n) gigante m
rieseln vi (Wasser) correr; (Staub, Schnee) caer (lentamente)
Riesenerfolg m éxito m enorme
riesig adj (Gestalt) gigantesco(-a); (Gewinn) fabuloso(-a), formidable; (Verlust) enorme
Riesin f giganta f
Riff nt (-(e)s, -e) arrecife m
Rille f (-, -n) ranura f
Rind nt (-(e)s, -er) (Kuh, Fleisch) vaca f; (Ochse) buey m
Rinde f (-, -n) corteza f

Rinderwahn(sinn) m enfermedad f de las vacas locas
Rindfleisch nt carne f de vaca
Ring m (-(e)s, -e) anillo m; (Schmuck) sortija f; (Kreis) círculo m; (Sport) cuadrilátero m
Ringbuch nt libro m de anillas
ringen irr vi luchar, forcejear
Ringfinger m dedo m anular
Ringkampf m lucha f
rings adv: **rings um** en torno a
Ringstraße f ronda f [o carretera f] de circunvalación
rinnen vi gotear; (Flüssigkeit) fluir, manar
Rippchen nt chuleta f
Rippe f (-, -n) costilla f
Rippenfellentzündung f pleuresía f
Risiko nt (-s, Risiken) riesgo m
riskant adj expuesto(-a), arriesgado(-a); (Spiel) aventurado(-a)
riskieren vt (Leben) arriesgar; (Vermögen) exponer; (Blick) aventurar
Riss m (-es, -e) (in Mauer) grieta f; (in Haut) rasguño m; (in Papier, Stoff) desgarrón m; (Tech) esbozo m
rissig adj (Mauer) rajado(-a); (Hände) agrietado(-a)
Ritter m (-s, -) caballero m
ritterlich adj caballeroso(-a)
Ritze f (-, -n) hendidura f
Rivale m (-n, -n), **Rivalin** f rival mf
Rivalität f rivalidad f, competencia f
Rizinusöl nt aceite m de ricino
Robbe f (-, -n) foca f
Roboter m (-s, -) robot m
Rock m (-(e)s, Röcke) falda f
Rockband f (Musikgruppe) conjunto m de (música) rock

Rodel m (-s, -) trineo m
Rodelbahn m tobogán m
rodeln vi ir en trineo
Rogen m (-s, -) huevas fpl de pescado
Roggen m (-s, -) centeno m
roh adj (ungekocht) crudo(-a); (unbearbeitet) bruto(-a); (Mensch, Sitten) tosco(-a)
Rohöl nt aceite m crudo
Rohr nt (-(e)s, -e) tubo m; (Bot: Schilf) caña f, junco m; (Gewehrrohr) cañón m
Röhre f (-, -n) tubo m; (Backröhre) horno m
Rohstoff m materia f prima
Rolle f (-, -n) (Papierrolle, Stoffrolle) rollo m; (Garnrolle etc) carrete m; (sozial: Theat) papel m
rollen vt (bewegen: Rad) girar; (Ball) rodar; (drehen: Zigarette) liar ▷ vi (Rad) girar; (Ball) rodar; (Wagen) pasar
Rollenspiel nt juego m de rol
Rollentausch m permuta f de roles
Roller m (-s, -) (für Kinder) patinete m; (Motorroller) scooter m
Rollerblades pl rollerblades mpl
Rollerskates pl rollerskates mpl (variedad de patines muy silenciosos)
Rollladen m persiana f (enrollable)
Rollmops m arenque m enrollado (en escabeche)
Rollschuh m patín m (de ruedas)
Rollstuhl m silla f de ruedas
rollstuhlgerecht adj adecuado(-a) a sillas de ruedas
Rolltreppe f escalera f mecánica
ROM m (-(s), -(s)) abk (= read only memory) ROM f, memoria f de sólo lectura

Roman m (**-s, -e**) novela f
Romantik f romanticismo m
romantisch adj romántico(-a)
röntgen vt radiografiar
Röntgenstrahlen pl rayos mpl X
rosa adj inv (color de) rosa
Rose f (**-, -n**) rosa f
Rosenkohl m col f de Bruselas
Roséwein m rosado m
Rosine f (uva f) pasa f
Rosmarin m (**-s**) romero m
Rosskastanie f castaña f de Indias
Rost m (**-(e)s, -e**) herrumbre f, óxido m; (Gitter) rejilla f
rosten vi oxidarse
rösten vt (Brot) tostar; (Kastanien) asar
rostfrei adj inoxidable
Rösti pl tortillas hechas a base de patatas ralladas
rostig adj herrumbroso(-a), oxidado(-a)
Rostschutz m anticorrosivo m
rot adj rojo(-a); **das Rote Kreuz** la Cruz Roja
Röteln pl rubéola f
rothaarig adj pelirrojo(-a)
rotieren vi girar (sobre sí mismo(-a)); (fam) estar a cien
Rotkehlchen nt petirrojo m
Rotwein m vino m tinto
Roulade f filete m relleno asado
Route f (**-, -n**) itinerario m
Routenplaner m (**-s, -**) (Aut) sistema m de navegación
Routine f (a. Inform) rutina f
Rowdy m (**-s, -s**) alborotador m
Rübe f (**-, -n**) nabo m; **Gelbe Rübe** zanahoria f; **Rote Rübe** remolacha f
rücken vt (Möbel) mover ▷ vi (wegrücken) apartarse
Rücken m (**-s, -**) espalda f;

(Handrücken) dorso m
Rückenmark nt médula f espinal
Rückenschwimmen nt (**-s**) natación f de espaldas
Rückerstattung f devolución f, reembolso m
Rückfahrkarte f billete m de ida y vuelta
Rückfahrt f viaje m de vuelta
Rückflug m vuelo m de regreso
Rückgabe f restitución f, devolución f
rückgängig adj: **etw rückgängig machen** (Bestellung) anular algo; (Abmachung) rescindir algo
Rückgrat nt (**-s, -e**) espina f dorsal
Rückkehr f (**-, -en**) (Heimkehr) regreso m; (fig) retorno m (zu a)
Rücklicht nt luz f trasera
Rücknahme f (**-, -n**) devolución f
Rückreise f viaje m de vuelta
Rucksack m mochila f, macuto m
Rucksacktourist, in m(f) mochilero(-a) m/f
Rücksicht f consideración f, respeto m
rücksichtslos adj (Mensch) desconsiderado(-a); (Benehmen) irreverente, sin respeto; (Fahren) sin consideración
rücksichtsvoll adj atento(-a); (Benehmen) deferente
Rücksitz m asiento m trasero
Rückspiegel m (Auto) espejo m retrovisor
Rückspiel nt partido m de vuelta
Rücktrittbremse f freno m contrapedal
rückwärts adv hacia atrás
Rückwärtsgang m (Auto) marcha f atrás
Rückweg m (camino m de) regreso m

rückwirkend adj retroactivo(-a)
Rückzahlung f reintegro m, reembolso m
Rucola f (-) nabo m de rama
Ruder nt (-s, -) remo m; (Steuer) timón m
Ruderboot nt barca f de remos
Rudergerät nt aparato m de remo
rudern vt (Boot) mover (con remos); (Strecke) atravesar a remo ▷ vi remar, bogar
Ruf m (-(e)s, -e) llamada f; (Ansehen) prestigio m
rufen irr vt (jdn) llamar; (Arzt) hacer venir ▷ vi gritar; (herbeirufen) llamar
Rufname m nombre m de pila
Rufnummer f número m de teléfono
Rufnummeranzeige f servicio m de identificación de número marcador
Ruhe f (-) (Stille) quietud f; (Schweigen) silencio m; (Gelassenheit, Ungestörtheit) calma f, tranquilidad f; (Ausruhen) descanso m; **Ruhe!** ¡silencio!
ruhen vi (Mensch) descansar; (Tätigkeit) estar en suspenso
Ruhetag m día m de descanso
ruhig adj (still) silencioso(-a); (bewegungslos) quieto(-a); (gelassen, friedlich) pacífico(-a); (Zeit) sereno(-a); (Gewissen) tranquilo(-a); **tu das ruhig** (fam) hazlo tranquilamente
Ruhm m (-(e)s) gloria f
Ruhr f (-) (Med) disentería f
Rührei nt huevo m revuelto
rühren vt (bewegen) mover; (fig) conmover; (Gastr) remover ▷ vr: **sich rühren** moverse; (fig) agitarse

rührend adj (Szene) impresionante; (Weise) enternecedor(a)
rührselig adj (pej: Mensch) sentimental; (Geschichte) conmovedor(a)
Rührung f emoción f
Ruin m (-s, -e) ruina f
Ruine f (-, -n) ruina f
ruinieren vt (jdn) arruinar; (Stoff) estropear
rülpsen vi eructar
Rum m (-s, -s) ron m
Rumänien nt (-s) Rumanía f
rumänisch adj rumano(-a)
Rumpf m (-(e)s, Rümpfe) tronco m; (Aer) fuselaje m; (Naut) casco m
rund adj (Tisch) circular, redondo(-a); (Gesicht) lleno(-a); (Zahl) redondo(-a) ▷ adv (etwa) cerca de; **rund um etw** alrededor de algo
Runde f (-, -n) (Rundgang) ronda f; (bei Rennen) vuelta f; (Gesellschaft) círculo m
Rundfunk m radiodifusión f, radio f; (Rundfunkanstalt) sociedad f radiofónica
rundlich adj (Form) redondeado(-a); (Gesicht) regordete, mofletudo(-a); (Figur) gordo(-a)
Runzel f (-, -n) arruga f
runzelig adj (Gesicht) apergaminado(-a); (Haut) arrugado(-a)
runzeln vt arrugar
ruppig adj (Mensch) mal educado(-a); (Benehmen) grosero(-a)
Rüsche f (-, -n) volante m plisado
Ruß m (-es) hollín m
Russe m (-n, -n) ruso m

Rüssel m (**-s, -**) trompa f
Russin f rusa f
russisch adj ruso(-a)
Russland nt Rusia f
Rüstung f (das Rüsten) preparativo m; (Ritterrüstung) armadura f; (Waffen etc) armamento m
Rüstungswettlauf m carrera f armamentista
Rute f (**-, -n**) varilla f
Rutsch m (**-(e)s, -e**) derrumbamiento m
Rutschbahn f tobogán m
rutschen vi (ausrutschen) resbalar; (Erde) desprenderse
rutschig adj resbaladizo(-a)
rütteln vt sacudir; (Sieb) agitar

S

Saal m (**-(e), Säle**) sala f
Saarland nt Sarre m
Säbel m (**-s, -**) sable m
sabotieren vt sabotear
Sache f (**-, -n**) (Ding) cosa f, objeto m; (Angelegenheit) asunto m
sachlich adj (Kommentar) objetivo(-a); (Irrtum etc) real
sächlich adj (Ling) neutro
Sachschaden m daño m material
Sachsen nt (**-s**) Sajonia f
Sachsen-Anhalt nt (**-s**) Sajonia-Anhalt f
sacht(e) adv (vorsichtig) con cuidado; (leise) silenciosamente
Sack m (**-(e)s, Säcke**) saco m
Sackgasse f callejón m sin salida
säen vt sembrar ▷ vi echar la simiente
Safe m (**-s, -s**) caja f fuerte
Safer Sex m safer sex m (prácticas

sexuales seguras para evitar la transmisión del sida)

Saft m (-(e)s, Säfte) (von Obst) zumo m; (von Fleisch) jugo m; (Bot) savia f

saftig adj (Obst) jugoso(-a); (Braten) sabroso(-a)

Sage f (-, -n) tradición f, leyenda f

Säge f (-, -n) sierra f

Sägemehl nt serrín m

sagen vt, vi decir

sägen vt, vi serrar

sagenhaft adj (fam) fabuloso(-a)

Sahne f (-) nata f

Saison f (-, -s) temporada f

Saite f (-, -n) cuerda f (musical)

Salat m (-(e)s, -e) ensalada f; (Kopfsalat) lechuga f

Salatmajonäse, Salatmayonnaise f salsa f mahonesa para ensalada

Salatrauke f (-, -n) nabo m de rama

Salatsoße f aliño m para ensalada

Salbe f (-, -n) pomada f

Salbei m (-s) salvia f

Salmiak m (-s) amoníaco m

Salmiakgeist m amoníaco m acuoso

Salmonelle f salmonela f

salopp adj (Kleidung) desaliñado(-a); (Ausdrucksweise) desenfadado(-a)

Salsamusik f salsa f

Salsasoße f salsa f picante

Salvadorianer, in m(f) (-s, -) salvadoreño(-a) m/f

salvadorianisch adj salvadoreño(-a)

Salz nt (-es, -e) sal f

salzen irr vt salar

salzig adj salado(-a)

Salzkartoffeln pl patatas fpl cocidas

Salzsäure f ácido m clorhídrico

Salzstange f barrita f salada

Salzstreuer m (-s, -) salero m

Samen m (-s, -) semilla f; (Anat) esperma m

sammeln vt (Früchte) recolectar; (Geld, Unterschrift) recoger; (als Hobby) coleccionar

Sammlung f (das Sammeln) recaudación f; (das Gesammelte) colección f

Samstag m sábado m

samstags adv los sábados

samt präp +dat con, junto con

Samt m (-(e)s, -e) terciopelo m

sämtliche adj todos(-as)

Sand m (-(e)s) arena f

Sandale f (-, -n) sandalia f

sandig adj arenoso(-a)

Sandpapier nt papel m de lija

Sandstein m (piedra f) arenisca f

Sandstrand m playa f de arena

sanft adj delicado(-a); (Stimme) dulce

Sänger, in m(f) (-s, -) cantante mf

Sangria f (-, -s) sangría f

sanieren vt sanear; (Betrieb) reorganizar

sanitär adj sanitario(-a); **sanitäre Anlagen** instalaciones fpl sanitarias

Sanitäter, in m(f) (-s, -) enfermero(-a) m/f

Sanktion f sanción f

sanktionieren vt (Maßnahmen) confirmar; (Gesetz) aprobar, sancionar

Sardelle f anchoa f

Sardine f sardina f

Sarg m (-(e)s, Särge) ataúd m

Satellit m (-en, -en) satélite m
Satellitenaufnahme f imagen f vía satélite
Satellitenfernsehen nt televisión f vía satélite
Satellitenfoto nt fotografía f vía satélite
Satellitenschüssel f (fam) antena f parabólica
satirisch adj satírico(-a)
satt adj satisfecho(-a); **satt machen** saciar; **sich satt essen** saciarse
Sattel m (-s, **Sättel**) silla f (de montar); (Fahrradsattel) sillín m
Satz m (-es, **Sätze**) (Ling) frase f, oración f; (Serie) serie f; (Sport) set m, manga f; (Sprung) salto m
Sau f (-, **Säue**) cerda f; (vulg) puerco m
sauber adj aseado(-a), limpio(-a); (anständig) honesto(-a); (ironisch) bonito(-a); **sauber halten** mantener limpio(-a)
Sauberkeit f limpieza f
Sauce f (-, -n) siehe **Soße**
Saudi-Arabien nt (-s) Arabia f Saudita
sauer adj acre; (Milch) agrio(-a); (Chem: Wein) ácido(-a); (fam: Gesicht) de vinagre; **saurer Regen** lluvia f ácida, precipitación f ácida
Sauerkraut nt choucroute m, chucrut m
Sauermilch f leche f agria
Sauerstoff m oxígeno m
saufen irr vt (fam) beber con exceso ▷ vi (fam) emborracharse
Säufer, in m(f) (-s, -) (fam) borracho(-a) m/f
saugen vt (Flüssigkeit) absorber; (Staub) aspirar ▷ vi chupar
Sauger m (-s, -) tetina f

Säugetier nt mamífero m
Säugling m lactante m
Säule f (-, -n) columna f
Säulengang m (Archit) columnata f
Sauna f (-, -s) sauna f
Säure f (-, -n) (Chem) ácido m; (Geschmack) sabor m ácido
sausen vi (Wind) silbar; (Ohren) zumbar; (fam: eilen) pasar zumbando
S-Bahn f suburbano m
scannen vi registrar imágenes o textos ▷ vt escanear
Scanner m (-s, -) escáner m
schäbig adj (abgetragen) raído(-a), usado(-a); (armselig) miserable; (geizig) mezquino(-a); (gemein) infame
Schach nt (-s, -) ajedrez m; (Stellung) jaque m
Schachbrett nt tablero m de ajedrez
Schachfigur f pieza f de ajedrez
schachmatt adj jaque mate
Schachtel f (-, -n) caja f
schade adj (wie) **schade!** ¡qué lástima!
Schädel m (-s, -) cráneo m
Schädelbruch m fractura f de cráneo
schaden vi +dat dañar, perjudicar; **einer Sache schaden** ser perjudicial para una cosa
Schaden m (-s, **Schäden**) (Verlust) pérdida f; (Beschädigung) daño m (an +dat a); (Verletzung) lesión f; (Nachteil) detrimento m
Schadenersatz m indemnización f
schadhaft adj defectuoso(-a); (beschädigt) deteriorado(-a)
schädigen vt perjudicar
schädlich adj (Stoffe) nocivo(-a);

Schadstoff | 482

(*Einfluss*) pernicioso(-a); (*Folge*) perjudicial; (*Behandlung*) contraproducente

Schadstoff m agente m nocivo, su(b)stancia f nociva

schadstoffarm adj de baja contaminación, poco contaminante

Schaf nt (-(e)s, -e) oveja f

Schafbock m carnero m

Schäferhund m perro m pastor; (*Rasse*) pastor m alemán

schaffen irr vt (*Werk*) crear; (*Voraussetzungen*) establecer; (*Platz*) hacer ▷ vt (*erledigen*) acabar; (*Prüfung*) superar; (*transportieren*) transportar

Schaffner, in m(f) (-s, -) (*Busschaffner*) cobrador(a) m(f); (*Eisenb*) revisor(a) m(f)

Schal m (-s, -e o -s) bufanda f

Schälchen nt tacita f

Schale f (-, -n) (*Kartoffelschale, Obstschale*) piel f; (*Nussschale, Eierschale*) cáscara f; (*Muschelschale*) concha f; (*Gefäß*) escudilla f

schälen vt (*Kartoffeln, Obst*) pelar ▷ vr: **sich schälen** pelarse

Schall m (-(e)s, -e) sonido m

Schalldämpfer m (-s, -) (*Auto*) silenciador m

schalldicht adj (*Wand*) insonorizado(-a)

schallen vi sonar

Schallmauer f barrera f del sonido

Schallplatte f disco m

Schalotte f (-, -n) chalote m

schalten vt (*Elec*) conectar ▷ vi (*Auto*) cambiar de marcha

Schalter m (-s, -) (*Bankschalter*) ventanilla f; (*an Gerät*) interruptor m

Schaltfläche f (*Inform*) botón m de comando

Schalthebel m (*Tech*) palanca f de mando; (*Auto*) palanca f de cambio

Schaltjahr nt año m bisiesto

Scham f (-) vergüenza f

schämen vr: **sich schämen** tener vergüenza

Schande f (-) deshonra f

schändlich adj vergonzoso(-a)

Schanze f (-, -n) trampolín m

Schar f (-, -en) grupo m; (*Menge*) multitud f; **in Scharen** en tropel

scharf adj (*Klinge*) afilado(-a), cortante; (*Verstand, Auge*) agudo(-a); (*Essen*) picante; (*Wind*) gélido(-a); (*Foto*) nítido(-a); (*heftig: Worte*) severo(-a)

Schärfe f (-, -n) (*der Klinge*) corte m; (*des Verstandes*) agudeza f; (*Foto*) nitidez f; (*Heftigkeit*) severidad f

Scharnier nt (-s, -e) bisagra f

Schaschlik m o nt (-s, -s) brocheta f

Schatten m (-s, -) sombra f

schattig adj sombrío(-a)

Schatz m (-es, Schätze) tesoro m

Schätzchen nt tesorito m

schätzen vt (*abschätzen*) valorar; (*Gegenstand*) estimar; (*fam: vermuten*) creer; (*würdigen*) apreciar; **schätzen lernen** aprender a valorar [o apreciar]

Schätzung f valoración f; (*Achtung*) estima f

schätzungsweise adv aproximadamente

Schau f (-, -en) aspecto m; (*Austellung*) exposición f

schauen vi (*blicken*) contemplar; (*fam: sehen*) mirar

Schauer m (-s, -) (*Regenschauer*) aguacero m; (*Frösteln*) escalofríos

schauerlich adj horrible
Schaufel f (-, -n) pala f; (Tech) paleta f
schaufeln vt palear
Schaufenster nt escaparate m
Schaufensterbummel m: **einen Schaufensterbummel machen** ir a ver escaparates
Schaukel f (-, -n) columpio m
schaukeln vi columpiarse; (sich wiegen) mecerse
Schaukelstuhl m mecedora f
Schaum m (-(e)s, Schäume) espuma f
schäumen vi hacer espuma
Schaumfestiger m espuma f moldeante
Schaumgummi m goma f espuma
Schauplatz m escena f
Schauspiel nt espectáculo m; (Theat) drama m
Schauspieler, in m(f) actor/actriz mf
Scheck m (-s, -s) cheque m
Scheckbuch nt, **Scheckheft** nt talonario m de cheques
Scheckkarte f tarjeta f de cheques
Scheibe f (-, -n) disco m; (Brotscheibe etc) rebanada f; (Glasscheibe) cristal m
Scheibenbremse f (Auto) freno m de disco
Scheibenwaschanlage f lavaparabrisas m
Scheibenwischer m limpiaparabrisas m
Scheide f (-, -n) (von Schwert) vaina f; (Anat) vagina f
scheiden irr vt separar; (Ehe) divorciar; **sich scheiden lassen** divorciarse
Scheidung f (Ehescheidung) divorcio m
Schein m (-(e)s, -e) luz f; (Anschein) apariencia f; (Geldschein) billete m; (Bescheinigung) certificado m
scheinen irr vi (glänzen) resplandecer, brillar; (den Anschein haben) parecer; **die Sonne scheint** hay sol
Scheinwerfer m (-s, -) proyector m; (Auto) faro m
Scheiße f (-) (vulg) mierda f
Scheit nt (-(e)s, -e o -er) (Holzscheit) leño m
Scheitel m (-s, -) (Spitze) vértice m; (Haarscheitel) raya f
scheitern vi (Mensch) fracasar; (Vorhaben) frustrarse
Schellfisch m eglefino m
Schelte f (-, -n) reprimenda f
Schema nt (-s, -s o -ta) esquema m
Schemel m (-s, -) taburete m
Schenkel m (-s, -) muslo m
schenken vt regalar; (Getränk) servir
Scherbe f (-, -n) pedazo m
Schere f (-, -n) tijeras fpl
Scherz m (-es, -e) broma f
scheu adj tímido(-a)
scheuen vt temer; (Anstrengung, Ausgabe) evitar ▷ vi (Pferd) espantarse ▷ vr: **sich scheuen**: **sich scheuen vor** +dat asustarse de
scheuern vt (putzen) lavar, fregar; (reiben) frotar
Scheune f (-, -n) granero m
scheußlich adj horrible; (Verbrechen) monstruoso(-a)
Schi m siehe **Ski**
Schicht f (-, -en) capa f; (Klasse)

schichten | 484

clase f; (in Fabrik) turno m
schichten vt apilar, amontonar
schicken vt mandar, enviar
Schicksal nt (-s, -e) destino m
Schicksalsschlag m golpe m de fortuna
Schiebedach nt (Auto) techo m corredizo
schieben irr vt empujar; (Schuld) endosar (auf jdn a alguien)
Schiebetür f puerta f corrediza
Schiedsrichter, in m(f) (Sport) árbitro(-a) m/f; (Schlichter) juez m arbitral
schief adj (Ebene, Turm) inclinado(-a); (falsch) falso(-a), equivocado(-a); siehe auch **schiefgehen**
Schiefer m (-s, -) pizarra f
schief|gehen irr vi (fam) salir mal, fracasar
schielen vi bizquear
Schienbein nt espinilla f
Schiene f (-, -n) carril m, rail m; (Med) tablilla f
schienen vt (Med) entablillar
schier adv (fast) casi
Schießbude f barraca f de tiro (al blanco)
schießen irr vt, vi disparar (auf +akk sobre); (Ball) lanzar; (Geschoss) tirar
Schiff nt (-(e)s, -e) barco m, buque m; (Kirchenschiff) nave f
Schiffbruch m naufragio m; (fig) fracaso m
Schifffahrt f navegación f; (Reise) viaje m en barco
Schifffahrtslinie f línea f de navegación
Schikane f (-, -n) traba f, triquiñuela f

schikanieren vt tiranizar
Schild m (-(e)s, -e) (Schutz) escudo m ▷ nt (-(e)s, -er) (Hinweisschild) letrero m; (Verkehrsschild) señal f; (Etikett) etiqueta f
Schilddrüse f (Anat) tiroides m
Schilderung f descripción f
Schildkröte f tortuga f; (Meeresschildkröte) galápago m
Schilf nt (-(e)s, -e) junco m
Schilfrohr nt caña f
schillern vi tornasolar
Schilling m (-s, -e) (österreichische Währung) chelín m austríaco
Schimmel m (-s, -) moho m; (Pferd) caballo m blanco
schimmelig adj mohoso(-a)
schimmeln vi enmohecerse
Schimpanse m (-n, -n) chimpancé m
schimpfen vi enojarse
Schinken m (-s, -) jamón m
Schirm m (-(e)s, -e) (Regenschirm) paraguas m; (Sonnenschirm) sombrilla f
Schlacht f (-, -en) batalla f
schlachten vt (Vieh) matar
Schlachtenbummler, in m(f) (-s, -) hincha mf
Schlachter, in m(f) (-s, -) matarife mf
Schlachtfeld nt campo m de batalla
Schlaf m (-(e)s) sueño m
Schlafanzug m pijama m
Schläfe f (-, -n) (Anat) sien f
schlafen irr vi dormir; **schlafen gehen** acostarse, irse a la cama
schlaff adj flojo(-a); (Haut) fláccido(-a); (erschöpft) cansado(-a)
Schlafgelegenheit f acomodación f para dormir
Schlaflosigkeit f insomnio m

Schlafmittel *nt* somnífero *m*
schläfrig *adj* (*Mensch*) soñoliento(-a); (*Stimmung*) amodorrado(-a)
Schlafsaal *m* dormitorio *m*
Schlafsack *m* saco *m* de dormir
Schlaftablette *f* somnífero *m*
Schlafwagen *m* coche *m* cama
Schlafzimmer *nt* dormitorio *m*
Schlag *m* (-(e)s, Schläge) golpe *m*; (*Elec*) descarga *f*; (*Blitzschlag*) rayo *m*; **Schläge** *pl* (*Tracht Prügel*) paliza *f*
Schlagader *f* arteria *f*
Schlaganfall *m* ataque *m* de apoplejía
schlagartig *adj* repentino(-a) ▷ *adv* de golpe
Schlagbohrmaschine *f* taladradora *f* de percusión
Schlägel *m* (-s, -) (*Trommelschlägel*) palillo *m*
schlagen *irr vt* pegar; (*klopfen*) golpear; (*Sahne*) montar; (*Takt*) marcar; (*besiegen*) vencer
Schlager *m* (-s, -) canción *f* de moda
Schläger *m* (-s, -) (*Sport: Tennisschläger*) raqueta *f*; (*Hockeyschläger*) stick *m*; (*Golfschläger*) maza *f*
Schläger, in *m(f)* (-s, -) pendenciero(-a) *m/f*
Schlägerei *f* pelea *f*
schlagfertig *adj* que sabe replicar; **schlagfertige Antwort** respuesta *f* acertada
Schlagloch *nt* hoyo *m*, bache *m*
Schlagsahne *f* nata *f* montada
Schlagzeile *f* titular *m*
Schlagzeug *nt* batería *f* (de música)
Schlamm *m* (-(e)s, -e) barro *m*, fango *m*
schlammig *adj* fangoso(-a)
schlampen *vi* (*fam*) estar descuidado(-a)
Schlange *f* (-, -n) serpiente *f*; (*Menschenschlange*) cola *f*; **Schlange stehen** hacer cola
schlank *adj* delgado(-a)
Schlankheit *f* esbeltez *f*
Schlankheitskur *f* cura *f* de adelgazamiento
schlapp *adj* flojo(-a)
schlau *adj* (*Mensch*) astuto(-a); (*Plan*) prudente
Schlauch *m* (-(e)s, Schläuche) manguera *f*; (*in Reifen*) cámara *f* de aire
Schlauchboot *nt* bote *m* neumático
schlauchen *vt* (*fam*) deslomar
schlecht *adj* malo(-a); (*Arbeit*) mal hecho(-a); **ihm ist schlecht** se encuentra mal ▷ *adv* malamente; (*kaum*) apenas; **ihm geht es schlecht** le va mal
schlecht|gehen *irr vi siehe* **schlecht**
Schlechtigkeit *f* maldad *f*
schlecht|machen *vt* (*heruntermachen*): **jdn/etw schlechtmachen** difamar alguien/algo
Schlegel *m* (-s, -) (*Gastr: Keule*) pierna *f*; *siehe auch* **Schlägel**
schleichen *irr vi* caminar de puntillas; (*fig: Zeit*) pasar lentamente
Schleier *m* (-s, -) velo *m*
schleierhaft *adj*: **jdm schleierhaft sein** (*fam*) ser un enigma para alguien
Schleife *f* (-, -n) (*Schlinge*) lazo *m*;

(*Band*) cinta *f*; (*Inform*) bucle *m*
schleifen *vt* (*ziehen*) arrastrar irr ▷ *vt* afilar; (*Edelstein*) tallar; (*Linse*) pulir
Schleim *m* (**-(e)s, -e**) mucosidad *f*; (*Med*) pituita *f*; (*Gastr*) papilla *f*
schleimig *adj* mucoso(-a)
schlemmen *vi* comer mucho y bien
schlendern *vi* ir caminando (*durch* por)
schlenkern *vt* bambolear
schleppen *vt* arrastrar; (*Schiff*: *Auto*) remolcar; (*tragen*) cargar con
Schlepplift *m* telearrastre *m*
Schleppnetzfahndung *f* búsqueda *f* policial con ordenador
Schleswig-Holstein *nt* (**-s**) Schleswig-Holstein *m*
Schleuder *f* (**-, -n**) honda *f*; (*Wäscheschleuder*) centrifugadora *f*
schleudern *vt* lanzar, arrojar; (*Wäsche*) centrifugar ▷ *vi* (*Auto*) patinar
schleunigst *adv* de prisa, corriendo
Schleuse *f* (**-, -n**) esclusa *f*
schlicht *adj* simple; (*Worte*) sencillo(-a)
schlichten *vt* (*Streit*) zanjar
Schlick *m* (**-(e)s, -e**) barro *m*
schließen irr *vt* (*zumachen*) cerrar; (*mit Deckel*) tapar; (*beenden*) acabar, terminar ▷ *vi* (*enden*) finalizar; (*folgern*) deducir (*aus* de)
Schließfach *nt* (*am Bahnhof*) consigna *f* (automática); (*Bankschließfach*) departamento *m* en caja fuerte
schließlich *adv* finalmente
schlimm *adj* (*Fehler*) grave; (*Nachricht*) malo(-a); (*Zeiten*) difícil

duro(-a); (*Bursche*) malicioso(-a); (*Krankheit*) maligno(-a)
schlimmer *adj* peor
schlimmste, r, s *adj* el (la) peor
schlimmstenfalls *adv* en el peor de los casos
Schlinge *f* (**-, -n**) lazo *m*; (*Verband*) cabestrillo *m*
Schlingel *m* (**-s, -**) pillo(-a) *m/f*
schlingern *vi* (*Schiff*) balancear
Schlitten *m* (**-s, -**) trineo *m*; **Schlitten fahren** ir en trineo
schlittern *vi* patinar
Schlittschuh *m* patín *m* (de cuchilla)
Schlittschuhlaufen *nt* (**-s**) patinaje *m* (sobre hielo)
Schlitz *m* (**-es, -e**) hendidura *f*; (*für Münze*) ranura *f*; (*Hosenschlitz*) bragueta *f*
Schloss *nt* (**-es, Schlösser**) (*Türschloss*) cerradura *f*; (*an Schmuck etc*) broche *m*; (*Palast*) palacio *m*; (*Burg*) castillo *m*
Schlosser, in *m(f)* (**-s, -**) cerrajero *m*
Schlucht *f* (**-, -en**) desfiladero *m*
schluchzen *vi* sollozar
Schluck *m* (**-(e)s, -e**) trago *m*
Schluckauf *m* (**-s**), **Schlucken** *m* (**-s, -**) hipo *m*
schlucken *vt* tragar
schludern *vi* (*fam*) hacer chapuzas
Schlüpfer *m* (**-s, -**) braga *f*
schlüpfrig *adj* resbaladizo(-a); (*fig*) lascivo(-a)
schlurfen *vi* arrastrar los pies
schlürfen *vt, vi* sorber
Schluss *m* (**-es, Schlüsse**) fin *m*; (*Schlussfolgerung*) conclusión *f*; **am Schluss** al final
Schlüssel *m* (**-s, -**) llave *f*; (*Mus*) clave *f*

Schlüsselbein nt (Anat) clavícula f
Schlüsselblume f primavera f
Schlüsselbund m manojo m de llaves
Schlüsselloch nt ojo m de la cerradura
Schlusslicht nt (Auto) luz f posterior; (fig) último(-a) m/f, farolillo m rojo
Schlussverkauf m liquidación f de fin de temporada
schmächtig adj flaco(-a)
schmackhaft adj sabroso(-a)
schmal adj estrecho(-a); (Mensch, Buch) delgado(-a); (karg) escaso(-a)
schmälern vt disminuir; (fig: Verdienste) mermar
Schmalz nt (-es, -e) manteca f de cerdo
schmalzig adj (fig: fam) sentimental
schmatzen vi comer haciendo ruido
schmecken vt saborear, paladear ▷ vi (Essen) tener sabor; **schmecken nach** saber a; **es schmeckt ihm** le gusta
Schmeichelei f adulación f
schmeichelhaft adj lisonjero(-a)
schmeicheln vi lisonjear, adular
schmeißen irr vt (fam) lanzar
Schmeißfliege f moscarda f
schmelzen irr vt fundir ▷ vi derretirse
Schmerz m (-es, -en) dolor m; (Trauer) luto m
Schmerzensgeld nt indemnización f por daño personal
schmerzhaft adj doloroso(-a)
Schmerzmittel nt analgésico m
schmerzstillend adj calmante
Schmerztablette f analgésico m

487 | **Schneckenhaus**

Schmetterling m mariposa f
Schmiere f (-, -n) grasa f
schmieren vt untar; (fetten) engrasar; (fam: bestechen) untar; (auch vi: schreiben) garabatear
Schmiergeld nt soborno m
Schminke f (-, -n) maquillaje m
schminken vt maquillar
schmirgeln vt esmerilar, lijar
schmollen vi estar de morros
Schmorbraten m estofado m
schmoren vt (Braten) estofar; (Gemüse) guisar a fuego lento
Schmuck m (-(e)s) adorno m; (Schmuckstücke) joyas fpl
schmuggeln vt introducir de contrabando ▷ vi ejercer el contrabando
schmunzeln vi sonreírse
Schmutz m (-es) suciedad f
schmutzig adj sucio(-a)
Schnabel m (-s, Schnäbel) pico m; (Ausguss) boca f
Schnake f (-, -n) mosquito m
Schnalle f (-, -n) hebilla f
Schnäppchen nt (fam) ganga f
schnappen vt atrapar
Schnappschloss nt picaporte m
Schnappschuss m (Foto) instantánea f
Schnaps m (-es, Schnäpse) aguardiente m
schnarchen vi roncar
schnaufen vi resollar, jadear
Schnauzbart m mostacho m
Schnauze f (-, -n) hocico m; (Ausguss) boca f; (fam) boca f
schnäuzen vr: **sich schnäuzen** sonarse
Schnecke f (-, -n) caracol m
Schneckenhaus nt concha f de caracol

Schneckenpost f correo m convencional
Schnee m (-s) nieve f; (*Eischnee*) clara f batida a punto de nieve
Schneeball m bola f de nieve
Schneebob m moto f de nieve
Schneegestöber nt (-s) remolino m de nieve
Schneeglöckchen nt (*Bot*) galanto m
Schneekanone f cañón m de nieve
Schneekette f (*Auto*) cadena f antideslizante
Schneemann m muñeco m de nieve
Schneemobil nt (-s, -e) moto f de nieve
Schneepflug m quitanieves m de reja
Schneide f (-, -n) filo m
schneiden irr vt cortar; (*kreuzen*) cruzar ▷ vr: **sich schneiden** cortarse; (*sich kreuzen*) cruzarse
Schneider, in m(f) (-s, -) sastre(-a) m/f; (*Damenschneider*) modisto(-a) m/f
Schneidezahn m diente m incisivo
schneien vi unpers: **es schneit** nieva, está nevando
Schneise f (-, -n) vereda f
schnell adj rápido(-a); (*Fortbewegung betreffend*) veloz ▷ adv rápidamente
Schnelligkeit f rapidez f
Schnellimbiss m establecimiento m de comida rápida
Schnellreparatur f reparación f en el acto
Schnellrücklauf m (*von Rekorder*) rebobinado m rápido
Schnellstraße f carretera f de circulación rápida
Schnellvorlauf m (*von Rekorder*) avance m rápido
Schnellzug m (tren m) expreso m
schneuzen siehe **schnäuzen**
schnippisch adj impertinente
Schnitt m (-(e)s, -e) corte m; (*Schnittmuster*) patrón m (de corte)
Schnitte f (-, -n) rebanada f
Schnittlauch m cebolleta f
Schnittmuster nt patrón m (de corte), muestra f
Schnittstelle f (*Inform*) interfaz f; (*fig*) punto m de enlace
Schnittwunde f herida f incisiva
Schnitzel nt (-s, -) (*Gastr*) chuleta f
schnitzen vt tallar en madera
Schnitzer m (-s, -) (*fam: Fehler*) equivocación f, error m
Schnitzer, in m(f) (-s, -) tallista m
schnoddrig adj (*fam*) fresco(-a)
Schnorchel m (-s, -) esnórquel m
schnorcheln vi bucear
Schnorcheln nt (-s) buceo m
schnorren vt (*fam*) pedir ▷ vi (*fam*) sablear, gorronear
schnüffeln vi husmear; (*spionieren*) espiar
Schnuller m (-s, -) chupete m
Schnupfen m (-s, -) resfriado m
schnuppern vi olisquear
Schnur f (-, **Schnüre**) cuerda f, cordel m; (*Elec*) cordón m
schnurlos adj (*Telefon*) inalámbrico(-a)
Schnurrbart m bigote m
schnurren vi (*Katze*) ronronear
Schnürschuh m zapato m de cordones
Schnürsenkel m (-s, -) cordón m, lazo m
Schock m (-(e)s, -s) choque m

schockieren vt escandalizar
Schokolade f chocolate m
Schokoriegel m barrita f de chocolate
Scholle f(-, -n) (Fisch) platija f
schon adv ya; (endlich) por fin; (zwar) en verdad
schön adj bello(-a), hermoso(-a); **schöne Grüße** muchos recuerdos
schonen vt (jdn) tratar con cuidado; (Kleidung) conservar bien; (Nerven) cuidar ▷ vr: **sich schonen** cuidarse
Schönheit f belleza f
schöpfen vt (Flüssigkeit) sacar; (Mut) cobrar; (Luft) tomar
Schöpflöffel m cucharón m
Schorf m(-(e)s, -e) (Med) costra f
Schornstein m chimenea f
Schornsteinfeger, in m(f)(-s, -) deshollinador(a) m(f)
Schote f(-, -n) vaina f
schottisch adj escocés(-esa)
Schottland nt Escocia f
schraffieren vt sombrear
schräg adj oblicuo(-a); (Linie) diagonal; **etw schräg stellen** colocar algo en diagonal [o de lado]
Schrägstreifen m diagonal f
Schramme f(-, -n) rasguño m
schrammen vt arañar
Schrank m(-(e)s, Schränke) armario m; (Kleiderschrank) ropero m
Schranke f(-, -n) barrera f
Schraube f(-, -n) tornillo m; (Schiffsschraube) hélice f
schrauben vt atornillar
Schraubenschlüssel m llave f inglesa
Schraubenzieher m(-s, -) destornillador m
Schraubverschluss m cierre m roscado
Schreck m(-(e)s, -e), **Schrecken** m(-s, -) susto m
schrecken vt asustar
schreckhaft adj asustadizo(-a)
schrecklich adj horrible; (Kerl) insoportable; (Krach) terrible
Schrei m(-(e)s, -e) grito m; (Ruf) voz f
Schreibblock m bloc m de apuntes
schreiben irr vt, vi escribir
Schreiber m(-s, -) (fam: Kugelschreiber) bolígrafo m
schreibfaul adj perezoso(-a) para escribir
schreibgeschützt adj (Diskette) protegido(-a) contra escritura o borrado
Schreibkopf m (Inform) cabeza f de escritura
Schreibmaschine f máquina f de escribir
Schreibschutz m (von Diskette) protección f contra escritura o borrado
Schreibstelle f (Inform) punto m de inserción
Schreibtisch m escritorio m
Schreibwaren pl artículos mpl de papelería
schreien irr vt, vi gritar; (rufen) llamar
Schreinerei f carpintería f; (Möbelschreinerei) ebanistería f
Schrift f(-, -en) escritura f; (Schriftart) caracteres mpl; (Schriftstück) escrito(-a) m
Schriftart f tipo m de imprenta
schriftlich adj escrito(-a) ▷ adv por escrito
Schriftsteller, in m(f)(-s, -) escritor(a) m(f)

schrill *adj* agudo(-a), penetrante; *(Farbe)* chillón(-ona)

Schritt *m* (**-(e)s, -e**) paso *m*

schroff *adj* *(Felswand)* escarpado(-a); *(jäh)* abrupto(-a); *(fig)* brusco(-a)

Schrott *m* (**-(e)s, -e**) chatarra *f*

schrumpfen *vi* encogerse

Schubkarren *m* (**-s, -**) carretilla *f*

Schublade *f* (**-, -n**) cajón *m*

schüchtern *adj* tímido(-a)

Schuft *m* (**-(e)s, -e**) *(fam)* canalla *m*

Schuh *m* (**-(e)s, -e**) zapato *m*

Schuhband *nt* cordón *m* (de zapato)

Schuhcreme *f* betún *m*

Schuhgeschäft *nt* zapatería *f*

Schuhgröße *f* número *m* de calzado

Schuhmacher, in *m(f)* (**-s, -**) zapatero(-a) *m/f*

schuld *adj*: **schuld sein** tener la culpa (*an +dat* de); **er ist schuld** es culpa suya

Schuld *f* (**-, -en**) culpa *f*; *(Fin)* deuda *f*; **Schuld haben** tener la culpa (*an +dat* de); **er hat Schuld** es culpa suya

schuldig *adj* culpable (*an +dat* de); *(gebührend)* debido(-a); **jdm etw schuldig sein** deber algo a alguien

Schule *f* (**-, -n**) escuela *f*

Schüler, in *m(f)* (**-s, -**) alumno(-a) *m/f*

Schüleraustausch *m* intercambio *m* escolar

Schülerausweis *m* carnet *m* escolar

Schulferien *pl* vacaciones *fpl* escolares

schulfrei *adj* *(Tag)* sin colegio

Schulmedizin *f* medicina *f* clásica

Schulter *f* (**-, -n**) hombro *m*

Schulterschluss *m* solidaridad *f*

Schuppe *f* (**-, -n**) *(Fischschuppe)* escama *f*; **Schuppen** *pl* *(Haarschuppe)* caspa *f*

schuppig *adj* escamoso(-a)

schürfen *vt* raspar, arañar

Schürze *f* (**-, -n**) delantal *m*

Schuss *m* (**-es, Schüsse**) *(Gewehrschuss)* disparo *m*; *(Sport)* tiro *m*; *(kleine Menge)* chispa *f*

Schüssel *f* (**-, -n**) fuente *f*

Schuster, in *m(f)* (**-s, -**) zapatero(-a) *m/f*

Schutt *m* (**-(e)s**) escombros *mpl*; *(Bauschutt)* cascotes *mpl*

Schuttabladeplatz *m* escombrera *f*

Schüttelfrost *m* escalofríos *mpl*

schütteln *vt* sacudir, agitar ▷ *vr*: **sich schütteln** agitarse

schütten *vt* echar, verter ▷ *vi unpers*: **es schüttet** *(fam)* está lloviendo a cántaros

Schutz *m* (**-es**) protección *f*, defensa *f*; *(Unterschlupf)* refugio *m*, asilo *m*; **jdn in Schutz nehmen** salir en defensa de alguien

Schutzblech *nt* *(Auto)* guardabarros *m*

Schutzbrille *f* gafas *fpl* protectoras

Schütze *m* (**-n, -n**) tirador *m*; *(Astr)* Sagitario *m*

schützen *vt* proteger

Schutzgebiet *nt* protectorado *m*; *(Naturschutzgebiet)* (el) área *f* protegida

Schutzgelderpressung *f* extorsión *f* de cuota de protección

Schutzhelm *m* casco *m* protector

schwach *adj* débil; *(Ast)* frágil;

(Tee) ligero(-a); (Widerstand) escaso(-a); (fig: Stunde) de flaqueza; (Programm) flojo(-a)
Schwäche f(-, -n) (körperlich) debilidad f; (Mangel) falta f
schwächeln vi debilitarse
schwächen vt (körperlich) debilitar; (Widerstand) atenuar
Schwachkopf m (fam) merluzo m, imbécil m
schwafeln vi (fam) charlatanear
Schwager m (-s, Schwäger), **Schwägerin** f cuñado(-a) m/f
Schwalbe f(-, -n) golondrina f
Schwall m (-(e)s, -e) crecida f (de aguas); (Redeschwall) torrente m
Schwamm m (-(e)s, Schwämme) esponja f
Schwan m (-(e)s, Schwäne) cisne m
schwanger adj embarazada
Schwangerschaft f embarazo m
Schwangerschaftsabbruch m interrupción f del embarazo
schwanken vi vacilar; (taumeln) tambalearse; (Preise, Zahlen) fluctuar; (zögern) titubear
Schwanz m (-es, Schwänze) rabo m; (vulg: Penis) polla f
schwänzen vt, vi: **(die Schule) schwänzen** hacer novillos
Schwarm m (-(e)s, Schwärme) (Vogelschwarm) bandada f; (Bienenschwarm) enjambre m; (Menschenschwarm) muchedumbre f; (fam) pasión f
schwärmen vi: **schwärmen für** entusiasmarse por
schwarz adj negro(-a); (Kaffee) solo; (schmutzig) sucio(-a); (Tag) triste; (Gedanken) oscuro(-a); siehe auch **schwarzsehen**
Schwarzbrot nt pan m moreno

schwarz|fahren irr vi viajar sin billete
schwarz|sehen irr vi (TV) no pagar las tasas; (Pessimist sein) ser pesimista
Schwarzwald m: **der Schwarzwald** la Selva Negra
schwarzweiß adj blanco y negro
Schwarz-Weiß-Film, Schwarzweißfilm m película f en blanco y negro
schwatzen, schwätzen vi platicar, charlar
Schwätzer, in m(f) (-s, -) charlatán(-ana) m/f
Schwebebahn f teleférico m
schweben vi estar suspendido(-a); (hoch schweben) flotar
Schwede m (-n, -n) sueco m
Schweden nt (-s) Suecia f
Schwedin f sueca f
schwedisch adj sueco(-a)
Schwefel m (-s) azufre m
Schwefelsäure f ácido m sulfúrico
schweigen irr vi callar
Schweigen nt (-s) silencio m
schweigsam adj (Mensch) callado(-a)
Schwein nt (-(e)s, -e) puerco m; (fam: Mensch) cerdo m; (fam: Glück) suerte f
Schweinefleisch nt carne f de cerdo
Schweinerei f porquería f; (Gemeinheit) guarrada f; (Unanständigkeit) indecencia f
Schweiß m (-es) sudor m
schweißen vt, vi (Tech) soldar
Schweiz f(-): **die Schweiz** la Suiza
Schweizer, in m(f) (-s, -) suizo(-a) m/f

Schweizerdeutsch nt dialecto m suizo-alemánico
schweizerisch adj suizo(-a)
schwelgen vi darse la gran vida
Schwelle f (-, -n) (a. fig) umbral m
schwellen irr vi (Med) hincharse
Schwellenland nt país m emergente
Schwellung f (Med) hinchazón f
schwer adj pesado(-a); (schwierig) difícil; (hart: Schicksal) duro(-a); (schlimm) grave; (Gewitter) violento(-a) ▷ adv (fam: sehr) mucho; **schwer verdaulich** indigesto(-a); siehe auch **schwertun**, **schwerwiegend**
schwer|fallen irr vi hacerse difícil (jdm para alguien)
schwerfällig adj torpe
schwerhörig adj duro(-a) de oído
schwer|nehmen irr vt tomar en serio
Schwert nt (-(e)s, -er) espada f
schwer|tun irr vr: **sich schwertun**: **sich mit etw schwertun** tener dificultades con algo
schwerwiegend adj (Grund) muy serio(-a); (Fehler) grave
Schwester f (-, -n) hermana f; (Med) enfermera f
Schwiegereltern pl suegros mpl
Schwiegermutter f suegra f
Schwiegersohn m yerno m
Schwiegertochter f nuera f
Schwiegervater m suegro m
Schwiele f callo m
schwierig adj difícil, (Muster) complicado(-a)
Schwierigkeit f dificultad f
Schwimmbad nt piscina f
Schwimmbecken nt piscina f
schwimmen irr vi nadar; (treiben) flotar
Schwimmflosse f aleta f
Schwimmflügel m manguito m de natación, flotador m
Schwimmweste f chaleco m salvavidas
Schwindel m (-s) mareo m, vértigo m; (Betrug) fraude m
schwindlig adj mareado(-a)
Schwips m (-es, -e): **einen Schwips haben** (fam) estar achispado(-a)
schwitzen vi sudar
schwören irr vt, vi jurar
schwul adj homosexual, gay
schwül adj (Wetter) sofocante
Schwung m (-(e)s, Schwünge) impulso m; (fig: Energie) energía f; (fam: Menge) montón m
schwungvoll adj enfático(-a)
Science-Fiction, Sciencefiction f (-) ciencia f ficción
Scientology f (-) Cienciología f
sechs num seis
Sechs f (-, -en) seis m; (Schulnote) suspenso m
Sechserpack m (-(e)s, -e) pack m de 6 latas o botellas
sechshundert num seiscientos(-as)
sechsmal adv seis veces
sechst num: **zu sechst** (a) seis
sechste, r, s adj sexto(-a)
Sechstel nt (-s, -) sexta parte f
sechstens adv en sexto lugar
sechzehn num dieciséis
sechzig num sesenta
Secondhandladen m tienda f de objetos usados [o de segunda mano]

See f (-, -n) mar m ▷ m (-s, -n) lago m
Seehund m foca f
Seeigel m erizo m de mar
seekrank adj mareado(-a)
Seelachs m abadejo m
Seele f (-, -n) (el) alma m
Seezunge f lenguado m
Segel nt (-s, -) vela f
Segelboot nt velero m
Segelfliegen nt (-s) vuelo m sin motor
Segelflugzeug nt planeador m
segeln vi navegar a vela
Segelschiff nt barco m de vela
sehen vt, vi ver; (in bestimmte Richtung) mirar
Sehenswürdigkeiten pl curiosidades fpl
Sehne f (-, -n) (Anat) tendón m; (Bogensehne) cuerda f
sehnen vr: **sich sehnen** tener nostalgia (nach de)
Sehnsucht f nostalgia f
sehnsüchtig adj nostálgico(-a) ▷ adv con nostalgia, ardientemente
sehr adv (vor Adjektiv) muy; (mit Verben) mucho; **zu sehr** demasiado
seicht adj (Wasser: fig) poco profundo(-a); (Gespräch) superficial
Seide f (-, -n) seda f
Seife f (-, -n) jabón m
Seifenoper f culebrón m
Seil nt (-(e)s, -e) soga f
Seilbahn f funicular m

○ SCHLÜSSELWORT

sein irr vi ser; (existieren) existir; (sich befinden) estar; (geschehen) suceder; **lass das sein!** ¡déjalo!

sein pron possessiv von **er/es**; (adjektivisch) su
seine, r, s pron possessiv von **er/es**; (substantivisch) el/la suyo(-a), lo suyo
seiner pron gen von **er** de/en él ▷ pron gen von **es** de/en él/ella
seinerseits adv por su parte
seinetwegen adv por él
seit präp +dat de ▷ konj desde
seitdem konj desde que ▷ adv desde entonces
Seite f (-, -n) (von Fläche) lado m; (von Angelegenheit) aspecto m; (von Stoff) revés m, envés m; (Buchseite) página f
Seitenairbag m airbag m lateral
Seitenaufprallschutz m (Auto) protección f lateral en puertas
Seitenstechen nt (-s) punzadas fpl en el costado
seither adv desde entonces
seitlich adj lateral
Sekretär, in m(f) (-s, -e) secretario(-a) m/f
Sekretariat nt secretaría f
Sekt m (-(e)s, -e) vino m espumoso
Sekte f (-, -n) secta f
Sektor m (a. Inform) sector m; (Bereich) campo m
Sekunde f (-, -n) segundo m
Sekundenkleber m (-s, -) pegamento m ultra-rápido
selber pron siehe **selbst**
selbst pron inv; **er/sie/es selbst** él/ella mismo(-a); **von selbst** por sí mismo(-a) ▷ adv (sogar) hasta
selbständig adj siehe **selbstständig**
Selbstauslöser m (-s, -) (Foto) disparador m automático
Selbstbedienung f autoservicio m

Selbstbeherrschung f dominio m sobre sí mismo(-a)
selbstbewusst adj seguro(-a) de sí mismo(-a)
selbstentpackend adj (Inform) autodecomprimido(-a)
Selbsthilfegruppe f grupo m de autoayuda
Selbstkostenpreis m (Com) precio m de costo
Selbstmord m suicidio m
Selbstmordattentäter, in m(f) terrorista mf suicida
Selbstreinigungskraft f capacidad f de regeneración [o de autolimpieza]
selbstsicher adj seguro(-a) de sí mismo(-a)
selbstständig adj (Mensch) independiente; (Arbeit) autónomo(-a)
Selbstständigkeit f independencia f
Selbstverpflegung f manutención por cuenta propia
Selbstversorger, in m(f) (**-s, -**) persona f autosuficiente
selbstverständlich adj obvio(-a), evidente; (Hilfe) espontáneo(-a) ▷ adv naturalmente
Selbstvertrauen nt confianza f en sí mismo(-a)
selig adj (glücklich) feliz
Sellerie m (**-s, -(s)**), f (**-, -**) apio m
selten adj raro(-a); (Ereignis) extraordinario(-a) ▷ adv raramente, raras veces
Seltenheit f rareza f
seltsam adj (Mensch) extraño(-a); (Betragen) extravagante; (Erscheinung) fantástico(-a)
Semester nt (**-s, -**) semestre m

Semikolon nt (**-s, -s**) punto m y coma f
Seminar nt (**-s, -e**) seminario m
Semmel f (**-, -n**) panecillo m
Sendebericht m (von Fax) protocolo m de transmisión
senden irr vt enviar ▷ vt, vi (Radio, TV) emitir
Sender m (**-s, -**) (Radio, TV) (estación f) emisora f; (Senderanstalt) radio f
Sendung f envío m; (Radio, TV) emisión f; (Programm) programa m
Senf m (**-(e)s, -e**) mostaza f; **seinen Senf dazugeben** (fam) decir la suya
Senior, in m(f) (**-en, -en**) (Ältester) decano(-a) m/f; (Rentner) persona f de la tercera edad
Seniorenpass m tarjeta f dorada
senken vt bajar; (Kopf) inclinar; (Preise) rebajar ▷ vr: **sich senken** asentarse; (Haus) hundirse
Senkfuß m pie m plano
Senkfußeinlage f plantilla f para pie plano
senkrecht adj vertical
sensationell adj (Ereignis) ruidoso(-a); (Angebot) sensacional
Sense f (**-, -n**) guadaña f
sensibel adj (Mensch) susceptible
sentimental adj sentimental; (Lied) romántico(-a)
separat adj separado(-a); (Zimmer) independiente
September m (**-(s), -**) septiembre m
Serbien nt (**-s**) Serbia f
serbisch adj serbio(-a)
Serie f (von Waren) serie f; (von Ereignissen) sucesión f; (von Vorträgen) turno m
Serienbrief m carta f comercial

seriös adj serio(-a); (Herr, Dame) formal
Serpentine f serpentina f
Serum nt (**-s, Seren**) suero m
Server m (**-s, -**) (Inform) servidor m
Service nt (**-(s), -**) (Geschirr) servicio m ▷ m (**-, -s**) (Tech) asistencia f técnica
servieren vt servir
Serviette f servilleta f
Servolenkung f (Auto) dirección f asistida
Sessel m (**-s, -**) sillón m
Sessellift m telesilla m
Set nt (**-(s), -s**) (Tischset) juego m
Set-up nt (**-s, -s**) (Inform) preparación f, setup m
Setup-Datei f instalador m, setup m
setzen vt poner; (Gast) colocar; (Hoffnung, Ziel) fijar, señalar; (Baum etc) plantar; (Segel) poner ▷ vr: **sich setzen** sentarse; (Niederschlag) sedimentarse; (Staub) posarse
Seuche f(**-, -n**) epidemia f
seufzen vt, vi suspirar
Sex m (**-(es)**) sexo m
Sexismus m sexismo m
sexistisch adj sexista
Sexskandal m escándalo m sexual
Sextourismus m turismo m sexual
Sexualität f sexualidad f
Sexualobjekt nt objeto m sexual
sexy adj inv sexy
Shampoo nt (**-s, -s**) champú m
Shareware f(**-, -s**) shareware m (software de dominio público)
Sherry m (**-s, -s**) jerez m
shoppen vi ir de compras
Shopping nt (**-s**) compras fpl

Shortcut m (**-s, -s**) (Inform) acceso m directo
Shorts pl pantalones cortos mpl, shorts mpl
sich pron se; (mit Präposition) sí
Sichel f(**-, -n**) hoz f; (Mondsichel) cuarto m de luna
sicher adj (geschützt) protegido(-a) (vor +dat de); (gewiss) seguro(-a) (gen de); (zuverlässig) auténtico(-a); (Urteil) cierto(-a); (selbstsicher) seguro(-a) de sí ▷ adv seguramente, sin duda
Sicherheit f seguridad f; (Fin) fianza f; (Gewissheit) certeza f; (Zuverlässigkeit) autenticidad f; (Selbstsicherheit) seguridad f en sí mismo(-a)
Sicherheitsgurt m cinturón m de seguridad
Sicherheitskopie f (Inform) copia f de seguridad
Sicherheitsnadel f imperdible m
Sicherheitsvorkehrung f medida f de precaución
sichern vt asegurar; (schützen: Inform) proteger (gegen, vor +dat de)
Sicherung f (das Sichern) aseguramiento m; (Vorrichtung) dispositivo m de seguridad; (Elec) fusible m
Sicherungskopie f copia f de seguridad
Sicht f(**-**) visibilidad f; (Aussicht) vista f
sichtbar adj visible; (Fortschritte) manifiesto(-a)
sichtlich adj visible; (Unterschied) evidente; (Freude) manifiesto(-a)
Sichtverhältnisse pl condiciones fpl de visibilidad
Sichtvermerk m visado m

sickern vi (Flüssigkeit) rezumar
sie pron (3. Person Singular) ella
  ▷ pron (3. Person Plural) ellos(-as)
  ▷ pron akk sing von **sie** la; a ella
  ▷ pron akk pl von **sie** las
Sie pron (Höflichkeitsform, Nominativ und akk) usted ▷ pron pl von **Sie** ustedes
Sieb nt (-(e)s, -e) (Mehlsieb) cedazo m; (Getreidesieb) criba f; (Teesieb) colador m
sieben vt cribar; (fig) seleccionar
sieben num siete
siebenhundert num setecientos(-as)
siebenmal adv siete veces
siebt num: **zu siebt** (a) siete
siebte, r, s adj séptimo(-a)
Siebtel nt (-s, -) séptima parte f
siebtens adv en séptimo lugar
siebzehn num diecisiete
siebzig num setenta
Siedewasserreaktor m reactor m de agua en ebullición
Siedlung f población f, asentamiento m; (Häusersiedlung) urbanización f
Sieg m (-(e)s, -e) victoria f
siegen vi triunfar; (Sport) vencer
Sieger, in m(f) (-s, -) triunfador(a) m(f); (Sport) vencedor(a) m(f)
siehe imper véase
siezen vt tratar de usted
Signal nt (-s, -e) señal f
Silber nt (-s) plata f
Silbermedaille f medalla f de plata
silbern adj plateado(-a); (Jubiläum, Hochzeit etc) de plata
Silvester nt (-s, -), **Silvesterabend** m Nochevieja f

- **SILVESTER**
-
- **Silvester** es el nombre que se da
- a la Nochevieja. Aunque no es día
- festivo oficialmente, muchos
- comercios cierran a mediodía o
- antes de lo habitual. La mayoría
- de la gente lo celebra por la
- noche y a las doce hay fuegos
- artificiales y cohetes; la diversión
- suele durar hasta bien entrada la
- madrugada.

Simbabwe nt (-s) Zimbabue m
SIM-Karte f (Tel) tarjeta f SIM
Sims nt o m (-es, -e) (Kaminsims) cornisa f; (Fenstersims) repisa f
singen irr vt, vi cantar
Single f (-, -s) (Schallplatte) single m ▷ m (Mensch) persona f sola, single m
sinken irr vi (Schiff) hundirse; (Preise) bajar; (Hoffnung) desmoronarse
Sinn m (-(e)s, -e) (Bewusstsein) conciencia f; (Wahrnehmungssinn) sentido m; (Verständnis) comprensión f; (Bedeutung) significado m, sentido m; **Sinn machen** tener sentido
sinnlich adj (Mensch) sensual; (Eindruck) de los sentidos
sinnlos adj (Versuch) inútil; (Plan) insensato(-a); (Einrichtung) absurdo(-a)
Sinnlosigkeit f insensatez f
sinnvoll adj razonable; (Plan) inteligente; (Einrichtung) conveniente
Sirene f (-, -n) sirena f
Sirup m (-s, -e) jarabe m (dulce)
Situation f situación f

Sitz *m* (**-es, -e**) (*Platz*) sitio *m*; (*Sitzfläche*) asiento *m*; (*Regierungssitz etc*) sede *f*
sitzen *irr vi* estar sentado(-a); (*Gelerntes*) quedar fijado(-a); (*Kleidung*) sentar bien; **sitzen bleiben** (*Sch*) quedar suspendido(-a); (*Mädchen, Junge*) quedarse soltero(-a); **sitzen bleiben** (*fam*) no encontrar comprador para algo
Sitzgelegenheit *f* asiento *m*
Sitzplatz *m* asiento *m*
Sitzung *f* reunión *f*
Sizilien *nt* (**-s**) Sicilia *f*
Skala *f* (**-, Skalen**) escala *f*
Skandal *m* (**-s, -e**) escándalo *m*
Skandinavien *nt* (**-s**) Escandinavia *f*
Skateboard *nt* (**-s, -s**) monopatín *m*
skeptisch *adj* escéptico(-a)
Ski *m* (**-s, -er**) esquí *m*; **Ski laufen**, **Ski fahren** esquiar
Skiläufer, in *m(f)* esquiador(a) *m(f)*
Skilehrer, in *m(f)* profesor(a) *m(f)* de esquí
Skilift *m* telesilla *f*
Skinhead *m* (**-s, -s**) cabeza *mf* rapada, skinhead *m*
Skiträger *m* portaesquís *m*
Skizze *f* (**-, -n**) boceto *m*
Skonto *m o nt* (**-s, -s**) descuento *m*
Skorpion *m* (**-s, -e**) (*Zool*) escorpión *m*; (*Astr*) Escorpio *m*
Skrupel *m* (**-s, -**) escrúpulo *m*
Slip *m* (**-s, -s**) eslip *m*, slip *m*
Slipeinlage *f* protege-slip *m*
Slowakei *f* (**-**) Eslovaquia *f*
slowakisch *adj* eslovaco(-a)
Slowenien *nt* (**-s**) Eslovenia *f*
slowenisch *adj* esloveno(-a)

497 | **Software**

Smaragd *m* (**-(e)s, -e**) esmeralda *f*
Smiley *m* (**-s, -s**) smiley *m*, emoticón *m*
Smog *m* (**-s**) smog *m*
Smogalarm *m* alerta *f* de smog
Smoking *m* (**-s, -s**) esmoquin *m*
SMS *f* (**-**) *abk* (= *short message service*) SMS *m*
SMS-Mitteilung *f* mensaje *m* SMS
Snowboard *nt* (**-s, -s**) snowboard *m*
Snowboardfahren *nt* (**-s**) esquí *m* con snowboard

○ SCHLÜSSELWORT

so *adv* así, de tal manera; (*vor Adjektiv*) tan; (*etwa*) aproximadamente; (*fam: umsonst*) gratis; **so?** ¿de verdad?; **so ein ...** tal ...; **so etwas!** ¡qué barbaridad!; **so etwas Schönes!** ¡qué cosa tan bonita!; **so ... wie ...** así ... como ...; **so ..., dass** de manera que ▷ *konj* si, cuando

Söckchen *nt* calcetín *m*
Socke *f* (**-, -n**) calcetín *m*
sodass *konj* de forma [o manera] que +*subj*
Sodbrennen *nt* (**-s**) ardor *m* de estómago
soeben *adv* hace poco
Sofa *nt* (**-s, -s**) sofá *m*
sofern *konj* siempre y cuando +*subj*
sofort *adv* inmediatamente
Sofortbildkamera *f* cámara *f* de revelado instantáneo
sofortig *adj* inmediato(-a)
Softeis *nt* helado *m* a la crema
Softie *m* (**-s, -s**) tipo *m* blando
Software *f* (**-**) (*Inform*) software *m*,

soporte *m* lógico, equipo *m* lógico
sogar *adv* incluso
Sohle *f*(-, -n) (*Schuhsohle*) suela *f*
Sohn *m* (-(e)s, Söhne) hijo *m*
Sojabohne *f* brote *m* de soja
Sojasoße *f* salsa *f* de soja
solang, e *konj* mientras
Solarium *nt* solario *m*, solarium *m*
Solarzelle *f* célula *f* solar
solch *pron* tal, semejante; **ein solcher, eine solche, ein solches ...** tal ...
Soldat, in *m(f)* (-en, -en) soldado *mf*
Solidarität *f* solidaridad *f*
Solidaritätszuschlag *m* impuesto *m* de solidaridad
solide *adj* (*Material*) sólido(-a); (*Leben, Mensch*) serio(-a)
Soll *nt* (-(e)s, -(s)) (*Fin*) pasivo *m*; (*Arbeitsmenge*) rendimiento *m* fijado
sollen *vi* deber; **du hättest nicht gehen sollen** no debiste haber ido; **soll ich?** ¿debo (hacerlo)?
Sommer *m* (-s, -) verano *m*
Sommerfahrplan *m* horario *m* de verano
sommerlich *adj* estival; (*Kleidung*) veraniego(-a)
Sommerloch *nt* (*Pol*) vacío *m* de verano
Sommersprossen *pl* pecas *fpl*
Sommerzeit *f* (*Jahreszeit*) (temporada *f* de) verano *m*; (*Uhr*) horario *m* de verano
Sonderangebot *nt* oferta *f* especial
sonderbar *adj* extraordinario(-a); (*Erscheinung*) singular; (*Benehmen*) raro(-a)
Sonderfahrt *f* servicio *m* discrecional

Sondermüll *m* residuos *mpl* contaminantes (peligrosos)
sondern *konj* sino; **nicht nur ..., sondern auch** no sólo ..., sino también ▷ *vt* separar
Sonderzeichen *nt* carácter *m* especial
Sonderzug *m* tren *m* especial
Sonnabend *m* sábado *m*
sonnabends *adv* los sábados
Sonne *f*(-, -n) sol *m*
sonnen *vr*: **sich sonnen** tomar el sol
Sonnenaufgang *m* salida *f* del sol
sonnen|baden *vi* tomar baños de sol
Sonnenblume *f* girasol *m*
Sonnenbrand *m* quemadura *f* solar
Sonnenbrille *f* gafas *fpl* de sol
Sonnencreme *f* crema *f* solar
Sonnenkollektor *m* placa *f* (de energía) solar
Sonnenöl *nt* aceite *m* solar
Sonnenschirm *m* sombrilla *f*
Sonnenschutzmittel *nt* producto *m* de protección solar
Sonnenstich *m* insolación *f*
Sonnenuntergang *m* puesta *f* del sol
sonnig *adj* soleado(-a); (*Gemüt*) alegre
Sonntag *m* domingo *m*
sonntags *adv* los domingos
sonst *adv* (*außerdem*) además; (*mit pron, in Fragen*) (por) lo demás; (*zu anderer Zeit*) en otras ocasiones, otras veces; **wer/was sonst?** ¿quién/qué sino?; **sonst noch etwas?** ¿(desea) algo más?; **sonst nichts** nada más ▷ *konj* sino
sonstig *adj* (*Ausgaben*) otro(-a);

(Wünsche) demás
Sopran m (-s, -e) soprano m
Sorge f(-, -n) preocupación f (*um por*); (*Fürsorge*) cuidado m
sorgen vi: **für jdn sorgen** atender [o cuidar] a alguien; **für etw sorgen** cuidarse de algo ▷ vr: **sich sorgen** preocuparse (*um por*)
sorgfältig adj cuidadoso(-a)
Sorte f(-, -n) clase f, tipo m
sortieren vt clasificar; (*Obst*) escoger; (*Inform*) ordenar, clasificar
Sortierlauf m pasada f de ordenamiento
Sortiment nt surtido m
Soße f(-, -n) (*Bratensoße*) salsa f; (*Salatsoße*) aliño m
Sound m (-s, -s) sonido m
Soundkarte f (*Inform*) tarjeta f de sonido
soviel konj según; *siehe auch* **viel**
soweit konj en cuanto a; *siehe auch* **weit**
sowie konj (*sobald*) apenas; (*ebenso*) así como
sowieso adv de todos modos
sowjetisch adj (*Hist*) soviético(-a)
Sowjetunion f (*Hist*): **die Sowjetunion** la Unión Soviética
sowohl konj: **sowohl ... als auch** tanto ... como, así ... como
sozial adj social
Sozialdemokrat, in m(f) socialdemócrata mf
Sozialhilfe f ayuda f social
Sozialismus m socialismo m
Sozialist, in m(f) socialista mf
Sozialpartner pl agentes mpl sociales
Sozialversicherung f seguridad f social
Sozialversicherungskarte f cartilla [o tarjeta f] f de la Seguridad Social
Sozialwohnung f vivienda f de Protección Oficial
Soziologie f sociología f (*als Fach großgeschrieben*)
sozusagen adv por decirlo así
Spachtel m (-s, -) espátula f
Spaghetti, Spagetti pl espaguetis mpl
Spalt m (-(e)s, -e) hendidura f; (*Türspalt*) rendija f
Spalte f(-, -n) fisura f; (*Gletscherspalte*) grieta f; (*in Text*) columna f
spalten vt (*a. fig*) partir (en dos), separar; (*Gruppe, Land*) dividir
Spaltmaterial nt materia f fisible
Spamming nt (-s) spamming m
Span m (-(e)s, Späne) astilla f
Spanferkel nt lechón m
Spange f(-, -n) (*Haarspange*) pasador m
Spanien nt (-s) España f
Spanier, in m(f) (-s, -) español(a) m(f)
spanisch adj español(a)
Spanisch nt (-en) español m; **Spanisch lernen** aprender español; **ins Spanische übersetzen** traducir al español
Spanne f(-, -n) (*Zeitspanne*) lapso m; (*Differenz*) margen m
spannen vt (*straffen*) tensar; (*einlegen*) añadir ▷ vi (*Kleidung*) venir justo
spannend adj (*Buch*) muy interesante; (*Augenblick*) emocionante
Spannung f (*von Seil etc*) tensión f; (*Elec*) voltaje m; (*fig: Erwartung*) expectación f; (*Missstimmung*)

Sparbuch | 500

desavenencia f
Sparbuch nt libreta f de ahorro
sparen vt, vi ahorrar
Spargel m (**-s**, **-**) espárrago m
Sparkasse f caja f de ahorros
spärlich adj (Ertrag) escaso(-a); (Haar) poco abundante; (Bekleidung) austero(-a)
Sparmaßnahme f medida f de ahorro
Sparpaket nt paquete m de medidas de ahorro económico
sparsam adj (Mensch) poco gastador(a); (Gerät, Auto) económico(-a)
Spaß m (**-es**, **Späße**) broma f; (Freude) alegría f; **jdm Spaß machen** gustarle a alguien
Spaßbad nt parque m acuático de recreo
Spaßgesellschaft f sociedad f del ocio
Spaßverderber, in m(f) (**-s**, **-**) aguafiestas mf
spät adj, adv tarde; (Stunde) avanzado(-a); (Gast) rezagado(-a)
Spaten m (**-s**, **-**) laya f
später adj posterior, ulterior ▷ adv más tarde
spätestens adv a más tardar
Spätlese f vino de cosecha tardía
Spatz m (**-en**, **-en**) gorrión m
Spätzle f especie de macarrones típicos del Sur de Alemania
spazieren vi pasear, dar un paseo; **spazieren gehen** pasear
Spaziergang m paseo m
Specht m (**-(e)s**, **-e**) (pájaro m) carpintero m
Speck m (**-(e)s**, **-e**) tocino m
Spedition f expedición f; (Speditionsfirma) empresa f de transportes
Speer m (**-(e)s**, **-e**) lanza f; (Sport) jabalina f
Speiche f (**-**, **-n**) radio m
Speichel m (**-s**) saliva f
Speicher m (**-s**, **-**) (Dachspeicher) desván m; (Wasserspeicher) depósito m; (Tech) acumulador m; (Inform) memoria f
Speichererweiterung f (Inform) ampliación f de memoria
Speicherkapazität f (Inform) capacidad f de almacenamiento [o de memoria]
speichern vt (Inform) memorizar, almacenar; (abspeichern) conservar; (Wasser) acumular; (Information) memorizar
Speicherplatz m (Inform) espacio m de memoria
Speicherschreibmaschine f máquina f de escribir con memoria
Speicherschutz m protección f de memoria
speien irr vt, vi (spucken) escupir; (erbrechen, Vulkan) vomitar
Speise f (**-**, **-n**) comida f
Speiseeis nt helado m
Speisekarte f menú m
Speisesaal m comedor m
Speisewagen m (Eisenb) vagón m restaurante
Spende f (**-**, **-n**) donativo m
spenden vt (Geld) regalar; (Blut) donar; (Schatten) dar; (Seife) distribuir
spendieren vt (fam) ofrecer
Spermizid nt (**-s**, **-e**) espermicida m
Sperre f (**-**, **-n**) barrera f; (Verbot) prohibición f
sperren vt (Straße) bloquear; (Hafen, Grenze) cerrar; (einschließen)

encerrar (in +akk en)
Sperrmüll m basura f voluminosa
Spesen pl gastos mpl
Spezialeffekte pl efectos mpl especiales
spezialisieren vr: **sich spezialisieren** especializarse (auf +akk en)
Spezialist, in m(f) especialista mf
Spezialität f especialidad f
Spiegel m (-s, -) espejo m; (Wasserspiegel) nivel m (del agua)
Spiegelbild nt reflejo m
Spiegelei nt huevo m frito
spiegeln vt reflejar ▷ vi (blitzen) relucir; (blenden) reflejar, espejar ▷ vr: **sich spiegeln** reflejarse
Spiegelreflexkamera f cámara f réflex (de espejos)
Spiel nt (-(e)s, -e) juego m; (Sport) partido m; (Schauspiel) representación f; (das Spielen) interpretación f
Spielekonsole f videoconsola f
spielen vt, vi jugar; (Instrument) tocar; (Theat) representar
Spieler, in m(f) (-s, -) jugador(a) m(f); (Mus) músico mf
Spielfilm m largometraje m
Spielhalle f salón m con máquinas de juego
Spielplatz m campo m de juego
Spielraum m (Tech) juego m; (fig) margen m
Spielsachen pl juguetes mpl
Spielverderber, in m(f) (-s, -) aguafiestas mf
Spielzeug nt juguete m
Spieß m (-es, -e) pincho m; (Bratspieß) asador m
Spinat m (-(e)s, -e) espinacas fpl
Spinne f (-, -n) araña f

501 | Sportwagen

spinnen irr vt hilar ▷ vi hacer hebras; (fam: verrückt sein) estar loco(-a)
Spinner, in m(f) (-s, -) (pej) tarado(-a) m/f
Spion, in m(f) (-s, -e) espía mf; (in Tür) mirilla f
spionieren vi espiar
Spirale f (-, -n) espiral f
Spirituosen pl licores mpl
Spiritus m (-, -se) alcohol m
spitz adj (Nadel) puntiagudo(-a); (Messer, Bleistift) afilado(-a); (fig: Zunge) mordaz; (Bemerkung) satírico(-a)
Spitze f (-, -n) punta f; (Bergspitze) cima f; (von Bemerkung) indirecta f; (Textil) encaje m
Spitzen- in zW (erstklassig) excelente; (aus Spitze) de encaje
spitzfindig adj sutil
Splitter m (-s, -) (Holzsplitter) astilla f; (Glassplitter) esquirla f; (Metallsplitter) fragmento m
sponsern vt patrocinar
Sponsor, in m(f) (-s, -en) espónsor m, patrocinador(a) m(f)
spontan adj espontáneo(-a)
Sport m (-(e)s) deporte m; (fig) pasatiempo m
Sportler, in m(f) (-s, -) deportista mf
sportlich adj deportivo(-a)
Sportplatz m campo m de deportes
Sportstudio nt centro m de culturismo
Sporttauchen nt (-s) buceo m; (mit Gerät) submarinismo m
Sportverein m club m deportivo
Sportwagen m (coche m) deportivo m

Spott *m* (-(e)s) burla *f*
spöttisch *adj* (Bemerkung) burlón(-ona); (Lachen) irónico(-a)
Sprache *f* (-, -n) lengua *f*; (durch Zeichen, Musik etc) lenguaje *m*; (in einem Volk) idioma *m*
Sprachkenntnisse *pl* conocimientos *mpl* de idioma
Sprachkurs *m* curso *m* de idioma
Sprachreise *f* viaje *m* de estudios (para aprender idiomas)
Spray *m* o *nt* (-s, -s) spray *m*
sprechen *irr vi* hablar (mit con)
▷ *vt* decir; (Sprache) hablar; (jdn) hablar a
Sprecher, in *m(f)* (-s, -) orador(a) *m(f)*; (für Gruppe) portavoz *m*; (Radio, TV) locutor(a) *m(f)*
Sprechstunde *f* (von Arzt) (hora *f* de) consulta *f*
Sprechstundenhilfe *f* asistente *f*
Sprechzimmer *nt* sala *f* de consulta
sprengen *vt* (Rasen) regar; (mit Sprengstoff) hacer saltar, volar
Springbrunnen *m* surtidor *m*
springen *irr vi* (hüpfen) brincar; (schnellen) saltar; (Glas, Metall etc) resquebrajarse
Springerstiefel *pl* botas *fpl* de militar
Spritze *f* (-, -n) jeringa *f*; (an Schlauch) boca *f* de riego; (Med) inyección *f*
spritzen *vt* regar; (Med) inyectar ▷ *vi* brotar; (Med) poner una inyección
spröde *adj* (Material) frágil; (Haut) áspero(-a)
Spruch *m* (-(e)s, Sprüche) sentencia *f*
Sprudel *m* (-s, -) (el) agua *f* mineral con gas
sprudeln *vi* (Wasser) surtir; (Worte) barullar
Sprühdose *f* pulverizador *m*
sprühen *vt* (Farbe) aplicar con pistola ▷ *vi* (Funken) chisporrotear; (fig) centellear (vor +dat de)
Sprung *m* (-(e)s, Sprünge) salto *m*
Sprungbrett *nt* trampolín *m*
Spucke *f* (-) saliva *f*
spucken *vt*, *vi* escupir
Spuk *m* (-(e)s, -e) fantasma *m*
spuken *vi* (Geist) trasguear; **hier spukt es** aquí hay fantasmas
Spule *f* (-, -n) carrete *m*; (Elec) bobina *f*
Spüle *f* (-, -n) fregadero *m*
spülen *vt* limpiar; (Wäsche) aclarar; (Geschirr) lavar; (Toilette) tirar de la cadena
Spülmaschine *f* (aparato *m*) lavavajillas *m*
Spülmittel *nt* lavavajillas *m*
Spur *f* (-, -en) (Fährte) rastro *m*; (von Radio, von Tonband) huella *f*; (Inform) pista *f*; (Fahrspur) carril *m*
spüren *vt* (Kälte) notar; (Schmerz) sentir; (Wirkung) experimentar
Squash *m* (-) squash *m*
Sri Lanka *nt* (-s) Sri Lanka *f*
Staat *m* (-(e)s, -en) estado *m*
staatlich *adj* estatal
Staatsangehörigkeit *f* nacionalidad *f*
Staatsanwalt *m*, **Staatsanwältin** *f* fiscal *mf*
Staatsexamen *nt* licenciatura con Certificado de Aptitud Pedagógica
Stab *m* (-(e)s, Stäbe) bastón *m*; (Gitterstab) barrote *m*; (Mitarbeiter) colaboradores *mpl*
stabil *adj* estable; (Möbel)

sólido(-a); (fig: Lage) seguro(-a)
Stachel m (-s, -n) espina f; (von Insekten) aguijón m
Stachelbeere f grosella f espinosa
Stacheldraht m alambre m de espino
stachelig adj (Tier) armado(-a) de espinas [o de aguijones]; (Blume) espinoso(-a)
Stadion nt (-s, Stadien) estadio m
Stadt f (-, Städte) ciudad f
Städtepartnerschaft f hermandad f de ciudades
städtisch adj (Leben) urbano(-a); (Anlagen) municipal
Stadtmauer f murallas fpl de la ciudad
Stadtplan m plano m de la ciudad
Stadtrand m periferia f
Stadtrundfahrt f recorrido m turístico por la ciudad
Stadtteil m barrio m
staffeln vt escalonar
Stahl m (-(e)s, Stähle) acero m
Stall m (-(e)s, Ställe) corral m; (Schweinestall) pocilga f; (Hühnerstall) gallinero m
Stamm m (-(e)s, Stämme) tronco m; (Volksstamm) tribu f
stammen vi: **stammen von, stammen aus** provenir de; (Mensch) ser natural de
Stammgast m parroquiano(-a) m/f
stampfen vi patalear
Stand m (-(e)s, Stände) (das Stehen) posición f de pie; (Zustand) estado m; (Messestand etc) puesto m, stand m; (Klasse) clase f (social)
Standard m (-s, -s) estándar m
Stand-by-Betrieb, Standby-Betrieb m comando m en espera

Stand-by-Modus, Standby-Modus m comando m en espera
Stand-by-Ticket, Standby-Ticket nt billete m Standby
Standesamt nt registro m civil
ständig adj (Wohnort) permanente; (Bedrohung) continuo(-a); (Begleiter) fijo(-a) ▷ adv continuamente
Standlicht nt (Auto) luz f de población
Standort m (Com) emplazamiento m (industrial)
Standpunkt m punto m de vista
Standspur f arcén m
Stange f (-, -n) vara f; (Zigarettenstange) cartón m
Stängel m (-s, -) tallo m
Stangenbrot nt barra f
Stanniol nt (-s, -e) papel m de estaño
Stapel m (-s, -) montón m, pila f
stapeln vt (Bücher) apilar; (Wäsche) amontonar
Stapelverarbeitung f (Inform) trabajo m en lotes
Star m (-(e)s, -e) (Vogel) estornino m; (Med) catarata f ▷ m (-s, -s) (Cine) estrella f
stark adj (kräftig) vigoroso(-a); (Kaffee) fuerte; (mächtig) poderoso(-a); (Charakter) enérgico(-a); (Schmerz) intenso(-a); (bei Maßangabe) abundante
Stärke f (-, -n) fuerza f, vigor m; (Wäschestärke; Gastr) almidón m
stärken vt (jdn) fortalecer; (Mannschaft) reforzar; (Wäsche) almidonar
Starkstrom m corriente f de alta tensión
Stärkung f (das Stärken)

starr | 504

fortalecimiento m; (Erfrischung) refrigerio m
starr m (Material) rígido(-a); (Haltung) inmóvil; (Blick) fijo(-a)
starren vi (blicken) mirar absorto(-a)
Start m (-(e)s, -e) partida f; (Aer) despegue m; (Anfang) inicio m
Startbahn f pista f de despegue
starten vt poner en marcha; (Inform) lanzar, arrancar ▷ vi partir
Starter m (-s, -) (Auto) motor m de arranque
Starthilfekabel nt juego m de cables de emergencia
Startmenü nt (Inform) menú m de inicio
Startseite f (im Internet) página f inicial
Station f (Eisenb) estación f; (Haltestelle) parada f; (Etappe) estación f; (im Krankenhaus) servicio m
Statistik f estadística f
Stativ nt trípode m
statt konj, präp +gen o dat en vez de
statt|finden irr vi tener lugar
Statue f (-, -n) estatua f
Statuszeile f (Inform) línea f de estados de funcionamiento
Stau m (-(e)s, -e) congestión f; (Verkehrsstau) embotellamiento m
Staub m (-(e)s) polvo m
stauben vi desprender polvo; **es staubt** hay polvo
staubig adj cubierto(-a) de polvo
Staubsauger m aspirador m
Staudamm m presa f
stauen vt (Wasser) contener; (Blut) atajar ▷ vt: **sich stauen** (Wasser) estancarse; (Verkehr: Med) congestionarse; (Gefühle)
acumularse
staunen vi asombrarse
Steak nt (-s, -s) bistec m
stechen irr vt pinchar; (mit Nadel) clavar; (mit Messer) acuchillar ▷ vi (Biene etc) picar; (Sonne) quemar
Steckdose f enchufe m, toma f de corriente
stecken vt introducir; (fam) meter; (beim Nähen) sujetar (con alfileres) ▷ vi (sich befinden) hallarse metido(-a) (in +dat en); (festsitzen) estar fijado(-a); (fam: sein) estar
Stecker m (-s, -) clavija f, enchufe m
Stecknadel f alfiler m
stehen irr vi (sich befinden) encontrarse, estar; (nicht liegen) estar en pie; (in Zeitung) venir; (stillstehen) quedar parado(-a); **jdm stehen** (Kleid) sentar bien a alguien; **stehen bleiben** quedarse en pie; (anhalten) detenerse; (Uhr) pararse
stehlen irr vt robar
steif adj rígido(-a); (Gesellschaft) formal; (Grog) fuerte
steigen irr vi alzarse; (klettern) trepar; (Flugzeug) elevarse; (Ballon) ascender; (Preise, Temperatur) subir; **in/auf etw** akk **steigen** entrar en/ subir a algo
steigern vt (Leistung) aumentar ▷ vi (bei Auktion) pujar (um por) ▷ vr: **sich steigern** intensificarse
Steigung f subida f; (Hang) inclinación f
steil adj inclinado(-a); (Fels) escarpado(-a)
Stein m (-(e)s, -e) piedra f
Steinbock m (Zool) bucardo m; (Astr) Capricornio m
Steinbutt m (-(e)s, -e) rodaballo m

Steingut nt loza f
steinig adj pedregoso(-a)
Stelle f(-, -n) puesto m; (Position) posición f; (in Buch) pasaje m; (Arbeit) empleo m
stellen vt poner; (Möbel) colocar; (Uhr etc) poner en hora ▷ vr: **sich stellen** (sich aufstellen) ponerse en pie; (bei Polizei) entregarse; (vorgeben) fingirse, simular
Stellenangebot nt oferta f de empleo; (in Zeitung) anuncio m de empleo
Stellenwert m (Inform) valor m de posición; (fig) valor m; **einen hohen Stellenwert haben** tener importancia
Stellung f posición f; (das Stellen) colocación f; **Stellung nehmen zu** tomar posición con respecto a
Stellvertreter, in m(f) suplente mf
Stempel m (-s, -) sello m; (Bot) pistilo m
stempeln vt marcar; (Briefmarke) sellar
Stengel siehe **Stängel**
Steppdecke f colcha f guateada
Sterbehilfe f eutanasia f
sterben irr vi morir
Stereoanlage f cadena f estéreo, equipo m estéreo
steril adj estéril
sterilisieren vt esterilizar
Stern m (-s, -e) estrella f
Sternfrucht f carambola f
Sternschnuppe f(-, -n) estrella f fugaz
stets adv siempre
Steuer nt (-s, -) (Auto) volante m; (Naut) timón m; (fig) mando m ▷ f (-, -n) impuesto m
Steuereinheit f (Inform) unidad f de control
Steuergerät nt (Radio) sintonizador m; (Inform) unidad f de control [o de mando]
Steuerknüppel m palanca f de mando
steuern vt (Auto) conducir; (Entwicklung) dirigir; (Tonstärke) modular; (Inform) controlar, gobernar
Steuerrad nt (Auto) volante m
Steuersignal nt (Inform) señal f de control
Steuerung f dirección f; (Inform) control m, gobierno m; (Auto) conducción f; (Vorrichtung) (mecanismo m de) mando m
Steuerungstaste f (Inform) tecla m Control
Steuerzeichen nt (Inform) carácter m de control
Steward m (-s, -s) asistente m de vuelo
Stewardess f(-, -en) azafata f
Stich m (-(e)s, -e) (Insektenstich) picadura f; (Messerstich) cuchillada f; (beim Nähen) puntada f; (Färbung) tono m; (Kunst) grabado m
Stichprobe f muestra f escogida al alzar
Sticker m (-s, -) pegatina f
Stickerei f bordado m
stickig adj (Luft) sofocante
Stickstoff m nitrógeno m
Stiefel m (-s, -) bota f
Stiefmutter f madrastra f
Stiefvater m padrastro m
Stiel m (-(e)s, -e) mango m; (von Gerät) manivela f; (Bot) tallo m
Stier m (-(e)s, -e) toro m; (Astr) Tauro m
Stift m (-(e)s, -e) clavija f; (Nagel)

clavo m; *(Bleistift)* lápiz m

Stil m **(-(e)s, -e)** estilo m

still *adj* tranquilo(-a); *(Mensch)* callado(-a); *(unbewegt)* quieto(-a)

stillen *vt (Blut)* cortar; *(Schmerzen)* calmar; *(befriedigen)* satisfacer; *(Säugling)* amamantar

still|halten *irr vi* quedarse quieto(-a)

still|stehen *irr vi (Maschine)* estar parado(-a); *(Verkehr)* estar paralizado(-a); *(untätig sein)* no trabajar

Stimme f **(-, -n)** voz f; *(Wahlstimme)* voto m

stimmen *vi (richtig sein)* ser correcto(-a); **für/gegen etw stimmen** votar a favor de/en contra de algo

Stimmung f estado m de ánimo; *(Atmosphäre)* ambiente m

Stinkefinger m dedo m corazón *(se utiliza para hacer un gesto obsceno)*

stinken *irr vi* oler mal, apestar

Stipendium nt beca f

Stirn f **(-, -en)** frente f

Stock m **(-(e)s, Stöcke)** bastón m; *(Bot)* cepa f ▷ m *(pl* **Stockwerke)** piso m

stocken *vi* cesar; *(beim Sprechen)* atascarse

Stockung f detención f; *(von Verkehr)* embotellamiento m; *(von Blut)* congestión f

Stockwerk nt piso m, planta f

Stoff m **(-(e)s, -e)** tela f; *(Materie)* materia f; *(von Buch etc)* tema m; *(fam: Drogen)* droga f

stöhnen *vi* gemir, quejarse

stolpern *vi* tropezar *(über +akk* contra)

stolz *adj* orgulloso(-a) *(auf +akk* de)

stopfen *vt (hineinstopfen)* meter *(in +akk* dentro de); *(vollstopfen)* llenar; *(flicken)* zurcir ▷ vi *(Med)* constipar

stoppen *vt (hacer)* parar; *(Verkehr etc)* detener; *(Läufer)* cronometrar ▷ vi *(anhalten)* detenerse

Stoppschild nt señal f de parada obligatoria

Stoppuhr f cronómetro m

Stöpsel m **(-s, -)** tapón m

Storch m **(-(e)s, Störche)** cigüeña f

stören *vt* molestar

stornieren *vt* anular

Störung f molestia f, disturbio m; *(Radio)* perturbación f

Störungsanzeige f *(Inform)* indicación f de averías [o de anomalías]

Stoß m **(-es, Stöße)** *(Schub)* empujón m; *(Schlag)* golpe m; *(mit Fuß)* patada f; *(Erdstoß)* temblor m; *(Haufen)* montón m

Stoßdämpfer m **(-s, -)** *(Auto)* amortiguador m

stoßen *irr vt* empujar; *(mit Fuß)* patalear; *(mit Hörnern)* cornear; *(zerkleinern)* triturar ▷ vr: **sich stoßen** darse, chocar *(gegen* contra), *(fig)* escandalizarse *(an +dat* de)

Stoßstange f *(Auto)* parachoques m

stottern *vt, vi (stammeln)* balbucear ▷ vi tartamudear

strafbar *adj* punible, castigable

Strafe f **(-, -n)** castigo m; *(Jur)* pena f; *(Geldstrafe)* multa f

strafen *vt* castigar

Strafporto nt sobretasa f

Strafzettel m (papeleta f de la) multa f

Strahl m **(-s, -en)** rayo m;

(*Wasserstrahl*) chorro m
strahlen vi (*Sonne*) brillar; (*fig: radioaktiv sein*) desprender [o emitir] radiactividad; (*Mensch*) estar radiante
Strahlenbelastung f (dosis f de) radiactividad f
Strahlenkrankheit f radiotoxemia f
strahlenverseucht adj contaminado(-a) por radiación atómica
Strahlung f (*Phys*) radiación f
strahlungsarm adj de poca radiación
Strähne f (-, -n) mechón m
Strand m (-(e)s, Strände) orilla f; (*mit Sand*) playa f
Strandgut nt despojos mpl del mar
Strandkorb m sillón m de playa
Strapaze f (-, -n) fatiga f
strapazieren vt (*Material*) gastar; (*jdn, Kräfte*) fatigar
strapaziös adj fatigoso(-a)
Straßburg nt (-s) Estrasburgo m
Straße f (-, -n) calle f
Straßenbahn f tranvía m
Straßensperre f barrera f
Straßenverkehrsordnung f código m de la circulación
Strauch m (-(e)s, Sträucher) arbusto m
Strauß m (-es, Sträuße) (*Blumenstrauß*) ramo m ▷ m (-e pl) (*Vogel*) avestruz m
Streamer m (-s, -) (*Inform*) (cinta f) streamer m
Strecke f (-, -n) trayecto m; (*Entfernung*) distancia f; (*Eisenb*) línea f
strecken vt (*Glieder*) estirar; (*Mahlzeit*) alargar ▷ vr: **sich**

507 | **Strichcode**

strecken estirarse
Streich m (-(e)s, -e) (*Schabernack*) broma f, picardía f
Streicheleinheiten pl (*Zärtlichkeit*) ternura f; (*Zuwendung*) atención f; (*Komplimente*) cumplidos mpl
streicheln vt acariciar
streichen irr vt (*berühren*) tocar; (*auftragen*) aplicar; (*anmalen*) pintar; (*durchstreichen*) tachar; (*nicht genehmigen*) anular
Streichholz nt cerilla f
Streifen m (-s, -) (*Linie*) línea f; (*Stück*) cinta f
Streifenwagen m coche m patrulla
Streik m (-(e)s, -s) huelga f
streiken vi estar en huelga
Streit m (-(e)s, -e) disputa f, riña f
streiten irr vi (*zanken*) disputar, reñir ▷ vr: **sich streiten** pelearse
streng adj (*Lehrer*) severo(-a); (*Vorschrift*) riguroso(-a); (*Gesicht*) serio(-a), (*Geruch*) agrio(-a), áspero(-a)
Stress m (-es) estrés m
stressen vt estresar
stressig adj estresante
Stretchhose f pantalón m elástico
Stretching nt (-s) (*Sport*) stretching m, ejercicios mpl para estirar los músculos
streuen vt esparcir ▷ vi diseminar; (*Phys*) dispersarse
Strich m (-(e)s, -e) (*Linie*) línea f; (*Federstrich*) rasgo m de pluma; (*Pinselstrich*) pincelada f; **auf den Strich gehen** (*fam*) hacer la carrera [o la calle]
Strichcode, Strichkode m (-s, -s) código m de barras

Strichmädchen nt ramera f
Strichpunkt m punto m y coma f
Strick m (-s, -e) cuerda f, cabo m
stricken vt, vi hacer punto
Strickjacke f chaqueta f de punto
Stricknadel f aguja f para hacer punto
Stroboskoplicht nt luz f estroboscópica
Stroh nt (-(e)s) paja f
Strohblume f siempreviva f
Strohhalm m (caña f de) paja f, pajita f
Strom m (-(e)s, Ströme) flujo m; (Elec) corriente f
strömen vi (Wasser) salir a chorros; (Luft) correr; (Menschen) afluir
Strömung f corriente f
strotzen vi: strotzen vor +dat, strotzen von estar lleno(-a) de
Strudel m (-s, -) remolino m; (Gastr) hojaldre m
Struktur f (von Gewebe) textura f; (von System) estructura f
Strumpf m (-(e)s, Strümpfe) media f
Strumpfhose f pantis mpl; (aus Wolle) leotardos mpl
Stube f (-, -n) cuarto m
Stück nt (-(e)s, -e) (Teil) parte f; (Einzelteil) pieza f
Student, in m(f) estudiante mf
Studentenausweis m carnet m de estudiante
Studentenwohnheim nt residencia f de estudiantes
Studienabschluss m licenciatura f, diploma m
Studienplatz m plaza f de estudios (en la universidad)
studieren vt, vi estudiar
Studium nt estudio m; (an Universität) carrera f
Stufe f (-, -n) escalón m; (Entwicklungsstufe) grado m, fase f
Stuhl m (-(e)s, Stühle) silla f
Stuhlgang m defecación f
stumm adj (Mensch) mudo(-a); (Gebärde, Spiel) silencioso(-a)
stumpf adj (Messer etc) sin filo; (glanzlos) opaco(-a); (teilnahmslos) apático(-a); (Mensch) torpe
Stumpf m (-(e)s, Stümpfe) tocón m; (Beinstumpf) muñón m
stumpfsinnig adj (Arbeit) monótono(-a); (Leben) abúlico(-a)
Stunde f (-, -n) hora f; (Sch) lección f; (Zeitpunkt) momento m
Stundenplan m horario m
stündlich adj cada hora
Stuntman m (-s, Stuntmen) doble m
Stuntwoman f (-, Stuntwomen) doble f
Stups m (-es, -e) (fam) empujón m
Stupsnase f nariz f respingona
stur adj (fam: Mensch) terco(-a)
Sturm m (-(e)s, Stürme) tempestad f
stürmisch adj (Wetter) borrascoso(-a); (Empfang) impetuoso(-a)
Sturz m (-es, Stürze) caída f
stürzen vt derribar; (umkehren) volcar ▷ vi precipitarse; (rennen) ir a toda prisa ▷ vr: **sich stürzen** arrojarse (in, auf +akk sobre, contra); (hineinstürzen) meterse
Sturzhelm m casco m protector
stutzig adj perplejo(-a)
Styropor nt (-s) poliestireno m
Suche f (-, -n) (a. Inform) búsqueda f (nach de)
suchen vt (a. Inform) buscar;

(versuchen) intentar ▷ vi ir en busca
Sucher m (**-s**, **-**) (Foto) visor m
Suchmaschine f (Inform) motor m de búsqueda
Sucht f (**-**, **Süchte**) manía f, adicción f; (Med) toxicomanía f
süchtig adj toxicómano(-a)
Südafrika nt Sudáfrica f
Südamerika nt América f del Sur, Sudamérica f
südamerikanisch adj sudamericano(-a)
süddeutsch adj del Sur de Alemania
Süddeutschland nt Sur m de Alemania
Süden m (**-s**) sur m
Südfrüchte pl frutas fpl tropicales
südlich adj del sur, meridional ▷ adv: **südlich von** al sur de
Südosten m sudeste m, sureste m
Südpol m Polo m Sur
Südwesten m sudoeste m, suroeste m
süffig adj (Wein) abocado(-a)
Sulfonamid nt (**-(e)s**, **-e**) (Med) sulfamida f
Sultanine f (uva f) pasa f
Sülze f (**-**, **-n**) gelatina f
Summe f (**-**, **-n**) suma f, importe m
Sumpf m (**-es**, **Sümpfe**) pantano m
sumpfig adj pantanoso(-a)
Sünde f (**-**, **-n**) pecado m
super adj inv (fam) súper
Super nt (**-s**) (Benzin) súper f
Supermarkt m supermercado m
Suppe f (**-**, **-n**) sopa f
Support m (**-s**, **-s**) (technische Unterstützung) soporte m
Surfbrett nt tabla f de surf
surfen vi practicar el surf [o el surfing]; **im Internet surfen** navegar en Internet
Surfen nt (**-s**) (Sport) surfing m, surf m
Surfer, in m(f) (**-s**, **-**) surfista mf
süß adj dulce; (lieblich) meloso(-a)
Süßigkeit f dulzura f; (Bonbon etc) dulce m
süßlich adj dulce; (fig) meloso(-a)
Süßspeise f dulce m
Süßstoff m sacarina f
Süßwasser nt (el) agua f dulce
Sweatshirt nt (**-s**, **-s**) suéter m, sudadera f
Sylvester m siehe **Silvester**
Symbol nt (**-s**, **-e**) símbolo m
Symbolleiste f (Inform) barra f de herramientas
Sympathie f simpatía f
sympathisch adj simpático(-a); **er ist mir sympathisch** me cae bien
Synagoge f (**-**, **-n**) sinagoga f
synchron adj sincrónico(-a)
Synchrongetriebe nt transmisión f sincronizada
synchronisieren vt sincronizar; (Film) doblar
Synergie f sinergia f
Synthesizer m (**-s**, **-**) sintetizador m
synthetisch adj sintético(-a)
Syphilis f (**-**) sífilis f
Syrien nt (**-s**) Siria f
syrisch adj sirio(-a)
System nt (**-s**, **-e**) (a. Inform) sistema m; (Methode) método m
Systemanalyse f (**-**, **-n**) análisis m de sistema
Systemanalytiker, in m(f) (**-s**, **-**) analista mf de sistemas
systematisch adj sistemático(-a)
Systeminformationen pl (Inform) informaciones fpl del

sistema
Systemsteuerung f (Inform) panel m de control
Szene f (-, -n) escena f; (Drogenszene, Unterwelt) mundillo m

Tabak m (-s, -e) tabaco m
Tabelle f tabla f
Tabellenkalkulation f hoja f de cálculo
Tablette f tableta f
Tabulator m tabulador m
Tabulatortaste f tecla f Tabulador
Tachometer m (Auto) tacómetro m
tadellos adj perfecto(-a)
Tafel f (-, -n) (Platte) tabla f; (Anschlagtafel) tablón m (de anuncios); (Wandtafel, Schiefertafel) pizarra f; (Tabelle: Math) tabla f; (Gedenktafel) placa f conmemorativa; (Tisch) mesa f; (Schokolade etc) tableta f
Tag m (-(e)s, -e) día m; (Tageslicht) luz f; **bei Tag** de día; **eines Tages** un día; **guten Tag!** ¡buenos días!
Tagebuch nt diario m

tagen vi celebrar una reunión
Tageskarte f (Eintrittskarte) entrada f de un solo día; (Speisekarte) menú m del día
Tageslicht nt luz f natural
Tagesschau f (TV) telediario m
Tageszeit f hora f del día
täglich adj diario(-a) ▷ adv diariamente
tagsüber adv durante el día
Tai-Chi nt (-) tai chi m
Taille f (-, -n) (von Mensch) cintura f; (von Kleid) talla f
tailliert adj entallado(-a)
Takt m (-(e)s, -e) (Anstandsgefühl) tacto m; (Mus: Takteinheit) compás m; (Zeitmaß) tiempo m
Taktfrequenz f (Inform) frecuencia f de reloj
taktlos adj indiscreto(-a)
taktvoll adj delicado(-a)
Tal nt (-(e)s, Täler) valle m
Talent nt (-(e)s, -e) talento m; (Mensch) persona f de gran talento
Talkmaster, in m(f) (-s, -) presentador(a) m(f)
Talkshow f programa m de entrevistas y variedades, talk show m
Tampon m (-s, -s) tampón m
Tang m (-(e)s, -e) (el) alga f
Tank m (-s, -s) (Wassertank) cisterna f; (Benzintank) depósito m de combustible
tanken vt (Benzin) repostar; (frische Luft) tomar
Tankstelle f (estación f de) servicio m, gasolinera f
Tankwart, in m(f) (-s, -e) empleado(-a) m/f de la gasolinera
Tanne f (-, -n) abeto m
Tannenbaum m (Weihnachtsbaum) árbol m de Navidad

Tannenzapfen m piña f
Tante f (-, -n) tía f
Tanz m (-es, Tänze) baile m; (Kunst) danza f
tanzen vi danzar ▷ vt (Walzer etc) bailar
Tänzer, in m(f) (-s, -) bailarín/ina m/f
Tapete f (-, -n) papel m pintado
tapfer adj valiente
Tarif m (-s, -e) (Preis) tarifa f; (Lohntarif) tarifa f de salarios; (Steuertarif) tasa f; (Zolltarif) arancel m
Tarifeinheit f (Tel) paso m
Tarifpartner pl agentes mpl económicos
Tasche f (-, -n) (an Kleidung) bolsillo m; (Handtasche) bolso m; (Einkaufstasche) bolsa f
Taschen- in zW de bolsillo
Taschenbuch nt libro m de bolsillo
Taschendieb, in m(f) carterista mf
Taschengeld nt dinero m para pequeños gastos
Taschenlampe f linterna f
Taschenmesser nt navaja f
Taschenrechner m calculadora f de bolsillo
Taschentuch nt pañuelo m
Tasse f (-, -n) taza f
Tastatur f (a. Inform) teclado m
Taste f (-, -n) (a. Inform) tecla f
tasten vt tocar; **nach etw tasten** tentar algo ▷ vr: **sich tasten** guiarse a tientas
Tastenkombination f (Inform) combinación f de teclas
Tastentelefon nt teléfono m de teclas
Tat f (-, -en) (Handlung) acción f; (Verbrechen) crimen m; **in der Tat** en efecto

Täter, in *m(f)* (**-s, -**) autor(a) *m(f)*
tätig *adj* eficaz, activo(-a); **in einer Firma tätig sein** trabajar en una empresa
Tätigkeit *f* (*körperlich, geistig*) actividad *f*; (*von Maschine*) funcionamiento *m*; (*Beruf*) profesión *f*
tätlich *adj* de hecho
tätowieren *vt* tatuar
Tatsache *f* (*Realität*) realidad *f*; (*Faktum*) hecho *m*; **die Tatsache, dass er ...** el hecho de que él ...
tatsächlich *adj* efectivo(-a); (*Grund, Ursache*) verdadero(-a) ▷ *adv* en efecto
Tau *nt* (**-(e)s, -e**) (*Seil*) cuerda *f* ▷ *m* (**-(e)s**) (*Feuchtigkeit*) rocío *m*
taub *adj* (*Mensch*) sordo(-a); (*Körperglied*) entumecido(-a); (*Nuss*) vacío(-a)
Taube *f* (**-, -n**) paloma *f*
taubstumm *adj* sordomudo(-a)
tauchen *vi* bucear; (*Naut*) sumergirse ▷ *vt* (*Gegenstand*) sumergir; **tauchen in** +*akk* mojar en
Taucher, in *m(f)* (**-s, -**) buzo *m*
Taucherbrille *f*, **Tauchmaske** *f* gafas *fpl* de buceo
Tauchsieder *m* (**-s, -**) calentador *m* de inmersión
tauen *vi* derretirse ▷ *vi unpers*: **es taut** está rociando
Taufe *f* (**-, -n**) bautizo *m*
taufen *vt* (*Kind*) bautizar; (*Schiff etc*) bendecir
taugen *vi* valer, convenir; **taugen für** ser útil para; **nichts taugen** ser inútil
Tausch *m* (**-(e)s, -e**) cambio *m*
tauschen *vt* cambiar, canjear

täuschen *vt, vi* engañar ▷ *vr*: **sich täuschen** engañarse
täuschend *adj* engañoso(-a)
Täuschung *f* engaño *m*; (*optisch*) ilusión *f*
tausend *num* mil
Taxi *nt* (**-s, -s**) taxi *m*
Taxifahrer, in *m(f)* taxista *mf*
Taxistand *m* parada *f* de taxis
Teakholz *nt* madera *f* de teca
Team *nt* (**-s, -s**) equipo *m*
Teamarbeit *f* trabajo *m* en equipo
Technik *f* técnica *f*
Techniker, in *m(f)* (**-s, -**) técnico(-a) *m/f*
technisch *adj* técnico(-a)
Techno *m* (**-**) (*Mus*) bakalao *m*
Technologiepark *m* parque *m* tecnológico
Technologietransfer *m* (**-s, -s**) transferencia *f* de tecnología
Tee *m* (**-s, -s**) té *m*; (*Kräutertee*) infusión *f*
Teebeutel *m* bolsita *f* de té
Teekanne *f* tetera *f*
Teelöffel *m* cucharilla *f*
Teer *m* (**-(e)s, -e**) alquitrán *m*
Teich *m* (**-(e)s, -e**) estanque *m*
Teig *m* (**-(e)s, -e**) pasta *f*, masa *f*
Teil *m o nt* (**-(e)s, -e**) parte *f*; (*Anteil*) porción *f*; (*Bestandteil*) componente *m*; (*Ersatzteil*) pieza *f*; **zum Teil** en parte
teilen *vt* (*in zwei Teile*) partir por la mitad; (*in mehrere Teile: Math*) dividir; (*aufteilen*) distribuir; (*Meinung*) compartir ▷ *vi* (*mit jdm*) compartir
Teilkaskoversicherung *f* seguro *m* a riesgo parcial
teil|nehmen *irr vi* participar (*an* +*dat* en)

Teilnehmer, in *m(f)* (**-s, -**) participante *mf* (*an +dat* en)
teils *adv* en parte
teilweise *adv* parcialmente
teilzeitbeschäftigt *adj* empleado(-a) a tiempo parcial
Telearbeit *f* teletrabajo *m*
Telebanking *nt* (**-s**) banca *f* electrónica, telebanking *m*
Telefax *nt* (**-, -e**) telefax *m*
telefaxen *vt, vi* enviar por telefax
Telefaxgerät *nt* fax *m*
Telefon *nt* (**-s, -e**) teléfono *m*
Telefonat *nt* llamada *f* (telefónica)
Telefonbuch *nt* guía *f* de teléfonos
Telefongespräch *nt* conversación *f* telefónica
telefonieren *vi* telefonear; **mit jdm telefonieren** hablar por teléfono con alguien; **nach Deutschland telefonieren** telefonear a Alemania
telefonisch *adj* telefónico(-a)
Telefonkarte *f* tarjeta *f* telefónica [*o* de teléfono]
Telefonladen *m* tienda *f* de teléfonos
Telefonnummer *f* número *m* de teléfono
Telefonzelle *f* cabina *f* telefónica
Telefonzentrale *f* centralita *f* telefónica
telegrafieren, telegraphieren *vt* telegrafiar
Telegramm *nt* (**-s, -e**) telegrama *m*
Telekopie *f* telecopia *f*, facsímil *m*
Teleobjektiv *nt* teleobjetivo *m*
Telepathie *f* telepatía *f*
Teleshopping *nt* telecompra *f*
Teleskop *nt* (**-s, -e**) telescopio *m*
Telex *nt* (**-es, -e**) télex *m*
telexen *vt* enviar por télex

Teller *m* (**-s, -**) plato *m*
Tempel *m* (**-s, -**) templo *m*
Temperament *nt* temperamento *m*; (*Schwung*) vivacidad *f*
temperamentlos *adj* sin temperamento, apático(-a)
temperamentvoll *adj* vivo(-a), enérgico(-a)
Temperatur *f* temperatura *f*; **Temperatur haben** (*Med*) tener algo de fiebre
Tempo *nt* (**-s, -s**) velocidad *f*
Tempolimit *nt* (**-s, -s**) limitación *f* de velocidad
Tendenz *f* tendencia *f*
Tennis *nt* (**-**) tenis *m*
Tennisplatz *m* pista *f* de tenis
Tennisschläger *m* raqueta *f* (de tenis)
Tennisspieler, in *m(f)* tenista *mf*
Tenor *m* (**-s, Tenöre**) (*Mus*) tenor *m*
Teppich *m* (**-s, -e**) alfombra *f*
Teppichboden *m* moqueta *f*
Termin *m* (**-s, -e**) (*Zeitpunkt*) fecha *f*; (*Frist*) plazo *m*; (*Arzttermin etc*) cita *f*, hora *f*; (*Verhandlungstermin*) vista *f*
Terminal *nt* (**-s, -s**) terminal *m*
Terpentin *nt* (**-s**) trementina *f*
Terrasse *f* (**-, -n**) (*bei Gelände, vor Haus*) terraza *f*; (*Dachterrasse*) azotea *f*
Terror *m* (**-s**) terror *m*
terrorisieren *vt* sembrar el terror entre, aterrorizar
Terrorismus *m* terrorismo *m*
Terrorist, in *m(f)* terrorista *mf*
Tesafilm *m* cinta *f* adhesiva, celo *m*
Test *m* (**-s, -s**) ensayo *m*, prueba *f*; (*Sch*) examen *m*, test *m*
Testament *nt* testamento *m*; (*Rel*) Testamento *m*
testen *vt* (*Auto etc*) comprobar;

(*jdn*) someter a una prueba
Tetanus *m* (-) tétano(s) *m*
Tetanusimpfung *f* vacuna *f* antitetánica
teuer *adj* (*Ware*) caro(-a); (*Geschäft*) costoso(-a); (*geschätzt*) querido(-a)
Teufel *m* (**-s**, **-**) diablo *m*
Text *m* (**-(e)s**, **-e**) texto *m*; (*Liedertext*) letra *f*
Textbaustein *m* (*Inform*) módulo *m*
Textsystem *nt* (*Inform*) sistema *m* de texto, procesador *m* de textos
Textverarbeitung *f* tratamiento *m* de textos
Textverarbeitungsprogramm *nt* programa *m* de tratamiento de textos
Thailand *nt* Tailandia *f*
thailändisch *adj* tailandés(-esa)
Theater *nt* (**-s**, **-**) teatro *m*; (*Vorstellung*) espectáculo *m*; (*fig: Szene*) escena *f*; (*Aufregung, Umstände*) afectación *f*; **Theater spielen** representar una obra; (*fam*) hacer teatro
theatralisch *adj* teatral
Theke *f* (**-**, **-n**) (*Schanktisch*) barra *f*; (*Ladentheke*) mostrador *m*
Thema *nt* (**-s, Themen**) (*von Aufsatz*) tema *m*; (*von Gespräch*) asunto *m*; (*von Film, Roman*) argumento *m*; (*Mus*) motivo *m*; **kein Thema sein** no ser cuestión importante
Themenpark *m* parque *m* temático
Theologie *f* teología *f* (*als Fach großgeschrieben*)
theoretisch *adj* teórico(-a)
Theorie *f* teoría *f*
Thermalbad *nt* aguas *fpl* termales
Thermodrucker *m* impresora *f* térmica, termoimpresora *f*
Thermometer *nt* (**-s**, **-**) termómetro *m*
Thermosflasche *f* termo *m*
These *f* (**-**, **-n**) tesis *f*
Thunfisch *m* atún *m*
Thüringen *nt* (**-s**) Turingia *f*
Thymian *m* (**-s**, **-e**) tomillo *m*
Tick *m* (**-s**, **-s**) (*nervöser Tick, Eigenart*) tic *m*; (*Fimmel*) manía *f*
Ticket *nt* (**-s**, **-s**) billete *m*, ticket *m*
Tiebreak, Tie-Break *m* (**-s**, **-s**) muerte *f* súbita, tie-break *m*
tief *adj* profundo(-a); (*Wurzeln, Schnee*) hondo(-a); (*intensiv*) intenso(-a); (*Temperaturen*) bajo(-a); (*Stimme, Ton*) grave; **das lässt tief blicken** esto da que pensar
Tief *nt* (**-s**, **-s**) (*Meteo*) (el) área *f* de baja presión
Tiefdruck *m* (*Typo*) huecograbado *m*
Tiefe *f* (**-**, **-n**) profundidad *f*
Tiefenschärfe *f* (*Foto*) profundidad *f* de campo
tiefernst *adj* solemne
tiefgekühlt *adj* congelado(-a)
Tiefkühlfach *nt* compartim[i]ento *m* congelador
Tiefkühltruhe *f* congelador *m*
Tiefpunkt *m* punto *m* más bajo
Tier *nt* (**-(e)s**, **-e**) animal *m*
Tierarzt *m*, **-ärztin** *f* veterinario(-a) *m/f*
Tierschützer, in *m(f)* (**-s**, **-**) protector(a) *m(f)* de animales
Tiger, in *m(f)* (**-s**, **-**) tigre(sa) *m(f)*
Timing *nt* (**-s**) (*Wahl des Zeitpunkts*) elección *f* de fecha y momento
Tinktur *f* tintura *f*
Tinnitus *m* (-) (*Med*) tinnitus *m*
Tinte *f* (**-**, **-n**) tinta *f*

Tintenfisch m calamar m
Tintenpatrone f cartucho m de impresión, cápsula f (de tinta)
Tintenstrahldrucker m (Inform) impresora f de chorro de tinta
Tipp m (-s, -s) sugerencia f
tippen vt (Brief, Manuskript etc) escribir a máquina ▷ vi (raten) adivinar (auf etw +akk algo), apostar (auf +akk por); (im Lotto etc) apostar (auf +akk a); **an etw** akk **tippen** (berühren) tocar algo
Tipp-Ex nt (-, -e) Tipp-Ex m
Tisch m (-(e)s, -e) mesa f
Tischdecke f mantel m
Tischlerei f carpintería f
Tischtennis nt tenis m de mesa, ping-pong m
Tischtuch m mantel m
Titel m (-s, -) título m; (Titelblatt) cabecera f
Toast m (-(e)s, -s o -e) (Brot) tostada f; (Trinkspruch) brindis m
Toaster m (-s, -) tostador m
Tochter f (-, **Töchter**) hija f
Tod m (-(e)s, -e) muerte f
tödlich adj mortal; (Gift) letal
todmüde adj muerto(-a) de cansancio
todschick adj (fam) muy elegante
todsicher adj (fam) inevitable
Tofu m (-(s)) tofu m
Toilette f (WC) servicio m; **auf die Toilette gehen** ir al baño
Toilettenpapier nt papel m higiénico
tolerant adj tolerante
toll adj (Gedanken, Streiche) extravagante; (wahnsinnig) loco(-a); (fam: ausgezeichnet) formidable; (schlimm: Lärm, Schmerzen) infernal

tollen vi alborotar
Tollkirsche f belladona f
Tollwut f rabia f, hidrofobia f
Tomate f (-, -n) tomate m
Tomatenmark nt pulpa f de tomate
Tomatensaft m jugo m de tomate
Tomograf, Tomograph m (-en, -en) tomógrafo m
Tomografie, Tomographie f tomografía f
Tomogramm nt (-s, -e) tomograma m
Ton m (-(e)s, -e) (Erde) arcilla f ▷ m (-(e)s, **Töne**) (Laut) sonido m; (Mus) nota f; (Redeweise) tono m; (Farbton, Nuance) matiz m; (Betonung) acento m
Tonband nt cinta f magnetofónica [o audio]
Tonbandgerät nt magnetófono m
tönen vi sonar ▷ vt matizar; (Haar) teñir
Toner m (-s, -) tóner m
Tonerkassette f cartucho m de tóner
Tonne f (-, -n) (Fass) barril m; (Maß) tonelada f
Top nt (-s, -s) top m
Topas m (-es, -e) topacio m
Topf m (-(e)s, **Töpfe**) (Kochtopf) olla f; (Blumentopf) maceta f; (Nachttopf) orinal m
Töpfer, in m(f) (-s, -) alfarero(-a) m/f
Töpferei f alfarería f
Tor nt (-(e)s, -e) (Tür) puerta f; (Sport) gol m, tanto m
Torf m (-(e)s, -e) turba f
torkeln vi tambalearse
Torte f (-, -n) tarta f
Tortellini pl tortelinis mpl

Tortendiagramm nt (-s, -e) (Inform) diagrama m circular
Tortur f (fig) tortura f
Torwart, in m(f) (-s, -e) portero(-a) m/f, guardameta m/f
tot adj muerto(-a); (leblos) inanimado(-a); (öde) desierto(-a); (Flussarm) seco(-a); (Kapital) inactivo(-a); **das Tote Meer** el Mar Muerto
total adj total ▷ adv (fam: völlig) totalmente
totalitär adj totalitario(-a)
Totalschaden m siniestro m total
Tote, r mf muerto(-a) m/f
töten vt, vi matar
Toto m o nt (-s, -s) quiniela f
Touchscreen f(-, -s) pantalla f táctil
Toupet nt (-s, -s) bisoñé m
toupieren vt cardar
Tour f(-, -en) (Ausflug, Reise) excursión f; (Umdrehung) vuelta f; (Verhaltensart) manera f
Tourenzähler m cuentarrevoluciones m
Tourismus m turismo m
Tourist, in m(f) turista m/f
Tournee f(-, -n) (Theat) gira f
Tracht f(-, -en) (Kleidung) traje m; **eine Tracht Prügel** (fam) una buena paliza
Trackball m (-s, -s) trackball m, ratón m estacionario con bola de arrastre
Tradition f tradición f
traditionell adj tradicional
träge adj (Mensch) perezoso(-a); (Bewegung) lento(-a); (Phys: Masse) inerte; **geistig träge** indolente
tragen irr vt (Kleidung, Brille) llevar; (stützen) sostener; (finanzieren) financiar; (Kosten) correr con; (Folgen) soportar; **Früchte tragen** dar fruto ▷ vi producir; (schwanger sein) estar preñada
Träger m (-s, -) (Eisenteil) viga f; (an Kleidung) tirante m
Träger, in m(f) (-s, -) (Gepäckträger) mozo(-a) m/f
Tragflügelboot nt hidroala m
Trägheit f (von Mensch) pereza f; (von Bewegung) lentitud f; (geistig) indolencia f; (Phys) inercia f
tragisch adj trágico(-a); **du musst das nicht so tragisch nehmen** no lo tomes (tan) a la tremenda [o por lo trágico]
Tragödie f tragedia f
Trainer, in m(f) (-s, -) entrenador(a) m(f)
trainieren vt, vi entrenarse
Training nt (-s, -s) entrenamiento m
Trainingsanzug m chándal m
Traktor m tractor m
trampeln vi (Zuschauer etc) patear; (gehen) andar torpemente
trampen vi viajar en autostop, hacer dedo
Tramper, in m(f) (-s, -) autostopista mf
Träne f(-, -n) lágrima f
tränen vi (Augen) lagrimear
Tränengas nt gas m lacrimógeno
Transformator m transformador m
Transfusion f transfusión f
Transistor m transistor m
Transit m (-s) tránsito m
Transplantation f transplante m
Transport m (-(e)s, -e) transporte m
transportieren vt transportar
Transportmittel nt medio m de transporte
Transportunternehmen nt

Traube *f* (-, -n) uva *f*; (*Blütenstand*) racimo *m*; (*fig*) bandada *f*
Traubenzucker *m* glucosa *f*
trauen *vi*: **jdm/einer Sache trauen** confiar en alguien/algo; **jdm nicht über den Weg trauen** (*fam*) confiar muy poco en alguien ▷ *vt* (*Brautpaar*) casar; **sich trauen lassen** casarse ▷ *vr*: **sich trauen** atreverse
Trauer *f* (-) tristeza *f*; (*für Verstorbene*) duelo *m*
Trauerweide *f* sauce *m* llorón
Traum *m* (-(e)s, Träume) sueño *m*
Trauma *nt* (-s, -ta) traumatismo *m*
träumen *vt*, *vi* soñar; **das hätte ich mir nicht träumen lassen!** ¡nunca lo hubiera imaginado!
traumhaft *adj* increíble; (*fig*) maravilloso(-a)
traurig *adj* triste
Traurigkeit *f* tristeza *f*
Trauring *m* alianza *f*
Trauschein *m* (el) acta *f* de matrimonio
Trauung *f* matrimonio *m*
Trauzeuge *m*, **-zeugin** *f* padrino *m*/madrina *f* de boda
treffen *irr vt*, *vi* (*Geschoss, Hieb*) alcanzar; (*Schütze*) acertar; (*Entscheidung, Maßnahme*) tomar; (*Abkommen*) llegar a; (*Auswahl*) escoger; **er hat es gut getroffen** (*gut erraten*) ha acertado; (*in beneidenswerter Lage*) tiene suerte; **ihn trifft keine Schuld** no tiene ninguna culpa; **sich getroffen fühlen** sentirse afectado(-a) ▷ *vr*: **sich treffen** (*Menschen*) encontrarse; (*sich ereignen*) suceder; **es trifft sich gut** viene en el momento preciso; **wie es sich so trifft** tal como suceda
Treffen *nt* (-s, -) encuentro *m*
treffend *adj* acertado(-a)
Treffer *m* (-s, -) (*Schuss etc*) impacto *m*; (*im Fußball*) gol *m*; (*Los*) billete *m* premiado
Treffpunkt *m* lugar *m* de encuentro
treiben *irr vt* (*Tiere, Menschen*) estimular; (*Rad, Maschine*) impulsar; (*drängen*) empujar; (*anspornen*) incitar; (*Studien etc*) seguir; (*Sport*) practicar; (*Handel*) ejercer, dedicarse; (*Blüten, Knospen*) brotar; **was treibst du (so immer)?** ¿qué haces?; **es wild treiben** vivir locamente ▷ *vi* (*sich fortbewegen*) ser arrastrado(-a); (*Pflanzen*) germinar
Treiber *m* (-s, -) (*Inform*) driver *m*
Treibgas *nt* gas *m* propulsor; (*von Spray*) agente *m* propulsor
Treibhaus *nt* invernadero *m*
Treibhauseffekt *m* efecto *m* invernadero
Treibhausgas *nt* gas *m* responsable del efecto invernadero
Treibstoff *m* combustible *m*
trennen *vt* (*Menschen*) separar; (*Verbindung*) cortar; (*Begriffe*) disociar; (*zerteilen*) partir ▷ *vr*: **sich trennen** (*Menschen*) separarse; (*Wege*) bifurcarse; (*Ideen*) apartarse; **sich von jdm/etw trennen** separarse de alguien/algo; **sich von etw nicht trennen können** no poder separarse de algo
Trennschärfe *f* (*Radio*) selectividad *f*
Trennung *f* separación *f*
Treppe *f* (-, -n) escalera *f*

Tresor m (-s, -e) caja f fuerte
Tretboot nt patín m (a pedales)
treten irr vi (gehen) caminar; **nach jdm/etw treten** dar un puntapié a alguien/algo; **gegen etw treten** dar una patada contra algo; **auf etw** akk **treten** pisar sobre algo; **in etw** akk **treten** entrar en algo; **in Verbindung treten** entrar en contacto; **in Erscheinung treten** aparecer ▷ vt (mit Fußtritt) pisar; (niedertreten) pisotear; (fig: drängen) apremiar
treu adj leal, fiel; **jdm treu sein** ser fiel a alguien
Treue f (-) lealtad f, fidelidad f
treuherzig adj ingenuo(-a), cándido(-a)
treulos adj desleal
Trichter m (-s, -) embudo m; (in Boden) cráter m
Trick m (-s, -e o -s) truco m
Trickfilm m dibujos mpl animados
Trieb m (-(e)s, -e) (instinkthaft) instinto m; (geschlechtlich) impulso m; (Neigung) inclinación f; (an Baum etc) brote m
Triebwagen m (Eisenb) automotor m
Triebwerk nt mecanismo m de accionamiento
triftig adj bien fundado(-a)
Trikot m (-s, -s) tejido m de malla; (Fußballtrikot) camiseta f
trinkbar adj potable
trinken irr vt, vi beber
Trinkgeld nt propina f
Trinkhalm m paja f para beber
Trinkwasser nt (el) agua f potable
Tripper m (-s, -) gonorrea f

Tritt m (-(e)s, -e) paso m; (Fußtritt) puntapié m
Trittbrett nt estribo m
Triumph m (-(e)s, -e) triunfo m
Triumphbogen m arco m de triunfo
triumphieren vi triunfar; (jubeln) celebrar el triunfo
trocken adj seco(-a); (fig: nüchtern) sobrio(-a), aburrido(-a); (Witz, Humor etc) insípido(-a); (Wein etc) seco(-a)
Trockenhaube f casco m secador
Trockenheit f sequedad f
Trockenmilch f leche f en polvo
trocknen vt secar ▷ vi secarse
Trockner m (-s, -) secadora f
Trödel m (-s) trasto m viejo
trödeln vi (fam) ser lento(-a)
trojanisch adj: **trojanisches Pferd** (Inform) (virus m) Caballo m de Troya, virus m Trojano
Trommel f (-, -n) (Instrument) tambor m; (Revolvertrommel) barrilete m; (Behälter) tambor m, bombo m
Trommelfell nt (Anat) tímpano m
trommeln vi tocar el tambor
Trompete f (-, -n) trompeta f
Tropen pl trópicos mpl
Tropenhelm m salacot m
tröpfeln vi caer gotas ▷ vi unpers: **es tröpfelt** gotea ▷ vt verter gota a gota
tropfen vi gotear
Tropfen m (-s, -) gota f
tropfenweise adv gota a gota
Tropfstein m (herunterhängend) estalactita f; (am Boden) estalagmita f
Tropfsteinhöhle f cueva f de estalactitas

tropisch adj tropical
Trost m (-es) consuelo m
trösten vt consolar
tröstlich adj consolador(a)
trostlos adj desconsolado(-a); (Verhältnisse) desesperante
Trottel m (-s, -) (fam) imbécil mf
trotz präp +gen o dat a pesar de
Trotz m (-es) obstinación f; **aus Trotz** por despecho; **jdm zum Trotz** a pesar de alguien
trotzdem adv no obstante
trotzig adj terco(-a)
trüb, e adj (Augen, Metall) empañado(-a); (Flüssigkeit) turbio(-a); (Glas) opaco(-a); (Tag, Wetter) nublado(-a); (Zeiten, Aussichten) sombrío(-a); (Mensch, Gedanke, Stimmung) triste
Trubel m (-s) barullo m
trüben vt (Flüssigkeit) enturbiar; (Glas, Metall) empañar; (Stimmung, Freude) turbar ▷ vr: **sich trüben** (Flüssigkeit) enturbiarse; (Glas, Metall) empañarse; (Himmel) nublarse; (Stimmung) turbarse
Trüffel f (-, -n) trufa f
trügen irr vt engañar
trügerisch adj engañoso(-a)
Trugschluss m conclusión f errónea
Truhe f (-, -n) (el) arca f
Trümmer pl ruinas fpl
Trumpf m (-(e)s, Trümpfe) (Karte) triunfo m; (fig) ventaja f
Trunkenheit f embriaguez f; **Trunkenheit am Steuer** embriaguez al volante
Truppe f (-, -n) tropa f; (Schauspieltruppe) elenco m; **Truppen** pl tropas fpl
Truthahn m pavo m

Tscheche m (-n, -n) checo m
Tschechien nt (-s) Chequia f
Tschechin f checa f
tschechisch adj checo(-a); **Tschechische Republik** República f Checa
Tschechoslowakei f (Hist): **die Tschechoslowakei** la Checoslovaquia
Tschetschenien nt (-s) Chechenia f
tschüs(s) interj adiós
T-Shirt nt (-s, -s) camiseta f
Tube f (-, -n) tubo m
Tuberkulose f (-, -n) tuberculosis f
Tuch nt (-(e)s, Tücher) (Stoff) tela f; (Stück Stoff) paño m; (Halstuch, Kopftuch) pañuelo m; (Handtuch) toalla f
tüchtig adj hábil; (fam: kräftig) fuerte
tückisch adj malicioso(-a)
Tugend f (-, -en) virtud f
Tulpe f (-, -n) tulipán m
Tumor m (-s, -en) tumor m
tun irr vt (machen) hacer; (legen etc) poner; (Seufzer etc) echar; **jdm etwas tun** (antun) hacer algo a alguien; **damit habe ich nichts zu tun** en eso no tengo nada que ver ▷ vi: **freundlich tun** comportarse amistosamente; **so tun, als ob ...** hacer como si ...; **sie täten gut daran zu ...** harían bien en ...; **ich habe zu tun** tengo que hacer ▷ vr: **sich tun**: **es tut sich etwas/viel** sucede algo/mucho
Tuner m (-s, -) sintonizador m
Tunesien nt (-s) Túnez m
Tunesier, in m(f) (-s, -) tunecino(-a) m/f
tunesisch adj tunecino(-a)

Tunfisch m atún
Tunke f(-, -n) salsa f
tunken vt mojar
Tunnel m (-s, -s o -) túnel m
tupfen vt tocar ligeramente
Tupfen m (-s, -) punto m
Tür f(-, -en) puerta f
Turbine f turbina f
Turbolader m (-s, -) turboalimentador m
turbulent adj turbulento(-a)
Türke m (-n, -n) turco m
Türkei f(-): **die Türkei** la Turquía
Türkin f turca f
türkis adj turquesa
Türkis m (-es, -e) turquesa f
türkisch adj turco(-a)
Turkmenistan nt (-s) Turkmenistán m
Turm m (-(e)s, **Türmer**) torre f; (Kirchturm) campanario m
turnen vi hacer gimnasia ▷ vt (Übung) ejercitar
Turnen nt (-s) gimnasia f; (Sch) educación f física
Turnhalle f gimnasio m
Turnhose f calzón m de gimnasia
Turnier nt (-s, -e) (Sport) torneo m; (Reitturnier, Tanzturnier) concurso m
Turnschuh m zapatilla f de gimnasia
Tusche f(-, -n) tinta f china
tuscheln vt, vi cuchichear
Tussi f(-, -s) (fam) tía f
Tüte f(-, -n) bolsa f; (Eiswaffel) cucurucho m
Tütensuppe f sopa f de sobre
TÜV m (-) akr (= Technischer Überwachungsverein) I.T.V. f (Inspección Técnica de Vehículos)

> **TÜV**
>
> La **TÜV** es la institución encargada de comprobar la seguridad de las maquinarias, especialmente de los vehículos. Los coches de más de tres años tienen que pasar una revisión cada dos años para comprobar su estado, así como un control sobre las emisiones de gases. La **TÜV** es el equivalente de la I.T.V. en España.

Typ m (-s, -en) tipo m
Typenrad nt margarita f
Typenradschreibmaschine f máquina f de escribir de margarita
typisch adj típico(-a)

u

○ SCHLÜSSELWORT

über *präp +akk (mit Bewegungsverben)* por; *(Reiseroute)* por; *(oberhalb von)* por encima de; *(zur Bedeckung: auf)* sobre; *(in Bezug auf ein Thema)* acerca de, sobre; *(wegen)* por; *(bei Zahlen, Beträgen)* más de; *(zeitlich: während)* durante; **über die Kreuzung fahren** pasar por el cruce ▷ *präp +dat (räumlich)* encima de; *(zur Bedeckung: auf)* sobre; *(zeitlich: bei)* durante; *(bei Zahlen, Beträgen)* más de; *(Überordnung)* por encima de; **Kinder über 15 Jahren** niños de más de 15 años ▷ *adv (zeitlich)* durante todo; **den Sommer/die Nacht über** todo el verano/toda la noche

u. a. *abk (= unter anderem)* entre otras cosas
u. A. w. g. *abk (= um Antwort wird gebeten)* S.R.C.
U-Bahn *f* metro *m*
übel *adj* malo(-a); *(Geruch)* desagradable; **jdm ist übel** alguien no se siente bien; **jdm eine Bemerkung übel nehmen** sentirse ofendido(-a) por una observación
Übel *nt* **(-s)** mal *m*; *(Krankheit)* malestar *m*
Übelkeit *f* náuseas *fpl*
übelwollend *adj* malintencionado(-a)
üben *vt (Instrument)* ensayar; *(Kritik)* ejercer; *(Geduld)* practicar ▷ *vi* ejercitarse
überall *adv* por todas partes
überanstrengen *vt* sobrecargar ▷ *vr*: **sich überanstrengen** agotarse
überbelichten *vt (Foto)* sobreexponer
überbieten *irr vt (Angebot)* sobrepujar; *(Leistung)* superar; *(Rekord)* batir
Überbleibsel *nt* **(-s, -)** residuo *m*, resto *m*
Überblick *m* vista *f* de conjunto *(über +akk* sobre); *(fig: Darstellung)* cuadro *m* sinóptico; *(Fähigkeit)* visión *f*
Überbuchung *f* overbooking *m*, sobreventa *f*
Überdosis *f* **(-, Überdosen)** sobredosis *f*
Überdruss *m* **(-es)** tedio *m*
überdrüssig *adj* harto(-a) *(gen* de)

Überdüngung f fertilización f excesiva

übereifrig adj demasiado solícito(-a)

übereinander adv uno(-a) sobre otro(-a)

überein|stimmen vi (Menschen) estar de acuerdo; (Meinung) coincidir; (Zahlen) ser congruentes

Übereinstimmung f coincidencia f

überempfindlich adj hipersensible

überfahren irr vt (Auto) atropellar

Überfahrt f travesía f

Überfall m (Banküberfall: Mil) asalto m (auf +akk a)

überfallen irr vt asaltar; (Bank) atracar; (besuchen) coger desprevenido(-a)

Überfischung f despesque m

überfliegen irr vt (Land) atravesar; (Buch) recorrer (con la vista)

Überfluss m abundancia f (an +dat de)

Überflussgesellschaft f sociedad f de opulencia

überflüssig adj (Sache) inútil; (Arbeit) superfluo(-a)

überfordern vt exigir demasiado

Übergabe f transmisión f

Übergang m paso m; (Wandel, Überleitung) transición f

Übergangslösung f solución f provisional [o transitoria]

übergeben irr vt (Geschenk) entregar; (Amt) transmitir; (Mil) rendir ▷ vr: **sich übergeben** vomitar

Übergewicht nt sobrepeso m; (fig) predominio m

überglücklich adj muy feliz

überhand|nehmen irr vi aumentar demasiado

überhaupt adv (eigentlich) en suma; (im Allgemeinen) en general; (besonders) sobre todo; **überhaupt nicht** de ninguna manera

überheblich adj (Mensch) presumido(-a); (Wesen) arrogante

überholen vt, vi (Auto) adelantar; (Tech) revisar

überholt adj pasado(-a) de moda

Überholverbot nt prohibición f de adelantamiento

überhören vt no oír; (absichtlich) ignorar

überladen irr vt (Fahrzeug) sobrecargar

überlassen irr vt: **jdm etw überlassen** ceder algo a alguien ▷ vr: **sich überlassen**: **sich einer Sache** dat **überlassen** entregarse a algo

überlasten vt sobrecargar; (jdn) agobiar

überleben vt, vi sobrevivir

Überlebende, r mf superviviente mf

überlegen vt reflexionar ▷ adj superior

Überlegenheit f superioridad f

Überlegung f reflexión f

Überlieferung f tradición f

überlisten vt engañar

überm (fam) kontr von **über dem**

Übermacht f superioridad f

übermäßig adj excesivo(-a)

übermitteln vt transmitir

übermorgen adv pasado mañana

Übermüdung f agotamiento m

Übermut m alegría f desbordante

übernachten vi pernoctar (bei jdm en casa de alguien)

übernächtigt adj trasnochado(-a)
Übernachtung f pernoctación f; **Übernachtung und Frühstück** habitación con desayuno
Übernahme f (-, -n) recepción f, adopción f
übernehmen irr vt (Sendung) recibir; (Amt, Geschäft) hacerse cargo de ▷ vr: **sich übernehmen** agobiarse
überprüfen vt examinar
Überprüfung f revisión f
überqueren vt cruzar
überraschen vt sorprender
Überraschung f sorpresa f
überreden vt convencer
überreichen vt entregar
übers (fam) kontr von **über das**
Überschallflugzeug nt avión m supersónico
Überschallgeschwindigkeit f velocidad f supersónica
überschätzen vr: **sich überschätzen** sobreestimarse
überschlagen irr vt (berechnen) calcular aproximadamente; (auslassen: Seite) saltar ▷ vr: **sich überschlagen** dar una vuelta de campana; (Stimme) hacer un gallo; (Aer) capotar; **er überschlug sich (fast) vor Freude** estaba fuera de sí de alegría
über|schnappen vi (Stimme) soltar un gallo; (fam: Mensch) volverse loco(-a)
überschreiben irr vt transferir; (Inform: Daten, Diskette) reescribir, sobreescribir
Überschreibmodus m modalidad f de sobreescritura
Überschrift f título m
Überschuss m excedente m

523 | Übertragungsfehler

überschüssig adj (Ware) excedente; (Kraft) excesivo(-a)
überschwänglich adj exultante
Überschwänglichkeit f entusiasmo m
Überschwemmung f inundación f
übersehen irr vt (Land) abarcar; (fig: nicht beachten) no ver
übersetzen vt traducir
Übersetzer, in m(f) (-s, -) traductor(a) m(f)
Übersetzung f traducción f; (Tech) (relación f de) transmisión f
Übersicht f vista f de conjunto (über +akk de); (Darstellung) cuadro m sinóptico; (Fähigkeit) orientación f
übersichtlich adj (Gelände) abierto(-a); (Darstellung) claro(-a)
Übersichtlichkeit f claridad f
Überstunden pl horas fpl extraordinarias
überstürzt adj (Aufbruch) atropellado(-a); (Entschluss) precipitado(-a)
Übertrag m (-(e)s, Überträge) (Com) suma f y sigue
übertragbar adj (Papiere) transferible; (Med) transmisible
übertragen irr vt (Aufgabe) transmitir; (Vollmacht) delegar (auf +akk en); (Radio) retransmitir; (übersetzen) traducir; (Krankheit) transmitir ▷ vr: **sich übertragen** propagarse (auf +akk a) ▷ adj (Bedeutung) figurado(-a)
Übertragung f transmisión f; (Med) contagio m; (Radio) transmisión f
Übertragungsanzeige f (Inform) indicativo m de transmisión
Übertragungsfehler m (Inform) error m de transmisión

Übertragungsgeschwindig-keit f (Inform) velocidad f de transmisión

Übertragungsprotokoll nt (Inform) protocolo m de transmisión

übertreffen irr vt (Größe) exceder; (Leistung) aventajar; (Erwartung) superar

übertreiben irr vt exagerar

Übertreibung f exageración f

übertrieben adj exagerado(-a); (Strenge etc) excesivo(-a)

überwachen vt (Arbeit) controlar; (Verdächtigen) vigilar

überwältigend adj imponente

überweisen irr vt (Geld) transferir; (Patienten) mandar

Überweisung f (Com) transferencia f; (von Patienten) orden f de traslado, volante m médico; (Überweisungsschein) formulario m de transferencia

überwiegend adj predominante

überwinden irr vt (Schwierigkeit) vencer; (Abneigung) dominar ▷ vr: **sich überwinden** dominarse

Überwindung f (fig) esfuerzo m

überzeugen vt convencer

überzeugend adj (Argument) convincente

Überzeugung f convencimiento m; (Glaube) convicción f

überziehen irr vt (Kissen) cambiar la funda de; (verkleiden) revestir; (Konto) dejar en descubierto

Überzug m envoltura f; (Belag) revestimiento m

üblich adj (Sitte) usual; (Zeit, Ausrede) normal

übrig adj restante; **die Übrigen** los demás; **das Übrige** el resto; **im Übrigen** por lo demás; **übrig bleiben** sobrar; **übrig lassen** dejar

übrigens adv además; (nebenbei gesagt) dicho sea de paso

übrig|haben irr vt: **für jdn etwas übrighaben** (fam) sentir simpatía por alguien

Übung f práctica f; (Sch, Sport) ejercicio m

UdSSR f (-) abk (= Union der Sozialistischen Sowjetrepubliken: Hist) URSS f

Ufer nt (-s, -) orilla f; (Meeresufer) costa f

UFO, Ufo nt (-(s), -s) akr (= unbekanntes Flugobjekt) ovni m

Uhr f (-, -en) reloj m; **wie viel Uhr ist es?** ¿qué hora es?; **1 Uhr** la una; **8 Uhr** las ocho; **20 Uhr** las veinte horas

Uhrzeit f hora f

Uhu m (-s, -s) buho m

Ukraine f (-): **die Ukraine** la Ucrania

ulkig adj divertido(-a)

Ulme f (-, -n) olmo m

Ultraschallaufnahme f (Med) ecografía f, sonografía f

○ SCHLÜSSELWORT

um präp +akk (räumlich) alrededor de; (bei Bewegungsverben) alrededor de; (in Bezug auf) sobre, por; **um 12 Uhr** (zeitlich) a las 12; **um 5 cm kürzer** (bei Maßangaben) 5 cm más corto(-a); **um 10 Seiten länger** 10 páginas más largo(-a); **um Vieles besser/billiger** tanto mejor/más barato(-a); **um nichts besser** para nada mejor; **um ... willen** por ... ▷ konj (damit) para ▷ adv (etwa) alrededor de; siehe auch **umso**

um|adressieren vt cambiar la dirección de
umarmen vt abrazar
Umbau m reconstrucción f
um|bauen vt (Haus) reformar
um|bringen irr vt matar
um|buchen vt (Reise) cambiar la reserva de
Umbuchung f (Com) cambio m de asiento
um|drehen vt (Platte etc) dar la vuelta a; (Hals) torcer ▷ vr: **sich umdrehen** volverse
Umdrehung f vuelta f
umeinander adv uno(-a) en torno de(-l) otro/de (la) otra; (füreinander) uno(-a) por (el) otro/(la) otra
um|fallen irr vi caerse; (fig: Mensch) cambiar de opinión
Umfang m volumen m; (von Buch) extensión f; (Reichweite) alcance m; (Fläche) superficie f; (Math) circunferencia f
umfangreich adj (Änderungen) considerable; (Buch etc) amplio(-a)
Umfrage f encuesta f
um|funktionieren vt transformar
Umgang m trato m (mit con)
umgänglich adj amable
umgeben irr vt rodear
Umgebung f (Landschaft) alrededores mpl; (Milieu) medio m, entorno m; (Menschen) vecindad f
Umgehungsstraße f carretera f de circunvalación
umgekehrt adj invertido(-a); (gegenteilig) opuesto(-a) ▷ adv al contrario
Umhang m mantón m
um|hören vr: **sich umhören** informarse

525 | **Umschweife**

Umkehr f(-) vuelta f; (Änderung) conversión f
um|kehren vi regresar ▷ vt (Tasche etc) volver al revés; (Gefäß, Reihenfolge) invertir
um|kippen vt (Glas) volcar ▷ vi perder el equilibrio; (fig: Meinung ändern) cambiar de idea; (fam: ohnmächtig werden) desmayarse
Umkleideraum m vestuario m
Umkreis m ámbito m; **im Umkreis von** en un radio de
Umlage f reparto m
um|legen vt (verlegen) cambiar; (Kosten) repartir; (fam: töten) liquidar
um|leiten vt desviar
Umleitung f desvío m
umliegend adj vecino(-a)
Umrechnung f conversión f
Umrechnungskurs m tipo m de cambio
Umriss m contorno m
um|rühren vt remover
ums (fam) kontr von **um das**
Umsatz m cifra f de ventas
um|schalten vi cambiar
Umschau f vista f; **Umschau halten nach** pasar revista a
um|schauen vr: **sich umschauen** mirar a su alrededor
Umschlag m pliegue m; (Buchumschlag) cubierta f; (Med) compresa f; (Briefumschlag) sobre m; (von Hose) dobladillo m
um|schulen vt cambiar de escuela; (umlernen lassen) reciclar; (Pol) reeducar
Umschulung f readaptación f, reciclaje m profesional
Umschweife pl: **ohne Umschweife** sin rodeos

um|sehen irr vr: **sich umsehen** mirar a su alrededor; (suchen) buscar (nach etw algo); **sich in der Stadt umsehen** darse una vuelta por la ciudad

umseitig adv a la vuelta

umsichtig adj prudente

umso adv: **je schneller ..., umso besser** cuanto más deprisa ..., mejor; **umso mehr** tanto más

umsonst adv en vano; (gratis) de balde

Umstand m circunstancia f; (Faktor) factor m

Umstände pl (fig: Schwierigkeiten) dificultades fpl; **in anderen Umständen sein** estar embarazada; **Umstände machen** molestarse; **unter Umständen** si las circunstancias lo permiten

umständlich adj (Mensch) ceremonioso(-a); (Methode) complicado(-a); (Ausdrucksweise) prolijo(-a)

um|steigen irr vi hacer trasbordo

um|stellen vt (an anderen Ort) cambiar de lugar; (Tech) invertir ▷ vr: **sich umstellen** adaptarse (auf +akk a)

umstritten adj (Plan) discutible; (Projekt) incierto(-a)

Umtausch m cambio m; (von Geld) conversión f

um|tauschen vt cambiar; (Devisen) convertir

UMTS nt (-) abk (= Universal Mobile Telecommunication System) UMTS m

Umweg m rodeo m

Umwelt f medio m ambiente

Umweltbelastung f incidencia f ecológica

Umweltengel m distintivo cualitativo de productos respetuosos con medio ambiente

umweltfeindlich adj contaminante

umweltfreundlich adj no contaminante

umweltgefährdend adj nocivo(-a) para el medio ambiente

Umweltgift nt producto m nocivo para el medio ambiente

Umweltkatastrophe f desastre m ecológico

Umweltpapier nt papel m reciclado

Umweltschutz m protección f del medio ambiente, protección f medioambiental

Umweltverschmutzung f contaminación f ambiental

umweltverträglich adj ecológico(-a), respetuoso(-a) con el medio ambiente

um|werfen irr vt derribar; (fig: erschüttern) trastornar; (Mantel) echarse

um|ziehen irr vt cambiar a ▷ vr: **sich umziehen** mudarse (de ropa) ▷ vi mudarse (nach a)

Umzug m desfile m; (Wohnungsumzug) mudanza f

unabhängig adj independiente

unangebracht adj (Benehmen) inadecuado(-a); (Bemerkung) inoportuno(-a)

unangenehm adj (Mensch) molesto(-a); (Überraschung, Lage) desagradable

Unannehmlichkeit f inconveniente m

unanständig adj inmoral; (Witz) obsceno(-a)

Unart f vicio m, mala costumbre f

unartig adj travieso(-a)
unauffällig adj (Mensch, Benehmen) discreto(-a); (Kleidung) poco llamativo(-a)
unaufgefordert adj espontáneo(-a) ▷ adv espontáneamente
unaufhaltsam adj irresistible
unaufhörlich adj continuo(-a)
unaufmerksam adj distraído(-a)
unaufrichtig adj poco sincero(-a)
unaussprechlich adj (Name) impronunciable; (Kummer) indecible
unbedeutend adj (Summe) poco importante; (Fehler) insignificante
unbedingt adj (Gehorsam) incondicional; (Vertrauen) absoluto(-a) ▷ adv absolutamente; **musst du unbedingt gehen?** ¿tienes que irte sin falta?
unbefugt adj no autorizado(-a)
unbegrenzt adj (Freiheit) indefinido(-a); (Möglichkeit) ilimitado(-a)
unbegründet adj (Verdacht) infundado(-a); (Misstrauen) sin fundamento
Unbehagen nt (-s) malestar m
unbehaglich adj (Wohnung) incómodo(-a); (Gefühl) desagradable
unbekannt adj (Künstler) anónimo(-a); (Größe) desconocido(-a)
unbequem adj (Stuhl) incómodo(-a); (Mensch) molesto(-a); (Regelung) inoportuno(-a)
unberechtigt adj infundado(-a); (nicht erlaubt) no autorizado(-a)
unbeständig adj (Mensch) inconstante; (Wetter) variable; (Lage) inestable
unbestimmt adj indeterminado(-a); (Ling) indefinido(-a)
unbeteiligt adj ajeno(-a); (uninteressiert) desinteresado(-a)
unbewacht adj sin guarda; (Bahnübergang) no vigilado(-a)
unbewusst adj involuntario(-a)
unbrauchbar adj (Arbeit) inútil; (Gerät etc) inservible
und konj y; **und so weiter** etcétera
Undank m ingratitud f
undenkbar adj (Vorstellung) inimaginable; (Ereignis) increíble
Underscore m (-s, -s) subrayado m
Understatement nt (-s, -s) eufemismo m; **sie neigt zum Understatement** tiende a minimizar las cosas
undeutlich adj (Schrift) incomprensible; (Erinnerung) vago(-a); (Sprache) ininteligible
undicht adj (Gefäß) no hermético(-a); (Dach) que no es impermeable
uneben adj (Gelände) accidentado(-a); (Straße) irregular
unehelich adj ilegítimo(-a)
unendlich adj infinito(-a); (Geduld) ilimitado(-a)
unentgeltlich adj gratuito(-a)
unentschieden adj indeciso(-a)
unerfreulich adj desagradable
unerhört adj (Frechheit) inaudito(-a); (Bitte) extraño(-a)
unerlässlich adj indispensable
unermüdlich adj incansable
unersättlich adj insaciable
unerschwinglich adj (Preis) excesivo(-a); (Sache) inasequible,

carísimo(-a)
unerträglich *adj* (*Hitze*) inaguantable; (*Schmerzen*) insoportable
unerwartet *adj* (*Nachricht*) inesperado(-a); (*Ereignis*) imprevisto(-a)
unerwünscht *adj* indeseado(-a)
unfähig *adj* incapaz (*zu* de)
Unfähigkeit *f* incapacidad *f*
unfair *adj* poco correcto(-a); (*Sport*) sucio(-a)
Unfall *m* accidente *m*
Unfallflucht *f* delito *m* de fuga (de un conductor)
unfreundlich *adj* (*Mensch*) descortés; (*Wetter*) desapacible
Unfreundlichkeit *f* falta *f* de cortesía
Unfug *m* (*-s*) (*Benehmen*) travesura *f*; (*Unsinn*) tontería *f*
ungarisch *adj* húngaro(-a)
Ungarn *nt* (*-s*) Hungría *f*
ungeahnt *adj* (*Möglichkeiten*) imprevisto(-a); (*Talente*) insospechado(-a)
ungebeten *adj* (*Gast*) intruso(-a); (*Einmischung*) inoportuno(-a)
ungedeckt *adj* descubierto(-a); (*Konto, Scheck*) sin fondos
Ungeduld *f* impaciencia *f*
ungeduldig *adj* impaciente
ungefähr *adj* (*Angabe*) aproximado(-a); (*Vorstellung*) aproximativo(-a)
ungefährlich *adj* inofensivo(-a)
ungeheuer *adj* (*Größe*) enorme; (*Leistung*) ingente; (*Mengen*) inmenso(-a) ▷ *adv* enormemente
Ungeheuer *nt* (*-s, -*) monstruo *m*
ungeheuerlich *adj* monstruoso(-a)

ungehobelt *adj* (*fig*) basto(-a)
ungelegen *adj* (*Besuch*) intempestivo(-a)
ungemein *adv* enormemente
ungemütlich *adj* incómodo(-a); (*Mensch*) poco simpático(-a)
ungenau *adj* (*Angabe*) inexacto(-a); (*Bezeichnung*) impreciso(-a)
ungeniert *adj, adv* sin cumplidos
ungenießbar *adj* (*Essen*) incomestible; (*fam*) insoportable
ungenügend *adj* (*Schulnote*) suspenso
ungepflegt *adj* descuidado(-a); (*Mensch*) desaseado(-a)
ungerade *adj* (*Zahl*) impar
ungerecht *adj* injusto(-a)
ungerechtfertigt *adj* injustificado(-a)
Ungerechtigkeit *f* injusticia *f*
ungern *adv* de mala gana
ungeschickt *adj* (*Benehmen*) torpe; (*Antwort*) desacertado(-a)
ungestört *adj* tranquilo(-a)
ungesund *adj* (*Klima*) malsano(-a); (*Speise*) perjudicial; (*Aussehen*) enfermizo(-a)
ungewiss *adj* incierto(-a)
ungewöhnlich *adj* (*Mensch*) extraño(-a); (*Sache*) raro(-a); (*Kälte*) desacostumbrado(-a); (*Güte*) extraordinario(-a)
ungewohnt *adj* desacostumbrado(-a)
Ungeziefer *nt* (*-s*) bichos *mpl*
ungezogen *adj* malcriado(-a)
ungezwungen *adj* (*Benehmen*) natural; (*Unterhaltung*) desenvuelto(-a)
ungläubig *adj* incrédulo(-a)
unglaublich *adj* (*Geschichte*) increíble; (*Frechheit*) inaudito(-a)

Unglück nt (-(e)s, -e) desgracia f; (Pech) mala suerte f; (Unglücksfall) accidente m
unglücklich adj desgraciado(-a); (unerfreulich) desagradable
unglücklicherweise adv desgraciadamente
ungültig adj nulo(-a); (Pass) caducado(-a)
Unheil nt desgracia f
unheilbar adj incurable
unheimlich adj inquietante ▷ adv (fam) enormemente
unhöflich adj descortés
Uniform f (-, -en) uniforme m
Universität f universidad f
Unkenntnis f desconocimiento m
unklar adj (Bild) borroso(-a); (Text, Rede) confuso(-a); **im Unklaren sein über** +akk no saber sobre
Unklarheit f confusión f
Unkosten pl gastos mpl
Unkraut nt mala hierba f
Unkrautvernichtungsmittel nt herbicida m
unmäßig adj desmesurado(-a)
Unmenge f cantidad f enorme
unmerklich adj imperceptible
unmissverständlich adj (Antwort) inequívoco(-a); (Verhalten) evidente
unmittelbar adj (Nähe) inmediato(-a); (Kontakt) directo(-a)
unmöglich adj imposible
unnötig adj (Ausgaben) superfluo(-a); (Worte, Sorgen) innecesario(-a)
UNO f (-) akr (= Organisation der Vereinten Nationen) ONU f
unordentlich adj (Mensch) descuidado(-a); (Arbeit) desordenado(-a); (Zimmer) en desorden
Unordnung f desorden m
unpassend adj (Äußerung) improcedente; (Zeit) inoportuno(-a)
unpraktisch adj poco práctico(-a); (Gerät) difícil de manejar
unpünktlich adj poco puntual; (Erscheinen) impuntual
unrecht adj injusto(-a); (unpassend) inoportuno(-a)
Unrecht nt injusticia f; **zu Unrecht** injustamente; **im Unrecht sein** no tener razón, no llevar razón
unregelmäßig adj (Arbeit, Zahlung) irregular; (Leben) desordenado(-a)
Unruhe f inquietud f, intranquilidad f
unruhig adj inquieto(-a), intranquilo(-a); (Gegend) bullicioso(-a); (Meer) picado(-a)
uns pron akk von **wir** nos; a nosotros(-as) ▷ pron dat von **wir** nos
unsagbar adj (Schmerz) indecible; (Freude) indescriptible
unscheinbar adj (Mensch) discreto(-a); (Pflanze) poco vistoso(-a)
unschlagbar adj (Mannschaft) invencible; (Leistung) insuperable
unschlüssig adj indeciso(-a)
Unschuld f inocencia f
unschuldig adj inocente; (unverdorben) puro(-a)
unser pron (adjektivisch) nuestro(-a) ▷ pron gen von **wir** en/de nosotros(-as)
unsere, r, s pron (substantivisch) el/la nuestro(-a)

unsererseits *adv* por nuestro parte
unseretwegen *adv* por nosotros(-as)
unsicher *adj* (*Ausgang*) incierto(-a); (*Mensch*) inseguro(-a)
Unsinn *m* absurdo *m*
Unsitte *f* mala costumbre *f*
unsre (*fam*) *kontr von* **unsere**
unsterblich *adj* inmortal; (*Werk*) imperecedero(-a)
Unstimmigkeit *f* divergencia *f*; (*Streit*) desacuerdo *m*
unsympathisch *adj* antipático(-a); **sie ist mir unsympathisch** me es antipática
untauglich *adj* incapaz; (*Mil*) inepto(-a) (para el servicio)
unten *adv* abajo; (*bedeckt*) debajo; (*im Haus*) abajo; **nach unten** hacia abajo

🔵 SCHLÜSSELWORT

unter *präp +akk* debajo de; (*zwischen, bei*) entre ▷ *präp +dat* (*räumlich*) debajo de; (*bei Zahlen, Beträgen*) de menos de; (*bei Bekleidung*) debajo de; (*zwischen, bei*) entre; (*Bezug auf Zeitpunkt, Thema*) bajo; (*Unterordnung*) por debajo de; **unter anderem** entre otros; **unter sich sein** (*Freunde*) estar entre amigos

unterbelichten *vt* (*Foto*) subexponer
Unterbewusstsein *nt* subconsciente *m*
unterbrechen *irr vt* interrumpir; (*Arbeit*) suspender; (*Kontakt*) cortar; (*Verkehr*) interrumpir
Unterbrechung *f* interrupción *f*
Unterbrechungsbefehl *m* (*Inform*) orden *f* de ruptura, instrucción *f* de ruptura
Unterbrechungstaste *f* (*Inform*) tecla *f* de cancelación
unter|bringen *irr vt* (*in Koffer*) colocar; (*in Hotel etc*) alojar; (*beruflich*) colocar (*in +dat* en)
unterdrücken *vt* (*Gefühle*) reprimir; (*Leute*) oprimir
Unterdrückung *f* opresión *f*, represión *f*
untere, r, s *adj* inferior
untereinander *adv* (*unter uns*) entre nosotros(-as); (*unter euch*) entre vosotros(-as); (*unter sich*) entre sí
Unterernährung *f* subalimentación *f*, desnutrición *f*
Unterführung *f* paso *m* subterráneo
unter|gehen *irr vi* (*Naut*) naufragar; (*Sonne*) ponerse; (*Staat*) caer; (*Volk*) desaparecer; (*Welt*) acabarse; (*im Lärm*) apagarse
Untergrund *m* subsuelo *m*; (*Pol*) movimiento *m* clandestino
Untergrundbahn *f* metro *m*
unterhalb *adv* debajo; **unterhalb von** por debajo de ▷ *präp +gen* debajo de
Unterhalt *m* sustento *m*
unterhalten *irr vt* entretener; (*Beziehungen*) mantener; (*belustigen*) divertir ▷ *vr*: **sich unterhalten** conversar; (*sich belustigen*) divertirse
Unterhaltung *f* entretenimiento *m*; (*Belustigung*) diversión *f*; (*Gespräch*) conversación *f*
Unterhemd *nt* camiseta *f*

Unterhose f calzoncillos mpl
unterirdisch adj subterráneo(-a)
Unterkunft f(-, -künfte) alojamiento m
Unterlage f base f; (Beleg) comprobante m; (Dokument) documento m; (Schreibunterlage) carpeta f
unterlegen adj inferior (dat a); (besiegt) vencido(-a)
Unterleib m abdomen m
Untermenü nt (Inform) submenú m
Untermiete f: **zur Untermiete wohnen** vivir como subinquilino(-a)
Untermieter, in m(f) subinquilino(-a) m/f
unternehmen irr vt emprender
Unternehmen nt (-s, -) empresa f
Unternehmer, in m(f) (-s, -) empresario(-a) m/f
unternehmungslustig adj emprendedor(a)
Unterricht m (-(e)s) enseñanza f
unterrichten vt instruir; (Sch) enseñar ▷ vr: **sich unterrichten** informarse (über +akk de, sobre)
Unterrock m combinación f
unterschätzen vt subestimar
unterscheiden irr vt distinguir ▷ vr: **sich unterscheiden** diferenciarse
Unterscheidung f (Unterschied) diferencia f; (das Unterscheiden) diferenciación f
Unterschied m (-(e)s, -e) diferencia f; **im Unterschied zu** a diferencia de
unterschiedlich adj diferente; (diskriminierend) diferenciador(a)
unterschlagen irr vt (Geld) defraudar

531 | **unverbindlich**

unterschreiben irr vt firmar
Unterschrift f firma f
Untersetzer m (-s, -) posavasos m
unterste, r, s adj inferior, más bajo(-a)
unterstellen vt (Abteilung) subordinar (dat a); (fig) atribuir (jdm etw algo a alguien)
unter|stellen vt (Auto) guardar (en el garaje) ▷ vr: **sich unterstellen** ponerse a cubierto
unterstreichen irr vt (a. fig) subrayar
Unterstrich m (Inform) subrayado m
unterstützen vt (moralisch) apoyar; (finanziell) subvencionar
Unterstützung f apoyo m; (Zuschuss) subvención f
untersuchen vt examinar; (Med) reconocer; (Polizei) investigar
Untersuchung f examen m
Untertasse f platillo m; **fliegende Untertasse** platillo volante
Unterteil nt parte f inferior
Unterwäsche f ropa f interior
unterwegs adv en camino
unterzeichnen vt firmar
untreu adj infiel
Untreue f infidelidad f
untröstlich adj inconsolable
unüberlegt adj irreflexivo(-a)
unumgänglich adj indispensable
ununterbrochen adj (Folge) ininterrumpido(-a); (Regen) continuo(-a)
unveränderlich adj invariable
unverändert adj sin cambiar
unverantwortlich adj irresponsable
unverbesserlich adj incorregible
unverbindlich adj, adv sin compromiso

unverbleit adj sin plomo
unverfroren adj descarado(-a)
unverkennbar adj inequívoco(-a)
unvermeidlich adj inevitable
unverschämt adj (Kerl) descarado(-a); (Preise) exorbitante
Unverschämtheit f descaro m
unverwüstlich adj (Material) indestructible; (Mensch) imperturbable; (Humor) inalterable
unverzeihlich adj imperdonable
unverzüglich adj inmediato(-a)
unwahr adj falso(-a)
unwahrscheinlich adj improbable ▷ adv (fam) muy
Unwetter nt tormenta f
unwichtig adj sin importancia
unwillkürlich adj involuntario(-a) ▷ adv instintivamente
Unwissenheit f ignorancia f
unwohl adj indispuesto(-a)
Unwohlsein nt (-s) indisposición f
unzählig adj innumerable
unzerbrechlich adj irrompible
unzertrennlich adj inseparable
Unzucht f(-) lujuria f
unzufrieden adj descontento(-a)
unzulänglich adj (Versorgung) deficiente; (Ausrüstung, Leistung) insuficiente
unzusammenhängend adj incoherente; (Äußerung) disparatado(-a)
unzutreffend adj inexacto(-a)
unzuverlässig adj dudoso(-a)
Update nt (-s, -s) actualización f
uploaden vt (Inform) cargar
üppig adj exuberante; (Essen) abundante
uralt adj antiquísimo(-a)
Uran nt (-s) uranio m
Urin m (-s) orina f

Urkunde f(-, -n) documento m
urkundlich adj documental
URL f(-) (Inform) abk (= Uniform Resource Locator) URL f
Urlaub m (-(e)s, -e) vacaciones fpl; (Mil) permiso m
Urlauber, in m(f) (-s, -) turista mf
Ursache f causa f
Ursprung m origen m; (von Fluss) fuente f, nacimiento m
ursprünglich adj (Form) primitivo(-a); (Plan) original
Urteil nt (-s, -e) juicio m; (Jur) sentencia f
urteilen vi juzgar
Uruguay nt (-s) Uruguay m
uruguayisch adj uruguayo(-a)
Urwald m selva f virgen
USA pl abk (= Vereinigte Staaten von Amerika) EE.UU. mpl
Usbekistan nt (-s) Uzbekistán m
User, in m(f) (-s, -) (Inform) usuario(-a) m/f
Utensilien pl utensilios mpl
Utopie f utopía f
utopisch adj utópico(-a)

V

Vagina f (-, **Vaginen**) vagina f
Vakuum nt (-s, Vakua o **Vakuen**) vacío m
vakuumverpackt adj envasado(-a) al vacío
Vampir m (-s, -e) vampiro m
Vandalismus m vandalismo m
Vanille f (-) vainilla f
Vase f (-, -n) florero m
Vater m (-s, **Väter**) padre m
Vaterland nt patria f
väterlich adj paternal; (Linie, Seite, Geschäft) paterno(-a)
Veganer, in m(f) (-s, -) vegetariano(-a) m/f estricto(-a)
Vegetarier, in m(f) (-s, -) vegetariano(-a) m/f
vegetarisch adj vegetariano(-a)
vegetieren vi vegetar
Veilchen nt violeta f
Vene f (-, -n) vena f
venezolanisch adj venezolano(-a)
Venezuela nt (-s) Venezuela f
Ventil nt (-s, -e) válvula f
Ventilator m ventilador m
verabreden vt convenir, concertar; (Zeit) fijar ▷ vr: **sich verabreden** citarse (mit jdm con alguien)
Verabredung f acuerdo m; (Treffen) cita f
verabschieden vt (Gäste, entlassen) despedir; (Gesetz) aprobar ▷ vr: **sich verabschieden** despedirse (von de)
verachten vt despreciar; **das ist nicht zu verachten** eso no puede pasarse por alto
verächtlich adj despreciable
Verachtung f desprecio m, desdén m
verallgemeinern vt generalizar
veraltet adj anticuado(-a)
veränderlich adj variable; (Mensch, Wesen) inestable
verändern vt modificar ▷ vr: **sich verändern** cambiar
Veränderung f cambio m
veranlagt adj: **gut/schlecht/ künstlerisch veranlagt sein** estar bien/mal/artísticamente dotado(-a)
veranlassen vt dar lugar a; **Maßnahmen veranlassen** tomar medidas; **sich veranlasst sehen** verse obligado(-a); **was veranlasste ihn dazu?** ¿qué le indujo a ello?
veranstalten vt organizar
Veranstalter, in m(f) (-s, -) organizador(a) m(f)
Veranstaltung f organización f; (Konzert etc) manifestación f
verantworten vt responder de

verantwortlich | 534

▷ vr: **sich verantworten** justificarse (**für** por)

verantwortlich adj (Stelle, Posten) de responsabilidad; (zuständig) responsable

Verantwortung f responsabilidad f; **die Verantwortung für etw tragen** ser responsable de algo

Verantwortungsgefühl nt sentido m de la responsabilidad

verarbeiten vt trabajar; (geistig) asimilar; (Inform) tratar

Verarbeitung f transformación f; (Inform) proceso m

verärgern vt enfadar

verarzten vt (fam) atender

Verband m (pl **Verbände**) (Med) vendaje m; (Bund) unión f, federación f

Verband(s)kasten m botiquín m

Verbandzeug nt material m para vendajes

verbergen irr vt esconder

verbessern vt (besser machen) mejorar; (berichtigen) corregir ▷ vr: **sich verbessern** mejorarse; (berichtigen) corregirse

Verbesserung f mejora f; (Berichtigung) corrección f

Verbeugung f reverencia f

verbiegen irr vt torcer, doblar

verbieten irr vt prohibir; **jdm den Mund verbieten** hacer callar a alguien

verbilligt adj rebajado(-a)

verbinden irr vt unir; (kombinieren) combinar; (Med) vendar; (Tel) conectar; **jdm die Augen verbinden** vendar los ojos a alguien; **etw mit etw verbinden** combinar algo con algo ▷ vr: **sich verbinden** unirse; (Chem) combinarse

verbindlich adj vinculante; (freundlich) amable

Verbindung f unión f; (Beziehung) relación f; (Zugverbindung) enlace m; (Chem) combinación f; (Tel) línea f

verbleit adj con plomo

verblöden vi embrutecer

verblüffen vt dejar estupefacto(-a)

verblühen vi marchitarse

verbluten vi desangrarse

Verbot nt (**-(e)s, -e**) prohibición f

verboten adj prohibido(-a); **Rauchen verboten!** prohibido fumar

Verbrauch m (**-(e)s**) consumo m

verbrauchen vt consumir; (Geld) gastar

Verbraucher, in m(f) (**-s, -**) consumidor(a) m(f)

Verbraucherzentrale f Oficina f del Consumidor

verbraucht adj gastado(-a), usado(-a); (Luft) viciado(-a); (Mensch) vivido(-a)

verbrechen irr vt: **etwas verbrechen** cometer un delito

Verbrechen nt (**-s, -**) delito m

Verbrecher, in m(f) (**-s, -**) delincuente mf, criminal mf

verbreiten irr vt (Nachricht) difundir; (Krankheit) propagar ▷ vr: **sich verbreiten**: **sich über etw** akk **verbreiten**: extenderse sobre algo

Verbreitung f difusión f, propagación f

verbrennen irr vt quemar; (Leiche) incinerar; **sich** dat **den Mund verbrennen** (fig) hablar más de la cuenta ▷ vi quemarse

Verbrennung f combustión f; (von Leiche) incineración f; (Med) quemadura f
Verbrennungsmotor m motor m de combustión interna
verbringen irr vt pasar
verbrühen vr: **sich verbrühen** escaldarse
Verbündete, r mf aliado(-a) m/f
Verdacht m (-(e)s) sospecha f
verdächtig adj sospechoso(-a)
verdächtigen vt sospechar; **jdn des Mordes verdächtigen** sospechar que alguien ha cometido un asesinato
verdammen vt condenar
verdampfen vi evaporarse
verdanken vt: **jdm etw verdanken** agradecer [o deber] algo a alguien
verdauen vt (a. fig) digerir
verdaulich adj digerible; **schwer/leicht verdaulich** difícil/fácil de digerir
Verdauung f digestión f
Verdeck nt (-(e)s, -e) (Auto) capota f; (Naut) cubierta f
verdecken vt cubrir
verderben irr vt (beschädigen) deteriorar; (ruinieren) arruinar; (Augen, Magen) dañar, estropear; (Vergnügen, Abend, Tag) echar a perder; (moralisch) corromper; **es (sich) mit jdm verderben** perder las simpatías de alguien ▷ vi (Essen) echarse a perder; (Mensch) perderse
Verderben nt (-s) ruina f
verderblich adj (Einfluss) nocivo(-a); (Lebensmittel) que se echa a perder fácilmente
verdienen vt ganar; (Erfolg, Lob, Strafe) merecer
Verdienst m (-(e)s, -e) ganancia f ▷ nt (-(e)s, -e) mérito m
verdoppeln vt duplicar
verdorben adj (Essen) pasado(-a); (ruiniert) arruinado(-a); (moralisch) corrupto(-a)
verdrängen vt desplazar; (Gedanken, Menschen) reprimir
verdrehen vt (a. fig) retorcer; (Augen) torcer; **jdm den Kopf verdrehen** hacer perder la cabeza a alguien
verdünnen vt diluir
verdunsten vi evaporarse
verdursten vi morir de sed
verdutzt adj perplejo(-a)
verehren vt respetar; (a. Rel) venerar; **jdm etw verehren** (fam) regalar algo a alguien
Verehrer, in m(f) (-s, -) admirador(a) m(f); (Liebhaber) galanteador m
verehrt adj venerado(-a); **sehr verehrtes Publikum!** ¡estimado público!
Verein m (-(e)s, -e) asociación f
vereinbar adj compatible
vereinbaren vt convenir, fijar
Vereinbarung f acuerdo m
vereinen vt unir; (Prinzipien) conciliar
vereinigen vt unir; (Chem) fusionar; **die Vereinigten Staaten (von Amerika)** los Estados Unidos (de América)
Vereinigung f unión f; (Verein) asociación f
vereint adj unido(-a); **die Vereinten Nationen** las Naciones Unidas
vereisen vi helar ▷ vt (Med)

anestesiar por congelamiento
vereitert adj supurante
vererben vt dejar en herencia; (Bio) transmitir hereditariamente ▷ vr: **sich vererben** transmitirse (por herencia) (auf jdn a alguien)
vererblich adj hereditario(-a)
verewigen vt perpetuar ▷ vr: **sich verewigen** (fam) perpetuarse
verfahren irr vi proceder; **verfahren mit** tratar ▷ vt (Benzin) gastar (en un viaje) ▷ vr: **sich verfahren** perderse (en coche)
Verfahren nt (-s, -) método m; (Jur) procedimiento m
verfallen vi (Haus) quedar en ruinas; (Mensch) decaer; (ungültig werden) invalidarse; (Com) vencer
Verfallsdatum nt fecha f de caducidad
Verfasser, in m(f) (-s, -) autor(a) m(f)
Verfassung f (Zustand) estado m; (Pol) constitución f
verfaulen vi pudrirse
verfolgen vt (a. fig) perseguir; (Entwicklung) seguir; **vom Pech verfolgt werden** ser perseguido(-a) por la mala suerte
verfrüht adj prematuro(-a)
verfügbar adj disponible
verfügen vt disponer ▷ vi: **verfügen über** +akk disponer de
Verfügung f (über Geld etc) disposición f; (Anordnung) orden f; **jdm zur Verfügung stehen** estar a disposición de alguien
verführen vt engañar; (sexuell) seducir
verführerisch adj seductor(a)
vergammeln vi (fam) depravarse; (Nahrung) echarse a perder

vergangen adj pasado(-a)
Vergangenheit f pasado m
Vergaser m (-s, -) (Auto) carburador m
vergeben irr vt (verzeihen) perdonar (jdm etw algo a alguien); (Stelle) asignar; (Preis) adjudicar; **sie ist schon vergeben** ya está comprometida; **du vergibst dir nichts, wenn du ...** no te comprometes a nada si ...
vergebens adv en vano, inútilmente
vergeblich adj vano(-a), inútil
vergehen irr vi pasar; (Zeit) transcurrir; (Schmerz) cesar; **jdm vergeht etw** alguien pierde algo; **vor Sehnsucht vergehen** morirse de nostalgia ▷ vr: **sich vergehen**: **sich an jdm vergehen** abusar de alguien
Vergehen nt (-s, -) (Jur) delito m
Vergeltung f represalia f
vergessen irr vt olvidar; **das werde ich ihm nie vergessen** no olvidaré nunca lo que ha hecho ▷ vr: **sich vergessen** descomedirse, perder el control
vergesslich adj olvidadizo(-a)
vergeuden vt derrochar
vergewaltigen vt violar
vergewissern vr: **sich vergewissern** cerciorarse
vergiften vt envenenar
Vergiftung f envenenamiento m, intoxicación f
Vergissmeinnicht nt (-(e)s, -e) nomeolvides m
Vergleich m (-(e)s, -e) comparación f; **im Vergleich mit**, **im Vergleich zu** comparado(-a) con

vergleichen irr vt comparar (*mit* con)
vergnügen vr: **sich vergnügen** divertirse
Vergnügen nt (**-s, -**) diversión f; **Vergnügen an etw** dat **haben** divertirse con algo; **das ist kein Vergnügen** no es ningún placer; **viel Vergnügen!** ¡que te diviertas!
vergnügt adj alegre, divertido(-a)
Vergnügung f diversión f
Vergnügungspark m parque m de atracciones
vergriffen adj agotado(-a)
vergrößern vt agrandar; (*Anzahl*) aumentar; (*Fotografie*) ampliar ▷ vr: **sich vergrößern** aumentar (de tamaño)
Vergrößerung f ampliación f
Vergrößerungsglas nt lente f de aumento
Vergünstigung f ventaja f; (*Preisvergünstigung*) rebaja f
vergüten vt (*bezahlen*) remunerar; **jdm etw vergüten** (*erstatten*) reembolsar algo a alguien
verhaften vt arrestar
Verhaftung f arresto m, detención f
verhalten irr vr: **sich verhalten** (com)portarse (*gegen jdn* con alguien); (*Sache*) pasar; (*Math*) ser (*zu* a); **sich ruhig verhalten** quedarse quieto(-a) ▷ adj retenido(-a)
Verhalten nt (**-s**) comportamiento m
Verhältnis nt (*Verbindung*) correspondencia f; (*persönliches Verhältnis*) relación f; (*Math*) proporción f; **Verhältnisse** pl (*Umstände*) circunstancias fpl; (*Lage*) situación f; **im Verhältnis zu** en proporción a, en comparación con
verhältnismäßig adj proporcional; (*relativ*) relativo(-a) ▷ adv comparativamente
verhandeln vi discutir [*o* negociar] (*über etw akk* sobre algo); (*Jur*) deliberar ▷ vt (*Jur*) debatir
Verhandlung f negociación f; (*Jur*) juicio m, vista f
verharmlosen vt minimizar
verheerend adj desastroso(-a)
verheilen vi sanar, cicatrizar
verheimlichen vt ocultar (*jdm* a alguien)
verheiratet adj casado(-a)
verhexen vt embrujar; **es ist wie verhext** es como si estuviese embrujado(-a)
verhindern vt impedir
Verhör nt (**-(e)s, -e**) interrogatorio m
verhören vt interrogar ▷ vr: **sich verhören** entender mal
verhungern vi morir de hambre
verhüten vt prevenir
Verhütung f prevención f
Verhütungsmittel nt anticonceptivo m
verirren vr: **sich verirren** extraviarse
verkabeln vt instalar una red de cables, cablear; (*Geräte*) interconectar
Verkabelung f cableado m, interconexión f
verkalken vi calcinarse; (*Med*) calcificarse
Verkauf m venta f
verkaufen vt vender; **jdn für dumm verkaufen** tomar a alguien por tonto(-a); **jdm etw verkaufen** vender algo a alguien
Verkäufer, in m(f) vendedor(a)

verkäuflich | 538

m(f); *(in Laden)* dependiente(-a) *m/f*
verkäuflich *adj* vendible
verkaufsoffen *adj* abierto(-a) para la venta
Verkehr *m* (**-s**) *(Straßenverkehr)* circulación *f*; *(Umgang)* trato *m*; *(Geschlechtsverkehr)* relaciones *fpl* sexuales
verkehren *vi (Bahn, Bus)* circular; *(in Lokal etc)* frecuentar *(in etw dat* algo); **bei jdm verkehren** frecuentar a alguien; **mit jdm verkehren** tener trato con alguien
Verkehrsampel *f* semáforo *m*
Verkehrsamt *nt* Oficina *f* de Turismo
Verkehrsaufkommen *nt* (**-s, -**) volumen *m* de tráfico
verkehrsberuhigt *adj* de tráfico reducido
Verkehrsberuhigung *f* reducción *f* de la circulación
Verkehrsfunk *m* servicio *m* radiofónico de tráfico
Verkehrsinfarkt *m* colapso *m* del tráfico
Verkehrsinsel *f* refugio *m*
Verkehrsmittel *nt* medio *m* de transporte
Verkehrsstau *m* embotellamiento *m*, atasco *m*
Verkehrsstockung *f* congestión *f* del tráfico
Verkehrssünder, in *m(f)* infractor(a) *m(f)* de las normas de circulación
Verkehrsunfall *m* accidente *m* de tráfico
Verkehrsverbund *m* sociedad *f* de transporte común
verkehrswidrig *adj* contrario(-a) a las normas de circulación

Verkehrszeichen *nt* señal *f* de circulación, señal *f* de tráfico
verkehrt *adj (falsch)* equivocado(-a); *(umgekehrt)* invertido(-a)
verklagen *vt (Jur)* demandar
verklappen *vt* descargar en el mar
verkleiden *vt (jdn)* disfrazar; *(Haus)* revestir ▷ *vr*: **sich verkleiden** disfrazarse
verkleinern *vt* reducir
verklemmt *adj* agarrotado(-a)
verkneifen *irr vt*: **sich** *dat* **etw verkneifen** *(fam)* reprimirse algo
verkniffen *adj* forzado(-a)
Verknüpfung *f (Inform)* acceso *m* directo
verkommen *irr vi (Haus)* echarse a perder; *(Mensch)* pervertirse ▷ *adj (Haus)* echado(-a) a perder; *(Mensch)* pervertido(-a)
verkraften *vt*: **etw nicht verkraften können** no poder soportar algo
verkühlen *vr*: **sich verkühlen** resfriarse
verkümmern *vi* achaparrarse; *(Pflanze)* marchitarse; *(Gliedmaßen)* atrofiarse; *(Talent)* decaer
verkünden *vt* anunciar; *(Urteil)* pronunciar
Verlag *m* (**-(e)s, -e**) editorial *f*
verlangen *vt* pedir, solicitar; **verlangen Sie Herrn X** pregunte(n) por el señor X; **das ist zu viel verlangt** eso es pedir demasiado ▷ *vi*: **verlangen nach** desear ver a
verlängern *vt* alargar; *(Urlaub, Vertrag)* prolongar
Verlängerung *f* alargamiento *m*; *(Frist)* prórroga *f*; *(von Vertrag)*

renovación f; (Sport) tiempo m suplementario, prórroga f
Verlängerungsschnur f cable m de prolongación
Verlass m: **auf ihn/das ist kein Verlass** no puede uno fiarse de él/eso
verlassen irr vt dejar, abandonar ▷ vr: **sich verlassen** contar (auf +akk con) ▷ adj abandonado(-a)
verlässlich adj fiable
Verlauf m curso m, transcurso m; (Entwicklung) desarrollo m
verlaufen irr vi pasar; (Feier, Abend, Urlaub) transcurrir ▷ vr: **sich verlaufen** extraviarse; (sich auflösen) dispersarse
verleben vt pasar
verlebt adj decrépito(-a)
verlegen vt trasladar (nach a); (verlieren) extraviar; (Termin) aplazar; (Rohre, Leitung) instalar ▷ vr: **sich verlegen: sich auf etw akk verlegen** dedicarse a algo ▷ adj desconcertado(-a); **jdn verlegen machen** desconcertar a alguien; **um etw nicht verlegen sein** no desconcertarse por algo
Verlegenheit f embarazo m; (Situation) aprieto m
Verleih m (-(e)s, -e) préstamo m
verleihen irr vt (leihweise geben) prestar; (Kraft, Anschein) atribuir; (Medaille) otorgar; (Preis) adjudicar
verleiten vt: **verleiten zu** inducir a
verlernen vt olvidar
verletzen vt (a. fig) herir; (Gesetz etc) infringir ▷ vr: **sich verletzen** herirse, hacerse daño
verletzend adj ofensivo(-a)
Verletzte, r mf herido(-a) m/f
Verletzung f herida f; (Verstoß) violación f
verleumden vt calumniar
verlieben vr: **sich verlieben** enamorarse (in +akk de)
verliebt adj enamorado(-a)
verlieren irr vt, vi perder; **an Wert verlieren** perder valor, depreciarse; **du hast hier nichts verloren** aquí no se te ha perdido nada ▷ vr: **sich verlieren** perderse
verloben vr: **sich verloben** prometerse (mit con)
Verlobte, r mf prometido(-a) m/f
Verlobung f compromiso m matrimonial
verloren adj perdido(-a); **verloren sein** (fig) andar perdido(-a); **verloren gehen** perderse, extraviarse
verlosen vt sortear
Verlosung f sorteo m
Verlust m (-(e)s, -e) pérdida f
vermehren vt aumentar; (Menge) acrecentar; (Anstrengung) multiplicar; (fortpflanzen) propagar ▷ vr: **sich vermehren** aumentar; (sich fortpflanzen) propagarse
vermeiden irr vt evitar
vermeintlich adj hipotético(-a)
Vermerk m (-(e)s, -e) nota f, advertencia f; (in Urkunde) visado m
vermessen vt medir ▷ adj audaz, temerario(-a)
vermieten vt arrendar; (Auto) alquilar
Vermieter, in m(f) arrendatario(-a) m/f
vermindern vt reducir ▷ vr: **sich vermindern** disminuir
vermischen vt mezclar
vermissen vt echar de menos [o en falta]

vermisst adj desaparecido(-a)
vermitteln vi intervenir ▷ vt: **jdm etw vermitteln** facilitar [o procurar] algo a alguien
Vermittlung f mediación f; (*Arbeitsvermittlung*) oficina f de empleo; (*Schlichtung*) conciliación f
Vermögen nt (**-s, -**) fortuna f
vermögend adj (*reich*) adinerado(-a)
vermummen vr: **sich vermummen** enmascararse
vermuten vt suponer; **wir vermuten ihn dort** sospechamos que está allí
vermutlich adj presumible ▷ adv presumiblemente
Vermutung f suposición f
vernachlässigen vt descuidar
vernehmen irr vt percibir; (*erfahren*) enterarse (*etw dat* de algo); (*Jur*) interrogar
Vernehmung f (*von Zeugen etc*) toma f de declaración; (*Verfahren*) interrogatorio m
verneigen vr: **sich verneigen** inclinarse (*vor +dat* ante)
vernetzen vt conectar (a una red); (*Inform*) integrar en una red
Vernetzung f interconexión f
vernichten vt (*zerstören*) destruir; (*Feind*) aniquilar
vernichtend adj (*fig*) destructor(a); (*Blick*) aniquilador(a); (*Kritik*) demoledor(a)
Vernunft f (**-**) razón f
vernünftig adj razonable; (*fam: Arbeit etc*) sensato(-a)
veröffentlichen vt publicar
Veröffentlichung f publicación f
verordnen vt (*Med*) prescribir

Verordnung f decreto m; (*Med*) prescripción f
verpachten vt arrendar
Verpackung f embalaje m
Verpackungsmüll m *desechos originados por los embalajes*
verpassen vt perder
verpesten vt apestar
verpflegen vt alimentar
Verpflegung f alimentación f
verpflichten vt obligar; (*anstellen*) contratar; **jdm zu Dank verpflichtet sein** deber las gracias [o un favor] a alguien ▷ vi: **verpflichten zu** obligar a ▷ vr: **sich verpflichten** comprometerse
verpfuschen vt (*fam*) chapucear
verplempern vt (*fam*) despilfarrar
verpönt adj mal visto(-a)
verprügeln vt (*fam*) dar una paliza a
Verputz m revoque m
Verrat m (**-(e)s**) traición f
verraten irr vt traicionar; (*Geheimnis*) revelar; (*jdn*) delatar
Verräter, in m(f) (**-s, -**) traidor(a) m(f)
verräterisch adj traidor(a); (*Miene, Lächeln, Blick*) revelador(a)
verrechnen vt: **verrechnen mit** compensar con ▷ vr: **sich verrechnen** equivocarse en las cuentas; (*fig*) equivocarse
Verrechnungsscheck m cheque m cruzado [o para abonar en cuenta]
verregnet adj lluvioso(-a)
verreisen vi irse de viaje
verrenken vt torcer; (*verletzen*) dislocar; **sich** dat **etw verrenken** dislocarse algo
verringern vt disminuir ▷ vr: **sich verringern** reducirse

verrosten vi oxidarse
verrostet adj oxidado(-a)
verrückt adj loco(-a); **jdn verrückt machen** hacer perder la cabeza a alguien
Verruf m: **in Verruf geraten** caer en descrédito; **in Verruf bringen** desacreditar
verrufen adj de mala fama
Vers m (-es, -e) verso m; (in Bibel) versículo m
versagen vi fallar
Versager, in m(f) (-s, -) fracasado(-a) m/f
versalzen irr vt salar demasiado; (fig) echar a perder
versammeln vt reunir ▷ vr: **sich versammeln** reunirse
Versammlung f reunión f
Versand m (-(e)s) envío m; (Versandabteilung) departamento m de expedición
Versandhaus nt casa f de venta por catálogo
versäumen vt perder; (unterlassen) omitir
verschätzen vr: **sich verschätzen** equivocarse en la estimación
verschenken vt regalar
verschieben irr vt (Termin, Datum, Fest) aplazar; (an anderen Ort) trasladar; (Inform) desplazar; (Waren) traficar
verschieden adj diferente; **sie sind verschieden groß** son de distinto tamaño
Verschiedene pron pl cosas fpl/personas fpl diversas; **Verschiedenes** diferentes objetos mpl; (als Überschrift) varios
verschimmeln vi enmohecerse

verschlafen irr vt (Zeit) pasar durmiendo; (fig) olvidar durmiendo ▷ vi quedarse dormido(-a) ▷ adj (fig: Mensch, Ort) somnoliento(-a)
verschlechtern vt empeorar ▷ vr: **sich verschlechtern** empeorarse
Verschlechterung f empeoramiento m
Verschlimmerung f empeoramiento m
verschlossen adj cerrado(-a) con llave; (fig) reservado(-a)
verschlucken vt tragar ▷ vr: **sich verschlucken** atragantarse
Verschluss m cierre m; (Stöpsel) tapón m; **unter Verschluss halten** tener bajo llave
verschmähen vt desdeñar
verschmutzen vt ensuciar; (Umwelt) contaminar
verschneit adj nevado(-a)
verschonen vt eximir; **jdn mit etw verschonen** ahorrar algo a alguien; **von etw verschont bleiben** quedar libre de algo
verschreiben irr vt (Med) prescribir ▷ vr: **sich verschreiben** equivocarse al escribir; **sich einer Sache** dat **verschreiben** entregarse a algo
verschreibungspflichtig adj de receta obligatoria
verschrotten vt desguazar
verschütten vt verter; (zuschütten) colmar; (ausschütten) derramar
verschweigen irr vt callar; **jdm etw verschweigen** ocultar algo a alguien
verschwenden vt derrochar
Verschwendung f derroche m
verschwiegen adj discreto(-a)

verschwinden *irr vi* desaparecer
Verschwinden *nt* (**-s**) desaparición *f*
Versehen *nt* (**-s, -**) equivocación *f*; **aus Versehen** por equivocación
versehentlich *adv* por equivocación
versenden *irr vt* enviar
versessen *adj*: **versessen auf** +*akk* empeñado(-a) en, loco(-a) por
versetzen *vt* (*an anderer Stelle*) desplazar; (*dienstlich*) trasladar; (*verpfänden*) empeñar; (*in Schule*) pasar al curso siguiente; (*fam: jdn*) dar un plantón a ▷ *vr*: **sich versetzen**: **sich in jds Lage** *akk* **versetzen** ponerse en lugar de alguien
verseuchen *vt* infectar; (*Umwelt: fig*) contaminar
versichern *vt* asegurar ▷ *vr*: **sich versichern** asegurarse (*gegen* contra)
Versichertenkarte *f* tarjeta *f* de la Seguridad Social
Versicherung *f* seguro *m*
Versicherungskarte *f* (*der Krankenversicherung*) tarjeta *f* sanitaria; **grüne Versicherungskarte** carta *f* verde
Versicherungspolice *f* póliza *f* de seguro
versöhnen *vt* reconciliar ▷ *vr*: **sich versöhnen** reconciliarse
versorgen *vt* proveer (*mit* de); (*Familie etc*) mantener; (*Haushalt*) atender ▷ *vr*: **sich versorgen**: **sich versorgen mit** aprovisionarse de
Versorgung *f* aprovisionamiento *m*; (*Unterhalt*) mantenimiento *m*; (*Pflege*) asistencia *f*
verspäten *vr*: **sich verspäten** retrasarse
Verspätung *f* retraso *m*
versprechen *irr vt* prometer; **sich** *dat* **etw von etw versprechen** esperar algo de algo ▷ *vr*: **sich versprechen** equivocarse (al hablar)
Versprechen *nt* (**-s, -**) promesa *f*
Verstand *m* inteligencia *f*; (*Vernunft*) razón *f*
verständigen *vt* informar, notificar ▷ *vr*: **sich verständigen** entenderse (*mit* con); (*sich einigen*) llegar a un acuerdo
Verständigung *f* comunicación *f*; (*Benachrichtigung*) información *f*; (*Einigung*) acuerdo *m*
verständlich *adj* inteligible; (*deutlich hörbar*) audible; (*leicht zu begreifen*) comprensible; (*leicht einzusehen*) claro(-a); **sich verständlich machen** hacerse entender
Verständnis *nt* comprensión *f*; **auf Verständnis** *akk* **stoßen** encontrar comprensión
verständnisvoll *adj* comprensivo(-a)
Verstärker *m* (**-s, -**) amplificador *m*
Verstärkung *f* aumento *m*, refuerzo *m*; **Verstärkung holen** traer refuerzos
verstauchen *vt* dislocar; **sich** *dat* **etw verstauchen** torcerse algo, dislocarse algo
Versteck *nt* (**-(e)s, -e**) escondite *m*
verstecken *vt* esconder ▷ *vr*: **sich verstecken** esconderse
versteckt *adj* escondido(-a), oculto(-a)
verstehen *irr vt* (*gut hören*) entender; (*begreifen*) comprender;

Verwaltung

(*Fremdsprache*) comprender, entender; (*können*) poder; **etwas von Kunst verstehen** entender de arte; **jdm etw zu verstehen geben** dar a entender algo a alguien; **verstehen Sie mich nicht falsch** no me entienda mal ▷ *vr*: **sich verstehen** entenderse

Versteigerung *f* subasta *f*
verstohlen *adj* furtivo(-a)
verstopfen *vt* obstruir
Verstopfung *f* obstrucción *f*; (*Med*) estreñimiento *m*
Verstoß *m* infracción *f* (*gegen* contra)
verstoßen *irr vt* rechazar ▷ *vi*: **verstoßen gegen** faltar a [*o* contra]
verstrahlt *adj* contaminado(-a) por radiación atómica
Versuch *m* (**-(e)s, -e**) tentativa *f*; (*wissenschaftlich*) experimento *m*
versuchen *vt* ensayar; (*ausprobieren*) probar; (*verführen*) tentar ▷ *vr*: **sich versuchen: sich an etw** *dat* **versuchen** hacer pinitos en algo
vertauschen *vt* cambiar; (*versehentlich*) confundir
verteidigen *vt* defender
Verteidiger, in *m(f)* (**-s, -**) defensor(a) *m(f)*
Verteidigung *f* defensa *f*
verteilen *vt* (*austeilen*) distribuir; (*Rollen*) repartir ▷ *vr*: **sich verteilen** distribuirse
Vertrag *m* (**-(e)s, Verträge**) contrato *m*; (*Pol*) pacto *m*
vertragen *irr vt* soportar ▷ *vr*: **sich vertragen** congeniar (*mit jdm* con alguien)
verträglich *adj* sociable; (*Speisen*)

digerible; (*Med*) saludable
vertrauen *vi* confiar (*jdm* en alguien); **vertrauen auf** +*akk* tener confianza en
Vertrauen *nt* (**-s**) confianza *f*; **Vertrauen in jdn/etw** confianza en alguien/algo; **im Vertrauen** confidencialmente, en confianza
vertraulich *adj* confidencial
vertreiben *irr vt* echar, expulsar; (*aus Land*) desterrar; (*Com*) vender; (*Zeit*) pasar
vertreten *irr vt* representar; (*jds Interessen*) defender; (*Ansicht*) sostener; (*jds Stelle*) sustituir
Vertreter, in *m(f)* (**-s, -**) representante *mf*; (*Stellvertreter*) sustituto(-a) *m/f*
Vertretung *f* representación *f*; (*von Ansicht, Interessen*) defensa *f*; (*beruflich*) agencia *f*
Vertrieb *m* (**-(e)s, -e**) venta *f*
vertun *irr vt* (*fam*) malgastar, derrochar ▷ *vr*: **sich vertun** equivocarse
vertuschen *vt* encubrir
verübeln *vt*: **jdm etw verübeln** tomar a mal algo de alguien
verunglücken *vi* sufrir un accidente; **tödlich verunglücken** morir víctima de un accidente
verursachen *vt* causar
verurteilen *vt* condenar; **verurteilen zu ...** sentenciar a ...; **zum Scheitern verurteilt** condenado(-a) a fracasar
vervielfältigen *vt* reproducir
verwackeln *vt* hacer borroso(-a)
verwählen *vr*: **sich verwählen** (*Tel*) marcar un número equivocado
verwalten *vt* administrar
Verwaltung *f* administración *f*

Verwandlung f cambio m, transformación f
verwandt adj emparentado(-a) (*mit* con)
Verwandte, r mf pariente mf
Verwandtschaft f parentesco m; (*Menschen*) parentela f
Verwarnung f advertencia f
verwechseln vt confundir (*mit* con); **zum Verwechseln ähnlich** de un parecido sorprendente
verweigern vt denegar (*jdm etw* algo a alguien)
Verweis m (**-es, -e**) reprimenda f; (*Hinweis*) referencia f
verweisen irr vt reprender ▷ vi remitir (*auf +akk* a)
verwelken vi marchitarse
verwenden vt usar; (*Zeit, Geld etc*) gastar
Verwendung f empleo m, uso m
verwerten vt utilizar
verwirklichen vt realizar
verwirren vt perturbar, confundir; (*fig*) desconcertar (*jdn* a alguien)
Verwirrung f (*Durcheinander*) embrollo m, confusión f; (*Unsicherheit*) desconcierto m
verwittern vi descomponerse
verwitwet adj viudo(-a)
verwöhnen vt mimar
verwunden vt herir
Verwunderung f asombro m
verwüsten vt devastar
verzählen vr: **sich verzählen** equivocarse en el cálculo
verzehren vt (*essen*) consumir; (*aufbrauchen*) gastar
Verzeichnis nt lista f, (*in Buch*) índice m; (*Inform*) directorio m
verzeihen irr vt, vi perdonar (*jdm etw* algo a alguien)

Verzeihung f perdón m; **um Verzeihung bitten** pedir perdón, disculparse
verzichten vi renunciar (*auf* etw a algo)
verziehen irr vt (*Kind*) mimar; **das Gesicht verziehen** hacer una mueca ▷ vr: **sich verziehen** encogerse; (*Holz*) bornearse; (*verschwinden*) marcharse ▷ vi cambiar de residencia
verzieren vt adornar
verzögern vt retardar ▷ vr: **sich verzögern** retrasarse
Verzögerung f retraso m
verzollen vt declarar (en la aduana)
verzweifeln vi desesperarse (*an +dat* de)
Verzweiflung f desesperación f
Veto nt (**-s, -s**) veto m
Vetter m (**-s, -n**) primo m
Vetternwirtschaft f amiguismo m, nepotismo m
VHS f(-) abk (= *Volkshochschule*) centro m de formación para adultos
Viagra f (**-s**) Viagra f
Video nt (**-s, -s**) vídeo m
Videoclip m (**-s, -s**) videoclip m
Videogerät nt magnetoscopio m, vídeo m
Videokamera f cámara f de vídeo, videocámara f
Videokassette f videocasete m, cinta f de vídeo
Videokonferenz f videorreunión f
Videorekorder m (**-s, -**) magnetoscopio m, vídeo m
Videothek f(-, -en) videoteca f
Videoüberwachung f vigilancia f por vídeo
Vieh nt (**-(e)s**) ganado m

viel *adj* mucho(-a) ▷ *adv* mucho; **so viel** tanto (*wie* como); **zu viel** demasiado; **viel zu wenig** demasiado poco(-a); *siehe auch* **vielsagend, vielversprechend**
viele *pron pl (attributiv, substantivisch)* muchos(-as)
vielerlei *adj inv* de muchas clases
vieles *pron* mucho
Vielfalt *f(-)* multiplicidad *f*
vielfältig *adj* múltiple, variado(-a)
vielleicht *adv* tal vez, quizá
vielmals *adv* muchas veces; **danke vielmals!** ¡muchísimas gracias!
vielmehr *adv* más bien
vielsagend *adj (Blick)* elocuente
vielseitig *adj (Mensch)* de talentos variados; *(Gerät)* que tiene muchos usos
vielversprechend *adj* prometedor(a)
vier *num* cuatro; **unter vier Augen** a solas
Vier *f(-, -en)* cuatro *m*; *(Schulnote)* suficiente *m*
Viereck *nt* **(-(e)s, -e)** cuadrado *m*
viereckig *adj* cuadrangular
vierhundert *num* cuatrocientos(-as)
viermal *adv* cuarto veces
viert *num*: **zu viert** (a) cuatro
vierte, r, s *adj* cuarto(-a)
Viertel *nt* **(-s, -)** *(Bruchteil)* cuarto *m*; *(Stadtviertel)* barrio *m*, distrito *m*
Vierteljahr *nt* trimestre *m*
vierteljährlich *adj* trimestral
Viertelstunde *f* cuarto *m* de hora
viertens *adv* en cuarto lugar
vierzehn *num* catorce
vierzehntägig *adj* quincenal
vierzig *num* cuarenta

Vietnam *nt* **(-s)** Vietnam *m*
vietnamesisch *adj* vietnamita
Vignette *f (Autobahnvignette)* viñeta *f*
violett *adj* (de color) violeta
Violine *f* violín *m*
Virensuchprogramm *nt* programa *m* antivirus, programa *m* cazavirus
virtuell *adj (Inform)* virtual
Virus *m* o *nt* **(-, Viren)** virus *m*
Visier *nt* **(-s, -e)** *(an Waffe)* mira *f*; *(am Helm)* visera *f*
Visit *nt* **(-s, -s)** *(Inform)* visita *f*
Visum *nt* **(-s, Visa** o **Visen)** visado *m*
Vitamin *nt* **(-s, -e)** vitamina *f*
Vogel *m* **(-s, Vögel)** pájaro *m*
Voicemail *f(-, -s)* voice mail *m* *(mensaje en voz memorizado en ordenador)*
Volk *nt* **(-(e)s, Völker)** pueblo *m*; *(fam: Menge)* gente *f*
Volksfest *nt* fiesta *f* popular
Volkshochschule *f* centro *m* de formación para adultos
voll *adj* lleno(-a); *(ganz)* entero(-a); *(Vertrauen)* completo(-a); **voll sein** *(fam: satt)* estar lleno(-a); *(betrunken)* estar borracho(-a) ▷ *adv* a más no poder, a tope
Vollbart *m* barba *f* cerrada
vollends *adv* enteramente
voller *adj* lleno(-a) *(gen* de)
Volleyball *m* balonvolea *m*, voleibol *m*
Vollgas *nt*: **mit Vollgas** a toda marcha, a todo gas; **Vollgas geben** acelerar a fondo
völlig *adj* completo(-a) ▷ *adv* completamente
volljährig *adj* mayor de edad
Vollkaskoversicherung *f*

seguro *m* a todo riesgo
vollkommen *adj* perfecto(-a); (*fam: völlig*) absoluto(-a) ▷ *adv* absolutamente
Vollkornbrot *nt* pan *m* integral
voll|machen *sep vt* llenar
Vollmacht *f* (*-, -en*) poder *m*
Vollmilch *f* leche *f* entera
Vollmond *m* luna *f* llena; **bei Vollmond** con luna llena, en plenilunio
Vollpension *f* pensión *f* completa
vollständig *adj* completo(-a)
Volltextsuche *f* búsqueda *f* completa del texto
Vollversion *f* (*Inform*) versión *f* para la venta
vollzählig *adj* completo(-a)
Volt *nt* (*-o -(e)s, -*) voltio *m*
Volumen *nt* (*-s, -*) volumen *m*
vom *kontr von* **von dem**

◯ SCHLÜSSELWORT

von *präp +dat* de; **Geschenke/ Briefe von Freunden** regalos/cartas de amigos; **von ... an** (*räumlich*) desde ...; (*zeitlich*) a partir de ...; **von ... bis** (*räumlich*) de ... a; (*zeitlich*) desde ... hasta; **ein Freund von mir** un amigo mío; **von mir aus** (*fam*) por mí; **von wegen!** ¡ni por asomo!

voneinander *adv* uno(-a) de otro(-a)

◯ SCHLÜSSELWORT

vor *präp +akk* delante de ▷ *präp +dat* (*zeitlich, Rangordnung, Reihenfolge bezeichnend*) antes de; (*in Gegenwart von*) ante, en presencia de; **fünf/ Viertel vor sieben** las siete menos cinco/cuarto; **vor allem** ante todo; **vor Jahren** hace años; **etw vor sich haben** tener algo ante sí

voran *adv* adelante
voran|gehen *irr vi* pasar adelante; **einer Sache** *dat* **vorangehen** preceder a algo
vorangehend *adj* precedente, anterior
voran|kommen *irr vi* (*auf Straße*) avanzar; (*mit Arbeiten*) prosperar
voraus *adv* delante; (*zeitlich*) anticipadamente, de antemano; **jdm voraus sein** llevar una ventaja a alguien; **im Voraus** por adelantado
Voraussage *f* predicción *f*
voraus|sagen *vt* predecir
voraus|sehen *irr vt* prever
voraus|setzen *vt* (pre)suponer; **vorausgesetzt, dass** suponiendo que
Voraussetzung *f* (*Bedingungen*) condición *f*, supuesto *m*; (*Annahme*) suposición *f*; **unter der Voraussetzung, dass** en el supuesto de que
voraussichtlich *adv* probablemente
Vorbehalt *m* (*-(e)s, -e*) reserva *f*
vor|behalten *irr vt*: **sich** *dat* **etw vorbehalten** reservarse algo; **jdm etw vorbehalten** reservar algo a alguien; **Änderungen vorbehalten** reservado el derecho de modificación
vorbei *adv* (*räumlich weg*) delante; (*zeitlich*) pasado; (*zu Ende*) acabado; **zwei Uhr vorbei**

pasadas las dos
vorbei|gehen *irr vi* pasar por delante; *(vergehen)* pasar; **bei jdm vorbeigehen** *(fam)* pasar por casa de alguien
vor|bereiten *vt* preparar ▷ *vr*: **sich vorbereiten**: **sich auf etw** *akk* **vorbereiten** prepararse para [o a] algo
Vorbereitung *f* preparación *f*; *(für Arbeit)* preparativo *m*
Vorbeugung *f* prevención *f*
Vorbild *nt* modelo *m*; **sich** *dat* **jdn zum Vorbild nehmen** tomar como modelo [o ejemplo] a alguien
vorbildlich *adj* ejemplar
Vorderachse *f* eje *m* anterior
vordere, r, s *adj* delantero(-a), anterior
Vordergrund *m* primer término *m*; **im Vordergrund** en primer lugar
Vorderrad *nt* rueda *f* delantera
Vorderradantrieb *m* tracción *f* delantera
Vorderseite *f* parte *f* anterior [o delantera]
vorderste, r, s *adj* primero(-a)
vor|drängen *vr*: **sich vordrängen** adelantarse
voreilig *adj* precipitado(-a)
voreingenommen *adj* prevenido(-a), parcial
Voreingenommenheit *f* prevención *f*, parcialidad *f*
Voreinstellungen *pl (Inform)* modificaciones *mpl* preestablecidos
vor|enthalten *irr vt*: **jdm etw vorenthalten** privar a alguien de algo
vorerst *adv* ante todo
Vorfahrt *f* prioridad *f*, preferencia

f; **Vorfahrt achten!** ceda el paso
Vorfahrtsschild *nt* señal *f* de prioridad
Vorfahrtstraße *f* calle *f* [o carretera *f*] con preferencia de paso
Vorfreude *f* alegría *f* anticipada
vor|führen *vt* presentar
vor|gehen *irr vi* anteceder; *(handeln)* proceder; *(Uhr)* adelantar; *(Vorrang haben)* tener preferencia
Vorgeschmack *m* gusto *m* anticipado
vorgestern *adv* anteayer
vor|haben *irr vt* tener la intención de; **ich habe heute schon etwas vor** ya tengo un compromiso hoy
vorhanden *adj* presente, existente
Vorhang *m* cortina *f*
Vorhängeschloss *nt* candado *m*
vorher *adv* antes
Vorhersage *f* predicción *f*; *(Wettervorhersage)* pronóstico *m*
vorher|sehen *irr vt* prever
vorhin *adv* poco antes
vorig *adj (Winter, Woche)* pasado(-a); *(Leiter, Direktor)* precedente
Vorkehrung *f* precaución *f*; **Vorkehrungen treffen** tomar precauciones
vor|kommen *irr vi* venir adelante; *(geschehen)* suceder; *(vorhanden sein)* encontrarse, hallarse; **das kommt mir merkwürdig vor** me parece extraño(-a)
Vorladung *f* citación *f*
Vorlage *f (Muster)* muestra *f*; *(Gesetzesvorlage)* proyecto *m* de ley
vorläufig *adj* provisional
Vorlesung *f* clase *f*
vorletzte, r, s *adj* penúltimo(-a)

Vorliebe *f* predilección *f*

vor|machen *vt*: **jdm etw vormachen** mostrar algo a alguien; *(fig)* hacer creer algo a alguien

vor|merken *vt* tomar nota de

Vormittag *m* mañana *f*

vormittags *adv* por la(s) mañana(s)

Vorname *m* nombre *m* de pila

vorne *adv* delante; **von vorne anfangen** empezar de nuevo; **nach vorne** hacia delante; **von vorne** desde delante

vornehm *adj* distinguido(-a)

vor|nehmen *irr vt*: **sich** *dat* **etw vornehmen** proponerse algo; **sich** *dat* **jdn vornehmen** hablar a alguien a solas

vornherein *adv*: **von vornherein** de antemano

Vorort *m* suburbio *m*

Vorrat *m* provisión *f*

vorrätig *adj* disponible

Vorrecht *nt* privilegio *m*

Vorrichtung *f* dispositivo *m*

Vorruhestand *m* jubilación *f* anticipada

Vorsaison *f* temporada *f* media

Vorsatz *m* propósito *m*; *(Jur)* premeditación *f*; **einen Vorsatz fassen** proponerse algo

vorsätzlich *adj* premeditado(-a) ▷ *adv* deliberadamente; *(Jur)* con premeditación

Vorschlag *m* propuesta *f*

vor|schlagen *irr vt* proponer

vor|schreiben *irr vt* prescribir

Vorschrift *f* reglamento *m*; *(Anweisungen)* instrucciones *fpl*; **jdm Vorschriften machen** dar órdenes a alguien

vorschriftsmäßig *adj* conforme a las instrucciones

Vorschule *f* centro *m* de educación preescolar

Vorschuss *m* anticipo *m*

vor|sehen *irr vt* prever; **das ist dafür nicht vorgesehen** no está previsto(-a) para eso ▷ *vr*: **sich vorsehen** guardarse (*vor +dat* de) ▷ *vt* vestir

vor|setzen *vt* poner delante; *(Essen)* servir

Vorsicht *f* precaución *f*, cautela *f*; **Vorsicht!** ¡ojo!, ¡atención!

vorsichtig *adj* precavido(-a), cauto(-a)

vorsichtshalber *adv* por precaución

Vorsichtsmaßnahme *f* medida *f* cautelar

Vorsitz *m* presidencia *f*

Vorsitzende, r *mf* presidente(-a) *m/f*

Vorsorge *f* previsión *f*

vor|sorgen *vi* proveerse (*für* de)

vorsorglich *adv* por precaución

Vorspeise *f* entrante *m*

Vorsprung *m* saliente *m*; *(fig)* ventaja *f*

Vorstadt *f* suburbio *m*, periferia *f*

vorstellbar *adj* imaginable, concebible

vor|stellen *vt* poner [*o* colocar] delante; *(bekannt machen)* presentar; *(darstellen, bedeuten)* representar; **sich** *dat* **etw vorstellen** imaginarse algo; **das habe ich mir anders vorgestellt** me lo imaginaba de otra manera ▷ *vr*: **sich vorstellen** presentarse

Vorstellung *f* *(das Bekanntmachen)* presentación *f*; *(Theat)*

representación f; (Gedanke) idea f
Vorstellungsgespräch nt entrevista f de presentación
vor|strecken vt extender hacia adelante; (Geld) adelantar
Vorteil m ventaja f (gegenüber sobre); **im Vorteil sein** llevar ventaja
vorteilhaft adj favorable
Vortrag m (-(e)s, Vorträge) conferencia f
vorüber adv (räumlich) delante; (zeitlich) pasado; (zu Ende) acabado
vorüber|gehen irr vi pasar; **vorübergehen an** +dat pasar ante
vorübergehend adj pasajero(-a)
Vorurteil nt prejuicio m
Vorverkauf m venta f anticipada
Vorwahl f elección f preliminar; (Tel) prefijo m
vor|wählen vt, vi preseleccionar
Vorwand m (-(e)s, Vorwände) pretexto m
vorwärts adv adelante
Vorwärtsgang m (Auto) marcha f adelante
vorwärts|gehen irr vi adelantar, progresar
vorweg adv anticipadamente
vorweg|nehmen irr vt anticipar
vor|weisen irr vt (aufweisen) mostrar; (vorzeigen) presentar
vor|werfen irr vt: **jdm etw vorwerfen** echar en cara algo a alguien; **sich** dat **nichts vorzuwerfen haben** no tener nada que reprocharse
vorwiegend adj predominante
▷ adv principalmente
Vorwort nt (in Buch) prólogo m
Vorwurf m reproche m; **jdm Vorwürfe machen** hacer reproches a alguien
vorwurfsvoll adj lleno(-a) de reproches
vor|zeigen vt presentar
vorzeitig adj anticipado(-a)
vor|ziehen irr vt tirar hacia adelante; (Gardinen) correr; (Kandidaten, Schüler) anteponer; (lieber haben) preferir
Vorzug m preferencia f; (gute Eigenschaft) mérito m; (Vorteil) ventaja f
Vulkan m (-s, -e) volcán m

W

Waage f(-, -n) balanza f; (Astr) Libra f
waagerecht adj horizontal
wach adj despierto(-a); (fig) espabilado(-a)
Wache f(-, -n) guardia f; **Wache halten** velar, hacer guardia
wachen vi velar; (Wache halten) vigilar
Wacholder m (-s, -) enebro m
Wachs nt (-es, -e) cera f
wachsam adj vigilante; (Auge) alerta
wachsen irr vi crecer; (Arbeit, Kraft) aumentar ▷ vt encerar
Wächter, in m(f) (-s, -) guarda mf; (Museumswächter, Parkplatzwächter) vigilante mf
wackelig adj tambaleante; (Position) inseguro(-a); (Unternehmen) flojo(-a)
Wackelkontakt m contacto m intermitente
wackeln vi (Stuhl) tambalear; (Zahn) moverse; (fig) vacilar
Wade f(-, -n) (Anat) pantorrilla f
Waffe f(-, -n) (el) arma f
Waffel f(-, -n) barquillo m
wagen vt atreverse, osar; (Widerspruch) aventurar; (sein Leben) arriesgar
Wagen m (-s, -) (Auto) coche m; (Eisenb) vagón m; (Pferdewagen) carro m
Wagenheber m (-s, -) gato m
waghalsig adj audaz; (Unternehmen) arriesgado(-a)
Wagnis nt riesgo m
Wahl f(-, -en) opción f; (Pol) elección f; **zweite Wahl** (Com) de segunda calidad
wahlberechtigt adj con derecho a voto
wählen vt escoger; (Pol) elegir; (Tel) marcar
Wähler, in m(f) (-s, -) elector(a) m(f)
wählerisch adj difícil de contentar
Wahlkampf m batalla f electoral
wahllos adv sin orden ni concierto
Wahlwiederholung f (Tel) rellamada f
Wahn m (-(e)s) ilusión f; (Wahnsinn) locura f
Wahnsinn m locura f
wahnsinnig adj loco(-a), demente; (fam) monstruoso(-a) ▷ adv (fam) tremendamente
wahr adj verdadero(-a); (Geschichte) real; (Freund) sincero(-a); (Glück, Begeisterung) auténtico(-a)
während präp +gen durante ▷ konj

mientras (que); (wohingegen) en tanto que
Wahrheit f verdad f
wahr|nehmen irr vt percibir; (Gelegenheit) aprovechar
Wahrsager, in m(f) (-s, -) adivino(-a) m/f
wahrscheinlich adj (Grund) verosímil; (Täter) probable ▷ adv probablemente
Wahrscheinlichkeit f verosimilitud f, probabilidad f
Währung f moneda f
Wahrzeichen nt señal f distintiva
Waise f (-, -n) huérfano(-a) m/f
Wal m (-(e)s, -e) ballena f
Wald m (-(e)s, Wälder) bosque m
Waldsterben nt (-s) muerte f de los bosques
Walkie-Talkie nt (-(s), -s) walkie-talkie m
Walkman m (-s, -s) (radio) casete m de bolsillo, walkman m
Wall m (-(e)s, Wälle) valla f; (Bollwerk) baluarte m
Wallfahrer, in m(f) peregrino(-a) m/f
Wallfahrt f peregrinación f
Walnuss f nuez f
Walross nt (-es, -e) morsa f
Walze f (-, -n) cilindro m; (Gerät) rodillo m; (Typo) rollo m; (Fahrzeug) apisonadora f
wälzen vt hacer rodar; (Bücher) manejar; (Probleme) rumiar ▷ vr: **sich wälzen** (vor Schmerzen) retorcerse; (im Bett) dar vueltas
Walzer m (-s, -) vals m
Wand f (-, Wände) pared f; (Trennwand) biombo m
Wandel m (-s) cambio m, transformación f

wandeln vt (Form) variar; (Geschmack) cambiar ▷ vr: **sich wandeln** transformarse; (Ansicht) cambiar
Wanderer m (-s, -), **Wanderin** f caminante m f, excursionista m f
wandern vi caminar, hacer excursiones; (Blick, Gedanken) vagar
Wanderung f excursión f a pie; (Völkerwanderung) migración f
Wandlung f transformación f; (Rel) consagración f
Wange f (-, -n) mejilla f
wann adv cuando
Wanne f (-, -n) bañera f
Wanze f (-, -n) chinche f
WAP-Handy nt teléfono m WAP
Wappen nt (-s, -) blasón m
WAP-Technologie f tecnología f WAP
Ware f (-, -n) mercancía f
Warenhaus nt gran almacén m
Warenprobe f muestra f del artículo
warm adj caliente; (Wetter) caluroso(-a); (Kleidung) de abrigo
Warmduscher m (-s, -) (pej: fam) calzonazos m
Wärme f (-, -n) calor m
Wärmedämmung f termoaislamiento m, protección f calorífuga
wärmen vt calentar ▷ vr: **sich wärmen** calentarse
Wärmflasche f bolsa f de agua caliente
Warmstart m (Inform) arranque m en caliente
Warndreieck nt triángulo m reflectante
warnen vt prevenir (vor +dat

Warnlichtanlage | 552

contra)
Warnlichtanlage f luces fpl intermitentes de señalización
Warnmeldung f (*Inform*) mensaje m de advertencia
Warnung f aviso m
Warteliste f lista f de espera
warten vi esperar (*auf +akk* a) ▷ vt (*Maschine*) mantener
Wärter, in m(f) (**-s, -**) vigilante mf; (*Gefängniswärter*) guardia mf
Warteschlange f cola f
Warteschleife f (*Aer*) circuito m de espera
Wartezimmer nt sala f de espera
Wartung f mantenimiento m
warum adv ¿por qué?
Warze f (**-, -n**) verruga f
was pron (*interrogativ*) ¿qué?; (*relativ*) que; (*fam: etwas*) algo
Waschbecken nt lavabo m
Wäsche f (**-, -n**) ropa f; (*das Waschen*) lavado m; (*Bettwäsche*) sábanas fpl; (*Unterwäsche*) ropa f interior
waschecht adj (*fig*) genuino(-a)
Wäscheklammer f pinza f para tender
waschen irr vt lavar; **sich** dat **die Hände waschen** lavarse las manos; **waschen und legen** (*Haare*) lavar y marcar ▷ vi hacer la colada ▷ vr: **sich waschen** lavarse
Wäscherei f lavandería f
Wäschetrockner m secadora f (centrífuga) de ropa
Waschlappen m manopla f de crin; (*fam: Mensch*) calzonazos m
Waschmaschine f lavadora f
Waschmittel nt, **Waschpulver** nt detergente m en polvo
Waschsalon m (**-s, -s**) lavandería f

Wasser nt (**-s, -**) (el) agua f
Wasserbob m bob m acuático
wasserdicht adj impermeable al agua
Wasserfall m cascada f, catarata f
Wasserkraftwerk nt central f hidroeléctrica
Wasserleitung f cañería f de agua
Wassermann m (*Astr*) Acuario m
Wassermelone f sandía f
wässern vt (*Gastr*) remojar
wasserscheu adj que tiene miedo al agua
Wasserski m esquí m acuático
Wasserstoff m hidrógeno m
Wasserwelle f ondulación f (al agua), marcado m
waten vi vadear
watscheln vi anadear
Watt nt (**-(e)s, -e**) (*Geo*) marisma f ▷ nt (**-s, -**) (*Elec*) vatio m
Watte f (**-, -n**) algodón m en rama
WC nt (**-s, -s**) retrete m, wáter m
Web nt (**-s**) (*Inform*) web f
weben irr vt tejer
Webkamera f webcam f
Webseite f (*Inform*) página f web
Webserver m servidor m web
Website f (**-, -s**) espacio m web
Wechsel m (**-s, -**) variación f; (*Com*) letra f; (*Geldwechsel*) cambio m
Wechselbeziehung f correlación f
Wechselgeld nt vuelta f, cambio m
wechselhaft adj inestable
Wechselkurs m tipo m de cambio
wechseln vt cambiar; (*Kleidung*) mudar; (*Blicke*) intercambiar ▷ vi (*Sitten*) cambiarse; (*Stimmung*) alternarse
Weckdienst m servicio telefónico de aviso

Weihnachtsbaum

wecken vt despertar
Wecker m (**-s**, -) despertador m
Weckruf m llamada f de aviso
weder konj ni; **weder ... noch** ni ... ni
weg adv fuera; **über etw** akk **weg sein** haber superado algo; **er war schon weg** ya se había ido
Weg m (**-(e)s**, -**e**) camino m; (Pfad) senda f; (Route) itinerario m; (Mittel) manera f, modo m; **sich auf den Weg machen** ponerse en camino; **jdm aus dem Weg gehen** evitar a alguien
wegen präp +gen o dat por, a causa de
weg|fahren irr vi irse (en coche)
Wegfahrsperre f (Auto) inmovilizador m antirrobo
weg|fallen irr vi quedar suprimido(-a); (Ferien, Bezahlung) cancelarse
weg|gehen irr vi marcharse
weg|lassen irr vt omitir; (streichen) suprimir
weg|machen vt (fam) quitar
weg|nehmen irr vt quitar; (Eigentum) arrebatar
weg|tun irr vt apartar; (wegwerfen) tirar; (sparen) guardar
Wegweiser m (**-s**, -) guía f
weg|werfen irr vt tirar
weh adj (Finger) doloroso(-a), que duele; siehe auch **wehtun**
wehe interj: **wehe, wenn du ...!** ¡ay de ti, si ...!
wehen vt, vi soplar; (Fahnen) ondear
wehleidig adj quejumbroso(-a)
Wehr nt (**-(e)s**, -**e**) (an Fluss) presa f
▷ f: **sich zur Wehr setzen** defenderse

Wehrdienst m servicio m militar
Wehrdienstverweigerer m (**-s**, -) objetor m de conciencia
wehren vr: **sich wehren** defenderse (gegen contra)
weh|tun irr vi doler, causar dolor; **jdm wehtun** hacer daño a alguien; **sich** dat **wehtun** hacerse daño
Weibchen nt (Tierweibchen) hembra f
weiblich adj femenino(-a)
weich adj (Material, Sessel) blando(-a); (Haut) suave; (Herz) sensible
Weiche f (**-**, -**n**) (Eisenb) aguja f
Weichheit f blandura f; (fig) sensibilidad f
weichlich adj (Mensch) afeminado(-a)
Weichling m (pej) hombre m débil, tío m flojo
Weide f (**-**, -**n**) (Baum) sauce m; (Wiese) pastos mpl
weidlich adv muy
weigern vr: **sich weigern** negarse
Weigerung f denegación f, negativa f
Weiher m (**-s**, -) estanque m
Weihnachten nt (**-**, -) Navidad f
weihnachtlich adj navideño(-a)
Weihnachtsbaum m árbol m de Navidad

◆ **WEIHNACHTSMARKT**

- **Weihnachtsmarkt** es el nombre
- que recibe el mercadillo que se
- instala en las principales
- ciudades alemanas antes de las
- fiestas de Navidad. Suele ir
- mucha gente, tanto para

comprar regalos, juguetes y adornos navideños, como para disfrutar del ambiente festivo. También se pueden degustar alimentos y bebidas típicos de la Navidad, como el pan de jengibre o el vino caliente con especias.

Weihnachtsstern m (Bot) poinsetia f
Weihrauch m incienso m
Weihwasser nt (el) agua f bendita
weil konj porque, como
Weile f(-) rato m; (Augenblick) momento m, instante m
Wein m (-(e)s, -e) vino m; (Pflanze) vid f
Weinbau m viticultura f
Weinbeere f grano m de uva
Weinberg m viñedo m
Weinbergschnecke f caracol m común
Weinbrand m brandy m
weinen vt, vi llorar
Weinlese f vendimia f
Weinprobe f cata f de vinos
Weinrebe f vid f
Weinstein m tártaro m
Weintraube f uva f
weise adj sabio(-a)
Weise f(-, -n) manera f, modo m
weisen irr vt (Weg) señalar; (fortschicken) echar, expulsar
Weisheit f sabiduría f
Weisheitszahn m muela f del juicio
weiß adj blanco(-a)
Weißbier nt cerveza f de trigo
Weißbrot nt pan m blanco
Weißkohl m repollo m
Weißwein m vino m blanco
weit adj (breit) ancho(-a); (Entfernung) lejano(-a) ▷ adv: **so weit sein** estar listo(-a), estar preparado(-a); **so weit wie [o als] möglich** hasta donde sea posible; **ich bin so weit zufrieden** estoy bastante conforme; **das geht zu weit** esto va demasiado lejos; siehe auch **weitgehend, weitverbreitet**
weiter adj más ancho(-a); (in Entfernung) más lejano(-a); (zusätzlich) ulterior; **ohne Weiteres** sin más ▷ adv (außerdem) además; (daraufhin) luego; **weiter nichts** nada más; **weiter niemand** nadie más
weiter|bilden vr: **sich weiterbilden** perfeccionarse
Weiterfahrt f continuación f del viaje
weiter|gehen irr vi continuar, proseguir; (Leben) seguir adelante
weiterhin adv: **etw weiterhin tun** seguir haciendo algo
weiter|machen vt: **etw weitermachen** seguir haciendo algo ▷ vi continuar
weiter|reisen vi continuar el viaje
weitgehend adj amplio(-a); (Verständnis) vasto(-a) ▷ adv en gran parte
weitschweifig adj extenso(-a)
weitsichtig adj (Med) présbita; (fig: Entscheidung) previsor(a)
weitverbreitet adj generalizado(-a)
Weitwinkelobjektiv nt (Foto) objetivo m gran angular
Weizen m (-s, -) trigo m
Weizenbier nt cerveza f de trigo
welch pron: **welch ein(e) ...** qué (clase de)
welche pron (fam: einige)

algunos(-as)
welche, r, s *pron (relativ: für Personen)* el (la) cual; *(für Sachen)* que, lo que ▷ *pron (interrogativ)* ¿cuál?, ¿qué?
welk *adj (Blume)* marchito(-a)
welken *vi* marchitarse
Wellblech *nt* chapa f ondulada
Welle f (-, -n) ola f; *(Tech)* onda f
Wellenlänge f longitud f de onda
Wellness f (-) bienestar m
Welt f (-, -en) mundo m
Weltall *nt* universo m, cosmos m
Weltkrieg m guerra f mundial
Weltmeister, in m(f) campeón(-ona) m/f mundial
Weltraum m espacio m
Weltraumrüstung f armamento m espacial
Weltraumstation f estación f orbital
weltweit *adj (Verbindungen)* internacional; *(Erscheinung)* mundial
Weltwunder *nt* maravilla f del mundo
wem *pron* a quién
wen *pron* quién
Wende f (-, -n) vuelta f; *(Veränderung)* cambio m
Wendeltreppe f escalera f de caracol
wenden *irr vt* volver; *(Boot)* virar; **bitte wenden** véase al dorso ▷ *vi* dar la vuelta ▷ *vr*: **sich wenden** volverse; **sich an jdn wenden** dirigirse a alguien
wenig *adj* poco(-a), escaso(-a) ▷ *adv* poco; **zu wenig** demasiado poco
wenige *pron pl* pocos mpl; *(Leute)* pocas personas fpl

wenigste, r, s *adj* mínimo(-a)
wenigstens *adv* al menos, por lo menos
wenn *konj* si; *(zeitlich)* cuando; **wenn ich doch mehr Zeit hätte** si tuviese más tiempo
wennschon *adv*: **na wennschon!** ¿y qué (importa)?; **wennschon, dennschon!** si tiene que hacerse, hagámoslo (bien)
wer *pron (relativ)* el que; *(interrogativ)* ¿quién?
Werbefernsehen *nt* publicidad f televisiva
werben *irr vt (Kunden)* ganar; *(Mitglied)* reclutar ▷ *vi* hacer propaganda
Werbespot m (-s, -s) spot m publicitario, anuncio m
Werbung f publicidad f; *(von Mitgliedern)* reclutamiento m; *(um jdn/eine Sache)* interés m (um por)

○ SCHLÜSSELWORT

werden *irr vi* llegar a ser; **was ist aus ihm geworden?** ¿qué ha sido de él?; **was ist aus der Sache geworden?** ¿qué hay de ese asunto?; **es ist nichts geworden** no ha resultado; **es ist gut geworden** ha salido bien; **mir wird kalt** empiezo a sentir frío; **das muss anders werden** esto tiene que cambiar; **zu Eis werden** convertirse en hielo ▷ *Hilfsverb (Futur, Passiv)* ser; **ich werde gehen** iré

werfen *irr vt* echar, tirar; *(Junge)* parir
Werft f (-, -en) astillero m

Werk nt (-(e)s, -e) (Buch etc) obra f; (Tätigkeit) trabajo m; (Fabrik) fábrica f; (Mechanismus) mecanismo m

Werkstatt f(-, **Werkstätten**) (Auto) taller m

Werktag m día m laborable

werktags adv los días laborables

Werkzeug nt (-s, -e) herramienta f

Wermut m (-(e)s, -e) vermut m

wert adj caro(-a); (geschätzt) apreciado(-a); **das ist es mir wert** para mí lo vale; **das ist er mir wert** para mí lo merece

Wert m (-(e)s, -e) valor m; (Com) precio m; **Wert legen auf** +akk dar importancia a; **es hat doch keinen Wert** no tiene sentido, no vale para nada

werten vt (Sache) valorar; (Leistung) clasificar

Wertgegenstand m objeto m de valor

wertlos adj (Sache) sin valor; (Information) inútil

Wertstoff m material valioso que debe reciclarse

wertvoll adj valioso(-a)

Wesen nt (-s, -) (Geschöpf) ser m, criatura f; (Natur) esencia f; (Charakter) carácter m

wesentlich adj (Unterschied) esencial; (beträchtlich) notable

weshalb adv (interrogativ) ¿por qué?; (relativ) por lo que/cual

Wespe f(-, -n) avispa f

wessen pron ¿de quién?

○ **Wessi**

Wessi es el término coloquial y bastante peyorativo que hace referencia a los alemanes de la antigua Alemania occidental. La expresión 'Besserwessi' es utilizada por los alemanes del Este para describir a los del oeste que se las dan de sabihondos.

Westdeutschland nt Alemania f Occidental

Weste f(-, -n) chaleco m

Westen m (-s) oeste m, Occidente m

westlich adj del oeste, occidental ▷ adv: **westlich von** al oeste de

weswegen adv ¿por qué?

wett adj: **wett sein** estar empatados(-as)

Wettbewerb m (-s, -e) concurso m, competición f

Wette f(-, -n) apuesta f

wetten vt, vi apostar

Wetter nt (-s, -) tiempo m

Wetterbericht m informe m meteorológico

Wetterlage f situación f meteorológica

Wettervorhersage f pronóstico m del tiempo

Wettkampf m combate m

Wettlauf m carrera f

WG f(-, -s) abk (= Wohngemeinschaft) comuna f, vivienda f compartida

Whirlpool m (-s, -s) jacuzzi m

wichtig adj important; (Mensch) influyente; (Ereignis) trascendente

wickeln vt envolver (in +akk en); (Kind) poner los pañales a

Widder m (-s, -) (Zool) carnero m; (Astr) Aries m

wider präp +akk contra

widerlegen vt (Behauptung) desmentir; (Beweis) refutar

widerlich adj (Kerl) repugnante;

(*Geruch*) nauseabundo(-a); (*Anblick*) desagradable
widerspenstig *adj* recalcitrante; (*Haltung*) obstinado(-a), terco(-a); (*Haar*) rebelde
widersprechen *irr vi* contradecir (*einer Sache/jdm* algo(-a) alguien)
Widerspruch *m* contradicción *f*
Widerstand *m* resistencia *f*
widerwärtig *adj* (*Kerl*) antipático(-a); (*Arbeit*) desagradable
Widerwille *m* antipatía *f*, aversión *f* (*gegen* a)
widerwillig *adv* de mala gana, a disgusto
widmen *vt* (*Buch*) dedicar; (*Zeit*) consagrar ▷ *vr*: **sich widmen** dedicarse (*jdm/einer Sache* a alguien(-a) alguien), consagrarse (*jdm/einer Sache* a alguien(-a) algo)
Widmung *f* dedicación *f*; (*in Buch*) dedicatoria *f*
wie *adv* como; **wie schön!** ¡qué bonito!; **wie viel** cuánto(-a), cuantos(-as); **wie viele Menschen?** ¿cuántas personas?; **wie weit** hasta dónde ▷ *konj* como; (*zeitlich*) cuanto
wieder *adv* de nuevo, nuevamente; (*nochmals*) otra vez; **wieder da sein** estar de vuelta; **gehst du schon wieder?** ¿vuelves a irte?; **wieder ein(e) ...** otro(-a) ...
Wiederaufarbeitung *f* reprocesamiento *m*
Wiederaufarbeitungsanlage *f* planta *f* de reprocesamiento
wiedergut|machen *sep vt* (*Fehler*) subsanar; (*Schaden*) reparar
wiederholen *vt* (*Worte*) repetir; (*Sendung*) recoger

Wiederholung *f* repetición *f*
wieder|sehen *irr vi* volver a ver
Wiedersehen *nt* (*-s*) (*auf*) **Wiedersehen!** ¡adiós!, ¡hasta la vista!
Wiedervereinigung *f* reunificación *f*
wieder|verwerten *vt* reciclar
Wiege *f* (*-, -n*) cuna *f*
wiegen *vt* (*schaukeln: Kind*) mecer *irr* ▷ *vt, vi* (*Gewicht*) pesar; (*fig*) tener importancia
wiehern *vi* relinchar
Wien *nt* (*-s*) Viena *f*
Wiese *f* (*-, -n*) prado *m*
Wiesel *nt* (*-s, -*) comadreja *f*
wieso *adv* cómo, por qué
wievielmal *adv* cuántas veces
wievielte, r, s *adj*: **zum wievielten Mal?** ¿(por) cuántas veces?; **den Wievielten haben wir?** ¿a cuántos estamos?; **an wievielter Stelle?** ¿en qué posición?; **der wievielte Besucher war er?** ¿qué número de visitantes hacía ese?
wild *adj* (*Tier*) salvaje; (*Pflanze*) silvestre; (*wütend*) furioso(-a)
Wild *nt* (*-(e)s*) caza *f*
wildern *vi* practicar la caza furtiva
wildfremd *adj* absolutamente desconocido(-a)
Wildleder *nt* ante *m*
Wildschwein *nt* jabalí *m*
Wildwasserfahren *nt* (*-s*) piragüismo *m* en aguas bravas
Wille *m* (*-ns, -n*) voluntad *f*
willen *präp +gen*; **um ... willen** por amor a ..., en aras de ...
willkommen *adj* (*Gast*) bienvenido(-a); (*Abwechslung*) agradable; (*Hilfe*) oportuno(-a)

wimmeln vi pulular, estar lleno(-a) (von de)
wimmern vi gemir
Wimper f (-, -n) pestaña f
Wimperntusche f rímmel m
Wind m (-(e)s, -e) viento m
Windbeutel m (Gastr) buñuelo m de viento; (fig) fanfarrón m
Winde f (-, -n) (Tech) torno m; (Bot) enredadera f
Windel f (-, -n) pañal m
Windelhöschen nt bragapañal m
Windenergie f energía f eólica
windig adj ventoso(-a); (fam) inseguro(-a)
Windkraftanlage f central f eólica
Windmühle f molino m de viento
Windpark m parque m eólico
Windpocken pl varicela f
Windschutzscheibe f (Auto) parabrisas m
Windstärke f intensidad f [o fuerza f] del viento
Windstille f calma f
Windsurfbrett nt tabla f de surf
Windsurfen nt (Tätigkeit) surfing m; (Sport) surf m
Winkel m (-s, -) ángulo m; (Gerät) escuadra f; (von Raum) esquina f; (Platz) rincón m
winken vi hacer una señal (dat a); (fig) esperar
winseln vi gimotear
Winter m (-s, -) invierno m
Winterfahrplan m horario m de invierno
winterlich adj invernal
Wintersport m deporte m de invierno
Winterzeit f (Jahreszeit) (temporada f de) invierno m; (Uhrzeit) horario m de invierno

Winzer, in m(f) (-s, -) viticultor(a) m(f)
winzig adj minúsculo(-a); (Hoffnung) pequeñísimo(-a)
wir pron nosotros(-as); **wir alle** todos(-as) nosotros(-as)
Wirbel m (-s, -) torbellino m; (Trubel) barullo m; (Aufsehen) escándalo m; (Anat) vértebra f
Wirbelsäule f columna f vertebral
wirken vi obrar; (erfolgreich sein) hacer efecto; (scheinen) parecer
wirklich adj (Sachverhalt) efectivo(-a); (Leben) real; (Künstler) verdadero(-a)
Wirklichkeit f realidad f
wirksam adj eficaz
Wirkung f efecto m; (von Mittel) acción f; (von Maßnahme) resultado m
wirr adj confuso(-a)
Wirrwarr m (-s) desorden m, caos m
Wirsing(kohl) m (-s) col f rizada
Wirt, in m(f) (-(e)s, -e) (Hauswirt) patrón(-ona) m/f; (eines Gasthofs) dueño(-a) m/f; (Schankwirt) tabernero(-a) m/f
Wirtschaft f (Pol) economía f; (Gaststätte) taberna f, bar m
wirtschaftlich adj económico(-a)
wischen vt (Boden) fregar; (Staub) quitar; (Augen) restregar
Wischer m (-s, -) (Auto) limpiaparabrisas m
Wischerblatt nt escobilla f
wissen irr vt saber; (Rat, Weg) conocer
Wissen nt (-s) saber m, conocimientos mpl
Wissenschaft f ciencia f
Wissenschaftler, in m(f) (-s, -)

científico(-a) *m/f*
wissenschaftlich *adj* científico(-a)
wittern *vt* husmear; (*fig*) presentir
Witterung *f* tiempo *m*
Witwe *f* (-, -n) viuda *f*
Witwer *m* (-s, -) viudo *m*
Witz *m* (-es, -e) chiste *m*
Witzbold *m* (-(e)s, -e) gracioso(-a) *m/f*
witzig *adj* (*Mensch*) ingenioso(-a); (*Ereignis*) gracioso(-a); (*fam: komisch*) raro(-a)
wo *adv* donde, dónde; (*fam: irgendwo*) en cualquier parte ▷ *konj* (*wenn*) si
woanders *adv* en otra parte, a otra parte
wobei *adv* (*relativ*) con lo cual; por lo cual; (*interrogativ*) ¿con qué?, ¿haciendo qué?
Woche *f* (-, -n) semana *f*
Wochenende *nt* fin *m* de semana
Wochentag *m* día *m* entre semana
wöchentlich *adj* semanal ▷ *adv* semanalmente
wodurch *adv* (*relativ*) por el que, por cuyo motivo; (*interrogativ*) ¿cómo?, ¿por qué medio?
wofür *adv* (*relativ*) por lo cual, para lo que; (*interrogativ*) ¿para qué?
woher *adv* (*interrogativ*) ¿de dónde?
wohin *adv* (*interrogativ*) ¿adónde?
wohl *adv* bien; (*vermutlich*) probablemente, tal vez; (*gewiss*) seguramente, ciertamente; **wohl tun** hacer bien (*jdm* a alguien)
Wohl *nt* (-(e)s) bien *m*; (*von Menschen*) bienestar *m*; **zum Wohl!** ¡(a su) salud!
wohlbehalten *adv* sano(-a) y salvo(-a); (*Sachen*) en buen estado
wohlig *adj* agradable
Wohlstand *m* bienestar *m*
Wohltat *f* beneficio *m*; (*fig*) alivio *m*
wohlweislich *adv* prudentemente
wohlwollend *adj* benévolo(-a)
wohnen *vi* vivir, habitar
Wohngemeinschaft *f* comuna *f*, vivienda *f* compartida
wohnhaft *adj* residente (*in +dat* en)
Wohnmobil *nt* (-s, -e) autocaravana *f*
Wohnort *m* (lugar *m* de) residencia *f*
Wohnsitz *m* domicilio *m*
Wohnung *f* vivienda *f*; (*Etagenwohnung*) piso *m*
Wohnwagen *m* caravana *f*
Wohnzimmer *nt* sala *f* de estar, salón *m*
Wok *m* (-s, -s) wok *m*
Wölbung *f* bóveda *f*, arco *m*
Wolf *m* (-(e)s, Wölfe), **Wölfin** *f* lobo(-a) *m/f*
Wolke *f* (-, -n) nube *f*
wolkig *adj* nublado(-a)
Wolle *f* (-, -n) lana *f*
wollen *adj* de lana
wollen *vt*, *vi* querer
wollüstig *adj* voluptuoso(-a)
Wollwäsche *f* prendas *fpl* delicadas
womit *adv* (*relativ*) con que; (*interrogativ*) ¿con qué?; ¿en qué?
womöglich *adv* a ser posible; (*fam*) a lo mejor
Wonne *f* (-, -n) delicia *f*
Workaholic *m* (-s, -s) trabajador *m* obsesivo
Workshop *m* (-s, -s) taller *m*
Workstation *f* (-, -s) (*Inform*) estación *f* de trabajo
World Wide Web *nt* World Wide

Web *f*, telaraña *f* mundial

Wort *nt* (**-(e)s, Wörter** *o* **-e**) palabra *f*; **jdn beim Wort nehmen** tomar la palabra a alguien

Wörterbuch *nt* diccionario *m*

wörtlich *adj* literal

worüber *adv* (*relativ*) de lo que, sobre lo cual; (*interrogativ*) ¿de/sobre qué?

wovon *adv* (*relativ*) de lo que; (*interrogativ*) ¿de qué?

wozu *adv* (*relativ*) al que, a lo cual; (*interrogativ*) ¿para qué?; ¿con qué objeto?

Wrack *nt* (**-(e)s, -s**) (*Schiff: gesunken*) barco *m* naufragado; (*Auto*) coche *m* de desguace; (*fig: Mensch*) ruina *f* humana, piltrafa *f*

Wucher *m* (**-s**) usura *f*

wuchern *vi* (*Pflanzen*) crecer exuberantemente

Wucherung *f* (*Med*) excrecencia *f*

Wuchs *m* (**-es**) crecimiento *m*; (*Statur*) estatura *f*

Wucht *f* (**-**) violencia *f*

wühlen *vi* (*Tier*) escarbar la tierra; (*Maulwurf*) hozar; (*fam: suchen*) buscar (*in +dat* en)

Wulst *m* (**-es, Wülste**) bulto *m*

Wunder *nt* (**-s, -**) milagro *m*; **es ist kein Wunder** no es de extrañar

wunderbar *adj* (*Rettung*) milagroso(-a); (*herrlich*) maravilloso(-a)

wundern *vr*: **sich wundern** asombrarse (*über +akk* de) ▷ *vt* sorprender

wunderschön *adj* bellísimo(-a); (*herrlich*) magnífico(-a)

Wundstarrkrampf *m* tétano(s) *m*

Wunsch *m* (**-(e)s, Wünsche**) deseo *m*

wünschen *vt* desear; **sich** *dat* **etw wünschen** desear algo, querer algo

Würde *f* (**-, -n**) dignidad *f*; (*Stellung*) grado *m*, título *m*

würdig *adj* (*Nachfolger*) digno(-a); (*würdevoll*) solemne

Wurf *m* (**-s, Würfe**) tiro *m*, lanzamiento *m*; (*Zool: Junge*) camada *f*

Würfel *m* (**-s, -**) dado *m*; (*Math*) cubo *m*

würfeln *vi* jugar a los dados ▷ *vt* (*werfen*) tirar; (*schneiden*) cortar en tacos

Würfelzucker *m* terrón *m* de azúcar, azucarillo *m*

würgen *vt* ahogar ▷ *vi* atragantarse (*an +dat* con)

Wurm *m* (**-(e)s, Würmer**) gusano *m*

wurmig *adj* lleno(-a) de gusanos

wurmstichig *adj* carcomido(-a)

Wurst *f* (**-, Würste**) embutido *m*

Würstchen *nt* salchicha *f*

Würze *f* (**-, -n**) condimento *m*

Wurzel *f* (**-, -n**) raíz *f*

Wurzelverzeichnis *nt* (*Inform*) directorio *m* de raíz

würzen *vt* condimentar; (*fig: Rede*) matizar

würzig *adj* aromático(-a)

wüst *adj* (*roh*) crudo(-a); (*ausschweifend*) disoluto(-a); (*öde*) desierto(-a)

Wüste *f* (**-, -n**) desierto *m*

Wut *f* (**-**) rabia *f*

wüten *vi* rabiar; (*Wind, See*) enfurecerse

wütend *adj* furioso(-a); (*Blick*) furibundo(-a); **auf jdn wütend sein** tener rabia a alguien

WWW *nt* (**-(s)**) *abk* (= *World Wide Web*) WWW *f*

X-beinig, x-beinig *adj* patizambo(-a)
x-beliebig *adj* cualquier(a)
x-mal *adv* mil veces
Xylofon, Xylophon *nt* (**-s, -e**) xilófono *m*

Ypsilon *nt* (**-(s), -s**) ípsilon *f*, i griega *f*
Yucca *f* (**-, -s**) yuca *f*
Yuppie *m* (**-s, -s**) yupie *mf*

Z

Zacke f (-, -n) punta f; (Bergzacke) pico m; (Gabelzacke) diente m; (Kammzacke) púa f
zackig adj dentado(-a); (fam) brioso(-a)
zaghaft adj tímido(-a)
zäh adj (Mensch) resistente; (Fleisch) duro(-a); (zähflüssig) viscoso(-a); (schleppend) lento(-a)
Zahl f (-, -en) número m; (Menge) cantidad f
zahlbar adj pagadero(-a) (an +akk a)
zahlen vt, vi pagar; **zahlen bitte!** ¡la cuenta por favor!
zählen vt, vi contar (auf +akk con, zu entre)
Zähler m (-s, -) (Tech) contador m; (Math) numerador m
zahlreich adj numeroso(-a)
Zahlung f pago m
zahm adj manso(-a)
zähmen vt amansar, domesticar; (fig) contener
Zahn m (-(e)s, **Zähne**) diente m
Zahnarzt m, **-ärztin** f odontólogo(-a) m/f, dentista mf
Zahnarztpraxis f consulta f de dentista
Zahnbürste f cepillo m de dientes
Zahncreme f pasta f dentífrica
Zahnfleisch nt encía f
Zahnpasta f (-, **-pasten**) pasta f dentífrica
Zahnrad nt rueda f dentada
Zahnradbahn f ferrocarril m de cremallera
Zahnschmerzen pl dolor m de muelas
Zahnseide f seda f dental
Zahnspange f aparato m ortodóncico
Zahnstocher m (-s, -) palillo m, mondadientes m
Zange f (-, -n) tenazas fpl; (Zuckerzange etc: Med) pinzas fpl; (Beißzange: Zool) pinza f
zanken vr: **sich zanken** pelearse
Zäpfchen nt (Anat) campanilla f; (Med) supositorio m
zapfen vt sacar
Zapfen m (-s, -) tapón m; (Bot) piña f; (Eiszapfen) carámbano m
zappeln vi agitarse
zappen vi hacer zapping
Zappen nt (-s) zapeo m, zapping m
Zar, in m(f) (-s, -en) zar(ina) m(f)
zart adj (Farben, Töne) suave; (Berührung) delicado(-a); (Gemüt) cariñoso(-a); (Braten) tierno(-a); (weich) suave; (fein, schwächlich) débil
zärtlich adj tierno(-a)
Zärtlichkeit f ternura f, cariño m

Zauber m (**-s**, -) (*Magie*) magia f; (*fig*) encanto m
Zauberei f encantamiento m
Zauberer m (**-s**, -) mago m
zauberhaft adj encantador(a)
Zauberin f maga f
Zauberkünstler, in m(f) prestidigitador(a) m(f)
zaubern vi hacer brujería
Zaun m (**-(e)s, Zäune**) valla f
Zaunkönig m reyezuelo m
z. B. abk (= *zum Beispiel*) p. ej.
Zebra nt (**-s, -s**) cebra f
Zebrastreifen m paso m de peatones [o de cebra]
Zeche f (**-, -n**) cuenta f
Zecke f (**-, -n**) garrapata f
Zehe f (**-, -n**) dedo m del pie; (*Knoblauchzehe*) diente m
zehn adj diez
Zehnerkarte f billete m para diez viajes
zehnte, r, s adj décimo(-a)
Zehntel nt (**-s, -**) décimo m
Zeichen nt (**-s, -**) (*Geste*) gesto m; (*Schild*) señal f; (*Hinweis*) indicio m; (*Anzeichen*) síntoma m; (*Sternbild*) signo m
Zeichensatz m (*Inform*) dotación f de caracteres
Zeichentrickfilm m película f de dibujos animados
Zeichenvorrat m (*Inform*) juego m de caracteres
zeichnen vt, vi (*malen*) dibujar; (*kennzeichnen*) marcar; (*unterzeichnen*) suscribir
Zeichnung f dibujo m
Zeigefinger m índice m
zeigen vt indicar; (*Freude, Gefühle*) mostrar ▷ vi señalar (*auf+akk* a, *nach* hacia) ▷ vr: **sich zeigen** manifestarse; **es wird sich zeigen** eso ya se verá
Zeiger m (**-s, -**) indicador m; (*Uhrzeiger*) manecilla f
Zeile f (**-, -n**) línea f
Zeit f (**-, -en**) tiempo m; (*Zeitalter*) edad f; (*Uhrzeit*) hora f; (*Augenblick*) momento m; **von Zeit zu Zeit** de vez en cuando; **in letzter Zeit** últimamente
Zeitarbeit f trabajo m temporal
zeitlich adj temporal
Zeitlupe f cámara f lenta
Zeitpunkt m momento m
Zeitraum m período m
Zeitschrift f revista f
Zeitung f periódico m; (*Tageszeitung*) diario m
Zeitunterschied m diferencia f horaria
Zeitverschwendung f pérdida f de tiempo
zeitweise adv a veces
Zeitzone f zona f horaria
Zelle f (**-, -n**) (*Bio*) célula f; (*Gefängniszelle*) celda f; (*Telefonzelle*) cabina f
Zellstoff m celulosa f
Zellulitis f (-) (*Med*) celulitis f
Zelt nt (**-(e)s, -e**) tienda f de campaña
zelten vi acampar
Zeltplatz m lugar m para acampar; (*Campingplatz*) camping m
Zement m (**-s, -e**) cemento m
Zentimeter m centímetro m
Zentner m (**-, -**) (*in Deutschland*) quintal m; (*in Österreich und der Schweiz*) quintal m métrico
zentral adj central
Zentrale f (**-, -n**) (*a. Tel*) central f
Zentraleinheit f (*Inform*) unidad f

central de proceso
Zentralheizung f calefacción f central
Zentralrechner m ordenador m central
Zentralspeicher m memoria f principal
Zentralverriegelung f cierre m centralizado
zentriert adj (Typo) centrado(-a)
Zentrifuge f (-, -n) centrifugadora f
Zentrum nt (-s, Zentren) centro m
zerbrechen irr vi romper ▷ vi romperse, quebrarse
zerbrechlich adj frágil
Zerfall m descomposición f; (Untergang) ruina f
zerfallen irr vi desintegrarse
zerfetzen vt disgregar, destrozar
zerkleinern vt (in Stücke) partir; (in Fetzen) desmenuzar
zerlegen vt descomponer; (Fleisch, Geflügel) cortar
zermürben vt agotar
zerquetschen vt aplastar
zerreißen irr vt romper ▷ vi romperse
zerren vt arrastrar ▷ vi tirar (an +dat de)
Zerrung f distensión f
zerrüttet adj arruinado(-a)
zerschlagen irr vt romper; **sich zerschlagen** fühlen sentirse destrozado(-a) ▷ vr: **sich zerschlagen** desbaratarse
zerstören vt destruir
Zerstörung f destrucción f
zerstreuen vt dispersar ▷ vr: **sich zerstreuen** dispersarse; (unterhalten) distraerse; (Zweifel etc) disiparse
zerstreut adj disperso(-a); (Mensch) distraído(-a)
Zerstreutheit f distracción f
Zettel m (-s, -) papeleta f; (Notizzettel) nota f
Zeug nt (-(e)s) (fam: Dinge) cosas fpl, chismes mpl; (Kleidung) ropa f; (Ausrüstung) herramienta f; **dummes Zeug** (fam) tonterías fpl
Zeuge m (-n, -n), **Zeugin** f testigo mf
Zeugnis nt certificado m; (Sch) diploma m; (Referenz) referencia f
Zickzack m (-(e)s, -e) zigzag m
Ziege f (-, -n) cabra f; (fig: fam) lagarta f
Ziegel m (-s, -) ladrillo m; (Dachziegel) teja f
ziehen irr vt tirar; (zerren) arrastrar; (Schach) mover; (hervorziehen) sacar; (züchten) cultivar; (Linie) trazar; (Gesicht) hacer; **etw nach sich ziehen** (fig) arrastrar algo (como consecuencia) ▷ vi (umherziehen) caminar; (Wolken) pasar; **ziehen nach** mudarse a ▷ vi unpers: **es zieht** hay corriente ▷ vr: **sich ziehen** (Gummi etc) estirarse; (Grenze etc) extenderse; (Gespräche) prolongarse
Ziehharmonika f (-, -s) acordeón m
Ziel nt (-(e)s, -e) (Reiseziel) destino m; (Sport) meta f; (Mil) objetivo m; (Absicht) propósito m, intención f
zielen vi apuntar (auf +akk a)
ziellos adj (a. fig) sin rumbo
ziemlich adj, adv bastante
Zierde f (-, -n) adorno m
zieren vr: **sich zieren** hacerse de rogar
zierlich adj grácil
Zierlichkeit f delicadeza f
Ziffer f (-, -n) cifra f

Zifferblatt nt cuadrante m
zig adj inv (fam) muchísimos(-as)
Zigarette f cigarrillo m
Zigarettenautomat m máquina f de tabaco
Zigarettenpapier nt papel m de fumar
Zigarettenschachtel f cajetilla f de tabaco [o de cigarrillos]
Zigarillo nt o m (**-s, -s**) purito m
Zigarre f (**-, -n**) cigarro m, puro m
Zigeuner, in m(f) (**-s, -**) gitano(-a) m/f
Zimbabwe nt (**-s**) Zimbabue m
Zimmer nt (**-s, -**) habitación f; **Zimmer frei** habitaciones libres
Zimmermädchen nt chica f de servicio de habitaciones (en un hotel)
Zimmervermittlung f servicio de gestión de habitaciones y cuartos
zimperlich adj remilgado(-a)
Zimt m (**-(e)s**) canela f
Zimtstange f canela f en rama
Zink nt (**-(e)s**) cinc m
Zinn nt (**-(e)s**) estaño m
Zins m (**-es, -en**) interés m
Zipfel m (**-s, -**) punta f
Zipfelmütze f gorro m con borla
zippen vt (Inform) comprimir
zirka adv siehe **circa**
Zirkel m (**-s, -**) círculo m; (Gerät) compás m
Zirkus m (**-, -se**) circo m
zischen vi silbar
Zitronat nt acitrón m
Zitrone f (**-, -n**) limón m
Zitronenlimonade f limonada f
Zitronensaft m zumo m de limón
Zitrusfrucht f cítrico m
Zitruspresse f exprimidor m
zittern vi (vor Kälte) tiritar; (vor Angst) temblar; (Mensch, Stimme) estremecerse
zivil adj civil; (Preis) módico(-a)
Zivil nt (**-s**): **in Zivil** de paisano
Zivildienst m prestación f social sustitutoria
zocken vi (fam) jugar
Zoff m (**-s**) (fam) jaleo m; **dann gibt's Zoff** va a haber jaleo
zögern vi vacilar, dudar
Zoll m (**-(e)s, Zölle**) (Behörde) aduana f; (Abgabe) arbitrio m; (Maß) pulgada f
Zollabfertigung f despacho m de aduana
Zollamt nt aduana f
Zollbeamte, r m, **-beamtin** f aduanero(-a) m/f
Zollerklärung f declaración f de aduana
zollfrei adj exento(-a) de aduana
zollpflichtig adj sujeto(-a) a aduana
Zombie m (**-s, -s**) (fig) zombi m
Zoo m (**-s, -s**) zoo m
Zoom m (**-s, -s**) zoom m
Zopf m (**-(e)s, Zöpfe**) trenza f
Zorn m (**-(e)s**) ira f
zornig adj airado(-a), furioso(-a)
Zote f (**-, -n**) obscenidad f

 SCHLÜSSELWORT

zu konj (mit Infinitiv) para ▷ präp +dat (in bestimmter Richtung) a; (auf Menschen, zu Besuch) a; (Preisangabe) a; (Zweck angebend) para; (in Bezug auf: Thema, Frage) sobre; (zusammen mit) con; **bis zu** hasta; **zu Anfang** (zeitlich) al principio; **zu Mittag** a mediodía; **zum Fenster herein** a través de la ventana; **zu sich kommen** volver en sí; **z zu 1** (*Sport*) 2 a 1 ▷ *adv* (*übermäßig*) demasiado; **zu sehr/viel** demasiado; **Tür zu!** ¡cierre la puerta!; **zu sein** estar cerrado(-a)

zuallererst *adv* ante todo
zuallerletzt *adv* en último término
Zubehör *nt* (**-(e)s, -e**) accesorio *m*
zu|bereiten *vt* preparar
zu|binden *irr vt* (*Schuh*) atar; (*Augen*) vendar; (*Sack*) cerrar
Zubringer *m* (**-s, -**) (*Zubringerstraße*) carretera *f* de acceso
Zucchini *f* calabacín *m*
züchten *vt* (*Tiere*) criar; (*Pflanzen*) cultivar
zucken *vt* (*Achseln, Schultern*) encoger ▷ *vi* palpitar; (*Blitz*) caer
Zucker *m* (**-s**) azúcar *m*; (*Med*) diabetes *f*
Zuckerdose *f* azucarero *m*
zuckerkrank *adj* diabético(-a)
Zuckerrohr *nt* caña *f* de azúcar
Zuckerrübe *f* remolacha *f* azucarera
Zuckerwatte *f* algodón *m* de azúcar
Zuckung *f* convulsión *f*
zu|decken *vt* tapar
zueinander *adv* mutuamente; (*in Verbverbindung*) uno(-a) con el otro/la otra
zueinander|passen *vi*: **sie passen zueinander** armonizan
zuerst *adv* (*als Erstes*) el/lo/la primero(-a); (*zu Anfang*) primero; **zuerst einmal** ante todo, en primer lugar
Zufahrt *f* entrada *f*; (*Straße*) acceso *m*
Zufahrtsstraße *f* vía *f* de acceso; (*von Autobahn*) ramal *m* de acceso
Zufall *m* casualidad *f*; **durch Zufall** por casualidad; **so ein Zufall!** ¡qué casualidad!
zufällig *adj* casual ▷ *adv* casualmente, por casualidad
Zufallsgenerator *m* generador *m* de impulsos casuales
Zuflucht *f* asilo *m*; (*Ort*) refugio *m*
zufrieden *adj* satisfecho(-a); **mit etw zufrieden sein** estar contento(-a) con [*o de*] algo
Zufriedenheit *f* satisfacción *f*
zu|fügen *vt* (*dazutun*) añadir (*dat* a); (*Leid etc*) infligir (*jdm* a alguien)
Zug *m* (*zu Ort, Raum*) tren *m*; (*Luftzug*) corriente *f*; (*Schachzug etc*) jugada *f*; (*Charakterzug*) rasgo *m*; (*an Zigarette*) calada *f*; (*Schluck*) sorbo *m*
Zugabe *f* suplemento *m*; (*in Konzert etc*) bis *m*; **Zugabe!** ¡otra!
Zugang *m* (*zu Ort, Raum*) entrada *f*; (*Weg*) acceso *m*; (*Hinzugekommenes*) ingreso *m*; **Zugang zu etw haben** tener acceso a algo
zu|geben *irr vt* (*beifügen*) añadir; (*gestehen*) admitir
zu|gehen *irr vi* (*schließen*) cerrarse; **auf jdn/etw zugehen** dirigirse a alguien/algo ▷ *vi unpers* (*geschehen*) suceder
Zugehörigkeit *f* pertenencia *f* (*zu* a)
Zugehörigkeitsgefühl *nt* sentimiento *m* de solidaridad
Zügel *m* (**-s, -**) rienda *f*; (*fig*) freno *m*
zügig *adj* rápido(-a)
Zugriff *m* (*Inform*) acceso *m*
Zugriffsberechtigung *f* permiso *m* de acceso
Zugriffsgeschwindigkeit *f* velocidad *f* de acceso

Zugriffszeit f tiempo m de acceso
zugunsten präp +gen o dat en favor de
Zugverbindung f enlace m
Zugvogel m (el) ave f migratoria
Zuhause nt (-s) hogar m
zu|hören vi escuchar (jdm a alguien)
Zuhörer, in m(f) oyente mf
zu|kommen irr vi (Titel, Ehre) corresponder; (Aufgabe) incumbir; **auf jdn zukommen** ir al encuentro de alguien; **die Dinge auf sich** akk **zukommen lassen** esperar a que las cosas sigan su curso
Zukunft f (-) porvenir m, futuro m; (Ling) futuro m
zukünftig adj (Ereignis) venidero(-a); (Mann, Schwiegereltern) futuro(-a)
zu|lassen irr vt admitir; (erlauben) permitir; (Auto) matricular; (fam: nicht öffnen) dejar cerrado(-a)
zulässig adj permitido(-a)
zuleide adj: **jdm etwas zuleide tun** lastimar a alguien
zuletzt adv (in Reihenfolge) en último lugar; (zum letzten Mal) por última vez; (schließlich) por último
zuliebe adv: **jdm zuliebe** por amor a alguien
zum kontr von **zu dem**; **zum dritten Mal** por tercera vez; **das ist zum Weinen** (esto) es para llorar; **zum Scherz** en broma
zu|machen vt (fam: schließen) cerrar; (Kleidung) abotonar, abrochar ▷ vi dejar cerrado(-a)
zumindest adv por lo menos
zu|müllen vt llenar de basura; (mit Problemen) cargar
zumute adv: **jdm ist wohl zumute** alguien se siente bien
zu|muten vt exigir (jdm de alguien)
Zumutung f exigencia f; **so eine Zumutung!** ¡qué frescura!
zunächst adv (in Reihenfolge) en primer lugar; (vorerst) ante todo
Zunahme f (-, -n) aumento m
Zuname m apellido m
zünden vi prender; (Motor) encenderse; (begeistern) entusiasmar
Zündkerze f (Auto) bujía f
Zündschlüssel m llave f de contacto
Zündung f (Auto) encendido m
zu|nehmen irr vi aumentar; (Mensch) engordar
Zuneigung f inclinación f, cariño m
Zunge f (-, -n) lengua f
Zungenkuss m beso m de tornillo
zunichte|machen vt destruir
zunichte|werden irr vi frustrarse
zunutze, zu Nutze adv: **sich** dat **etw zunutze machen** sacar provecho de algo
zur kontr von **zu der**
zurechnungsfähig adj responsable
Zurechnungsfähigkeit f conciencia f de los actos
zurecht|finden irr vr: **sich zurechtfinden** orientarse
zurecht|kommen irr vi: **mit etw zurechtkommen** arreglárselas con algo
zurecht|machen vt preparar ▷ vr: **sich zurechtmachen** arreglarse
zurück adv (an Ort) atrás; (im Rückstand) detrás
zurück|bekommen irr vt recobrar
zurück|fahren irr vi volver; (vor

zurück|geben *irr vt* devolver; *(antworten)* responder

zurück|gehen *irr vi* (an Ort) retroceder; (Flut, Preis, Fieber) disminuir; (zeitlich) remontarse (auf +akk a)

zurück|halten *irr vt* (Gegenstand) retener; (aufhalten) impedir; (bei Arbeit, Fortkommen) detener; (hindern) reprimir ▷ *vr*: **sich zurückhalten** reprimirse; (mit Bemerkung) contenerse; (im Essen) moderarse

zurückhaltend *adj* reservado(-a)

zurück|kommen *irr vi* regresar

zurück|legen *vt* (an Platz) colocar en su lugar; (Geld) ahorrar; (reservieren) reservar; (Strecke) recorrer

zurück|nehmen *irr vt* (Gegenstand, Kauf) aceptar la devolución de; (Bemerkung) retirar

zurück|treten *irr vi* (nach hinten) retroceder; (von Amt) dimitir; (von Kauf) retirar

zurück|zahlen *vt* devolver

zurzeit *adv* actualmente

Zusage *f* promesa *f*; *(Annahme)* aceptación *f*

zu|sagen *vt* prometer ▷ *vi* aceptar; **jdm zusagen** (gefallen) gustar a alguien

zusammen *adv* (gemeinsam) conjuntamente; (beieinander) juntos(-as); (insgesamt) en total; **zusammen mit** junto con

Zusammenarbeit *f* cooperación *f*

zusammen|arbeiten *vi* cooperar

zusammen|brechen *irr vi* desplomarse; (Mensch) desmayarse; (Verkehr) colapsar

Zusammenbruch *m* (Nervenzusammenbruch) depresión *f*

zusammen|fahren *irr vi* (Fahrzeuge) chocar; (erschrecken) asustarse

zusammen|fassen *vt* concentrar; (vereinigen) reunir; (Rede etc) resumir

zusammen|halten *irr vi* permanecer unidos(-as)

Zusammenhang *m* relación *f*; **aus dem Zusammenhang** del contexto

zusammen|hängen *irr vi* (Teile) estar unidos(-as); (Ursache) estar relacionado(-a)

zusammen|kommen *irr vi* reunirse

zusammen|nehmen *irr vt* juntar ▷ *vr*: **sich zusammennehmen** serenarse

zusammen|passen *vi* ir bien

Zusammenschluss *m* unión *f*

Zusammensein *nt* (-s) reunión *f*

zusammen|setzen *vt* (Menschen) poner [o colocar] juntos(-as); (Puzzle) componer; (Teile) unir ▷ *vr*: **sich zusammensetzen** (Menschen) sentarse juntos(-as); (Stoff) componerse (aus de)

Zusammensetzung *f* (von Stoff) composición *f*

Zusammenstoß *m* choque *m*

zusammen|zählen *vt* sumar

zusätzlich *adj* adicional

zu|schauen *vi* mirar

Zuschauer, in *m(f)* (-s, -) espectador(a) *m(f)*

Zuschlag *m* suplemento *m*

zu|schlagen *irr vt* (Tür, Buch) cerrar de golpe ▷ *vi* golpear; (Fenster)

cerrarse de golpe
Zuschlagkarte f (Eisenb) suplemento m
zuschlagspflichtig adj sujeto(-a) a suplemento
Zuschrift f carta f, escrito m
Zuschuss m subsidio m
zu|sehen irr vi (zuschauen) mirar; (dafür sorgen) procurar; **sieh zu, dass dir nichts geschieht** procura que no te suceda nada
zusehends adv visiblemente
Zustand m (a. Inform) estado m; **Zustände** pl (Verhältnisse) condiciones fpl
zustande adv: **zustande bringen** realizar; **zustande kommen** realizarse
zuständig adj competente
Zuständigkeit f competencia f
zu|stehen irr vi: **jdm zustehen** corresponder a alguien
zu|stellen vt entregar; (Post etc) distribuir
zu|stimmen vi consentir (dat en); (jdm, Antrag, Urteil) aprobar
Zustimmung f consentimiento m; **seine Zustimmung geben** dar su aprobación
zu|stoßen irr vt empujar ▷ vi (fig) suceder (jdm a alguien)
Zutaten pl ingredientes mpl
zu|trauen vt: **jdm etw zutrauen** creer a alguien capaz de algo; **sich** dat **etw zutrauen** sentirse capaz de algo
zutraulich adj confiado(-a); (Tier) manso(-a)
Zutraulichkeit f confianza f
zu|treffen irr vi ser cierto(-a); **zutreffen auf** +akk aplicarse a, para

zutreffend adj justo(-a), cierto(-a); **Zutreffendes bitte ankreuzen** marcar con una cruz lo que corresponda
Zutritt m acceso m
zuverlässig adj seguro(-a), fiable
Zuverlässigkeit f fiabilidad f
Zuversicht f confianza f
zu viel adv demasiado
zuvor adv antes
zuvor|kommen irr vi: **jdm zuvorkommen** adelantarse a alguien
zuvorkommend adj cortés, gentil
Zuwachs m (-es) incremento m; (fam: Familienzuwachs) nueva boca f
zu wenig adv demasiado poco
zuwider adv: **etw ist jdm zuwider** algo resulta repugnante a alguien ▷ präp +dat contrario a
zuzüglich präp +gen más
Zwang m (-(e)s, Zwänge) presión f, coacción f; **sich** dat **keinen Zwang antun** no andarse con cumplidos
zwängen vr: **sich zwängen** entrar a la fuerza; **sich in ein Auto zwängen** apretarse dentro de un coche
zwanglos adj desenvuelto(-a)
zwanzig num veinte
zwar adv por cierto, bien es verdad que; **..., und zwar am Sonntag** ... y precisamente en domingo; **und zwar so schnell, dass** ... tan deprisa que...
Zweck m (-(e)s, -e) fin m
Zwecke f (-, -n) chincheta f; (Heftzwecke) tachuela f
zwecklos adj inútil
zweckmäßig adj adecuado(-a)

zwecks *präp +gen* con el objeto de
zwei *num* dos
Zwei *f(-, -en)* dos *m*; (*Schulnote*) notable *m*
Zweibettzimmer *nt* habitación *f* con dos camas
zweideutig *adj* ambiguo(-a); (*unanständig*) equívoco(-a)
zweifach *adj* doble, dos veces, por duplicado
Zweifel *m (-s, -)* duda *f*
zweifellos *adv* sin duda
zweifeln *vi* dudar (*an etw dat* de algo)
Zweig *m (-(e)s, -e)* rama *f*; (*fig*) sector *m*
Zweigstelle *f (Com)* sucursal *f*
zweihundert *num* doscientos(-as)
zweimal *adv* dos veces
zweisprachig *adj* bilingüe
zweispurig *adj* (*Straße*) de doble vía
zweit *num*: **zu zweit** (a) dos
zweitbeste, r, s *adj* segundo(-a)
zweite, r, s *adj* segundo(-a)
zweitens *adv* segundo, en segundo lugar
Zwerchfell *nt* diafragma *m*
Zwerg, in *m(f) (-(e)s, -e)* enano(-a) *m/f*
Zwetsch(g)e *f(-, -n)* ciruela *f*
zwicken *vt, vi* pellizcar
Zwieback *m (-(e)s, -e)* bizcocho *m*
Zwiebel *f(-, -n)* cebolla *f*; (*Blumenzwiebel*) bulbo *m*
Zwilling *m (-s, -e)* gemelo *m*; **Zwillinge** *pl (Astr)* Géminis *m*; **Felix ist Zwilling** Felix es Géminis
zwingen *irr vt* obligar; **jdn zu etw zwingen** obligar a alguien a algo
zwinkern *vi* parpadear; (*absichtlich*) guiñar

zwischen *präp +akk o dat* entre
Zwischenablage *f (Inform)* portapapeles *m*
Zwischending *nt* cosa *f* intermedia
zwischendurch *adv* (*zeitlich*) de cuando en cuando; (*räumlich*) de través
Zwischenfall *m* contratiempo *m*; (*politisch, Grenzzwischenfall*) incidente *m*
zwischen|landen *vi* hacer escala
Zwischenlandung *f* escala *f*
zwischenmenschlich *adj* (*Beziehung*) humano(-a)
Zwischenstation *f* estación *f* intermedia; **Zwischenstation machen** parar
Zwischenstopp *m (-s, -s)* escala *f*
Zwischenzeit *f* intermedio *m*; **in der Zwischenzeit** entretanto
zwölf *num* doce
Zylinder *m (-s, -)* (*Tech*) cilindro *m*; (*Hut*) sombrero *m* de copa
Zylinderkopfdichtung *f (Auto)* junta *f* de la culata
Zynismus *m* cinismo *m*
Zypern *nt (-s)* Chipre *m*
Zypresse *f(-, -n)* ciprés *m*
zypriotisch *adj* chipriota
Zyste *f(-, -n)* quiste *m*
zzt. *abk (= zurzeit)* actualmente

Konjugationsmuster der spanischen Verben

Musterverben

Die im Wörterbuchteil bei Verben in Spitzklammern angegebenen Ziffern weisen auf die im Folgenden aufgeführten Konjugationsmuster hin.

1 hablar

indicativo presente	indicativo pretérito imperfecto	indicativo pretérito indefinido	indicativo futuro
hablo	hablaba	hablé	hablaré
hablas	hablabas	hablaste	hablarás
habla	hablaba	habló	hablará
hablamos	hablábamos	hablamos	hablaremos
habláis	hablabais	hablasteis	hablaréis
hablan	hablaban	hablaron	hablarán

indicativo condicional	subjuntivo presente	subjuntivo pretérito imperfecto	imperativo
hablaría	hable	hablara o hablase	habla (tú)
hablarías	hables	hablaras o hablases	hable (él)
hablaría	hable	hablara o hablase	hablemos (nosotros)
hablaríamos	hablemos	habláramos o hablásemos	hablad (vosotros)
hablaríais	habléis	hablarais o hablaseis	hablen (ellos)
hablarían	hablen	hablaran o hablasen	

gerundio	participio
hablando	hablado

2 meter

indicativo presente	indicativo pretérito	indicativo pretérito indefinido	indicativo futuro
meto	metía	metí	meteré
metes	metías	metiste	meterás
mete	metía	metió	meterá
metemos	metíamos	metimos	meteremos
metéis	metíais	metisteis	meteréis
meten	metían	metieron	meterán

indicativo condicional	subjuntivo presente	subjuntivo pretérito imperfecto	imperativo
metería	meta	metiera o metiese	mete (tú)
meterías	metas	metieras o metieses	mete (él)
metería	meta	metiera o metiese	metamos (nosotros)
meteríamos	metamos	metiéramos o metiésemos	meted (vosotros)
meteríais	metáis	metierais o metieseis	metan (ellos)
meterían	metan	metieran o metiesen	

gerundio	participio
metiendo	metido

3 vivir

indicativo presente	indicativo pretérito imperfecto	indicativo pretérito indefinido	indicativo futuro
vivo	vivía	viví	viviré
vives	vivías	viviste	vivirás
vive	vivía	vivió	vivirá
vivimos	vivíamos	vivimos	viviremos
vivís	vivíais	vivisteis	viviréis
viven	vivían	vivieron	vivirán

indicativo condicional	subjuntivo presente	subjuntivo pretérito imperfecto	imperativo
viviría	viva	viviera o viviese	vive (tú)
vivirías	vivas	vivieras o vivieses	viva (él)
viviría	viva	viviera o viviese	vivamos (nosotros)
viviríamos	vivamos	viviéramos o viviésemos	vivid (vosotros)
viviríais	viváis	vivierais o vivieseis	vivan (ellos)
vivirían	vivan	vivieran o viviesen	

gerundio	participio
viviendo	vivido

Mit Betonungsverschiebung. Andere Formen wie Musterverb 1.

4 enviar

indicativo presente	subjuntivo presente	imperativo
envío	envíe	envía (tú)
envías	envíes	envíe (él)
envía	envíe	
envían	envíen	envíen (ellos)

5 continuar

indicativo presente	subjuntivo presente	imperativo
continúo	continúe	continúa (tú)
continúas	continúes	continúe (él)
continúa	continúe	
continúan	continúen	continúen (ellos)

Mit orthographischen Abweichungen. Andere Formen wie Musterverben 1/2/3.

6 colocar (vor e wird c zu qu)

indicativo presente indefinido	subjuntivo presente	imperativo
coloqué	coloque *etc*	coloque (él) coloquemos (nosotros) coloquen (ellos)

7 pagar (vor e wird g zu gu)

indicativo pretérito indefinido	subjuntivo presente	imperativo
pagué	pague *etc*	pague (él) paguemos (nosotros) paguen (ellos)

8 cazar (vor e wird z zu c)

indicativo pretérito indefinido	subjuntivo presente	imperativo
cacé	cace *etc*	cace (él) cacemos (nosotros) cacen (ellos)

9 averiguar (vor e wird gu zu gü)

indicativo pretérito indefinido	subjuntivo presente	imperativo
averigüé	averigüe *etc*	averigüe (él) averigüemos (nosotros) averigüen (ellos)

10 vencer (vor o und a wird c zu z)

indicativo presente	subjuntivo presente	imperativo
venzo	venza *etc*	venza (él) venzamos (nosotros) venzan (ellos)

11 zurcir (vor o und a wird c zu z)

indicativo presente	subjuntivo presente	imperativo
zurzo	zurza *etc*	zurza (él) zurzamos (nosotros) zurzan (ellos)

12 coger (vor o und a wird g zu j)

indicativo presente	subjuntivo presente	imperativo
cojo	coja *etc*	coja (él) cojamos (nosotros) cojan (ellos)

13 dirigir (vor o und a wir g zu j)

indicativo presente	subjuntivo presente	imperativo
dirijo	dirija *etc*	dirija (el) dirijamos (nosotros) dirijan (ellos)

14 tañer (unbetontes i fällt weg)

indicativo pretérito indefinido	subjuntivo pretérito imperfecto	gerundio
tañí tañeron	tañera o tañese *etc*	tañendo

15 gruñir (unbetontes i fällt weg)

indicativo pretérito indefinido	subjuntivo pretérito imperfecto	gerundio
gruñó gruñeron	gruñera o gruñese *etc*	gruñendo

16 bullir (unbetontes i fällt weg)

indicativo pretérito indefinido	subjuntivo pretérito imperfecto	gerundio
bulló bulleron	bullera o bullese *etc*	bullendo

17 distinguir (vor o und a wird gu zu g)

indicativo presente	subjuntivo presente	imperativo
distingo	distinga *etc*	distinga (él) distingamos (nosotros) distingan (ellos)

18 delinquir (vor o und a wird qu zu c)

indicativo presente	subjuntivo presente	imperativo
delinco	delinca *etc*	delinca (él) delincamos (nosotros) delincan (ellos)

Unregelmäßige Verben

Nicht aufgeführte Formen entsprechen den Musterverben 1/2/3.

ind. pres = indicativo presente, ind. pret. imp = indicativo pretérito imperfecto,
ind. pret. indef. = indicativo pretérito indefinido, ind. fut. = indicativo futuro,
ind. cond. = indicativo condicional, subj. pres. = subjuntivo presente, subj. pret.
imp. = subjuntivo pretérito imperfecto, imper. = imperativo

abrir *participio* abierto

adquirir

ind. pres.	subj. pres.	imper.
adquiero	adquiera	adquiere (tú)
adquieres	adquieras	adquiera (él)
adquiere	adquiera	adquieran (ellos)
adquirimos	adquiramos	
adquirís	adquiráis	
adquieren	adquieran	

andar

ind. pret. indef.	subj. pret. imp.
anduve	anduviera o
anduviste	anduviese
anduvo	*etc*
anduvimos	
anduvisteis	
anduvieron	

asir

ind. pres.	subj. pres.	imper.
asgo	asga *etc*	asga (él)
		asgamos (nosotros)
		asgan (ellos)

caber

ind. pres.	ind. pret. indef.	ind. fut.	ind. cond.
quepo	cupe cupiste cupo cupimos cupisteis cupieron	cabré *etc*	cabría *etc*

subj. pres.	subj. pret. imp.	imper.
quepa *etc*	cupiera o cupiese *etc*	quepa (él) quepamos (nosotros) quepan (ellos)

caer

ind. pres.	ind. pret. indef.	subj. pres.	subj. pres. imp.
caigo	cayó cayeron	caiga *etc*	cayera o cayese *etc*

imper.	gerundio	participio
caiga (él) caigamos (nosotros) caigan (ellos)	cayendo	caído

ceñir

ind. pres.	subj. pres.	subj. pret. imp.	imper.
ciño ciñes ciñe ciñen	ciña *etc*	ciñera o ciñese *etc*	ciñe (tú) ciña (él) ciñamos (nosotros) ciñan (ellos)

gerundio
ciñendo

cocer

ind. pres.	subj. pres.	imper.
cuezo cueces cuecen	cueza cuezas cuezan	cueza (él) cozamos (nosotros) cuezan (ellos)

colgar

ind. pres.	ind. pret. indef.	subj. pres.	imper.
cuelgo	colgué	cuelgue	cuelga (tú)
cuelgas		cuelgues	cuelgue (él)
cuelga		cuelgue	colguemos (nosotros)
cuelgan		colguéis	cuelguen (ellos)
		cuelguen	

conducir

ind. pres.	ind. pret. indef.	subj. pres.	subj. pret. imp.
conduzco	conduje	conduzca *etc*	condujera o
	condujiste		condujese
	condujo		*etc*
	condujimos		
	condujisteis		
	condujeron		

imper.
conduzca (él)
conduzcamos (nosotros)
conduzcan (ellos)

contar

ind. pres.	subj. pres.	imper.
cuento	cuente	cuenta (tú)
cuentas	cuentes	cuente (él)
cuenta	cuente	cuenten (ellos)
cuentan		

crecer

ind. pres.	subj. pres.	imper.
crezco	crezca *etc*	crezca (él)
		crezcamos (nosotros)
		crezcan (ellos)

cubrir *participio* cubierto

dar

ind. pres.	ind. pret. imp.	ind. pret. indef.	subj. pres.
doy	daba etc	di	dé
das		diste	des
da		dio	dé
damos		dimos	demos
dais		disteis	deis
dan		dieron	den

subj. pret. imp.	imper.	gerundio	participio
diera o diese etc	da (tú)	dando	dado
	dé (él)		
	demos (nosotros)		
	dad (vosotros)		
	den (ellos)		

decir

ind. pres.	ind. pret. indef.	ind. fut.	ind. cond.
digo	dije	diré etc	diría etc
dices	dijiste		
dice	dijo		
decimos	dijimos		
decís	dijisteis		
dicen	dijeron		

subj. pres.	subj. pret. imp.	imper.	gerundio	participio
diga etc	dijera o dijese etc	di (tú)	diciendo	dicho
		diga (él)		
		digamos (nosotros)		
		digan (ellos)		

dormir

ind. pres.	ind. pret. indef.	subj. pres.	subj. pret. imp.
duermo	dormí	duerma	durmiera o
duermes	dormiste	duermas	durmiese etc
duerme	durmió	duerma	
duermen	durmieron	durmamos	
		durmáis	
		duerman	

imper.	gerundio
duerme (tú)	durmiendo
duerma (él)	
durmamos (nosotros)	
duerman (ellos)	

elegir

ind. pres.	subj. pres.	imper.
elijo	elija etc	elija (él)
		elijamos (nosotros)
		elijan (ellos)

empezar

ind. pres.	ind. pret. indef.	subj. pres.	imper.
empiezo	empecé	empiece	empieza (tú)
empiezas		empieces	empiece (él)
empieza		empiece	empecemos (nosotros)
empiezan		empecemos	empiecen (ellos)
		empecéis	
		empiecen	

erguir

ind. pres.	ind. pret. indef.	subj. pres.	subj. pret. imp.
irgo o yergo	irguió	irga o yerga	irguiera
irgues o yergues	irguieron	etc	o
irgue o yergue			irguiese etc
irguen o yerguen			

imper.	gerundio
irgue o yergue (tú)	irguiendo
irga o yerga (él)	
irgan o yergan (ellos)	

errar

ind. pres.	subj. pres.	imper.
yerro	yerre	yerra (tú)
yerras	yerres	yerra (él)
yerra	yerre	yerren (ellos)
yerran	yerren	

escribir *participio* escrito

estar

ind. pres.	ind. pret. indef.	subj. pres.	sub. pret. imp.
estoy	estuve	esté	estuviera o
estás	estuviste	estés	estuviese *etc*
está	estuvo	esté	
están	estuvimos	estén	
	estuvisteis		
	estuvieron		

imper.
está (tú)
esté (él)
estén (ellos)

forzar

ind. pres.	ind. pret. indef.	subj. pres.	imper.
fuerzo	forcé	fuerce	fuerza (tú)
fuerzas		fuerces	fuerce (él)
fuerza		fuerce	forcemos (nosotros)
fuerzan		forcemos	fuercen (ellos)
		forcéis	
		fuercen	

fregar

ind. pres.	ind. pret. indef.	subj. pres.	imper.
friego	fregué	friegue	friega (tú)
friegas		friegues	friegue (él)
friega		friegue	freguemos (nosotros)
friegan		freguemos	frieguen (ellos)
		freguéis	
		frieguen	

freír

ind. pres.	ind. pret. indef.	subj. pres.	subj. pret. imp.
frío	frió	fría	friera o friese
fríes	frieron	frías	*etc*
fríe		fría	
freímos		friamos	
freís		friáis	
fríen		frían	

imper.	gerundio	participio
fríe (tú)	friendo	frito
fría (él)		
friamos (nosotros)		
freíd (vosotros)		
frían (ellos)		

haber

ind. pres.	ind. pret. indef.	ind. fut.	ind. cond.
he	hube	habré *etc*	habría *etc*
has	hubiste		
ha*	hubo		
hemos	hubimos		
habéis	hubisteis		
han	hubieron		

* bei unpersönlichem Gebrauch heißt die 3. Person Singular „hay".

subj. pres.	subj. pret. imp.	imper.
haya *etc*	hubiera o	he (tú)
	hubiese *etc*	haya (él)
		hayamos (nosotros)
		hayan (ellos)

hacer

ind. pres.	ind. pret. indef.	ind. fut.	ind. cond.
hago	hice	haré *etc*	haría *etc*
	hiciste		
	hizo		
	hicimos		
	hicisteis		
	hicieron		

subj. pres.	subj. pret. imp.	imper.
haga etc	hiciera o hiciese etc	haz (tú) haga (él) hagamos (nosotros) hagan (ellos)

huir

ind. pres.	ind. pret. indef.	subj. pres.	subj. pret. imp.
huyo huyes huye huyen	huyó huyeron	huya etc	huyera o huyese etc

imper.	gerundio
huye (tú) huya (él) huyamos (nosotros) huyan (ellos)	huyendo

imprimir   *participio* impreso o imprimido

ir

ind. pres.	ind. pret. imp.	ind. pret. indef.	ind. fut.
voy vas va vamos vais van	iba ibas iba íbamos ibais iban	fui fuiste fue fuimos fuisteis fueron	iré etc

ind. cond.	subj. pres.	subj. pret. imp.	imper.
iría etc	vaya etc	fuera o fuese etc	ve (tú) vaya (él) vayamos (nosotros) id (vosotros) vayan (ellos)

gerundio	participio
yendo	ido

jugar

ind. pres.	ind. pret. indef.	subj. pres.	imper.
juego	jugué	juegue	juega (tú)
juegas		juegues	juegue (él)
juega		juegue	juguemos (nosotros)
juegan		juguemos	jueguen (ellos)
		juguéis	
		jueguen	

leer

ind. pres.	ind. pret. imp.	ind. pret. indef.	subj. pres.
leo	leía *etc*	leí	lea *etc*
lees		leíste	
lee		leyó	
leemos		leímos	
leéis		leísteis	
leen		leyeron	

subj. pret. imp.	gerundio	participio
leyera o leyese *etc*	leyendo	leído

lucir

ind. pres.	subj. pres.	imper.
luzco	luzca *etc*	luzca (él)
		luzcamos (nosotros)
		luzcan (ellos)

morir

ind. pres.	ind. pret. indef.	subj. pres.	subj. pret. imp.
muero	murió	muera	muriera o
mueres	murieron	mueras	muriese *etc*
muere		muera	
mueren		muramos	
		muráis	
		mueran	

imper.	gerundio	participio
muere (tú)	muriendo	muerto
muera (él)		
muramos (nosotros)		
mueran (ellos)		

mover

ind. pres.	subj. pres.	imper.
muevo	mueva	mueve (tú)
mueves	muevas	mueva (él)
mueve	mueva	muevan
mueven	muevan	(ellos)

oír

ind. pres.	ind. pret. indef.	subj. pres.	subj. pret. imp.
oigo	oyó	oiga etc	oyera o oyese
oyes	oímos		etc
oye	oísteis		
oímos	oyeron		
oís			
oyen			

imper.	gerundio	participio
oye (tú)	oyendo	oído
oiga (él)		
oigamos (nosotros)		
oíd (vosotros)		
oigan (ellos)		

oler

ind. pres	subj. pres.	imper.
huelo	huela	huele (tú)
hueles	huelas	huela (él)
huele	huela	huelan (ellos)
huelen	huelan	

pedir

ind. pres.	ind. pret. indef.	subj. pres.	subj. pret.
pido pides pide piden	pidió pidieron	pida *etc*	pidiera o pidiese *etc*

imper.	gerundio
pide (tú) pida (él) pidamos (nosotros) pidan (ellos)	pidiendo

pensar

ind. pres.	subj. pres.	imper.
pienso piensas piensa piensan	piense pienses piense piensen	piensa (tú) piense (él) piensen (ellos)

poder

ind. pres.	ind. pret. indef.	ind. fut.	ind. cond.
puedo puedes puede pueden	pude pudiste pudo pudimos pudisteis pudieron	podré *etc*	podría *etc*

subj. pres.	subj. pret. imp.	imper.	gerundio
pueda puedas pueda puedan	pudiera o pudiese *etc*	puede (tú) pueda (él) puedan (ellos)	pudiendo

poner

ind. pres.	ind. pret. indef.	ind. fut.	ind. cond.
pongo	puse pusiste puso pusimos pusisteis pusieron	pondré *etc*	pondría *etc*

subj. pres.	subj. pret. imp.	imper.	participio
ponga *etc*	pusiera o pusiese *etc*	pon (tú) ponga (él) pongamos (nosotros) poned (vosotros) pongan (ellos)	puesto

predecir

ind. pres.	ind. pret. indef.	subj. pres.	subj. pret. imp.
predigo predices predice predicen	predije predijiste predijo predijimos predijisteis predijeron	prediga *etc*	predijera o predijese *etc*

imper.	gerundio	participio
prediga (él) predigamos (nosotros) predigan (ellos)	prediciendo	predicho

Bemerkung: maldecir *participio* maldecido
bendecir *participio* bendecido, benedito

proveer

ind. pres.	ind. pret. indef.	subj. pres.	gerundio	participio
proveo	proveí proveíste proveyó proveímos proveísteis proveyeron	provea	proveyendo	provisto

querer

ind. pres.	ind. pret. indef.	ind. fut.	ind. cond.
quiero quieres quiere quieren	quise quisiste quiso quisimos quisisteis quisieron	querré *etc*	querría *etc*

subj. pres.	subj. pret. imp.	imper.
quiera quieras quiera quieran	quisiera o quisiese *etc*	quiere (tú) quiera (él) quieran (ellos)

reír

ind. pres.	ind. pret. indef.	subj. pres.	subj. pret. imp.
río ríes ríe reímos reís ríen	rió rieron	ría rías ría riamos riáis rían	riera o riese *etc*

imper.	gerundio	participio
ríe (tú) ría (él) riamos (nosotros) reíd (vosotros) rían (ellos)	riendo	reído

roer

ind. pres.	ind. pret. indef.	subj. pres.	subj. pret. imp.
roo o roigo o royo	royó royeron	roa o roiga o roya *etc*	royera o royese *etc*

imper.	gerundio	participio
roa o roiga o roya (él) roamos o roigamos o royamos (nosotros) roan o roigan o royan (ellos)	royendo	roído

romper *participio* roto

saber

ind. pres.	ind. pret. indef.	ind. fut.	ind. cond.
sé	supe supiste supo supimos supisteis supieron	sabré *etc*	sabría *etc*

subj. pres.	subj. pret. imp.	imper.
sepa *etc*	supiera o supiese *etc*	sepa (él) sepamos (nosotros) sepan (ellos)

salir

ind. pres.	ind. fut.	ind. cond.	subj. pres.
salgo	saldré *etc*	saldría *etc*	salga *etc*

imper.
sal (tú) salga (él) salgamos (nosotros) salgan (ellos)

seguir

ind. pres.	ind. pret. indef.	subj. pres.	subj. pret. imp.
sigo sigues sigue siguen	siguió siguieron	siga *etc*	siguiera o siguiese *etc*

imper.	gerundio
sigue (tú) siga (él) sigamos (nosotros) sigan (ellos)	siguiendo

sentir

ind. pres.	ind. pret. indef.	subj. pres.	subj. pret. imp.
siento	sintió	sienta	sintiera o
sientes	sintieron	sientas	sintiese etc
siente		sienta	
sienten		sintamos	
		sintáis	
		sientan	

imper.	gerundio
siente (tú)	sintiendo
sienta (él)	
sintamos (nosotros)	
sientan (ellos)	

ser

ind. pres.	ind. pret. imp.	ind. pret. indef.	subj. pres.
soy	era	fui	sea etc
eres	eras	fuiste	
es	era	fue	
somos	éramos	fuimos	
sois	erais	fuisteis	
son	eran	fueron	

subj. pret. imp.	imper.	gerundio	participio
fuera o fuese	sé (tú)	siendo	sido
etc	sea (él)		
	seamos (nosotros)		
	sed (vosotros)		
	sean (ellos)		

tender

ind. pres.	subj. pres.	imper.
tiendo	tienda	tiende (tú)
tiendes	tiendas	tienda (él)
tiende	tienda	tiendan (ellos)
tienden	tiendan	

tener

ind. pres.	ind. pret. indef.	ind. fut.	ind. cond.
tengo tienes tiene tienen	tuve tuviste tuvo tuvimos tuvisteis tuvieron	tendré *etc*	tendría *etc*

subj. pres.	subj. pret. imp.	imper.
tenga *etc*	tuviera o tuviese *etc*	ten (tú) tenga (él) tengamos (nosotros) tengan (ellos)

traer

ind. pres.	ind. pret. indef.	subj. pres.	subj. pret. imp.
traigo	traje trajiste trajo trajimos trajisteis trajeron	traiga *etc*	trajera o trajese *etc*

imper.	gerundio	participio
traiga (él) traigamos (nosotros) traigan (ellos)	trayendo	traído

valer

ind. pres.	ind. fut.	ind. cond.	subj. pres.
valgo	valdré *etc*	valdría *etc*	valga *etc*

imper.
valga (él) valgamos (nosotros) valgan (ellos)

venir

ind. pres.	ind. pret. indef.	ind. fut.	ind. cond.
vengo	vine	vendré etc	vendría etc
vienes	viniste		
viene	vino		
vienen	vinimos		
	vinisteis		
	vinieron		

subj. pres.	subj. pret. imp.	imper.	gerundio
venga etc	viniera o	ven (tú)	viniendo
	viniese etc	venga (él)	
		vengamos (nosotros)	
		vengan (ellos)	

ver

ind. pres.	ind. pret. imp.	ind. pret. indef.	subj. pres.
veo	veía etc	vi	vea etc
ves		viste	
ve		vio	
vemos		vimos	
veis		visteis	
ven		vieron	

subj. pret. imp.	gerundio	participio
viera o viese etc	viendo	visto

volcar

ind. pres.	ind. pret. indef.	subj. pres.	imper.
vuelco	volqué	vuelque	vuelca (tú)
vuelcas		vuelques	vuelque (él)
vuelca		vuelque	volquemos (nosotros)
vuelcan		volquemos	vuelquen (ellos)
		volquéis	
		vuelquen	

volver

ind. pres.	subj. pres.	imper.	participio
vuelvo	vuelva	vuelve (tú)	vuelto
vuelves	vuelvas	vuelva (él)	
vuelve	vuelva	vuelvan (ellos)	
vuelven	vuelvan		

Verbos alemanes fuertes

Infinitiv	Präsens 2., 3. Singular	Imperfekt	Partizip Perfekt
abwägen	wägst ab, wägt ab	wog ab	abgewogen
ausbedingen	bedingst aus, bedingt aus	bedang aus	ausbedungen
backen	bäckst, bäckt	backte o buk	gebacken
befehlen	befiehlst, befiehlt	befahl	befohlen
beginnen	beginnst, beginnt	begann	begonnen
beißen	beißt, beißt	biss	gebissen
bergen	birgst, birgt	barg	geborgen
bersten	birst, birst	barst	geborsten
betrügen	betrügst, betrügt	betrog	betrogen
biegen	biegst, biegt	bog	gebogen
bieten	bietest, bietet	bot	geboten
binden	bindest, bindet	band	gebunden
bitten	bittest, bittet	bat	gebeten
blasen	bläst, bläst	blies	geblasen
bleiben	bleibst, bleibt	blieb	geblieben
braten	brätst, brät	briet	gebraten
brechen	brichst, bricht	brach	gebrochen
brennen	brennst, brennt	brannte	gebrannt
bringen	bringst, bringt	brachte	gebracht
denken	denkst, denkt	dachte	gedacht
dreschen	drischst, drischt	drosch	gedroschen
dringen	dringst, dringt	drang	gedrungen
dürfen	darfst, darf	durfte	gedurft
empfangen	empfängst, empfängt	empfing	empfangen
empfehlen	empfiehlst, empfiehlt	empfahl	empfohlen
empfinden	empfindest, empfindet	empfand	empfunden
erschrecken	erschrickst, erschrickt	erschrak	erschrocken
erwägen	erwägst, erwägt	erwog	erwogen
essen	isst, isst	aß	gegessen
fahren	fährst, fährt	fuhr	gefahren
fallen	fällst, fällt	fiel	gefallen
fangen	fängst, fängt	fing	gefangen
fechten	fichst, ficht	focht	gefochten
finden	findest, findet	fand	gefunden
flechten	flichtst, flicht	flocht	geflochten

Infinitiv	Präsens 2., 3. Singular	Imperfekt	Partizip Perfekt
fliegen	fliegst, fliegt	flog	geflogen
fliehen	fliehst, flieht	floh	geflohen
fließen	fließt, fließt	floss	geflossen
fressen	frisst, frisst	fraß	gefressen
frieren	frierst, friert	fror	gefroren
gären	gärst, gärt	gor	gegoren
gebären	gebierst, gebiert	gebar	geboren
geben	gibst, gibt	gab	gegeben
gedeihen	gedeihst, gedeiht	gedieh	gediehen
gehen	gehst, geht	ging	gegangen
gelingen	– –, gelingt	gelang	gelungen
gelten	giltst, gilt	galt	gegolten
genesen	genest, genest	genas	genesen
genießen	genießt, genießt	genoss	genossen
geraten	gerätst, gerät	geriet	geraten
geschehen	– –, geschieht	geschah	geschehen
gewinnen	gewinnst, gewinnt	gewann	gewonnen
gießen	gießt, gießt	goss	gegossen
gleichen	gleichst, gleicht	glich	geglichen
gleiten	gleitest, gleitet	glitt	geglitten
glimmen	glimmst, glimmt	glomm	geglommen
graben	gräbst, gräbt	grub	gegraben
greifen	greifst, greift	griff	gegriffen
haben	hast, hat	hatte	gehabt
halten	hältst, hält	hielt	gehalten
hängen	hängst, hängt	hing	gehangen
hauen	haust, haut	haute	gehauen
heben	hebst, hebt	hob	gehoben
heißen	heißt, heißt	hieß	geheißen
helfen	hilfst, hilft	half	geholfen
kennen	kennst, kennt	kannte	gekannt
klingen	klingst, klingt	klang	geklungen
kneifen	kneifst, kneift	kniff	gekniffen
kommen	kommst, kommt	kam	gekommen
können	kannst, kann	konnte	gekonnt
kriechen	kriechst, kriecht	kroch	gekrochen
laden	lädst, lädt	lud	geladen
lassen	lässt, lässt	ließ	gelassen

Infinitiv	Präsens 2., 3. Singular	Imperfekt	Partizip Perfekt
laufen	läufst, läuft	lief	gelaufen
leiden	leidest, leidet	litt	gelitten
leihen	leihst, leiht	lieh	geliehen
lesen	liest, liest	las	gelesen
liegen	liegst, liegt	lag	gelegen
lügen	lügst, lügt	log	gelogen
mahlen	mahlst, mahlt	mahlte	gemahlen
meiden	meidest, meidet	mied	gemieden
melken	melkst, melkt	melkte o molk	gemolken
messen	misst, misst	maß	gemessen
misslingen	– –, misslingt	misslang	misslungen
mögen	magst, mag	mochte	gemocht
müssen	musst, muss	musste	gemusst
nehmen	nimmst, nimmt	nahm	genommen
nennen	nennst, nennt	nannte	genannt
pfeifen	pfeifst, pfeift	pfiff	gepfiffen
preisen	preist, preist	pries	gepriesen
quellen	quillst, quillt	quoll	gequollen
raten	rätst, rät	riet	geraten
reiben	reibst, reibt	rieb	gerieben
reißen	reißt, reißt	riss	gerissen
reiten	reitest, reitet	ritt	geritten
rennen	rennst, rennt	rannte	gerannt
riechen	riechst, riecht	roch	gerochen
ringen	ringst, ringt	rang	gerungen
rinnen	rinnst, rinnt	rann	geronnen
rufen	rufst, ruft	rief	gerufen
salzen	salzt, salzt	salzte	gesalzen
saufen	säufst, säuft	soff	gesoffen
saugen	saugst, saugt	sog o saugte	gesogen o gesaugt
schaffen	schaffst, schafft	schuf	geschaffen
scheiden	scheidest, scheidet	schied	geschieden
scheinen	scheinst, scheint	schien	geschienen
scheißen	scheißt, scheißt	schiss	geschissen
schelten	schiltst, schilt	schalt	gescholten
scheren	scherst, schert	schor	geschoren
schieben	schiebst, schiebt	schob	geschoben
schießen	schießt, schießt	schoss	geschossen

Infinitiv	Präsens 2., 3. Singular	Imperfekt	Partizip Perfekt
schinden	schindest, schindet	schindete	geschunden
schlafen	schläfst, schläft	schlief	geschlafen
schlagen	schlägst, schlägt	schlug	geschlagen
schleichen	schleichst, schleicht	schlich	geschlichen
schleifen	schleifst, schleift	schliff	geschliffen
schließen	schließt, schließt	schloss	geschlossen
schlingen	schlingst, schlingt	schlang	geschlungen
schmeißen	schmeißt, schmeißt	schmiss	geschmissen
schmelzen	schmilzt, schmilzt	schmolz	geschmolzen
schneiden	schneidest, schneidet	schnitt	geschnitten
schreiben	schreibst, schreibt	schrieb	geschrieben
schreien	schreist, schreit	schrie	geschrien
schreiten	schreitest, schreitet	schritt	geschritten
schweigen	schweigst, schweigt	schwieg	geschwiegen
schwellen	schwillst, schwillt	schwoll	geschwollen
schwimmen	schwimmst, schwimmt	schwamm	geschwommen
schwinden	schwindest, schwindet	schwand	geschwunden
schwingen	schwingst, schwingt	schwang	geschwungen
schwören	schwörst, schwört	schwor	geschworen
sehen	siehst, sieht	sah	gesehen
sein	bist, ist	war	gewesen
senden	sendest, sendet	sandte	gesandt
singen	singst, singt	sang	gesungen
sinken	sinkst, sinkt	sank	gesunken
sinnen	sinnst, sinnt	sann	gesonnen
sitzen	sitzt, sitzt	saß	gesessen
sollen	sollst, soll	sollte	gesollt
speien	speist, speit	spie	gespien
spinnen	spinnst, spinnt	spann	gesponnen
sprechen	sprichst, spricht	sprach	gesprochen
springen	springst, springt	sprang	gesprungen
stechen	stichst, sticht	stach	gestochen
stehen	stehst, steht	stand	gestanden
stehlen	stiehlst, stiehlt	stahl	gestohlen
steigen	steigst, steigt	stieg	gestiegen
sterben	stirbst, stirbt	starb	gestorben
stinken	stinkst, stinkt	stank	gestunken
stoßen	stößt, stößt	stieß	gestoßen

Infinitiv	Präsens 2., 3. Singular	Imperfekt	Partizip Perfekt
streichen	streichst, streicht	strich	gestrichen
streiten	streitest, streitet	stritt	gestritten
tragen	trägst, trägt	trug	getragen
treffen	triffst, trifft	traf	getroffen
treiben	treibst, treibt	trieb	getrieben
treten	trittst, tritt	trat	getreten
trinken	trinkst, trinkt	trank	getrunken
trügen	trügst, trügt	trog	getrogen
tun	tust, tut	tat	getan
verderben	verdirbst, verdirbt	verdarb	verdorben
vergessen	vergisst, vergisst	vergaß	vergessen
verlieren	verlierst, verliert	verlor	verloren
verschleißen	verleißt, verschleißt	verschliss	verschlissen
verschwinden	verschwindest, verschwindet	verschwand	verschwunden
verzeihen	verzeihst, verzeiht	verzieh	verziehen
wachsen	wächst, wächst	wuchs	gewachsen
waschen	wäschst, wäscht	wusch	gewaschen
weben	webst, webt	webte o wob	gewoben
weichen	weichst, weicht	wich	gewichen
weisen	weist, weist	wies	gewiesen
wenden	wendest, wendet	wandte	gewandt
werben	wirbst, wirbt	warb	geworben
werden	wirst, wird	wurde	geworden
werfen	wirfst, wirft	warf	geworfen
wiegen	wiegst, wiegt	wog	gewogen
winden	windest, windet	wand	gewunden
wissen	weißt, weiß	wusste	gewusst
wollen	willst, will	wollte	gewollt
wringen	wringst, wringt	wrang	gewrungen
ziehen	ziehst, zieht	zog	gezogen
zwingen	zwingst, zwingt	zwang	gezwungen